「満州」オーラルヒストリー

〈奴隷化教育〉に抗して

編著者　斉　紅深
訳　者　竹中憲一

皓星社

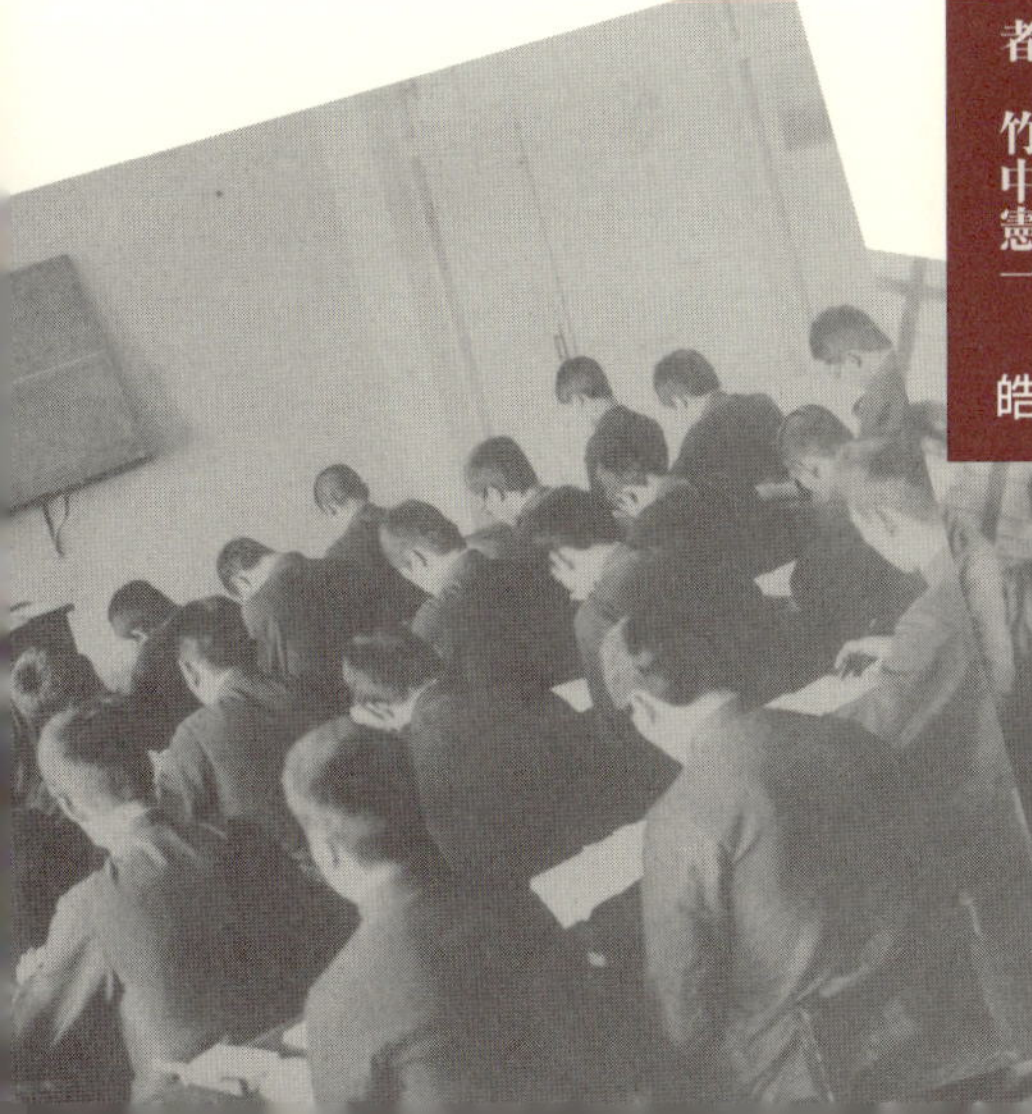

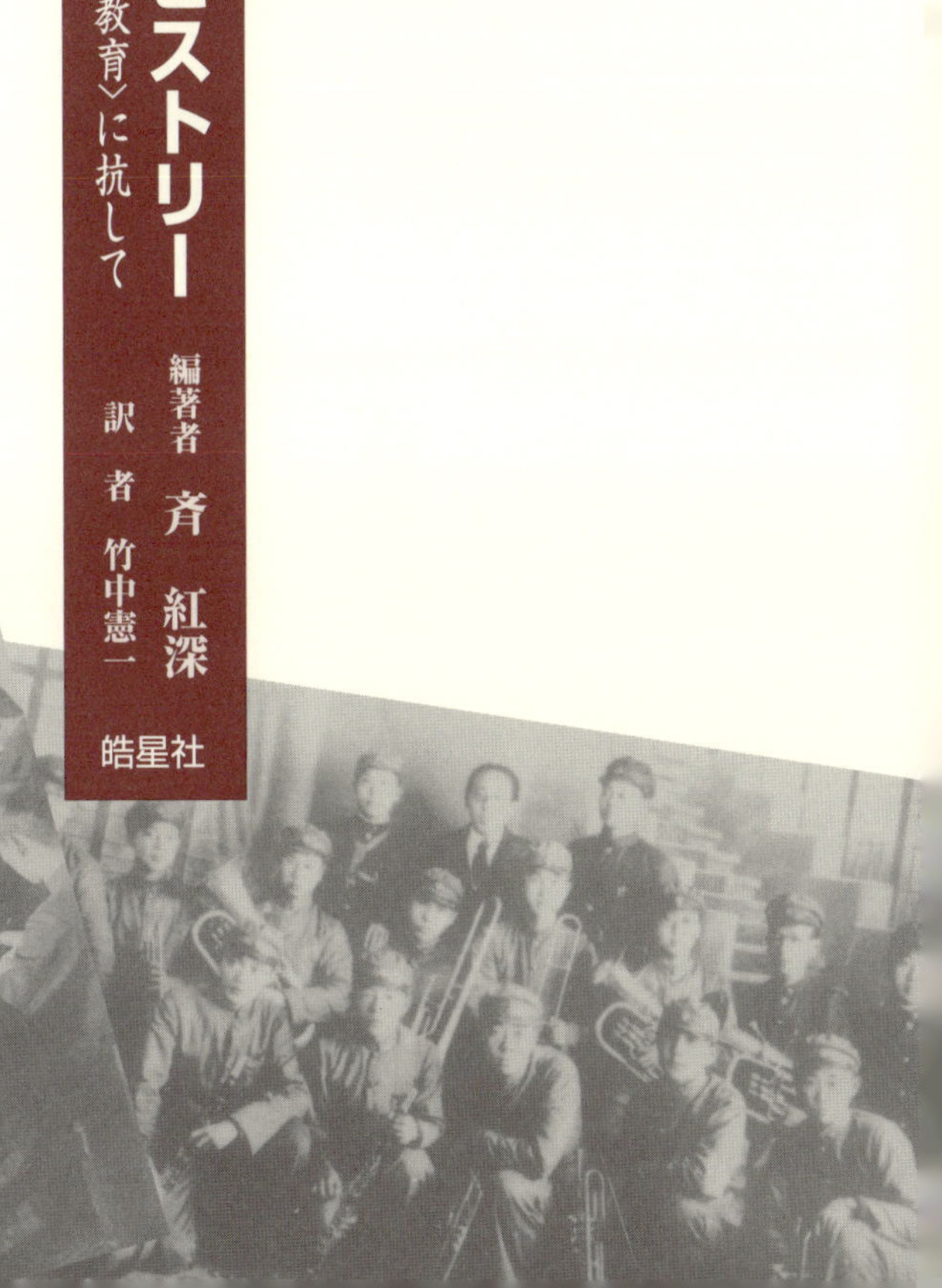

前言　日本語訳刊行にあたって

斉　紅深

イギリスの歴史学者アーノルド・トインビー(Arnold Toynbee)は「我々は一本の思想の流れのただ中に生活している。我々はたえず過去を記憶しつつ、同時にまた希望と恐怖の気持ちをこめて未来を展望している」と述べている。一衣帯水の中日両国人民は互いに第二次世界大戦の歴史の記憶と感情を理解すべきである。これはすでに民族の文化的心理的構成要素となっているばかりでなく、さらに今日の両国の関係をどうみるか、かなり大きく両国の未来を左右していくことになるであろう。私は皓星社が本書の出版を引き受け、日本の読者に紹介してくださったことに感謝する次第である。

私は十数年を費やして一〇〇〇人余り「満州国」教育体験者のオーラル・ヒストリーと、数千点の歴史的に価値のある写真や一次資料を収集してきた。これらの「満州国」の教育体験者はすでに七、八〇歳のお年寄りで、身体も弱り、記憶力も減退している。しかし、彼らはいずれも自分が当時の社会的歴史状況に身を置いた「あの時点」から、自らの体験した事実、見聞した事実をもって、「満州国」の教育についての考えを語っている。我々は教育という社会活動は一つの過程であることを知っている。政策と制度が規定することを出発点とし、教育を受ける者の身に作用して、効果と内心の体験を生み出すことがその終着点である。体験者によるオーラル・ヒストリーは歴史学者が文書によって書き著した著作とは異なり、直観的で非抽象的なものであり、感性的で非理性的なものであり、具体的で非概念的なものである。またこれらの歴史的写真と一次資料は図書館や公文書館にあったものではなく、民間に保存されてきたものである。彼らが受け継いできた公表する手段のない大量の文字と図像による情報は、その中に読み解くことが可能な多くの歴史的秘密を有している。よって、私は日本の読者が本書を通してさらに多く歴史を理解することができ、中国人の心の襞に隠されたものを理解することができると信じている。日本の読者が閲読できるのは、私が主編となって進めている『日本植民地教育口述歴史研究』の一部分にすぎず、記憶の断片と言えるものでしかない。読者の便宜をはかるために、必要最低限の傀儡「満州国」の教育の概況を紹介することとする。

日本は日露戦争（一九〇四年～一九〇五年）の後、旅順、大連地区の租借権及び南満鉄道の経営権とその鉄道付属地の行政権を獲得した。その後、長期にわたって支配する目的を達成するために、教育の整備に努力が払われた。当時の教育は、日本人教育と中国人教育の二つの系統に分けることができ、それぞれ目的を異にしていた。日本人教育は如何に支配者となるかということで、中国人教育は如何に支配しやすい下僕とするかということであった。その教育制度は日本国内、台湾における植民地教育に準拠するものであった。

一九三一年、日本は「九・一八事変」（満州事変）を起こし、学校は授業を停止し、教師と生徒は避難した。傀儡「満州国」成立後、ただちに学校に「中華」「中国」の文字を含む教科書、排日内容を含む教科書の使用停止、日本が「満州事変」をおこしたことは道理にかなったこととし、「日満親善」を宣伝し、日本語教育を強化するよう訓令が出された。各級の教育機構はすべて日本人が実権を掌握した。例えば傀儡「満州国」文教部一五〇人の官吏の中で、日本人は七〇人、四六・七パーセントを占めていた。そのうち総務司、学務司などの重要な部門には日本人の占める割合はさらに高かった。督学官（学事を視察・監督する役人）三人のうち二人は日本人であった。各学校につぎつぎと日本人教師、校長、副校長が派遣された。教育方針についていえば、「建国宣言」「建国精神」「回鑾訓民詔書」に準拠し、中国人民の民族意識、国家観念、「排外思想」を除去し、日本と「民族協和」「一徳一心」を実現することが強調された。あらゆる手段を用いて、日本が占領し支配している傀儡「満州国」を承認させようとしたのである。

傀儡「満州国」は教育を植民地支配に有効に奉仕させるために、長期にわたる準備を経て一九三八年一月一日から「新学制」を実施した。「新学制」の主な特徴は以下の通りである。

一、国家主義教育を実施した。植民地支配の需要に合わせて教育を行ない、人材を養成した。教員に対して文官制を実施した。

二、教育目標を傀儡「満州国」の「建国精神」に基づき「日満は一徳一心で不可分の民族関係であるとして民族協和の精神」を発揚し、青少年に日本の天皇に忠誠をつくさせることに置いた。「精神教育」を基礎とし、「精神訓練」を強化することを強調した。

三、日本語を「国語」とし、各級各種の学校においてすべて日本語教育を強化し、日本化教育を大幅に推進した。

四、教育年限を短縮し、教育水準を引き下げ、実務教育を強調した。中等普通教育をなくし、一律に職業教育を実施し、労働と身体訓練を強化した。

「新学制」は、それまで中国で実施されていた「六・三・三」制を改め、系統的植民地教育体系を確立した。初等教育を四年と二年に分け、初級小学校を「国民学校」、高級小学校を「国民優級学校」と称した。中等教育を元来の六年から四年に短縮して、「国民高等学校」と「女子国民高等学校」とし、農業、工業、商業などの各専攻科に分けた。高等教育も実業教育を主とし、ほとんどが三年制とされた。

一九四一年一二月八日、日本帝国主義は太平洋戦争を引き起こし、人的・物質的需要の増大はその負担能力をはるかに超えるものとなった。傀儡「満州国」経済は破綻し、民衆の生活も圧迫され、「戦時教育体制」を実行せざるを得なくなった。その主な内容は以下の通りである。

一、軍事教練を強化した。学校は軍隊式の編成となり、軍事教官が派遣されて来て、「武士道」式訓練と軍事演習を行なった。

二、「建国精神」の涵養を強化し、時局教育を強化し、教師と生徒に「天照大神」を信奉をし、日本の天皇と傀儡「満州国」皇帝に忠誠を尽くし、「大東亜聖戦」に奉仕することを要求した。

三、生徒に「勤労奉仕」を強要し、労働力の極端な欠乏を補った。生徒が実際に労働した時間数は、規定の日数をはるかに超えたものであった。教育秩序は完全に破壊されていた。

最後に、この教育の普及規模を紹介しておこう。

一九三一年の「九・一八事変」以前、中国東北地区にはすでに教育体系が制度として確立していた。一九二九年に、小学校は一三六〇〇校余り、生徒は七四七一〇〇人、教職員は二四四〇〇人であった。中学校数は一九四校、生徒は三八五〇〇人余り、教職員は二四〇〇人余りであった。大学、専門学校は三〇校あった。傀儡「満州国」成立後、数年の回復時期を経た一九三三年末で、小学校は九一〇〇校、生徒は五〇二一〇〇人、教師は一六二九〇人に達しただけである。中学校は、一九三七年になって、一七三校、生徒は三三六〇〇人、教師は一六〇〇人である。大学は一〇校にすぎなかった。つまり教育の普及規模は「九・一八事変」以前の水準に達してはいなかったのである。

傀儡「満州国」の教育がピークに達したのは一九四二年であった。初等教育が傀儡「満州国」の教育の中心とされ、初等小学校数は二一九四〇校、生徒二一五九八六四人で、「九・一八事変」以前に比べ一・六倍となっている。しかし、「九・一八事変」以前の小学校数は清末に比べて七倍に達していた。中等学校は一六五校、生徒五七三四二人で、学校数は、「九・一八事変」以前より明らかに減少しており、生徒数は「九・一八事変」以前に比べ一・五倍増加した。しかし、「九・一八事変」以前の生徒数は清末に比べて二五倍増加していたのである。大学は二〇校、学生は六七九四人で、そのうち中国人学生は二七一六人しかおらず、「九・一八事変」以前の二分の一ほどにすぎない。

日本降伏後、四年を経た一九四九年には、東北地区の小学校は三六〇六一校、生徒は三六九二七四九人に達し、「九・一八事変」以前の三・九倍に増加し、傀儡「満州国」のピーク時に比べて一・七倍に増加した。中等学校は二七〇校。生徒は一六二七〇七人で、「九・一八事変」以前に比べ四・二倍増加し、これは傀儡「満州国」のピーク時の二・八倍増加した。大学は二八校、学生は三五〇九七人で、学生数は「九・一八事変」以前に比べて七倍増加し、傀儡「満州国」のピーク時に比べて五・二倍の増加となっている。以上のことから、傀儡「満州国」の支配した一四年間の東北地区における教育普及とその発展の速度は、日本の支配前の民国時期と、日本降伏後の解放戦争（一九四六年～一九四九年）時期に及ばなかったことがわかる。

本書の刊行については多くの人々の協力を得た。中国の南京市中山陵管理所、大連楓葉国際学校理事長任書良先生、日本の関西語言学院理事長松尾英孝先生のご助力を得た。それらの関係者の皆様に、この場を借りて感謝の意を表したい。

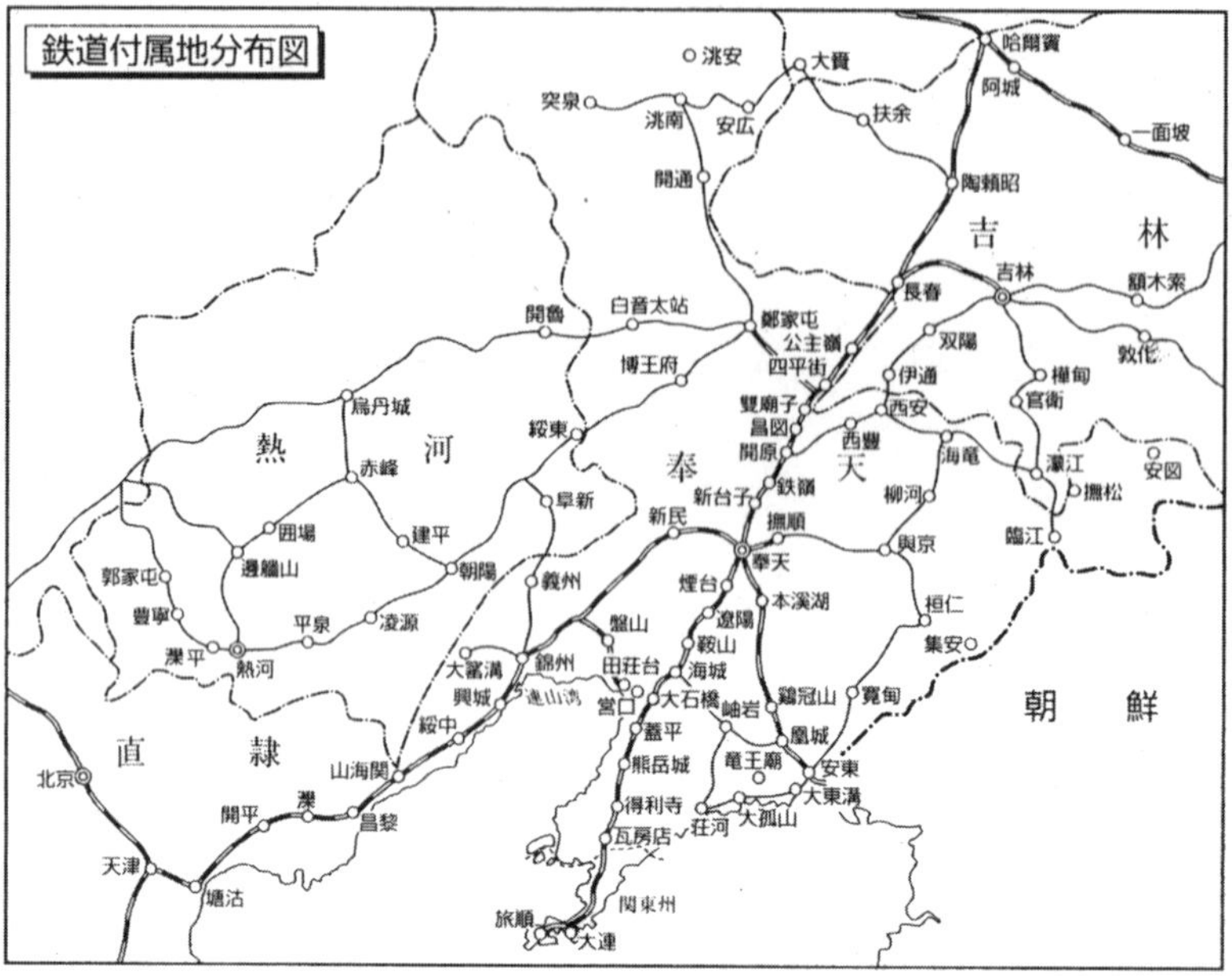

鉄道付属地分布図

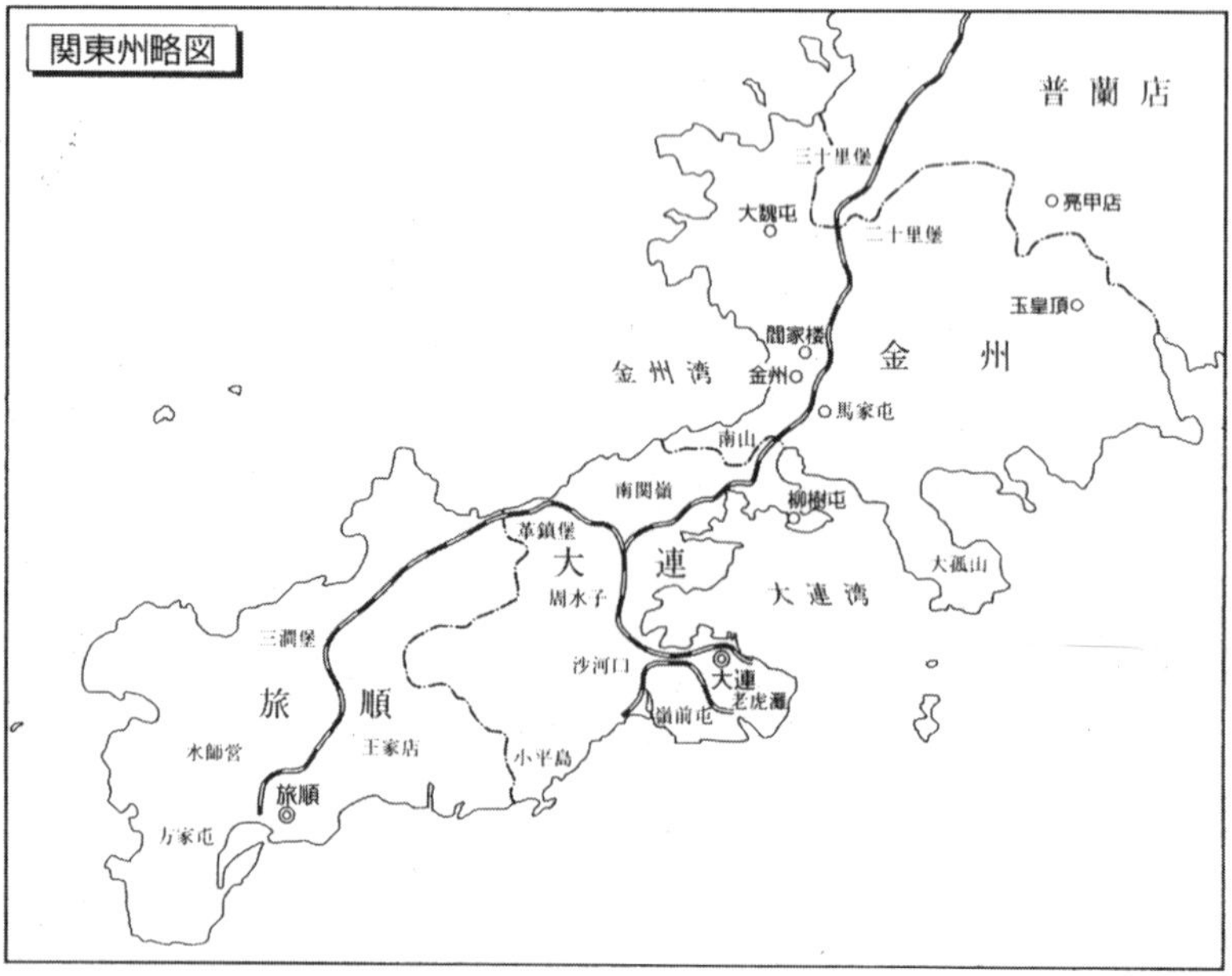

関東州略図

目次

「満州」オーラルヒストリー　〈奴隷化教育〉に抗して

本書の利用にあたって

一、原文では「満州」という言葉は使わず「偽満」とされている。「満州」に国家としての正当性は認めず、日本の傀儡であるという意味をもたせたものである。訳者もこの立場にたち、満州に「　」を付け、傀儡「満州」という表現をした。しかし組織名（南満州鉄道株式会社）、法令（南満州鉄道株式会社公学堂規則）などに使用された満州には「　」を省略した。なお「満州」は本来「満洲」とすべきであるが「満州」とした。

二、原文では退職の意味で「離休」「退休」という言葉が使われている。「離休」は一九四九年一〇月一日（新中国成立）以前に革命に参加した者の退職をいい、「退休」は一般的な退職をさす。そのため「離休」はそのまま「離休」という言葉を使い、「退休」は「退職」とした。

傀儡「満州国」教育の変遷——劉鳳鳴証言

〔略歴〕

劉鳳鳴（リュウフォンミン）、旧名・劉振（リュウゼン）、男、漢族、一九一八年一月一五日生まれ。原籍：遼寧省綏中県西山村。離休（退職）時の所属：綏中県人民代表大会常務委員会、職務：副主任。傀儡「満州国」時期に在籍した学校：傀儡「満州国」立錦州師道学校。傀儡「満州国」時期の職場：錦州省綏中県小庄子国民優級学校。

一九三九年一二月、傀儡「満州国」立錦州師道学校を卒業する。

一九四〇年一月、錦州省綏中県小庄子国民優級学校の教師となる。

一九四五年九月、全国解放後も、引続き綏中県小庄子小学校の教師を務める。

一九四八年一〇月、綏中県解放後、綏中県第八完全小学校（元の小庄子小学校）の校長となる。

一九五一年三月、遼西省綏中県文教科視察監督員となる。

一九五六年一〇月、綏中県教育局副局長となる。

一九六八年、「文化大革命」時期、農村で労働に従事する。

一九七八年一月、綏中県教育局副局長となる。

一九八〇年六月、綏中県人民代表大会常務委員会副主任に選ばれる。

一九八七年四月、離休（退職）する。

一九三一年「九・一八事変」の当時、私は満一三歳で、私塾に通っていた。一九三四年、県城第一初級中学校に入学した。当時は傀儡「満州国」の康徳元年で、学制はまだ改められず、初級中学校は依然として三年制であった。しかし、教育課程は「九・一八事変」以前と大きく変わっていた。英語が少なくなり、日本語が増えた。特に歴史は「三皇五帝」から始まるのではなく、粛慎、挹婁から傀儡「満州国」までとなった。これは、五千年の歴史を持つ中

奉天白塔国民優級学校　旅順「表忠塔」前（1942年）

国文明から東北地方を切り離そうというものであった。

一九三六年、私が初級中学校を卒業する時、中国東北の被占領地には普通課程の高級中学校は一校も設置されておらず、中等師範学校を除けば瀋陽鉄道学院、長春税務養成所、土地測量養成所などといった職業養成所が設置されていたにすぎなかった。私は、土地測量養成所はたんに土地測量だけでなく、税を取りたてるための人材を養成し、日本が中国の国土を侵略し人民の財産を収奪する「道具」とするものだ、と考えた。

こうした理由から、私は錦州師範学校に入学した。それは小学校の教師になったほうが、人民の財産を搾り取る「道具」となるよりはずっとましだと考えたからである。しかし、現実はそうではなかった。小学校の教師は奴隷化教育を推し進める仕事を行ない、ほかの仕事と比べて危害を受けることも大きく、「まし」とはいっても、それは五十歩百歩にすぎなかった。

師範学校で一年勉強した後、一九三八年に傀儡「満州国」では学制改革が行なわれ、小学校から大学まですべての改革が実行された。これ以降、中国東北の被占領地において、

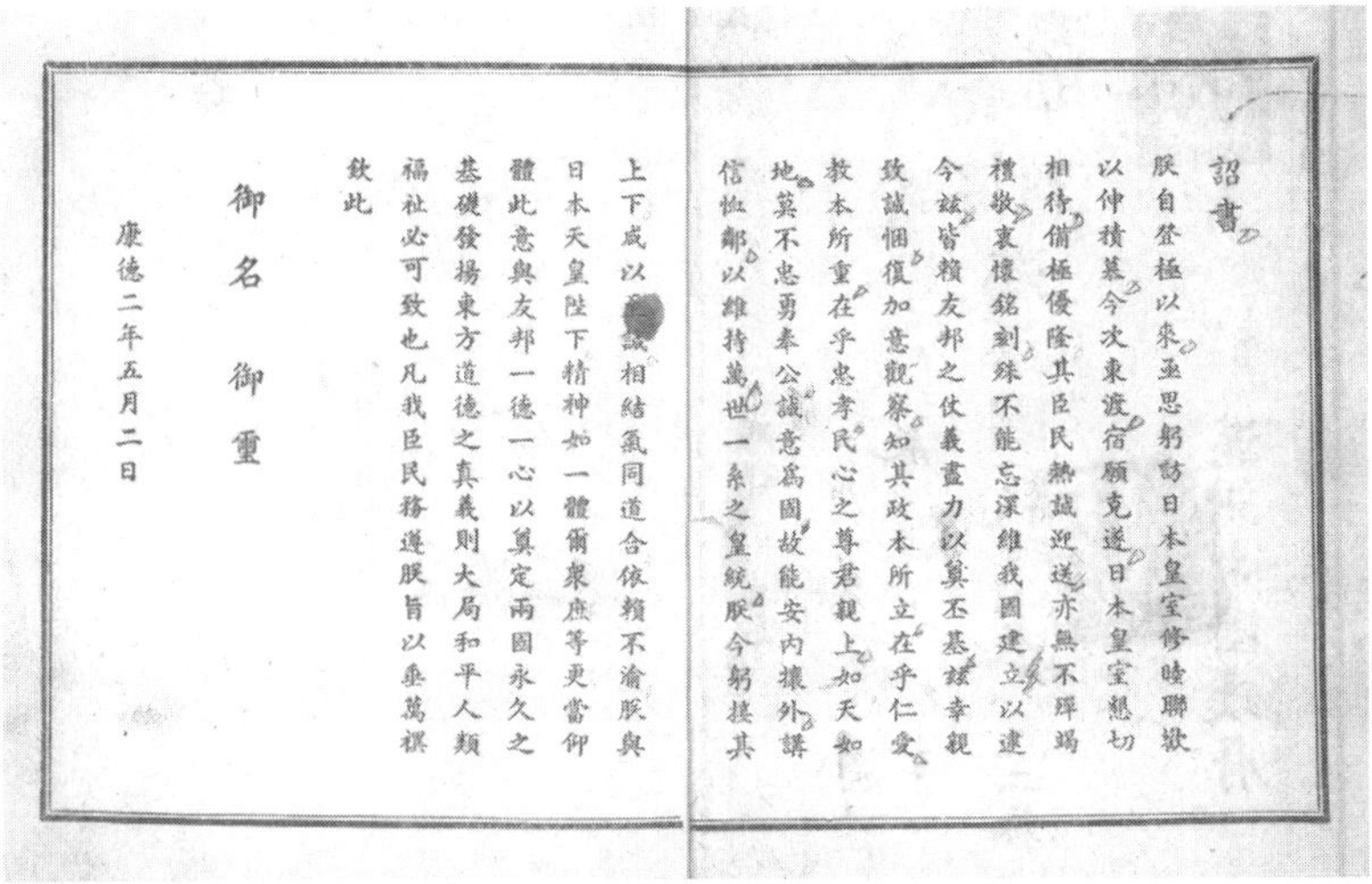
詔書
朕自登極以來亟思躬訪日本皇室修睦聯歡
以伸積慕今次東渡宿願克遂日本皇室懇切
相待備極優隆其臣民熱誠迎送亦無不殫竭
禮敬衷懷銘刻殊不能忘深維我國建立以逮
今茲皆賴友邦之仗義盡力以奠丕基茲幸親
致誠悃復加意觀察知其政本所立在乎仁愛
教本所重在乎忠孝民心之尊君親上如天如
地莫不忠勇奉公誠意爲國故能安内攘外講
信恤鄰以維持萬世一系之皇統朕今躬接其
上下咸以[illegible]誠相結氣同道合依賴不渝朕與
日本天皇陛下精神如一體爾衆庶等更當仰
體此意與友邦一德一心以奠定兩國永久之
基礎發揚東方道德之真義則大局和平人類
福祉必可致也凡我臣民務遵朕旨以垂萬禩
欽此
御名　御璽
康徳二年五月二日

『満語国民読本』第二巻（民生部　1942年）「回鑾《かいらん》訓民詔書」。「満州国」教育の神髄とした。

徹底した奴隷化教育が行なわれるようになった。具体的には、初級小学校の四年間が国民学校の四年間に相当し、高級小学校の二年間が国民優級学校の二年間に相当し、初級中学校の三年間と高級中学校の三年間が国民高等学校の四年間に編成替えされた。国民高等学校では普通教育でも基礎教育でもなく、職業教育が行なわれた。国民高等学校には農業科と商業科が設置され、中規模の都市以上では商業科が設置され、各県には農業科が設置された。工業科は少数の大都市に設置されたのみであった。これは学制上、教育の趣旨を主に労働力の養成においたことによるものである。

中等師範学校は「師道学校」と改められ、その中の師道本科は一年制で、国民高等学校の卒業生を対象に募集し、国民優級学校の教師を養成することを目的とした。師道特修科は二年制で、国民優級学校の卒業生を対象に募集し、国民学校の教師を養成することを目的とした。その職称は、本科卒業生は教諭、特修科卒業生は教導とした。

大学は、私の知るかぎり、瀋陽の満州医科大学など数ヵ所しかなく、すべて単科大学であった。

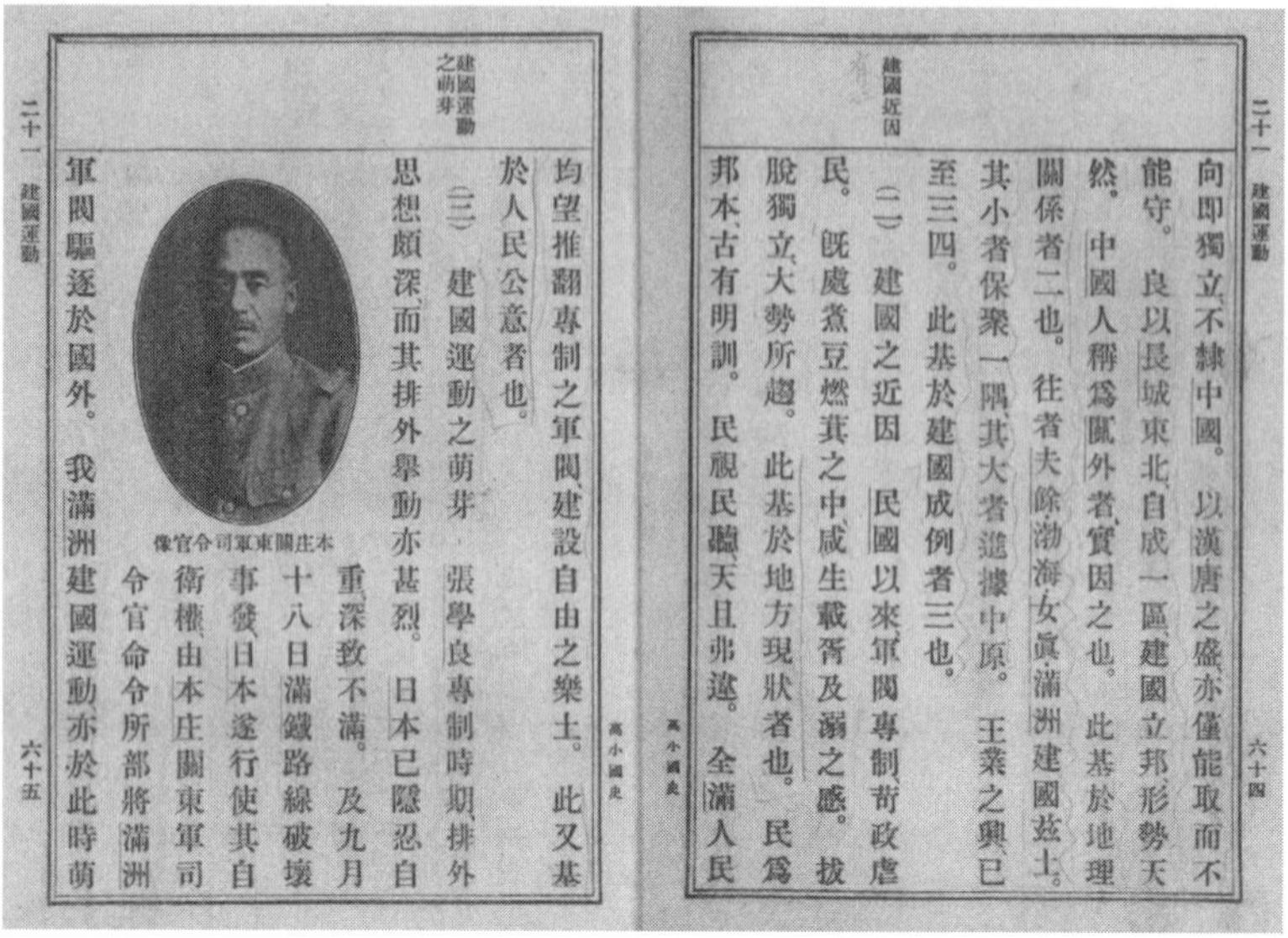

二十一 建國運動

建國近因

向即獨立、不隸中國。以漢唐之盛、亦僅能取而不能守。良以長城東北、自成一區、建國立邦形勢天然。中國人稱爲關外者、實因之也。此基於地理關係者二也。往者夫餘・渤海・女眞・滿洲建國茲土。其小者保聚一隅、其大者進據中原。王業之興、已至三四。此基於建國成例者三也。

（二）建國之近因　民國以來、軍閥專制、苛政虐民。既處煮豆燃萁之中、咸生載胥及溺之感。抜脫獨立、大勢所趨。此基於地方現狀者也。民爲邦本、古有明訓。民視民聽、天且弗違。全滿人民

高小國史　六十四

建國運動之萌芽

均望推翻專制之軍閥、建設自由之樂土。此又基於人民公意者也。

（三）建國運動之萌芽　張學良專制時期、排外思想頗深、而其排外擧動亦甚烈。日本已隱忍自重、深致不滿。及九月十八日滿鐵路線破壞事發、日本遂行使其自衛權、由本庄關東軍司令官命令所部將滿洲軍閥驅逐於國外。我滿洲建國運動、亦於此時萌

本庄關東軍司令官像

二十一 建國運動　六十五

高級小学校用『国史教科書』（文教部校訂　1936年）「建国運動」。日本の「満州国」建国の合理性を宣伝。

このほか吉林に高等師道学校が設置され、さらに傀儡「満州国」の幹部を養成する建国大学が長春に設置された。新学制は奴隷化教育を徹底させる必要に応えるとともに、教師には可能なかぎり日本人教師を配し、中国人教師主導の状況を改めようとした。

私が学んだ錦州師道学校でも、一九三八年春の開校以後、もともと中国人が担当していた校長、教務主任、教導主任の役職をことごとく日本人が担当することとなった。教師は語文（中国文）と数学以外は歴史、地理、物理、化学、生物から体育、音楽、図画にいたるまで日本人教師が担当した。つまり日本人が支配する学校に変えたのである。教育課程の面でも語文の時間が少なくなり、日本語が増えた。英語が削除され、理数科が少なくなり、傀儡「満州国」の歴史、地理の授業が多くなった。さらに指摘すべきことは、日本語を「国語」と称していたことである。師道学校本科の卒業生は、日本語検定試験の三級の翻訳レベルに達しなければ卒業できないとされていた。

一九三九年末、私が錦州師道学校を卒業して国民優級

学校の教師となった時、小学校の教育課程では語文は「満語」（中国語）と称され、教科書として『満語国民読本』が編纂され、日本語も「国語」と称されるようになった。日本語の授業ではすべて日本語で話し、中国語を使うことは禁止された。生徒が聞いてわかろうとわかるまいと、教師は日本語で話さなければならなかった。特に日本人の視察を受ける時は、なおさらのことであった。

思想教育は奴隷化教育を実行する手段であった。生徒に対して「日満は一徳一心である」「天照大神は人類の祖である」「日本の天皇陛下は万世一系である」「日本は満州の隣国である」ということを叩き込んだ。後に日「満」の関係は「親邦」に改められた。中国五千年の文明史については一言も触れられなかった。中国東北の被占領区の青少年の思想から「炎黄子孫」の概念と中華民族五千年の悠久の伝統を抹殺し、日本植民地支配者に服従する「臣民」としようとした。

もし全中国人民が、中国共産党と毛主席の指導の下に艱苦卓絶した八年の抗戦を戦い抜いて一九四五年「八・一五」の日本帝国主義に対する無条件降伏を勝ちとることができなかったならば、今日、私たち東北人民は日本侵略者によってどのように奴隷化されていたかわからない。この国恥と歴史の教訓を代々語り伝え、永遠に記憶し、過去の屈辱を受けた歴史の再現を許してはならない。

私がすごした旅順高等公学校——劉文国 証言

〔略歴〕

劉文国（リュウウェングオ）、男、漢族、一九二二年生まれ。原籍：遼寧省丹東市通遠堡鎮。傀儡「満州国」時期に在籍した学校：旅順高等公学校中学部。離休（退職）時の所属：瀋陽タイヤ工場、職務：総工程師・事務主任、職称：高級工程師。

傀儡「満州国」時期に傀儡「満州国」兵士になったことがある。退職後は、瀋陽石油化工庁対外経済貿易処の通訳（翻訳）となり、対日本貿易の仕事をしている。外国語に関する職称：副審訳（日本語）。

私は一九三八年、旅順高等公学校に入学した。最初の週のある日の夕飯の後、上級生が新入生を食堂に集めて「礼儀」についての集会を開いた。慣例により四年生が私たち新入生に訓話を述べた。主な内容は学校及び寮生活、学習に関する注意事項であった。その中で、私を非常に感動させたことがあった。それはある四年生が「我々はみな中国人である」と叫んだことであった。訓話の内容は「私たちはみな中国人であり、私たちは意識を高め、しっかり勉強し、大国の人間として頑張ろう」というものであった。これは私たち新入生にとって最初の愛国主義の教育であった。

一九三八年、入学して二ヵ月ほどたった時、中国東北の上級生が私たち新入生六人を食事にさそってくれた。席上、上級生は「お互いに助け合い、真剣に勉強しよう」と述べ、さらに私たちの故郷が日本に占領され、私たちが亡国奴となっていることを力説した。旅順や大連の級友は「自分たちのことを『大国人』と称することは、学ぶに値することである」とも言った。私たちは「私たちの母（祖国）を熱愛し、私たちの母を救うために、努力して学習しなければならない」と誓い合った。ささやかな会食であったが、みな悲憤慷慨し、友情と愛国の気持ちに満ちあふれていた。

旅順高等公学校師範部の授業

この時、私は強烈な愛国主義教育を受けた。同時に「大国人」という言葉に深い意味があることもわかった。

学校には佐久間という地理の日本人教師がいた。彼は授業中に「支那は土地が広く物が豊富であるが、『支那人』は愚昧であるから、農業が発達せず、生産量も低い。それに対して大和民族は世界で最も優秀である」と言った。さらに「日本は山を切り開いて段々畑を開き、水を山の上まで引いて水田を開いた。日本人は白米を食べ、支那人はトウモロコシやコーリャンを食べるのは当然だ。日本ではトウモロコシやコーリャンは牛の飼料である」とも言った。私はこのことを聞くと、怒りで顔が赤くなり、耳がほてり、強い屈辱を感じた。授業の後、級友たちは口々に不満と怒りを述べ合った。ある日の日曜日、私の部屋で劉端璋、趙錫偉、董作山、姜景太など数人の同級生が集まり話をした。その時、私は佐久間が地理の時間に中国人を侮辱した話をした。みんなは「しっかり勉強して、日本人たちに中国人がいかに聡明であるかを自分たちで示してやろう」と述べ合った。

毎年卒業生のために歓送会が開かれ、教師の挨拶以外に、前年の卒業生と今年の卒業生の代表、及び在校生の代表が挨拶した。卒業生代表の挨拶は、いつも「母親」や「母の愛」についてであった。母を亡くした子供たちは帰る家がなく、いじめられていることを話した。この時、生徒たちの純潔な愛国心は揺さぶられ、抑えきれない共感を覚えた。私たちは「母親」が何を指すかを知っていた。それは祖国であり、中華民族の大家族であることを。毎年、生徒たちは卒業生を送る機会を巧みに利用して、下級生に対して愛国主義教育を行なっていたのである。

韓行謙は正義感の強い生徒であり、いつも日本人教師の不条理な言動に異議を唱えていた。ある時、授業中に佐久間が「八紘一宇」「万世一系」など神道の伝統を述べ、続いて中華民族の悠久の歴史を辱めるような挑発的な質問を生徒にした。これに対して韓行謙は抗議の気持ちを含んだ答をした。この答は佐久間を激怒させ、韓行謙を罵り、同時に懲罰のための口実を探し始めた。

その後、西村茂先生は私に「職員会議で校長とやりあった。学校当局は韓行謙を除籍処分にしようとしたが、私は反対した。最終的には除籍処分にしないことに落ち着いた」と言い、韓君に「今後は言行に注意するように」と伝言させた。

西村先生は翌日の授業の時、生徒に「日本の中国における政策は間違っている。日本の教育方針も間違っている。私は日本政府に騙されてきた。日本政府は中国人は愚昧であり、日本人の助けが必要であるというので中国にやって来たが、現在私が出会った中国人は愚昧ではなく、みな聡明である。しかし日本の中国政策を改めさせることは、私のような人間にはできないことである。私は日本に帰り、大学に入ってもっと勉強したい」と言った。

西村先生はまもなく学校を辞め、私たちと別れた。家族を連れて帰国し、後に九州帝国大学に入ったと聞いた。私たちは今でも西村先生を懐かしんでいる。

私たちの学校に白という中国古典の先生が来た。大柄で、いかにも山東の出身らしい大男であった。ある日曜日、

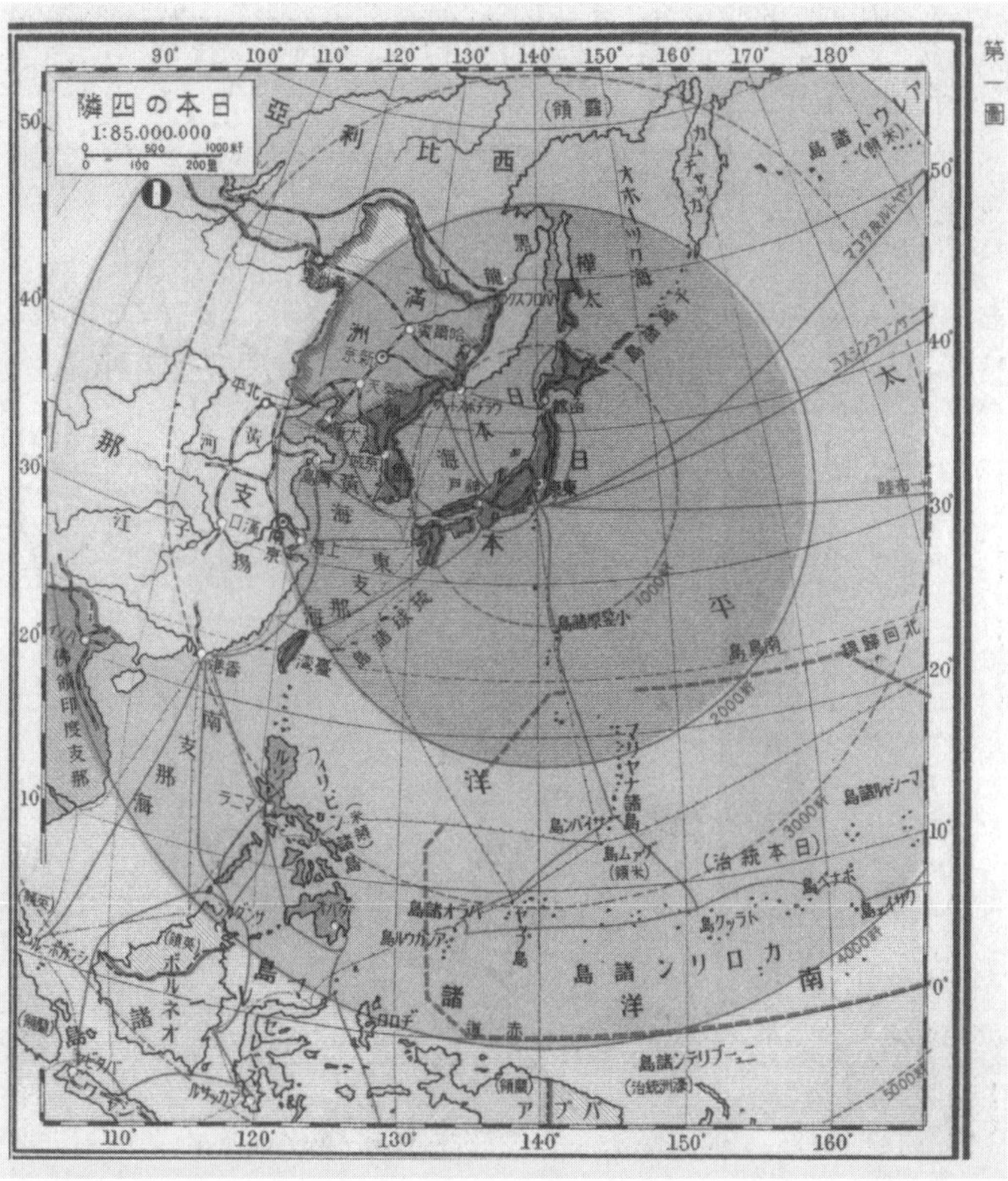

旅順高等公学校中学部で使用されていた『新制最近日本地図』（文部省　1935年）
日本の植民地拡張の過程が示されている。

私は同級生と学校の運動場でバレーボールをしている時、講堂の窓が開いていることに気づいた。私は海風でガラスが割れてはいけないと思い、窓を閉めに行った。思いがけないことに、ちょうど講堂では教師たちが宴会を開いているところであった。ふと見ると、余興で白先生は軍事教練の真似をしながら「八路軍の軍事訓練は日本人より百倍もいい……」と言っていた。私はその時の白先生の言動が心配でたまらなかったが、果たしてその時以来、白先生は二度と学校に来なくなった。ある時、趙先生にそのことを尋ねた。彼はしばらく考えてから「白先生は熱血漢で、酔っぱらって、八路軍の訓練を演じたのだ。あれ以来、姿を見せなくなった。何かまずいことになったのかも知れない」と言った。私は白先生の日頃の愛国的情熱を尊敬していたので、酔って失言したことがとても残念に思えてしかたがなかった。

趙先生は、授業が始まる時、懐中時計を教壇の上に置き、時間を見ながら最後の一〇分か二〇分の時間を取っておいて、当時の時局について話してくれた。たとえば八路軍の大刀の使い方がどんなにすごいか、日本人と接近戦で戦う時、大刀は鉄砲より役に立つ、などと話してくれた。ある時、私は趙先生が教員室の黒板に「私は広東人であり、中国人である。昔から米を食べてきた。コウリャン、トウモロコシは食べない。学校当局に米を食べさせるように要求する」と書いているのを見た。また、ある時は趙先生が「大国人」の気構えで、校長の倉本の鼻先を指差して言い争っているのを見た。私は趙先生を心から敬服したものである。

一九四一年春のことである。学校に豆腐を卸している豆腐屋の近くに住む通学生の劉啓城が、豆腐屋のおからで飼っていた学校のブタを売った代金の一部を日本人教師の厚見がピンハネしている事実を知った。厚見の授業の時、劉啓城はピンハネの事実を糾した。厚見はカンカンになって劉啓城を罵り、さらに「帳簿に記載されていることだ。君たちに説明してわかることではない。生徒の本分は勉強することで、ほかのことに関わってはいけない……」と言うと、黒板に向かって筆写しはじめた。生徒たちは怒り、一斉に床を踏みならし、抗議の意志を示した。厚見は授業を続けられなくなり、意気消沈して教員室に戻っていった。

厚見が担当しているのは日本歴史である。彼は授業で「大和民族の祖先は天照大神である。天照大神は女である」と説明した。劉啓城は立ち上がって質問した。「先生、女は男がいなくて子供が生めるのでしょうか？　子供がいなくてどうして大和民族ができたのでしょうか？」。この質問を聞いて、生徒たちは大笑いした。厚見は烈火の如く怒り、劉啓城を罵倒した。この時、生徒たちは一緒になって厚見に抗議した。厚見はみんなの抗議に押されて憤慨して教員室に戻っていった。後で劉啓城を呼び出し、柔道の荒技で劉啓城を投げ飛ばした。級友はこのことを知り、一斉に床板を踏みならし、机や椅子を転がして抗議行動をとったので、学校側はやむなく厚見の暴力行為を抑えた。しかし、学校側は直ちに劉啓城を停学処分にした。これは当然のことながら生徒たちの憤激を招いた。この時から生徒たちの攻撃目標は厚見に集中することになった。

この事件と前後して、前の韓行謙は退学処分になり、級友の呉長慶は殴打された後で禁固処分になるなどの事件が続発した。もともと熱血漢の青年たちは悲憤慷慨し、爆発寸前の火山の状態にあり、一触即発の形勢となった。四年生の二クラスの正副班長は、いつも一緒に情勢の変化と対策について討論していた。寮本館の一階のある部屋で、掛布団で窓をふさぎ、消灯後もロウソクをつけて正副班長が対策を討論し、次のような見解に到達した。

一、生徒の行動は正義の行動であり、徹底的に戦うべきである。
二、戦う戦略をよく工夫して、学校側に政治的口実を与えないようにする。
三、学校側に厚見の処分を要求する。
四、購買部と食堂の帳簿を公開するよう要求する。
五、学校側に今までのすべての処分を取り消し、処分された生徒を復学させるよう要求する。

その翌日、上記の趣旨を全生徒に通知し、生徒の賛成と支持を得た上で、学校側に要求を提出した。まず礼を尽くしてから実力行使に移るということで、道理をもって要求することにしたのである。当時、私は第二班の班長で、処分を受けた生徒の大部分は第二班であったので、自分が表だって話すべきだと考えて、三日目に桜井先生（第二班の担任）に、前の三、四、五の要求を提出し、桜井先生から学校側に伝えて速やかに処理してもらうようお願いした。もし順調にいかなければ事態は拡大し、その責任は学校側にあるという旨を述べた。

四日目の午後、桜井先生は私を教員室に呼んで「学校側は生徒の要求を受けつけず、生徒に冷静な判断を求め、騒ぎを起こさないように要求している」と述べた。

私はそれを聞いて怒りが込み上げてきて、桜井先生に尋ねた。記憶によれば、その時のやりとりは次の通りである。

劉「生徒たちの要求は正しいと思われますか。私たちの行動は正義でしょうか」

桜井「生徒たちの要求は正しく、私も君たちは間違っていないと思う」

劉「先生のご意見では『生徒たちは間違っていない』、そうすると厚見が間違っているのでしょうか」

桜井「私はそのように考えている」

劉「もしそうなら、なぜ先生は担任として、学校側に私たちの要求を受け入れるように説得できないのでしょうか」

桜井先生は立ち上がって、涙を流しながら私の手をとって「生徒たちにはすまない。私はクラス担任として生徒たちの境遇に同情はするが、君たちを守ってあげることができないことを心から残念に思う。これはみな私の文官としての地位が低く、君たちの力になれないからである。君から生徒たちに自分たちでなんとかするように伝えてほしい」と言った。

私は桜井先生の言うことを聞いて、先生が正義感をもって私たちの立場に立ち、私たちを支持してくれていることを感じた。しかし、先生が私たちの力になって学校側と戦ってくれないことを残念にも思った。

私は学校側の不合理に対してこのうえない怒りを覚えた。その晩は眠らず、次の手をあれこれ考えた。その時、亡国奴というものがどんなものかを深く感じ、自分たちは母親の愛を失った青年であることを強く感じた。私は故郷の小学校で勉強している時、石校長が日本の中国侵略に反対し、敢えて日本の国旗を掲げないで、迫害を受けたことを思い出した。もう一つ、故郷で元警察署長の鄧鉄梅が「九・一八事変」以降、岫岩、寛甸一帯で抗日義勇軍を組織して、日本の侵略軍を震撼させた偉大な出来事を思い出した。これらの行動は深く私を励ましてくれた。

その翌日、私は婉曲な表現で、桜井先生の返事を伝達した。みんなは桜井先生が軟弱で無力なことに失望した。同時に学校側の横暴に対しさらに憤慨した。これらのことは生徒たちの求心力と団結力を強固なものとし、闘争心をさらに高めることになった。

まもなくして、私は関東州警察が高等刑事を学校に派遣したことに気づいた。表面上は厚見の帳簿を検査することであったが、実際は生徒を扇動する「反満分子」を調査していたのだ。こうした当局の行動は矛盾を激化させ、生徒たちの反日感情をさらに高めることになった。

こうした緊迫した状況の中で、またしても厚見が寮で一、二年生に暴力をふるうという事件を起こした。生徒たちはこれを聞いて憤激し、我慢できなくなり、講堂で教頭の倉本と談判し、同時に「厚見は学校から出ていけ」というスローガンを叫んだ。生徒たちが厚見の一連の問題を持ち出すと、倉本はいかにも理解したようなふりをして「生徒諸君の意見はわかった。彼の問題は学校側で調査し、処理しよう。生徒は勉強が本分であり、こんなことに関わってはいけない。これ以上騒ぐのはやめて、落ち着いて勉強しなさい」と言った。さらに脅かすように「これ以上騒ぐと、君たちは厳罰を受けることになるぞ……」とも言った。このやりとりによって、みんなは学校側には問題を解決する意志がなく、力ずくで自分たちを屈伏させようとしていることを悟った。これでは承服できない。みんなは徹底抗戦することで意見が一致した。

この日（一九四一年六月一六日）の正午、私たちは突然、学校側から「午後、旅順旧市街の映画館で映画を観るので、各自映画館に集合し入場すること」という通知を受け取った。みんなは、これには裏があると直感した。なぜなら私たちの学校では映画を観るのはいつも土曜日の午後で、学校に集合してから映画館にそろって行くことになっていた。今日はいつもと違って土曜日ではなく火曜日の午後で、しかも学校ではなく映画館の前に集合するのである。

さらに今日の午前中に、生徒と倉本が談判した後のことでもある。みんなは、学校当局は生徒が映画を観ている間に大規模な捜索を行なうものと予感した。情勢が緊迫し、厳しくなったので、全クラスの生徒集会を開催して対策を検討する必要があった。そこで寮の裏山の松林で集会を開くことにした。集会は厳粛かつ真剣に行なわれ、特に「ストライキ」という手段で闘争するのか否かということが話し合われたが、まだ結論は出なかった。その時、永長と新井の二人の教師が山を登って来るのが見えた。状況が緊迫していたので、採決という方法をとった。大部分の生徒はストライキに賛成し、同時に次の付帯事項を決めた。

一、すでに処分を受け、学校側の攻撃の目標となっている生徒は、保護するためにストライキには参加させない。

二、ストライキに参加しない生徒は、授業に出席してもよいが、ストライキを破壊するような行動はとらない。

この時、永長と新井の二人の教師は集会の二〇メートル近くまで迫っていた。「早く行け、大連のどこそこの場所で集合しよう」という声を聞くと、みな一斉に立ち上がって山を駆け下りた。この集会は六月一六日の二時から三時にかけてのことであった。私たちのストライキがはじまったのである。

私は山を駆け下りてから、三時ごろバスで旅順を離れて大連に行った。その夜は同級生の鮑爾炎の家に泊まった。真夜中まで眠り、警察の逮捕を逃れるために、翌日の深夜三時に家を出た。一七日と一八日の昼間は楊栄鎮の家（棺桶を作る商売をしていた）の三階で、数人の生徒と会議を開いて対策を練った。夜間は孔憲朴の家に泊まった。一九日からは劉奠東の家に世話になった。当時彼の父は大連商会会長で、私たちの行動を熱心に支持してくれた。そこで、大連の同級生や保護者たちは打ち合わせ会を彼の家で行ない、劉奠東の父親を学校側と交渉する代表に選んだ。学校側と何度も交渉した後、私たちは三つの条件を提示した。

一、厚見は学校を辞めさせ、処罰する。

二、すでに謹慎、停学、退寮、退学の処分を受けている生徒の処分を撤回する。

三、ストライキに参加した生徒を処罰しない。

保護者代表と学校側と何度も折衝した結果、学校側はこの三つの条件を受け入れた。生徒たちは、学校側が承諾事項通りにするという約束の下で、数人の保護者に付き添われて学校に戻った。桜井先生は事件後はじめて私に会った時、涙を流して「私は担任として君たちを保護できなかった。君たちに苦労をかけてしまった。学校側が三つの条件を承諾した以上、落ち着いて勉強してほしい」と言った。

私たちが学校に戻った翌日、学校側は私たちを「謹慎」処分にし、さらに順番に尋問を開始した。主な目的は「頭目」（ストライキの指導者）を割り出すことであった。生徒は口をそろえて言った。「頭目はいない。学校当局は厚見の汚職行為を処分しないばかりか、かえって生徒を処分しようとする。これは不公平である」。学校当局の不公平な処置に対して、自然発生的なストライキが起こった。尋問は断続的に三ヵ月あまり続いたが、生徒の団結は鉄のように固く、すきを見せず、いかなる口実も与えなかった。学校当局はどうしようもなくなって、表面上は尋問を放

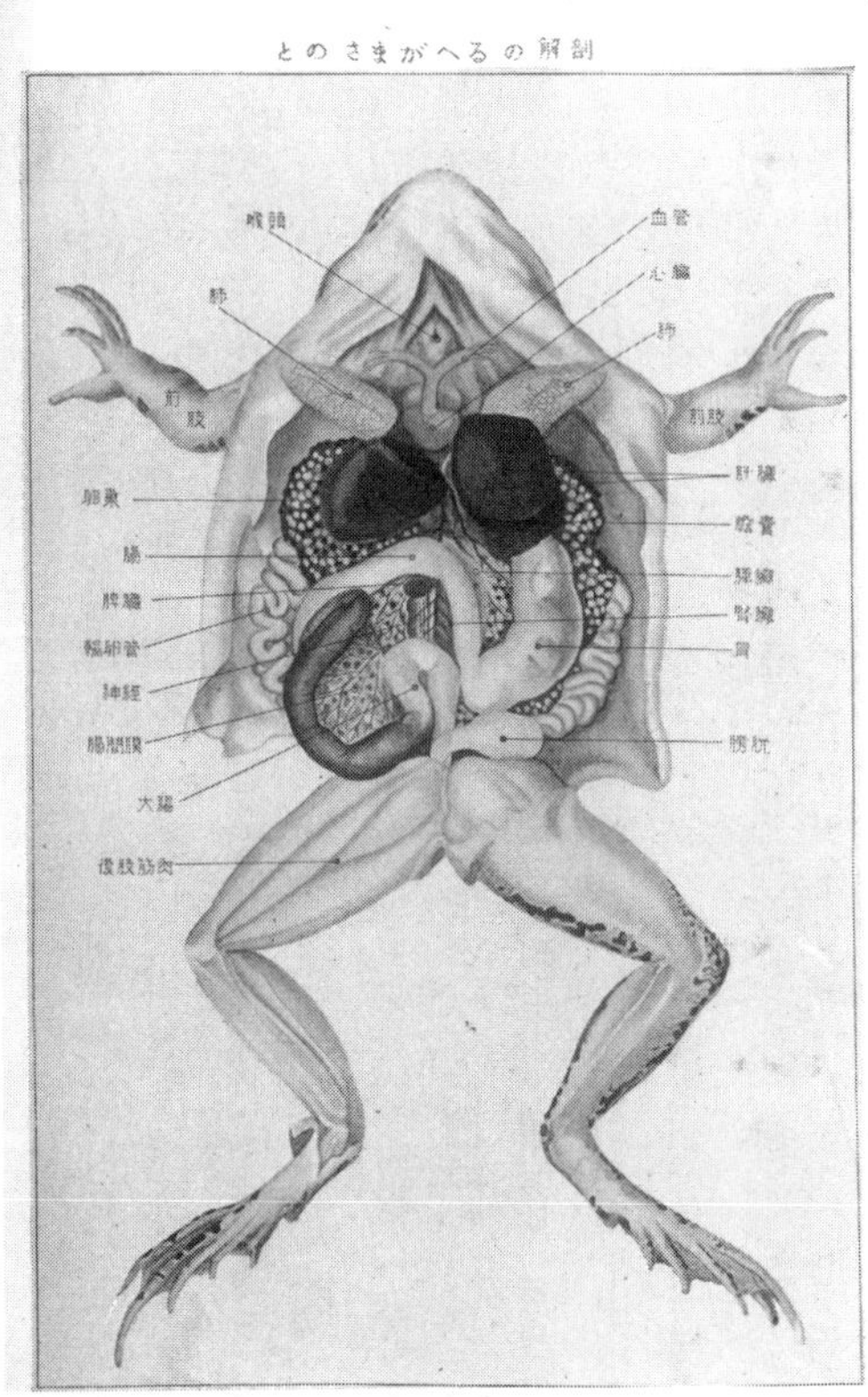

旅順高等公学校中学部で使用されていた『一般理科教科書』（文部省1937年）の中の「カエル」

棄したが、裏では捜査を続けた。

この学期の操行の成績は全クラスが「丙」を付けられた。私は四年生の下半期、日本のある医科大学に合格した（「泰東日報」に合格者名が載っている）。しかし、学校当局は私に合格通知書を渡さなかった。ある日突然、「東京に留学したことがある」と自称する一人の先輩が私の部屋にやってきた（名前は思い出せない）。彼はわざわざ私に会いに来たと言った。彼は「進歩的な生徒が日本に行くと、日本人は放っておかない」といったことをくどくど述べ、「旅順では生徒が団結しているので、日本人の怒りを買い、さらに大きな騒乱を巻きおこすことを恐れて、敢えて君を捕まえないだろう。だから君も慎重に行動し……」とわけのわからないことを言って立ち去った。こうしたことがあったので、私は日本留学を放棄し、引き続き五年生まで勉強し、おとなしくしていた。

卒業後、私は旅順工科大学と満州医科大学を受験し、副級長の于中鐘も旅順工科大学を受験したが、理由が明らかにされないまま不合格となった。この頃、私の故郷は関東州ではなく傀儡「満州国」の支配地域にあったので、故郷の役所は私を無理やり傀儡「満州国」兵士にした。当時、王村長（漢奸〈裏切り者〉）は「劉文国は必ず『国兵』にならなくてはならない、部隊でしっかり性根を叩き直してもらわねばなるまい」と言っていたという。

私が入隊したその晩、すべての分隊長以上の上官が私がどのような人間かを見に来た。二ヵ月後のある日、劉鉄掌というあだ名の分隊長（名前を劉×誠といい、遼寧省鳳城県出身）が「お前は特別監視者に指定されている。部隊というのはのんびりできるところではない。よしんば殺されなくても一皮剥かずにはすまないだろう。ましてお前のようなやつは無事ではすまないだろう。でも心配するな、おれはお前を守るためにおれの分隊に入れたのだ。お前には中国人の土性骨がある。おれはお前を尊敬している」とこっそり私に言った。劉分隊長は除隊の時、後任の汪分隊長に私を守るように託した。私は「八・一五」の日本投降までずっと部隊にいて、その後故郷に逃げ帰った。

五五年前の歴史ではあるが、昨日のことのように覚えている。この記憶は私の骨の髄までしみ込んでいる。あの事件は私と同級生たちの人生の歩みに大きな障害となり、多くの苦難をもたらした。しかし私は後悔していない。私はこの侵略と迫害に対して反抗し、闘争した歴史を語るたびに、誇りを感じ、胸が熱くなる。このことは、中国青年は決して辱めを受けないということを証明している。

旅順は当時日本が長く支配していた植民都市であり、日本人は旅順、大連を彼らが中国を侵略する上での安定した後方地域とみなしていた。日本は「天照大神」を旅順に持ち込むことを決定し、神社を建設中であった。旅順はこの時すでに日本の中国における心臓――第二の東京とされていた。私たちがこのような地で反乱し、ストライキを行なったことは、植民地支配者の心臓に一太刀浴びせたことになる。彼らが歯ぎしりして悔しがり、報復の機会を狙ったのは当然のことであった。特に一九四一年は、日本の侵略戦争の旗色が悪くなり、中国共産党の地下工作が旅順、大連地区まで浸透してきた時であり、日本は頼りにしてきた後方地域がもはや安定したものでなくなったことを感じとっていた。

私たちのストライキは旅順と大連地域を震撼させた。中等教育機関以上の学校に、程度の違いこそあれ反日的情勢が生まれてきたことは、植民地支配者に打撃を与え、幾千万の圧迫された同胞を呼び覚ますことになった。私たちの行動は正義であり、影響は深く、記念に値すると言えよう。

奉天鉄路学院の印象記——李雲基 証言

〔略歴〕

李雲基（リーユンジー）、男、漢族、一九二九年四月一八日生まれ。原籍：山東省蓬莱市龍山店郷南三十里堡村。離休（退職）時の所属：ハルピン科学技術大学組織部、職務：党委員会組織員、大学生業余党学校校長。職称：助教授。傀儡「満州国」時期に在籍した学校：奉天鉄路学院。傀儡「満州国」時期の職場：鉄路総局奉天電信所。

一九三七年—一九四〇年、山東省蓬莱家郷の小学校に在学する。

一九四〇年—一九四三年、奉天市小西国民学校、城西男子国民優級学校、城南男子国民優級学校に在学する。

一九四四年二月—一九四五年一二月、奉天鉄路学院専修科電信学科に在学する。

一九四四年一二月—一九四五年八月、鉄路総局奉天電信所電信員となる。

一九四六年三月—一九五一年一月、前後して瀋陽中学校、瀋陽工科局職工学校土建学科に在学し、卒業する。

一九五一年一月—一九五二年一一月、瀋陽工科高級職業学校施工組副組長、同校共青団委員会書記となる。

一九五二年一一月—一九六〇年、ハルピン土木建築工程学校、黒龍江工学院共青団委員会書記となる。

一九六〇年—一九九一年五月、黒龍江工学院・ハルピン工業大学・ハルピン科学技術大学冶金学部党総支部副書記、同党委員会秘書、基礎課程教研室党総支部副書記、マルクス・レーニン主義教研室副主任・主任、図書館副館長、党委員会組織員大学生業余党学校校長を歴任する。

私は一九四四年二月、奉天鉄路学院専修科電信学科に入学した。学校所在地は瀋陽市北陵付近で、満鉄が経営していた。同学院は本科一部、二部と専修科に分かれていた。本科一部と専修科は国民優級学校卒業生を募集対象としていた。本科二部は国民高等学校卒業生を募集対象としていた。本科は二年制、専修科は一年制であった。院長は張恕といい、聞くところによると奉天講武堂の卒業生で、旧中国時代は中将の軍職にあった。副院長と教師

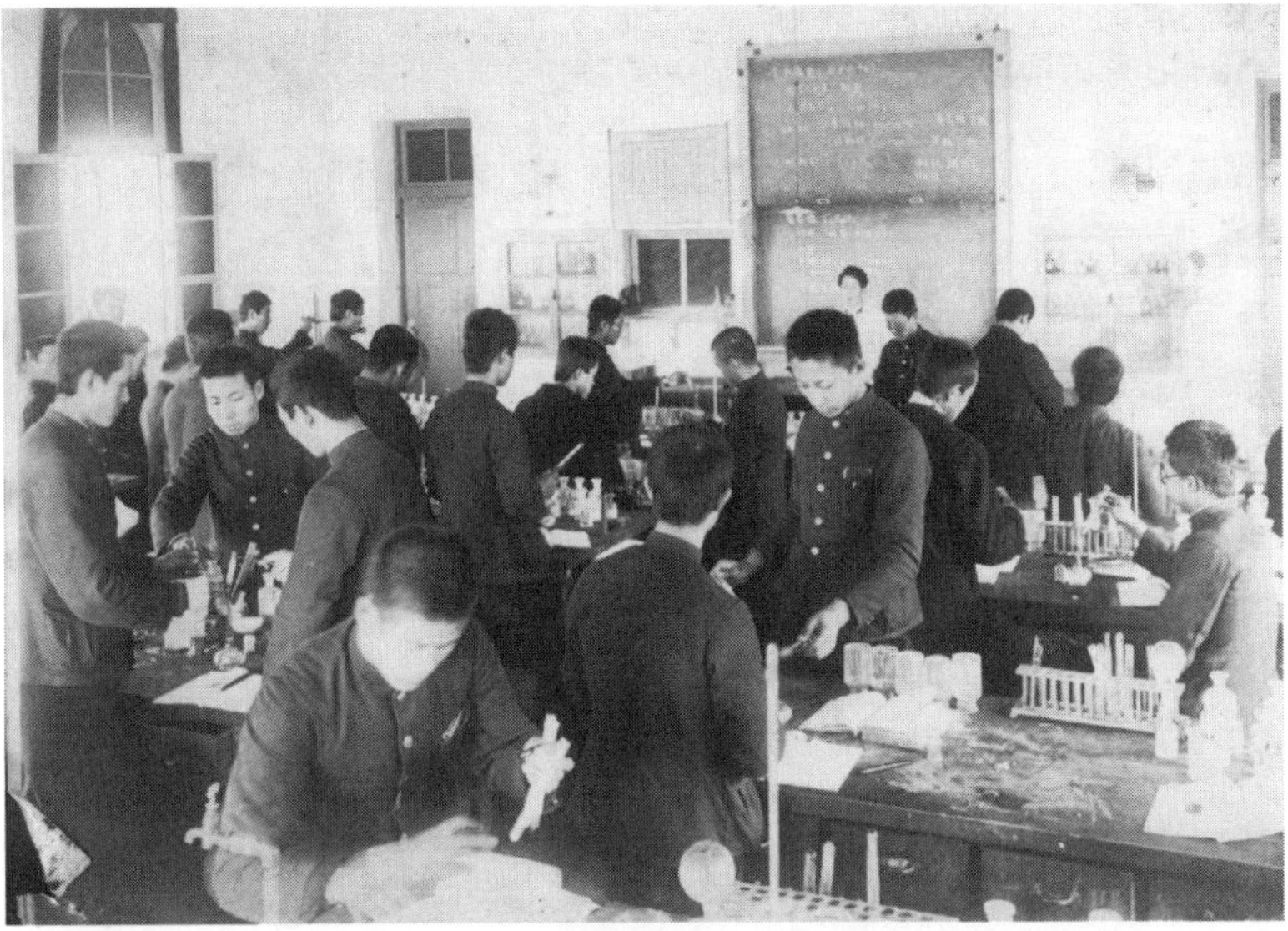

旅順高等公学校師範部の実験風景

はほとんど日本人であったが、ただ専修科の黄という主任は中国人であった。彼は日本語で授業を行なっていた。張恕は大講堂で修身の授業を行ない、日本語ではなく中国語で話した。それ以外はクラスに分かれて教室で授業が行なわれていた。

学校の規律は厳しかった。毎日早朝、日が昇る前に起床し、隊列を組んで運動場に出て、駆け足と体操を行なった。毎日最初の授業の前、全生徒は運動場に整列して礼をして教員を迎えた。生徒は外から教室に入る時は、必ず上履きに取り替えた。三度の食事は隊列を組んで食堂に行き、単独行動は許されなかった。毎回食事の前は決められた食卓の前に立ち、まず上級生の当番が号令をかけ、声をそろえて「いただきます」と日本語で言った。これは食事の前に必ず言う言葉である。食事の後、単独で席を離れることは許されなかった。全員が食べ終わるのを待って、一斉に「ごちそうさま」と言い、それから集団で食堂を出るのであった。毎食足りようが足りまいが、ほとんど決まって丼一杯のトウモロコシの粥で、炊事員が先に盛り付けて、食卓の上に並べておくのであった。おかずはたいていジャガイ

新京法政大学の学生たち、奉天車輌工場での「勤労奉仕」(1944年)

モの煮物であった。毎週土曜日の昼は食事の内容がいくらかましになり、コウリャン飯にジャガイモの油炒めが付いた。

毎朝運動場で駆け足する時、歩調がそろわなかったり、落伍したりしているところを日本人教師に見つかると、ひとしきり撲られた。ある時、運動場で一人の生徒が教師から背負い投げで何回も投げ飛ばされ、やっとのことで許されたのを目撃したことがある。

私が勉強したのは電信に関する技術方面の知識であった。入学した頃、日本人教師が教壇に立ってモールス信号を言い、私たちはそれをカタカナに直して書いた。最初はスピードが遅かったが、徐々に速くなった。しばらくすると、口で言って信号機でモールス信号を打って、私たちに書き取らせた。その後、信号機で打つ練習をさせた。電信は主要科目であって、毎日授業があった。

このほかに日本語の授業も毎日あった。まず日本人教師が読み、どういう意味かは説明しないので意味がわからないまま、彼が読むように口まねして読んだ。ほかに珠算の授業もあった。日本人教師が担当していた。彼は荒っぽい人間で、授業に来るたびにわざと前のドアから入らず後のドアから入って来て、みんなが立っていると、手に持った教鞭で各自の頭をぽかぽか撲りながら前に進み、教卓に着いて授業を始めた。私たちは彼の笑い顔を見たことがなく、いつも恐い顔をしていた。

私のクラス担任は小野という姓で、名は忘れたが、彼は私たちに電信技術を教えた。小柄で、色黒で、体を揺らして歩いた。退役軍人であった。彼は教室に入ると厳しい顔になり、少しも笑ったことがなかった。彼は簡単な中国語が話せた。ある時「君たち『満州人』の名前はたいへん響きがよく、『福』とか『貴』という字をよく使う。しかし、実際には『満州人』はみな『賦役』（雑役、召使）である」と言った。

当時私は一五歳で、いつも腹を減らしていた。ある日、とても腹が減って我慢できなくなったので、学校の近くの小さな食堂で、数枚の煎餅（ジェンピン）を買って、教室で食べていた。小野先生が後のドアから入って来たのに気づかなかった。彼は私が煎餅を食べているところを見ると、呼び出して軍手をした手で私の頭や顔を強く撲り、罰としてその日から毎日、教室の掃除をさせた。これ以後、私は毎日教室を掃除した。ある日、仲秋節の前、この市に住む生徒はみな家に帰り、級友たちは街に出かけた。私一人だけ教室の床を掃いていた。小野先生は教室に来て、この様子を見て、私が改心したと思ったようで、これから毎日教室を掃除しなくてよいと言った。

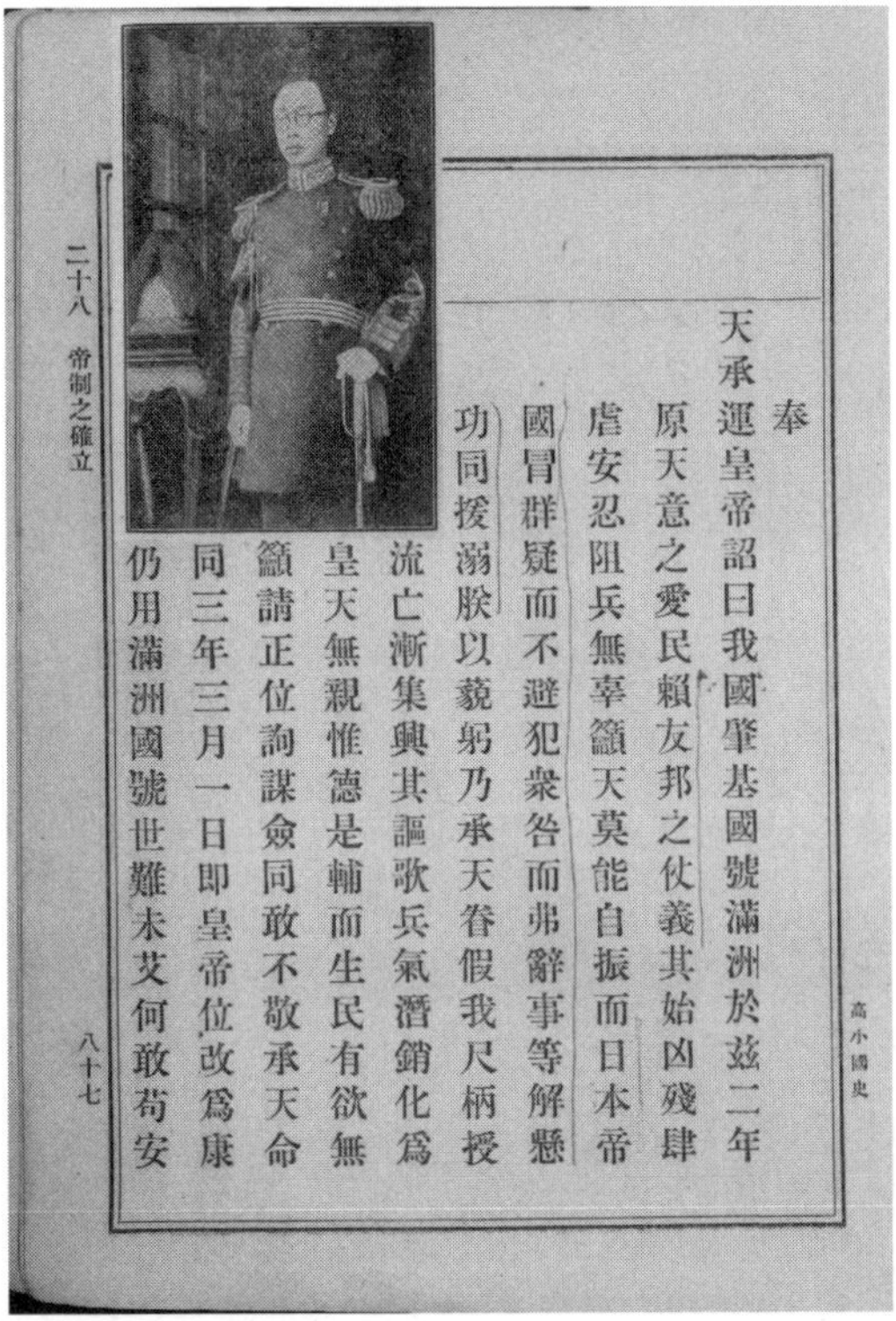
高小國史

奉

天承運皇帝詔曰我國肇基國號滿洲於茲二年原天意之愛民賴友邦之仗義其始凶殘肆虐安忍阻兵無辜籲天莫能自振而日本帝國冒群疑而不避犯衆咎而弗辭事等解懸功同援溺朕以藐躬乃承天眷假我尺柄授流亡漸集興其謳歌兵氣潛銷化爲皇天無親惟德是輔而生民有欲無籲請正位詢謀僉同敢不敬承天命同三年三月一日即皇帝位改爲康仍用滿洲國號世難未艾何敢苟安

二十八　帝制之確立　八十七

高級小学校『国史教科書』（文教部　1936年）の「満州国」皇帝溥儀の写真と「即位詔書」。

ここでは、新入生は上級生を恐れ、下級生は上級生を恐れていた。ある土曜日の夕方、寮でしゃべっていたところ、突然私たちより数ヵ月早く入学した生徒が入ってきた。こんな時は、みんな起立して帽子をとって敬礼することになっていた。しかし私は彼らが入ってきたことに気づかず、起立するのが遅くなった。一人の生徒が近づいて来て、私の頬を強く撲った。私は敬礼して謝り、やっとのことで事をおさめた。街で上級生を見かけると、必ず敬礼しなければならなかった。そうでなければビンタを張られた。私はこの軍隊式の学校で一〇ヵ月勉強した。当時は幼かったので、生活がどんなに苦しくても我慢するしかなかった。

傀儡「満州国」の奴隷化教育——劉明倫 証言

〔略歴〕

劉明倫（リュウミンルン）、男、漢族、一九三一年一〇月一九日生まれ。原籍：黒龍江省双城市五家子郷民富村。離休（退職）時の所属：瀋陽中級人民法院。職務：裁判官。傀儡「満州国」時期に在籍した学校：濱江省双城県新康国民優級学校。

一九三九年一月—一九四三年一二月、傀儡「満州国」濱江省双城県新康村金喪藍頭屯国民学校に在学（一学年後れる）する。

一九四四年一月—一九四五年八月一六日、双城県新康村新康国民優級学校に在学する。

一九四五年八月一七日—一九四六年二月、学校教育を受けず、家で農作業に従事する。

一九四六年三月—一九四七年八月、松江省（後に黒龍江省に合併される）双城県五家子郷民富村農会児童団副団長となる。

一九四七年九月—一九五〇年一月、東北財経幹部学校、東北行政委員会司法部、東北人民法院、最高人民法院東北分院通信員、警備員、事務員を務める。

一九五〇年二月—一九五三年二月、東北人民大学法学部（本科）に在学する。

一九五三年三月—一九六〇年二月、遼寧省瀋陽市中級人民法院書記員、助理裁判官となる。

一九六〇年三月—一九六八年九月、遼寧省瀋陽市人民委員会機関党委員会組織部組織員となる。

一九六八年一〇月—一九七八年七月、瀋陽市拉塔湖五七幹部学校学員、政治工作組学員管理組副組長、瀋陽市革命委員会政治工作組、教育組、市教育局工作員を歴任する。

一九七八年八月—一九八四年三月、瀋陽市中級人民法院政治工作科長、人事科長となる。

一九八四年四月—一九九一年一一月、瀋陽市中級人民法院裁判官、全国法院幹部業余法律大学専任教師となる。

一九九一年一二月、離休（退職）する。

一九三一年の「九・一八事変」後、日本帝国主義は瀋陽を武力占領し、三ヵ月の間に遼寧、吉林、黒龍江三省を占領し、東北全土をその支配下においた。日本帝国主義の陰謀と策略の下で、清朝最後の皇帝溥儀がかつぎ出されて、傀儡「満州国」を建国し、この時から東北地方は日本の完全な植民地となった。日本帝国主義は政治上、軍事上の侵略を行なっただけでなく、経済上においても中国東北地域の豊富な物資、資源をほしいままに掠奪し、我が東北人民に対し残酷な圧迫と搾取を行ない、奴隷としてこき使った。

さらに侵略の魔手を教育の領域まで伸ばし、自分たちの支配に都合のいいように変え、学校をことごとく公立とした。各学校は旧来の教育制度によって授業を行ない、教育課程はさほど変えず、ただ国民党の「党義」の授業を取り消して「修身」に変えた。漢奸・鄭孝胥を「国務総理」に据え、一部の清朝の遺臣たちは、孔子を尊敬し儒教の書物を学ぶことを提唱し、高級小学校の国文科に文語文をとり入れ、『孝経』『論語』等を勉強させ、作文も文語文となった。たとえば一九三六年当時のある市の高級小学校の作文試験の題目は「王道の本は忠孝にあり」というもので、まさに十数歳の小学生にとって手におえない問題であった。学校は習字の授業があったが、大楷書、小楷書で書かせ、作文も毛筆を使用し、小楷書で書かなければならなかった。クラス編成の名称も孝、悌、忠、信、礼、義となり、たとえば「高一孝級」（高等小学第一学年孝クラス）となった。

傀儡「満州国」後期になると、日本帝国主義の教育に対する支配は、すでに狂気の域に達していた。まず最初に学制の大改編が行なわれた。

一九三七年に「新学制要綱」が公布され、初級小学校は「国民学校」となり、高級小学校は「国民優級学校」となり、中学校は「国民高等学校」（初級中学校、高級中学校合わせて四年制）となった。師範教育は師道学校本科（国民高等学校卒業生を募集し、一年制）と特修科（高級小学校卒業生を募集し、二年制）となった。

私の国民学校の時の先生は于匯清といい、高級小学校を卒業後、師道学校特修科に入学して、二年間勉強して教員になった。国民優級学校の時の先生は陳全和といい、国民高等学校を卒業後、師道学校本科に入学して、一年間勉強して教員になった。中学校、小学校の教員の職称は教諭、教導、教輔の三つに分かれていた。師道学校本科を卒業すると二等教諭となり、公署（役所）の甲類判任官に相当するランクであった。師道学校特修科を卒業すると教導となり、乙類判任官のランクであった。教輔は等級がなく、官吏には含まれなかった。校長はランクが高く奏任官で、高価な綿の「協和服」を着て、儀式に参列する時は胸に黄色の綬帯をかけて官位を示した。

新学制によって、授業内容や教科書は大幅に改編された。毎週、日本語八時間、「満語」（中国文）または蒙古語八時間、算術六時間、実務（労働）六時間、体育、音楽、美術が合わせて五時間となった。日本語の授業が多くなっただけでなく、「建国精神」の一科が加わった。「建国精神」は「日満親善」「一徳一心」「共存共栄」等を宣伝する内容であった。一九四一年七月五日に刊行された『国民学校日語国民読本』（巻八）の主な内容は、「日本建国」「建国神廟」「明治天皇」「国都」「協和会」「青少年義勇隊」「開拓村」「防空演習」などといった武士道、ファシズム、「大日本精神」を宣伝する荒唐無稽のものであった。教育課程では国文がなくなり、「満語」「蒙古語」となった。

一九三七年五月に公布された「国民優級学校令」は「生徒の心身の発達に留意して、国民道徳を涵養し、主として実務に関する普通の知識技能を授け、労作の習慣を養い、以て忠良なる国民たるの資質を向上せしむるを其の目的とす」と規定している。これは実際は身体強健にして、奴隷思想を持ち、労働に安んじる奴隷を養成するというものであった。

私たちの学校は小学校が四クラスで、一、二、三、四年が各一クラスで、優級（高等小学校）学校は六クラスで、一年が三クラス、二年が三クラスであった。一般に午前中は勉強、午後は労働となっていた。学校の裏が「実習地」

となっており、いろいろな野菜やウリ、コウリャン、トウモロコシなどの農作物を栽培した。生徒は校内の労働以外に、いつも鉄道の南にある日本の開拓団に行って農作業を手伝わされた。たとえば紙の原料になる「紙米子」の畑で草取りをしたり、ジャガイモの収穫などをした。

学校の窓ガラスには、どこも「米」という字に紙が貼ってあり、周囲には「工」の字型の横穴式の防空壕が掘ってあった。男子生徒は防空スイープ（帽子の後ろに布片を垂れたもの）の付いた戦闘帽をかぶり、ゲートルを巻き、腰には白いタオルを下げた。いつも笛を合図に防空演習を行なった。

傀儡「満州国」では、国民学校から大学まで一律に学生の制服があった。国民学校の制服は「体操着」と呼ばれている黄緑色のものであった。国民高等学校と大学の制服は暗緑色で、八角帽には「国高」（国民高等学校）、「大学」の徽章が施されてあった。

生徒間の関係は「階級服従」の関係であった。特に国民高等学校と大学は厳しかった。下級生は上級生に出会うと、必ず起立して敬礼しなければならなかった。上級生は下級生を意のままに罰することができた。たとえば下級生が上級生に出会った時、規則通りに起立・敬礼をしなければ、厳しく叱られるか、ビンタを食らわされた。時には上級生が下級生の粗探しをして、下級生を怖がらせた。下級生の中には、上級生を見ると、災難に遭うのを恐れてこそこそと隠れる者もいた。

特に日本人が管理している学校は、教育だけでなく、組織上一人の首席（副校長に相当する）が学校のすべての権限を掌握していた。中国人校長は看板だけで、権限を持たなかった。たとえば私たちの学校に派遣されてきた日本人首席は石窪孝助といったが、当時の校長の白成昌のほうが学歴もあり教育界でも声望があったが、学校運営に関しては何から何まで石窪にうかがいを立てなければならなかった。さらに石窪は、教師に対して有無を言わせなかった。教師たちも石窪の前では「はいはい、ごもっともごもっとも、さようしからば」とへこへこして逆らわず、石窪を

「太上皇」と見なしていた。

石窪という男は着任早々から現場監督のようにふるまった。特に生徒には厳しく、狡猾で、いつも黒白を問わずほしいままに生徒に体罰を加えた。ある時、学校から遠い寄宿舎に住む生徒たち二〇人余りが午後の授業に遅刻した。実は炊事員が昼食を作るのが遅れ、彼らは一里半の道を走ってもどって来たが、遅刻してしまったのだった。そこを石窪に見つかってしまった。石窪はわけも聞かずに、生徒たちを土下座させた。その時は小雨が降っていて地面が濡れ、辺りには石炭の燃えかすがばらまかれていた。日本の侵略者はなんと残忍なことか！なんと人情のかけらもないことか！「物を打てば響くし、水は低いところに流れる」ように、圧迫があれば反抗がある。

この時、二年二クラスの趙先生（彼は正義感があり、日本人と争う人だった）が昼食を済ませて学校に戻る際、生徒がずらりと並んで土下座をし、雨に打たれてがたがた震えているのを見て尋ねた。「どうした?」。生徒から昼食で遅れ、土下座させられていることを聞いて、趙先生は直ちに教員室に行き、石窪を生徒のところに連れて来た。その時、趙先生と石窪が日本語でやりあっているのを聞いた。趙先生は「宿舎の炊事員が食事を作るのが遅くなったもので、生徒に責任はない。あなたは原因も調査しないで生徒に体罰を加えた。彼らを雨の中で土下座させる道理はない」と言った。その後、お互いに「バカ」「バカ」と怒鳴り合いが始まり、最後に趙先生が憎しみを込めた大声で、石窪に対し「この大馬鹿者！」という声が聞こえた。その後で趙先生が手招きして、生徒を立たせて授業に行かせた。石窪は一言も言わず立ち去った。

これ以後、石窪が勝手に体罰を加えることはなくなった。後で生徒たちは「趙先生のクラスの生徒はいいよ、人間扱いされているから。日本人からバカにされない。ほかのクラスの生徒は継子扱いされている。労働しても、何かというと体罰を食らって撲られるんだから」と言っていた。

学校では毎年春と夏に生徒を組織して「遠足」をすることになっていた。ある年の夏、私たち全校の教師、生徒は東南に七、八キロ離れた双井子に「遠足」に行った。生徒たちは河に入り、魚、亀、海老、蟹、哈蟆〔食用ガエルの一種〕をつかまえた。獲物はバケツ数杯になった。しかし、これらは誰の口にも入らず、全部石窪が独り占めして持って帰った。教師、生徒たちは何も言えなかった。

一九四四年秋、石窪孝助が病死した。後任に桜井紀夫という首席が派遣されて来た。

一九四五年春、桜井は石窪の妻と娘を連れて、石窪の遺骨を持ってハルピンから列車に乗り、新京（現・長春）、奉天（現・瀋陽）、安東（現・丹東）及び朝鮮の平壌、釜山を経由して日本に送り届けることになった。列車が私たちの学校の所在地――哈長線の五家子駅を通過する時、全校五〇〇人余りの教師、生徒は隊列を組んで駅に行かされ、鉄道の北側に整列して厳粛に九〇度の最敬礼をし、石窪の遺骨に最後の別れをさせられた。

新任の桜井は教育というものをまるで理解せず、油でシミだらけの黒い上着に古い軍隊ズボンをはき、汚れて臭いゴム靴をはいて、一日中校内を歩きまわり、生徒を働かせた。いつも生徒を監視し、生徒を見れば叱るか撲るかのどちらかであった。生徒は彼に対して恨み骨髄に徹し、陰では「スッポン野郎」と呼んでいた。

学校のいろいろの活動にも奴隷化教育の色彩が濃くなっていった。

「朝会」――毎朝、授業の前に「朝会」（「朝礼」とも言った）が行なわれた。全校の教師と生徒が運動場に集合し、当番の先生の訓話の後、左腕に週番の腕章をした二人の生徒が駆け足で掲揚台のところに行き、傀儡「満州国」の「国旗」に向かって姿勢を正し、合図の笛が鳴ると「国旗」を掲揚し、「国歌」を歌った。その後で、全員が東南に位置する東京の皇居に向かい、日本の天皇に腰を九〇度に曲げて「宮城遥拝」をした。続いて西南に位置する傀儡「満州国」の新京（現・長春）にある帝宮に向かい、傀儡「満州国」皇帝溥儀に同じように腰を九〇度に曲げて「帝宮遥拝」をした。こうした儀式が終了すると、全校の教師と生徒は声をそろえて「国民訓」を暗唱し、「建国体操」を行なった。これらが終わった後、教師と生徒は隊列を組んで教室に入り、授業を始めた。

国民高等学校『音楽』（民生部　1938年）第2課「満州帝国国歌」

毎朝「朝会」が行なわれている最中、日本の首席桜井は教鞭をひっさげ、教室を見回って、遅刻した生徒や「朝会」に出ない者を見つけると、軽ければ蹴飛ばし、重ければ鞭を振るい、ビンタを張り、投げ飛ばした。その後で、二人の生徒を向き合わせ、互いにビンタを張らせた。彼はこれを「協和ビンタ」と称していた。桜井は非常に悪辣だったので、生徒は特に彼を憎み、陰で「楽な死に方はできないだろう」と罵っていた。

毎日午後、サイレンが鳴ると教師も生徒もその場に静止し、「大東亜聖戦の勝利」「日本皇軍の武運長久」「日本皇軍が永遠に無敵である」ことを祈って、頭をたれて黙禱した。しかし、みんなは心の中では「日本帝国主義は早くお釈迦になればいい」と罵っていた。

ある国民学校で、こんなことがあったそうである。ある女性教師が国文科の教師に、「秦朝の『徐福南洋に下る』ということはどういうことなのか」と尋ねた。国文科の教師は黒板に「秦始皇帝は、斉の徐福を南洋（現在の日本を指す）に派遣した。南洋には草が青々と茂り、蜜のように甘い果物が生り、腹をすかした狼（日本人を指す）どもが生まれた」と、戯れごとを書いた。彼は女性教師に書きとらせることもなく、読み終わるとすぐに消してしまった。この詩は、東北人民を侵略、抑圧、搾取している日本の侵略者は、当時南洋に渡った中国人の子孫であるが、彼らはそのことを忘れ、自分たちの祖先を狂気のように侵略している、という意味である。この戯れごとは、侵略・支配されている東北人民と多くの教師や生徒が、いかに日本帝国主義を憎んでいたかを表している。

また当時、人々の間にこんな噂があった。ある家で正月に餃子をゆでたところ、鍋に大きな穴があいた。竈から鍋を持ち上げて覗くと、中に大きな洞穴があり、入っていくと金ピカの広大な建物があって、石柱に大きな鎖でブタが一頭繋いであり、そばに白髪のお爺さんが坐っていた。そのお爺さんは「ブタを繋いだこの鎖は、もうすぐちぎれるだろう。鎖が切れた時、日本帝国主義は瓦解する」と言った、というのである。この話も、東北人民が日本の侵略者をいかに憎んでいたかということを示すものである。彼らは日本の侵略者が一日も早く滅びることを強く望んでいたのだ。

傀儡「満州国」の時期には、記念日になると各学校で行事が行なわれた。これも日本の支配者が奴隷化教育を行なう手段となっていた。

「建国節」——一九三二年（大同元年）三月一日は、日本帝国主義が傀儡政権「満州国」をでっちあげた日である。毎年三月一日は、全校の教師と生徒が運動場または講堂に集められて、儀式が行なわれた。傀儡「満州国」の国旗を掲げ、「国歌」を歌い、校長が訓話した。

「詔書奉戴日」——一九三五年五月二日、傀儡「満州国」皇帝溥儀は、天皇のご機嫌をうかがうために訪日し、帰国して『回鑾《かいらん》訓民詔書』を発布した。これは溥儀が「国民」に日本と「一徳一心」となることを要求した「聖旨」として、各学校に一部ずつ配られた。私たちの学校では講堂の正面に木製の屏風で三分の一ほど囲まれた場所があり、それは「奉安殿」と呼ばれていた。平時は「詔書」は黄色い布で包み、黄色い木箱に入れられ、「奉安殿」の神棚に置かれていた。毎年五月二日の「詔書」公布日に、学校は講堂で「詔書奉戴日」の儀式を行なった。全校の教師と生徒は厳粛な面持ちで起立し、傀儡「村公所」の村長、協和会会長、富豪紳士の代表及び校長、教職員が前に並び、後に生徒が整列した。儀式が始まると、深緑色の「協和服」を着た校長の白成昌が、首から黄色い「協和帯」と称する綬

国民高等学校『音楽』（民生部　1938年）第1課「日本帝国国歌」

帯をかけ、白い手袋をつけ、ゆっくりと「奉安殿」の正面に進み、神棚から取り出した「詔書」の入った黄色い木箱を高く掲げて教師と生徒の前に戻り、木箱から取り出した黄色い包みを開いて「詔書」を取り出し、朗々と読み上げた。全校の教師と生徒はみな起立して、頭をたれてこれを聞いた。

以下は『回鑾訓民詔書』の内容である。

朕登極ヨリ以来、亟ニ躬カラ日本皇室ヲ訪ヒ、修睦聯歓、以テ積慕ヲ伸ヘンコトヲ思フ。今次東渡。宿願克ク遂ク、日本皇室、懇切相待チ、備サニ優隆ヲ極メ、其臣民熱誠迎送、亦礼敬ヲ殫竭セサルナシ、衷懐銘刻、殊ニ忘ルル能ハス。深ク維フニ我国建立ヨリ、以テ今茲ニ逮フマテ、皆友邦ノ仗義尽力ニ頼リ、以テ丕基ヲ奠メタリ。茲ニ幸ニ親シク誠悃ヲ致シ、復タ意ヲ加ヘテ観察シ、其政本ノ立ツトコロ仁愛ニ在リ、教本ノ重ンスルトコロ忠孝ニ在リ、民心ノ君ヲ尊ヒ上ニ親ム、天ノ如ク地ノ如ク忠勇公ニ奉シ、誠意国ノ為ニセサルハナシ。故ニ能ク内ヲ安ンシ外ヲ攘ヒ、信ヲ講シ鄰ヲ恤レミ以テ万世一系ノ皇統ヲ維持スルコトヲ知レリ。朕今躬カラ其ノ上下ニ接シ、咸ナ至誠ヲ以テ相結ヒ気同シク道合シ、依頼渝ラス。朕日本天皇陛下ト精神一体ノ如シ。爾衆庶等更ニ当ニ仰イテ此ノ意ヲ体シ、友邦ト一徳一心、以テ両国永久ノ基礎ヲ奠定シ、東方道徳ノ真意ヲ発揚スヘシ、則チ大局ノ和平人類ノ福祉必ス致スヘキナリ。凡ソ我カ臣民務メテ朕カ旨ニ遵ヒ、以テ万祀ニ垂レヨ此ヲ欽メ。

「詔書奉戴日」の儀式が終了すると、教師と生徒は教室に戻って授業をした。

「皇帝外出巡視日」——たまたま傀儡「満州国」皇帝溥儀が外出巡視する日に出くわすと、溥儀の通路となっている鉄道沿線の各学校の教師と生徒は隊列を組んで校長に引率され、旗を掲げ、サイレンを鳴らし、駅まで送迎しなければならなかった。皇帝溥儀の専用列車が通過する時は、すべての教師と生徒は脱帽し、九〇度に腰を曲げて最敬礼をし、顔を上げることは許されない。さらに「皇帝陛下ご無事で、巡視が成功しますように」と祈念しなければならなかった。

「英霊送迎日」——一九四一年（康徳八年）一二月八日、日本帝国主義は真珠湾に奇襲攻撃を行なった。アメリカ、イギリスも日本に宣戦布告を行ない、太平洋戦争が勃発した。毎年この日、日本の支配者は戦場で戦死した日本軍人の遺骨を日本に送り帰すことになっていた。毎年この日になると、私たち鉄道沿線の学校の教師と生徒は隊列を組んで駅に行き、中国人民を虐殺し、中国侵略戦争によって戦死した「英霊」の送迎をしなくてはならなかった。黒布に覆われた専用列車が通過する時、教師と生徒は腰を九〇度に曲げ、通過する列車に敬意を表さねばならなかった。これが日本侵略者が強制した「英霊送迎日」であった。

かつて傀儡「満州国」時期に東北で生活したことのある老人なら、忘れることができないことがある。日本の侵略者が東北を侵略した時、細菌兵器の研究・実験、生産を行なうために、日本の関東軍は傀儡「満州国」衛生部と協議して、全「国民」にネズミ狩りをさせた。一九四四年春、日本帝国主義の侵略戦争はすでに行き詰まっていた。特に一九四五年五月にはヨーロッパの戦場でドイツファシズムがソ連とその同盟国に打ち破られ、東の日本帝国主義も虫の息であった。しかし、彼らは万事休すの敗勢を挽回するために必死にあがき、細菌兵器の研究・実験、生産を強化し、細菌戦によって中国人民とアジア各国人民に対する大量虐殺を行なおうと目論んでいた。

この悪魔の目的を実現するために、その年の二月から三月にかけて、関東軍七三一部隊（細菌兵器を専門に研究製造する部隊）は、傀儡「満州国」興農部次長の稲垣征生や傀儡「満州国」興農合作社中央理事会会長松島と連名で「軍用ネズミ供出協定」にサインし、「公文書」で通知を出した。協定書は「鉄道沿線の国民学校生を組織してネズミ（土ネズミ）を捕獲する」というもので、各学校に供出数を割り当て、生徒一人に三匹から五匹の生きているネズミを捕まえさせることにした。その数は大量で、かつ緊急を要した。生徒たちは昼間は授業のため時間がなかったので、放課後に捕まえた。家の中のネズミを捕り尽くすと、鍬やシャベル、バケツをかついで村の外の畑や荒地に行き、ネズミの巣を掘り返したり、巣に水を注いだりして、知恵をしぼり、あらゆる手段を使ってネズミを捕まえた。

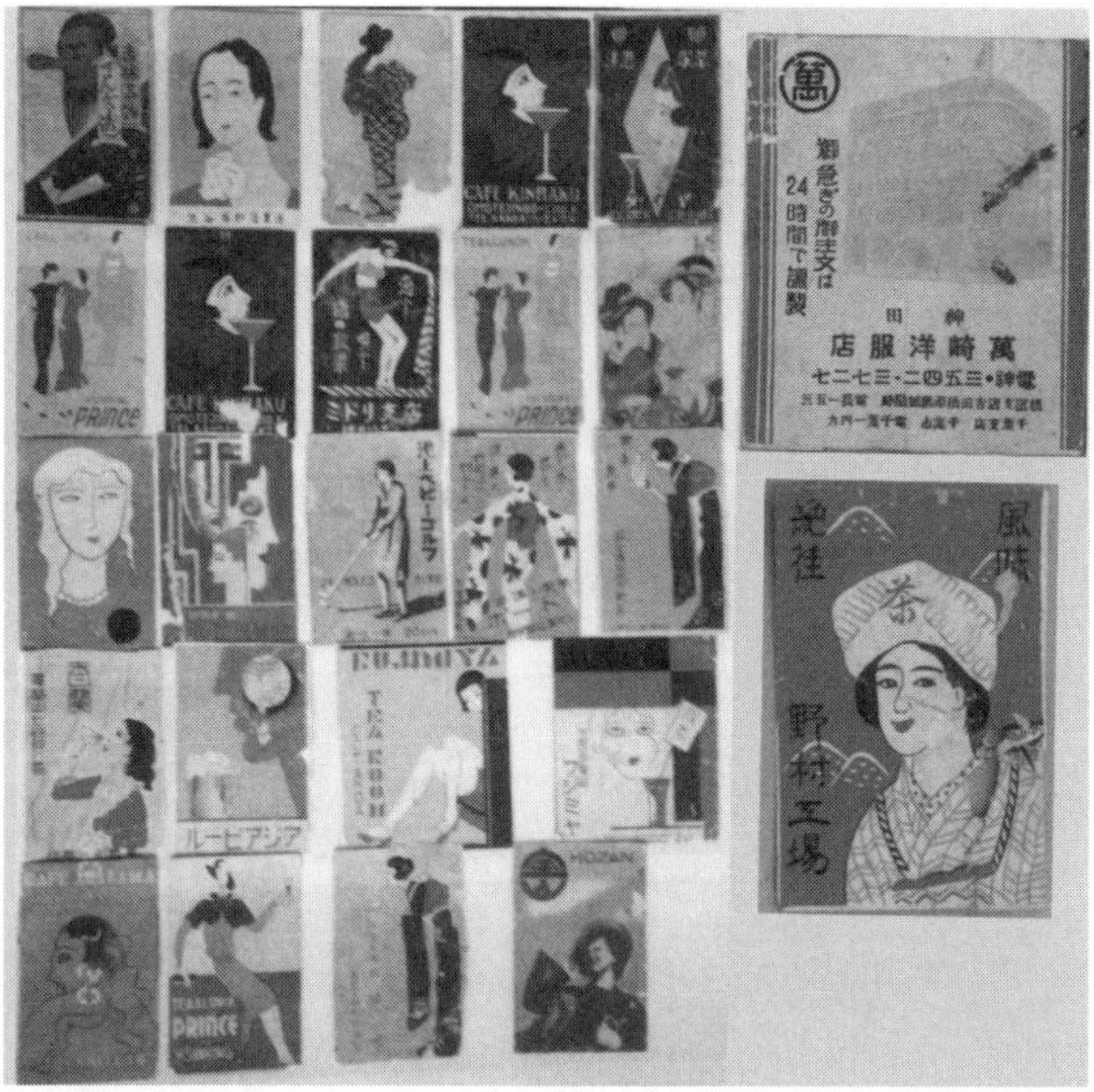

「花火」（マッチのラベル）、「満州国」はいたるところで日本文化を蔓延させようとした。

当時、傀儡「満州国」は、関東軍司令部の命令により鉄道沿線の国民学校にネズミ捕り隊を組織させ、生徒のネズミ捕りを指導した。生徒に積極的にネズミを捕獲させるために、学校では任務を完遂した生徒に小刀や鉛筆やノートを賞品として与えた。小学生でネズミを捕ってこない者は「国民道徳」科を不合格にされた。大学生でネズミを捕ってこない者は「思想不良」ということにされ、逆らう者は「反満抗日」として処罰された。私たち小学生はネズミを捕まえると、おっかなびっくりで柳の籠や紙袋に入れて、しっかり蓋をして、すぐに学校に持って行った。ネズミに逃げられ、「国民道徳」が不合格にされてしまうことを恐れた。私たちの学校では、短時日のうちに生徒が捕ったネズミは二〇〇〇匹になり、それがいくつもの容れ物に入れられていた。学校中に臭気がただよい、生徒たちはいつも鼻をつまんで避けて通った。一部のネズミは軍に引き渡したが、残りを引き渡さないうちに、日本の侵略者は敗北してしまった。

日本帝国主義は、軍需品として民衆や生徒にネズミ捕りを要求しただけでなく、生徒にブタの血を要求した。それは鮮血ではなく、乾燥して粉にした血粉で、それを一人当たり一〇〇グラム要求した。私たちは割り当てを達成するために、あれこれ手を尽くしてブタの血を乾かして血粉とした。日本帝国主義に操られた傀儡「満州国」支配下において、普通の庶民、特に一部の貧しい人々は、粗末な衣服を着て食べる物もない状態にあって、どこに殺すほどのブタがいるだろうか。殺すブタがなければ、ブタの血をどこから得られようか。ブタの血が手に入らない者は、ほかの動物の血で代用した。たとえばニワトリ、カモ、ウサギの血で代用し、これらの動物の血で日本の侵略者をごまかして「任務」を果たしたのである。

さらに不思議なことに、一九四五年の春、当局はまたもや「任務」を通知してきた。それは生徒一人当たり一キロの「樹皮を剥いで干した柳の枝」の供出であった。条件は〇・五センチの太さ、約三〇センチから六〇センチの長さで、必ず「樹皮を剥いで干した柳の枝」でなければならず、それを「一束にまとめるように」ということであった。これは仕事量が多く、手間と時間がかかった。私たち農家の生徒は学校から五、六里も離れていた。朝登校し、授業が終わるとすでに暗くなっていて、柳の枝の樹皮を剥ぐ時間などなかった。そこで柳の枝を供出する「任務」を果たすために、毎日早起きして登校する前か、日曜日を利用して柳の枝の皮むきをした。間に合わないといけないので、ある時は午前中は登校し、午後は何人かの生徒と授業をさぼって家に帰り、同級生と一緒に家から三里ばかり離れた柳条湖に行って、柳の枝を切り取って樹皮をむいた。樹皮をむいた後、さらによく乾かさなくてはならなかった。この仕事は二、三日で終わるものではなく、一月余りかかった。ある時、教師に授業をさぼったことがわかり、次の日、登校した時に罰として手を板で叩かれ、手が腫れあがって我慢できなかった。日本の侵略者たちは皮をむいて乾かした柳の小枝を何に使ったのか、みんな知る由もなかったが、関東軍の飯盒入れを編むためだと言われていた。これは今も謎である。ただわかっていることは、こうした要求は侵略戦争を遂行し中国人民を虐殺する以外に使い道があるわけはない、ということである。

八月一五日、ソ連赤軍が中国の東北に出兵し、我が八路軍、東北抗日聯軍が大規模の反攻を開始した。天皇は無条件降伏を宣言し、日本は敗北した。中国の東北を一四年間にわたって支配してきた日本帝国主義及びその傀儡政権「満州国」は、徹底的に瓦解した。

八月一六日、校長はいつも着ていた「協和服」に代えて真新しい深藍色の背広を着て、運動場の式台の上から全校の教師、生徒に宣言した。「諸君によい報せがある。日本帝国主義は無条件降伏した。祖国はよみがえったのである」。この時、私たち五〇〇人余りの教師と生徒は狂気せんばかりに喜び、雷のような拍手が鳴り止まなかった。「祖国解放勝利万歳！」と歓呼した。この光景は今も昨日のことのように覚えている。現在の若い世代は、祖国の太陽の光の下で生活している。なんと幸福なことであろう。

錦州第一国民高等学校での日々——朱爾純 証言

〔略歴〕
朱爾純（ジューニーチュン）、男、満州族、一九二六年四月一八日生まれ。原籍：遼寧省凌海市。離休（退職）時の所属：錦州師範専科学校。職務：教師。職称：助教授。日本占領時期に在籍した学校：錦州西唐庄国民優級学校、錦州第一国民高等学校（農科）。

私は凌海市（錦県）右衛東張郷の農家に生まれた。家が貧しかったので義県瀋家台村新立屯へ移った。父の朱貴凌は地主の作男となり、私は地主の家の羊飼いをした。一一歳（一九三六年）になって、やっと就学した。当時は日本帝国主義が東北を支配していた時期であった。

初級小学校卒業後、一九四一年、錦州の西郊外唐庄子に移り、この村の国民優級学校（高等小学校）に入学した。当時は「大東亜戦争」の時期であり、学校では日本語教育を第一としていた。日本語で話す方式で「皇軍の武威」を宣伝していた。私の日本語の成績は決して良くはなかったが、算術には非常に興味があった。

一九四三年、私は錦州国民高等学校（農科）に受験入学した。一九四五年「八・一五」、中国が解放され、人民は抗日戦争の勝利にわきかえった。後に家計が苦しかったので一年間兵隊になったが、国民党軍隊の腐敗と将校たちの堕落を目のあたりにして、家に戻り公費の錦州師範学校中等師範部に受験入学した。

解放後、一九五〇年末に錦州師範学校中等師範部を卒業し、一九五一年、興城に配属されて小学校教師及び文化教師となった。二年後、再び瀋陽師範学院に受験入学し、卒業後に錦州師範学校の中文教師として配属され、その後、錦州師範専科学校に転勤し、中文系の担任、教研室組長に任命され仕事をした。一九八七年一〇月に離休（退職）するまで、ずっとその職にあった。

離休後に中国の伝統形式の詩、詞、曲三〇〇首を創作し、二〇〇首余りを発表した。現在、錦州老齢詩詞社、麗訳詩社、済美詩社成員、湖北新世紀文学創作研究所創作員・研究員をしており、『中国文学芸術家・文房四宝専門家伝略』などに載っている。

日本帝国主義は一九三一年に東北を侵略して後、反動的支配をさらに強固にするために、一九三二年三月、傀儡「満州国」を成立させた。長春で溥儀を「執政」にまつりあげ、傀儡政権をでっちあげ、年号を「大同」とした。一九三四年四月、傀儡「満州国」は傀儡「満州帝国」となり、執政は「皇帝」となり、年号は「康徳」となった。この反動傀儡政権は、東北において一四年にわたり残酷な血なまぐさい支配と植民地奴隷化教育を行なった。中国人民による抗日戦争の勝利と、世界反ファシズム勢力の日本に対する勝利によって、日本は一九四五年「八・一五」に無条件降伏を宣言し、降伏文書に調印し、第二次世界大戦はようやく終結したのである。

植民地奴隷化教育は日本ファシストの支配に奉仕するためのものであった。愚民統治を行ない、彼らの支配の「道具」とするために、学校の数を減らし、就学年限を短縮した。全錦州地域には大学は設置されず、中学校も第一国民高等学校（農業科）、第二国民高等学校（商業科）、女子国民高等学校の三ヵ所だけであった。中学校は四年制で、進学予備学校としての性格は取り消され、「国民高等学校」と称されるようになった。このほかに二年制の師道学校があった。当時私の家は錦州西郊外にあったが、錦州西郊外全域で建国大学に入学した学生はたった一人しかいなかった。

一九三七年五月、傀儡政府は「新学制」を公布し、初等学校六年制、中学校四年制、大学三年制に短縮した。さらに学校数を少なくし、生徒数を制限した。錦州第一国民高等学校を例にとれば、受験者は一二〇〇人いたが入学定員は九〇人にすぎなかった。裏口入学を除けば、本当に入学した者がどのくらいいるか想像がつくだろう。学制の面から見ても、就学年限を短縮したので、中学校、大学を終えたとしても、これまでの中学校、大学の水準に達していなかった。まして大学においては「日満共学制」が実施されたので、中国人学生は全体の三九パーセントを占めるにすぎなかった。学校の配置、「新学制」制定の目的は、東北人民の文化水準を引き下げて、愚民統治を行なう上で有利にしようとするものであった。

教育内容と科目から見ると、私が初等小学校で習った課文の中で印象深かったのは、「大きな犬と小さな犬」「義犬」などであった。「義犬」は、一匹の犬が野火の中で眠り込んだ主人を助けるために、何回も水に飛び込んで主人の身体を濡らし、そのために犬は疲れきって死んでしまった、という内容であった。日本語の教科書には「籠の鳥」という一文があった。籠の中の鳥が、それを苦とせず、かえって楽しんでいるという内容であった。この教材は、中国の青少年に主人に仕える奴隷根性を植え付け、帝国主義の圧迫の下で日の目を見ることなく生活しながらも、この教材の小鳥のように、籠の中で苦しまず、歌っていられるようにしようというものであった。教材の中には、日本のファシストが中国を呑み込もうという野心を表したものもあった。たとえば「ライオンが老牛を食う」は、図体のでかい牛が雄のライオンに食われてしまうという内容である。さらに「王様の鹿狩り」は「王様が弓で鹿の足を射た。鹿は飛び上がって逃げた。狩り場は熱河の山野で、王様は血の跡をたどって馬を走らせた。幸いに鹿は温泉に飛び込み、血の跡は消え失せた。王様はがっかりして帰って行った」という内容であった。

教材の中には中国の農民を侮辱しているものもあった。「田舎者が白ブタを手に入れ、珍しい宝だと思い、国王に献上して、褒美をもらおうとした。ところが都のブタはみんな白く、田舎者は大いにがっかりして帰って行った」というものである。また教材は日本ファシストや武士道を宣伝しているものが多かった。たとえば「乃木将軍」では、彼が作戦に失敗した後、切腹自殺した情景を述べている。

私が錦州第一国民高等学校で勉強していた時、教科内容は、「満語」（中国語、国語とは言わなかった）の時間は少なく、日本語の時間が多かった。それぱかりではなく、さまざまな方法で日本語を勉強させようとしていた。たとえば日本語講演会を開いて、太平洋戦争のいわゆる「皇軍の武威」などを宣伝した。この外、傀儡「満州国」の日本語国家検定試験を定期的に行ない、成績によって一等、二等、三等の合格証書を与えた。「満語」の授業を少なくして、極力日本語を学ばせようとした。一部の生徒と教師は、中国語を話ず「協和語」を話した。「協和語」というのは「日満合璧」の言葉で、たとえば「人を撲る」「人を罵る」とは言わず、「三槓的給」（ビンタを食らわす）、「爾的八嘎圧路」（お前はバカヤロウだ）と言った。また「水煙管」と言わず、「水を入れグルグルこす」と言った。

錦州第一国民高等学校の教室と宿舎

歴史と地理を合わせて「史地科」とし、歴史では東北地区の少数民族の歴史を教え、中国歴史を「満州歴史」と称した。史地科は次第に縮小され、しまいには教科目からなくなってしまった。これは「国語」を「満語」と改めたのと同様に、中国青少年の民族意識と国家意識を剥奪し、固有の国家、固有の文化があることを教えないようにすることを意図したものであった。

ある一部の人は、日本は東北において教育を行ない、中国のために人材を養成し、東北の近代化を促進し、東北の経済発展を促したと主張している。この見方は間違っている。当時の学校においては、授業中であろうとなかろうと、奴隷化のための訓練が行なわれていた。たとえば、毎日の朝会、遥拝、「国民訓」の暗唱は、生徒を天皇に忠義ならしめ、天照大神を崇拝させようとするものであった。

軍事教練では、日本の将校は革靴をはき、サーベルを下げ、威張りちらし、ふんぞり返って、中国人生徒を奴隷のように見なしていた。教練中は、少しでも間違えたりすると、生徒の不意をついて足を強く蹴り、膝が曲がるとまた蹴り、真っすぐになるまで蹴るのをやめなかった。このように生徒を訓練して、一人前の人材を育てることができるだろうか。ただ奴隷を養うにすぎない。このような教育は文明的ではなく、野蛮そのものであった。こうしたことは、日本軍が東北を侵略し、我が中華民族、文化を滅ぼして、日本ファシストの支配を達成しようという目的の下で行なわれたものである。

物理、化学、生物の三科目は「理科」となり、毎週二時間から四時間配当されていた。代数、三角関数、解析幾何の三科目は「数学科」となり、毎週二時間から四時間配当されていた。これらの科目の教育内容は削減され、かつ合理的な体系が破壊された。これとは逆に、奴隷化思想を注入する「国民道徳」科の配当時間が増えた。生徒の血と汗を搾取するために農場を開設し、毎週「終日実習」を設け、堆肥作り、糞拾い、除草、種蒔き、刈り入れなどの労働を行なわせ、その労働の果実はすべて学校当局の所得となった。

生徒の食事は毎日三度が「黄金塔」（トウモロコシの饅頭）と「建国粥」（トウモロコシの粥）で、腹痛や胸焼け（中国語は「焼心啊」、発音は「ソウシンア」）を起こしてしまい、あえて口にする者はいなかった。クラスに曹振亜という級友がいた。みんなは、胸焼けを起こした時は日本語で「そうしんあ」と彼の名前を口にした。

秋になっても、目の前の労働の果実が自分たちのものにならないことは腹立たしいことであった。農業科の教師がいない時を見はからい、トマトや胡瓜、茄子などをとって食べた。クラスの李という級友は、トマトの種を口に付けていたため教師に見つかってしまった。教師は何事もなかったように笑顔で生徒を呼び集め、集まったところで、作り笑いをしながらわざと張という生徒に「おまえ、トマトを盗んで食っただろう」と言った。張は「私は食べません」と答えた。すると教師は、李に向かってビンタを一つ食らわした。再び張に「食べないのにどうして種が付いているのか」と尋ねた。そうしておいて、さらに李にビンタを一つ食らわした。李の顔は撲られて真っ赤に腫れあがった。尋ねられた張は、何がなんだかわからなかった。この教師の言い分だと、一罰百戒ということであった。

ある生徒はこっそり瓜に穴をあけ、大便を入れて、元通り蓋をしておいた。瓜は大きく丸く膨らんで、ずば抜けて見事に育った。ある教師がその瓜から種をとろうとして、割ってみると、中から出てきたのは干からびた糞であった。このようなことはすべて、生徒が鬱憤晴らしにやったことである。

さらに「勤労奉仕」があった。何回も錦州合成燃料工場に行き、日本人に奴隷のように扱われ、真夏の炎天下で、草取り、草運び、ゴミ処理などをさせられた。働く時は口をきくこともできなかった。正午になると、トウモロコシの饅頭と一碗の海老の頭を出し汁にしたスープが配られた。海老の身のほうは誰が食べたのか、言うまでもないだろう。私たちは口に刺さる海老スープを飲みながら、屈辱感と一緒に腹に流し込むのであった。

錦州第一国民高等学校の校長と校訓

学校当局は、生徒を強制的に校内労働と軍事教練に参加させた。毎日、教室と校庭の清掃を行なわせ、清掃検査の時、少しでも手落ちが見つかると、撲られたり罵られたりした。またある時は学校の防空壕を掘らされた。運動場のまわりを人の背丈よりも深く掘って、左右の壁を補強し、さらに覆いをしてシェルターとした。こうした大工事もすべて生徒に強制し、重労働の末に作らせたものである。

軍事教練は生徒にとって特に苦しかった。当時の軍事教練というのは、中国人生徒を思想的・組織的に、さらに行動面においても日本の武士道精神と合致させようとするものであった。軍事教練は、日が照ろうが雨が降ろうが行なわれた。「気をつけ」の号令がかかると、必ず「頭前、姿勢を正し、真っすぐに前方を見」なければならなかった。少しでも間違えると、蹴られたり、撲られたりした。ビンタを張られる時は、頭を下げることも首を斜めにすることも許されず、撲られれば撲られるだけ、背筋をピンと伸ばして「ハイ」と答えなければならなかった。「進め」の号令がかかると真っすぐ前に歩き、「止まれ」という教官の号令があるまで足を止めることはできなかった。ある時、横一列に並んで防空壕の近くまで前進して行った。号令はかからなかったが、ある生徒は足踏みをして前に進まなかった。ある生徒はそのまま防空壕に落ちた。教官は足踏みして進まなかった生徒を罰して、真夏の炎天下に運動場を駆け足で三周させ、防空壕に転落した生徒を褒めた。このことから明らかなように、軍事教練の目的とは中国青年を無条件で日本帝国主義に忠実に従わせようとするものであった。

第二次世界大戦の時期、日本軍国主義者はアジア各国の人民を奴隷化しようとし、一九四一年七月、近衛内閣は「基本国策要綱」の中で「皇国を中核とする大東亜新秩序」、すなわち「大東亜共栄圏」の建設を鼓吹した。彼らの「共栄圏」の中には、朝鮮、中国、インドシナ（ベトナム南部、ラオス、カンボジアを含む東南アジアの半島）、ビルマ、タイ、マレー、オーストラリア、アフガニスタン及びハワイなど十数国家と地域が含まれていた。当時日本の「神風号」という飛行機が南洋群島に侵入し、彼らは大いに「皇軍の武威」を宣伝した。学校では青少年を籠絡するために生徒に飴を配り、これは南洋から得た戦利品だと称した。その目的は、彼らに「皇軍」を祝福させようというものであった。生徒たちはみな敢えて食べようとせず、こっそり便所に投げ捨てた。

中国人民とアジア・太平洋地域の人民の抗日戦争勝利にともなって、日本帝国主義者のアジア各国人民を奴隷化して植民地帝国を建設しようとする侵略拡張計画、すなわち「大東亜共栄圏」は徹底的に粉砕されたのである。

当時の教師と生徒の関係は、一言で言うと「階級服従」であった。下級生は上級生に服従しなければならなかった。上級生は新しい帽子を買うと、すぐにはかぶらず、まず革靴で何度もこすってハクを付けてからかぶった。下級生は上級生と街で会った時、敬礼しなければビンタを張られた。生徒の教師に対する態度は、まさにネコに出くわしたネズミのようであった。生徒はまず道をあけて最敬礼し、教師が通り過ぎた後、静かに立ち去るのであった。教師が授業をしている間は、生徒は息を殺していなければならない。質問があっても聞くこともできず、まして異議を唱えることなどできなかった。たとえば「畜産科」の授業は一年間勉強しても理解できなかった。教師は「本にはっきり書いてある、見ればわかる」と言ってあまり説明してくれなかった。四種類のブタの名前と書いてある内容をすべて暗記し、試験に備えるしかなかった。四種類のブタとは、「バークシャー」「ヨークシャー」「プラント」「チャイナ」のことである。授業が始まると、教師は、黒板にあまり違わない四種類のブタの絵を描き、もったいぶってこう言った――「ブタを区別するポイントは尻尾である」。これを聞いて、みんなはただ押し黙ったままであった。

「満語」を教える陳先生は、立て板に水のようにしゃべりまくり、生徒をバカにして、ことあるごとにいちいち貶した。生徒は腹が立ったが、敢えて口には出さなかった。ある時、彼が紡績工場の娘にあてたラブレターを生徒が拾った。このことはすぐにみんなに広まった。ラブレターの書き出しは「色とりどりの花咲くこの季節、ぼくは君を愛す。君の美しく輝いている顔が好きだ。君の白くてふっくらとしている足が好きだ……」というものであった。ラブレター事件があって以後、この先生は授業中いつも無理に顔をこわばらせ、生徒を貶すようなことはなかった。

学校の日本人教師は特に威張りかえっていた。中国人教師と生徒を監視するだけでなく、生徒に対して何かというと撲ったり、怒鳴りつけたりした。錦州国民高等学校では特に、山城、金谷という二人の教師がひどかった。彼らは、生徒を撲る時は決まって不意打ちをかけた。山城は生徒をよく蹴った。

三食ともトウモロコシの饅頭を食わされ、胃が受けつけなくなった。裕福な生徒は、北門のところの穴から手を出して、屋台の焼餅や落花生を買っていた。しかし山城に見つかると、死ぬほど蹴飛ばされた。金谷は小柄であったが、大柄の生徒に対してもよくビンタを張ろうとした。しかし小柄な彼が跳び上がって生徒を撲ろうとしても、胸を張って立つ生徒に手が届かず、拳骨をかためてボクシングのような格好で生徒の胸を叩いた。

一部の中国人教師も日本人をまねて、生徒を撲るいろいろな手法をあみだしていた。甲の生徒と談笑していたかと思うと、急に乙の生徒にビンタを張った。乙の生徒は痛みですくんで、口がきけなくなってしまった。

授業を聞いていない生徒がいると、生徒を黒板の前に立たせ、笑いながら「どうして聞いていなかったか?」と尋ね、理由を言えないと、黒板に頭を叩きつけた。黒板はゴツンゴツンと音を立てた。

生徒たちは腹が立っても、せいぜい教師たちにあだ名をつけるぐらいしかできなかった。たとえば教師に「人食い魔王」「崔の驢馬野郎」「馬の睾丸」「馬のメクラ野郎」などのあだ名をつけた。こうしたことからも、当時の学校の教師と生徒の関係が対立し、お互いに敵視し合っていたことがわかる。

次に、学校間の関係はどうだっただろう。国民高等学校の商業科と農業科は距離が離れていたし、どちらも中国人生徒であった。しかし錦州第一国民高等学校と日本の中学校は橋の東西にあって、いつも衝突を起こしていた。ある時、西関大橋の上で、双方が出くわした。日本人生徒は竹刀を持っていたが、中国人生徒は素手であった。「譲れ」「譲らない」ということになり、喧嘩になった。その結果、双方に怪我人が出た。しかし、日本側は一方的に撲られて怪我をしたと主張した。錦州第一国民高等学校の校長が柴古与助という日本人であったこともあり、このことはウヤムヤに終わった。

三月一日は傀儡「満州国」の建国節であり、五月二日は皇帝の宣詔記念日であった。こうした彼らにとって重要な祝祭日には儀式を行ない、その重要さを生徒に示す必要があった。日本の神社に行かされ、神社では最敬礼をさせ、

「天照大神」に崇拝の意を示させた。

嵇という中国人教師が日本を訪問し、帰国後、全校の教師と生徒に「日本は神国であって、いたるところに神社があった」と日本を神格化する報告をした。

このほかに傀儡「満州国」の国歌ができ、「天地の間に新満州が誕生した」と歌っていたが、溥儀が皇帝になった後、歌詞が「神の光、宇宙を照らす」と改変された。「神の光」とは「天照大神」の光を意味したものである。この光は宇宙を拓き、アジアと全世界を支配することになる、というものであった。日本は南洋に飛ばす飛行機にまで「神風号」と命名した。

日本帝国主義は中国民族、中華文化を滅ぼそうとして、中国東北部を海外侵略の拡張基地にしようとしていた。実は、これらすべては妄想であった。中国共産党の指導の下で、日本と傀儡政権の奴隷化教育を粉砕するために、抗戦教育が堅持された。日本と傀儡政権の支配区の学校において、終始、抗日活動は途絶えることはなかった。

（聞取り時期：一九九六年七月、二〇〇〇年三月。場所：錦州師範高等専科学校）

女子生徒の回想——林樹梅 証言

〔略歴〕

林樹梅（リンシューメイ）、旧氏名・林淑梅（リンシューメイ）。女、漢族、一九二七年一一月一一日生まれ。原籍：遼寧省瀋陽市。離休（退職）時の所属：瀋陽市図書館。職称：副研究館員。日本占領時期に在籍した学校：奉天済民女子国民高等学校。傀儡「満州国」時期の職場：瀋陽城西嶺卜小学校。

一九四二年、傀儡「満州国」私立奉天済民女子国民高等学校を卒業し、瀋陽城西嶺卜小学校の教師となる。

一九四六年、東北大学専修班に受験入学、卒業後東北大学本科文学院歴史学部に受験入学する。

一九四八年、大学移転にともなって北平（北京）へ移る。

一九四九年、北平解放、再び大学とともに長春に戻り、東北大学三部四班（現東北師範大学）に在学する。

一九四九年八月、任務を受けて学校を離れ、東北教育部から撫順に配属され教師になる。

一九五三年、瀋陽市図書館に配属される。

一九五七年—一九六二年、図書館業務の必要から北京大学図書館学部通信教育専修班（科）に在学する。

一九八七年、副研究館員になる。

一九八五年、中国共産党に入党する。

一九八八年、離休（退職）する。

「文化大革命」中に迫害を受け、五七幹部学校で一〇年労働させられた。党の三中全会（中国共産党第一一期中央委員会第三回全体会議）以降、名誉回復し、元の職場に復帰した。図書館業務が好きで、三五年来、瀋陽市図書館で図書収集、職員指導、閲覧などの主要業務部門の中核を担ってきた。また各区の図書館、工場、労働組合の付設図書館に対して業務指導を行ない、研修、業務を通じて専門基礎知識を講義した。サービスに徹し、顕著な経済効率と科学技術による業務革新を行ない、広範な閲覧者の称賛を受けた。一九八五年、三項目の科学技術面の成果を携えて、中央の文化部、宣伝部の主催した科学技術図書館業務成果展覧会に参加出品した。また省、市においても数多く出品した。一九七七年にガンをわずらい二回手術をし、一九七九年には生命に関わるような心筋梗塞にかかったが、「要安静」の診断書を懐に入れて仕事を続けた。

一九七八年から一九八八年の一〇年間、毎年「文明職工」「先進人物」に選ばれ、図書館、文化局の「先進工作者」の称号を受け、同時に多くの表彰を受けた。

一九八六年の市文化局機関及び全国文化局文芸系統党員大会において「共産主義信念を堅持し、誠心誠意人民に服務した」と題して、二回にわたり模範報告を行なった。

一九八九年、中央の文化部の栄誉賞を受けた。さらに「図書館員の職業道徳」「いかに閲覧者に服務するか」「科学技術者の閲覧動向の分析」「蔵書構成と開架式閲覧について」などの論文を業務のかたわら執筆した。『瀋陽晩報』『晩晴報』『遼寧老年報』などに「戒子伝説」「林家台伝説」「白字県官」「馮夢龍考書生」などの民間伝説、「芳隣情深」「夫は私の入党を援助してくれた」「幹部学校での私と友梅」「大釜の飯を煮る」などの回想録を書いた。

一九九八年、一九九九年『晩晴報』の優秀通信員の称号を贈られた。『北大人』辞書第一巻、及び『中国大文化英才伝略会典』、『中国専家人名辞典』第九巻に、その事績が掲載されている。

私が小学校から中学校までまるまる一〇年間受けた教育は、日本の侵略者が行なった文化侵略、すなわち亡国の民の養成を意図した植民地主義の奴隷化教育であった。そのため、頭の中にはただ「日満親善」「中堅女性」「孔孟の道」「良妻賢母」といった刻印が刻まれ、中国の伝統文化、革命真理については何の知識もなかった。日本の侵略者が一九四五年「八・一五」に無条件降伏し、中国が解放された後、ようやく夢から醒めたように学習に情熱を燃やし、学校に入学して再教育を受けた。以下、私自身の経験した事実と当時の気持ちを述べることとする。

昔、年寄りたちの「郭鬼子（郭松齢）の反奉（張作霖）」「九・一八事変」「北大営の攻撃」等についての話を聞いたことがあるが、当時は幼かったので理解できず、なんとなく聞き流してしまった。また周囲の人々が口癖のように

「日本語なんか学ぶ必要はない。あと二年もすれば必要なくなる」とつぶやくのを聞いていた。日本人が悪い人間であるとは感じていたが、本当のところはわかっていなかった。

私の故郷は瀋陽城の西南の辺鄙な小さな村、林家台であり、村のほとんどが林という姓であった。村の南端一キロほどの所に小山があった。小山の高さは建物にすると八、九階、東西三〇メートル、南北二〇メートルあり、小山の上には樹木は生えておらず、毎年春になると、緑の草に覆われた。年寄りの話では「大昔、林家の祖先にあたる夫婦が息子と娘を籠にかつぎ、山東から龍の後について、この小山の麓までやってきた。この土地は風水が良いということで、ここに落ち着くことにし、家を建て、田を拓き、子供を育て、家族も増え、小さな村となった。だから村の名前を林家台（俗称林台）と名づけた」という。民間伝承によると、小山の下に一匹の金の若駒が隠れていて、春、暖かくなって花の開く夕暮れに、黄金に輝く若駒が「ヒヒン」と鳴いて小山から飛び出し、小山のまわりを一回りした後、東から西に駆け抜ける。村では、家ごとにあらかじめ準備しておいた銅盆や銅鑼を持ってきて、山に響きわたるような大きな音をたてる。その若駒を捕まえるとたいへんな金持ちになれるというので、みんなで捕まえようとするが、いつも惜しいところで、さっと小山の中に潜りこんで、影も形もなくなってしまう。後に村にやってきた日本人がこの伝説を聞いて、真に受け、この小山のまわりに柵を作り、金の亡者となって、この若駒を捕まえようとしたという。この柵は今も残っているという。

私の家は村の南端にあって、土地も家屋も車馬もあり、さらに作男が田畑を耕し、何不自由なく豊かに暮らしていた。「九・一八事変」後に盗賊や匪賊が横行し、数日の間に、この豊かに暮らしていた家が続けざまに三回匪賊に襲われた。大部隊の匪賊は車馬や家畜を奪い、小部隊の匪賊は衣類や物品を奪い、最後にやってきた盗賊は家中をかき回して一切合切持ち去った。残ったのは、ぼろ布と壁にぶつけて割れた卵、それに三軒の空家と一家五人だけであった。その時、助けてくれる者もなく、そのまま村に住むこともできず、一〇キロ離れた瀋陽城西沙嶺卜村に親戚を頼

沙嶺堡小学校卒業の時の林樹梅（後列左から2人目）

って行き、そこに落ち着いた。

一九三三年、私は沙嶺卜小学校に入学し、そこで「三字経」「百家姓」を学んだ。国語第一課は、「犬、小さい犬、大きい犬、人、一人、二本の手」というものであった。日本の五十音図、アラビヤ数字を学んだ。学校には「日の丸」が掲げられ、庶民の家々には「日の丸」と「満州国旗」が掲げられていた。当時、自分たちは「満州国人」であるとだけ教えられ、小学生はいつも「赤、青、白、黒、満地黄、私は私の国旗が好きだ。国旗が揚がる、揚がる、揚がる」と歌っていた。

教師たちは生徒に「先生の言うことを聞かなくてはいけない。先生の教えには絶対服従しなければならない。校門を入ったらまず敬礼し、教室に入ったら壁にかけてある国旗に敬礼しなくてはいけない」と厳しく教えた。授業中、教師の質問に答えられないと、手の甲を板で叩かれたり、ビンタを張られたり、立たされたり、下校時間に学校に残して立たされるといった体罰を受けた。生徒はとても教師を恐れていた。

毎朝、授業の前に「朝礼」が開かれた。全校の教師と生徒が運動場に整列し、週番の教師の号令に合わせて、「日本の天皇」と「康徳皇帝」に敬礼し、腰を九〇度に曲げてお辞儀し、日本語で「気をつけ」「休め」と号令をかけ、傀儡「満州国」国旗と日本国旗を掲揚し、その後で「満州国」国歌を斉唱した。その歌詞は、「天地の間に新満州が誕生した。新満州は新天地、全国臣民苦労も憂いもない」というものであった。続いて日本国国歌を歌い、「皇帝陛下万歳」「日本天皇陛下万歳」を叫んだ。儀式が終わった後、「建国体操」をした。体育の教師が監督して回ってくるので、手足を伸ばしたり上げたりするのにも緊張した。「建国体操」が終わると、生徒は列を組んで教室に入り、授業を受けた。

毎週月曜日の「朝礼」のほかにも祝祭日——たとえば「建国節」（一九三二年三月一日、傀儡「満州国」成立の日）や「詔書奉戴日」（一九三五年五月二日、傀儡「満州国」皇帝が日本から帰国して『回鑾訓民詔書』を発布した日）があった。この「詔書」は、溥儀が「国民」に日本と「一徳一心」となれと要求した「聖旨」であり、各学校に一部ずつ配布され、黄色い布で包まれ、黄色い木の箱に納めて校長室の専用の棚に保管されていた。重要な祝祭日である「建国節」や「詔書奉戴日」の時、全校の教師と生徒が運動場に集められ、儀式が行なわれた。「国旗」を掲げ、「国歌」を歌い、訓導主任が白い手袋をはめて黄色い包みを高く掲げ、卓上に置いて包みを開き、黄色い木箱の中から「詔書」を取り出して校長に渡した。校長はそれを一句一句朗読した。「詔書」は次の通りである。

朕登極ヨリ以来亟ニ躬カラ日本皇室ヲ訪ヒ修睦聯歓以テ積慕ヲ伸ヘンコトヲ思フ　今次東渡宿願克ク遂ク　日本皇室懇切相待チ備サニ優隆ヲ極メ其臣民熱誠迎送亦礼敬ヲ殫竭セサルナシ　衷懐銘刻殊ニ忘ルル能ハス……日本天皇陛下ト精神一体ノ如シ　爾衆庶等更ニ当仰イテ此ノ意ヲ体シ友邦ト一徳一心以テ両国永久ノ基礎ヲ奠定シ東方道徳ノ真意ヲ発揚スヘシ　則チ大局ノ和平人類ノ福祉必ス致スヘキナリ　凡ソ我カ臣民務メテ朕カ旨ニ遵ヒ以テ万祀ニ垂レヨ此ヲ欽メ

みんなは恭しく顔を伏せて「詔書」の朗読を聞いた。終わると、校長は「詔書」を元のように捧げて持ち帰るのである。全校の教師と生徒は「詔書」を熟読し、一字一句違わず暗唱しなければならなかった。未だに記憶しているが、老教師の魏興国と女性教師の史秉懿は、生徒に「日満一徳一心」「万世一系の皇統」「友邦」「盟邦」等といった亡国の民の用語を教え、『論語』を教え、儒教の孝・悌・忠・信の思想を宣揚していた。彼ら教師はいつも戦々兢々とし、言い間違って思想犯や政治犯の罪名を着せられることを深く恐れていた。貴重な小学校の六年間は、このようにむざむざと終わったのである。

奉天済民女子国民高等学校の宿舎前、林樹梅（後列右から1人目）と同級生

傀儡「満州国」の時期、奉天省内には女子国民高等学校が三ヵ所しかなかった。私は日本語の出来が悪く、第二女子国民高等学校を落第した。しかし勉強したいという気持ちを断ち切れず、私立の奉天済民女子国民高等学校に入学した。五〇歳の女性校長董節忱は封建家庭の生まれで、頭の中には陳腐な封建思想が詰まっていた。彼女は結婚して半年で夫が病死したが、貞節を守って再婚しないことを心に決めた。家を出て学問をするために、痛みに耐えて菜切り包丁で小指を切り落として貞節の決意を表した。その後、上海の大厦大学を卒業し、一人の男の子（張啓といった）を養子にし、教育事業を始めた。彼女は公立の女子国民高等学校に入れなかった女性のために、済民女子国民高等学校を開設して三〇〇余人を入学させ、六班に分けた。ほとんどの生徒は地方出身者であったので寄宿舎を設け、女性舎監の趙秀岩が管

とされた。

理していた。冬休みと夏休みだけ家に帰ることができた。学校は瀋陽大北関孫督軍公館にあり、校訓は「良妻賢母」

舎監の趙秀岩は三〇歳を過ぎた未婚の女性で、校長と仲がよかった。彼女は舎監の仕事以外に、「家事」と「手芸」を教えていた。董校長は『孟子』と「国民道徳」を主に教えていた。校則が非常に厳格で、日曜日以外は生徒を校門から一歩も外へ出さなかった。また日曜日の外出についても厳格に行先を記録させ、帰る時間を厳守させた。

学校では教科書以外の読み物を読むことを厳禁されていた。それでも私たちは書店に並べられている現代作家の作品、たとえば巴金の『家』『春』『秋』、謝氷心の散文、さらに張恨水、劉雲若の書いた社会恋愛小説に触れることができた。また級友の間では授業以外の時間に回し読みされていた。しかし、ひとたび校長に見つかると、即刻没収されて焼き捨てられるばかりか、恐ろしい形相でにらまれ、「この上もなく不届きな生徒である」と罵られた。彼女はいつも生徒たちに「女子は才能がない者にこそ徳がある」と言い、女子は婦道を重んじ、「三従四徳」を遵守し、良妻賢母・中堅女子になるように心がけ、孔子を尊び、忠・孝・仁・義の封建礼教や封建道徳教育を尊ぶよう提唱し、生徒の思想を麻痺させ、従順な亡国の民にしようとしていた。

全校の教師は十数人で、範振民という教師は「満州語」を教え、羅大愚という教師は物理を教え、張宝慈という教師は化学を教え、日本語の教師は朝鮮族であった。科目は「満州語」、日本語、歴史、日本史、地理、数学、修身（後に「国民道徳」となった）、商業簿記、体育、音楽、美術、家事、手芸、料理などであった。政治的では「大東亜共存共栄」「日満一徳一心」「日満親善」「日満協合」「王道楽土」といったことを宣伝し、愚民的奴隷化教育が行なわれていた。「歴史」は中国歴史を切り離し、「満州国歴史」（清史）として、たとえば契丹・女真・遼・金・清の東北少数民族の歴史を講じ、中国の漢民族の歴史は講じなかった。地理の授業は、教師が「満州国」（東三省）の地図を黒板に書き、地図の外の左下の角に「支那」の二文字を書くだけであった。家事の授業は裁縫、手芸、料理であって、生徒にどうやって料理をつくり、どうやって服をつくり、どうやって毛糸を編むかといった家庭の主婦の仕事を教えた。

料理の授業は、生徒が自腹を切って材料を用意し、授業で「実際に料理をつくる」というものであった。たとえばある料理の授業では、事前に教師は二人の生徒に料理の材料を買ってこさせ、授業時間になると生徒に白い割烹着を着させ、教師が生徒にやり方を教えた。週に一回、それを順番に行なった。その時の授業では「卵と肉の団子」をつくった。生卵に穴をあけて白身を流し出し、こねておいた肉餡を卵の殻の中に入れて穴をふさぎ、蒸し器の中で蒸してできあがる、というものであった。「豆腐の胡麻油炒め」「餃子」では、どのように小麦粉をこね、餡をつくり、皮を伸ばすかを教えられた。できあがると、みんなで試食した。生徒たちは興味津々で、遊び半分で作って食べた。普段の食事はトウモロコシ粉のおにぎりと白菜のスープであったが、料理の授業では、数口ではあれ、ましなものを食べられるので、ひもじさから解き放された。

手芸の授業は、毛糸を編んだり、布を織ったりする手仕事であった。授業の前に教師は材料を準備させ、その時間に完成できないと、次の時間にも引き続きやらせた。

教育の目的は、中国の女生徒に日本人女性のような家事労働ができるようにさせることであって、科学や文化知識を教えず、無知蒙昧にさせ、奴隷化教育によって中華民族の文化を根絶やしにしようという犯罪的なものであった。

私たちが毎日向き合っているのは、教師たちの無表情な顔であった。特に女性舎監は強度の近眼鏡をかけ、近づきがたい威厳をとりつくろっていて、厳しい能面のような表情のほかには微かな微笑みひとつ見せたことがなかった。教師の授業は叱りつける教育に終始し、愛情の片鱗もなかった。老校長は、毎日朝から晩まで未亡人面で挑発的な顔つきをし、まるで生徒を仇であるかのようにふるまっていた。校長が学校にいない時は生徒はいくらか息抜きができたが、校長が学校にいる間は歩き方にも気を付け、ネコに出くわしたネズミのようにびくびくしていた。しかしちょっと油断すると、たちまち罰を食らった。無味乾燥な学校生活と奴隷化教育、封建家長式の管理方法は、無邪気で活発な花のような少女たちの純潔な心を固く塞いでいた。

みんなは、月曜日にはもう日曜日が来ることを待ちわびていた。日曜日だけが私たちの自由な日であり、一人一人が籠から放たれた小鳥のように、真っ青な空をながめ、大自然の美しい景色に触れ、新鮮な空気を吸い、脳細胞を活発にさせ、文化生活の雰囲気をちょっとだけ体験できるのであった。

当時、文化的なものは少なく、映画館や芝居小屋、サーカスぐらいしかなかった。女生徒はとりわけ映画が好きだったが、平日の午後の半日では学校から観に行く時間はなかった。また、公園といえば「千代田公園」（現・中山公園）しかなく、そのほかはすべて自然林であった。東陵や北陵は遠く、本屋に行って本をあさる以外には映画館が唯一の娯楽の場所であった。日曜日になると、生徒たちは三々五々仲の良い級友と連れだって校門を出て、大北城をめざして走り、「光陸映画館」や「天楽映画館」に行って映画を観た。

女の子というのは美しい心が好きだし、美しい女優に憧れるもので、いつも女優のブロマイド写真や映画のカットシーンを集めていた。最も人気のあった女優は周旋で、彼女の主演する映画はすべて歌舞劇だったが、その歌曲は女生徒の心を揺さぶった。周旋主演の「十字街頭」「漁家女」「三笑」「西廂記」「悩ましい春日和り」「狂った世界」等の映画は上映されるごとに必ず観たし、何度も繰り返し観ることもあった（当時、映画の入場料は安かった）。李麗華主演の「つばきの女」、陳雲袁（遠）主演の「花木蓮」、龔秋霞主演の「古塔奇案」、そして当時流行った「真珠のブラウス」「放送局の流血事件」「隠れ蓑」など陳査札の探偵映画は大人気であった。映画を観たあと、中街のいちばん大きな百貨店である「吉順絲房」や「老天合」、太原街の「満毛」や「中山景」などの商店のウィンドー・ショッピングをした。百貨店をぶらついた後、「稲香村」に行ってキャンディーなどのおやつを少々買い、門限ぎりぎりまで遊んでから学校に戻った。日曜日はこのようにして過ごした。

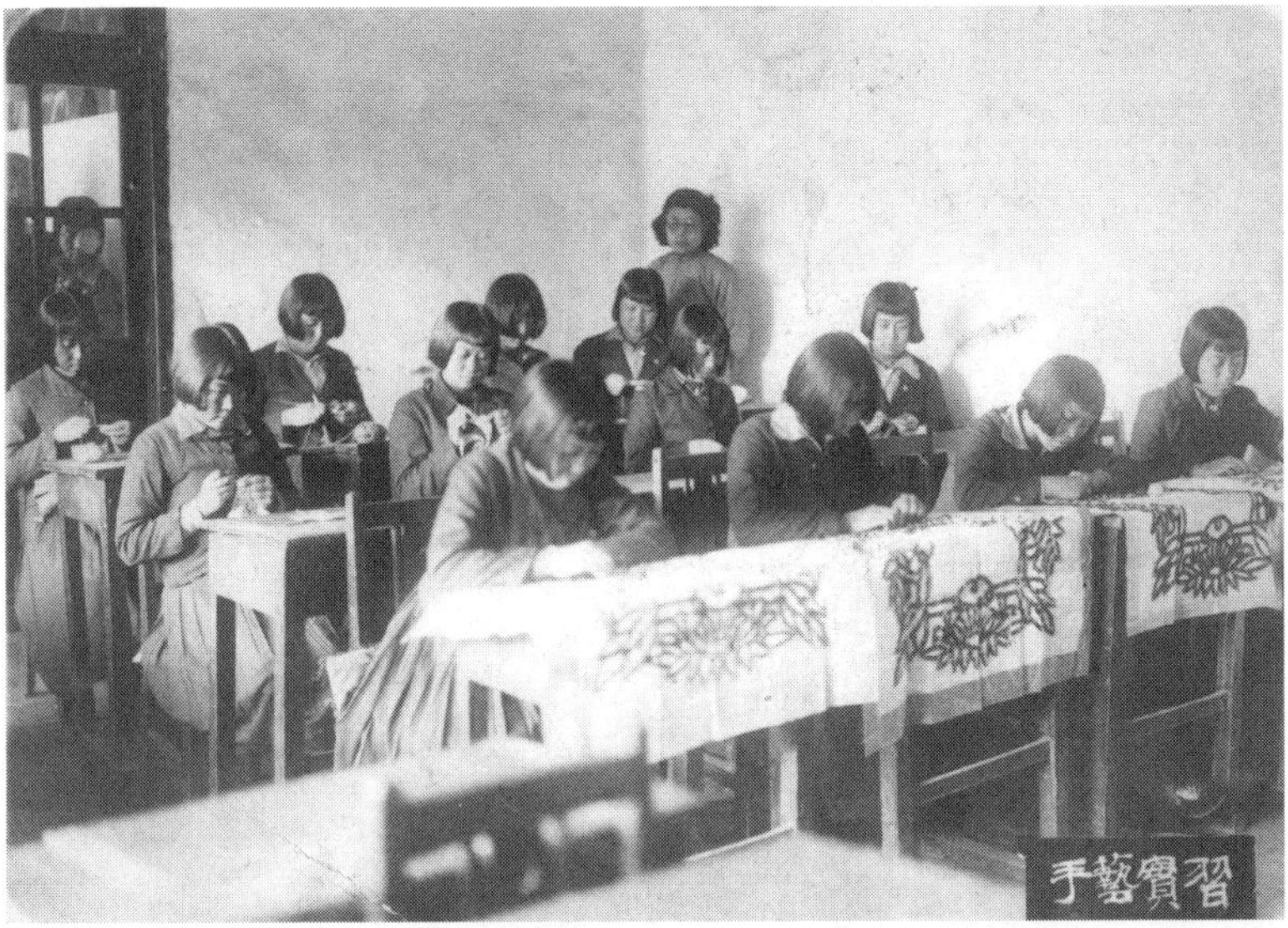

奉天済民女子国民高等学校の手芸実習、2列目の左から2人目が林樹梅（1940年）

毎年、学校を離れる前に卒業クラスは「歓送文芸の夕べ」を開いた。合唱、独唱、舞踏、劇、オペラなどの出し物を練習した。練習の前には校長が自ら検閲し、決して政治に抵触しないようにした。体育の活動としては、各学期に一度バスケットボールの試合があった。

おそらく一九四一年夏のことだったと思う。当局から「康徳皇帝」（溥儀）が奉天に行幸するので、全市民と生徒は大通りで迎えるようにという命令が出た。私たちは隊列を組み、三角旗を振った。沿道には警備警察が配置され、交通禁止となって商店は臨時休業し、両国の国旗が掲げられた。皇帝の車が通る際は、歓迎する市民と生徒はすべて頭を垂れ腰を九〇度に折り曲げていたので、皇帝を直接見ることはできなかった。楽隊が「国歌」を演奏し、車はスピードを落として走った。人々は軍楽隊の音楽が聞こえなくなり、車が見えなくなってはじめて顔を上げて腰を伸ばし、互いに、皇帝はどんな姿でどんな服を着てどんな車に乗っていたのだろう、と言い合った。

一九四二年、卒業を前にして、私たちは楊先生に引率されて修学旅行に行った。北「満州」の吉林や新京（長春）、ハルピンであった。新京参観の目的は、傀儡「満州国」の康徳皇帝の帝宮を参観させるためである。列車で新京に着き、下車すると隊列を組んで帝宮に行き、拝礼した。全教師と生徒四〇人余りが厳粛に隊列を組んで帝宮の正門のところまで行き、帝宮から三〇メートル離れた地点で整列して、九〇度の最敬礼をし、口の中で「皇帝陛下万歳！」を三唱した。拝礼を終え、旅館に戻って休息してから観光に出かけた。

一九四一年からは毎日、午前中だけ授業をやって、午後の授業はすべて「勤労奉仕」に変わり、方々に出かけて労働させられた。この年の冬、深夜に学校で大事件が起こった。何人かの教師が突然、行方不明となったのである。科目によっては教師がいなくて休講となった。生徒たちはどうしていいかわからず、二人、三人と連れだって中庭に出て、あれこれ議論した。ある級友が声を落として「昨日の夜、私は眠れなくて、何度も寝返りをうっていた。どうしても眠れずにいると、夜中の一二時過ぎに、いきなり警察のサイレンがして、校門が開く音が聞こえた。起きあがって窓のカーテンを細目に開けて見ると、数人の黒い影が車の中に乗り込み、車が出ていくのが見えた。警察の車があの人たちを逮捕しに来たのにちがいない。ほんとうに怖かった」と言った。

老校長と舎監は中庭に集まった生徒を教室に追い立てるように連れもどし、自習させた。みんなは勉強する気持ちにはなれなかった。ある教師は、授業をしていてもうわの空であった。何日かたってから、別の生徒が「範振民、羅大愚、張宝慈先生たちは反満抗日の疑いを持たれ、逮捕された」と言った。老校長の董節忱は顔をしかめて、あちこち情報を集めてまわっていた。二ヵ月後、逮捕された教師の一人が戻ってきたが、ほかの数人は依然として行方不明であった。学校は生徒たちに「箝口令」を敷いた。相変わらず生徒たちは落ち着かず、恐怖におののいていた。しばらくたってから、この数人の先生たちは国民党の地下党員であったことがわかった。

この時期、市内の商店や食堂のどこにも「国事を談じるなかれ」という標語が貼ってあった。

東北が占領されて一四年、日本の傀儡政権の掠奪と搾取が激しく、民衆は着る物も食べる物も満足になく、その苦痛は言葉で言い表せないくらいであった。侵略者は配給政策を実施し、中国人が米を食べることを禁じ、もし米を持っているところを日本人や漢奸に見つかると、「経済犯」の罪名で獄にぶちこまれるか、殺されたりした。私たちの学校では、食堂の主食はすべて雑穀で、コウリャンやトウモロコシ、橡子（ドングリの一種）の粉などであった。一日三食ともトウモロコシのマントウと白菜のスープだけの時もあった。生徒たちはトウモロコシのマントウを「黄金塔」、コウリャンのお粥を「建国粥」と呼んでいた。食物が体に合わないために、多くの生徒が胃病になった。私の胃病も、傀儡「満州国」時期に罹っていたものである。

（聞取り時期：一九九六年八月、二〇〇〇年一〇月。場所：瀋陽鉄西区）

傀儡「満州国」一四年の教育の回想——朱大成 証言

〔略歴〕

朱大成（ジューダーチョン）、男、漢族、一九二六年八月四日生まれ。原籍：遼寧省瀋陽市于洪区彰驛郷双樹村。離休（退職）時の所属：瀋陽師範学院。職務：教師。職称：助教授。日本占領期に在籍した学校：新京師道大学。

一九三八年、錦州市紫金国民優級学校を卒業する。
一九四二年、錦州第二国民高等学校を卒業する。
一九四四年初め、傀儡「満州国」錦州省焼酎組合連合会職員となる。
一九四四年四月—一九四五年三月、錦州市向陽国民優級学校の教員となる。
一九四五年三月、新京師道大学予科に受験入学し、日本の投降まで在学する。
一九四六年四月—同年七月、瀋陽東北臨時大学補習班に在学する。
一九四六年一〇月—一九四九年一月、長春大学法学院法律学部に在学する。
一九四九年、革命に参加する。長春東北大学三部五班に在籍する。
一九四九年九月—一九五〇年二月、瀋陽東北実験学校中学教師養成部に在学する。
一九五〇年三月、法庫中学校の教師となる。
一九五五年三月、瀋陽に転勤となり、省労農教育教師訓練班の教師となる。
一九五六年三月—同年八月、省業余中学教師養成班の教師となる。
一九五六年九月—一九五七年一一月、遼寧省速成師範専科学校の国語教師となる。
一九五七年一一月—一九五九年三月、瀋陽市第四中学校語文（中国語）の教師となる。
一九五九年三月、瀋陽師範学院中国文学学部の教員となる。その後、講師、助教授、大学院修士指導教師となる。
一九八一年—一九八五年中国文学学部主任となる。

一九九〇年九月、離休（退職）する。

私は一九二六年、瀋陽の農村で生まれた。まる一四年間の被占領時期、東北で亡国の民の生活を送っていた。私は小学校、中学校、大学の一部を日本帝国主義の支配下で過ごした。当時を思い出すたびに、思わず涙が出る。日本侵略者が東北を占領している時期の教育政策は、一言でいえば「百パーセント奴隷化教育」であった。中国人を永久に奴隷の地位に置こうとする悪逆無道の政策であった。当時、私は幼くて状況をあまりよく理解していなかったが、自分が体験したいくつかの思い出の中から感じたことを語ってみよう。

私は一九三三年、小学校に上がった。営口、瀋陽から錦州に移り、錦州で三年生から小学校卒業まで勉強した。こうしたわけで、私が最もよく覚えているのは錦州の小学校生活である。この学校は鉄道従業員の子供たちのための学校で、校名を錦州扶輪小学校といった。その後一九三八年頃、地方役所の管轄に移管され、紫金国民学校、紫金国民優級学校と改称した。国民学校は初級小学校（四年制）、国民優級学校は高等小学校（二年制）を指す。当時、中学校は国民高等学校と呼ばれていた。東北の全鉄道は日本の南満州鉄道株式会社の手中にあり、従業員の子弟の学校も当然のことながら「満鉄」の管轄となっていた。ここの奴隷化教育の程度も地方当局に優るものであった。

この学校で四年間勉強して最も記憶に残っていることは、大きな差別である。すなわち日本語と中国語の差別である。日本人は反抗の意志を持たない奴隷を養うために、小学校三年から日本語科目を配当して日本人教師が担当した。この日本人教師は「教師」という身分ではあったが、実際は校長（中国人）でさえも素直に従わなければならず、事実上の校長であった。彼は中国語があまりできなかったので、日本語で授業をした。生徒たちに普段日本語で会話することを強制していたからか、生徒たちの日本語の会話能力は高まったようだ。日本語の授業は国語と同じように週六時限配当され、授業時間が多く内容も高度であったために、みんなの日本語の水準は上がった。五年生の時、はじめて鉄道関係の従業員の日本語語学検定試験を受け、私たちのクラスのほとんどの生徒が四級に合格した。

しかしこれとは対照的に、「国語」と呼ばれた中国語の課文には文語文が一つもなく、生徒たちは文語文については無知であった。今でも覚えているのは、四年生の時、先生が私の作文を直して「—以て、最とす」（以—為最）と書き加えたことである。私はそれを見てぽかんとなり、「最とする」の後にきっと字が抜けているのだと思い込み、急いで先生のところに質問に行った。「『最』の後は何ですか」と尋ねて、教員室の数人の先生から大笑いされてしまった。

五年生から配当されるようになった数学と理科（自然科）の教科書はすべて日本語となり、教師たちも教えにくくなった。なぜなら、教師たちも私たちと一緒に日本語を学び始めたからだ。これについて、私たちにとって一生忘れられないことがある。五年生の後期のことである。クラス担任の任荊朴先生は、私たちに「幼い亡国奴よ、君たちは五年生になっても一編の文語文も習っていない！」と言った。任先生はこの空白を補うために、毎週二、三回、午後の自習時間に黒板に文語文を書いて写させ、一字一語ごとに説明してくれた。先生が最初に教えてくれた文章は劉基の『買柑者言』で、第二は陶潜の『桃花源記』である。先生は詳しく着実に教えてくれたので、ほとんどの生徒が授業が終わると同時に暗唱することができるようになった。三つの学期の間に、こっそり教えられ、こっそり学ぶなかで、文語文の基本を理解し、文語文で作文できるまでになった。私が進学試験を受けた時の作文は文語で書いたもので、題は「学びて止まず」であった。

私は一九三八年に小学校を卒業し、一九三九年に錦州省立第二国民高等学校に受験入学した。中国の本来の学制は初級中学校三年、高級中学校三年の六年制であったが、日本の支配者はこれを四年制に改めた。しかも教育内容も、普通教育から職業教育に変えてしまった。いわゆる「国民高等学校」は、実際上は職業学校となったのである。地方経済の必要に応じて、国民高等学校を工業科、商業科、農業科、畜産科、水産科などに分けた。文化的基礎知識を学ぶ科目が少なくなり、職業技能知識を教える科目が増えた。錦州市には当時四ヵ所の中等学校があり、第一国民高等学校は農業科、第二国民高等学校は商業科で、女子国民高等学校（家政学科）と師道学校（師範学校）は二年制の特修科と五年制の本科に分かれていた。

　錦州省立第二国民高等学校は商業科で、文化関係の科目としては「満語」（中国文）、日本語、英語、歴史、地理、動植物、鉱物、物理、化学、音楽、図画、体育などがあった。その中で特に指摘しておきたいことは、「満語」はただ古代の詩文を少し教えてお茶を濁すだけで、「五・四」以来の現代作品は一篇も含まれていなかったことである。明らかに日本の支配者たちは、生徒が民族意識を持つようになることを恐れたのである。英語は二年間しか配当されていなかった。それに対して日本語は四年間を通して配当されており、時間も多かった。歴史は「満州史」を教えるだけだったので、当時の生徒の頭の中には、粛慎、挹婁、渤海、高句麗、ジンギスカン、ヌルハチといった知識しかなかった。中国史や世界史の知識はゼロに等しかった。地理は「満州地理」と世界地理しかなかった。数学については、代数は小代数、幾何は平面幾何だけで、大代数や立体幾何はさらっと触れるだけであった。

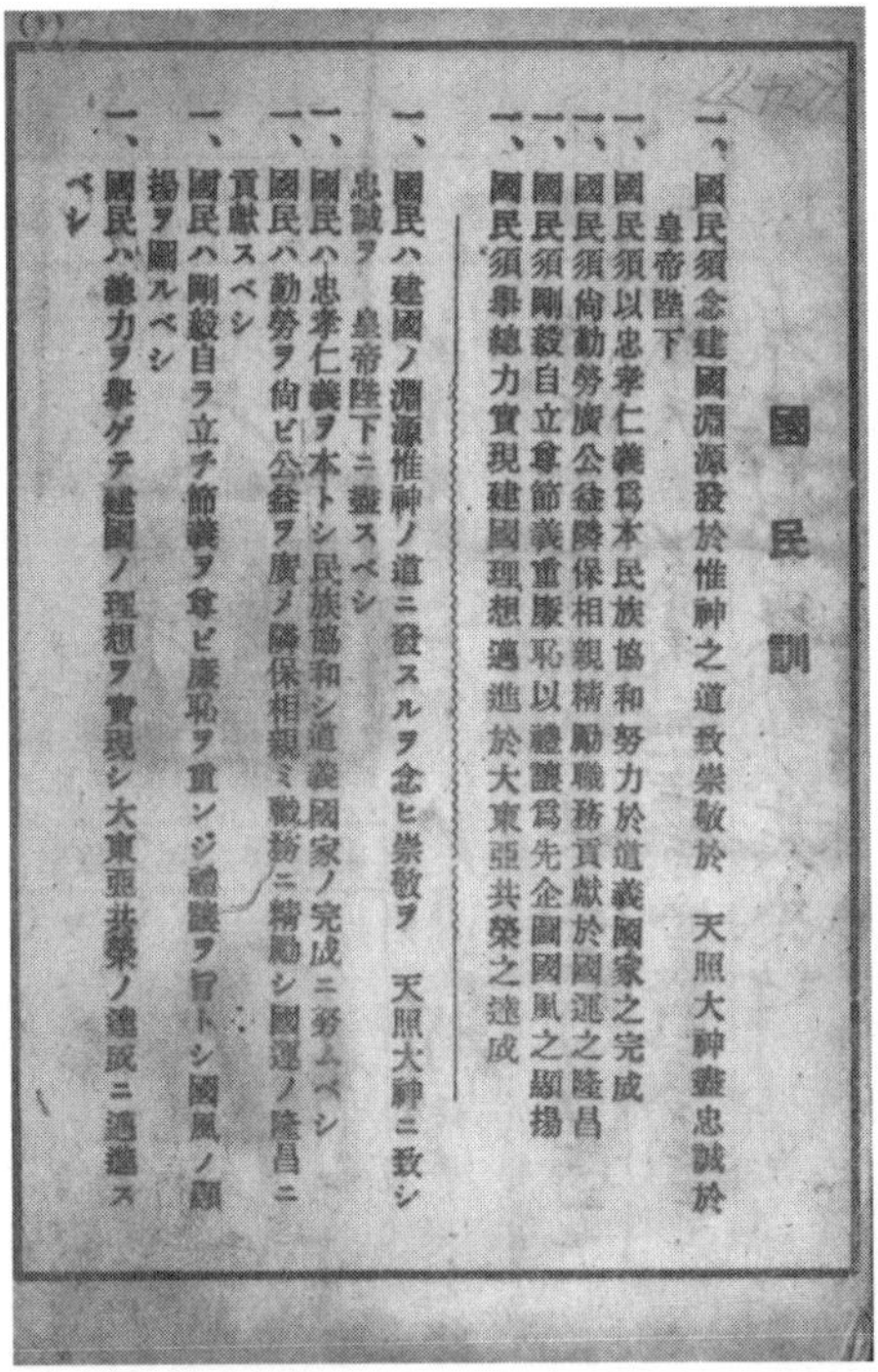

國民訓

一、國民須念建國淵源發於惟神之道致崇敬於　天照大神盡忠誠於　皇帝陛下

一、國民須以忠孝仁義爲本民族協和努力於道義國家之完成

一、國民須尚勤勞廣公益隣保相親精勵職務貢獻於國運之隆昌

一、國民須剛毅自立尊節義重廉恥以禮讓爲先企圖國風之刷揚

一、國民須舉總力實現建國理想邁進於大東亞共榮之達成

一、國民ハ建國ノ淵源惟神ノ道ニ發スルヲ念ヒ崇敬ヲ　天照大神ニ致シ忠誠ヲ　皇帝陛下ニ盡スベシ

一、國民ハ忠孝仁義ヲ本トシ民族協和シ道義國家ノ完成ニ努ムベシ

一、國民ハ勤勞ヲ尚ビ公益ヲ廣メ隣保相親ミ職務ニ精勵シ國運ノ隆昌ニ貢獻スベシ

一、國民ハ剛毅自ラ立チ節義ヲ尊ビ廉恥ヲ重ンジ禮讓ヲ旨トシ國風ノ顯揚ヲ圖ルベシ

一、國民ハ總力ヲ擧ゲテ建國ノ理想ヲ實現シ大東亞共榮ノ達成ニ邁進スベシ

奉天第五国民高等学校の学生手帳の「国民訓」

　職業技能教育は非常に細かく分かれ、私が記憶している科目では商業簿記（商業会計）、商業法規、商業作法（商業往来礼儀）、商業美術、商業地理などがあった。その中で、簿記の配当時間が一番多かった。簿記の程度は、卒業後に商店の会計を担当しても役に立たないほどの低レベルであった。商業作法の教科書は日本語で書かれており、主に日本人との商売上の交際に必要な用語と礼儀作法を教えていた。商業美術は商業広告と商店の装飾知識であった。商業地理は「満州」の商業地理であり、主に東北各地の物産を教えていた。このほかに「公文書書式」という公文書の書き方を教える科目もあった。ある程度の実習を経れば、事務員になるのに差支えない程度になっていた。

これらの科目のほかに私の記憶に深く残っているのは、まず第一に軍事教練科である。日本の支配者は私たち亡国の民を生産力向上のための奴隷としたばかりでなく、彼らの鉄砲の的にしようとした。軍事教練は日本語と同じように、全学年を通して配当されていた。各教練はクラス単位で行なわれ、隊列訓練から戦闘訓練にいたるまで、すべての生徒に課せられていた。教官は傀儡「満州国」から派遣されてきていた。一、二年生の時は中国人の中尉であり、三、四年生の時は日本人の少尉であった。その中国人の中尉は生徒に対して特に横暴で、みんなは彼を憎んでいた。彼が部隊に戻った後で抗日義勇軍に殺されたということを聞いて、みんなは内心で大喜びした。軍事訓練中に印象深かったことがある。それは一九四〇年に傀儡「満州国」の皇帝溥儀が錦州に「行幸」する時、彼のための閲兵式に参加することになり、ほとんど一ヵ月にわたって毎日午後に行進の訓練をさせられ、ひどくくたびれたことである。

第二は労働、すなわち「勤労奉仕」である。私は中学校在学中は毎年一ヵ月、その後の日本が投降するまでの二年間は毎週三日半、道路工事や運動場作りなど何でもやらされた。

第三に深く心に刻まれていることは、いわゆる「階級服従」である。「階級服従」とは、軍隊の下級は上級に服従するという軍規を学校生活の中に持ち込んだものである。当時、生徒は制服を着用してゲートルを巻き、襟には学年章を付けていた。下級生は校外で上級生に会うと最敬礼しなければならず、校内では上級生の命令には絶対服従しな

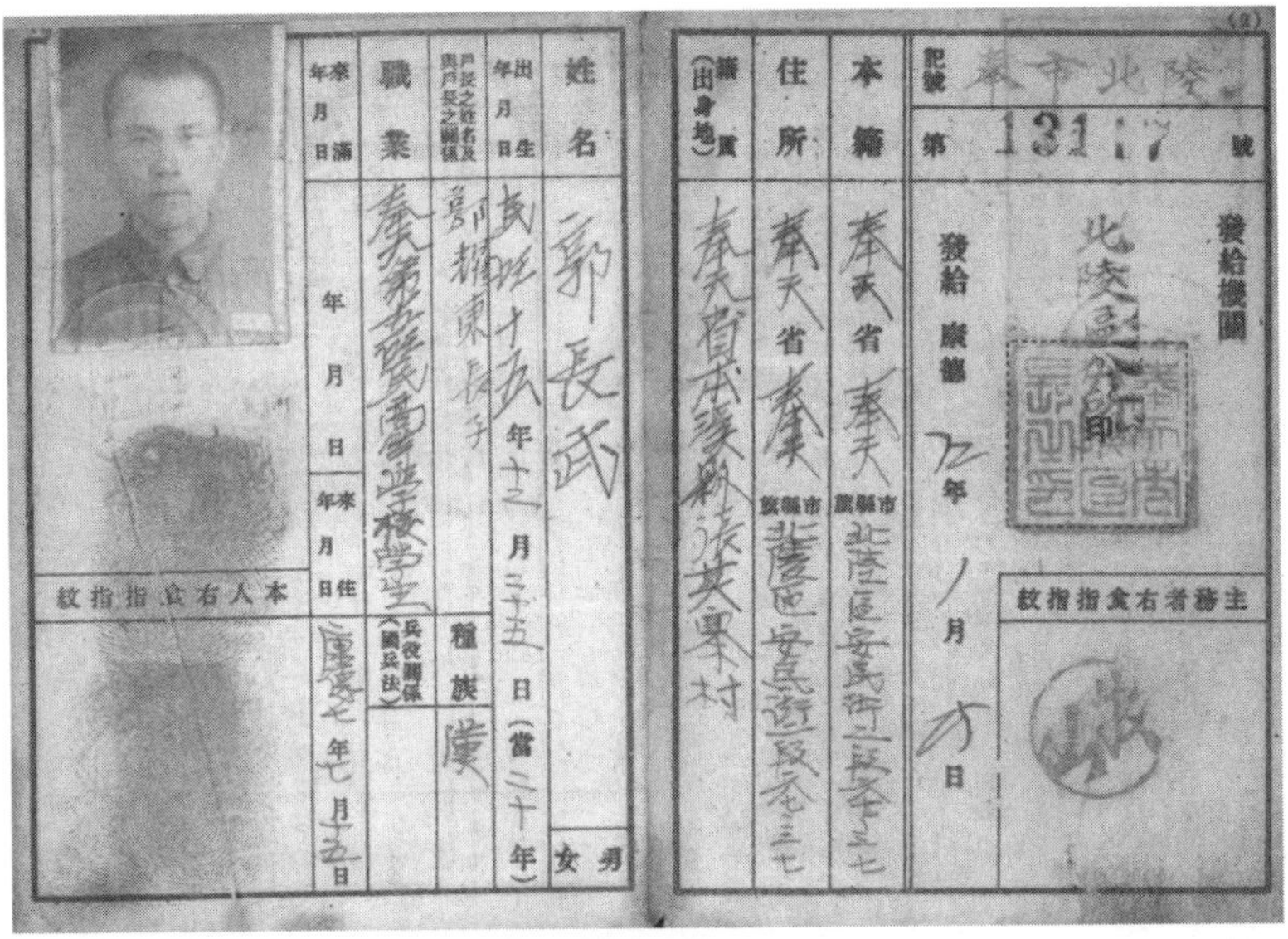

奉天第五国民高等学校の学生手帳

ければならなかった。この規則は私たちの学校では緩やかであったが、ほかの学校では上級生が勝手に下級生を撲っていた。噂では、日本国内でも同様であったという。事実上、日本の支配者は軍国主義の邪悪な習慣を人々に小さい頃から叩き込み、彼らを侵略戦争の道具にしようとしたのである。

この種の授業から日常生活にいたるまでの奴隷化教育に対して、少なくない教師たちがさまざまな形式の闘争を行なっていた。今でも覚えていることは、美術の王階南先生が、授業中に彼が知っている抗日戦争の「吉報」をそっと教えてくれたことである。歴史と地理の王学曾先生は、授業の時に私たちが知っておくべき本当の歴史知識を教科内容に織りこんで教えてくれた。幾何を教えていた金安文先生は教え方も上手であったが、生徒に慕われた主な原因は、彼が時々私たちのために民族意識の警鐘を鳴らしてくれるからであった。授業中に彼は生徒たちの要求に応じて、ドアを閉めてから、日本侵略の罪悪や陰謀について話して聞かしてくれた。金先生の時事問題の教え方はうまかった。授業が始まり、生徒の一人から「先生、今日も何か教えて

錦州師道学校に掲揚された日本国旗、「満州国」国旗。

くださいよ」と言われると、黒板に幾何学の図形を書いてから授業を始める。外に日本人がやってくる気配がすると、先生はすぐに話題を変えて幾何を教え始めるのだ。この熱血漢の愛国の志士は、国民党が東北を占領した時、国民党の腐敗に反対して先頭に立ってストライキをした。だが残念なことに、解放後に右派の烙印を押され、そのまま一生を終わってしまった。

もう一人、国文（中国語）を教えた李維漢先生も忘れることができない。当時、国民高等学校の国文教材は時事的な内容を避けたものであった。一、二年生の時の二人の先生は教科書を教えるだけで、ほかのことには触れなかった。三、四年生になると、李先生が私たちを教えるようになった。先生は古文を教え、同時に現代文も教えた。彼は五・四新文化運動についての知識を教えてくれた最初の啓蒙者であった。李先生の指導によって、私は初めて、五・四運動とはなにか、魯迅の『阿Q正伝』とはどんな内容か、五・四以後の進歩的な作家は誰かを知った。私が初めて買った現代文学作品は『阿Q正伝』であった。李先生が林語堂の名前を教えてくれたので、私は書店から彼の『京華烟

錦州師道学校での「帝宮遥拝」

雲』を買うことができたし、パール・バックの『大地』（日本語訳）を買ったのも、李先生が教えてくれたからである。

私のクラス担任の高爾悌先生も、生涯忘れることのできない先生である。国民高等学校の物理や化学の教科書は、あまりにも単純で程度が低いものであった。高先生は教科書の枠をとりはらい、「プリント」という名目で私たちに物理と化学の教材を印刷してくれた。実際はそのプリントを教科書にしたのである。高先生は多くの知識を教えようと、自分で教材を作り、謄写原紙を切り、自分で印刷してくれた。手間をかければかけただけの成果は上がるものであった。四年生の後期、高先生は物理と化学の試験問題を持ってきて、みんなにやらせた。結果は全員合格である。後になって高先生は、「あの試験問題は中学校教員資格試験の問題だった」と教えてくれた。このことからも、日本の支配者が中学校教師に要求した専門知識がどんなに低レベルであったかということがわかる。

もうすぐ国民高等学校を卒業するという時、私は進学試験に臨んだ。傀儡「満州国」政府の規定にもとづき、一部の学院、たとえばハルピン学院（日本の対ソ諜報要員を養成する学校。各学年に中国人学生は三人から五人しか入れなかった）などを除いて、生徒は一校しか受験できず、各学校ともいっせいに入学試験を行なった。まず入学願書に記入して、学校を通して省、教育庁の「選考」（審査）を受け、「選考」を通った後に志望校に入学願書が送られる。学校で審査して合格した者だけが受験証を渡され、受験できるのである。

私は家が貧しくて、普通の学校に行くには学費がなく、そうかといって軍学校には行きたくなく、結局、吉林師道大学を受験した。受験して、筆記試験はまあまあできたが、面接試験で背が低すぎるということで（当時一六歳、一メートル五五センチくらいしかなかった）、結局落第してしまった。この時ちょうど新京美術院が何人かの公費訪日研修生を募集していた。私は全力を傾けてやっと受験資格をとったが、身体検査で軽いトラコーマが見つかり、落第してしまった。

ところが、ちょっとうっかりしたばっかりに、私はこの学校もほかの学校と同じように新卒者だけを入学させるという規定を知らなかった。一年間、トラコーマを治しながら絵の勉強をして翌年もう一度受験するつもりだったが、年末になってから新卒者しか受け入れないということがわかった。当時第二国民高等学校で美術を教えていた劉希望祥先生は私に同情してくれて、志願者名簿に私を入れてくれた。しかし、わかりきったことながら、前年に面接を受けたのはわずか十数人だったので、私が二回目の受験だということがばれないはずはなかった。当然、言わずもがなの結果となった。

私の受けた朝鮮族教育――金成国 証言

〔略歴〕

金成国（キムソングク）、男、朝鮮族、一九二八年二月二日生まれ。原籍：朝鮮平安北道義州郡批峴面堂后里。離休（退職）時の所属：遼寧省農村実験中学校。職務：党支部副書記。日本占領時期に在籍した学校：鳳凰城普通学校、鳳凰城敷島国民尋常高等学校。日本占領時期の職場：鳳凰城国際運輸会社で臨時的な仕事をする。

一九三六年―一九三七年、朝鮮の批峴私塾に通う。

一九三八年―一九四三年、鳳凰城普通学校（敷島国民尋常高等学校）に在学する。

一九四四年、鳳凰城国際運輸営業所で臨時的な仕事をする。

一九四六年秋、寛甸軍分区に参軍し、中隊副班長直属となる。

一九四七年、草河区顧家村朝鮮農会委員となる。

一九四八年、草河、洪陽、鳳城の朝鮮小学校教師となる。

一九五〇年一二月、中国人民志願軍に参軍し、后勤部三分部武装工作隊員、団政治処幹事、五分部二四大站、二〇大站、警衛一団政治処幹事、弾薬庫政治助理員、五分部政治部助理員を歴任する。

一九五八年八月、撤退、帰国し、福州軍区后勤部五分部政治部に転勤となり、助理員となる。

一九五九年一二月、鳳城県文教局人事科員、鳳城県教育局人秘係副係長となる。

一九八一年、遼寧省農村実験中学校に転勤となり、党支部書記となる。

一九八三年九月、離休（退職）後、再び学校の補助員として招請され、今日に至る。


私は名前を金成国といい、朝鮮族である。一九二八年二月、朝鮮平安道批峴郡堂后里の農家に生まれた。私の就学期間は一九三六年に入学してから一九四三年一月に卒業するまでの八年間である。

一九三六年から一九三七年にかけて、七、八歳の時に朝鮮の批峴面鎮のある書堂（私塾）で、二年近く漢字を習った。『千字文』『啓蒙篇』の二冊を習い、『明心宝鑑』を半分まで習った。一家が東北に移ったので、書堂の勉強は中途で止めた。当時の勉強は、主に漢字を朝鮮語の読み方で読んで暗唱するもので、全部で三五〇〇字ほど習った。これらの字は、その後ほとんど忘れてしまった。

一九三七年に私たちの家は鳳凰城（現在の遼寧省鳳城市鳳凰鎮）に引っ越し、鳳凰城普通学校一年生に入学した。この学校は鳳凰城に住む朝鮮人児童が通う普通小学校であった。当時は四クラスで、二〇〇人近い生徒がいた。校長は佐藤（日本人）、担任は具（朝鮮人）といい、漢城（ソウル）から来ていた。その他の先生も朝鮮族で、朝鮮から来ていた。遼寧人民出版社の『日本侵略東北教育史』（五三五頁）によれば、「この学校は満鉄付属地の朝鮮人補充学校に属している」となっている。私の記憶では、私たちの属していた学校は日本人学校でもなく、傀儡「満州国」の学校でもなく、朝鮮族普通学校であった。当時、学校は現在の鳳城市職業高等中学校（現・職業教育センター）の場所にあった。当時の主要科目は朝鮮語、日本語、算数、修身などであった。

一九三九年、私は四年生に進級した。学校は小学校六学年と初級中学校一学年、合わせて七クラス、生徒数百人を有する朝鮮族普通学校に拡張された。さらに一九四〇年に鳳凰城敷島国民尋常高等学校と改称し、尋常小学校六年、高等科初等中学校二年の八年制の朝鮮族の学校となった。当時の校長は高橋、教頭は田本、首席訓導は伊藤、私のクラス担任は橋本といい、これらの教師はすべて日本人で、学校の中心人物であった。ほかの教師はみな朝鮮族で、朝鮮師範学校や中学校を卒業してこの学校に配属され教師となった人たちであった。

その後、日本帝国主義の奴隷化教育は公然かつ堂々と行なわれ、植民地人民が苦境をなめたことを未だに忘れることができない。記憶していることを以下に挙げよう。

第一に、朝鮮文科を取り消し、朝鮮語を話すことを禁じ、朝鮮文化と民族意識を根絶やしにしようと謀った。もと

図門市涼水泉子国民優級学校－東北抗日聯軍が活動した山中での軍事訓練

もと授業は朝鮮文を教えることが主で、併せて日本文と日本語を教えていたが、これ以後、いっさいの朝鮮文を教えることを停止し、校内で（後には校外でも）朝鮮語を話すことを禁じた。一年生から日本文字と日本語の会話を教えることを始めた。学校は生徒に朝鮮語を話させないようにするため、一つの方法をあみだした。それは各生徒にカードを一〇枚ずつ渡し、朝鮮語を話すたびに一枚取り上げ、ほかの生徒が朝鮮語を話したのに気づいた時はカードを一枚獲得できるとしたのである。学期末に検査して、残りカードの少ない者は駄目な生徒とされ、操行の点数が落第となった。また各クラスごとに競い合って、カード数の少ないクラスの担任の評価が下がった。このため担任教師は必死になり、日本語を話すと罰として生徒を怒鳴ったり、撲ったりすることが日常的に発生し、生徒はたいへんな被害をこうむった。

第二に、日本政府は朝鮮族に対して日本の姓に改姓することを強制し、朝鮮族を同化しようとした。姓を改めなければ一戸と見なされず、外出もできなければ、学校に上がることも、物資の配給を受けることもできなかった。私の

図們市国民高等学校卒業記念写真

家は金という姓であったが、無理やり金城（原籍の地名による）という姓に改めさせられた。名は元のままで、金城成国と呼ばれた。この名前は日本降伏まで使用させられた。

第三に、歴史を歪曲・改竄し、朝鮮民族も日本の「天照大神」の子孫であり、日本民族と血筋を同じくする一族として「大東亜共栄圏」を建設しなければならないと宣揚した。朝鮮民族の歴史は古く、単一の民族であって、日本民族とは根本的に異なる。日本人は古代にさかのぼって朝鮮の歴史を改竄し、小学生の時からでたらめを教え込もうとした。

第四に、朝鮮族に自国の国旗を持つことを許さず、自国の国歌を歌うことを許さず、政治を論じることを許さず、これを犯した者は思想犯や政治犯として、ひどいときは極刑に処せられた。また、私たちは登校すると毎朝、国旗掲揚の儀式があり、日本の日の丸を掲げ、日本の国歌（君が代）を歌わされた。開校式や卒業式及び重要な祝日には、必ず日本の国旗を掲げ、日本の国歌を歌わされた。

第五に、毎朝、東方に向かって拝礼し、天皇に対する忠誠を表さなければならなかった。早朝、登校すると学校の正門に立って大講堂（天皇の「詔書」が保管されている）に向かって敬

間島省龍井第二国民高等学校第二学年の生徒たち（1944年）

礼した。毎朝、全校の教師と生徒は運動場で東方（日本の東京）に向かって敬礼し、日本の天皇の長寿を祈らなければならなかった。

第六に、日本国は「天照大神」が造ったという神話を大いに宣伝し、大和魂と武士道精神を鼓吹した。学校の前に日本の神社があり、祝日ごとに全校の教師と生徒は神社に参拝し、「天照大神」の加護を祈った。高橋校長は常に講話の中で「日本国は『天照大神』が造ったもので神の国である、神の加護があるので『大東亜戦争』は必ず勝利する」と宣揚していた。日本が降伏した後、教師と生徒たちは高橋校長に「日本国は神様の加護があったのではなかったか、どうして負けたのか、神様はどこへ行ったのか」と詰め寄った。高橋校長は苦悩で顔をゆがめ、ひとしきり泣いてから、「どうやら神様はいなかったようだ」と言った。

第七に、卒業の時「聖戦」に動員され、日本帝国を守り、日本帝国主義のために命をかけることを強制された。当時は戦況が厳しく、一八歳以上の朝鮮青年はすべて徴兵されてソ連国境に行かされ、ソ連赤軍の捕虜となり、送還されてきた。祖国解放の年、私は一七歳であった。鳳凰城で一週間の軍事訓練を受けていたが、幸い八月に日本が降伏したので戦場には行かなかった。

解放後、ここ朝鮮族学校は鳳城鎮革新完全小学校と改称され、鳳城県政府教育科の指導下に入った。そして全県の朝鮮族小学校に業務指導を行ない、朝鮮族小学校教師に対し業務研修を行なった。この時、以前別の小学校があった所に移転した。土地改革後に私は人民教師に選ばれたが、朝鮮戦争が勃発すると教師の職場を離れ、朝鮮に行って志願軍に参加した。一九六八年にこの学校は鳳城県民族連合学校となり、小学校部と初級中学校部を有するようになった。「四人組」打倒後に鳳城県朝鮮族中学校として独立し、小学校部と初級中学校部を有し、鳳城県（市）教育局の指導下に入った。

（聞取り時期：二〇〇〇年三月一八日、場所：遼寧省鳳城市農村実験中学校）

モンゴル族学校について――那順烏爾図 証言

〔略歴〕

那順烏爾図（ナシュンウアルト）、旧名・長寿（チャンショウ）、男、モンゴル族、一九二五年一〇月一〇日生まれ。原籍：内蒙古省哲里木盟庫倫旗白音花蘇木。離休（退職）時の所属：内蒙古教育出版社。職務：副社長。日本占領時期に在籍した学校：王爺廟興安学院。

一九四六年、内蒙古自治運動連合会宣伝部で仕事をする。

一九四七年―一九四八年、哲盟中旗土地改革工作隊に参加する。

一九四八年八月より布西中中学校、通遼師範学校、通遼第二中学校で仕事をし、一九五五年まで主任を務める。

一九五五年、内蒙古自治区教育庁普及教育処監督員となる。

一九六〇年、内蒙古教育出版社副社長となる。

一九八六年、離休（退職）する。


庫倫旗庫倫鎮には、もともと六年制の養正学校と呼ばれる小学校があった。一般に富裕層の家の子弟か、旗の政府職員の子弟が教育を受けていた。日本帝国主義は、東北を侵略して後、庫倫旗の南部地区に四年制の南庫倫小学校と呼ばれる小学校を設置した。最初は南庫倫小学校と呼ばれていたが、後に阿其瑪小学校と改称した。阿其瑪とは村の名前であり、山紫水明の村であった。そこには、人を感動させる美しい神話が残っており、周囲の村の人々も遠方の人々も、みな代々語りつがれたその神話をよく知っている。

私の家は、この新しく建てられた小学校から二〇キロ余り離れた辺鄙な小さな村にあり、全村で字の読める人は二人しかおらず、村人には農作業と放牧の知識しかなかった。また村の外の人と行き来することもほとんどなかった。

一九三四年秋のある日、二人の傀儡「満州国」の警察が私の家にやって来た。祖父と父に、子だくさんの家だから子供を誰か一人学校に上げて勉強させるようにと命令し、私たち数人の兄弟を見回して、私を学校に行くように指名し、私の氏名と年齢、村名、保護者名を登録して帰って行った。このことで私たち一家は恐慌状態におちいった。日本の侵略者が去った後、どうなるかわからないという不安があった。当時さまざまな噂があり、日本に連れて行くという者もあり、日本人は人間の子供をさらって血を絞り、その血を飲むのだという者もあった。私の家では大人も子供もどうしていいかわからなかった。何日かたってから、祖父が一つの方法を思いついた。それは私をラマ廟に入れて、隠れることができるなら隠し通し、どうしても隠れられないようであれば学校に行かせる、というものであった。一家はこの方法に賛成した。

こうして私は一五キロほど離れたラマ廟に行って、五〇歳くらいの大ラマの弟子となってチベット語の経典を勉強した。このようにして半年余りがたつと、私が学校に来ないので例の二人の警官がまたやって来て、子供を早く入学させるよう命じ、従わなければ大人を逮捕するぞと脅した。こうした状況では他に方法もなく、一九三五年の春、私は家から二〇キロ余り離れた阿其瑪小学校に泣く泣く送られた。私の勉強はこの時から始まった。当時、私は一〇歳であった。

私は学校に来て、一緒に勉強する同級生の大部分が警察に脅されて学校に来た子供たちだということに気がついた。私たちは一年勉強しても何も変わったことはなく、日本の侵略者が私たちを日本に連れて行くようなこともなく、私たちはわずかな知識を学んだ。それからは毎年私たちの地区から勉強に来る者がいて、私が四年になり卒業する頃には、一五〇人ほどの生徒が在籍していた。当時の生徒は一般に年齢が高く、私のクラスには一八歳の生徒もいた。四年間の勉強を終え、ほとんどの生徒は故郷に戻って仕事をした。

私は四年間の勉強が終わり、成績は上から二、三番であった。先生は勉強を続けるよう励ましてくれ、両親にも働

大豆を運搬する白城子国民学校生

きかけて、なんとか勉強を続けられるように説得してくれた。こうして私は庫倫鎮の養正学校に入り、五、六年生の課程を勉強した。私が高級小学校を卒業する年に王爺廟興安学院の生徒募集があり、試験場が私たちの学校に設けられた。私たちにとってはこの上ない好条件であったので、クラスから一四人が受験した。試験科目は蒙古語、日本語、算術、常識、体育、体格検査などであった。結局クラスから七人の生徒が合格し、合格通知書を受け取った。この時、私はみんなよりいくらか年をとっていたので、勉強して知識を身につけようという気持ちが強かった。私が勉強に積極的であったので、家族は私が勉強することを止めさせようとはしなかった。私が家を離れる時、家族は寂しがって泣きはしたものの、私が勉強に行くことには賛成してくれた。こうして一九四二年春から私の中学校生活が始まり、それは日本帝国主義の降伏、祖国解放まで続いた。

阿其瑪学校の状況

当時、字が読めて文化的教養を持つ人は極端に少なかった。特に教壇に立って教えられる人はなおさら少なかったが、教師を招くのも容易なことではなかった。私が学校に入学届を出した時、先生が二人いた。あとからわかったことだが、一人は王義三という四〇歳余の回族であった。私塾で勉強した人で、満州語は聞いてわかる程度で、算術、自然、修身などの科目を教えた。もう一人は若勤という四〇歳余の蒙古族で、ラマ僧の出身であった。蒙古語を教えていた。この先生は蒙古語の書道がうまく、初めの頃は教科書がないので、若勤先生が毛筆で一枚一枚紙に書いて、私たちに配って勉強させた。これはとても手間のかかることであったが、先生は一字一字きちんとした字で書き、少しも手を抜いたところがなかった。

翌年、もう一人の新任の先生が来た。富令阿という三〇歳余りの蒙古族であった。左手の指がなく、斧で切ったそうだが、どうして指がないのか生徒は敢えて尋ねなかったし、先生も言わなかった。この先生は手が不自由であるにもかかわらずとても有能で、満州語を理解し、漢語、体育、音楽ができ、バイオリンを弾くことができた。さらに篆刻も、便箋用の版画を彫ることもできた。私たちに音楽、美術、工作などを教えてくれた。この先生は一年余り教えただけで姿を消し、その後どこへ行ったかわからない。

三年生になる頃、三〇歳余りの日本人が来て、ひらがな、かたかな、単語を教え、さらに時には柔道も教えた。その日本人は街から遠いこんな田舎の学校に赴任し、蒙古族の中で生活し、言葉も通じず生活習慣も違い、食物から住居まですべて不便で困難であったために、一年たたないうちにいなくなった。

このほかに食事係の老人と少年がいた。これだけの小人数で一〇〇人余りの生徒を勉強させ生活させていけたのは、生徒の年齢が比較的高いことによるもので、生徒は自主性が高く、生活上のこまごましたことは生徒自身で処理し、先生は授業を行なうだけでよかったからである。

教材と教育内容

一年生の頃は、教科書のある科目は算術、修身、自然だけで、その他の科目は先生が準備して生徒に教えた。何を教えるか、どこを教えるかは、先生が自分で決めた。授業が終われば生徒は教科書を復習し、宿題はなかった。満文科では満州語の文字を習った。先生が自分で作った一二版の文字、さらに短い作文を学んだ。四年間、私たちは一二版の文字を上から下、下から上、前から後、後から前とどこからでも暗記できるようになっていた。その頃の農村には電灯がなかったので、生徒は朝早く起きて教室に行き、椅子に坐って暗唱した。数人の生徒が一緒に暗唱するので、たちまち全員が暗唱できるようになり、先生は満足げであった。その後、ほかの科目の教科書も到着したが、先生はその教科書を使わず、題を出して生徒に作文を書かせ、生徒相互で朗読させた。一二版の文字を繰り返し暗唱させることに重点をおき、ほかに何も要求はしなかった。すなわち字を教えるだけの授業であった。生徒は流暢に音読でき、きれいに字が書け

生徒の宿題帳に印刷された新京の「忠霊塔」

ればそれでよく、それ以外のことは何も要求されなかった。

算術の先生は加減乗除の四則を教え、さらにどうやって土地の面積を測るかを教えてくれた。彼は本によって教えるのではなく、自分で考えた簡単な方法で教えてくれた。さらに穀物をどのようにして斗や升で量るか、油や酒はどのように量るかといった度量衡の方法を教えてくれた。この先生の自宅は庫倫鎮にあり、よく自宅に帰った。その間、生徒たちは自習をしていた。

教師の人数が足りないので、各学年の教科書はすべて最後まで終わらなかった。学期末になると、教えられたところまでで終わりとし、期末試験はその科目を担当した先生が出題したので、試験は非常に簡単で、普通の生徒でも一〇〇点満点で八〇点は取ることができた。こうしてその学期の授業が終わった。

学校は、開設されたばかりだったので校舎は未完成の部分が多く、教師が忙しかったり不在の時は、高学年の私たちが教師に代わって仕事をしなければならなかった。こうして四年間の学習生活は平穏に過ぎていった。

日本帝国主義は、中国の東北を侵略した後で数多くの学校を建て、現地の青少年を集めて文化知識を学ばせた。日本人自身が、あるいは現地の教養のある人々を集めて教育を行なった。日本が侵略していた十数年の間、私の知るかぎり王爺廟だけでも興安学院、育成学院、師道学校、軍官学校、警察学校、女子国民高等学校、蒙民習芸所、興安医学院などの学校が設けられ、それぞれの学校に四、五百人から六、七百人の生徒が在籍していた。解放された時、すでに多くの学校から蒙古族の教師が生まれ出ていた。

日本人がこのように学校を設けた目的はただ一つ、これらの生徒たちを養成して、日本人が現地の民衆を支配するための道具にしようとしたのである。彼らは、私たちが文化知識を有することは自分たちの植民地支配の思想理論を注ぎ込む手段となることを知っていた。しかし日本人が養成した生徒たちは、最終的には理知的な、頭脳を持った人間となり、文化知識のレベルが上がるにつれて彼らの民族意識の覚醒度が高まり、結果として多くの人々が日本人の従属から離れ、日本帝国主義に反対するたくましい戦士となっていった。

日本人が設けた数多くの学校のどこにも、日本帝国主義の侵略に反対し青少年の民族的自覚を高めるための地下活動があり、それは私たち青少年に努力すべき方向と責務を示し、奮闘する目標を教えてくれた。祖国を愛し、自分たちの民族を愛し、人民を愛する思想的自覚を持つように導いてくれた。このような思想的基礎があったからこそ、一九四五年に日本帝国主義が降伏して祖国が解放された後に、あれほど多くの日本傀儡時期に勉強した生徒たちが革命に向かい、共産党に向かい、共産党の指導の下で敵と闘争する前線に赴き、減租減息の運動（税金を減じ、利息を減じる）や土地改革運動に参加し、民衆の中に入り、革命が必要とする戦線に向かって行ったのである。そして彼らは聡明さと才知を発揮し、革命事業に貢献をなしたのである。

（聞取り時期：二〇〇〇年四月八日、場所：内蒙古教育出版社）

朝鮮族に対する同化教育——朴熙春 証言

〔略歴〕

朴熙春（パクヒチュン）、男、朝鮮族、一九二九年一月二〇日生まれ。原籍：吉林省梅河口市花園郷西山委。離休（退職）時の所属：延辺財政貿易学校。職務：規律検査委員会副書記。職称：講師。日本占領時期に在籍した学校：山城鎮国民優級学校梅河口市山城鎮国民優級学校補習科卒業。卒業後農業に従事する。

一九四七年—一九五二年、山城鎮中学校及び遼寧開原高級中学校に在学する。

一九五二年—一九五六年、延辺大学に在学する。

一九五六年—一九八一年、党委員会機関及び企業で仕事をする。

一九八一年—一九八九年、延辺財政貿易学校で仕事をする。

私は日本侵略時期に、一九三六年から一九四三年にかけて小学校で勉強していた。この八年間は今から五七年前のことであり、現在すでに年をとって記憶力が衰えてしまったので、断片的に覚えているいくつかのことをお話しして、参考に供するものである。

私の通った学校は吉林省海龍県（現・梅河口市）の山城鎮普通学校で、後に国民優級学校と改称した。私はそこの第四期生であった。この学校はおそらく一九三二年末か、あるいは一九三三年初めに開設された。修学年限は国民学校四年、国民優級学校二年であった。国民優級学校を卒業すると国民高等学校を受験することができた。受験に不合格であった者や経済的に進学が困難な者も、引き続き補習科で二年間勉強することができた。

この学校は海龍県で最も規模の大きな小学校で、教職員約二〇人、生徒は最も多い時で六五〇人前後が在籍していた。校舎は広かったので、一部制で授業を行なっていた。初代校長の日本人は、妻を亡くして職を離れた。二代目の校長は北海道の出身で、何年か在職したが同じように妻を亡くし、まもなくこの校長も病気で亡くなった。このような事情から、日本人で敢えて次期校長になろうという者がおらず、やむを得ず朝鮮族を第三代目の校長とし、そのまま解放に至った。

一九三六年に私が入学した時、ただ一人の日本人の女性教師がいたが、まもなく亡くなった。彼女は前に述べた初代校長の夫人であった。それ以後はすべて朝鮮族教師となった。山城鎮は朝鮮族が多く住んでいる所で、生徒はすべて朝鮮族であった。山城鎮にはさらに国民高等学校があり、そこは中国人と朝鮮族の混合学校であった。

国民学校では小学校四年生の課程を教え、主要な科目は日本語、朝鮮語、算数、体育、音楽、美術などであった。国民優級学校二年になると、歴史、地理、漢語が加わった。このほか男子生徒には手工、女子生徒には裁縫の科目があった。前に挙げた補習科では、基本的には国民高等学校一、二年の教科書が使用された。これらの科目の教科書は、日本語か朝鮮語で書かれていた。教科書の内容は、漢語以外は恐らくソウルの朝鮮総督府が審査、認定したものだったと考えられる。なぜなら、朝鮮はすでに日本の植民地であったからである。このためこれらの教科書の内容と教育目標は、当然のことながら明確であった。

教科書は、一貫して奴隷化教育と民族同化を内容としたものであった。その最も典型的な科目は修身であった。この科目は、一年生の冒頭から奴隷化教育を推し進めていた。教科書は「私たちは天皇の臣民である」「天皇は至高無上の存在であり、天皇のために一切の犠牲を惜しまず、命を捧げることは光栄である」などと述べていた。特に天皇の臣民に対する訓話は、単に学習するだけでなく暗唱しなければならなかった。四年生からは暗唱することが要求され、暗唱の試験もあった。合格しないと、こっぴどく叱られた。場合によっては体罰を受けることもあった。このほか修身では、どのような人物になるかといった内容があった。修身は、普通は校長かクラス担任が担当した。

日本語を無理やり勉強させ、民族同化政策を実行した。一九三六年二月に入学すると、最初は日本人教師が私たちに日本語を教えた。四年生の新学期から校内では朝鮮語を使用することが禁止され、一言でも朝鮮語を使うと、日本語で「フダ」と呼ばれる小さい木札を渡され、木札を受け取った者は放課後、学校の掃除をさせられた。後になると朝鮮語の授業も無くなり、すべての科目の授業が日本語で行なわれるようになった。五、六年生になると、強制的に日本の名前に改姓させられた。私の姓は朴であったが、新井と改姓させられた。こうして私たちは朝鮮族としての特徴が薄れてゆき、ほとんど日本人に同化されてしまった。

第二次世界大戦勃発後は、体育の科目のほかに軍事教練が増設された。高学年の生徒はすべて木刀を用意し、この木刀と木銃で軍事訓練が行なわれた。

現在記憶しているいくつかのことを、以下に述べよう。

一、歴史の授業で特に記憶していることは、日露戦争の旅順港の戦闘である。日本の軍人がどんなに勇敢で犠牲を恐れず旅順港を攻めたかということを、まさに神がかりのように教えられた。特に乃木将軍がその戦闘で巧みに指揮をとり、彼の二人の子供がどのように勇敢に戦い、戦死したかということを繰り返し教えられた。さらに明治天皇が逝去した後、乃木が死をもって天皇への忠誠を示し、それによって中将から大将に昇格したことなどを教えられた。天皇に対する忠誠と日本人の武士道精神が大いに宣揚されたのである。

二、私が五、六年生の時、教師が教室で日本の画報を見せてくれたことがあった。その画報は日本の侵略を功績として宣伝したものであった。その画報の中で最も印象深い絵画は、日本が朝鮮を侵略した後さらに中国の東北を侵略するために、日本の元内閣総理大臣伊藤博文がハルピン駅に下車し、日本の兵士を閲兵している場面であった。この絵画の下に伊藤を銃殺した朝鮮族の安重根の写真があり、その脇に「殺人者・安重根」と書かれていた。当時、私たちは先を争ってこの絵画を見た。みんなが一回り見た後、その「殺人者」という字は擦り消され、ぼやけて判読不能

間島省琿春県春芳村公立春芳国民優級学校第3回卒業生（1940年）、女生徒は民族衣裳を着ている

となっていた。学校当局は奴隷化教育を強化し、日本の侵略の功績を宣伝していたが、その効果はほんのわずかなものであった。私たちはみな一二、三歳で政治のことなどわからないほど幼かったが、民族的正義感は持っていた。六〇年前のことであるが、このことははっきりと覚えている。

三、私の学校は郊外にあって、市街に入るには神社の前を通らなければならなかった。学校当局は神社の前を通る時は必ず腰を九〇度曲げて最敬礼をすることを強制し、最敬礼しない者がいると、厳しい叱責と体罰を加えた。

学校当局は「日本人の祝日は、お前たち（朝鮮族）の祝日でもある」と、ことあるごとに言っていた。日本には神武天皇節など日本独特の祝日があり、これらの祝日には神社に集まって記念式典を行なった。私たち小学生も日本人の在「満」学校の生徒と一緒に集合し、隊列を組んで神社に行き記念式典に参加した。記念式典が始まると、頭を低く垂れて最敬礼をし、神主が祝詞を読んだ。こうした式典は一年に何回も行なわれた。

間島省龍井村第一国民高等学校の生徒たち、真才小学校から来た生徒の写真、後列の学生帽子をかぶった生徒が第三年生、前列の戦闘帽をかぶった生徒が一年生

山城鎮神社は在「満」日本人学校のすぐ傍らにあった。神社は最初は小さかったが、後に建て替えられて拡張された。拡張する時、裕福な日本人や朝鮮族が献金をさせられ、完成後に神社の屋内に献金者の名前が書かれた。私たちは祝賀式典に集団で参加させられた。式典が終わると、神社の屋根の上に数人が上り、丸い餅をばらまいた。これがおそらく日本式の祝賀式典のやり方なのであろう。私たちは在「満」日本人学校の生徒と一緒に餅を拾って食べた。

四、当時、私たちには新聞を読む機会もなかったし、ラジオもなかった。毎日、日本の侵略が「戦果」を上げるたびに教師が私たちにそのニュースを伝えた。たとえば「支那」のどこどこを占領した、などと言った。特に深く記憶しているのは、シンガポールが陥落した時、大いに「勝利」を宣伝し、各クラスに何足かずつの運動靴が配給されたことである。当時、私たちは裸足で通学していた。だから運動靴を配るということは彼らに下心があってのことで、侵略の「勝利」を宣伝し、将来日本のために働くようにしようという意図が込められていたのである。

五、当時、山城鎮には映画館はなかったが、在「満」日本

敦化国民優級学校、徐先生を送る生徒たち（1940年）

人学校に映写機があったので、そこから借り出して一月に一回映画会が行なわれた。現在思い返せば、映画の内容は二種類に分かれていた。一つは歴史劇で、主に日本人の武士道精神を宣伝するものであった。もう一つは記録映画で、侵略の成果を宣伝する内容で、たとえば開戦の記念日を祝うフィルムなどが上映された。特に印象深いのは日本の真珠湾攻撃のフィルムである。

六、一九四三年、私は補習科を卒業した時、学校から仕事に就くように言われた。その仕事とは、実は日本のために働くことであった。こうして私たちのクラスの多くの男子生徒は、日本人経営の鞍山住友金属株式会社に勤め、見習工になった。当時、私は一五歳になったばかりの少年であった。私たちは立山の本社からさほど遠くない宿舎に集団で住み、夜の明ける前に仕事に出かけ、夕方暗くなってから宿舎に戻った。一日の労働で疲れ果て、食事が終わるとすぐに眠った。当時は食糧が不足して配給制が実施されており、いつも空腹を抱えて働いた。一日の給料は、五〇〇グラムの煎餅（トウモロコシ等の粉を水で練って焼いたもの）を買うだけの金額でしかなかった。旧正月の休暇が終わると、アメリカ軍の爆撃機が鞍山と立山を爆撃するようになり、みんな相次いで家に逃げ帰った。

（聞取り時期：二〇〇〇年三月、場所：吉林省延辺財貿学校）

私は傀儡「満州国」の小学校教員だった――邱玉璞 証言

〔略歴〕

邱玉璞（チューイープー）、男、漢族、一九一〇年七月二八日生まれ。原籍：遼寧省海城県南台郷后柳河子。離休（退職）時の所属：遼寧省北鎮第三中学校。職務：教師。日本占領時期に在籍した学校：奉天省立海城師範学校、南満中学堂日語専修科。日本占領時期の職場：溝幇子扶輪小学校、北鎮協和国民学校、北鎮県公署行政科教育係。

一九三四年二月―一九三五年一月、奉天省立第三師範学校（卒業時に奉天省立海城師範学校に改称）に在学する。

一九三五年二月―同年三月、海城県王二官屯小学校の教師となる。

一九三五年四月―一九三六年二月、奉天南満中学堂日語専修科に在学する。

一九三六年二月―一九三八年二月、鉄路総局立溝幇子扶輪小学校の教師となる。

一九三八年、傀儡「満州国」の新学制が施行され、溝幇子扶輪小学校は鉄路総局から傀儡「満州国」の管轄に移り、校名が北鎮　県溝幇子街公立進徳国民学校・国民優級学校に改称され、一九三八年二月―一九四〇年一月、引き続き教師となる。

一九四〇年二月―一九四一年三月、転勤となり北鎮県公立協和国民学校の教師となる。

一九四一年四月―一九四五年八月一五日、北鎮県公署行政科教育係で教師支援をしながら祖国解放を迎える。

一九四五年九月―一九四六年一月、北鎮県人民政府と北鎮県政府教育科で二等科員となる。

一九四六年二月―一九四七年一一月、招請されて北鎮県立初級中学校で英語教師となり、北鎮解放に至る。

一九四七年一二月―一九五一年、自宅で農作業に従事する。

一九五一年四月―一九五三年二月、北鎮県興勝完全小学校の教員となる。

一九五三年二月―一九五四年七月、北鎮県溝幇子完全小学校付設中学校班の数学教師となる。

一九五四年七月―一九五四年八月、北鎮県初級中学校に転勤となり、数学教師となる。

一九五四年八月―一九六〇年七月、北鎮県第二初級中学校に転勤となり、数学教師兼数学組長となる。
一九六〇年八月―一九六一年一〇月、北鎮県高級中学校に転勤となり、数学教員となる。
一九六一年一〇月―一九七二年一〇月、北鎮県第三初級中学校に転勤となり、数学教師兼数学組長となる。
一九七二年一一月、北鎮県第三初級中学校を退職して今日に至る。

私は傀儡「満州国」で働いていた間はずっと小学校で仕事をし、教師あるいは小学校と関係する教育の仕事をしてきた。そのため、当時の小学校教育については知っていることが多いと思う。しかし、時は流れ、すでに半世紀がたってしまい、年齢も九〇歳を超え、記憶力も減退してしまった。しかも何の資料も手元に残しておかなかった。当時の状況を回想し、以下に述べることとする。

一九三五年、私は奉天南満中学堂付属日語専修科に入学した。私のクラスには一一人の生徒が在籍し、奉天省立の瀋陽、海城、鳳城、東豊師範学校からやってきていた。入学後、私と他の五人の生徒は鉄路総局から委託生に選ばれた。卒業まで毎月手当が支給され、卒業後は鉄路総局付属の扶輪小学校に教師として配属されることになった。私たちのほかに、さらに三人が満鉄から委託生として選ばれ、同じように卒業まで毎月手当を支給されていた。彼らは卒業後に満鉄付属の公学堂教師として配属された。

在学中に主に学んだのは日本語で、教育実習もあわせて行なわれた。教育実習を行なった所は奉天南満公学堂であった。ここは満鉄が開設した小学校で、校長と大部分の教師は日本人で中国人教師はごく少数しかおらず、完全に日本人の支配する学校であった。生徒は中国を「支那」と呼ぶように教育され、中国という国名さえ教えられなかった。教室では日本語を主とし、「満語」（中国語）以外の各科目の授業は日本語で行なわれていた。生徒は放課後も休憩時間でも、できるだけ日本語で話さなければならなかった。体育が重視され、跳び箱や鉄棒、それに体操が行なわれた。後にわかったことだが、このような学校、すなわち公学堂は満鉄沿線に数多く設置されていた。たとえば新京（今の長春)、四平、撫順、蓋平、熊岳、瓦房店、普蘭店、大連などの都市に公学堂が設置されていた。

私は日語専修科を卒業すると、溝幇子扶輪小学校の教師として配属された。この学校は鉄路総局が設置したもので、初等科一年から高等科二年までの各学年が一クラスで、全部で六クラスあった。校長は張錫田、主事は日本人の松本宗勝、後任は巻口多一郎、もう一人の日本人教師は大本正允といい高等科の日本語を担当していた。中国人教師は全部で六人で、各クラスの担任をしていた。私が担当したのは、初等科一年の担任と初等科の体育の授業であった。扶輪小学校は公学堂のように完全に日本人が支配しているわけではなかったが、それでも日本人主事に決定権があり、やはり日本語と体育を重視していた。高等小学校の算術の教科書さえ日本語で書かれていた。体育の授業も、公学堂と同じく跳び箱、鉄棒、体操が主な内容であった。日本語は初等科一年の後期から勉強が始まった。体育の授業の号令は、すべて日本語で行なわれていた。生徒の八〇パーセント以上が鉄道従業員の子弟であった。

このような扶輪学校は、山海関から瀋陽にかけての鉄道沿線と、四平街から洮南にかけての鉄道沿線に多く設けられた。たとえば錦州、営口の河北、皇姑屯、瀋陽、四平街、鄭家屯、太平川、洮南などにはすべて扶輪小学校が設けられた。さらに新京やハルピンにも同様の学校が設置されていた。ただ、新京の小学校は扶輪小学校と呼ばれていたが、ハルピンの小学校は別の名称であった。何という名称だったか、私はもう覚えていない。

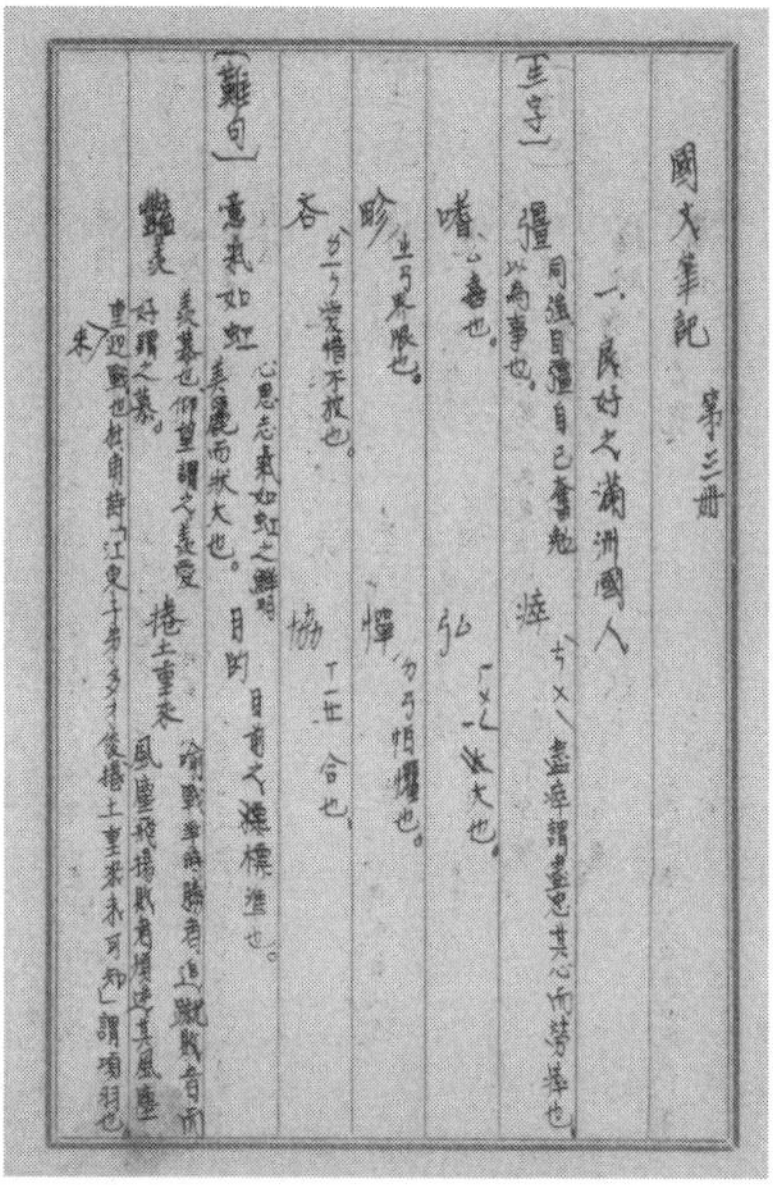

錦州公立唐庄子小学校二年生穆景元の国文のノート

公学堂と扶輪小学校は、傀儡「満州国」の新学制が実施されると一律に傀儡「満州国」に移管された。私の学校は溝幇子にあったが、溝幇子街にはすでに国民学校・国民優級学校が設けられていた。これらの学校と区別するために、私の学校は溝幇子街公立進徳国民学校・国民優級学校と校名を変更した。この時にわかったことであるが、鉄路総局付属の学校は満鉄付属地の学校と同様に傀儡「満州国」には属しておらず、すべて南満州鉄道株式会社の管轄下にあったのである。

公学堂と扶輪小学校は同じ系列に属し、双子の兄弟の関係だった。移管は、校舎や運動場を含め学校の一切の設備、及び教師と生徒まで一括して行なわれた。これらの学校（すべての公学堂と扶輪小学校を含む）の教師の待遇は、傀儡「満州国」の教師に比べ、飛び抜けて良かった。私の給料を例にとると、当時四七元で、この学校の教師の中では最も少なかった。しかし、北鎮県の県、街、村のすべての教師の給料の最高額は三〇元にも達していなかった。ほとんどの校長（溝幇子街学校の校長を含む）の給料でも三〇元をやや上まわる程度で、三五元に達する者はいなかった。県立学校の杜恩和一人が四〇元であった。こうした状況であったが、私はさらに八元増えて、給料五五元の条件で移管された。しかしこれは書類の上の昇給であって、実際には減給となった。なぜかと言うと、住居手当てや当直手当てが移管後は廃止されたのである。傀儡「満州国」にとっては、扶輪小学校と公学堂を接収したことによって莫大な負担を強いられることになった。またこの賃金格差は移管後さらに大きくなり、中国人教師の間に対立を起こす原因ともなった。

私はこの学校に四年勤務し、初等科一年のクラス担任からもち上がっていった。担当していたクラスが初等科四年となり卒業を控えた時、上部の命令で溝幇子の二つの学校を合併させることになり、私の学校が第一部となり、もう一つの学校は第二部となった。国民学校の卒業生が国民優級学校に進学するには、試験を受けなければならなかった。国民優級学校は私の学校に二クラス（定員一〇〇人）設置されていたが、国民学校の卒業生は私のクラスのほか、もう一つの学校にも二クラスあって、合計一五〇人である。一五〇人から一〇〇人を進級させるということは、合格率は六六パーセントということになる。しかも両校の使用している教科書は同一ではなく、試験はほとんど私の学校の教科書から出題されていた。明らかにもう一つの学校の卒業生は不公平な取り扱いを受けることになった。今でもその時の落第生を気の毒に思っている。

一九四〇年二月、私は北鎮県立協和国民学校に教師として派遣された。校長は杜恩和といった。一年生から四年生まで各々三クラスで、計一二クラスあった。私は四年生のクラス担任となり、体育教師となった。教師は全部で一四人いた。毎週月曜日に朝礼があり、国旗掲揚と「宮城遥拝」を行ない、校長が「回鑾訓民詔書」と「国民訓」などを朗読した。まもなくして日本人教師の西倉弥猛が主事として派遣されてきて学校内の行政と教育を監督し、日本語の学習が強化された。

国民学校用ノートの表紙

私が担当した四年生のクラスは、卒業すると国民優級学校に進級することになる。しかし、試験を受ける必要があった。同じ街の二校の国民優級学校（男子校と女子校に分かれていた）は全体で六クラスとなっていた。国民学校の卒業クラスは、私の学校の三クラスのほかに五校六クラスあり、合計九クラスとなる。この九クラスの中から六クラス合格させれば九分の六となり、合格率は六六パーセントとなる。このように北鎮溝幇子の二つ街の試験合格率は、均衡が保たれていたのである。

一九四一年になると、私は北鎮県公署の教育係に教師支援として派遣されることになった。教育係長は王乾三といい、斉魯大学の出身であった。視学は張錫田（元・扶輪小学校校長）で、日本人の巻口多一郎（元・扶輪小学校主事）が教師支援として配属された。後任の日本人の後藤秀雄は溝幇子（元・扶輪小学校教師）から来て、職称はやはり教師支援であった。このほか教育係には官員一人、吏員一人、雇員三人がいた。私は彼らと学校や寺院に関する事務を分担していた。私の学校での仕事は、学務一般と日本人のための通訳であった。

立場上、農村の小学校教育についてはよく理解していた。北鎮県は合わせて一八ヵ村あり、村ごとに本校（ほとんどが国民学校と国民優級学校が合併したもの）か分校が設置されていた。大部分が国民学校で、教師が一人か二人の分校が多数を占めていた。教師一人の分校は一年から四年までの複式授業が行なわれ、教師二人の分校は大部分が一、二年合併、三、四年合併の二クラスで授業が行なわれていた。分校にも国民学校と国民優級学校と合わせて六クラスあるところもあった。たとえば閭家村の蓏蓏堡分校、中安村の車屯分校などがそれである。分校はどんなに大きくても校長はおらず、主任にまかされ、すべての校務は本校の校長の指導下にあった。村の規模が大小異なるので、各村の分校の数も等しくなかった。たとえば中安のような大きな村には八校あったが、辺家や四方台のような小さな村には二校から三校で、大部分の村は四校から六校の間であった。

生徒は国民学校を卒業すると、試験を受けて本校の国民優級学校に進学する。しかし、本校に国民優級学校が設けられていない閭家、辺家、四方台などの学校もあった。閭家の国民学校の卒業生は国民優級学校のある蓏蓏堡分校に受験入学することになる。その他の二ヵ所の村の国民学校では、隣村の本校の国民優級学校を受験することになる。さらに本校の中でも中安村のような大きな村は二クラスの国民優級学校を設置できたが、そのほかは一クラスしか募集できなかった。ところが各村の本校、分校とも国民学校卒業生を合わせると、少なくとも二クラスはあった。それは本校には国民学校を卒業したクラスが最低一つはあったからである。このため農村の学校の国民優級学校入学の合格率は、北鎮と溝幇子の二街の国民優級学校合格率を下まわることは明白であった。

新学制の実施によって、職業教育が重視されるようになった。もともと高級中学校と初級中学校合わせて六年制であったものを四年制に短縮し、国民高等学校と改称した。文化知識の水準を落とし、農業科、工業科、商業科、牧畜科としたが、各県の国民高等学校はほとんどが農業科で、商業科は遼西の錦州第二国民高等学校と遼東の営口第一国民高等学校だけであった。県に属する国民優級学校卒業生で農業科の国民高等学校を受験したくない者は、その県を離れて外地の商業科のある国民高等学校（たとえば錦州、営口）や工業科のある国民高等学校（たとえば瀋陽）を受験しなければならなかった。しかし、国民高等学校の入学試験は統一試験で、一日で行なわれた。言い換えれば、国民優級学校を卒業して国民高等学校を受験しようとする者は、一回しか受験できなかった。また不合格であっても、翌年再受験することは許されなかった。

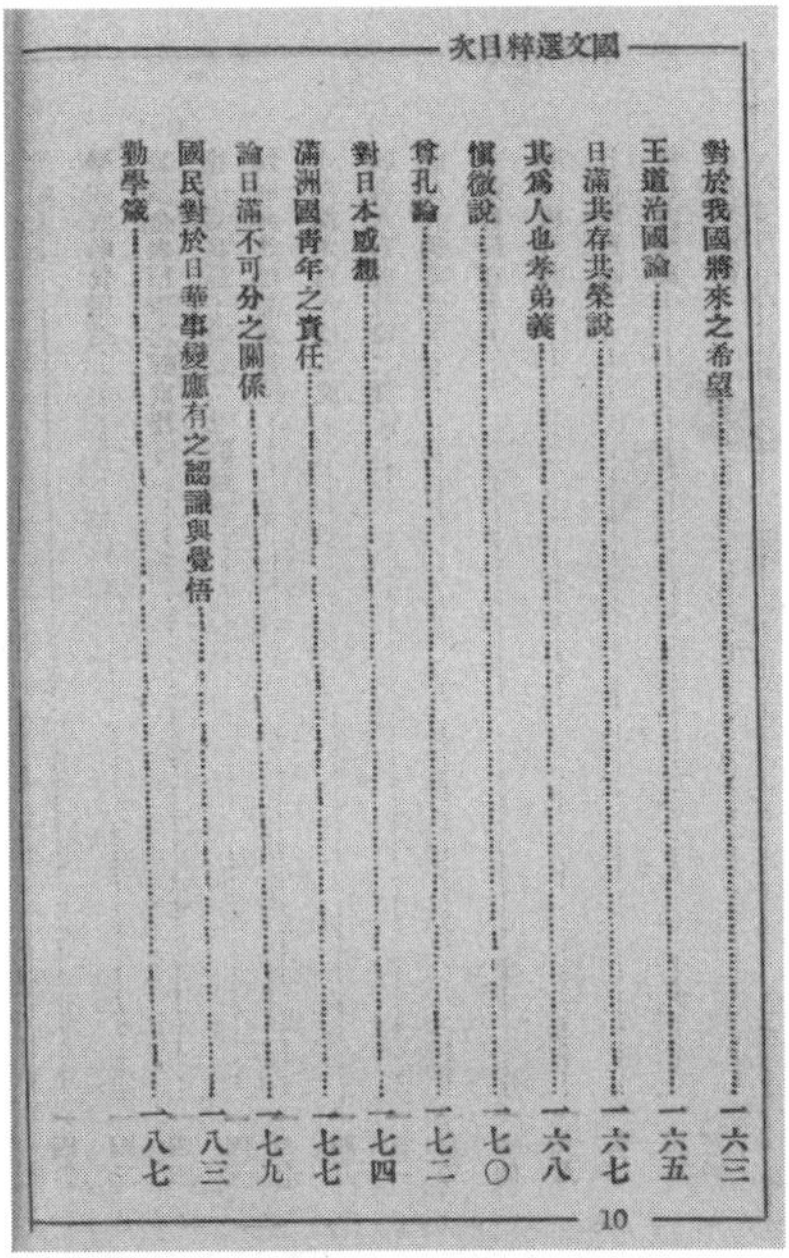
國文選粹目次

10

国民優級学校補充教材『国文選粋』（1940年）目録の一部、奴隷化教育の傾向がますます強くなってきた

北鎮県の国民優級学校の卒業生の進学と就職状況は、次の通りである。

北鎮行政区は北鎮と溝幇子の二街及び一八ヵ所の村からなり、北鎮街と溝幇子街の国民優級学校の卒業生は全部で八クラスであった。中安や閭陽のような大きな村では国民優級学校の卒業生は二クラスであったが、辺家や四方台のような小さな村には国民優級学校は設置されていなかった。その他の各村では平均して各々一校ずつの卒業クラスがあったので、合計一八クラスであった。街と村を合わせて合計二六クラスであったが、北鎮の国民高等学校では三クラスを募集するだけであった。ほかに女子実業学校とキリスト教会の私立国民高等学校が各一クラス募集した。師道学校の募集人数は一クラスにも満たず、その後募集人数を増やしたが、総数は六クラスに達したにすぎなかった。したがって国民優級学校の進学率は二六分の六であり、二三パーセントにすぎなかった。

進学できなかった生徒は日本人経営の企業に入るか、下層の労働者になるしかなかった。たとえば錦州の日本人企業――合成燃料では、社員を北鎮に派遣して労働者の募集を行なっていた。北鎮に試験場を設けて国民優級学校の卒業生を募集し、養成後に下層の労働者にした。しかし、これは国民優級学校卒業生の就職問題の部分的な解決にしかならなかった。大多数の卒業生は進学に失敗すると就職先のない生徒となり、国民学校を卒業して国民優級学校に進学できなかった生徒と合わせて、若年者の失業大軍を形成した。彼らは家に帰って農業をするしかなかった。手に職をつけて職人になったり商売をして生計を立てる者もあったが、すべてが生活できたわけではなく、しかもこれはほんの一部にすぎない。傀儡「満州国」時期の小学校教育は愚民政策にもとづく奴隷化教育と言える。

教師は授業をするのに計画書も書かず、授業ノートも作成せず、同じ学校の同年クラスで同じ教科を担当する者同士であっても、相互に教科書や教え方の研究をやることもなかった。授業をする時はいつも教科書とチョークを持つだけで、時たま教具を持っていくだけであった。自分の持っている知識だけで自足し、自分だけの考えで授業を行なっていた。教育の質の低下は想像がつくだろう。傀儡「満州国」時期に私が教えた学校は、例外なしにこのような状況であった。

（聞取り時期：二〇〇〇年四月八日、場所：吉林市重慶街二八号）

傀儡「満州国」末期の営口第一国民高等学校――孫玉波 証言

〔略歴〕

孫玉波（ソンウィーポー）、男、漢族、一九二九年七月一日生まれ。原籍：遼寧省蓋州市。離休（退職）時の所属：東北大学。職務：教研室主任。職称：教授。日本占領時期に在籍した学校：営口市第一国民高等学校。日本占領時期の職場：未就職。

一九三七年一月―一九四二年一二月、営口市同徳小学校に在学する。
一九四三年一月―一九四五年九月、営口市第一国民高等学校に在学する。
一九四五年一〇月―一九四七年一二月、営口中学校（高級中学校）に在学する。
一九四八年八月―一九四九年九月、安東科学院学員となる。
一九四九年九月―一九五二年八月、東北工学院に在学する。
一九五二年八月―一九九一年九月、卒業後、東北工学院に残る。学部秘書、助手、講師、助教授を歴任する。
一九八三年二月、教授に就任する。中国非鉄金属学会選鉱学術委員会委員、瀋陽市金属学会選鉱学組長を兼任する。
一九九一年九月、退職し、威海市海王旋流品有限会社技術顧問となる。

私は営口市内で生まれて、八歳の時に小学校に入った。当時は日本が奴隷化教育を行なっていたので自分が中国人であることさえ知らず、「満州国人」だと思って日本人の言いなりになっていた。このような意識で中学に入り、老人の口から、自分は中国人であるが絶対にそのことを口外してはいけない、もし口にすれば「思想犯」として憲兵隊に捕まるということを聞かされるまで、ずっとそう思っていた。

小学校の科目は算術、日本語、「満州語」が主であって、ほとんど毎日午前中はこの三科目の授業であった。午後は授業が少なく、時々体操や図画、音楽などの教科があるだけで、授業の終わるのは早かった。教師は教え方がいい加減で、成績の良し悪しは生徒次第であった。しかし教師はひどく威張っていて、授業の時に級友としゃべったり、質問に答えられないと、すぐに手の甲を叩かれたり立たされたりした。生徒は非常に教師を恐れ、小便に立ちたいということすら口に出せず、よく尿をもらしたりした。

私が在学した同徳小学校には日本人の主事がいて、学校の権力を握っていた。彼にとって関心があるのは、生徒に「皇帝陛下」、特に「天皇陛下」に忠義を尽くすように教育することであり、武士道精神を叩き込むことであった。

一九四〇年頃だったと思うが、傀儡「満州国」皇帝が二度目に日本を訪問した時、私たち小学生は運動場に集合して「皇帝」が天皇の謁見を受けるのと同時刻に、私たちも一緒に敬礼をさせられた。季節は夏で、炎熱の太陽の日差しが照りつける中で、私たちはただ汽笛の鳴るのをまだかまだかと待っていた。生徒は暑さで次々に倒れていったが、その場を動くことは許されなかった。太陽が西に傾く頃にやっと終了した。

当時、学校は休みが特に多かった。「建国節」「皇帝生誕節」「天皇生誕節」「明治節」など、ほとんど毎週と言えるほど祝日があった。小さい子供は休みになると喜んだが、その分授業で教えられることは少なかった。教科書は三分の一か四分の一までしか進まなかった。これも日本人が行なった愚民教育の一方法である。後になってわかったが、日本人の学校では授業が休みになることは非常に少なかったという。

一九四一年一二月、「大東亜戦争」が勃発し、小学生に対しても軍事教練が行なわれるようになった。一九四二年の春になると学校では正常な授業は行なわれなくなり、「青年会」から指導員が派遣されてきて、毎日運動場で歩調をそろえて行進する訓練をやった。後になると校外に駆り出され、「満州語」や算術の教師まで指導員をやらされた。見ていると、一部の教師は非常に辛そうであった。

こうしてようやく小学校を卒業した。当時の初級小学校は四年制で「国民初等教育」と称され、高等小学校は「国民優級教育」と称されていた。中学校は初級中学校と高級中学校に分かれていたのを合わせて四年制とし、「国民高等教育」と称していた。営口には二校の国民高等学校があり、第一国民高等学校は中等商業専門学校に属し、「商業科」と称していた。第二国民高等学校は中等水産専門学校に属し、「水産科」と称していた。二ヵ所の中学校の生徒募集の合計は毎年三〇〇人余りであったが、市内の小学校卒業生は数千人であった（当時の営口市都市部の人口は二〇万人であった）。さらにこの二ヵ所の中学校の生徒募集の範囲は海城、大石橋、蓋県、盤錦と広く、応募者が多いのに合格者は少なかったので、中学校は「狭き門」であった。私たちのクラスは五〇人余りであったが、合格できる者は五、六人にすぎなかった。

錦州第二国民高等学校校旗と校歌

　私は幸いに一九四三年春、第一国民高等学校に合格した。全学年四クラスで、各クラス四〇人であった。二年半勉強したところで、祖国解放となった。

　当時開設されていた教科目は

代数、満語、日本語、商業英語、地理、博物（動物、植物、鉱物、自然をまとめて一科目とした）、物理、化学、珠算、簿記（会計）、商業、書道、体育、王道（政治）であった。不思議なことは、「歴史」がないことである。傀儡「満州国」には歴史といえるものはなく、生徒たちの中国に対する思いを断ち切るためにも、中国歴史を教えるわけにはいかなかったのだ。教育設備はきわめて不備で、楽器がなかったので音楽の科目はなかった。ボールなどもなかったので、体育科は体操と駆け足だけであった。物理と化学は、一年を通じて一回も実験の授業がなかった。ただ一度だけ、博物の教師が教室に顕微鏡を持ってきて、水中の微生物を見せて「細菌である」と教えてくれただけであった。

現在の中等商業専門学校と比べて、国民高等学校に設置された科目はまったく貧弱で、科目数も少なかった。入学時には英語が設置されていたが、商業英語に限られていた。それも日本が英米に宣戦布告すると、英語は「敵国語」だとして一学期だけで廃止されてしまった。その他の科目も、設置されてはいたものの内容のないものであった。授業はいい加減で、おまけに軍事教練、「勤労奉仕」、臨時の休みなどが加わった。各科目の授業は、教科書の頭から二〇ページぐらい進めばいいほうであった（一科目の教科書は一五〇ページ前後であった）。代数は一元一次方程式だけを教え、二元一次方程式は教えなかった。物理は物性だけを教え、力学など他の分野は教えなかった。化学は酸素の製法と空気についてだけ教え、元素の周期表も教えなかった。簿記を学んだが、借方と貸方の記帳がわかれば、帳簿がわかったものと見なされた。反動的な科目である政治科「王道」（この科目名は不確かである）は日本の開国物語、天照大神、神武天皇、明治維新、大和魂、大東亜共栄圏などを教えた。中国人の先生は、難しいことは避けて適当にごまかしていたが、生徒も聞きたいと思わなかったので、実際の教育的効果はさほど大きくなかった。

私は一、二年生の時、年齢が一三、四歳だったので発達期にあったが、正しい指導を受けられないままであった。大多数の生徒は親に頼りきりで、時流に身をまかせ、向上心を持たなかった。自覚的なごく少数の級友は、自分の前途に見切りをつけていた。しかし将来の手本となるものがなかったので、やはりどうしていいかわからなかった。日本人は中国人をこのような曖昧模糊とした状態に置いておこうと考えていた。こうした状況にもかかわらず、厳しい現実から、日本人に対する反抗心は各人の胸の中に一致して芽生えていた。「日本語は習わなくてもよい、三年もたてば使わなくなる」ということが巷で言われていた。日本の敗北を予測しての言葉である。また、日本語を真面目に学ぶことは不名誉なことと思われていた。こうしたことから、大学に上がってから日本語をきちんと学んでこなかったことを後悔したものである。

営口第一国民高等学校の生徒は六〇〇人余りで、校長は霍雲閣といった。しかし、権力は副校長の清田（日本人）の手に握られていた。全校の日本人教師は五人で、教務主任は高瀬、体育教師は吉田といった。ほかに二人の在郷軍人がいたが、彼ら二人は教養が低く、たまに日本語を教えたり体育の授業の点呼をとるだけであった。日本人はファシスト的階級服従精神と武士道を崇め奉っていた。

毎日、ゲートルを巻き、ズボンのポケットは、手を入れられないように口を縫っておかなくてはいけなかった。冬でも手を擦り合わせることも、耳当て付きの綿帽子をかぶることも許されなかった。もし違反すれば、必ず撲られた。吉田の体育の授業の時、ある生徒がポケットの口を縫ってこなかった。顔を伏せてごまかそうとしていた。吉田がそれに気づいて、その生徒を撲り、隊列の前に引っ張り出し、在郷軍人式の背負い投げをかけ、生徒が気絶する寸前までそれを繰り返した。算盤は日本人の高瀬が教えていたが、少しでも間違えると拳骨で頭を撲られた。一回撲られるごとに一つの瘤ができた。日本人の授業に出るのは命がけであった。

日本人は「階級服従」制度を利用して、中国人をお互いに分裂させ、敵視させようとした。「階級服従」制度は傀儡「満州国」において、各会社・各業種を貫いており、学校も例外ではなかった。下級生は上級生に会えば必ず「気をつけ」をし、立ち止まって敬礼しなければならなかった。少しでも怠ると、叱られたりビンタを張られたりした。

このため下級生は「熊」（上級生のこと）に叩かれたり、付け届けを強要されることがあった。しかし、これまで下級生をいじめてきた者が四年生になって卒業する時、お返しがくることがあった。下級生は一ヵ所に集合して棍棒や鞭を用意し、上級生が卒業式を終わって帰ってくるのを待ち伏せし、「仇討」をやった。さんざん威張り散らしてきた上級生を取り囲んで撲りつけ、顔が腫れあがるまで撲り、逃げ回らせた。日本人は仕返しを止めようとはせず、警察も関わろうとはしなかった。一期また一期と、卒業式のたびに「仇討」が繰り返された。

日本人に挑発されて、営口市の二つの中学校——第一国民高等学校と第二国民高等学校の生徒は事あるごとに対立し、集団で喧嘩をするのが日常化していた。縁日や公共の場所で両校の生徒が出くわし、喧嘩になることもあった。また計画的に準備をし、挑戦状を出して場所を決めて決闘することもあった。この時の武器は小刀や棍棒、石ころに限られていた。しかし毎回、喧嘩が終わった後で何人かの負傷者が出た。負けた方の学校では教練教官が負けた原因を研究し、生徒をけしかけて再び喧嘩させた。

一九四三年の秋になると、日本人の「大東亜戦争」の気炎はしぼんでしまい、国力は日ごとに衰退していった。しかし傀儡「満州国」に対する軍事支配は、なおいっそう厳しいものとなった。第一国民高等学校には少佐の肩書を持つ一人の軍事教官が派遣されてきて、元からいる中尉の退役軍人と一緒になって生徒の軍事訓練を行なった。さらに、それまで使用していた木銃を本物の銃（「ロシア式歩兵銃」と称していた）に替えた。

春（秋だったかもしれない）、当局は学校の軍事教練の「検閲」をすることになった。準備のために一ヵ月の休業ということになり、学校の運動場でなく校外の荒地に行って、匍匐訓練や戦闘訓練を行なった。さらに、銃をかついで隊列を組み、貯水池を渡る訓練もあった。一四、五歳の少年にとって五キロ余りの旧式銃を担ぐのは堪え難いことだったが、教官のビンタとギラギラするサーベルを横目に、死にもの狂いで頑張るしかなかった。

「検閲」の日、傀儡「満州国」の少将が日本人の中尉の副官を「引き連れて」やってきた。まず隊伍を「検閲」し、それから分列行進を行ない、その後、各種の軍事教練の科目を実演した。さながら戦闘訓練のようであった。私たちは、本当にいつか前線にひっぱり出されるのではないかと恐れていた。しかし、前線とはどこで、敵は誰かといった、はっきりした認識は持っていなかった。

一九四四年春になると、日本の敗北はすでにその兆しを見せていた。市場では物資が極度に欠乏し、配給される食糧もコウリャンから橡麺（ドングリの一種の粉で作った麺）に変わった。生徒たちの「勤労奉仕」も以前は雑用であったが、大規模な開墾と耕作になった。営口郊外にアルカリ性土壌の土地があり、そこは学校から三、四キロも離れていた。私たちはそこを開墾してコウリャンを植えた。役畜もなく、車もなく、大型の農具もなかったので、すべて人手で鋤を引き、アルカリ性土壌の土地を鶴嘴で掘り返した。種を蒔き終わると、さらに土地を平らにし、草刈りをしなければならなかった。この学期は、最初の授業で点呼をとった以外、残りの時間はすべて畑仕事に費やされた。

国民高等学校の剣道の練習

秋学期の二、三週間で秋の収穫をしなければならなかった。刈り取りは順調に終わったが、運ぶのに苦労した。二束の収穫したばかりのコウリャンは水分を含んでいて、背負うとものすごく重く、なかなか立てなかった。学校にたどりついた時は息も絶え絶えで、運動場に倒れたまま一歩も動けなかった。「勤労奉仕」とは、かくも奴隷的な労働であった。収穫した食糧は誰の口に入ったのか、生徒たちは誰も知らない。

一九四五年に入ると「大東亜戦争」の敗北は決定

的になり、日本人の搾取はさらに残酷さを加えた。物価は暴騰し、「配給」の食糧ではとても足りず、青壮年の中国人は労働に徴用された。社会全体に恨みと憂いの空気がたちこめていた。当時、私は国民高等学校の三年生であったが、授業はすでに行なわれなくなっていた。私より一年上の生徒は岫岩などの山地に行かされ、開墾と耕作をさせられていた。私たちは営口紡績工場（営口東双橋紡績工場）へ行かされ、紡績工にされた。私はその時一五歳で、正真正銘の少年工であったが、正規の労働者と同じに二台の織機を受け持った。早朝に出勤し、夕方に退勤した。昼は工場で食事が出たが、内容はコウリャン粥と塩水で煮た白菜や大根であった。

その頃の労働者は工場の最下層であり、退勤の時は身体検査をされた。私たち生徒はいくらか大目に見られて、最初は身体検査はされなかった。そこで一部の労働者は生徒をそそのかして、綿布や綿糸を持ち出させた（これらの品物は極端に欠乏していた）。何日もしないうちに、誰かが密告した。それに加えて、数日前には食堂で茶碗を割る事件が起こっていた。食事内容に不満であった生徒が、食後に茶碗を高く重ねて積み上げたので、炊事係が片付けようとして取り落とし、かなりの数の茶碗が割れたのである。これら一連の事件が重なって、日本人の注意を引き起こした。

おそらく五月か六月のことだったと思う。ある日、日本人が中国人生徒を捕まえて撲ろうとしたので（原因は不明である）、周囲の生徒たちで取り囲んだ。その中の武術の心得のある一人の生徒が、数回撲りあった末、その日本人を投げ飛ばした。日本人は生徒の人数が多いのを見て、起き上がると一目散に逃げて行った。しばらくして、笛の音がして日本人と工場の警備員に緊急集合がかかった。そして日本人を投げ倒した生徒を引き渡すように迫った。私たちは息を殺して隊列を組み、大きな災難が降りかかってくるのはわかっていても、その生徒を隊列の真ん中に置いてかくまった（その生徒は日本人とやりあった時、ランニングシャツの肩のところが引きちぎられていた）。日本人たちは私たちを睨みつけ、脅しをかけたが、その生徒を見つけることができなかった。後になって日本人は手口を変え、生徒の身体検査をして綿布や綿糸をこっそり持っていっていないかを調べた。付き添いの教師は事件になることを恐れ、日本人と交渉して教師自身が身体検査をし、日本人がそれに立ち合うことになった。検査の結果、誰も何も持ち出していなかった。そもそも集合がかかった時に生徒たちは情勢不利と見て、持っている物をすでに捨ててしまったのである。私の隊列の一人の生徒が綿布を体に巻いていたが、教師がかばってごまかしてくれた。

この事があった後、日本人は私たちを「勤労奉仕」に行かせなくなった。私たちはまた学校に戻って授業を受けた。しかし、戦争の終末はすぐそこまで迫っていた。B29爆撃機は営口の上空を通り過ぎて鞍山や瀋陽を爆撃した。私たちの学校の在郷軍人も日本人教師も緊急徴兵され、前線に出て行った。ソ連は日本に宣戦布告した。中国人は拍手喝采し、日本人は極度の恐慌状態に陥った。

八月一五日、日本は無条件降伏し、私たちの奴隷化教育も終わったのである。

（聞取り時期：二〇〇〇年三月五日、場所：東北大学老幹部処）

赤峰師道学校と奴隷化教育――王華春 証言

〔略歴〕

王華春（ワンホァチュン）、旧名・王化書、男、モンゴル族、一九二九年九月一二日生まれ。原籍：遼寧省凌源市叨爾登鎮北営子村。離休（退職）時の所属：遼寧教育研究院。職務：高等教育所党支部書記。職称：研究員。日本占領時期に在籍した学校：赤峰師道学校。

一九三七年―一九四三年、凌源県叨爾登国民優級学校に在学する。

一九四四年―一九四五年八月一五日、赤峰師道学校に在学する。「八・一五」以降は、自宅で農業に従事する。

一九四七年冬季、「土改」（土地改革）闘争に参加する。

一九四八年三月―一九五〇年一二月、凌源県叨爾登区で革命工作に従事する。小学校教師、中心小学校校長、完全小学校教師を歴任する。

一九五一年二月、承徳師範学校研修班に在学する。

一九五二年二月―一九五三年八月、承徳師範学校の教師となる。

一九五三年九月―一九五五年八月、東北師範大学政治学部に在学する。

一九五五年八月―一九五六年八月、中国共産党中央第一中級党学校研究生班に在学する。

一九五六年八月―一九五八年八月、瀋陽師範学院の教師となる。

一九五八年八月―一九六四年一二月、遼寧大学校報副編集、党委員会宣伝部副部長、党事務室副主任となり、同時に教育工作に従事する。

一九六四年一二月―一九六七年五月、遼寧省委員会文教部基組処巡視員、事務室秘書となる。文化大革命初期は事務室主任（臨時）代理を務めた。そのために文化大革命中、迫害を受けて、農村で労働させられた。

一九七八年一二月―一九八四年七月、遼寧省農業局科学教育処で仕事をし、遼寧省高等教育局副処長、事務室副主任を務めた。

一九八四七月—一九九二年三月、遼寧省高等教育所副所長、専任書記等になる。

一九九二年三月、離休（退職）する。その後、遼寧教育研究院で教育科学研究の仕事に従事している。

この間、中国高等教育学会理事、中国社会経済研究会理事、中国高校学習研究会常務理事、省教育経済研究会常務副理事長、省高校学習研究会副理事長等の学会の役職を務めた。


傀儡「満州国」支配下の一四年間、私は小学校から師道学校まで（一九三七年から一九四五年「八・一五」祖国解放まで）合わせて七年半、日本傀儡政府の奴隷化教育を受けた。

一、私の生活環境と受けた教育

私が生まれたのは凌源県南部山地の小鎮——叨爾登鎮（歴史上、遼の重要な鎮の一つとされた）であった。満州語で「叨爾登」とは「安らかな幸せ」という意味である。清末、熱河省は承徳府の管轄に入っていたが、一九五四年に熱河省が廃止されて遼寧省に組み込まれた。この山地の小鎮は河北省の清龍県や寛城県と隣り合わせで、県境は私の家から約一二キロのところにあった。一九三四年に日本は熱河省を占領したが、私の故郷の小鎮と河北省の清龍県や寛城県は一貫して革命根拠地となっていた。一九三四年から一九四二年の間、共産党の指導する民衆の「反満抗日」活動は途絶えたことがなかった。

今でも覚えているのは、一九三七年の冬の夜、民衆が蜂起して在地の役所や協和会の家屋に火を放ち焼き払ったことである。また一九四一年の冬には、八路軍の武装工作隊が私の家から二〇キロ離れた河北湯道河鎮の傀儡「満州国」警察駐在所の数人の警察官を「殲滅」した。私の家は日本の憲兵隊駐屯地の近くにあったので、夜になると「反満抗日」の革命志士を尋問する罵声や、拷問による苦痛の叫び声がいつも聞こえ、心をえぐられるようであった。一九四二年の冬の夜、八路軍の武装工作隊が私の家に来て村の様子を調べている時、運悪く敵に見つかり、私の家は焼かれてしまった。それ以後、住む家がなくなって他人の家に寄宿せざるを得なくなり、生活は一転して苦しくなった。こうしたことから、私は物心ついた頃から共産党の指導する民衆の「反満抗日」革命運動の影響と薫陶を受けていた。私は自分が中国人であることを自覚していたし、亡国の民となることに甘んじてはいなかった。

私の生まれた山地の小鎮は経済的、文化的にかなり立ち後れていたし、それに日本傀儡時期の教育抑制策もあって、当時受けた教育は伝統的な内容が多かった。たとえば、私が小学校四年生の時に勉強していたのは「私塾」（すなわち国民学舎）で、実際は半官半民の学校であった。県から視学官が査察に派遣されてくると、教師の張広璞と劉万程は傀儡「満州国」民生部編集の官製教科書を生徒に教えてその場をとりつくろったが、視学官が立ち去ると、相変わらず旧来の「四書」を教えた。私は高級小学校――すなわち「国民優級学校」の二年間は、日本の傀儡政府の正真正銘の奴隷化教育を受けた。たとえば日本語の学習、「詔書」の朗読、「国民訓」の暗記などがあり、毎朝の朝会では日本の天皇と傀儡「満州国」皇帝溥儀に対して遥拝をさせられた。この時期になると、私の家の大人たちは私が学校に行くのを不安がって、「学校に行くのは知識を得るためで、決して国事を口にしてはいけないよ。そうしないとお前が痛い目にあうだけでなく、家長にも罪が及び、家族にも迷惑がかかることになるよ」などといつも言っていた。そこで国民優級学校に在学している時は、一言半句まで言動には非常に注意をはらっていた。

一九四四年から一九四五年「八・一五」の祖国解放まで、私は赤峰師道学校で勉強していた。そこで受けた日本傀儡政府の奴隷化教育は、さらに深刻なものであった。今に至っても昨日のことのように覚えている。私が師道学校で受けた日本傀儡政府による奴隷化教育の状況について、以下に述べよう。

二、傀儡「満州国」師道学校の学制と養成資格

当時、傀儡「満州国」師道学校の学制は三種類であった。

第一は本科で、学制は四年、目的は国民優級学校（すなわち高級小学校）の教師を養成することにあった。

第二は特修科で、学制は二年、目的は国民学校（すなわち初級小学校）の教師を養成することにあった。

第三は二部制で、学制は一年、大学一年生の基礎科目を教えた。目的は国民優級学校の教務主任及び校長、教師を養成することにあった。募集対象は国民高等学校四年の卒業生か同等の学歴を持つ者、とされた（あるいは師道学校特修科を卒業し、国民学校で教師として三年以上勤めた者を受験入学させた）。

錦州師道学校の軍事訓練

以上三種類の学制で養成された教師資格は、次の三つの条件を備えていることが要求された。すなわち、①政治上、「日満親善」を堅持し、天皇と傀儡「満州国」皇帝陛下に忠誠を尽くす思想修養を備えていること、②業務上しかるべき専門基礎知識とその教育方法を心得ていること、③体質上、身体健康で心身健全であること。

三、師道学校特修科の教科目と教科書

傀儡「満州国」民生部の規定によれば、師道学校特修科は国民学校の教師を養成し、修業年限は二年で、教科目は一九科目が設けられていた。私の学んだ赤峰師道学校特修科には、以下の主要科目が設置されていた。

1、思想政治教育に関しては、「建国精神」「国民道徳」の二科目が設置されていた。

「建国精神」科は傀儡「満州国」建国の基本方針と施政綱要を教えるものであった。具体的な内容は以下の通りである。「王道主義」すなわち「王道楽土」を建設し、「日満親善」「一徳一心」「共存共栄」「民族協和」の国家方針を堅持し、大東亜戦争時期においては、生徒に「聖戦必勝」と大日本帝国と存亡を共にする確固たる信念を持つ生徒を養成する。日本を「親邦」――「父子の国」と称していた。この科目は日本人教師が教えることになっており、副校長の田中致が教えていた。田中は中国語ができ、中国語で授業することができた。

「国民道徳」科とは修身のことである。具体的な内容は「忠孝仁義」「忠孝一本」であって、忠臣は孝子の家から得られるとし、「主君に対し忠義を持たないのは親不孝と同じである。戦闘にあたって勇敢でないのは親不孝である」ということが強調された。「仁・義・礼・智・信」「温良恭倹譲」を行動規範とせねばならず、家を基礎とする価値観を日常生活に一貫させ、それによって天皇と傀儡「満州国」皇帝に対して「忠良なる国民」となるよう養成しようとした。この科目の教師は隋文彬といい、傀儡「満州国」建国大学の卒業生であった。

2、国語教育に関しては、「日語」「満語」（すなわち中国語）、「蒙古語」の三科目が設けられていた。

日本語科の教科書は『速成日語会話』（第一冊―第四冊）であった。毎学期一冊を教え、各冊六〇課であった。第四冊まで勉強すると、日本語のレベルは基本的には語学検定試験の第三等合格の程度となった。授業中は日本語だけを用い、中国語を使うことは許されず、できないと叩かれた。教師は日本人で、今井と何布（南部）彦太郎であった。

「満語」科の教科書は文語文が基本であり、一部に応用的な時文（現代書面語）があった。教師は王賚熙といい、燕京大学国文学部の卒業生であった。

蒙古語科の内容は旧字体の縦書き蒙古語であって、まず一二の字（千以上の音節）を教え、その後で単語と文法を教えた。蒙古語と満州語は字母が同じで、読み方にやや違いがあった。蒙古語は点を付けないが、満州語は点を付けた。蒙古語と満州語は同系統の言語と理解してよい。蒙古語を学ぶと、基本的には満州語が理解できた。この科目を設置したのは、主に熱河地区の民族小学校で教える必要があったからである。熱河省南部の燕山の北麓、すなわち長城以北のいくつかの県、たとえば青龍県、寛城県、興隆県、椺平県、豊寧県、隆化県、圍城県などには満州族が集中して住んでいた。熱河省北部の赤峰地区のいくつかの県や旗、たとえば敖漢旗、翁牛特旗、喀喇沁旗、烏単県、林西県、沁巴爾虎右翼旗、科什科騰旗などには蒙古族が多く住んでいた。これらの民族地区では、少数民族の言語で教えたほうが比較的便利であった。教師は前に挙げた王賚熙で、彼は中国語ができ、北方の満州語と蒙古語の研究をしており、言語文字学の専門家であり、教育する上で適任者であった。

3、理数科に関しては、数学、物理、化学の三科目が設けられていた。

数学科は、主に代数と幾何の二科目を合わせたものであった。同時に簡単な三角関数の知識も紹介していた。教師は白音といい、吉林高等師範学校の数学学部の卒業生であった。物理科は、主に力学、熱学、音、光、電気などの物理現象とその法則などを教えた。化学科は、主に化学の基礎知識及び応用を教えた。

物理と化学の二科目は、教学計画では特修科二年の第二学期に開設されることになっていたが、一九四五年「八・一五」に祖国が解放されたために、実際は設置されなかった。

4、地歴に関しては、歴史と地理の二科目が設けられていた。

歴史科の教科書はあったが、傀儡「満州国」内の各少数民族と漢族の関係のみを記述したものであった。そのうえ歴史科は中国人教師と日本人教師との間で見解の相違があり、学校当局は民生部に指示をあおいだが結論が出ず、大東亜戦争時期にはしばらくの間教えないということになり、設けられなかった。

地理科は、傀儡「満州国」の行政区画（一九の省市）と自然地理を教えた。同時に経済地理の知識もいくらか紹介していた。教師は佟柱臣といい、吉林高等師範学校の地理学部の卒業生であった。彼には考古学の分野の著書があった。

5、教育学専攻については、教育学と心理学の二学科が設けられていた。

教育学科は、主に教育学原理、教育と教養の関係及び日本の科学教育の状況の紹介などであった。教師は張秉公といい、吉林高等師範学校の教育学部の卒業生であった。

心理学科は、主に心理学原理や応用心理学などを教えた。教師は趙松齢といい、燕京大学博物学部の卒業生であった。

6、自然科学については博物科が設けられ、動物、植物、鉱物、岩石の四つに分かれていた。重点的に動植物の生成、発育、発展の基本知識を教え、教師は先の趙松齢が兼任していた。

7、農業生産の分野については、農業概論科が設けられていた。主に農作物の栽培知識とその実験などを教えた。教師は日本人の向原と中国人の劉宝剛で、向原は早稲田大学卒業、劉宝剛は錦州農業専門学校卒業であった。

8、農業技術分野では作業科が設けられていた。主に農場労働で、農作物の播種と栽培の技術を実地に教えた。教師は日本人の向原と中国人の劉宝剛であった。

9、副次的科目として、体育、音楽、図画の三科目が設けられていた。

体育科は主に「建国体操」と体育に関する常識と訓練で、たとえばトラック競技や球技で身体を鍛え、体力を強化して学生の心身ともに健康な発達を促すことにあった。教師は孫先生で、吉林高等師範学校体育学部の卒業生であった。

音楽科は主に音楽の基礎知識を教え、五線譜の読み方、アコーディオン、唱歌などを教えた。教師は孫佩章といい、北京音楽専科学校の卒業生であった。

図画科は主にスケッチに関する知識と技法の練習などであった。図画科はいつも作業科か「勤労奉仕」に振り替えられ、習った時間は少なかった。

10、軍事科では主に「軍人勅諭」と軍事教練の基礎知識を教えた。たとえば隊列の組み方、銃の持ち方、銃剣術などの訓練である。各人に「建国棒」が一本ずつ配られ、いつも訓練の際に使用した。教師は武官少佐の李先生と二人の大尉が配属されていた。

以上の一九科目（「勤労奉仕」を除く）には統一教材があったが、特修科は修業年限が短いので本科の教科書を使用して、その中の要点だけを教えた。師道学校は公費入学だったので、教科書はすべて学校から配布された。

四、傀儡「満州国」奴隷化教育の本質に関する問題

まとめて言えば、傀儡「満州国」師道学校の教育の本質は職業的奴隷化教育であり、正真正銘の植民地主義の奴隷養成教育であった。以下のいくつかの問題に、それが具体的に表れている。

1、師道学校の教育目的は「日満親善」「共存共栄」を堅持することを旨とし、「国民教育」を行なう教師を養成するものであった。この種の教育は日本植民地の「忠良なる国民」を養成するためのものであり、それ故に教師の基本的な資格は以下の通りである。①政治上、大日本帝国と「一徳一心」となり、その存亡を共にするという信念を有していること、②業務上、ある程度の基礎的な科学的知識及び技能を有し「忠良なる国民」を養成する必要に応えられ

ること、③身体が基本的に良好であって、心身ともに健全であり、次の世代を育てる要求に応えられること。

このような師道学校の教育の特徴は、ある程度の職業性を備え、よく「日満親善」「民族協和」の精神を叩き込み、天皇と傀儡「満州国」皇帝に「忠良なる国民」としての適応性を養うことにあった。日本植民地主義者は傀儡「満州国」における師道学校の教育を特に重視し、これを日本の「満州基地を強固にする重要な基礎工事」と見なしていたのである。このような教育目的は、疑いもなく奴隷化教育の性質を持っていた。

2、教育内容から見て、すべての師道学校は全教育課程を奴隷化教育の注入と養成訓練にあてていた。たとえば、①授業では「建国精神」「国民道徳」科を通じて生徒に「王道主義」と「日満親善」などの奴隷化思想を注入した。②「日本語」を「国語」に改め、日本語訓練を強化し、それを生徒に思想的交流の道具として掌握させ、日本語の課文の内容を通して奴隷化教育思想を注ぎ込み、中国人生徒の民族意識を消滅させようとした。③各学期ともに「勤労奉仕」を行ない、関東軍赤峰第八〇四部隊のために野菜を栽培し、奴隷的労働を行なわせ、体得した思想を記述させることによって、日本人教師はいつも「国人こぞって奉公の誠を尽くし、国人こぞって盟邦のために戦う」ことを強調した。④軍事教練を正式に授業計画に組み入れ、軍事教育と訓練を堅持することによって、直接戦場に出て戦闘できる能力を養成し、日本軍国主義のために奉仕し、傀儡「満州国」の国防のために奉仕し、「北方の守りを固める」ことが強調された。⑤養成教育から見ると、授業を通じてファシズム教育を行なっただけでなく、毎朝の朝礼や重要な祭日の式典、毎晩の舎監の点呼、訓話などの一連の日常活動を通じて、微に入り細にわたって奴隷化教育を行なった。たとえば朝会の時に「詔書」(「回鑾訓民詔書」)を朗読させ、日本天皇と傀儡「満州国」皇帝に対して遥拝させ、毎日三度の食事の前に全生徒に「国民訓」を唱和させた。生徒は学期内は制服を着て制帽をかぶり、ゲートルを巻いて、軍隊式の敬礼を行ない、下級生は校外で上級生に積極的に挙手の礼を行なわなければならなかった。

このような教育内容の特徴は、日本語による授業、上下の階級差別、軍隊式の行動、生活の日本様式化などである。

これらは疑いもなく奴隷化教育の性質を具現したものである。

3、教育方法から見ると、強制的な詰め込み教育が主であった。具体的には、①生徒に丸暗記を要求し、機械的に記憶させた。②日本語の授業で、暗唱できないと日本人教師に叩かれた。教師は生徒を人間扱いせず、教師に絶対服従することを生徒に強制した。③学校の日常生活において、日本人教師は少しでも要求に合わないことがあれば、怒鳴ったり叩いたりした。また、上級生は下級生に対して暴力を振るった。

このような教育方法の特徴は、強圧的ファシズム教育と言える。奴隷性と服従性を特徴とする教育方法は、奴隷化教育の本質を示すものであった。当然このような教育方法を実施するには、具体的な分析が必要である。たとえば教育学科では「啓発式教育」を重視し、「アヒルに餌をやるような詰め込み型教育に反対し」「教育学、心理学原理に合わない」授業は「授業効果が上がらない」と教えられた。しかし、実際に行なわれていた授業実践は正反対であった。

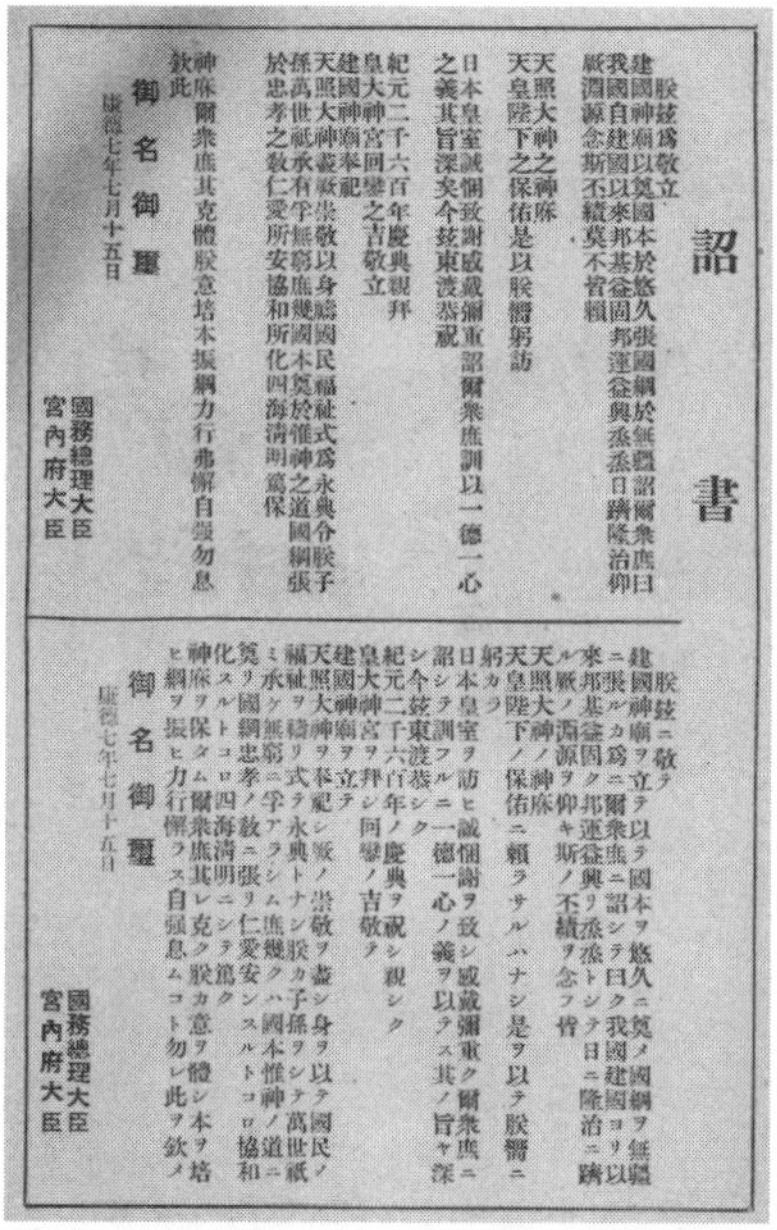

詔書

朕茲爲敬立
建國神廟以奠國本於悠久張國綱於無疆詔爾衆庶曰
我國自建國以來邦基益固邦運益興烝烝日躋隆治仰
厥淵源念斯丕績莫不皆賴
天照大神之神庥
天皇陛下之保佑是以朕親躬訪
日本皇室誠悃致謝威蔵彌重詔爾衆庶訓以一德一心
之義其旨深矣今茲東渡恭祝
紀元二千六百年慶典親拜
皇大神宮回鑾之吉敬立
建國神廟奉祀
天照大神盡厥崇敬以身禱國民福祉式爲永典令朕子
孫萬世祇承有孚無窮庶幾國本奠於惟神之道國綱張
於忠孝之敎仁愛所安協和所化四海淸明篤保
神庥爾衆庶其克體朕意培本振綱力行弗懈自彊勿息
欽此
御名御璽
康德七年七月十五日
國務總理大臣
宮內府大臣

朕茲ニ敬テ
建國神廟ヲ立テ以テ國本ヲ悠久ニ奠メ國綱ヲ無疆
ニ張ルカ爲ニ爾衆庶ニ詔シテ曰ク我國建國ヨリ以
來邦基益固ク邦運益興リ烝烝トシテ日ニ隆治ニ躋
ル厥ノ淵源ヲ仰キ斯ノ丕績ヲ念フ皆
天照大神ノ神庥
天皇陛下ノ保佑ニ賴ラサルハナシ是ヲ以テ朕親ニ
躬カラ
日本皇室ヲ訪ヒ誠悃謝ヲ致シ威蔵彌重ク爾衆庶ニ
詔シテ訓フルニ一德一心ノ義ヲ以テス其ノ旨ヤ深
シ今茲東渡恭シク
紀元二千六百年ノ慶典ヲ祝シ親シク
皇大神宮ヲ拜シ回鑾ノ吉敬テ
建國神廟ヲ立テ
天照大神ヲ奉祀シ崇敬ヲ盡シ身ヲ以テ國民ノ
福祉ヲ禱リ式テ永典ト爲シ朕カ子孫ヲシテ萬世祇
ミ承ケ無窮ニ孚アラシム庶幾クハ國本惟神ノ道ニ
奠リ國綱忠孝ノ敎ニ張リ仁愛安ンスルトコロ協和
化スルトコロ四海淸明ニシテ篤ク
神庥ヲ保タム爾衆庶其レ克ク朕カ意ヲ體シ本ヲ培
ヒ綱ヲ振ヒ力行懈ラス自彊息ムコト勿レ此ヲ欽メ
御名御璽
康德七年七月十五日
國務總理大臣
宮內府大臣

「建国神廟詔書」
（『奉天教育』1940年8月1日掲載）

一般的に言って、中国人教師は授業方法に比較的気を配っていた。特に年配の中国人教師は授業経験があり、授業方法も会得していた。しかし日本人教師はそうではなく、教科書を暗唱できないと生徒をすぐ叩き、ファシズム教育を実行していた。日本傀儡時期の教育の原則に基づき、その教育目的は「忠良なる国民」を養成するものと定められていた。したがってその教育方法は当然のことながら強圧的なものであって、「民主的教育学」の原則に基づくものではなかった。

五、二つのことを今でもはっきり覚えている

一つは一九四四年の秋、ある傀儡「満州国」の新京の高官が赤峰師道学校に視察にやってきた時のことである。彼は陸軍の上将で文官の特任官を兼ね、康徳皇帝を代表して赤峰北部の辺境防衛施設を視察し、同時に赤峰師道学校の教育状況を視察に来たのである。盛大な歓迎式典の席上で、この高官が講話を行なった。その大意は以下の通りである。——今は「大東亜共栄圏」を建設するための戦争の最中で、財政的に逼迫している。そのため国立の師道学校の教育条件は後れており、教育設備は不完全である。全校の教師と生徒はこの点を理解してほしい。しかし困難が大きければ大きいほど、人の精神面は強くなる。これがすなわち「大東亜戦争必勝の精神」であり、教育は「戦争に服従し、戦争に奉仕する精神」及び「大日本帝国と共に共存共栄する精神」を養うものである。学校の思想・政治教育を強化すべきであり、軍事教練も強化すべきである。必要な時は命令に従って戦闘に参加せよ……。この訓話からも、容易に日本傀儡政府の奴隷化教育の本質を見いだすことができるであろう。

もう一つは、一九四五年夏の朝礼の時、日本人の田中が副校長の訓話を聞いて泣き出したことである。副校長の訓話は「近来、大東亜戦争は次々と形勢不利となり、情勢は厳しい。日本の居留民は最後の決戦を準備している……私は全校の教師と生徒に精神を奮い起こし、断固として大日本帝国の存亡を共にするよう要求する。たとえ大東亜戦争が敗北したとしても、我々は断固としてこの基地を守り抜く。諸君は『忠良なる国民』を養成する任務を担っているのである」というものであった。これもまた日本傀儡政府の奴隷化教育を示すものである。

（聞取り時期：一九九五年九月六日、場所：瀋陽師範学院教育学部）

鉄嶺国民高等学校からハルピン農業大学へ——張文翰 証言

〔略歴〕

張文翰（ジャンウェンハン）、男、漢族、一九二三年二月一一日生まれ。原籍：遼寧省鉄嶺市。離休（退職）時の所属：瀋陽農業大学実験場。職務：実験センター長。職称：七級農業技師。日本占領時期の在籍した学校：ハルピン農業大学。

一九三一年―一九三八年、鉄嶺市の小学校に在学する（一年間は日本語学校に在学）。

一九三九年―一九四二年、鉄嶺国民高等学校に在学する。

一九四三年―一九四五年、ハルピン農業大学に在学する。

一九四六年六月―一九四八年一〇月、鉄嶺県政府（国民党）建設科で仕事をする。農業技術員となる。

一九四八年一一月、東北行政委員会主催の政治学習班に参加する。

一九四八年一二月―一九五一年九月、東北農業部北陵農場及び瀋陽農学院馬三家実験農場で仕事をし、技術員になる。

一九五一年一〇月―一九六〇年一〇月、瀋陽農業大学の大学創設に参加し、後に農業学部で仕事をする。

一九六〇年一〇月―一九七〇年一〇月、瀋陽西郊外の国営光輝牧畜農場で技術員、農業技師になる。

一九七〇年一〇月―一九七一年、瀋陽市于洪区平羅公社に送られ、労働させられる。

一九七二年―一九七六年、平羅公社に留用され、農業科学センターの責任者となる。

一九七七年―一九八六年四月、瀋陽農業大学実験場に転勤になり、農業科長、教学実験分場場長、科学教育実験センター長等を　歴任し、最後は七級農業技師となる。

一九八六年五月、離休（退職）する。

私は一九三一年に小学校に入学してから一九四五年「八・一五」の勝利の日まで、まるまる一四年間、奴隷化教育を受けた。このことから、私は日本侵略時期に実行された奴隷化教育の歴史の証人と言える。小学校一年生になったばかりの頃、「九・一八事変」が起こった。ある日突然、数人の完全武装した日本兵が各教室に侵入してきて、私たちの教科書を強制捜査し、私たちを驚愕させた。これが私が最初に目にした日本侵略者の凶悪な姿であった。この後で強制的に授業を中止させられ、一九三二年に小学校に再入学した。

小学校に在学した頃は、日本は中国に侵入したばかりで小学校に「大改革」を加える時間がなく、それに加えて私たちは幼かったので何もわからず、あまり覚えていない。しかし、自分が中国人であって、日本人が中国に来たのは私たちの国を侵略しに来たものである、ということはわかっていた。

一九三九年に中学校に進学すると、状況は大きく変わった。もともとあった初級中学校と高級中学校は合わせて国民高等学校（「国高」と略称していた）となり、学制も六年制から四年制となり、修学期間が二年短くなった。教科目は日本語、国民道徳（政治）、農業生産技術、軍事訓練、体育などに重点が置かれ、語文（中国語）、数学、歴史、地理などの主要な基礎科目が縮小された。比較的大きな県城には男子国民高等学校と女子国民高等学校が置かれており（男女分離）、各県の国民高等学校は農業科が多かった。鉄嶺国民高等学校は毎年二〇〇人の生徒を募集し、四クラスに分け、各クラス五〇人であった。全県の高級小学校の卒業生は毎年少なくとも数千人いたので、中学校に進学できる生徒はごく少数であった。私は一九三七年に高級小学校を卒業して国民高等学校を受験したが、不合格であった。そこでさらに一年間日本語学校で勉強して、翌年やっと合格した。傀儡政府は進学者を制限し、さらに修学期間を二年短縮し、主要基礎科目を少なくした。これらの措置は、日本侵略者のあくどい下心を赤裸々に表していると言える。

当時の学校の主要ポストには中国人教師が就いていたが、実際には他に一人の日本人副校長と数人の日本人教師がおり、中国人教師と生徒を監視し、監督していた。毎朝の朝礼の時、全校の教師と生徒は運動場に集まり、まず東方

鉄嶺国民高等学校修学旅行、新京「忠霊塔」前（1944年5月）

に向かって天皇に敬礼し、遥拝した。その後で校長か教師が訓話を述べた。日本人副校長は主に政治に関することを話した。「日満親善」とか、「共存共栄」とか、日本の天皇に忠誠を尽くさなければならないとか、そんな嘘八百を並べたてていた。

日本人の教師は主に日本語、農業、体育などの科目を教えた。生徒に対する態度は人によってさまざまで、大多数の教師はまあまあ我慢できたが、中にはきわめて態度の悪い者がいた。体育教師の柴田は、生徒が体操の動作を少しでも間違えたり何か不適当なところがあると、撲ったり怒鳴ったり、ひどい場合は撲り倒した。彼らはあの手この手で中国人への支配を強化し、震えあがらせようとした。

ほとんどの中国人教師は面従腹背であった。その多くは旧東北大学の卒業生で、中国の近代史についてはよく理解していて、亡国の民の境遇に甘んじることはなかった。特に当時の校長の唐全福という人は、面と向かって副校長に異議を唱えた。そればかりでなく、秘かに機会をとらえては直接あるいは間接に、私たちに中国の抗戦と東北の抗日聯軍の英雄たちのことを話して聞かせ、愛国主義教育を行ない、絶えず偉大な祖国に対する想いを呼び起こしてくれた。

鉄嶺国民高等学校修学旅行、新京公園（1944年5月）

一九四三年に国民高等学校を卒業し、翌年、私は幸いにもハルピン農業大学農学専修科に受験入学した。一九四五年の祖国解放まで、ずっとここで勉強した。当時の大学受験は、誰でも自由に応募できるものではなかった。まず卒業学校が在籍四年間の成績を順番に並べ、一番から順に三、四〇人を選んで学校から省に推薦し、省で統一配分した後、各校二人だけに推薦状が出された。その後、筆記試験、口頭試験、人物考査（知能検査を含む）を経て入学が許可されるのである。この入試は国民高等学校よりずっと狭き門であった。大学の目標は、農業分野において、日本人を助けて支配力を強化するための高級管理技術者を養成することにあった。実用主義教育を主とし、生産実践を重んじて理論面の教育は少なく、農業科学については幅広く教えたが、深く掘り下げて教えることはなかった。設置された教育課程と使用した教科書は、すべて日本の農業学校（大学）に準じたものであった。教師たちはすべて日本人で、ただ二、三人の助手と一人の中国古文を教える先生だけが中国人であった。日本人教師は日本語で授業をし、教科書及び参考書は日

鉄嶺国民高等学校修学旅行、大連小村公園（1944年5月）

本国内で編集刊行されたものであった。

ハルピン農業大学は一九四〇年に開設され、学生募集を始めた。農業と牧畜獣医の二つの専修科が設けられ、三年制で、毎年各科ごとに学生三〇人を入学させた。その中に、朝鮮族二人と蒙古族二人を成績にかかわらず別枠で入学させた。この大学は、当時の大学の中で唯一日本人学生を受け入れない中国人だけの大学であった。一九四〇年から一九四五年まで全部で六期（私は第四期生）入学させたが、卒業生と在校生は合わせて三六〇人足らずであった。

この大学は第二次世界大戦中に日本が次々に敗北に追い込まれる状況の中で開校したので、新しい校舎を建てる経費がなく、すべて以前からあった古い家屋を使用したために、必要な施設や授業用具、機械などが明らかに不足していた。学生の宿舎もなく、当時ハルピン医科大学がハルピン南崗に所有していた学生宿舎の一階を間借りしていた。そこには上下二段の木製ベッドがあり、各部屋に一〇人以上が住んだ。宿舎と大学の距離は遠く、毎日の登下校には徒歩と電車を使い、往復三時間かかった。宿舎の食事は悪く、中国人学生（朝鮮族、蒙古族を含む）は一定量のコウリャンかトウモロコシのマントウで、副食も悪かった。ハルピン医科大学の日本人学生は白米を食べていた。一九四四年になると、前線の兵士が不足したために朝鮮族の学生を日本人名にし、「日本人」として彼らを徴兵して鉄砲の的にしようとした。そのため朝鮮族の学生にも白米を食べさせるようになった。

大学の日常生活はわりあいに穏やかであった。教師と学生、同級生の間は礼儀正しかった。日本人教師で、支配者として強圧的態度で学生に接する者は少なかった。その原因の一つは、彼らの大多数が学問のある高級インテリであったことである。もう一つは、戦況が不利になって彼ら自身が日本が負けることを予測して将来を悲観し、召集令状が自分にまわってくることを恐れていたからである。一九四五年春、私たちのクラス担任はすでに五〇歳くらいであったが、やはり徴兵された。出征に際して、彼は私たちに「出征して生きて帰ることは難しい、どうかできるかぎり私の家族の面倒を見てやってほしい」と言い残して去っていった。

一九四四年春（おそらく五月上旬だったと思う）のある晩、東北全域で大規模な一斉逮捕が断行された。この時逮捕されたのは「思想犯」と「反満抗日」の志士たちであった。私たちの学校からも二人の学生が逮捕連行された。聞くところによると、ブラックリストに載った者は一人残らず逮捕されたという。後にわかったことであるが、二人の連行された学生は「八・一五」勝利の前夜、獄中で殺害された。在校三年足らずの間、大学ではこの事件以外に大事件は起こらなかった。

一九四四年夏、全クラスの学生が黒龍江省の最北端の孫呉県に行かされ、清渓駅で下車した。新しく建設する日本の兵舎の基礎工事のために、二〇日間の「勤労奉仕」をやらされた。この土地は人家のない広大な草原で、蚊や虻がいたるところに飛んでおり、人を刺し、危害を加えた。木の板で囲っただけの小屋に住み、ろくに食べる物もなく、野菜類もなく、生活条件は苦難に満ちていた。在学中、最も辛かった時期と言えよう。

以上をまとめて述べると、日本が侵略時期に実行した教育政策は、中学校であれ大学であれ、すべての広範な中国の青少年から学習の機会を奪い、民族愚民政策を実行し、私たち中国人に知識、文化、才幹、才能を持たせないようにし、私たちを永遠に彼らの支配下に置き、亡国の民たらしめようとするものであった。

（聞取り時期：二〇〇〇年三月二三日、場所：瀋陽農業大学老幹部処）

吉林斎斎農林学校について――佟新夫 証言

〔略歴〕

佟新夫（ドンシンフー）、旧名・佟秉尭、男、漢族、一九二六年六月二七日生まれ。原籍：吉林省永吉県樺皮廠郷。離休（退職）時の所属：吉林省林業庁。職務：主任。職称：高級工程師。日本占領時期に在籍した学校：吉林省立吉林斎斎農林学校林業科。

一九四四年冬、吉林省立吉林斎斎農林学校林業科を卒業する。

一九四五年、山東大学予科に受験入学する。同年、山東解放区で革命に参加する。

一九四六年、華東軍政大学第一期に在学する。

一九四七年一月―同年三月、華東軍区司令部情報処に配属される。

一九五四年、吉林省林業庁『吉林林業』編集部主任となる。

中華人民共和国成立以前、記者の身分で、中国共産党の地下工作に従事した。中華人民共和国成立後は、中央林墾部『中国林業』の創刊人の一人となる。

現在、中国林業学会林業史学会理事兼『中華大典・林業典』の主要編集者の一人である。また『中国林業年鑑』第二、第三巻の特約編集者、『東北林業』主編補佐、『中国林業通史』、『中国林業の変遷』等の書籍の執筆者の一人である。さらに吉林省林業部門が発行した『長白山保護区管理局誌』『黄泥河林業局誌』『通化市林業誌』『安図県林業誌』等の書籍の監修者の一人である。

一、日本の東北侵略時期における中学校、小学校教育の概況

私は、一九二六年（民国一五年）に生まれた。一九三一年、私が五歳の年の九月一八日、日本帝国主義によって東三省を占領された。八歳の時に小学校に入学し、一九三四年から一九三九年までの六年間を小学校で勉強した。前半

新京畜産獣医大学の第一期卒業記念写真（1942年）

の三年間は故郷の吉林省永吉県樺皮廠鎮小学校で勉強し、後半の三年間は吉林市永吉県立模範小学校で四、五、六年を過ごした。父の職業は個人開業の中医（漢方医）で、吉林市老晋隆胡同に中医診療所を開いていた。小学校六年を卒業後、初級中学校を受験して進学するつもりであったが、故郷の祖父が私を呼び戻して中医を学ばせようとした。私は中医の後継ぎになりたくなかった。それは祖父、父ともに外傷による骨折の治療を得意とし、我が家の居間のすぐ脇には接骨患者専用の病室が三部屋あり、小さいときから患者の呻き声を聞くのが怖くてしかたがなかったからである。この恐怖から、代々続く接骨外科を嫌悪するまでになっていた。

一九四〇年旧正月の後、私は祖父のところからこっそり逃げ出して、吉林省の父のところへ行った。初級中学校の受験時期を過ぎていたために、しかたなく県立模範小学校に戻って、六年生の課程をもう一年勉強した。

一九四一年から一九四四年まで、私は吉林省立吉林斎斎農林学校で四年間勉強した。吉林省の教育管理部門は一九四一年以前は「教育庁」と称していたが、一九四一年以後は「民生庁」と改称した。当時の傀儡「満州国」民生庁長は路之淦といった。

日本占領時期の一九三九年、私が小学校六年の時はまだ「小学校」と呼ばれていたが、後に国民学校四年・国民優級学校二年に制度が変わり、小学校の六年は四年制と二年制の二つの段階に分かれた。もともと中学校は初級中学校三年・高級中学校三年であったが、合わせて四年制に変わり、初級・高級中学校を二年短縮し、「国民高等学校」と改称した。職業教育を強化するために、公立と私立の農業、商業、林業、医学などの職業教育機関を増設した。

私は小学校一年生の時から日本語を勉強した。日本は東北を侵略する教育手段として、主に日本語を中心に勉強させた。日本語が一科目でも不合格であれば、留年させられた。このため教師も生徒もますます日本語を重視するようになり、日本語の授業は日本人が担当し、もし日本人がいなければ朝鮮族が担当した。故郷の樺皮廠鎮小学校に在学していた時、日本語を教えていたのは朝鮮族の朴（名は忘れた）という先生であった。県立模範小学校の日本語の先生は、日本人の副校長であった。その後、日本語は傀儡「満州国」の「国語」と見なされるようになり、進学したり官吏になろうとする者は日本語の成績が最重要視され、すべてが日本語の成績によって左右された。

また、大学の進学に「語学検定制度」が利用されるようになった。日本語検定試験は特等、一等、二等、三等の四段階に分けられていた。日本語の成績が良い者ほど入学試験や官吏昇格試験に有利となっていた。逆に日本語の成績が悪ければ留年させられたり、昇格できなかった。奴隷化教育は、日本語の授業のほかにも小学校から「日満親善」「王道楽土」など日本崇拝と日本追随の腐敗思想を注ぎ込んだ。この腐敗思想は中学校、大学と進むにつれてますます多く注ぎ込まれるようになった。このような奴隷化の方法は、民族の裏切り者には喜ばれ、愛国者からは恨みを買うことになった。

二、吉林省立吉林斎斎農林学校の概況

この学校は一九四〇年に創設され、吉林市巴雲門外にあった。一九四一年に校舎を省立第五国民高等学校に譲って、

西郊外の長白山下に二棟の平屋で「エ」の字形の赤煉瓦の校舎を新設した。そこには大部屋一〇室と小部屋五室があった。四つの大部屋が一、二、三、四年生の教室、二つの大部屋が教職員室、三つの大部屋が図書室、道具室、倉庫となっていた。小部屋の一つは校長室、ほかの四つの小部屋は寄宿舎となっていた。全校の敷地面積は三ヘクタールあり、うち二ヘクタールは実習農園で、半ヘクタールはアスファルト道路と運動場で、残りの半ヘクタールは防風林及び「天照大神」の石碑建立の場所となっていた。

この農林学校は職業教育を行なう中等専門学校（国民高等学校に相当する）であって、林業専科であった。学校は省公署民生庁と開拓庁の二重管轄下にあった。開拓庁が全省の農業、林業、牧畜業、漁業の業務を管轄し、生徒は卒業後に開拓庁から全国の管轄市や県に配属された。卒業試験に合格した者には「技術員」の称号が授与された。学校のすべての経費は管轄する二つの官庁から支給されていたので、一般の国民高等学校に比べ学校経費は潤沢であった。

この学校がなぜ「斎斎」と呼ばれたか。それはこの学校が傀儡「満州国」省次長（現在の副省長に相当する）の斎藤が主となって創設したからであった。斎藤の「斎」の字は「神を祭る」という意味である。校長の酒井次郎は皇族出身であった。いわゆる日本の皇族というのは裕仁天皇と家族あるいは親戚関係にある者のことであって、この人たちは一生

ハルピン市立職業学校記念アルバムの中の「国歌」（第二）と「建国体操」

徴兵されることはなく、生活面、仕事面において平民に比べ一段高く優遇されていた。傀儡「満州国」の中学校にはどこでも校長と副校長がいたが、この学校だけは酒井次郎が副校長を兼ねた校長となっており、彼一人に権力が集まっていた。彼の月給は日本人教師の二倍であり、日本人教師は「満州人」（中国人）教師の二倍であった。これはまさに日本帝国主義のファシズム的、差別的等級制であった。

この学校では毎年一クラス五〇人前後を募集し、在学生は全校で二〇〇人余りで、私は第二期生であった。教職員は合わせて四五人いた。一九四四年冬に卒業したのは五二人で、一九四五年の日本投降後、この学校は国民党に接収されて吉林省農科高級職工学校と改称した。校長は韓麟鳳教授（解放後、瀋陽農学院森林学部主任教授となる）で、専攻は農業、林業、牧畜の三科であった。一九四九年五月、林業科の生徒はすべてハルピン市の東北林業専門学校に編入学した。

傀儡「満州国」の職業教育は日本の侵略による経済的搾取に応じたもので、農業、林業、工業、商業、医学を授け、東北の生産資源を開発する目的に従属させようというものであった。

教科目は、①国民道徳（政治・時事、あるいは修身科）、②「満語」（すなわち中国文、語文）、③日本語（会話、作文の二種類の授業があった。日本人教師はみな日本語で授業をした）、④林学概論（日本人の水津豊が担当した）、⑤歴史、地理（中国人教師が担当した）、⑥数学（丁克豊という中国人教師が担当した。丁先生は私たち第二期生のクラス担任であった）。中国人教師はいずれも吉林師道大学の卒業生であった。

村川は国民道徳科も担当し、「大東亜共栄圏」「八紘一宇」「日本必勝論」について主に講義した。課文は「惟神の道」と「天照大神」を崇拝し、裕仁天皇への忠義を尽くし、傀儡皇帝溥儀に服従するといった内容であった。酒井次郎校長は毎週月曜日、全校の教師生徒を率いて校舎の東南およそ一〇〇メートルにある「天照大神」の石碑（この学校が建てたもので、花崗岩で造られた高さ二メートル、幅一メートルの石碑）の前で祭礼を行なった。祝日と毎週月

ハルピン市立職業学校の朝礼

曜日に朝の拝礼を行ない、酒井校長は必ず訓話を述べた。この皇族の訓話は、「大東亜聖戦」必勝とか、日本天皇及び傀儡「満州国」皇帝は神聖にして冒すべからざる神霊である、とかいうものであった。校長は訓話を述べてから、自身が先頭に立って東方の日本皇室に向かって三度お辞儀をした。

校長室内の棚に「詔書」を置く場所があった。「詔書」は箱に入っており、その箱は黄色い布で包まれて、校長室の正面の高いところに置いてあった。教師も生徒も、校長室に入るとまず最初に「詔書」に三度お辞儀をし、その後で校長にお辞儀をしてから話したり、指示を仰いだりした。寄宿生徒は、毎回食事の前に目を閉じて「天照大神」に感謝してから箸をとった。これをしないと食事をすることを許されず、食堂から追い払われることがあった。これらの奴隷化教育は一つ一つ、一日また一日と中国人生徒の頭脳を蝕んでいったのである。

校長、村川、水津の三人の日本人教師のほかにもう一人、小林という日本人教師がいた。彼はもっぱら生徒の軍事教練と体育を担当し、生徒が演習林に行く時の長距離行軍の指導をしていた。「演習林」とは林業の実習林のことであって、ここで四年間林業の技術を学んだ。毎日午前中は教室で林業の理論を学び、午後は農園で種蒔き、育苗、除草、農薬散布などを実習した。毎年少なくとも二回、五〇キロ離れた永吉県の最南端（樺甸県の北隣）の五里河南部の趙大鶴山に行った。この山は海抜一五〇〇メートルから一〇〇〇メートルのところに原生林があり、約一〇ヘクタールがこの学校の専用試験林となっていた。そこに毎年二回、約一ヵ月間の実習に入った。毎日、林木や林地を測量するほかに林の空き地に植樹をし、苗床を作って育苗し、樹林の少ないところに補植した。一〇ヘクタールの試験林には年間を通じて専門の管理員がおらず、一〇人足らずの森林監視の小分隊が防火員として駐屯し、周囲の森林火災が学校の試験林に延焼するのを防いでいた。

私たちは一五歳から二〇歳の中学生だった。未明に市郊外から出発して徒歩で五〇キロ行軍し、趙大鶴山の麓に着くのは、いつも暗くなってからであった。行軍中は隊列から離れることは許されず、小林は最後尾にいて、生徒が遅れると怒鳴りつけたり撲ったりして、生徒を奴隷扱いしていた。彼は生徒たちから恐れられ、憎まれていた。中には小林に抵抗し、怒鳴り返す者もいた。しかし、結局損をするのは生徒のほうであった。

吉林市内のほとんどの国民高等学校や中等専門学校には「勤労奉仕」の時間があり、日本人のために「奉仕労働」に駆りだされ、ただ働きをさせられた。ただし、私たちの斎斎農林学校は特別であった。四年間一度も校外の「勤労奉仕」には駆りだされなかった。酒井校長に言わせると、林業そのものが「勤労奉仕」であるという理由で、傀儡「満州国」省次長から他の学校のように「勤労奉仕」に出なくてよいという特別の許可をもらった、ということであった。私たちの学校の卒業生は、少数の上級学校入学者――推薦入学者を除いて、卒業後は全員が就職し、「首都新京」や全国各地の林野局、あるいは営林署に配属されることになっていた。

一九四四年冬、卒業の時、私の成績は五番であった。一番の劉孝忠が奉天農業大学林業科に入学を希望しなかったので、学校は私たち四人を奉天農業大学に推薦入学させることにした。私は自分の政治観に基づき、自分は中国人であり「満州人」ではないと考えていた。さらに祖父や父から「決して民族の裏切り者になってはいけない」という教育を受けていたので、私は奉天農業大学への入学を辞退した。そして一九四五年初めから、家族と離れて中国本土を流亡することになった。その後、山東省に行き、山東大学に受験入学し、そのまま山東省を北上中の新四軍第一師団第三旅団の革命の隊列に参加した。

（聞取り時期：二〇〇〇年一〇月一二日、場所：吉林省長春市人民大街一一四号）

安東第三国民高等学校の苦難の日々──張忠和 証言

〔略歴〕

張忠和（ジャンチュンホー）、旧氏名張東、男、漢族、一九二五年五月二五日生まれ。原籍：遼寧省丹東市。離休（退職）時の所属：瀋陽鉄西区文化館。職務：館長。職称：副研究員。日本占領時期に在籍した学校：安東省立第三国民高等学校。

一九四二年─一九四五年八月、安東省立第三国民高等学校に在学する。

一九四七年、瀋陽第四青年中学校を卒業する。

一九四七年一一月、撫順「新声報」副編集者となる。

一九四八年八月、「瀋陽新報」記者となる。

一九四八年一一月、革命に参加する。南市区文化館副館長となる。

一九五三年、瀋陽鉄西区文化館に転勤となる。

一九八七年、離休（退職）する。

一、安東省立第三国民高等学校に受験入学する

この学校は歴史が古く、一九一〇年（清末宣統二年）に創設され、数回校名が変わった。「九・一八事変」後、傀儡「満州国」時期の一九三五年から日本人の佐藤猛雄が校長となり、東繁人が副校長となった。初級・高級両中学校の六年制が、合わせて四年制に短縮された。

一九三八年から農業科の第一国民高等学校、工業科の第二国民高等学校、商業科の第三国民高等学校の順で国民高等学校になった。しかし学校の性格や目的は変わらず、以前同様に「士魂商才」を学校訓とし、職業教育が強化され、

満鉄教育記念碑、「日満鮮親善」を宣揚している。

基本法（憲法）と商法を重視して、会計、簿記、金融、外国貿易、企業管理など多くの科目が加えられた。「七・七」事変以後は日本語の比重が増大した。口語、文法、修辞のほかに比較的高度な内容を含む日本の古典文学や現代文学の作品を教え、生徒の翻訳能力と作文能力を高めた。

教師の三分の一が日本人であり、あとの三分の二は中国人であった。教師の質は高く、教師の中には北京大学、清華大学、燕京大学、輔仁大学を卒業した者、それに外国に留学した者もいた。

学校の特徴の一つは各分野の生徒の余暇活動を重視したことで、校内誌を発行し、バスケットボールチームや軍楽隊が組織されていた。

私は一九四二年に入学した第八期第一班であった。当時は、日本軍国主義が太平洋戦争を引き起こし、野心満々で狂気じみた侵略行為を行なっていた時期であった。前に述べたこの学校の良好な教育環境は日増しに悪化し、時局の影響を受けて正規の教育は削減され、軍国主義教育と奴隷化教育が不断に強化され、ついにはすべての教育を支配するまでになった。

二、入学後、中国人であることを忘れさせる

私は入学したその日から籠の鳥のように不自由で、精神的に非常に緊張して恐怖におののき、抑圧された日々を過ごすことになった。かつての天真爛漫な少年の姿は影をひそめ、代わって一日中びくびくと周囲をうかがう、戦々兢々としたもう一人の張忠和が誕生した。なぜこのように変わったのか。それは学校全体が、日本軍国主義による中国人民に対する強圧的な奴隷化教育の場となっていたからである。

校長の佐藤猛雄（アメリカ、フランス留学の経験があった）は学校の最高指導者であり、開校式では一人で二時間も訓話を垂れた。声をそろえて傀儡「満州国」皇帝の「詔書」を唱和し、南方に向かって日本の「天照大神」に黙禱とお辞儀をした後、校長は殺気を漂わせて訓話を始めた。その大意は、①日本が「満州」に来たのは「王道楽土」を建設し「共存共栄」を実現するためである、②大和民族は世界で最も優秀な民族であり「満州人」は劣った民族であるので改造する必要がある、③目前の「大東亜聖戦」はアジアをアメリカやイギリスの支配から救う正義の戦争である――というものであった。そして最後にいくつかの規則を述べた。たとえば非常事態における軍事的管理として、校門に生徒が交替で木銃を持って歩哨に立つこと、生徒は職員室に入る時はまず「入ります」と叫んで許可を得てから入ること、職員室に入ったら「満州語」で話さずすべて日本語で話すこと、校外では下級生は上級生に敬礼すること、さもないと撲られてもしかたがない云々。下級生が街頭で上級生に撲られているのを目にするのは、すでに日常的なこととなっていた。一言でいえば、下級生は「絶対服従」であった。こうした政策が学校教育の方向――奴隷化教育を決定していた。

三、野蛮で残酷な軍事教練

毎週生徒たちが最も恐れていたのは、軍事教練の授業であった。軍事教練の授業に出るのは命がけであった。教官は島崎という退役軍人で、中肉中背の頑丈な身体つきをしていた。軍事教練には、正規の演習のほかに柔道と銃剣術があった。生徒が二人一組となってお互いに戦うというのではなく、この野獣のような教官が生徒全員を相手に戦い、立てなくなるまで投げ飛ばした。銃剣術も、鉄兜をかぶって木製の銃剣で互いに戦うものであった。私はこの教官の授業が終わるたびに頭がくらくらし、身体中が痛んだ。やっと体調が戻ったところで、次の軍事教練の授業に出なければならなかった。どうして戦々兢々しないでおられようか。生徒が床から起き上がろうとするたびに、島崎は何度も「これが大和魂だ」と大声で怒鳴りつけ、屠殺を待つ羊のように生徒たちを震えあがらせた。

四、「春の遠足」と「秋の遠足」は軍国主義の授業に変わった

日本の傀儡「満州国」支配時期に行なわれたものが全く野蛮で強圧的な奴隷化教育ばかりであったかと言うと、そうでもない。教育にあたる者は「暗黙に感化する」ということの効果を心得ていたし、教育心理学を理解していた。たとえば、私たちの第三国民高等学校で行なわれていた「春の遠足」や「秋の遠足」は、このことを証明している。

青少年はじっとしているのを好まず、世界に対して幻想を抱き、探求心に満ちている。「遠足」というのは、こうした若者の欲求を満たすものであった。桜の咲く頃には、ほとんど毎年「春の遠足」が行なわれた。目的地は鎮江山（現在は「錦江山」と改められている）であった。春の鎮江山は桜の花が満開であった。全教師、生徒たちは鎮江山の麓の日本が建てた神社に到着すると、まず神社に参拝し、その後で必ず校長が訓話を垂れた。その後、生徒たちは整列し、神主から一人ずつ米で作った餅をもらい、その後で自由行動となった。その日は休日となった。

秋になると、学校は「秋の遠足」を行なった。一九四三年の「秋の遠足」の目的地は、旅順と大連であった。生徒たちは、この「遠足」を首を長くして待っていた。なにしろ初めての長距離旅行であり、汽車に乗って旅順や大連に行くというので、生徒たちの興奮ぶりもひとしおであった。大連に到着して市街地を遊覧し、海岸に行き、最後に旅順に行った。旅順に行くことがこの旅行の本当の目的であった。旅順博物館を参観した後で、旅順口の白玉山や砲台

に登った。旅順口の白玉山は当時は立入禁止区域となっていて誰でも参観できるものではなく、あらかじめ連絡して許可を得ておかなければならなかった。山頂の忠魂塔に教師と生徒が参拝していると、一人の将校が出てきて生徒たちに日露戦争の歴史を語った。日本海軍が軍艦を爆沈して旅順口の湾口を塞ぎ、ロシアと決死の戦いをして白玉山を攻撃した時の悲壮な場面を語った。旅順口攻撃の勝利の指導者乃木大将を語る時、将校は感きわまって声涙ともに下った。乃木大将の少年時代のことも紹介した。乃木の少年時代、彼の父は心身を鍛えるために厳寒の屋外で冷水を浴びさせ、天皇に忠誠を尽くす意志を養成したことを述べた。また教師と生徒に対し、日露戦争は日本人にこそ正義がありロシア人は真の侵略者であること、日本は中国の要請に応えてロシア人を追い払ったのである、と述べた。

このような「遠足」は実際的で感覚的な奴隷化教育の方法であり、日本の教育当局者は心憎いばかりの演出をした。

五、多様な軍国主義奴隷化教育

日本の教育当局者は、世論に訴える宣伝の効果をよく理解していた。これに利用したのは映画、雄弁会、新聞・雑誌の発行などである。映画について言えば、第三国民高等学校では春の新学期の授業料納付金の雑費明細の中に「映画費」と「春秋の遠足」の費用が含まれていた。

第三国民高等学校では毎週末の午後は授業をせず、基本的には「週末映画の日」とされていた。上映される映画は、ほとんどが軍国主義を宣伝するドラマや記録映画であった。私の記憶にあるのは「馬」という題名のドラマで、夫婦二人が農村で牧場を経営して次々に名馬を戦場に送り出す、という内容であった。日本と同盟国であるドイツやイタリアの映画も少なくなかった。たとえば「潜水艦西へ行く」というドラマでは、ドイツが英仏海峡でイギリスと戦うことを題材としたものであった。ドイツ兵が前線の塹壕の中で、ベルリンで兵士のために行なわれた音楽会をラジオで聴くということを題材とした「希望音楽会」というのもあった。さらにオリンピックがドイツで行なわれた時のこ

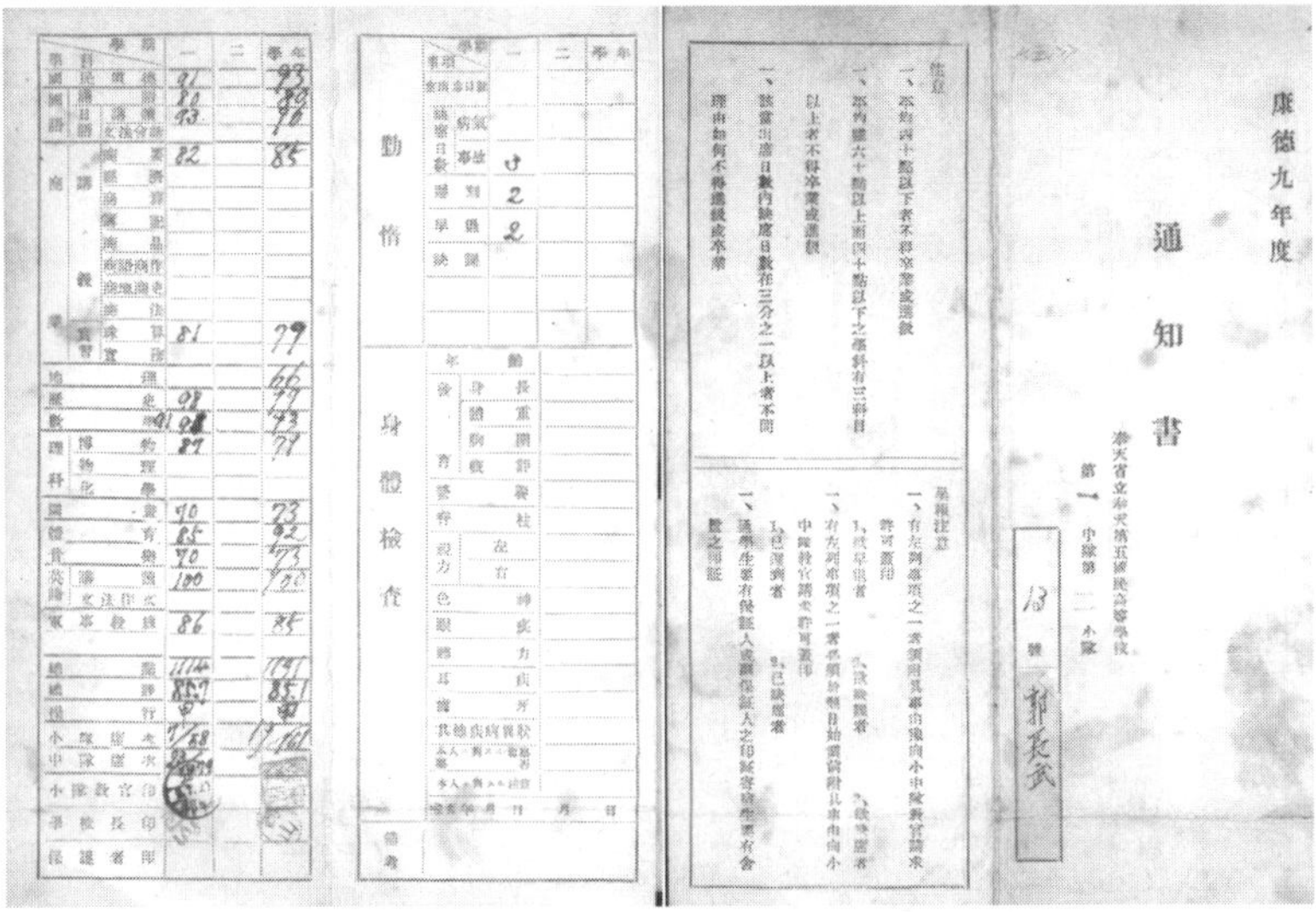

奉天第五国民高等学校の成績通知表（1942年）

とを題材にした大型ドキュメンタリー「美の祭典」「民族の祭典」も観た。ヒトラーが壇上で得意満面でいる様子が映っていた。これらの映画は録音効果や採光、カメラワークなどがすべて一流であり、人を感動させる強烈な力を持っており、観客の心を揺さぶるものであった。

　学校で上映される映画の中には中国語版（「満映」や上海映画製作所が制作した）もあったが、とても少なかった。しかし例外もあった。日中合作の「阿片戦争」（李香蘭が「飴売りの歌」を歌っていた）を観たのを記憶している。この映画は「大東亜聖戦」のために制作されたものであって、観衆に向かって日本と中国の共同の敵はイギリス・アメリカの両国であって、彼らこそ本当の侵略者であると宣伝するものであった。

　安東省教育局は毎年一回「雄弁会」を開催した。「雄弁会」とは講演会のことである。私が記憶しているところでは、「大東亜聖戦と我らの責任」「国民教育の養成」などの題で、全省の国民高等学校で班ごと、学校ごとにコンクールが行なわれ、さらに各校から選抜された代表が安東協和会の大ホールに集まって決勝戦を行なった。一、二、三等の賞を獲得した生徒の話は安東放送局から全省に向けて放送され、新聞にはそのニュースと演説文が掲載された。雄弁会の活動を通じて下から上へ、上から下へと大いに世論を盛りあげたわけで、その影響は計り知れなかった。

日本支配時期の新聞や定期刊行物の生徒に対する影響も無視できないものがあった。生徒たちの間でかなりの読者を獲得していた雑誌は、日本国内で編集出版された『華文大阪毎日』(月二回刊)であった。印刷の質も良く、価格も安く、私はほとんど毎号読んでいた。この雑誌は日本を美化し、汪精衛やドイツを持ち上げ、アメリカ・イギリスに反対することを目的とした出版物であった。私はこの雑誌で日本のモスクワ駐在記者の書いた長文の連載物を読んだことがある。この「スターリン戦線は崩壊したか」という文章は、ソ連共産党の党内闘争の過程やトロツキー粛清、ブハーリン殺害などを赤裸々に暴露したものであった。さらに私は「毛沢東と藍苹」という文章で、初めて中国に共産党というものがあることを知った。共産党が陝西省北部で政権を立てたが、それは匪賊集団で正規の党派ではない、などと共産党をあしざまに罵ったものであった。このような宣伝は効果を発揮し、影響力を持ち、生徒たちの心にヒトラーや乃木大将、山下奉文、山本五十六こそ崇拝の対象であり英雄である、という考えを植えつけた。これらは歴史を歪曲し、人々の思想を混乱させ、その被害は大きかった。

六、「勤労奉仕」は日本軍国主義の鉄蹄下における労役であった

私の第三国民高等学校における二年間の「勤労奉仕」は短期のもので、毎週一回か二回、鎮江山裏の苗田で半日ほど働かされただけであった。内容は育苗や移植で、何とかやれる労働ではあった。しかし、一九四五年の「勤労奉仕」はそれまでとは違っていた。その年に私は卒業することになっていたが、「大東亜聖戦」を支援するという名目で年間を通じて働かされた。卒業クラスは二つあって、私は第一班に属し、行かされたのは安東郊外の一五キロ余り離れた三道浪頭にある日産自動車製造株式会社であった。第二班が行かされたのは東洋紡績株式会社であった。日産自動

車製造株式会社は自動車を専門に製造する所である。働く者は四種類に分けられていた。第一種は日本人高級職員・技術者で、彼らは食べる物も住む所も高級で、寮に住んでいた。第二種は「満州人」労働者で、彼らはタコ部屋に住み、食べ物はトウモロコシの饅頭と塩漬け野菜、白菜スープだった。第三種が「勤労奉仕」の生徒で、住む部屋は労働者よりいくらかましで、一部屋一〇人であった。食べ物は労働者と同じであった。第四種は囚人労役工であり、彼らの生活条件はひどいものであった。数十人が看守の見張り付きのタコ部屋に入れられ、仕事は土砂を掘り返す重労働であった。ある日の夕方、一人の労役工が逃亡をはかって連れ戻され、吊るされて撲られる姿を全員が集められて見せられた。その残酷な光景は見るに忍びがたかった。

私はタイヤ組に回され、一日中タイヤ運びをやらされた。タイヤ運びは重労働で、宿舎に帰ると食欲より眠気が先にたち、心身ともにくたくたになってしまった。

「八・一五」に祖国が解放され、日本は瓦解した。私たちに指図する者はいなくなった。私は、級友たちと喜び勇んで一団となって徒歩で安東に帰った。本当に牢屋から釈放された気分であった。太陽は輝き、空は青く、空気さえ甘く感じられた。

年月がたって記憶も薄れ、あれから半世紀が過ぎたが、今になってもあの苦しい日々を思い出すたびにぞっとする。私は中国人として二度と亡国の民にはなるまいと決意した。

（聞取り時期：二〇〇〇年五月一五日、場所：瀋陽市鉄西区南滑翔路五八号万科城市花園四号楼二―三―二号）

安東の農村小学校と第二国民高等学校——姜魁春 証言

〔略歴〕

姜魁春（ジャンクイチュン）、男子、漢族、一九二六年九月一四日生まれ。原籍：遼寧省鳳城市。離休（退職）時の所属：鳳城市第二中学校。職務：副校長。職称：高級教師。日本占領時期に在籍した学校：安東第二国民高等学校。

一九三六年、鳳城県龍王廟（現・劃帰東港市）省立両級小学校初級小学第一学年に在学する。

一九三七年三月—一九四一年一二月、鳳城県紅旗村（現・紅旗鎮）国民優級学校に在学する。

一九四二年—一九四五年、安東第二国民高等学校機械科に在学する。

一九四八年五月—一九五六年一〇月、鳳城県の紅旗、沙裏寨、白旗、東方紅の各小学校で校長を歴任する。

一九五六年一〇月—一九六八年一〇月、鳳城県文教局科員となる。

一九六八年一一月—一九七〇年一〇月、鳳城県「五・七」幹部学校に入る。

一九七〇年一〇月—一九七八年一一月、鳳城第四中学校教師となる。

一九七八年一二月—一九八八年四月、鳳城第二中学校副校長となる。

一九八八年五月、離休（退職）する。

日本侵略時期、丹東（安東）地区の小学校と中学校の学制が変わった。初級中学校と高級中学校は合併して四年制となり、中学校の呼称は「国民高等学校」（略称「国高」）と言われるようになった。国民高等学校は男子校と女子校に分かれて職業教育を行ない、農業、林業、工業、商業などの専修科に分かれていた。師範学校は「師道学校」と改称されて本科と特修科に分かれ、特修科は二年制、本科は国民高等学校卒業生を対象に一年制となった。小学校は従来通り四年制と二年制と二つに分けられたが、名称が変わった。初級小学校は「国民学校」となり、高級小学校は

「国民優級学校」と改称された。

この時期の学校の教育目標は、植民地経営に役立たせるための教育であった。国民高等学校の教育目標は「中堅国民」の養成にあった。女子国民高等学校の教育目的は「良妻賢母」の養成にあった。師道学校の教育目標は国民優級学校の教師を養成することにあった。

丹東地区の小学校と中学校の設置科目は以下の通りである。国民学校と国民優級学校には「満語」（語文）、日本語、算術、体育、音楽、図画、手工などの科目があった。国民高等学校には「満語」、日本語、代数、幾何、物理、化学、歴史、地理、体育、国民道徳、軍事教練などの科目があった。女子国民高等学校には、国民高等学校の普通科目以外に家事、割烹、園芸などの科目があった。師道学校には「満語」、日本語、代数、幾何、物理、博物、国民道徳（建国精神）、体育、音楽、美術、書道などの科目があった。

丹東地区では学校設置数も募集人員も少なく、青少年の就学は非常に困難であった。当時、安東市内の中国人中学校は五校しかなかった。内訳は師道学校一校、女子国民高等学校一校、国民高等学校三校であった。国民高等学校は第一が林業科、第二が工業科、第三が商業科であった。各学校とも一〇〇名余りしか募集しなかった。当時は各県ごとに一校ずつ国民高等学校があり、寛甸県と鳳城県は農業科で、東港県（当時は安東県国民高等学校と呼ばれ、大孤山鎮にあった）は商業科であった。このほか各県城に一校の女子国民高等学校があった。県の国民高等学校は毎年二クラス募集し、女子国民高等学校は一クラス募集した。言い換えれば、各県ごとに約一五〇人が中学校に進学できるだけであって、現在の大学に進学するよりはるかに難しかった。この時期は小学校も少なく、学齢児童の就学率も低かった。私の家のあった鳳城県紅旗村を例にとると、全村一一の屯（現在の「村」に相当する）にたった一校の国民優級学校と四校の国民学校しかなく、一部の屯には学校が設置されていなかった。国民優級学校は一学年一クラスで、多くの生徒は校内に寄宿していた。したがって初級小学校に進学することは難しく、高等小学校に入るのはさらに難しかった。

丹東地区の農村の小学校はこのように校数が少ないだけでなく、教育の質も劣っていたし、教育管理も良くなかった。これについて、私自身の経験を述べることにする。

私が過ごした小学校は鳳城県紅旗村（現在の紅旗鎮）の国民優級学校であった。この学校のある教師は夜になると賭け事に夢中になり、準備もしないで授業に出た。私は四人の算術の先生に教わったが、その中の三人は授業の準備をしてこなかった。ある教師などは算術の例題を間違って作っていたが、撲られるのが怖くて誰も何も言わなかった。ほかの二人は黒板に問題を書く時、始終つっかえていた。それでもこの二人は真面目なほうで、つっかえるたびに「どうしてこうなったのか」と自問し、私の名前を呼んで「姜魁春、お前やってみろ」と言った。そこで私が彼らの尻拭いをさせられたのである。私は授業の前にちゃんと予習をしていたからできたのである。教師が準備なしで授業をするのは算術の授業だけでなく、その他の科目でも同様の問題が起こった。私が国民優級学校一年生の時、呉という先生が日本語を教えていた。彼はリンゴを「果物」と訳し間違った。そのことがばれても認めようとはせず、逆に質問した生徒をひどく撲った。このことが原因で、私のクラスの二〇人余りの生徒が撲られた。ほかの教師も教科書に対してまったく不忠実で、手前勝手な教え方をした。私が国民優級学校二年生の時に「満州語」の教科書が四冊配られたが、教師は一科目も教えようとはしなかった。その結果、生徒は進学する時にたいへんな困難に直面することになった。

農村の教育管理はこのように杜撰であったが、県の教育局はどうであっただろうか。県教育局には視学官がいたが、視学官が村に来て農村の学校の教育状況を視察することはめったになかった。視学官がたまに農村の学校に来ることがあっても、ただ教師から金をせびるだけで、教育内容を点検しようとはしなかった。

一度、こんなことがあった。一九三九年に私が四年生に進学した時、ある日教師が私と他の三人の生徒を職員室に

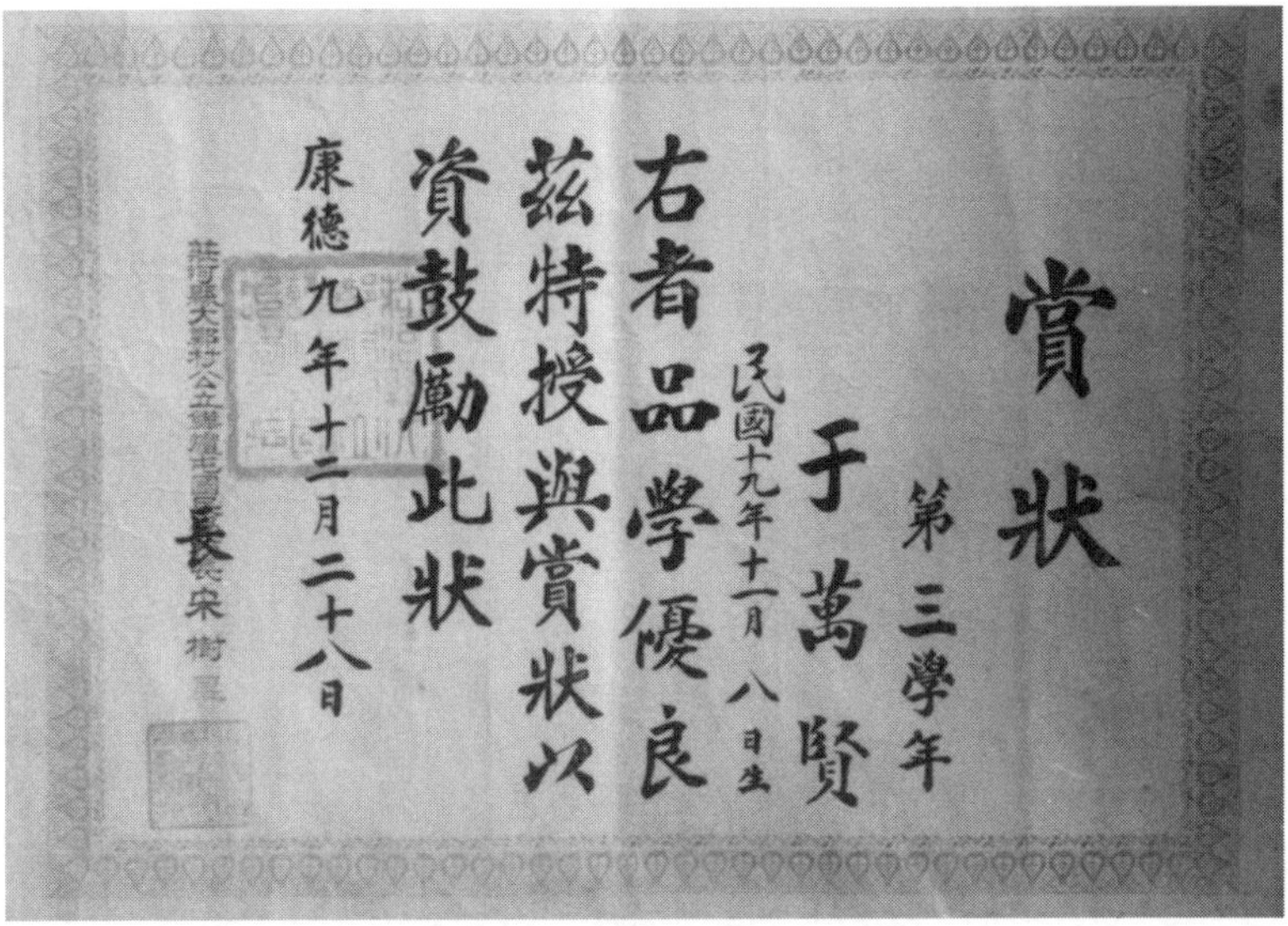
賞狀
第三學年
于萬賢
民國十九年十一月八日生
右者品學優良
茲特授與賞狀以
資鼓勵此狀
康德九年十二月二十八日

庄河県大鄭村公立鎌炉屯国民学校の賞状

呼んだ。私たちが職員室に入ると、校長が教師たちを集めて会議を開いていた。会議の内容は、どのように視学官を接待するかということであった。私たち四人の生徒が傍らで聞いていると、どの教員もみな視学官が教室に入って来て授業を聞き、直接生徒に質問することを恐れていた。校長は「君たちが金を出しさえすれば、視学官を教室に入れないで済む」と言った。そこで教師が質問した。「いくらくらい出しましょうか」。校長は「視学官が帰ってから相談しよう」と言った。教師はさらに質問した。「どうやって教室に入れないようにするんですか」。校長は「視学官が到着すると生徒に水を持っていかせ、顔を洗った後で阿片を吸わせる。夕食の後、マージャンをやって視学官に儲けさせるのだ。視学官は徹夜でマージャンをやれば、朝起きるのが遅くなる。起きたら雛鳥の煮込みを大皿に盛って、強い焼酎をついでやり、飲ましたり食わしたりすれば、視学官は教室に入る暇なんてないではないか。視学官にたっぷり飲み食いさせて、袖の下をつかませるのだ。そして土産を持たせて藍旗学校に送り届ければ、それでおしまいだ」と言った。私たち四人の生徒と小使の関おじさんは、二日間視学官の世話役をした。校長のこの接待のやり方は実際に効果があって、視学官は本当に教室に入ってこなかった。袖の下をいくら包んだか、教師が一人当たりいくら出したのか、それはわからない。

日本の侵略時期、学校は生徒に奴隷化教育とファシズム教育を行なった。一九四二年一月、私は一五歳で国民優級学校を卒業し、安東第二国民高等学校機械科に受験入学した。私はこの学校の第五期生であった。学校は四年制の工業科の国民高等学校で、機械科と化学科が設けられ、各科は毎年一クラス五五人の生徒を募集した。一九四五年には建築科が増設された。

安東第二国民高等学校は一九三八年に設置され、校舎は丹東市東埃子にあった。校長は日本人で波多野尊虎といい、教師の半数は日本人で、傀儡「満州国」第八軍管区派遣の一人の将校（大尉）が軍事教官として着任していた。機械科の教科目は「満語」、日本語、代数、平面幾何、立体幾何、三角関数、物理、化学、博物（鉱物と生物を含む）、歴史、地理、国民道徳、機械工学、機械構造学、工場実習（半田付けと旋盤を習った）、さらに体育と軍事教練があった。

この学校は日本人の支配下で民族同化を進めた。中国人の言葉を変えようとたくらみ、まず日常生活用語から始めた。たとえば朝昼晩の挨拶用語、点呼の時の用語、体操の時の号令などは必ず日本語を用いることにしていた。私のクラスに三人の朝鮮族の生徒がいたが、朝鮮族の同化は一歩進んでいた。まず彼らに名前を日本名に変えることを強制し、日常の会話も日本語で話させた。

学校はさまざまな手段で生徒に奴隷化教育を行なった。朝会と軍事訓練は奴隷化教育の場であった。毎日朝会では「忠君親上」「日満親善」の教育が行なわれ、必ず『国民訓』を朗読させられ、日本国歌と傀儡「満州国」国歌を歌わせられ、さらに傀儡「満州国」皇帝と日本天皇に遥拝しなければならなかった。当然、学校は教科書も奴隷化教育の手段として利用した。たとえば「国民道徳」科と歴史科を例にあげると、「国民道徳」科は「忠君親上」「日満親善」

「同文同種」「三種の神器」を宣揚し、さらに「大東亜共栄圏」、武士道精神などを教えていた。歴史科では中華民族の歴史を教えず、中国の青年に民族の祖先を忘れさせようとしていた。その頃の歴史の教科書には渤海、契丹、女真、高句麗などのことしか書かれていなかった。

安東第二国民高等学校は生徒に厳しい思想統制を行ない、言論の自由を制限していた。もちろん「反満抗日」の話をすることも、進歩的な書籍を読むことも許さなかった。松本をはじめとする教師は生徒の宿舎に来て、よく進歩的書籍を捜索した。また神社参拝を強要していた。ある時は生徒を日本の守備隊や憲兵隊に連れていって働かせたり、シェパードの訓練所を参観させたりして、日本に反抗することは不可能であるということを暗に警告した。学校で大規模な集会をする時は、憲兵を参加させた。ある年の一二月八日、真珠湾奇襲攻撃を記念する演説会が開かれた時、第四期生機械科の黄忠賢という生徒の演説に問題ありと見た憲兵は、直ちに黄忠賢を連行しようとした。その時、日本人校長が自分が処理すると言って引き取ったので、憲兵は黄忠賢を連行するのをやめ、彼はファシズムの拷問を免れた。

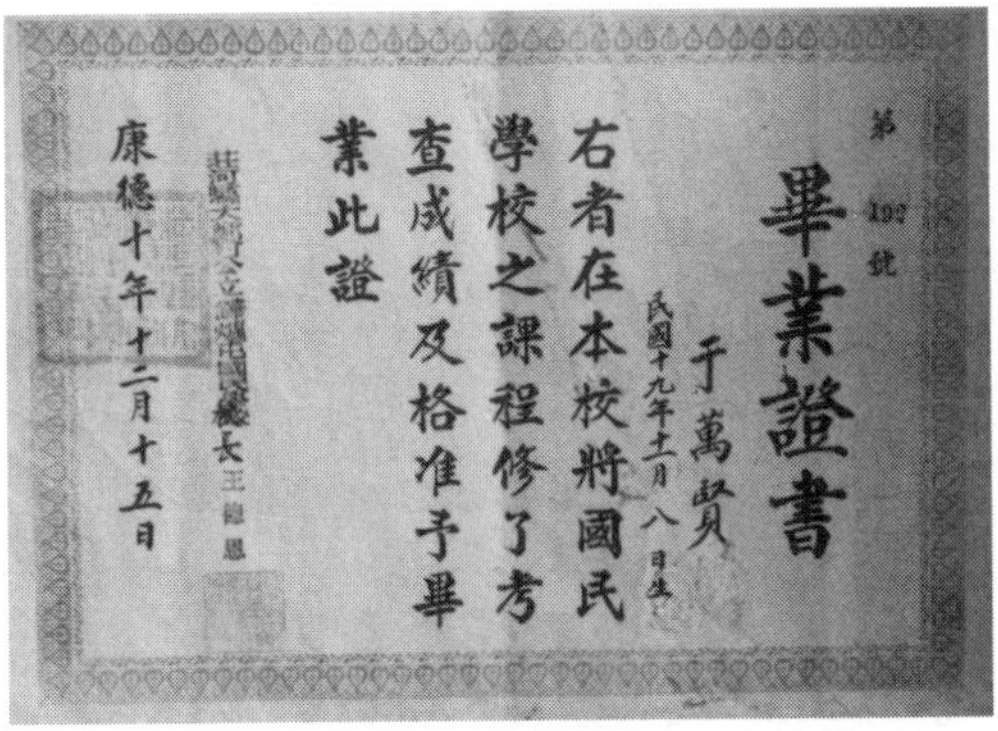
第197號
畢業證書
于萬賢　民國十九年十一月八日生
右者在本校將國民學校之課程修了考查成績及格准予畢業此證
康德十年十二月十五日

庄河県大鄭村公立金華炉屯国民学校の卒業証書

日本の中国侵略時期、ファシズム教育は思想統制のほかに「階級服従」と体罰という方法でも実行された。安東第二国民高等学校では生徒の間に「階級服従」を実行し、下級生は上級生に会うと必ず敬礼しなければならず、上級生は下級生を撲ることが許されていた。学校は「階級服従」を実行するにあたって、帽章（学校の徴）、襟章（学年別になっていた）、名札を付けることを要求し、付けていない者は処罰された。教師も生徒に体罰を行なった。

教師の生徒に対する体罰にはさまざまなやり方があり、酷いものであった。体罰は、撲ることと罰することに分けられる。撲り方もさまざまで、柔道の技で生徒を投げ飛ばしたり、「協和ビンタ」をやらせた。「協和ビンタ」とは、全クラスの生徒を二列に向かい合って立たせ、互いにビンタを張らせることである。

教師が生徒に加えた体罰には、次のような例がある。日本人教師の石涌は、教鞭で尚華山君の頭を撲った。尚華山君は戦闘帽をかぶっていたが、帽子が形を留めないほど何回も撲られた。尚華山君は復讐を誓い、その帽子を日本の敗戦まで取っておいて、一九四五年「八・一五」の後、その帽子を持って石涌のところに復讐に行った。第二国民高等学校の教師が生徒を罰する方法もさまざまで、立たせたり、正座させたり、走らせたり、腕立て伏せをさせたり、競歩の形で歩かせたりなど、いろいろであった。これらはある時は個人、ある時はクラス全員に対して行なわれた。

安東市の国民高等学校の生徒は飢餓にも悩まされた。日本は中国農民が収穫した食糧を徴発し、安東市内の食糧を配給制とした。一九四二年に私が第二国民高等学校に入った時、全校で二〇〇人の寄宿生がいた。私は家が農村部にあったので、学校に寄宿した。入学した時に配給されたのはトウモロコシの粉、大豆粕の粉、ドングリの粉であった。ある時はコウリャンや粟が出たが、これは良いほうであった。ある時は食糧配給がなく、ジャガイモで間に合わせた。ある日の昼飯ではジャガイモしかもらえず、しかもその一個は腐っていた。配給される食糧があまりに少ないので、寄宿生はこっそりと買い食いして飢えをしのいだ。

日本は国民高等学校の生徒に「勤労奉仕」を強制した。一九四四年、安東第二国民高等学校の各クラスの生徒たちは「東洋人絹」（現在の丹東絹維工場）に行かされ、二ヵ月の「勤労奉仕」をさせられた。この年、四期生の機械科生徒の康庄君は高圧電流に触れて感電死した。これは工場が電気のスイッチを切らないまま変電所に生徒を入れ、トランスの埃を拭き取らせたためであった。私のクラスの李世春君は指を歯車に噛まれて切断した。

一九四五年、私は国民高等学校の四年生に進級した。この年、日本は動員令を出し、四年生の生徒に対し一年を通じての「勤労奉仕」を強制した。春の始業式で、校長が四年生全員に通年動員令による「勤労奉仕」を命じ、退学は許さないとし、「もし退学しようとする者がおれば、憲兵隊に送る」と宣言した。「勤労奉仕」の工場は「東洋人絹」と「浪頭炭素工場」で、私は「東洋人絹」に回された。始業式が終わると、直ちに車に乗せられて工場に行かされた。私たちの仕事場は「東洋人絹」の紡績工場であった。私たちの仕事は焼けた紡績機械を分解することと、大阪の紡績工場から運ばれてきた機械を運搬することであった。何トンもの重さのある大型電動機械を、私たちの人力だけで運搬しなければならなかった。私たち生徒の生活は囚人のようであった。住むところは六道溝単殃子大楼である。この建物のまわりを高い塀が囲み、塀の上には鉄条網が張ってあって、鉄の大扉にはいつも錠が下りていた。場所は工場から二・五キロのところにあった。朝食のあと、日本人教師の中奥が囚人を連行するように私たちを引率して工場に行き、工場では銃を持った歩哨が見張っていて、自由に出入りすることはできなかった。昼は工場内の食堂で食事をし、仕事が終わると中奥が私たちを引率して宿舎に帰った。仕事が終わっても、日曜日でも、私たちは街に出ることを許されなかったし、当然家に帰ることは許されなかった。病気になっても、家に帰って治療することは許されなかった。工場での昼の食事も差別されていた。日本人は第一食堂で米の飯を食べ、朝鮮族は第二食堂でコウリャンを食べ、中国人は第三食堂でトウモロコシを食わされた。第三食堂は衛生面も悪かった。このようにして、一九四五年は授業料を納めて労役だけをやらされたのである。このような囚人のような生活を「八・一五」まで我慢しなければならなかったのである。

（聞取り時期：二〇〇〇年五月一八日、場所：遼寧省鳳城市第二中学校）

私の見聞と思想の変化——姜景蘭 証言

〔略歴〕

姜景蘭（ジャンジンラン）、男子、満州族、一九二四年四月九日生まれ。原籍：遼寧省東港市合隆満州族郷斉家堡子村。離休（退職）時の所属：東港市中心医院。職務：中国共産党総支部書記。日本占領時期に在籍した学校：安東省第三国民高等学校。日本占領時期の職場：偽安東県興農合作社。

一九三一年—一九四二年、小学校、高等小学校、偽安東省立第三国民高等学校に在学する。卒業後、安東市六道溝の私塾の教師、偽安東県公署地政科、偽安東県興農合作社臨時雇員となり、一九四五年祖国解放となる。

一九四六年、安東市鎮江区の小学校教師となる。同年一〇月の臨時政府撤退にともない敵後方でゲリラ戦を継続し、一一月に東北軍政大学遼寧分校（大連）学員、副班長となる。

一九四七年三月、繰り上げ卒業し、学校の宣伝処文化教師として配属される。同年七月の安東第二次解放により安東に帰り、遼東軍区政治部より地方市委員会民運部に配属され文教隊の組織工作に従事し、建国学校第四隊隊長となる。同年九月、文教隊を組織し隊長となる。省の土地改革工作隊に従って鳳城県辺門区で土地改革を行なう。

一九四八年七月—一九五三年一〇月、安東市において、市委員会宣伝部幹事、市委員会大衆映画院経理、市中ソ友好協会秘書、遼東省中ソ友好協会秘書、副秘書主任等を歴任する。

一九五三年一一月、抗米援朝省直属機関解散、西安市中ソ友好協会総幹事となる。遼寧と吉林省が合併し、吉林省に留まる。

一九七八年まで、遼寧省遼源市党委員会宣伝部、文教部組長、科長、市楊木ダム工程処党委員会副書記兼宣伝部長、市教育局副局長、市文教局党委員会書記、市人民医院党委員会書記兼院長、市文化局副局長兼文体党組書記を歴任する。文化大革命以後、市京劇団支部書記兼団長、文化局副局長を歴任する。

一九七八年、吉林省四平地区衛生学校に転勤となり工作組長となる。同年一〇月、地区委員会より任命され地区衛生学校党委員会書記となる。
一九八一年七月、今東港市に戻り病院の党総支部副書記、書記となる。
一九八五年二月、六二歳で離休（退職）する。

一

一九三一年、私は八歳の時に本堡子小学校に入学した。本堡子は山腹にあり、前・中・後の三本の通りがあり、三十数戸二〇〇人余りが住んでいた。住人はすべて姜という姓であったので、書物では姜家小崗となっていた。

その年の秋、取り入れの季節になる頃、「高麗（朝鮮）の人が謀反を起こし、中国人を殺しに来る」という噂が流れた。自衛のために村役は銅鑼を鳴らして人を集めた。家々の男たちは、桑の伐採用の鎌や槍をかついだり、屠殺用の大刀を木にくくりつけて武器とした。さらにはシャベルや天秤棒などをかついだ者もいた。彼らは運動場に集まってきて、数人一組になって何か議論していた。子供たちは大人たちの心配をよそにはしゃぎまわっていた。六、七日たった頃、日本人が飛行機と大砲で東三省を侵略し、「安東（私の故郷から四〇キロ余り離れていた）はすでに占領された」という噂が広がった。すなわち「九・一八事変」である。

堡子の人たちも落ち着かなくなっていた。何日かたって、街道に中国人の隊列が現れた。服装は普通の庶民の服であった。しかし、多くの人が鉄砲をかつぎ、青龍刀を背負っている者やピストルを下げている者などもいた。数十人から百人以上の人が私の村を通り、「日本の侵略者と戦いに行くのだ」と口々に言っていた。私の叔父の姜貴和、姜貴生、姜貴良などの村人が相次いで隊列に加わった。村人たちは隊列を見て、頼りになると喜んだ。家ごとに急いで食糧の取り入れを始め、男たちは夕食後も自衛のために集まることはなくなった。私の父は当時斉家堡子小学校で教師をしていたが、鳳城師範学校の時の同級生敖喜三が隊列に加わり、父も一緒について行き、一〇日余りたって戻ってきた。

陰暦一〇月初めのある日の午前、私たちが授業を受けていた時に突然、鉄砲の音が聞こえた。生徒たちは窓の下に腹ばいになった。銃声が止んだので、起き上がって窓の外をのぞいたら、カーキ色の軍服に鉄兜をかぶった日本兵の隊列が馬に乗って走り過ぎるのが見えた。これが、私たちの村で最初に目にした日本侵略軍の隊列であった。人々は心配し始めた。特に家族が抗日軍に参加したことのある人たちは、堡子を出て日本帝国主義から身を隠す準備を始めた。母は、父が抗日軍について行ったので一人息子の私が迫害を受けるのではないかと心配した。また、母方の伯母たちもまだ若かったので、陰暦の一一月、私の一家と二人の伯母は二日間歩いて、安東中学校で教師をしていた母方の一番上の伯父のところに行った。

その後、父は後潮溝の貧民窟「民生大院」に一間を借り、暮らしを立てるために天秤棒をかついで、飴、落花生、タバコなどの雑貨を鴨緑江の舟着き場まで持って行って売った。しかし、父は小学校の教師をやっていたので商売の道に疎く、すぐに元手をすってしまい、商いを続けられなくなってしまった。その後は街に行って日雇いとなり、毎朝弁当を持って街で雇ってくれる人を待った。父の身体はたくましかったので、仕事にありつけば一日数十銭を稼ぎ、トウモロコシの粉や粟を買って何とか暮らしていた。仕事がなくて一日立ちんぼうをすることもあった。その頃、私は小学校で勉強を続けていた。

後に私たちは于家溝に引っ越し、瓦職人の部屋を半分間借りして、ようやく落ち着いた。薛という瓦職人にはオンドルを造る冬の仕事があったので、父は彼を手伝って手間賃を稼ぎ、母は家で靴下工場から内職の仕事をもらってやっていた。私はやはり小学校で勉強していた。

陰暦三月、暖かくなると、母はいくらかでも余計に稼ごうと、服の洗濯を引き受けた。水代を節約するために、洗う服を包んで坂の向こうの一里余り離れた大沙河の岸まで行って洗濯をした。そこで乾かして夕方帰る時には、乾い

桓仁国民高等学校の秋季実習（1938年）

た分だけ荷が軽くなっていた。六月のある日、母は朝食を済ませ、弁当をいくらか持って一籠の洗濯物を運んで出かけた。午後になって突然大雨が降り出し夕方まで降り続いたので、衣服を洗い終わらないばかりか、半分乾きかけた服まですっかり濡らしてしまい、夜暗くなってから母は濡れた服の籠をかついで家にたどり着いた。母は疲れと焦りに加え、午後ずっと雨に打たれたせいで、家に着くなり倒れるようにオンドルに横になった。一言も口をきかず、食事を一口食べ「牛黄清心丸」（薬）を一粒飲んだだけだった。その後一〇日もたたないうちに、母はこの世を去った。

父は売れる物はすべて売り払い、祖父から金を借りて棺を買い、同郷の人から大八車を借り、私と一緒に故郷に母を運んで埋葬した。私たち父子は故郷で家を借りて住むことにし、安東に行く前に隣に預けた家具を持ち帰って生活を始めた。父は家から一キロほど離れた大楼芳小学校で教師をし、私は本堡子小学校に入った。

陰暦七月、父は母の実家の親戚で馬という姓の三〇過ぎの未亡人を紹介されて、後妻にもらった。継母には連れ子もなく、家事の上手な良妻賢母で、私にとても優しかった。私は継母とすぐに仲良くなった。

私の故郷では、この時期になっても抗日軍がゲリラ戦を続けていた。私たちの村は山に近く、公道から一・五キロほど離れているので隠れやすく、往来にも便利であった。そこで夜になると抗日軍が泊まりにきて、夜明けとともに山に戻っていった。ある夜、抗日軍がやってきて私の家に泊まった。隊長は于という姓であった。彼は私が賢くて利発で、抗日軍に遭ってもおどおどしないのを見て、「私たちの軍隊はこれから移動するので、息子さんを私の娘と婚約させ、娘を預かってくれないか。子供たちが大きくなったら結婚させよう」と父にもちかけた。私の父は承知しないわけにはいかなかった。まもなく、私の家に斉家堡から手紙を持った人が来た。陰暦四月一八日、継母は私を連れて「廟に願解きに行く」という名目で于家に行き、その日の午後、隊長の娘を我が家に連れて帰った。人目をくらますため、父はこの娘に姜景芝という名前をつけた。

一九三三年、日本の侵略勢力は公道づたいに農村に勢力範囲を広げ、交通の要所に拠点を作った。私の故郷の合隆にも百人規模の拠点が作られた。秋のある日、突然一〇〇人余りの日本軍がやってきた。彼らは銃剣を持ち、機関銃と弾薬箱をかつぎ、日本の国旗を掲げ、カーキ色の軍服を着て鉄兜をかぶり、革のベルトをして革靴を履いていた。ベルトには弾入れと飯盒を着け、水筒を掛け、背中には毛布と背嚢を背負い、カーキ色のマントを着ていた。馬に乗った日本軍の将校が一人、サーベルを吊り、双眼鏡をぶら下げ、四、五人の中国人を引き連れて学校の運動場に入ってきて、隊列を止めた。通訳が私たちの先生を呼び出して、生徒たちを運動場に整列させ、将校がいろいろと話をした。通訳によれば、おおよそ次の通りであった。――日本の皇軍が自ら来たのは「ひげ馬」（抗日軍）を討伐し、お前たちがしっかり勉強できるように守ってやるためだ。お前たちは家に帰って大人たちに真面目に畑を耕すように、「ひげの馬」を見かけたら報せるように言え……。

その後、通訳は村人を連れて学校付近の民家に行き、馬の飼葉を切る押切りと二枚のむしろをかつぎ出し、運動場

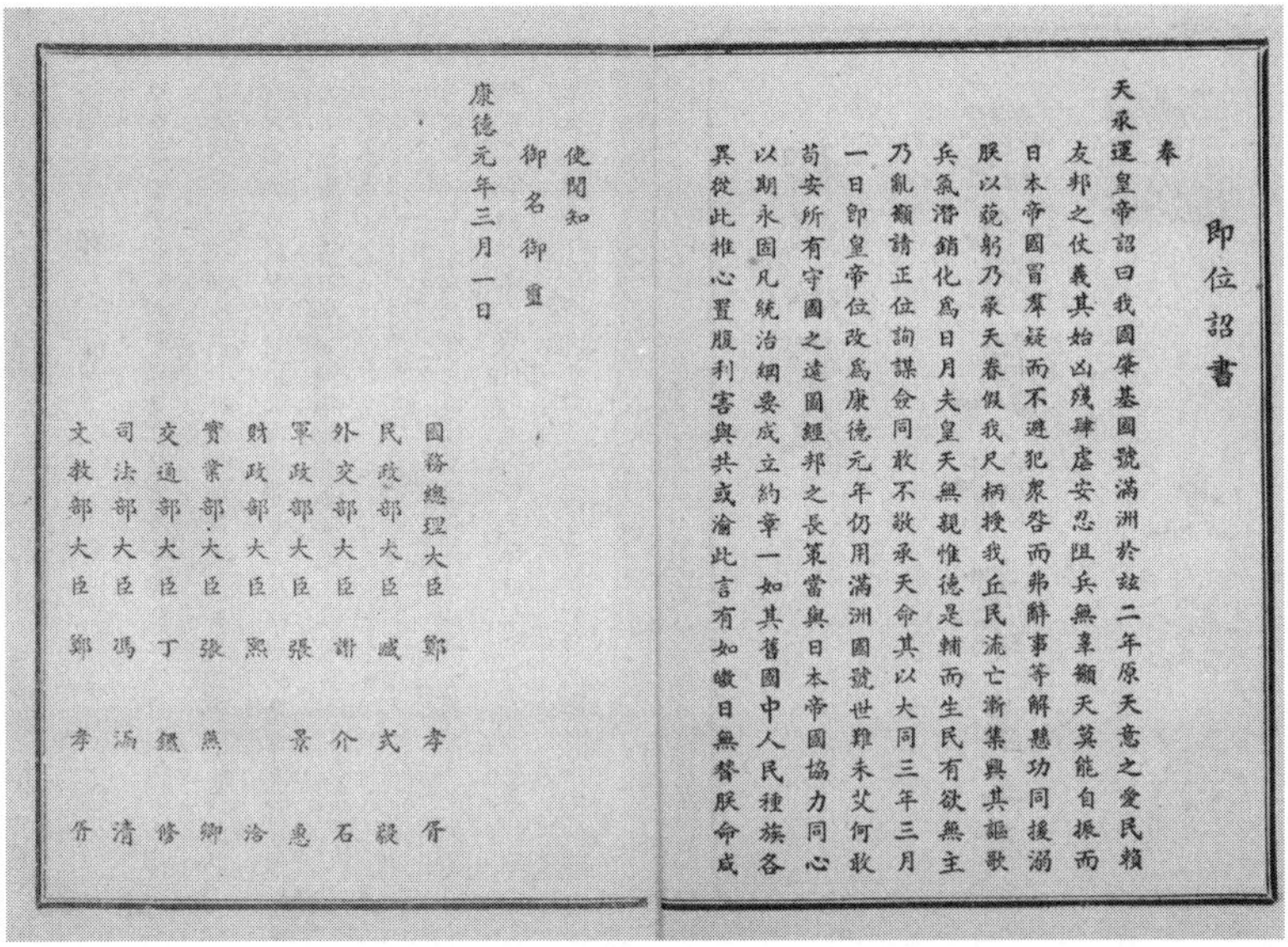

即位詔書

奉
天承運皇帝詔曰我國肇基國號滿洲於玆二年原天意之愛民賴
友邦之仗義其始凶殘肆虐安忍阻兵無辜顚天莫能自振而
日本帝國冒韙疑而不避犯衆咎而弗辭事等解懸功同援溺
朕以菲躬乃承天眷假我尺柄授我丘民流亡漸集興其謳歌
兵氣潛銷化爲日月夫皇天無親惟德是輔而生民有欲無主
乃亂籲請正位詢謀僉同敢不欽承天命其以大同三年三月
一日即皇帝位改爲康德元年仍用滿洲國號世難未艾何敢
苟安所有守國之遠圖經邦之長策當與日本帝國協力同心
以期永固凡統治綱要成立約章一如其舊國中人民種族各
異從此推心置腹利害與共咸喩此言有如皦日無替朕命咸
使聞知
御名御璽
康德元年三月一日

國務總理大臣　鄭孝胥
民政部大臣　臧式毅
外交部大臣　謝介石
軍政部大臣　張景惠
財政部大臣　熙洽
實業部大臣　張燕卿
交通部大臣　丁鑑修
司法部大臣　馮涵清
文教部大臣　鄭孝胥

初級小学校教科書『修身』（1937年）の「即位詔書」

に運び込んだ。日本の将校が何か言い、通訳が訳し、「今日、二人の『ひげ馬』をここで処刑する」と言った。日本兵は縛られた二人の三、四〇歳の中国人を連れ出し、数人の日本兵が一人ずつむしろに包んで、ぐるぐる巻きに縛りあげた。一人を押切りの台に載せ、日本の将校が号令をかけると、日本兵が押切りの刃をぐっと勢いよく下げた。生徒たちは恐ろしくて目をつぶった。もう一人も処刑し終えると、日本兵は二つの頭をぶら下げて、「おう、おう」と歌をうたいながら去って行った。生徒たちはみな、怖くて泣きながら家に走って帰った。日本兵が立ち去ったあと、村人たちが家から出てきて運動場に集まり、殺された中国人の首のない死体を大八車に載せ、無縁仏を葬る石頭山に行って葬った。この日、日本の侵略者がなぜ村人ではなく生徒を集めて見せしめの殺人をしたのか、わからない。一〇〇メートル足らずの近距離で日本の侵略者の凶行を見せつけられ、私の幼い心に永遠に忘れられない深い傷が残った。

　夜になって父が帰ってきた。私は目のあたりにしたことを父に話した。翌日、夜の明ける前に父は継母と私と姜景芝を連れて安東に逃げ、六道溝に間借りした。この頃、鴨緑江製紙工場が大量の木材を鴨緑江に筏として浮かべていた。貧乏人はその樹の皮を剥くことで生計を立てていた。父と継母も川岸に行って木の皮を剥いて検査を受け、その内の半分を上納して残った半分を家に持ち帰り、乾かしてから市場にかついで行って売った。

私は引き続き小学校で勉強を続けた。日曜日になると景芝と河辺に行き、両親を手伝って樹の皮を剥いた。くたびれることはくたびれたが、元手のいらない仕事であった。夜と冬の間は、マッチ工場のマッチの箱の糊づけをして生活を支えた。

一九三四年、景芝は病気にかかって死んだ。父は遺体を故郷の墓地まで運んで行って埋葬した。

一九三六年春、父は六道溝普育小学校の校長をしている叔父の紹介で、安東近郊の花園街富栄小学校で教師の職についた。父は一九四七年の安東第二次解放の後に、ようやく学校の仕事をやめた。

以上に述べたことは私の学歴ではなく、日本の東北侵略後の一人の小学校教師――私の父とその一家の物語である。

二

私は小学校から傀儡「満州国」の国民高等学校卒業まで（一九三一―一九四二年）合計で一二年間学んだ。一九三一年「九・一八事変」以前の半年間だけ民国の教科書で勉強したほかは、すべて傀儡「満州国」の奴隷化教育を受けた。小学校在学中は、おそらく農村にいたせいもあり、私の考えは単純で幼稚なものであった。故郷で日本侵略者が人を殺すのを目のあたりにしてからは、怖くて、おとなしく勉強することしか頭になかった。

一九三九年、私が安東省立第三国民高等学校（商業科）に受験入学した時、嬉しかったことは嬉しかったが、ぶつかった最初の困難は学費と給食費であった。父は都合がつかず、私はやむを得ず母方の祖母に助けを求め、三〇元借金してようやくその年の金を払った。この頃、一六歳の私は物事や社会について自分の考えを少しずつ持つようになっていた。入学して思い知らされたのは、学校の管理の厳しさと勉強のきつさ、生活の苦しさであった。日本人の校長と五、六人の日本人教師が学校にいたが、彼らの姿を見るたびに、あの小学校における日本軍の野蛮な殺人の光景を思い出し、いつも恐怖におののいていた。それに加えて生徒間の「階級服従」の言動を見て、入学当時は精神的に被抑圧感を持っていた。

私たちは毎日授業の前に運動場に集合し、遥拝の儀式をしなければならなかった。最初に太陽の昇る東に向かって日本の天皇に遥拝し、次に長春の方向を向いて傀儡「満州国」皇帝に遥拝した。毎週月曜日には必ず「詔書」朗読の儀式が行なわれ、訓話の後で整列して教室に戻った。学校の科目は代数、幾何、物理、化学、珠算、簿記のほかに日本語、国語、英語、歴史、地理、動植物があったが、特に「国民道徳」という科目が設けられ、「日満親善」「東亜共栄」「忠君報国」など奴隷化教育の内容を叩き込まれた。軍事教練と体育科の授業は、肉体を鍛練するものであった。軍事訓練では、少しでも動作を間違えると、馬革の軍靴を履いた中尉に足蹴にされた。

一九四四年からは、生活のために仕事を探さねばならなくなった。この年の初め、錦州省焼酎組合連合会で三ヵ月近く事務員をやり、その後は錦州市向陽実験学校で一年近く小学校の教員をした。一九四五年春の新学期の頃、チャンスがめぐってきた。長春に新京師道大学が創設され、五〇人の予科生を募集するというのである。しかも国民高等学校の卒業予定者でない学生を募集していた。私は一九歳になろうとしていたので、もし大学に行かなければ徴兵されることになる。そこで応募したところ合格し、同年三月下旬に入学した。

新京師道大学が設立されたのは、噂によると傀儡「満州国」政府が吉林師道大学を理科系としたので、長春にもう一つ文科系の師道大学をつくることになったためだそうである。開校したばかりなので、予科のクラスが一クラスあるだけで専攻には分かれていなかった。場所は傀儡「満州国」建国大学の敷地内で、事務員も教師もほとんどが建国大学から来ていた。校長も建国大学総長の高尾亀蔵が兼任していた。一九四五年三月下旬から「八・一五」の日本投降まで、私はここで数ヵ月の傀儡「満州国」の大学生活を送ったのである。

ここでの数ヵ月の学生生活で、深く記憶に残っていることがある。

第一は、教育上、予科であることからほとんどの授業は国文、歴史、数学の基礎科目であった。教える教師も、国文学を教える者と外部から招いた中国人以外はすべて日本人であった。科目の中で最も奇妙なことは、「天孫民族」と称するものが日本の神道で叙述されていたことである。政治工作の責任を持つ重松という日本人が担当していた。分厚い教科書には「天御中主神」から「天照大神」まで登場し、彼はそれをもったいぶって教えた。私たちは、聞いても何が何やらわからなかった。自然、学校の近くにある「建国神廟」のことが頭に浮かんだ。もちろん、すべての日本人がみな「天照大神」に心酔していたわけではなかった。原田という日本歴史を教える教授は正反対であった。彼は日本歴史を教えている時、推古天皇のところにくると、「これ以前の歴史はすべて神話伝説にすぎない、なんら『史実』の根拠があるわけではない」と告げた。これは、この「史実」の虚偽性を指摘したものである。このことからも、日本帝国主義者が神道を利用して中国人を精神的に支配しようとした陰謀の実態がわかる。

第二に、体罰の手口も忘れられない。私たちの生活を管理しているのは中司という退役軍人であった。彼が私たちを管理する手段は、罵るか撲るかのどちらかであった。たとえば私たちが登校した初日、みんなで清掃作業をしている時、彼は私たち数人の学生の前に来て「一号楼に積んである土を運び出せ」と言った。私は彼に、鍬のような道具はないかと尋ねた。途端に彼は、目をむいて大声で怒鳴った。「バカヤロウ、鍬など使うな、使える物を使え」。私たちは驚いて呆然とした。これが登校して最初に聞いた教師の言葉であったからだ。

また、陳克信という級友が早朝、二階の廊下でうがいをした後、その水を地面にぶちまけた。中司がその水たまりを見つけ、朝の体操と点呼の時に「誰が水をぶちまけたか」と問い詰めた。陳克信は正直に言えなかった。午後、労働に行く前に彼はまた「誰がやったか」と聞いた。陳克信はやはり言わなかった。そこで中司は全クラスを一列縦隊

國民高等學校令
第13號　身分證明書
現住所
氏名　郭長武
生
右本校第　學年生徒タルコトヲ證明ス
昭和十七年五月十九日
奉天省立奉天第五國民高等學校長事務取扱　西山爲太郎

注意
一、本證明書ハ他人ニ貸與シ又ハ讓渡スヘカラス
二、本證明書ハ乘車船中必ス携帶スヘキモノトス
三、本證明書ハ鐵道係員ノ請求アリタルトキハ何時ニテモ呈示スヘキモノトス
四、本證明書ヲ亡失シタルトキハ直ニ學校長ニ屆出ツヘキモノトス
五、新ニ證明書ノ交付ヲ受ケタル場合又ハ職員ニシテ其ノ職ヲ退キ學生生徒ニシテ進級シ若ハ卒業退學等ニ依リ學籍ヲ離レタルトキハ直ニ本證明書ヲ學校ニ返付スヘキモノトス
六、本證明書ノ有效期間ハ發行ノ日ヨリ一箇年トス

奉天第五国民高等学校の身分証明書（1942年）

に並ばせ、一人一人にビンタを食らわせた。その後で「誰も名乗り出なければ、この学期は全員外出を認めない」と言った。この中司の言葉はみんなを激怒させた。労働の最中に陳克信はみんなに謝った。みんなは週番の私に報せ、中司に「水を撒いた者はわかったが、誰が水を撒いたかは言えない、罰したければ罰すればよい」と伝えることにした。私がみんなの「共同回答」を中司に告げると、中司はそれ以上癇癪を起こすことはなかった。おそらくそれ以上みんなの怒りを買うことを恐れたからであろう。

次は寝室でのことである。就寝前の一五分間、中司は必ずタオルで乾布摩擦をやらせた。これは健康法としては良い事であるが、彼の手にかかると違った。ある時、私たちの寝室で二人の学生が、口では号令をかけながら何かほかのことをやっていた。それが彼に見つかって、夕方の点呼の時、二人ともビンタを食った。

食べる物がさらに不足し、本を買うことも難しくなった。当時はまさに抗日戦争の末期で、東北全土どこも食糧難であった。私たちの学校も例外ではなく、毎食一杯の飯に一杯の汁物であり、いつも変わりばえしなかった。そこで日曜日に外出が許可されると、全員が街に出て食物を探した。日曜日に街に出るもう一つの目的は、本を買うことであった。当時、役に立つ本はすべて日本の書店に行って買わなければならなかった。しかし本も不足していたので、日本の書店は一二時以前は中国人の客を店に入れず、しかも午後になると品不足の本を本棚から下げてしまうのである。そこで私たち学生は午前中に日本の書店に行き、マスクを着けて日本人のふりをして買ったものである。

次に「勤労奉仕」についてであるが、日本語で「労作」と称して毎週一日半、建国大学の農場に行って労働させられた。半日の労働に、たった五分間しか休憩時間がなかった。労働の前には、農場のボスである日本の教授が決めた儀式――「帝宮遥拝」と「宮城遥拝」をやらされた。前者は傀儡皇帝溥儀への敬礼、後者は日本の天皇に対する敬礼であった。ある時、電哈拉布と呼ばれるモンゴル族の級友は、みんなが九〇度に腰を曲げる敬礼をしている時、不満の気持ちを表して敬礼しなかった。その結果、建国大学農場のボスに見つかり、十幾つものビンタを食った。

六月末になると、学校から新たに「勤労奉仕」の通知が出た。何をしに行くのかというと、東北における日本の科学研究機関である大陸科学院から一人の日本人が来て、必需品の酒石酸石灰の生産を手伝うのだと告げた。酒石酸はレーダー（当時「電波探知機」と呼ばれていた）の製作に用いるということであった。その製法は、野葡萄の葉を水に浸して加熱し、含有成分を溶出させた後で少量の石灰を加え、それに成分を吸収させて取り出す、というものである。

その時に行った場所は、黒龍江省と吉林省内の野葡萄を産するいくつかの県であった。私と韓振声という級友は吉林省柳河県に行かされた。私が魚亮子という村に着くと、「興農合作社」の敷地内に工場が設置されていた。四基の大型タンクがあって、そこに野葡萄の葉を入れ、水を加えて加熱する。その後で液を水槽に移して石灰を加え、リトマス試験紙でpH（ペーハー）を測って規格通りにした後、石灰を沈殿させて上澄みを排出し、できた酒石酸石灰を車で搬送した。力仕事をする人夫は、まわりの村から徴集されてきた者であった。各人の就労期間は半年で、全部で三〇人前後いた。野葡萄の葉は、「食糧徴集」のかたちで周辺の農民が運んできた。私のやることは、リトマス試験紙でpHを調べ、仕事の割り振りをすることであった。さほど疲れることはなかった。

この時期に心に残ったことがいくつかある。その一つは、柳河県城で車を待っている時に二人の抗日聯軍の戦士が日本侵略者に殺害されたことである。かって抗日聯軍に関する噂を聞いたことはあったが、抗日聯軍の戦士が抗日のために犠牲になるのをこの目で見たのは初めてであった。

もう一つは、当地の朝鮮族居住者の抗日に対する熱情である。柳河県の農村の居住者の半分は朝鮮族であり、彼らは私たちと同じように亡国の民にされ、日本侵略者の賦役に対する反抗の感情に満ちていた。魚亮子で私と一緒に住んでいた合作社の職員は私に言った。「君たち『満族』の人は改姓について、人を馬鹿にしたものだと思わないか。私たちはすべて日本姓に変えられようとしている。しかし私は永遠に忘れない、私の姓は李である、永遠に姓は李である」。ある朝鮮族の小学校教師は、抗日の情熱に燃えて何でも話してくれた。「八・一五」日本投降の報せが伝わったその晩、十数人の朝鮮族の長老が集まり、日本侵略者の投降に何度も祝杯をあげ、勝利を祝った。

日本降伏後、私は錦州の家に帰った。国民党が東北を接収した後、私は一九四六年三月から学生生活を続け、長春大学法学院法律学部に籍を置いた。

あれから五五年たった今でも、これらのことを思い出すと、非常に辛いものがある。日本帝国主義に一五年間も亡国の民にされ、その奴隷化教育の中で苦しい歳月を送ったのである。

（聞取り時期：二〇〇〇年三月、場所：瀋陽師範学院中国文学学部）

奉天農業大学で学んだこと――李暁南 証言

〔略歴〕

李暁南（リーシャオナン）、旧名・李紹華（リーシャオホァ）、男子、漢族、一九二五年一一月一五日生まれ。原籍：遼寧省遼中県満都戸郷満東村。離休（退職）時の所属：中国工程農業機械貿易総公司、職務：総経理、職称：高級農芸師、日本占領時に在籍した学校：奉天農業大学。

一九三七年七月、河北省昌平県南口鎮南口扶輪小学校卒業。

一九四二年一二月、傀儡「満州国」奉天省新民県第二国民高等学校（現・新民文会中学校）卒業。

一九四五年八月、傀儡「満州国」奉天農業大学農業科卒業。

一九四五年一〇月、遼中県において民主政権に参加後、中国共産党中央委員会東北局宣伝部東北文工団に移動。

一九四八年九月、東北人民政府農業部科員、科長となる。

一九五〇年九月、国営八一五農場場長となり、後に九三農場副場長となる。

一九五二年四月、ソ連を訪問し、集団農業ＭＴＣ、国営農場を視察し、帰国後、東北国営農場管理局作業処処長、同管理局党組　織職員となる。

一九五八年一〇月、黒龍江省嫩江地区農業科学所所長、党書記となる。

一九六三年一月、黒龍江省農業科学総合試験研究センター書記、主任となる。

一九七二年一月、陝西省漢中地区農業科学所書記、所長、地区農業機械局局長を歴任する。

一九七九年一月、農業部農業機械服務総公司副総経理となる。

一九八二年二月、機械工業部中国機械設備貿易総公司副総経理、中国農業機械貿易総公司総経理となる。

一九八八年一〇月、離休（退職）する。

畑で肥料をやる海城国民高等学校の生徒たち（1941年）

一

私の元の名前は李紹華である。一九四二年、一七歳の私は新民第二国民高等学校四年生に在籍していた。当時東北軍第五三軍の大佐で軍需処長の伯父が国民党支配地域の西南、西北地区から帰って来て、宝鶏で地下工作をしていた父が国民党陝西省党部に逮捕され、西安の労働収容所に入れられている、と告げた。父にとっては三度目の入獄であり、私はショックを受けた。私自身この先何をすべきか、卒業後何をすべきか、迷っていた。私は徴兵適齢期になろうとしていた。もし徴兵検査に合格して傀儡「満州国」の兵隊になったら、日本人のために戦争し、祖国に敵対することになる。もし不合格であっても「委任官補」に合格するかもしれない。そうなれば民衆を食い物にする日々を送らなければならない。幼い頃から北平や南口で受けてきた抗日愛国教育に背くことができようか、と悩んだ。

私の唯一の抜け道は、大学に入ることであった。大学生になれば兵役を先に延ばすことができる。しかし、私にはとても自信がなかった。父が再入獄したという報せを聞いてからは授業に集中できなくなり、いつもうわの空で、頭の中は真っ白であった。当時、数学で三角関数や解析幾何を学んでいたが、私はたちまち授業についていけなくなった。新民第二国民高等学校はもともとミッションスクールであって、太平洋戦争勃発前は、日本語科目は設置はされていたが教師がいなかった。日本が米英に宣戦布告した後で、やっと日本人の下部義郎という副校長が派遣されて日本語の授業が始まった。こうしたことも、自信が持てなかったことの原因の一つであった。

国民高等学校の卒業を控え、クラス担任の衣文華先生が授業で「塔湾の奉天農業大学で学生を募集しているが、誰か応募する者はいるか」と尋ねた。教室は静まりかえり、誰も応募しようとはしなかった。私が立って応募の意志を示した時、級友たちはみな意外に思った。私は、とにかく兵隊になるわけにはいかないし下級官吏になるわけにもいかない、まず大学に入ってしばらく勉強してから決めよう、日本人が戦争に負ければ方法はある、と思ったのである。しかし、思いがけないことに農業を一年近くもやることになってしまった。これは後になってからの話である。

二

奉天農業大学は瀋陽の皇姑区塔湾にあった。渾河の中州平原が瀋陽城区からずっと平坦に延び、塔湾に至って盛り上がり十数メートルの丘になっている。丘の頂には堂々とした遼塔が立ち、渾河一帯の大地を見下ろしている。遼塔の東側に建っているのが農業大学の新・旧校舎である。旧校舎は張学良時代の農業高等職業学校のもので、一列に並んだ円柱が三角形の屋根を支えるローマ様式の建築であった。新校舎は簡単なマッチ箱のような建築で、ほとんどが平屋であった。

農業大学の本科は、農学科、林学科、獣医学科、農業土木学科（農地水利）の四科に分かれていた。三年制で、前の三科は基本的に中国人を応募対象とし、農業土木学科は中国人を入れず、日本人だけを応募対象としていた。このほかに林特（林業特設）、土特（土木特設）、農教（農業教育）の一年制の研修コースもあった。各科とも一学年一クラスで、全校合わせても四〇〇人余りの学生しかいなかった。

校長の宇田一博士は京都帝国大学の出身で、大部分の教師も京都帝国大学の卒業生であった。ただ教務長兼林学科長の森だけは東京帝国大学の出身であった。これは日本の官界と同じように、教育界も学閥偏重であることを示していた。私は農学科に入った。農学学部長の岩城鹿十郎は、タバコの育種を研究していた。彼も京都帝国大学の出身であった。

海城国民高等学校の遠足（1937年秋）

農学科の学生は割が悪く、多くの重要科目を受講できなかった。たとえば測量学や生物化学、植物生理学等は開講されず、岩城は遺伝育種科を担当していたが、時間通りに授業に来たためしがなく、授業時間が終わるころになってやっと走ってきて、口早に二〇分ほど教えた。彼は農業土木学科の日本人学生に農業概論を教えていたが、その教室は私たちと壁一つ隔てた隣であった。そちらにはいつも時間通りに来て、時間通りに終わり、真面目に授業をしていた。また農学科の学生は、授業のない時はいつも農場で仕事をさせられ、「実習」や「労作」などともっともらしい教科名がくっつけてあったが、実際は労働力としてこき使われ、いつも損をしていた。

日本語の授業時間が多かった。日本語の憲雲先生は白系ロシア人のバイク大佐が書いた『騒がしい密林』の日訳本を教科書とし、朗読と聞き取りの訓練を行なった。彼は溥儀の従兄であり、前の総理大臣（清朝の外交部長）粛親王の息子であった。また、私たちの同級生羅潜の母方の叔父に当たった。留学経験があり、皇族ではあったが親しみやすい人柄で、私たちは彼の授業を喜んで受けた。もう一人の杜先生は、日本語で『聊斎志異』の日訳本を講義していた。三人目は私たちのクラス担任の張先生で、一年生の時には昆虫・植物病理学を教えてくれたが、二年生の時は日本語で日本語文法の授業をしていた。もちろん彼も京都帝国大学の卒業生であった。実は杜先生と張先生の日本語による授業は、私にとって程度が高すぎた。私の日本語の語彙は不十分で、反応は遅く、聞き取りの練習にしても『騒がしい密林』だけで手いっぱいであった。しかし、ほかの同級生はそんなことはなかっただろうと思う。

三

すべての中国人学生にとって最大の問題は「空腹」であった。当時私たちは一八、九歳で育ち盛りであったが、一人当たり三五〇グラムの粟が支給されただけで、それを三回に分けて食べた。ほかにニンジンが少々付くだけであった。空きっ腹を抱えて一日中、飢えと闘わなければならなかった。二年生になるとみんないくらか度胸がついてきて、電気コンロを持ち込んで夕食後にジャガイモを煮て、それでいくらか飢えをしのいだ。

中国と日本の学生はともに同じ食堂で食事をした（当時は無論「中国」「日本」とは言わず、「日系」「満系」と言った）。出される食事は二種類に分かれており、日本人は銀シャリに少量の大豆と大麦を混ぜたものを毎日五〇〇グラム配給され、おかずの質も量もいくらかましであった。食事の前、舎監の後について「国民訓」を唱和し、唱和が終わると日本人は米の飯を食い、中国人は粟粥をすすった。

ある時、朝から農場に労働作業に行く途中、獣医科の牛舎から低温消毒された新鮮な牛乳が運ばれてきた。牛乳の濃厚な香りがしてとても美味しそうであったが、私たちが飲めるわけではない。出荷されるのである。夏、牛乳を発酵させた清涼飲料水のカルピスが出ることがあったが、もとよりそんなことはめったにないことであった。農学科の二年生には農畜産物加工科の科目があり、堀木博士が教えていた。彼は教科書を使わず、授業が始まるとすぐに学生に日本式の味噌（大豆味噌）を作らせ、大根を漬けさせた。またある時は日本式の菓子を作らせた。これは腹を空かせた学生たちの興味を引きつけた。なぜなら、菓子が焼きあがると学生たちに食べさせてくれたからである。腹がふくれるわけではないが、いくらかの足しにはなった。堀木先生は学者っぽくなく、仕事をしながら彼の発明した堀木式トースターや野菜乾燥機を自慢していた。彼の人柄についてはそれほど尊敬していなかったが、大学の農畜産物加工科の授業は、設備から技術に至るまで非常にすぐれていた。

四

一九四三年の夏休み、傀儡「満州国」の大学一年生全員は黒龍江省東寧県道河に「勤労奉仕」に行かされた。今の綏芬河付近の中ソ国境に道路を造るためであった。

道河で汽車を降り、原生林に入った。森に入るのは生まれて初めてであった。朝靄の立ちこめる赤松や白樺の林、一面に広がる緑の草原、その間に野バラや野ユリが咲いていた。私は自分の祖国がこんなにも美しい大地であるとは考えてもみなかった。残念ながら祖国は今、日本の侵略者の軍靴に踏みにじられている。いつか必ず私たち自身の手に戻るに違いない。背嚢を背負い、カバンを肩にてくてく歩くうち、次の詩が脳裏に浮かんだ。

霧は深々と山裾に濃く
渓流はうねうねと谷底に下る
行軍はどこまで続くことやら

人はてくてく　馬はぱかぱか
てくてく歩いて山を越えれば
野の花が全山を赤く染める

日本軍の軍馬にテントと食糧を背負わせ、学生たちは手分けしてテントの支え棒と軍用飯盒を運んだ。駐屯地に着くと排水溝を掘り、テントを張った。それから茂みの中に入って枯枝や枯柴を拾い集め、飯盒で飯を作った。

道路建設の四〇日間のうち、二日間だけ食糧が届かなくて林の中の山菜を食べた以外は、食糧は十分であった。しかし労働は苛酷で、私は二度ほどシャベルを立てて寄りかかったまま眠ってしまったことがあった。このほかにも、丸太をかついで橋を架けるきつい作業があった。一番大きな丸太は、八人ずつ四組になって担がなければならなかった。赤松は太く、切り倒したばかりで水分を含んでいたため、八人でも担ぐのは容易ではなかった。おまけに道は凸凹で、窪地に足を踏み入れる者があると重量が他の者の肩にかかり、耐えきれなくなることがあった。林学科の学生の一人は、何度かこんな目に遭って悲鳴を上げた。「ああ、まいったまいった。血を吐きそうだ」。これはみんなの笑い種となった。湿った地面で寝るため痔疾にかかり、大便の時に激痛が走って出血が止まらなかったのである。

ある日の早朝、私たちが作業を始めたばかりの時、道河から通知が届いた。軍の長官が視察に来るから現在建築中の橋を急いで完成させるように、ということだった。数日後、私たちが架けた橋の上に一台の軍用乗用車が停まり、私たちの班長の闞宝琦が号令をかけて一列に並ばせ、刮目礼をやらせた。降りてきたのは三つ星の将軍で、髭を生やしていた。彼は闞宝琦に「君たち満系の学生は米の飯が好きか、それとも窩頭（トウモロコシの粉を練って円錐型にして蒸した物）が好きか」と尋ねた。闞宝琦は「米が好きです」と答えた。将軍は車に乗って行ってしまった。噂によると、その将軍は山下奉文大将だったという。解放後、私たちは彼が「マレーの虎」という異名を持ち、東京国際法廷で死刑の判決を受けた日本の戦犯であることを知った。

勤労奉仕が終わって、各大学の学生はみな道河駅近くの野原で列車を待っていた。夏の夜の帳が下り、あたりには重荷をおろした時の解放感がただよっていた。ある学生が「××大学の諸君、また会おう」と叫ぶと「また会おう」「いつかどこかで会おう、私たちはみな中国人だ」といっせいに呼応し、私の全身を熱い血が駆けめぐった。そうだ、私たちは中国人である。この時、この場所で、「中国人」という三つの字を叫ぶことがどんなに尊いことであったか。

五

奉天農業大学で学生の日常生活や思想を管理していたのは舎監であった。彼らは交替で舎監室に宿泊し、学生の宿舎に来て夜の点呼をとり、朝は起床ラッパを鳴らし、学生を引き連れて朝の体操をさせた。日常生活は「階級服従」が提唱され、三年生は二年生を管理し、二年生は一年生を管理した。三年生は交替で「週番」に当たり、その週は舎監に代わって学生全体を管理した。理屈上は、「週番」でありさえすれば日本人学生・中国人学生を問わず、すべて生徒を管理できることになっていたが、実際は文面だけで、それを真に受けることはできなかった。

一九四四年、私たちの上のクラスの王政和が「週番」をやっていた時、規律違反をした農業土木科の日本人学生にいくつかビンタを食らわせた。規定では、「週番」が学生を管理するのは日常当然の行為であった。しかし舎監長の神林鶴蔵は、王政和が「週番」の職権を利用して日本人学生に報復したとみなし、何度も彼を呼び出して話をし、そのことを認めさせようとした。王政和は精神的重圧に耐えかねて大病にかかり、ついに病気休暇をとって家に帰って養生することになった。

神林鶴蔵は日本軍の退役准尉であった。足が長く、背が高く、「バカヤロウ」が口癖で人をよく怒鳴りつけ、腕も長かったのでビンタをよく張った。学生が彼につけたあだ名は「大驢馬」だった。彼は日本の軍隊で半生を過ごした典型的な軍国主義者であった。そのため教養がなく、単細胞で、軍学校にも入ったことがなかった。しかし「愚忠」はあり余るほどあり、浅知恵も持っていた。日本軍の厳格な昇進制度のおかげで最後は准尉で退役し、植民地大学に来て数百人の当地の知識分子を監視するのは、彼にとっては帝国に忠義を尽くす絶好の機会であった。毎日張りきって自分に与えられた「管轄地」に睨みをきかせていたのである。

その前の年の冬、三人の勉強好きな学生と私は、自習を終わった後も教室に残って本を読んでいた。思いがけなく神林が教室に回ってきた。私たちは授業の復習をしていることは平素普段のことと考え、彼に対して起立、敬礼をしなかった。彼は私たちが彼を尊敬していないとみなし、「お前たちは、一キロワットの電力でどれだけの合金ができるか知っているか。晩の自習を終わってもまだ電気を無駄遣いし、目上の者に会っても起立も敬礼もしない」と怒鳴りはじめた。この時、ドアのところに坐っていた学生は、まずいと思って急いで逃げ出した。神林は癇癪を起こしていたので気づかなかった。彼は私たちに一人ずつビンタを張ったが、それでも気がおさまらなかったらしく、私に向かって「お前がろくでもない奴だとは、とっくの昔にわかっていた」と言った。さらにパーンともう一つビンタを張ってから大股で出て行った。翌日、黒板に次のような滑稽詩が書かれていた。

高官にならんと、燭台の下に坐る
夜半、大驢馬が闖入して
二対の高人一人が欠けて
四つのビンタを三人で受ける
（「高官」とは高等文官試補を指し、「高人」は身分の高い人を言う）

一九四四年冬、卒業クラスの歓送会で、本科二年生の各クラスが一つずつ劇をやることになった。学年末の冬休みの前に上演されたが、農業土木学科、獣医学科が何をやったか覚えていない。覚えているのは林学科が演じたゴーゴリの風刺喜劇『検察官』であった。これは同級生の宋萓君が翻案し監督をしたものである。彼は勉強好きで、すこぶる文学的素養を持っていた。解放後、早くから革命に参加し、建国後に組織からソ連に留学生として派遣され、帰国後は林業科学院林業経済研究所所長となった。残念なことに、文化大革命中、彼はあの歴史上例を見ない大衆的圧迫に耐えられず、早くに世を去った。まことに惜しむべきことである。

私たち農学科が演じたのは東北の作家の中編小説『欧陽家の人々』で、私が話劇に翻案し、題も『生路』と改題した。物語は巴金の『家』と同じように封建没落家族を描いたもので、一人の青年が主人公で、家族とともに没落して行きたくなければ彼は家を出るしかない、というものであった。この話劇は私のクラスの親友の李殿銘君が監督をし、クラス全員が協力してくれた。謄写版で台本を刷る者、役者になる者、衣裳や道具を探しまわる者と、クラス全員が情熱を傾けて上演したものであった。

日本軍はミッドウェー、ソロモン群島の海戦で敗北した。アメリカ軍のスキップ作戦が始まり、日本軍はサイパン島で玉砕し、さらに硫黄島で玉砕し、たちまちアメリカ軍は日本の正面まで迫った。その年の冬から「空中要塞」B29が間断なく瀋陽東関の「満飛」（満州飛行機株式会社）と兵器工場の爆撃を開始した。私たちは塔湾の丘の上に登り、B29の急降下爆撃や空中戦を見物した。さながら映画の場面を見るようであった。農業土木学科の日本人学生は次々に応召して入営し、神風特攻隊となった。入営者を送るために、宿舎の前では「海ゆかば」や「強者よ」といった歌がヒステリックな声で歌われていた。

戦況が不利になるにしたがって、侵略者も神経質になってきた。一九四五年の学期始めから、日本憲兵隊や特高が動き始めた。彼らは、ゴーゴリの『検察官』を演じたからにはソ連文学に精神的糧を求めているにちがいないという理屈を付け、林学科の班長王維風君を最初に槍玉に挙げた。特高は彼が「不埒な学生」の活動をしていることをしゃべらせようとしたが、彼は「いかなる不埒な行動をする学生もいない」と言い切った。続いて韓という獣医学科の班長と農学科の王振礼君も尋問されたが、何も情報は洩らさなかった。

この間のある日、王振礼が宿舎にやってきて、私のそばに腰掛けて言った。「君の『生路』は巴金の『壊滅』を改編したものだと疑う者がいるが、本当かね」。私は「『壊滅』なんか読んだことがない」と答えた。彼は「それならそれでいいが、『壊滅』は去年出版禁止になっている」と言って立ち去った。後で聞くと、各クラスの班長は特高に呼ばれ、何度か尋問された。王維風君と韓班長は特高にひどく撲られたが、王振礼君だけは撲られなかった。王振礼君はよく勉強して成績が非常に優秀で、日本語も抜きん出ていたので、大学当局は彼に一目おいていた。こうしたことが撲られなかった理由かもしれない。王振礼君は吉林省東豊県の出身で、解放後も長春大学で引き続き勉強したが、コレラにかかって命を落とした。

六

気候が暖かくなると、私たち卒業を控えた学生たちは突然三組に分けられ、一部は大学に残り、一部は熊岳城農事試験場（現在の熊岳城果樹研究所）へ行き、私を含めた一〇人は王韶麟君に率いられて新京の大陸科学院（現在の長春中国科学院化学研究所）に行った。

第一日目に、私たちは王韶麟君に連れられて各研究室を参観し、研究室ごとに簡単な研究内容の紹介を受けた。生物化学研究室では、ある副研究官が「『満州国』の農村で、夏、農民がぱくぱくコウリャンを掻き込んでいるのを見かけるだろう。一度にドンブリ三杯もたいらげる者もいるが、それでも栄養が不足している。なぜかわかるか？　それはコウリャンの中に頼安酸というアミノ酸が欠乏しているからだ。われわれが研究しているのは、まさにこの頼安酸なのだ」と説明してくれた。

次に冷凍研究室を参観した。零下四〇度まで温度を下げることができ、寒冷地帯の建築や機械設備に及ぼす極低温の影響とその対策を研究していた。当然、私たちには今後中ソ国境で必要な研究であることがピンときた。参観を終えた翌日、張占琦君と私は土壌研究室の細菌培養室に配属された。土壌研究室の研究官は坂野新夫博士であった。彼はアメリカに留学し、ボストンのある大学で一〇年以上教師をした経験があった。彼と副研究官の張憲武先生は、二人で大豆の根粒菌の研究をしていた。培養しやすくて、固定率の高い菌種をふるい分けていた。私たち二人は彼の実験室でしばらく助手を務めた。

吉林師道大学技能科図画手工クラスの学生（1941年）

三クラスの班長が特高の尋問を受けたキャンパスを離れて、毎日が針の筵に坐っているような緊張から解放された気持ちになった。状況がやや摑めたところで、私たちは目前の立場を考えた。ここは重要な科学の殿堂であるが、戦況が緊急事態に陥ってしまったために優秀な若者が前線に引き抜かれてしまった。そこで、私たちを無償の働き手として補充することになったわけである。ここにはかなりの年寄りか、ごく少数の重要な研究者か、あるいは一群の花の盛りの「大和撫子」以外は残っていなかった。一〇人の学生たちはみな四階のホールの床に布団を敷いて、一日三回のコウリャン飯と味噌汁にありついて腹を満たすことはできた。しかし、心中ひそかに自戒することがあった。それは、ここは桃源郷ではないのだ、ということである。

坂野は日曜日ごとに何回か続けて私たち二人を家に連れて行き、防空壕を掘らせた。壕が完成すると、今度は自家菜園の手入れをさせた。彼の家は動物園の傍らにあり、奥さんと長女と暮らしていた。いつも仕事が終わると、彼の奥さんは湯を沸かして風呂に入れてくれた。その後で一緒に晩ご飯を食べ、おしゃべりをした。ある時、奥さんが孫中山を知っているかと私たちに尋ねた。私たちは警戒した。「知っている」と言ってはまずいし、「知らない」と言っても信用してもらえそうもない。やむを得ず「知っている」と答えた。彼女は喜んで「孫中山の夫人の宋慶齢と、アメリカのジョージア州の女子学院で同級だった」と言った。私たちは童話の世界にまぎれ込んだような気がして、どう答えていいかわからず、「ああ、そうですか」とだけ言って、その場をなんとかごまかした。

一時期、私は燃料研究室に駆り出されて石炭の定量分析をやらされた。一日中、容積当たりの重さ、カロリー、水分、カルシウム、硫黄、窒素の含有量などを測った。私は大実験室で一人で、マニュアルにしたがって与えられた任務をこなしながら技能を磨いた。しばらくたつと、東京帝国大学卒業の副研究員が私を自宅に招き、お茶や菓子を出しておしゃべりをした。彼は私にどんな本を読んでいるのかと尋ね、私は数冊の書名を挙げた。彼は、魯迅の本を読んだことがあるかと尋ねた。私が「ない」と答えると、私が大学生でありながら魯迅の本を読んでいないことを不思議がった。実は、私は当時出版されていた魯迅の本はほとんど読んでいたが、敢えて読んでいると言うわけにはいかなかった。

今になって思い返してみると、大陸科学院の日本人たちは神林鶴蔵などと違い、また植民地における処世術に長けた農業大学教師たちとも違っていた。彼らはたぶん私たちに探りを入れたのではなく、民主的な意識や平等観念を自然に吐露しただけだったのだ。しかし私の立場からすれば、摑みどころのない、ぼんやりした民族意識の希薄な庸人として振る舞わなければならなかった。状況はそれほど厳しかったのである。

ここで羅潜について触れておきたい。羅潜は二年生の時、私たちの班長であった。彼は満州族であり、彼の祖父は清朝の高官で陝甘（陝西・甘粛）総督を務めたことがある。このことで粛親王と姻戚関係となった。清帝溥儀が退位する時に粛親王は旅順に逃れ、日本人の力を借りて溥儀の復辟と満州族の支配回復を謀った。民国初期から彼の父の世代、そして彼自身も日本式の教育を受け、日本人の生徒たちと一緒に中学校を卒業し、流暢な日本語を話すことができた。植民地において、これは当然のことながら出世の好条件であった。しかしながら彼は強い民族的自尊心を持ち、班長でありながら舎監に内部のことは何も報告せず、かえって中国の級友と親しく仲がよかった。大学当局は、彼の態度を見て班長を替えた。彼がその出自にもかかわらず、民族的自尊心を持っていることは得難いことで、多くの学生たちは彼を愛し、尊敬していた。彼の父親は宮内府に勤め、家が洪熙街にあって大陸科学院と近かったので、私たちは時々彼の家へ行った。羅おばさんは客好きで、天ぷらをつくって私たちを自分の子供のようにもてなしてくれた。

五月七日、ドイツが降伏した。以前から寡黙な張憲武先生であったが、私たち二人の実習生に「ドイツでさえ降伏したのだから、こちらも『講和』するであろう」と言った。八月初めになると、私の痔はひどくなり出血が止まらなくなった。私が張先生にこのことを告げると、彼は「治療してはどうか」と言った。私は「治療しても効果がないでしょう。主な原因は食事に油分と水分が不足していることにあります。何日か家に帰って食事をすれば、すぐに治ると思います」と言った。張先生は「坂野先生に言っておこう。君は何日か帰って休むとよい。今は仕事はそんなに多くないので、一週間休暇をやるから期日通り帰ってくるように」と言った。

私が農村の実家に帰った翌日、ソ連が日本に宣戦布告した。私は急いで長春へ戻ろうとしたが、瀋陽まで来ると鉄道が不通になってしまい、そのまま実家に引き返した。これ以後、空腹と恐怖におののく植民地における学生生活と決別した。私の衣服と布団は長春に置き去りになったままであった。

（聞取り時期：二〇〇〇年三月、場所：北京市建国門外大街光華東里一六号三二一室）

チチハル第三国民高等学校の思い出――李孝則 証言

〔略歴〕

李孝則（リーシャオザー）、旧名・李子虞（リーズウィー）、男、漢族、一九二八年四月一七日生まれ。原籍：黒龍江省景星市東華郷新農村。離休（退職）時の所属：龍江県人民政治協商会議。職務：副主席。日本占領時期に在籍した学校：黒龍江省チチハル第三国民高等学校。

一九二八年、景星県東華郷新農村に生まれる。
一九三六年、仙人洞（東華郷）小学校に入学する。
一九四二年、黒龍江省チチハル第三国民高等学校に受験入学する。
一九四八年、教育工作に参加する。
一九五二年、景星中学校（後に成龍江第二中学校に改称）の校長となる。
一九七〇年、龍江県文教科科長となる。
一九七八年、中国共産党龍江県委員会宣伝部長となる。
一九八〇年、龍江県第一中学校（黒龍江省重点中学校の一校）支部書記、校長となる。
一九八五年、龍江県人民政治協商会議で仕事をする。
一九八七年、離休（退職）する。
一九八八年、留任。

離休（退職）以後は仕事に就かず、文史（歴史記述）工作に従事し、全部で一〇集の『龍江文史資料』（一七〇万字）を編集する。政治協商会議から黒龍江省文史工作先進人物に選ばれる。県政治協商会議からチチハル市文化工作先進グループに選ばれる。

一九四二年（康徳九年）冬、一四歳の私はチチハル第三国民高等学校に進学し、ここに四年間在学した。日本傀儡政権は中華民族の民族意識を喪失させようという愚民政策、植民地主義の奴隷化教育を実行し、亡国の民を養成しようとした。時の流れの中で、流しきれない記憶がある。五四年前に受けた傀儡「満州国」時期の学生生活のことを思い起こすことにしよう。

一、思想から行動に至るまで行なわれた奴隷化教育とその訓練

学校教育では、支配者に服従する奴隷を養成するために、民族意識をくじく奴隷化教育が行なわれた。教室での授業は日本語が中心科目であり、授業は毎週一〇時間にも及び、日本語科目が不合格であれば進級も卒業もできなかった。日本語の検定試験制度もあり、受験して特等、一等、二等、三等の資格を取ると、等級に応じた「手当て」が出た。日常生活の中でも、日本語を話す訓練が行なわれ、日本語を「国語」とし、中国人を日本の「臣民」としようとした。さらに悪辣なことに、語文（中国語）や歴史、地理などの教科書の中でも世界五大州の州名、国名、人名、地名及び技術専門用語に至るまで、すべて日本語のカタカナで読みが振られていた。これは根本から漢字と漢語を破壊し、漢語の純潔性を徹底的に破壊しようとするものであった。

さらに学校は「国民道徳」科を設けた。その内容は中国人を飼い馴らす「中堅的国民」の養成であり、「生徒の本分」といったものを教えた。また、日本の東北侵略を正当化するために「満州国の建国」であるとか「友邦の正義の援助」、傀儡政権を美化する「皇帝の即位」、「天壌無窮の国体」、「民族協和」を宣伝する「日満親善」や「共存共栄」を主張した。さらに対外拡張を目論む「大東亜の聖戦」「東亜の新秩序」を教えた。これらは生徒に対して実行された思想政治工作であった。

語文（後に「満語」と改称された）科にしても、同様に反動的政治内容に満ち、日本の歴代天皇や大名、植民地侵

略を実行した軍人の伝記が主な記述を占めていた。たとえば「乃木大将」や「佐久間大佐略伝」などである。太平天国軍を虐殺した曾国藩の文章も模範文として取り込まれていた。封建的迷信の色彩を帯びた文章まで、語文の教科書に取り込まれていた。当時は教室だけではなく、課外の時間まで生徒に訓練が行なわれていた。毎朝、朝礼の時に必ず東方に向かって「宮城遥拝」をしなければならなかった。さらに「国民訓」を日本語で声をそろえて暗唱させた。「回鑾訓民詔書」や「即位詔書」は、すべて熟読して暗記することが要求された。

日曜日に外出したり集団で映画を観に行く場合、「忠霊塔」の前を通る時は必ず脱帽して敬礼しなければならなかった。思想教育から軍事訓練に至るまで、生徒に日本の天皇と傀儡「満州国」皇帝を崇拝させ、「日満親善」「王道楽土」を称賛し、必死に「大東亜聖戦」を擁護し、戦争協力をさせようとしたのである。

二、上下関係、絶対服従の観念を養成するための「棍棒付き」の教育

絶対服従の「順民」を養成するために、生徒に対する上下関係と絶対服従の観念、「棍棒付き」の教育が大いに推進された。生徒の間には等級が決められていた。襟にはⅠⅡⅢⅣの襟章が付けられ、何年生であるか、見てすぐにわかった。低学年の生徒は高学年の生徒に会うと、学校の内外を問わず「気をつけ」の姿勢をとり、敬礼しなければならなかった。そうしないと処罰された。入学した翌日、寝室で上級生に対する「不敬行為」があったとかで、孟という同級生が三年生の張という生徒から何回もビンタを張られるのを見た。孟君が弁解しようとすると、さらに何発も横っ面を張られた。このようなことは校内であろうと校外であろうと、日常的に起こっていた。

私が二年生の時のことである。日直当番として、教室の掃除や生徒の点呼など、教室日記の記入をやっていた。四年生が教室に検査に来て、報告し終わった途端に私は何回か蹴飛ばされた。しかし何が悪かったのかわからなかった。蹴飛ばされた後で、報告する前に敬礼しなかったからだとわかった。学校に「教師」としていた頼川という人物は、

もともとは在郷軍人で学識のない日本人であった。毎朝の朝礼の時は、すべて彼が取り仕切っており、校長の上西樽と後から来た西山為太郎に気に入られていた。

三年生の時、こんなことがあった。私のクラスの同級生が朝礼の集合時間に遅刻し、頼川にひどく叱られた。朝礼の後で私のクラスだけを運動場に残し、さんざん怒鳴った後、生徒たちに右の掌を伸ばすように要求した。私たちは、何をされるのかわからなかった。すると彼は、携帯していた丸い棍棒で生徒たちの手を撲りはじめたのである。何人かの生徒がこれを見て手を引っ込めると、彼は頭や身体を滅茶苦茶に撲った。悲鳴をあげて泣きだす生徒もいたが、頼川はやめようとはしなかった。当時の学校教育は、まさに「棍棒付き」の教育であった。

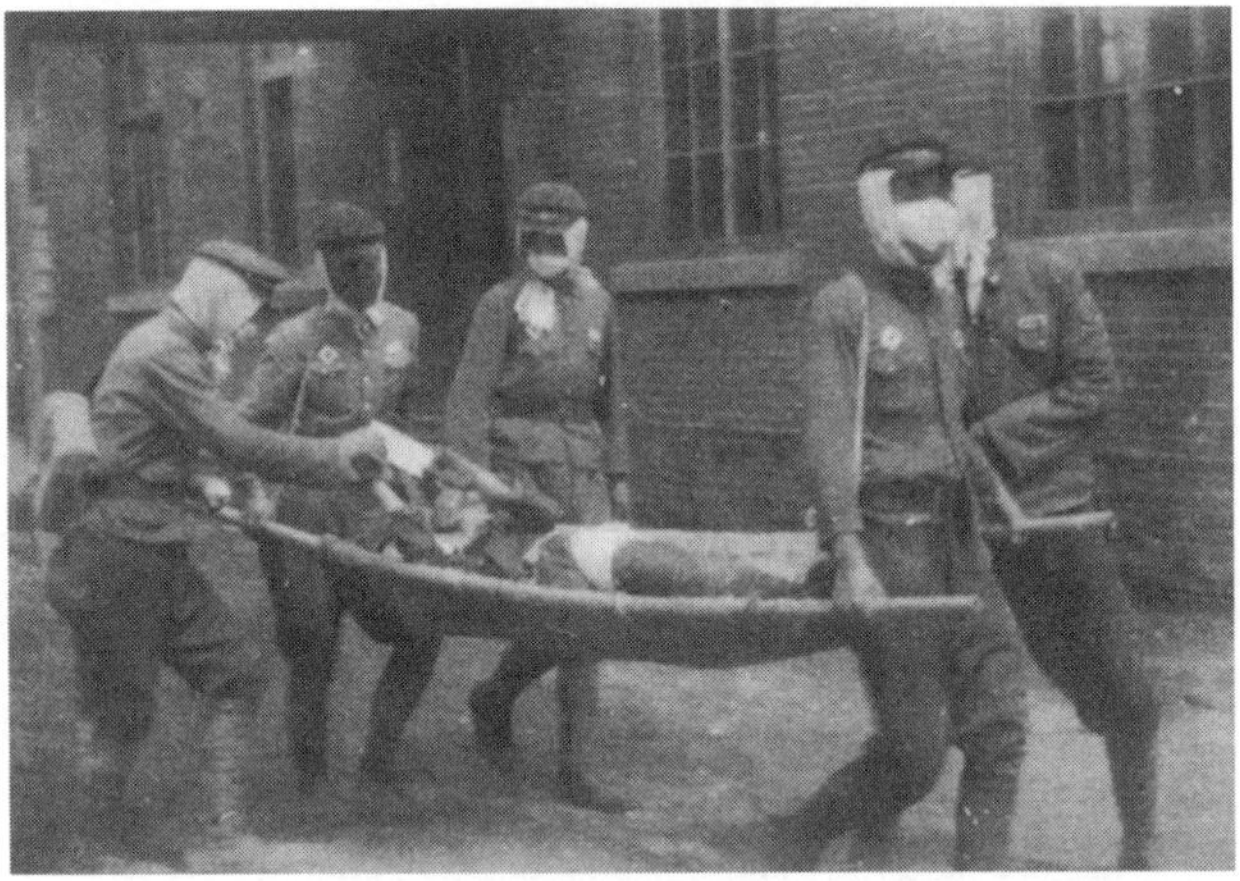

国民高等学校生徒の救護演習（1943年）

三、「勤労奉仕」に駆り出され、強制的な労働が多くなる

日本の傀儡政権は学校教育に実用主義政策を採用し、生徒に労働に参加することを強要した。進級するにつれて、労働回数と労働時間は日増しに増えていった。一九四二年、傀儡「満州国」政府は生徒の労働を制度化すべく、法令として公布した。日本帝国主義の侵略戦争が日ごとに敗色が濃くなっていく状況の下で、生徒は戦時労働力と見なされ、労働時間はますます長くなった。労働の時間と回数が増えると相対的に文化知識を学ぶ時間が少なくなり、頭が単純で手足の発達し

た奴隷が養成されるようになったのである。私の記憶では、一年から四年までの学年別労働回数とその内容は以下の通りであった。

第一学年――一〇日間継続して労働した。風に吹かれて校庭に土砂が堆積し、歩くのに不便であった。そこで学校では、生徒にモッコで砂と草を運ばせて、高さ二メートル、長さ一〇〇〇メートルの囲いを築かせて大風の被害を防ぐとともに、第二国民高等学校と第三国民高等学校の境とした（第二国民高等学校と第三国民高等学校は同じ敷地の中にあった）。

第二学年――日本軍第一〇〇六部隊に行き、二〇日間余り労働した。暴発被災防止のために、兵舎の片側に高さ二メートル、長さ一五〇メートルの防護壁を作った。一〇人ごとに車一台が割り当てられ、兵舎から一キロメートル離れた所から土を採って兵舎に運び込み、毎日一〇時間労働した。

第三学年――日本軍第九八三部隊に行き、中庭の物品整理をした。生徒は労働者と一緒に木をかつぎ、レールを運んだ。ある時は、飛行場に行って雪掻きをしたこともあった。前後合わせて三〇日間労働した。

第四学年――チチハル市内だけでなく、省外（白城子平台）の飛行場に行かされて労働した。労働時間は最も長く、労働量も多く、前後合わせて二ヵ月に及んだ。一九四五年四月一五日からは衙門屯飛行場に行かされて労働した。高さ二メートル、長さ一八メートルの環形の土手を築き、それで石油タンクを囲んで爆発火災に備えた。この円い土手は生徒の労働によって築かれたもので、およそ一ヵ月かかった。

同年七月一五日、学校を離れて汽車で白城子を経て平台に行った。そこは日本の飛行機工場で、飛行機の部品を作っていた。日本軍部隊は太平洋の各戦場に移動させられていたので、私たちは日本軍の兵舎に泊まった。毎日、飛行機工場に行って設計図に合わせて飛行機の部品を作った。八月一二日までずっと労働した。

その二、三日後、私たちが平台から白城子に帰る途中、北門外の兵舎の中に地元の民衆が出入りしていた。軍用毛布やオーバー、白木綿をかつぎ出している者もいた。しかし、不思議なことに歩哨に立っている日本兵はそれを咎めようともしなかった。これと同時に、平台の飛行機工場から空高く炎が上がるのが見えた。こうしたことは日本侵略者が敗北した兆候と見てとれた。島本という教師が駅と連絡をとり、やっとのことで一二時前後に出発するチチハル行きの列車に飛び乗ることができた。車内で見かけたのは、がっくりとうなだれた日本兵たちの姿である。彼らは太平洋の戦場から引き揚げてきた連中だった。私は泰来県の駅で下車して家に帰った。日本が降伏するまで家にいた。

四、民族間に矛盾を作りだし、差別政策を推し進める

日本植民地主義者は大々的に民族離間策をとり、民族間の団結を破壊し、分割統治の方策をとり、植民地主義支配を推し進めた。朝鮮族に対しては皇民化運動を実行し、朝鮮族の生徒の名前を日本名に改名させた。たとえば「李雄一」という名前を「木子雄一」と改めさせ、さらに生活面の待遇でも差別した。同じ食堂の中で、朝鮮族の生徒には小さい竈で炊いた米を食べさせ、私たちには大きい竈で炊いたコウリャンを食べさせた。給食の内容が違っていることについて、公然と「朝鮮族は日本の一民族であり、諸君は『満州』民

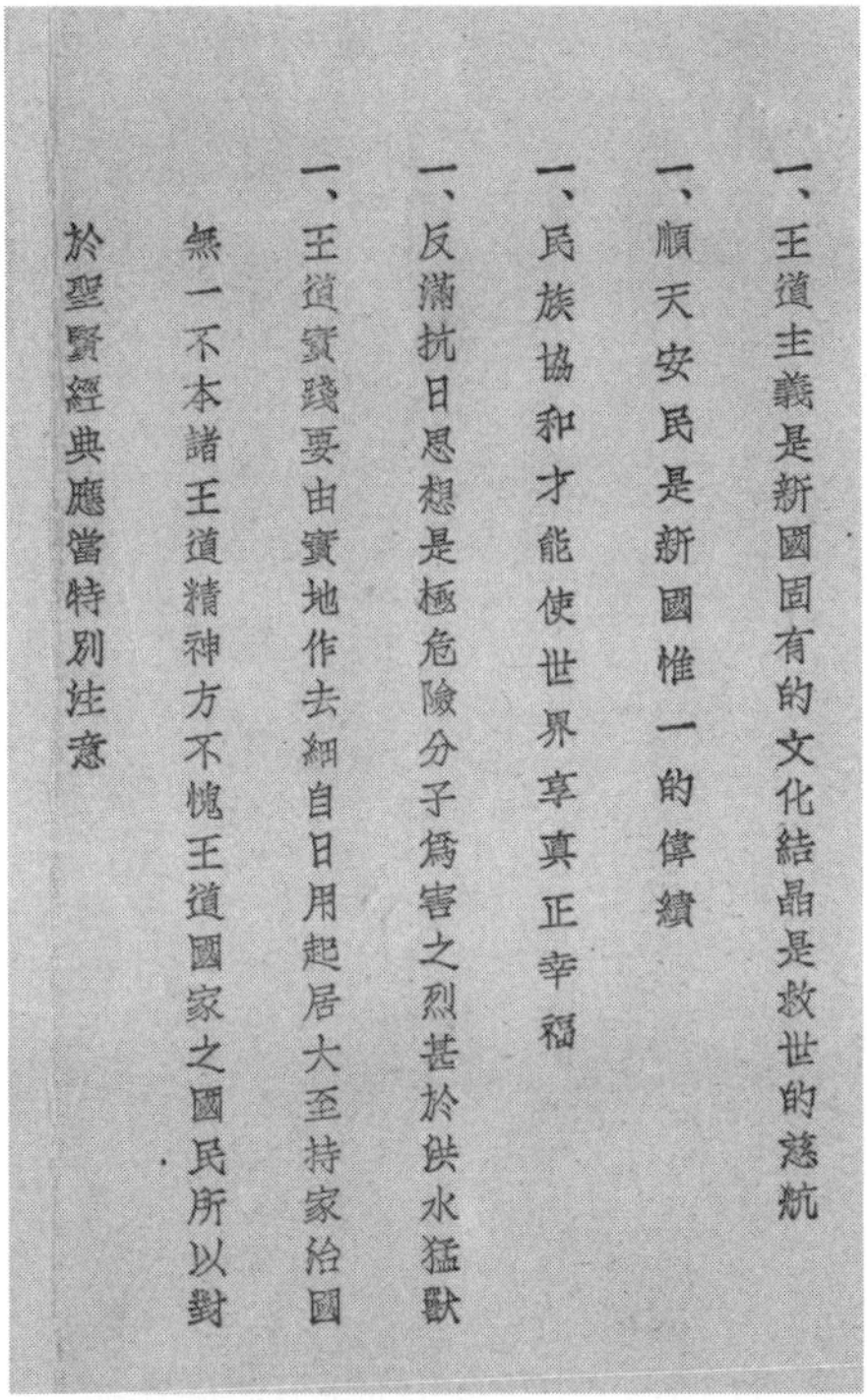
一、王道主義是新國固有的文化結晶是救世的慈航
一、順天安民是新國惟一的偉績
一、民族協和才能使世界享真正幸福
一、反滿抗日思想是極危險分子為害之烈甚於洪水猛獸
一、王道實踐要由實地作去細自日用起居大至持家治國
無一不本諸王道精神方不愧王道國家之國民所以對
於聖賢經典應當特別注意

濱江省教育庁の宿題帳の裏表紙

族であり、生活面では違う」と言っていた。私たち生徒はこの措置に反抗し、食堂でコウリャンを半分だけ食べ、残りの半分を机の上にわざとこぼしておいた。

日本の帝国主義侵略戦争が敗北に向かうにつれて物資が次第に欠乏し、生徒一人当たりの食事は一回につき小さいお碗に粥一杯だけとなった。腹が空くので、やむなく学校の裏の屋台の「焼そば」（トウモロコシで作ったもの）や「焼餅（シャオピン）」（粟でつくったもの）などを買ってきて飢えをしのいだ。日本の支配者は、大和民族は「優秀」な民族で、「天孫人神」〔日本神話の天照大神を指す〕の子孫であり、ほかの民族より高い位置にあると称していた。

五、生徒の反抗、「四・二七事件」の発生

一九四五年四月一五日、私たち二クラスの生徒は、チチハル市の衙門屯飛行場で労働させられた。飛行場の付近に臨時に三角形の筵張りの仮設のテントを張り、生徒たちはここへ泊まった。まだ四月であり、時には雪の舞う日もあった。テントの中の茶碗の水には深夜になると氷が張り、昼間は筵の上に積もった雪が解けて中にしみ込んで服も布団も濡れてしまうので、火を燃やして乾かした。飲料水はガソリンが入っていたドラム缶に入れて兵舎から運んでくるので、私たちはガソリンの臭いのする水を飲まなくてはならなかった。配給された粟の三割は籾のままであった。ガソリン缶で炊くので、炊いた粟は食べる前から鼻をつき、喉を通すのに苦労した。

毎日一〇時間の労働で、仕事もきつかった。労働は、飛行場の付近にあるガソリンタンクの周囲に土手を築くというものであった。生徒たちはモッコと天秤棒で一・五キロ離れた所から土を運んだ。この土手は、私たち生徒が一かつぎ一かつぎして積み上げたものである。労働時間の長さ、仕事のきつさは、これまでに経験したことのないものであった。日本人の監督が厳しく見張っていて、少しでも手を緩めると、ひどく撲られた。生徒たちは日本人監督たちを憎んだ。やがて恨みは憤怒に発展し、日本人監督と一触即発の状態となった。

四月二七日、一人の朝鮮族の生徒が離れた所にある便所から帰ってきた時、日本人監督に撲り倒されて鼻血を出し、血を吐いた。私たち二クラスの生徒一〇〇人余りは五人の日本人監督を取り囲み、「なぜ生徒を撲るのか」といっせいに詰め寄った。日本人監督は「工事の進行を妨げたからだ」と言った。「用を足すことも許されないのか」と、さらに詰め寄って天秤棒で日本人監督に撲りかかった。監督たちは逃げ出して、テントに潜り込んだ。生徒たちは隊列を組んでテントを取り囲んだ。監督がテントから顔を出すと生徒たちが天秤棒や拳骨で撲る、監督はまた隠れるという状態を繰り返した。この時、一人の監督がテントから逃げ出して日本軍の兵舎に駆け込み、「満人の生徒が反乱した」と報せた。

月が上った一〇時頃、トラックと騎馬隊の蹄の音が響き、四輛のトラックと騎馬隊一五〇人が生徒を取り囲んだ。鉄砲に銃弾をこめ、軍刀を抜き放った。機関銃隊は地に伏せて着装し、日本の指揮官（将校）は軍刀を振りかざして、まさに集団屠殺の命令を下そうとした。その時、教師の田島（引率者）が生徒を呼び集めておいて、兵士たちに事件の経過を説明し、「朝鮮族の生徒が撲られるのを満州の生徒は見過ごしにできなかった。これは『日満親善』（朝鮮族の生徒は日本籍になっていた）、『一徳一心』の心の表れである」と言った。日本軍指揮官は刀を鞘におさめ、機関銃の射手たちに立ち上がって集合するように命令し、引き揚げていった。こうして不幸な事態は免れたのである。これが一九四五年の「四・二七」事件である。

一九四五年七月、私たち同級生は卒業の前夜に集まって、この時のことを思い出していた。私はクラスノートに次のように書き込んだ。

同級生よ、思い出そう
あれから一年たった

覚えているかい
「衙門屯」のことを
涙をのみ、声を殺し
我々の血と汗は彼らに利用され
愚民政策の犠牲となったことを

朱長庚君は次のように書いている。

一〇余年、翻弄されてきたが
人々の笑顔を見ることはなかった
我々にくれたものは、侮辱と欺瞞ばかり

（聞取り時期：二〇〇〇年八月、場所：黒龍江省龍江県政治協商会議）

「寄留民」の求学——秦振中 証言

〔略歴〕

秦振中（チンジェンチュン）、男、漢族、一九三二年九月二四日生まれ。原籍：河北省山海関。離休（退職）時の所属：遼寧省絲綢企業総公司。職務：幹部。日本占領時期に在籍した学校：綏中県国民優級学校。

一九三八年、山海関両等小学校第一学年に入学する。同年、綏中県上帝廟小学校、及び羅城小学校に入学する。

一九四四年—一九四九年末、山海関中学校に在学する。

一九五〇年、遼西省幹部学校に入学する。

一九五〇年—一九五三年、遼西省計画委員会に勤める。

一九五三年—一九六九年、遼寧省統計局に勤める。

一九六九年、遼寧省五七幹部学校に入る。

一九七〇年—一九七三年、盤錦地区革命委員会、物資局に勤める。

一九七三年—一九七六年、地区委員会遼化建設指導（小組グループ）事務所に勤める。

一九七六年—一九七九年、営口市物資局に勤める。

一九八〇年—一九九三年、遼寧省絲綢企業公司（会社）に勤める。

一九九三年、離休（退職）する。

私は一九三九年から傀儡「満州国」綏中県の上帝廟国民優級学校に在学した。世の移り変わりは激しく、あれから六〇年余りたつ。祖国解放後に新聞雑誌に公開された日本軍国主義の中国侵略の歴史資料は、放火、殺人、強姦、掠奪などに集中し、文化教育の方面で実行された「学んで抜きんでれば奴隷となる」という政策についてはなおざりにされてきた。「奴隷化」「植民地教育」という言葉さえ目にすることはごく稀であった。庶民・大衆にいたっては、日本傀儡政権が行なった中華民族意識の喪失、権利も土地も奪い去る奴隷化教育を話の種、笑い話の種として語っている。

だが、喜ばしいことに最近十数年の間に出版された書籍や新聞には、日本傀儡時期に多種多様にわたって強制的に行なわれた奴隷化教育に関する比較的系統的な文章が掲載されるようになった。これらの記録文は、確かに「前のことを忘れず、後の師とする」という貴重な歴史資料である。薄れゆく記憶を呼び起こし、ぼやけた印象を新たにして共有することは、人々に「質」の面からこの国恥を全面的に理解させることになるであろう。

私は身をもって体験し、その害を深く受けた小学生であった。多年にわたり心に抱き、忘れることのできないかつての体験を記録しておきたい。

一、日本語第一

一九三九年、私たちは汪精衛傀儡政権支配下の山海関から傀儡「満州国」の綏中県に一家で引っ越してきた。この県城には小学校が二校あった。一つは私の入学した小学校（男子校）で、もう一つは双龍廟と呼ばれる小学校（女子校）であった。私は小学校一年生まで山海関にいて、関内の小学校では外国語を勉強していなかったが、綏中県に来て二年生に編入した。傀儡「満州国」の小学校では一年生から日本語を勉強していた。父が金を使って苦心の末に入学させてくれたが、私自身は日本語ができないので同級生と先生から差別され、排斥された。先生は直接父に「他の科目はまだいいんですが、日本語は初めてですから、合格点が取れなければ留年しなければなりませんよ」と言った。私はわずか七歳の子供であったが、昼は学校に行き、夜は日本語の家庭教師に就き、半年かけてやっと追いついた。その間、まったく苦労のし通しだった。

国民優級学校の一年生（すなわち小学校五年生）になり、国民高等学校の受験が近づいてきた。日本語の先生が生徒に「君たち、学習の重点は日本語だよ。日本語が第一だよ。日本語ができないと点数が下がって、国民高等学校に入れなくなるぞ」といつも言っていた。教師は日本語を強制し、生徒はみな日本名を持っていた。私の本名は秦振中であるが、日本語の授業の時は、先生は私を「金新秋」と呼んだ。呼ばれると、私は立ってすぐに「ハイ」と答えねばならなかった。日本語教科書の内容は、日本語による問答であった。正しく答えられなかったり発音が悪かったりすれば、軽い時は叱られるだけであったが、時には体罰を受けることもあった。

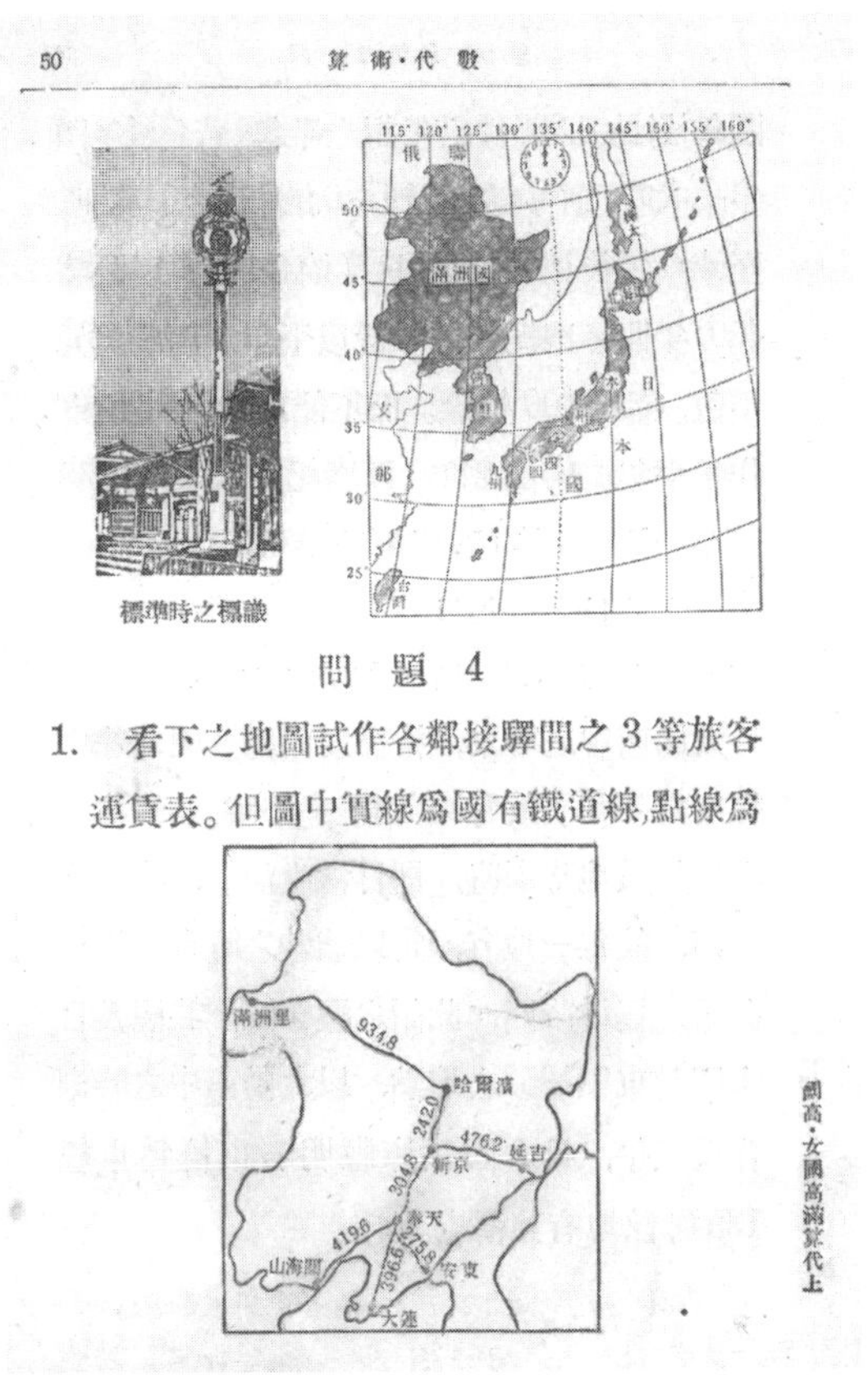

国民高等学校の算術（代数）の教科書（満州図書株式会社1938年発行）、「日満協和」の思想を算術の応用問題の中にすべり込ませている。

国民優級学校では毎週「満語」が四時間、日本語が五時間配当されていた。当時の教師（社会人を含めて）は、話し合う時は「協和語」を使うのが普通であった。この漢語と日本語をごちゃ混ぜにしてしゃべる「協和語」は日ごとに勢いを増し、日本語以外の授業の時でも先生は二言三言「協和語」をまじえて話したが、生徒はちゃんと聞き取れた。一般社会においても、日本語を話せる人のほうが重んじられた。当時、日本語ができるということは生存条件の一つであったのである。高学年の小学生は、平素遊ぶ時にも、人を撲ったり罵ったりする時にも日本語を使った。当時、父と交際する人々や先生は、父の前で私に「君、将来、国民高等学校に入ってこそ前途がある。国民高等学校に入るには日本語が第一だよ」と言った。

以上のことからも、日本帝国主義が行なった奴隷化植民地教育の狡猾さと残酷さがわかるであろう。

二、「寄留民」

傀儡「満州国」は兵役制を敷いて適齢青年を徴兵し、それを「国兵」と呼んだ。国民優級学校の男女生徒はみな「国兵」の訓練を参観することになっていた。生徒はこれを名誉なことと考え、同時に授業が休みとなるので、みな行きたがった。

参観の前日、先生は私に「翌日の参観には行かなくてもよい」と言った。この突然の処置に、私の自尊心はひどく傷つけられた。私は唇を血の出るほど嚙み締めて悔しがった。私の家族が、私が学校で何かしでかしたのかと心配してこっそり事情を聞くと、私の家の戸籍が「寄留民」であることが原因だとわかった。いわゆる「寄留民」というのは傀儡「満州国」以外から入って来た者のことであって、傀儡「満州国」の国民ではなかったのである。私は三日間学校を休み、消極的な抗議の意思を示した。父親が私の病欠の届けを出して、ことはおさまった。こうしたことは大人たちにとっては何でもないことだろうが、好奇心旺盛な小学生にとっては打撃が大きく、同じクラスの生徒たちの間で退屈な学校生活の話題の種となったことは言うまでもない。私の立場は理解していただけると思う。

三、防諜、防特

たぶん一九四三年の初冬だったと思う。日本人が全県で「防諜、防特」運動を起こした。小学校でも「防諜、防特」演習が行なわれ、生徒は交代で校門や運動場に立って学校に入る者を検査し、運動場の隅にスパイ取調所を設置して、何か文書を拾った者を大げさに「スパイだ」と言って騒いだ。また学校のどこかに文書を隠しておいて、それを見つけた生徒に褒美を与えた。このような運動は、授業が休みになってもゲーム遊びのように広がった。

しかし、不愉快なことが私の身の上に起こった。登校して校門を入ろうとすると、一人の教師と上級生が数人、門を入ろうとする私をさえぎってカバンやポケットを検査した。着ているセーターとズボンは「軍用品である」と言って、私を用務員室に連れていった。彼らは学校に対して、私が当時の子供がめったに着ないセーターを着ているので「スパイの疑いがある」と報告した。その後、担任の教師が来て私を教室に連れ戻したが、私は不平を言い続けた。教師は、「これは事前に予定した『防特』演習だ」と言った。この時私はすでに一〇歳を超えており、スパイ呼ばわりされたことに腹を立て、放課後、私を検査した生徒が一人で歩いているところを待ち伏せして喧嘩をしかけた。さらに彼が日直で教室を掃除している時、わざとガラスを割ってやった。こうして私は鬱憤《うっぷん》を晴らした。こうしたことがあって学校ではあまり評判は良くなかった。私は成績優秀で副班長になっていたが、「先生にさえ楯突く生徒」という理由で、まもなく副班長を辞めさせられた。父親も先生も、私がこれ以上腕白なことをすれば「国民高等学校の受験に差し障る」と言って私を厳しく叱った。

四、「聖戦」を支援する

一九四三年冬、日本傀儡政権は経済的に衰退して物資が欠乏し、侵略者は骨の髄まで吸い取ろうと触手を小学校にまで伸ばしてきた。旧正月前に、学校は生徒に一人当たり一〇〇グラムのブタの乾燥血液を献納して「皇軍」を慰労し、「聖戦」を支援するように、と通知してきた。当時この小さな県でブタの血は珍しく、私の家では三斤のブタ肉が買える値段でブタの乾燥血液を買って献納した。ある生徒の家ではブタの血が手に入らず、ニワトリを殺して血を採り、ごまかしたという。

「皇軍」を慰労するために、学校では生徒を野原に行かせてウサギや山鳥を捕まえさせた。旧正月前の厳寒で雪が膝まである日に、私のクラスは先生に連れられて城外の二、三キロ離れた森林の中にウサギを捕まえに行った。教師と生徒たちは棍棒を持って林を囲み、叫びながら輪を縮めていった。ありがたいことに、当日は二匹の野ウサギを捕まえることができて、学校に戻ってから表彰された。生徒たちの褒美の代償は、手足の霜焼けと風邪を引いて熱を出したことであった。

五、通いの留学生

一九四四年、私は国民優級学校を卒業して国民高等学校の受験に臨んだ。当時、国民高等学校は全県に一校だけで、合格率はとても低いものであった。特に「寄留民」の生徒は、応募条件が厳しいばかりでなく、受験するにも差別があった。当時、私の家は貧しいというほどではなかったが、役人につてがなく、家族は進学できるかどうかとても心配していた。

私の進学と経済的な理由から、家族は山海関に戻ることになった。山海関に戻った時、また転校について紆余曲折があった。傀儡「満州国」の小学校の重点科目は日本語で、実際に三分の一の配当時間が日本語にあてられていた。しかし、関内（中国本土）の小学校には日本語科がなく、語文（中国語）、算数、自然などの科目の程度がやや高かった。そのため私が高級小学校二年生に編入するのはかなり困難であり、そのうえ中学校受験まで一年しかなかった。このようなやむを得ない状況の下で、「通いの留学」という道を選んだのである。「通いの留学」というのは、山海関の天下第一の城門外にある傀儡「満州国」支配区の羅城優級小学校に通学することであった。

「日満協和」を宣伝した栞

私は再び中国の国民となったが、同時に傀儡「満州国」小学校の生徒でもあった。当時の「中」「満」両国の国境は実際には城壁一つ隔たっているだけで、通学路は一キロ足らずであった。しかし天下第一関を行き帰りに通過する時は、羅城小学校の在学証明書と傀儡「満州国」の小学生の制服を着ていることが必要であった。当時、庶民がこの城門を出入りするには現在のパスポートに似た書類が必要であり、勝手に越境すると捕まって後でひどい目に遭った。付近の住民はこの城門を「鬼門関」と呼んでいた。日本傀儡政権の警察や憲兵、官吏を除いて、平民や庶民で通る者は限られており、まして小学生はきわめて稀であった。私は小学校の卒業証書を取得して、中学校を受験するために一年近くこの城門を出入りした。日常の出入りは通常の状況では止められることはなかったが、歩哨や警官が替わるたびに尋問された。たまに日本兵や警官に出会うと、やっかいなことになった。日本兵は日本語で尋問してきた。たとえば「どこの県のどこの学校の生徒か、何年生か、担任は何という名前か」と尋ねられた。私は日本語で答えなければならなかった。私はいつもの尋問を暗記しており、私の答える日本語が流暢で発音が正確だったので、日本兵はカバンとノートを見ただけで通してくれた。この一年間で二回日本兵の尋問にぶつかっただけで、さほど面倒なことには出合わなかった。いつも城門を通るので、警備の中国人の巡査も冗談まじりに私のことを「通いの留学生」と呼んでいた。

この一年間は基本的に日本語を放棄し、語文（中国語）と算数に没頭した。小学校を卒業する時に先生が特に配慮してくれなければ、私の日本語の成績六二点では卒業できなかっただろう。小学校最後の一年はとても辛いこともあったが、愉快なこともあった。先生や同級生との関係もうまくいって、同級生は私に「留学生」とあだ名を付けた。これは私の「国際密輸」とも関係があった。当時、網城小学校は傀儡「満州国」の管轄であり、ここでは庶民が祝日以外に米や小麦粉、肉類を食べることは経済的犯罪とみなされていた。綿布なども極端に欠乏していた。しかし汪精衛傀儡政権の支配下にある山海関では、その制限がなかった。それで、先生や仲の良い生徒の家で必要な物があれば、私は飯盒やカバンの中に米や豚肉を隠して城門をくぐった。何度も「御禁制品」を持って城門を通ったが、何も面倒なことにはならなかった。

私はしっかり勉強し、試験は日本語以外の科目ではすべて満点を取ったので、先生は特別に配慮してくれ、私の日本語の成績に関わりなく卒業させてくれた。私はこのようにして傀儡「満州国」の小学校を卒業し、その年に山海関の中学校に受験入学したのである。

（聞取り時期：二〇〇〇年四月、場所：瀋陽市柴河小区）

奉天師道学校の印象――解世俊 証言

〔略歴〕

解世俊（シェシィジュン）、男、漢族、一九二九年七月二一日生まれ。原籍：遼寧省撫順県章党郷下章党村。離休（退職）時の所属：東北大学。職称：教授。日本占領時期に在籍した学校：奉天師道学校。

一九三六年二月―一九四三年一月、撫順県下章党村小学校に在学する。

一九四三年二月―一九四五年八月、奉天師道学校に在学する。

一九五三年八月、東北工業学院採鉱工程専業科を卒業する。

一九五九年五月、元ソ連モスクワ鉱業学院大学院で技術科学副博士号を取得する。以後、東北工業学院採鉱学部の助手、講師、助教授を歴任し、一九八三年、教授に昇任する。

一九七九年―一九八二年、学部副主任、主任代理を務める。

一九八四年―一九八六年、学部主任となる。中国金属学会採鉱学会副理事長、国家黄金局高級顧問、『鉱山技術』編集委員会副主任、国外金属鉱山顧問を歴任する。

一九九二年、離休（退職）する。

一九五九年五月以来、鉱床地下開発理論及び採鉱地圧の教育と科学研究工作に従事し、一四人の工程修士生を養成し、七ヵ所の鉱山と八つの研究課題を完成させた。遼寧省冶金部と中国非鉄金属工業総公司の科学技術奨励賞、瀋陽市の特別貢献科学人員奨励賞、全国優秀教材奨励賞を受賞する。一九九一年より国家特別年金を受ける。

私の家は農村で、家が貧しかったので中学校（当時の国民高等学校）には入れなかった。そこで一九四二年冬、師範学校を受験した。

一九四三年初めに、私は国立奉天師道学校本科に第一期生として入学した。本科は四年制だったが、以前は二年制の特修科であった。学校の所在地は瀋陽市万泉公園南側の黄楼であった。以前は同沢中学校のあった所と聞いている。

生徒全員が寄宿制であった。暖房設備はなく、各部屋ごとに七、八脚の鉄のベッドがあった。父が私を学校に連れてきた時、持ってきたのは薄い敷布団と掛布団だけで、風邪を引かないようにと父は蒲の敷物を買ってくれたが、それでも寒さは堪え難かった。当時の私はまだ一四歳であった。

解世俊

食事は毎日三度とも学校の食堂で食べた。量が足りないので、鐘を合図に食堂のドアが開くと、少しでも多く取ろうと我先に食堂に駆け込み、飯櫃目がけて走った。しゃもじを取って半分盛りつけ、そのまま机に戻らずに掻き込んで、もう一度飯櫃に駆け寄り、今度は一杯盛りつける。しゃもじを置くと、もう飯櫃は空であった。食卓の上には菜っ葉の漬物が一皿あるだけで、腰掛けもなく、立ったまま飯を食べた。

その後、粥の中に大豆や春雨が混じるようになり、飯櫃も松材でできた物に変わり、口に入れると松脂の味がして、ひどく不味く感じられた。また、このように競って早食いをするようになったので、私は胃病にかかって粥も喉を通らなくなった。その後、家から粟を持ってきて自分で布の袋に入れ、食事の時に鍋に入れて食べた。こうしてようやく良くなった。

おそらく入学した翌年（一九四四年）だったと思う。学校の許可を取って、私は同じ村の二人の生徒と毎日家から汽車で瀋陽に通学することにした。これは「通学生」と呼ばれた。早朝四時か五時に家を出て、夜の七時か八時に家に帰った。毎日二、三時間も汽車に乗らなければならなかった。その苦労は言葉にならないほどであったが、寄宿舎生活よりはいくらかましであった。しかし、母は非常に苦労した。朝早く起きて私のために食事を作り、停車場まで私を送り迎えしなければならなかった。父は私の学費を稼ぐためにいつも村の外へ出稼ぎに行ったが、使われる身の苦労は言うまでもなかった。

一九四五年八月、日本が降伏した。これより少し前に学校は大南門の新しい校舎に移転していたが、日本人の副校長は以前の場所に住んでいた。日本が降伏したとはいえ、日本の憲兵と警官は武装解除されたわけではなく、なお武器を所持していた。ある日、日本の憲兵が高級二クラスの生徒（当時私は三年生であった）と体育の教師を旧校舎に呼びつけ、「日本人の副校長が官舎で射殺されたので、その犯人を捜してくるように」と言った。ピストルを手にして大声で凄み、「犯人を捜し出さなければ射殺するぞ」と言うと、地面に向けて一発ぶっ放し、私たちを脅した。その後、生徒たちを待たせておいて、体育の教師を運動場に連れて行った。その直後に一発の銃声が聞こえた。みんなは体育の教師は射殺されたと思った。私たちは驚愕して動けなくなった。しばらくたってから、誰かが「殺されるのを待つわけにはいかない、早く逃げよう」と言った。そこでみんなはいっせいに自分の家に駆け戻った。私ともう一人の同級生は、その日、撫順行きのトラックを見つけ、便乗して家に戻った。その時、私は一六歳になったばかりであった。

奉天師道学校の校門

この二年半にわたる勉学の時期は、私に深い印象を残した。この経験は永遠に私の記憶から消え去ることはないだろう。

この村から大都市の中学校に進学した生徒は数少なかった。私の父方の兄弟には合わせて男子四人がいたが、私より年上の従兄二人は勉強が嫌いで学校をやめた。私より年下の従兄も勉強はあまり好きではなかった。それで、甥四人の中で賢くて見どころのある子供だといって私に目をかけ、私が勉強するのを励ましてくれた。私も彼らのために頑張り、小学校の成績は上位であった。算盤が得意で、すでに八歳の時にどんな複雑な計算でも一度でやれた。師範学校に応募して合格した時、私は内心とても得意で、親戚は家名を上げ、「祖先も喜んでいる」と言ってくれた。

この時期の勉強はそれ以降の成長に役立ったとはいえ、よくよく思い返せば決して役に立つ知識を学んだわけではなかった。思いつく理由はたった一つ、日本人が行なったのは奴隷化教育であったということである。

第一に、教育の目標は、日本語の三級通訳を養成するということを餌として、生徒たちを日本人の飼い馴らされた奴隷にすることであった。実際まさしくその通りで、二年間の課程の中心は日本語であった。私たちに日本語を教えた教師は日本人で、彼の名前は藤田といった。彼は授業の時、教卓から一番後ろの席の生徒に届くほどの長い竹竿を持ってきた。クラス全員が日本語がしっかりできない時は、生徒全員を前に呼び出して二列に向き合って立たせ、互いに相手の頰を張らせた。力を抜いて叩くと、「手本だ」と言って自分で強く叩いてみせた。このような体罰が日常的に行なわれていた。正しく答えると、彼は「ヨーシ」と言って誉めた。

第二に、日本の天皇に対して忠実な生徒を養成する教育が行なわれた。毎朝「朝の体操」を行ない、まず「国民訓」を暗唱し、その後で東に向かって日本の天皇に遥拝しなければならなかった。また、どこであろうと神社があれば遥拝しなければならない、と教育した。たとえば、たまたま集団で遥拝を行なっている場所に行き合わせただけでも、必ず立ち止まって一緒に遥拝しなければならなかった。

第三に、ほとんど一、二時間目は大掃除にあてられ、全員が参加した。雑巾で床板をこすって綺麗にし、学校のお偉方が検査し、不合格だともう一度やり直しをさせられた。

第四に、学校には訓導処が設置されていた。これは日本人の訓導が全校生徒を監視するもので、違反した者には処罰を加える権限を持っていた。撲られたり怒鳴られたりするのは軽いほうで、重ければ退学させられた。

第五に、学校では「階級服従」が実行されていた。下級生は上級生に敬礼しなければならず、上級生は下級生を叱ったり、時には撲ってもよいことになっていた。入学したばかりの頃だったと思うが、寝室でベッドの整頓をしていた時、上級生たちがどやどやと入ってきた。革のバンドを手にし、私たちに向かって「起立して敬礼しろ、さもなくば撲るぞ」と脅かした。私は田舎から出てきたばかりで、こんな状況を見たことがなく、驚いて腰を抜かしてしまった。しかし翌年、私も上級生になると、敬礼しない下級生を同じように「教育」した。

第六に、毎年学期ごとに一回、長期間の「勤労奉仕」があった。私の記憶では、私のクラスはいつも牛蒡や大根などの収穫に駆り出された。みんなは暗号を取り決め、日本人が来るのを交代で見張っていて、彼らのいない時を見計らって牛蒡や大根を生のままかじった。日本が降伏する直前に、生徒たちは瀋陽の南塔一帯（当時は南塔一帯は空き地であった）で対戦車壕を掘らされた。幅の広い塹壕を深く掘って、戦車が進入できないようにした。

奉天師道学校の生徒たち（1941年）

最後に、奴隷化教育の目標は、自分が中国人であることを忘れさせて「満州国人」であると言わせることであった。祖国解放直後の中国人は日本人を恨み、さらに第二の「鬼子」と言われた朝鮮族をも恨んでいた。そのため、当時の瀋陽市では中国人が朝鮮族を撲るという風潮が現出し、朝鮮族も自衛のために団結して中国人と対抗した。このため市内各所に検問所が作られ、通行人に対して「君は何人か」と尋ね、「満州国人だ」と答えると「この亡国の民め」と撲られ、「中国人だ」と答え直してやっと通された。見ていると、実際にかなり多くの中国人が自分が中国人であることを忘れ、うっかり「満州国人」と答えていた。このことからも、日本の奴隷化教育が社会に与えた害毒がいかに深く、いかに大きかったかがわかる。かつて奴隷化された中国人は、永遠にこの沈痛な歴史の教訓を忘れない。また、日本において侵略戦争を肯定しようという右翼が台頭していることに警戒しなければならないし、絶対にあの痛ましい歴史を繰り返させてはならない。

私は、一九八七年に日本に行ったことがある。日本の東北大学が講演に招待してくれたもので、東京と仙台、それに北部の都市や鉱山に行った。この時の旅行で何となく感じたことであるが、日本人は中国人を見下しているような印象を受けた。そこで私は特に慎重に中国人の威厳を保ち、中国人の志を示した。私は日本の学生に専門の講義をした以外に、さらに必要な言葉を添えて、中国はすばらしく、中国人は才能があり、中国の前途は明るく、中国人はすでに立ち上がり、背筋をピンと伸ばしているということをはっきりと認識させるように努めた。

（聞取り時期：二〇〇〇年五月二三日、場所：瀋陽市和平区望湖北路七巷一―三棟―三四二号）

遼陽女子国民高等学校の日々——石桂栄 証言

〔略歴〕

石桂栄（シィクィロン）、女、漢族、一九三〇年六月九日（陰暦）生まれ。原籍：遼寧省遼陽市忠心区忠心街一〇四号。離休（退職）時の所属：中国医科大学公共衛生学院。職務：教育研究室主任。職称：教授。日本占領時期に在籍した学校：遼陽女子国民高等学校。

一九三八年二月—一九四一年一二月、遼陽市二道街小学校に在学する。
一九四二年二月—一九四三年一二月、遼陽市三道街高級小学校に在学する。
一九四四年一月—一九四五年八月、遼陽女子国民高等学校に在学する（第二学年時に祖国解放）。
一九四五年九月—一九四八年四月、遼陽女子中学校初級科を経て高級中学校一年に入学する。
一九四八年五月—一九四九年七月、瀋陽第一女子中学校（解放後、第三中学校と改称する）に在学する。
一九四九年八月—一九五〇年二月、第三中学校に残って教育指導を行ない、教導幹事となる。
一九五〇年三月一日—一九五五年一二月二九日、中国医科大学四八期衛生専業科に在学する。
一九五六年一月—一九七〇年一月八日、中国医科大学伝染病学教育研究室の助手となる。
一九七〇年一月九日—一九七七年九月、農村に行き、遼寧省清原県南口前郷中国医科大学海陽医院に勤務する。
一九七七年一〇月—一九七八年五月、中国医科大学に戻り、公共衛生学部伝染病学教育研究室の助手となる。
一九七八年六月—一九七九年一〇月、中国医科大学公共衛生学部伝染病学教育研究室の講師となる。
一九七九年一一月—一九八六年一一月、中国医科大学公共衛生学部伝染病学教育研究室の副主任、講師を務める。
一九八六年一二月—一九八七年九月、中国医科大学公共衛生学部伝染病学教育研究室の副主任、助教授となる。
一九八七年一〇月—一九八九年一〇月、中国医科大学公共衛生学部伝染病学教育研究室の主任、助教授を務める。
一九八九年一一月三日—一九九七年五月、中国医科大学公共衛生学部伝染病学教育研究室の主任、教授となる。

一九九七年六月―一九九八年六月、中国医科大学公共衛生学部伝染病学教育研究室を離休（退職）した後、一時復職する。

一九九八年七月、離休（退職）する。

私は、一九四一年一月から一九四五年八月一五日の祖国解放に至るまで遼陽市で奴隷化教育を受けた。

一九四四年初めに、遼陽市で唯一の四年制の女子中学校に受験入学した。ここは女子国民高等学校（中国の初級中学校三年と高級中学校三年に相当する）と小学校の二つに分かれていた。女子国民高等学校は各学年が甲班と乙班の二クラスに分かれ、各クラス五〇人ほど、合計すると全校で八クラス、五〇〇人の生徒がいた。校舎は遼陽市二道街にあった。

校長の羅振環は仏教徒で、学者肌の有名無実の校長であった。副校長の岡本が実権を握り、いつも威張りちらして日本の武士道精神を吹聴していた。彼は珠算も教えていた。ほかに日本人教師が三人いて、阿部は財務を担当し、日本語を教えていた。ほかの二人は女性教師で、夏春という女性教師は三〇歳近くで家事と体育を担当し、もう一人の小柄でぽっちゃりとした二〇代半ばの藤田という女性教師は日本語と音楽を担当していた。その他の国文、算術、物理、化学、修身は中国人教師が担当していた。さらに曹という男性の体育教師は日本語の通訳を兼任していた。

毎週月曜日の早朝に朝礼を行なうことになっていて、全校の教師と生徒は運動場に集合させられた。隊列の前に演台があり、その傍らに布を掛けた机が置いてあり、教師たちが全生徒の隊列の前に立った。この時、校長が校長室から両手に盆を捧げて出てくる。盆の上には黄色い袱紗で包んだ紙筒が載っていた。校長は盆を頭上に捧げ、顔を伏せて校庭を通り、運動場のさして大きくはない木の門を入り、机の前まで歩いてきて、その上に静かに盆を置いた。私はそんなに大げさにするまでのことはない、と思っていた。校長は白い手袋をはめて「詔書」を取り出し、「奉読」

の合図があると教師と生徒は顔を伏せた。「詔書」を直視してはいけないと言われていたが、私はこっそりと校長の動作の一部始終を見ていた。校長は黄色い袱紗の包みを開き、黄色い円筒を取り出し、中からゆっくりと巻いてある紙を取り出し、その紙を広げ、両手に捧げ持って「満州国皇帝の詔書」を読みあげた。およその内容は「朕登極より……日本皇室を東訪し……日満親善……王道楽土を建設し……」などというものであった。

毎週同じ儀式が繰り返されるので生徒の誰もが暗記したものであるが、今は忘れてしまい、一部しか覚えていない。当時は「詔書」の意味など理解しようともせず、私たちにとっては何の有難みも感じられなかった。「詔書」を幾重にも包むという、このような厄介な作法がおかしく、無意味に思われた。また、全校の教師と生徒が息をひそめて畏まっているのを見て、不思議に思ったものである。

朝礼は次のような儀式で始まる。生徒は東のほうを向いて立ち、曹先生が「全員左向け、左」と号令をかけると、いっせいに北に向かって三回お辞儀をした。これは皇帝の住む首都の「新京」が遼陽の北に当たるので、北に向かって「遥拝」するのである。私は皇帝をなぜ尊敬しなければならないのかわからなかったが、号令のままに動いた。厳粛な雰囲気には従わないわけにはいかなかったからである。

最後に副校長が講話をした。副校長の岡本は典型的な「日本鬼子」の様相をしていた。背が低く痩せていて、鼻から上唇にかけて一つまみのちょび髭を生やし、背筋をピンと伸ばし、黄色い戦闘帽と肩章の付いていない制服を着ていた。その冷酷な顔つきは、人に恐怖と嫌悪を感じさせた。講話の内容は似たり寄ったりで、たとえば日本と傀儡「満州国」は親しい隣国同士である、日本は傀儡「満州国」の「王道楽土」の建設を助ける、日本は「大東亜共栄圏」を建設する、皇軍は必ず勝利する、「大東亜聖戦」は必ず勝つなどといった内容であった。しかし、しっかり勉強しろというようなことは滅多に言わなかった。当時は岡本の話はよく理解できなかったが、解放後、成長して大学に上がり党の教育を受けて、やっと明確に理解できるようになった。いわゆる「日満親善」「王道楽土の建設」というのは、実は日本が中国の東北三省を侵略し、傀儡「満州国」をでっちあげ、溥儀を傀儡皇帝に仕立てたということであった。しかも中国南方に侵略範囲を拡張し、また朝鮮、台湾、ビルマ、ベトナムをも侵略して日本の領土とし、それを美化して「大東亜共栄圏」と名づけ、血なまぐさい犯罪的戦争に「聖戦」の美名を付けただけのものであった。

私たちの教室の壁に貼ってある授業時間表を注意して見ると、日本語が「国語」と表記され、中国語も「国語」と表記されており、不可解な感じがした。日本語がどうして「国語」だというのだろう。敢えて質問できなかった。誰に聞いたらいいのだろう。この疑問は心の中にしまっておくほかなかった。後にわかったことであるが、もし日本帝国主義が敗北しなければ、彼らは傀儡「満州国」という嘘の皮を脱ぎ捨てて本心をむき出し、直接東北三省を領土としたであろう。その時は日本語が国語となる。こう考えると、内心私は怒りがこみあげてきて、もう日本語を真面目に勉強する気が起こらなくなった。こうしたことから、傀儡「満州国」時期の私の日本語の成績はあまり良くなかった。

大学卒業後、大学に残って仕事を始めてから、私は外国語というのは勉強の道具であり、国外の進んだ技術を吸収するための道具であるということがわかった。そこで私は何回か中国医科大学で行なわれた日本語学習班に参加し、真面目に勉強した。医科大学で日本語二級の試験を受け、証書を獲得した（一級以上の試験はなかった）。さらに読む、書く、聞く、話すの四つをマスターした。二回にわたって日本に行き、学術交流も行なった。

私の学校は女学校であり、日本人の女性教師の夏春が家事と礼儀作法を教えていた。学校には裁縫室があり、ミシンで簡単な服を縫うことを教え、女性としての礼儀作法も教えた。女性がお辞儀をする時は両手を太腿において下まで滑らし腰を九〇度に曲げることや、ご飯の作り方まで教えた。つまり私たちに何から何まで日本女性になりきるように教育したのである。

また、私たちを駅の近くにある日本の神社に連れていって参拝させた。生徒たちは、神社の前を通る時は立ち止ま

運動場を修築する瓦房店女子高等学校の生徒たち

って敬礼することになっていたが、中には急いで駆け抜けたり、逃げ出したりする者もいた。もし憲兵に見つかったら、こっぴどく叱られたことであろう。聞くところによると、神社（私たちは「神廟」と呼んでいた）には日本の「天照大神」が祭ってあり、日本国はその「天照大神」が創ったものであるという。「天照大神」が人であるのか神であるのか、「カミ」とはどんなものか、理解する術はなかったし、わかるはずもなかった。

学校は、日曜日に私たちを学校に集め、神社に連れていって周囲の草取りをさせた。私は隙を見て、神社の中をこっそりと覗いてみた。木の札と、天井から下がっている黄色い緞帳、何本かの太くて長い絹糸を編んだ房が見えただけであった。神社のまわりには日本人の住宅が多く、一戸建ての平屋が並び、住宅の間には雑草が生い茂っていた。神社の草取りが終わると、決まって私たちに日本人住宅の草取りをさせた。炎天下で、みな縁広の麦藁帽子をかぶり、汗びっしょりになりながら草取りをした。我慢できないほど喉が渇いたが水飲み場もなく、まる半日働かされた。こういう仕事をいつも言いつけられるので、小さい鎌と縁広の麦藁帽子は私たち生徒の必需品となった。

私たちに対する奴隷化教育のもう一つの方法は、映画であった。学校では生徒たちを団体で映画を観に連れていった。日本語のフィルムだったのでほとんど聞き取れず、無理やり坐らされているだけであった。しかも戦争の記録映画で、少しもおもしろくなかった。日本の飛行機が爆撃し、海軍の軍艦が砲撃し、魚雷を発射し、最後に日本兵が勝ちどきをあげる場面ばかりである。こんな映画を観てもおもしろくも何ともなく、観終わった後で生徒たちは話題にもしなかった。

日本の侵略者が思想的に私たちに行なった一連の奴隷化教育は、自分が中国人であるという意識を剥脱させ、日本語を国語とし、私たちに「天照大神」を崇拝することを強制し、私たちを日本人の奴隷として飼い馴らそうとするものであった。本来、日本は中国を侵略している凶悪な敵であるにもかかわらず、自らを中国人の救世主のごとく美化した。日本は中国を助けて「王道楽土」なるものを建設すると言っていたが、実際は私たちを奴隷と見なし、自分では何もせず、日本人住宅の周囲の草取りをさせたように、中国人を奴隷として扱うことが彼らの「王道楽土」の中身なのであった。

「勤労奉仕」という言葉も、日本占領時期の固有の言葉であった。それは男女の中学生を工場に送り込んで奴隷として働かせ、それに「勤労奉仕」という美名を付けただけのことであった。この時期の歴史は、私の脳裏に忘れがたい記憶として残っている。

一九四四年、私は一年生の時に一年間に二回の「勤労奉仕」をさせられた。期間は三ヵ月ごとに分けて半年間であった。副校長の岡本に言わせれば、「大東亜戦争」のための労働であった。当時私は一四歳にすぎなかったが、日本人は私たちを女子工員として奴隷のように働かせた。女子生徒は遼陽紡績工場で働いた。第一回は夏、第二回は冬であった。毎日朝六時から仕事を始め、夕方六時に終わった。昼食のための一時間を除いて、毎日連続一一時間も働いた。朝五時には家を出なければならず、冬は空が暗いうちに玄関を出た。母は私を大通りまで送り、通りに立って心配気な眼差しで、途中で同級生に会うことを願っていた。

奉天第二女子国民高等学校の朝礼（1940年）

当時、私は病み上がりで通学を始めたばかりであったので、仕事が割合に楽な検査室に回されて検査工となった。検査室に送られてくる綿棒に巻いた白い綿布の数を数えて、グラフにして書き込めば済んだ。検査室には数人の正規の労働者と私たち二人の女学生がいた。私の同級生の劉文滋は賢く、彼女は私に「彼らのために真面目に働いてやることはない、ただ表に数字を書き込めばそれでよい」と言った。私も賛成した。いわゆる「サボル」というのは、日本人の目を盗むことであった。

検査室に入るには、食堂兼厨房を通らねばならなかった。そこは大工場のように鋸形のガラス窓になっており、検査室と並んで日本人専用の小食堂があり、検査室に通じる小さなドアがあった。同じ人間でも、出される食事には天地の開きがあった。

毎日一二時に昼食が始まる。私たちの職場は食堂に一番近く、ドアを開ければそこは食堂であった。食堂にはとても長い二本のテーブルがあり、そのテーブルの上に、次々とリレー式に手渡しで灰色のマントウとおかずが並べられた。マントウはいびつな形をしていた。それに一碗のジャガイモと白菜のスープが出た。ジャガイモは皮付きのままで、スープの底には泥や砂が沈んでいた。労働者と生徒はドヤドヤと押しかけ、食堂の中は湯気でむっとし、人の顔が見えないほどであった。私も他の人と同じように、飯やおかずが悪かろうが良かろうが空きっ腹に詰め込み、底に沈んだ泥や砂は流して捨てた。私と同級生の劉文滋には、もう一つの仕事があった。食事が終わると隣の小食堂に行って、昼食を食べている日本人のお茶くみをしなければならなかった。ここには六卓のテーブルが二列に並べられ、椅子はペンキでテカテカに塗られ、部屋の窓ガラスもピカピカに磨かれていて、隣の大食堂とは格段の違いがあった。

私は日本人の労働者とは会ったことがなかった。おそらくこの食堂で食事をしていたのは、事務員か役人たちであったと思われる。きちんとした服装で、各自が飯盒を持参していた。私と劉さんは二人でお茶をいれ、盆にのせて一人一人にお茶を配った。そのたびにお辞儀をしなければならなかった。日本人たちは私たちに話しかける者は一人もなく、みんな顔を強ばらせて、私たちに目をやることもなく、まるで私たちがそこにいないかのように振る舞った。しかし、私たちが忙しくてお茶を運ぶのが遅れると、大声で「早く！　ばかやろう！」と怒鳴った。こういう時の屈辱感は我慢ならないものだった。彼らの飯盒の中を見ると、真っ白の白米に、きれいに肉や卵が並べられていた。隣の食堂と比べると、日本人の食事は人間の食べる飯やおかずで、私たち中国人の食事はブタや犬と大差がなかった。さらに、日本人にはお茶くみまで付いていた。彼らは中国人を人間扱いしないで、彼らの奴隷と見なしていた。これが事実である。

第二回目の「勤労奉仕」は冬であった。一年を通じて、夏休みと冬休みはみな「勤労奉仕」に取られてしまった。二回目の時は、私は背の高いほうであったので、最もきつく騒音のうるさい工場にまわされた。立ちっぱなしの仕事で、最初は二台の織機を受け持ったが、数日過ぎると四台となり、最後は六台の織機を受け持つことになった。これには技術が要求され、回転する機械をしっかり見張っていて、糸が切れたら即座に繋がなければならなかった。また、縦糸と横糸が切れていないかを見きわめて作業をしなければならなかった。一日中、休みなく回転する織機の間をどれだけ駆け回ったことか。轟々と鳴る織機の騒音の中で、面と向かっても声が聞こえず、鼓膜が破れたかと思われるほどであった。失敗すると、日本人に怒鳴られるのではないかと緊張して、身も心もくたくたにくたびれ果てた。

このようなきつい肉体労働をさせられても、家が貧しいために十分な栄養補給もできなかった。家では朝晩ともコウリャンの飯にトウモロコシの饅頭で、おかずは白菜の漬物や味噌漬けのニンニク、豆腐があればいいほうであった。私の家で白米を食べられるのは、多くて年一回ぐらいしかなかった。貧しいという理由だけではなく、金があっても食べられなかったのだ。中国人が白米を食べることは違法――「経済犯」と見なされた。つまり中国人には米を食べる資格がない、ということであった。旧正月の時だけは、子供が白米を食べたがるので両親は手を尽くして少しばかりの米を手に入れた。これは粳米《うるち》で、形は中国の米とそっくりであった。少し買って、粟と一緒に炊くとご飯になった。私たちはこれでも十分満足した。しかし食べている間、「経済犯」として捕まらないかとドアの外をうかがい、びくびくしながら食べたのである。

私たちは抗議の声も出せなかった。どうして我慢しなければならなかったのだろうか。それは当時の私たちには自分の国がなく、日本の亡国の民とされていたからである。この苦痛は、私たち一三、四歳の子供には耐えきれないほどであった。しかもこの苦痛がいつまで続くかもわからなかった。大人たちは敢えて本当のことを教えようとはしなかったので、何らの情報も得られなかったからである。共産党が中国人民を指導して日本と戦っていたことは、解放後に初めて知った。果てしない暗黒の夜の中で生活することは、たとえようもないほど暗く苦しく、私たちは飢えと寒さの中でもがき苦しんだ。

（聞取り時期：二〇〇〇年六月一日、場所：中国医科大学老幹部処）

「関東州」とハルピンの小学校の比較——高祥雲 証言

〔略歴〕

高祥雲（カオシャンユン）、旧名高祥運、男、漢族、一九二八年八月二〇日生まれ。原籍：遼寧省大連市金州区三十里堡。離休（退職）時の所属：ハルピン電工計器研究所。職務：所長。職称：高級経済師。日本占領時期に在籍した学校：大連秋月公学堂、ハルピン市の民和、撫順、安広等。

一九三八年四月、大連市秋月公学堂に入学する。

一九四〇年四月、父母についてハルピンに移り、ハルピン市公立民和国民学校、ハルピン市公立撫順街国民優級学校、安広国民　優級学校に在学する。

一九四五年一月、ハルピン電工（ＴＭＴ）の現場養成所に受験入学する。

一九四六年六月、ハルピン第三中学校に受験入学する。

一九四八年三月、中国人民解放軍に参加し、東北軍区軍事工業部直属第二廠に配属され、生産管理員となる。

一九四九年七月、集団化が進み、瀋陽電気工業局第一工場、阿城計器工場（現阿城トランス工場の前身）、ハルピン計器工場、ハルピン電工計器研究所に勤務する。この間、化学検査員、係長、生産技術秘書、生産科、労資科、計画科、供給科副科長・科長等の職務に就く。

一九六〇年、ハルピン工業大学業余大学を卒業する。

一九六六年四月、ハルピン電気計器工場副工場長となる。

一九八一年一二月三日、機械工業部ハルピン電気工業計器研究所所長となる。

一九八二年、工業企画設計工程師となる。

一九八三年六月、黒龍江省機械工業企業管理協会の学術研究員となる。

一九八六年一月、黒龍江省科学と科学政策研究会第一期理事会理事に選出される。

一九八九年、機械工業部により高級経済師を授与される。
一九九四年一月、離休（退職）する（司局級待遇）。

「関東州」の公学堂は、四月一日が新学期となっていた。私は一九三八年四月に大連秋月公学堂に入学した。日本の植民地支配者は中国人を劣等民族と見なし、「支那人」と呼び、中国人は満九歳になってから公学堂に入学を許可された。大連秋月公学堂の二年生の時の教師と生徒の集合写真を見ても、生徒はみな年長児童である。大連秋月公学堂は六年制であった。堂長（校長）は日本人で、前任者は山口実、後任者は小沢康之助といった。

主要な科目は日本語（配列第一位）、満州語（中国語）、数学の三科目であった。一年生から日本語を学び、六年生で卒業する時は準三等の通訳（翻訳）の水準に達していることが要求された。歴史科は日本歴史と「関東州」の歴史であり、地理は日本地理と「関東州」の地理と自然地理、たとえば旅順、大連地区の四大名勝――星ヶ浦（星海公園）、老虎灘、夏家河子、黄金山などであった。学堂（学校）の所在地は大連沙河口区劉家屯（現在は大連沙河口区撫順街二号、大連市女子中等職業技術専業学校の三階建ての校舎が昔のまま残っている）であった。日本の植民地支配時期に劉家屯が秋月町（日本の町名）と改名されたために、私たちの学校の校名も大連秋月公学堂と呼ばれるようになった。学校では奴隷化教育が行なわれ、その目的は日本の傀儡政権のための日本語通訳、日本軍や日本の傀儡の憲兵、特務など予備軍の養成にあった。

一九四〇年、私は両親に連れられてハルピンに引っ越した。しかし日本による植民地支配の奴隷の苦しみから逃れ、中国人の管轄する土地で中国人の尊厳を保ちながら青少年時代が送れると思っていたが、ハルピンに来ても至るところで日本人から差別と圧迫を受けた。中国人は「三等公民」で朝鮮族にも及ばず、中国人には米を食べることが許されなかった。朝鮮族には毎月一定量の米が配給されていたが、中国人が米を食べると「経済犯」とされたのである。

私がハルピン市公立民和国民学校に編入した最初の授業の時、先生は私に日本語の教科書を読ませた。私の発音は正確で、読み方も流暢であった。授業が終わると、趙先生が私に「あなたはどこの国の人?」と聞いた。私は「中国人です」と答えた。それを聞くと彼女は急に厳しい顔になって、「あなたは満州国人よ!」と言い放って、そそくさと教室を出て行った。私は呆気にとられた。夜になって父にこのことを尋ねると、父は「これから二度と『中国人』と言ってはいけない。『中国人』と言っただけで政治犯となり、殺されるぞ」と言った。それ以後、私は「満州国人」と言い、敢えて「中国人」とは言わなかった。自分が中国人であると言う権利さえ奪われてしまったのだ。

ハルピン市公立民和国民学校は四年制で、教育内容は大連秋月公学堂と基本的に同じであった。通知表を見ると、傀儡「満州国」管轄下の教育体系は依然として日本人が支配しており、日本語が最重点科目とされていた。私は成績が比較的良く、また従順だったので、級長、監護隊長、さらに「青少年団」の団長にさせられた。号令をかけたり、教師や校長に報告する時はすべて日本語を使った。学校は生徒を処罰することで管理し、教師は各自が「教鞭」と「板」などを持っていた。これは生徒を叩くための専用の道具であった。罰の方法として「板」や「教鞭」で叩く以外に、生徒を向き合って立たせ、互いにビンタを張らせたりした。罰として立たせることは、日常的に行なわれていた。

一九四三年、私はハルピン市公立撫順街国民優級学校の一年(高級小学校一年)に受験入学した。校長は日本人で、安原泰といった。この校長は中国人生徒に対してひどく横暴であった。学校は二年制で、優級一年と優級二年各五クラスあり、合わせて一〇クラスであった。「忠・孝・仁・義・信」の五文字をクラス名としていた。私は忠班に入れられ、級長とされた。宋運至(後に中国共産党ハルピン市委員会弁公庁副主席を務めた)が副級長であった。

毎日必ず朝礼(「朝会」とも言った)を行なった。天気が良ければ運動場で、雨や雪の日は屋内の講堂で行なった。ある日のこと、朝礼が「東方遥拝」まで進んだ時、突然、日本人校長の安原が怒鳴り声をあげ、各クラスの正副級長

任命狀
茲任命學生楊秀珍
爲國民二年二組
正級長此狀
哈爾濱市公立南馬路國民優級國民學校長白景鮮
康德七年八月十日

ハルピン市公立南馬路国民優級学校の任命状

を呼び集めた。正副級長二〇人は、理由もわからないまま優級二年忠班から順に一人二回ずつビンタを食らった。そのうち校長は叩くのにくたびれたらしく、途中から小さい金槌で生徒の頭を叩き始めた（この学校は木工、彫刻、工芸の学校であって、各生徒は工芸科の授業の時は木工用の道具箱と彫刻刀をセットで持参していた）。さらに四〇〇人近い生徒たちも、各自一回ずつ金槌で叩かれた。

政治的な祝日や記念日、祭日には決まって講堂で儀式を行ない、校長が天皇の「詔書」と傀儡皇帝の「詔書」を朗読した。朗読している間、全員が頭を垂れて黙禱していなければならなかった。ある時、優級一年の信班の劉鉄城君が校長が朗読している最中にこっそり顔を上げ、校長の安原に見つかってしまった。彼は「詔書」を読み終わると演台から下りてきて劉君をさんざん撲り、顔が腫れあがって立ち上がれなくなるまで撲り続けた。

通学区域の変更により、一九四四年一月（ハルピン地区の学校の新学年は一月から始まった）、私はハルピン市公立安広国民優級学校二年に転校した。この学校は六年制で、校長は王知賢といい、副校長は日本人であった。全校で一五〇〇人の生徒がいて、私は監護隊長に任命された。

日本帝国主義は太平洋戦争、すなわち「大東亜戦争」を起こし、日本軍は各戦場でしばしば敗北し、次々に敗退していった。特に中国各地区で中国軍民の反撃を受け、日本軍の損害は甚大で、緊急に兵士を補充する必要があった。日本の傀儡当局は中国青年を砲弾の的にしようと目論み、優級一年、二年から国民高等学校に至るまで中国人生徒に対する軍事訓練を強化し、教練の科目を増やし、学校教育を臨戦態勢に組み込んだ。彼らは生徒たちに武士道精神を叩き込もうとして戦闘帽やゲートルを常時身に着けるように強制し、生徒を「勤労奉仕」や戦地救護訓練に動員し、「靖国神社」や日本侵略者の「忠霊塔」参拝などに参加させた。また「日満親善」「王道楽土」「一徳一心」および「大東亜共栄圏」など、生徒に対する悪辣な思想教育を行なった。生徒の管理を厳しくするために、各生徒に校名、学年、クラス、姓名を書いた名札を着けることを強制した。

一九四五年一月、家が貧しくて国民高等学校の学費を払えなくなったので、私はしかたなくハルピン電工（ＴＭＴ）現場養成所に受験入学し、通信業務を勉強した。日本人の通信員が次々と徴兵されて前線に行ったために、中国人青年を通信員として補充するための養成を始めたのである。合わせて二期にわたって募集し、私は第二期に属していた。毎日昼食の前に、必ず全クラス（四〇人）が起立して黙禱し、「天皇陛下」に感謝しなければならなかった。黙禱後、日本語で声をそろえて「いただきます」と言った。食べ終わると、また全員が起立して日本語で「いただきました」と言って天皇へ感謝を示した。ある時、あまりにもくだらない気がしたし、教師もいなかったので、黙禱をせずにみんなで食事を始めた。ところが思いがけないことに、日本人の担任の井田がドアの外からこれをこっそり見ていたのだ。井田はかんかんに怒って食堂に入ってくるなり、私を演台の前に呼び出して二回強くビンタを張った（私は級長として号令をかけることになっていたのだ）。さらに井田は全クラスの生徒を立たせ、同じテーブルの生徒同士で互いにビンタを一回張らせた。

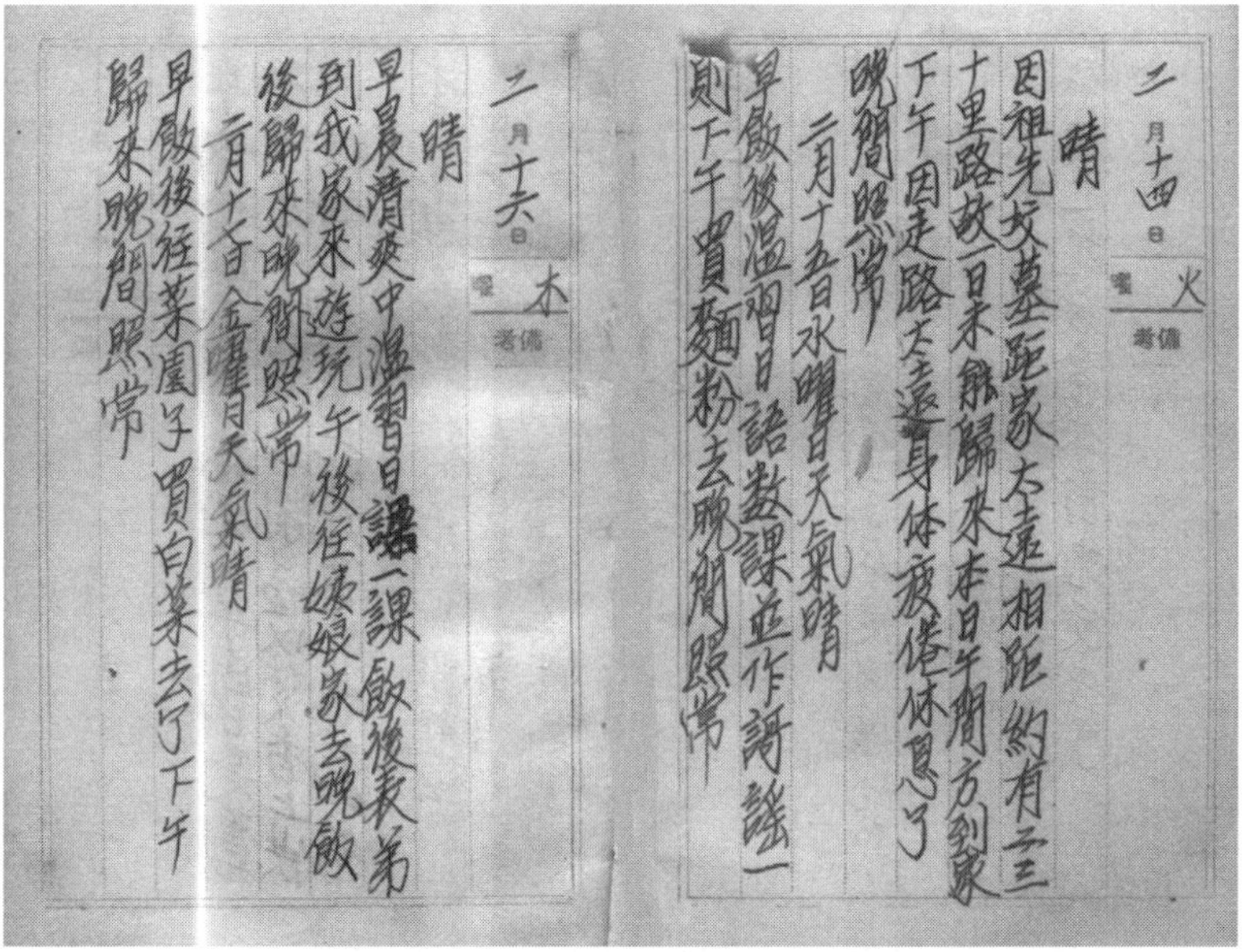

吉林省舒蘭国民高等学校の生徒李連挙の日記

学校は、生徒の日本語能力を高めるために卒業試験の物理の問題を日本語で解答させ（当時、物理だけは中国人教師が教えていた）、九五点以上の者は一〇〇点として計算することにした。私は日本語で解答して九九点を取ったので、一〇〇点とされた。私は二クラス八〇人の中で総点数が一番良く、卒業の時に「第一位」と評された。

以上は、私が経験した日本奴隷化教育の七年間の事実である。日本侵略者が東北を侵略した時期に行なった奴隷化教育が、中国の青少年に対して思想的、文化的、政治的に心身ともに与えた傷跡の深さを証明するに足りるであろう。日本侵略者が、中国の青少年に自分が中国人であることを忘れさせ、ひたすら日本の天皇と「天照大神」及び「神武天皇」に忠義を尽くさせるようにしたその最終目的は、中国を滅ぼし、中華民族を滅ぼそうとすることであった。

（聞取り時期：二〇〇〇年六月、場所：ハルピン市南崗区電興街一三号三単元二楼三号）

ハルピン工業大学において――肇永和 証言

〔略歴〕

肇永和（ジャオヨンホー）、旧名・宝永和（パオヨンホー）、男、満州族、一九二五年四月九日生まれ。原籍：遼寧省遼中県大黄旗堡。離休（退職）時の所属：ハルピン理工大学。職務：教師。職称：教授。日本占領時期に在籍した学校：ハルピン工業大学。

一九四五年、ハルピン工業大学土木学科を卒業する。

一九四六年、長春大学工学院土木工程学部四年生に入学し、一九四七年に卒業し、同大学助手となる。新中国成立後、吉林高級工科職業学校、長春建築工程学校、ハルピン土木建築工程学校の教師、科主任、教務主任、副校長を歴任する。

一九五八年より、黒龍江工学院とハルピン科学技術大学教務処副処長、処長、助教授、教授、ハルピン市政治協商会議委員、同常務委員副秘書長、黒龍江省政治協商会議、同常務委員、黒龍江省第七期、八期人民代表大会代表、同常務委員、民族僑務外事委員会委員、教育科学文教衛生委員会委員を歴任する。

一九九八年、離休（退職）する。

一九七八年、日本語教育に従事して以来、『日中科学技術会話』全三冊を編集する。

一九九一年、『旅日篇』が黒龍江省教育委員会の優秀教材一等賞を獲得する。

著書に『日文報刊閲読指導』（編著）、『企業内職工教育の方法と実践』、『独創精神』（翻訳）、『どのように科学技術文を書くか』（編訳）などがある。さらに日本の友人に依頼されて清代詩人呉昌碩の『出盧詩』全四巻を翻訳した。


私は一九三一年に小学校に入った。この時は張学良時代であった。その年の九月一八日に「九・一八事変」が起こり、学校では授業が行なわれなくなった。翌年、再入学して卒業し、国民高等学校（旧制の初級中学校と高級中学校

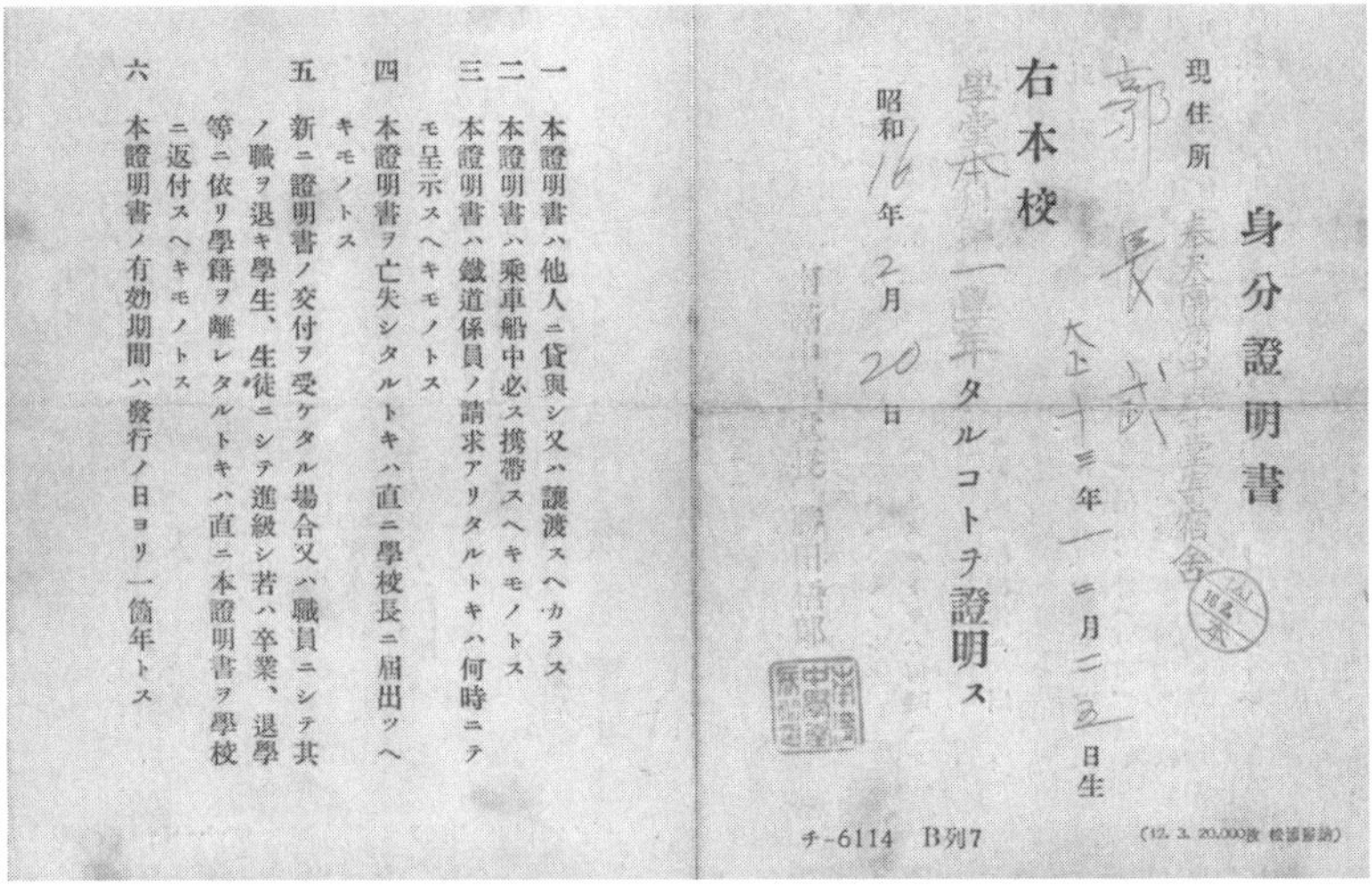
身分證明書

現住所

郭長武

大正十三年一二月　日生

右本校學堂本科第一學年タルコトヲ證明ス

昭和16年2月20日

一　本證明書ハ他人ニ貸與シ又ハ讓渡スヘカラス
二　本證明書ハ乗車船中必ス携帶スヘキモノトス
三　本證明書ハ鐵道係員ノ請求アリタルトキハ何時ニテモ呈示スヘキモノトス
四　本證明書ヲ亡失シタルトキハ直ニ學校長ニ届出ツヘキモノトス
五　新ニ證明書ノ交付ヲ受ケタル場合又ハ職員ニシテ其ノ職ヲ退キ學生、生徒ニシテ進級シ若ハ卒業、退學等ニ依リ學籍ヲ離レタルトキハ直ニ本證明書ヲ學校ニ返付スヘキモノトス
六　本證明書ノ有効期間ハ發行ノ日ヨリ一箇年トス

チ-6114　B列7

奉天南満中学堂の身分証明書（1941年）

を合わせて国民高等学校とした）に受験入学した。続いて大学に入り、一九四五年に卒業した。祖国解放後の国民党時期に長春大学の四年に編入学し、引き続き一年足らず勉強して卒業した。合計すると、小学校一年の時と国民党時期の一年未満の在学期間を除いて、傀儡「満州国」一四年の始めから終わりまで、日本帝国主義の奴隷化教育と植民地教育を受けたことになる。

日本帝国主義が東北を占領して以後、まず教育面から植民地主義教育を実行して民族意識を抹消し、いわゆる「五族協和」「王道楽土」「日満親善」の思想教育を徹底的に行なおうとした。当時、中学校や小学校では毎日必ず朝礼を行ない、「満州国」国旗を掲げ、「満州国」国歌を歌い、「国民訓」を朗読しなければならなかった。大学に入ると、毎日朝と晩に日本の「軍人訓」を暗唱するようになった。朝の体操の前には「宮城遥拝」と「地宮遥拝」をやらされた。つまり日本の天皇の住む所を「宮城」とし、傀儡「満州国皇帝」の住む所を「地宮」と称し、傀儡「満州国」皇帝を子供の皇帝の地位に置き、中国人を一段低いものとして貶めようとした。最初の頃は日本は「満州国」の「友邦」であると称していたが、後に「親邦」と変えた。ある日、ある日本人生徒が私に「現在、日本は『満州国』の『親邦』なんだ、君は知っているかい？　だから僕は君の父親なんだ」と言った。彼は柔道の愛好者だったので、私は喧嘩で彼に勝つことはできないと思い、我慢するしかなかった。

学習内容でも、地理と歴史の科目には東北のことしか出てこなかった。中学校の時の『満州国歴史教科書』という教科書はごく薄いものであった。しかし日本史の教科書は『満州国歴史教科書』に比べて、とても分厚いものであった。教育課程でも、日本語の授業は毎日あったが、語文（中国語）や数学の配当時間数は日本語よりはるかに少なかった。また語文は「満語」と呼ばれ、その一方で日本語と「満語」を合わせて「国語」と称していた。小学校の時から日本語弁論大会が行なわれていたが、中国語での弁論大会など開かれたことがなかった。

七・七事変（一九三七年）後、国民党は次々に敗北した。南京や武漢を奪われた時、生徒は集団で祝賀行進に参加させられ、いわゆる「南京陥落」「武漢陥落」を祝うように強制された。中国人に自分の国土が侵略されたことを祝わせるとは、まったく非道な行為である。このように中国人生徒に祖国を忘れさせ、天皇に忠誠を尽くさせようとしたのである。

中学に入ると毎週軍事教練に出なければならず、大学では技術科の外に「歩兵操典」が講義された。これは日本が全中国を侵略し、「大東亜戦争」を遂行するために中国人を大砲の的にしようというものであった。中学校の時からすでに一部の教科書は日本語で記述されたものが用いられていたが、大学に入ると教科書だけでなく参考書も日本語で書かれたものとなり、授業も日本語で行なわれた。これは入学した当座、中国人学生にとって相当な重荷であった。中国人学生の中には日本語の水準が低く、講義を聞き取れずに留年させられた者もいた。授業の時も、科目によっては日本人学生と中国人学生が左右に分かれて着席し、日本人学生が聞き取れずに質問すると教師は笑顔で答え、中国人学生が聞き取れずに質問すると、教師はバカにした目付きをして「愚か者」と叱った。このように差別された待遇にもかかわらず、一年生の期末試験では全校六学部のうち四学部で中国人学生が第一位となった。

一九四二年、私は大学に入学した。太平洋戦争がすでに始まっており、学校生活には戦争の雰囲気がますます濃くなった。学校は毎月八日に全校集会を開き、いわゆる「詔書」を朗読し、時々刻々と戦争への動員、戦争に奉仕する教育を遂行した。二年生の夏休みになると、全学生は東寧地区に行かされ、対ソ作戦のために軍用道路の建設に従事させられた。私は出発前に伝染病にかかって参加しなかったが、参加して帰ってきた学生の話によると、道路建設の時の日本人学生と中国人生徒の待遇が不公平で、日本人学生は米を食べていたが、中国人学生はコウリャンであったという。

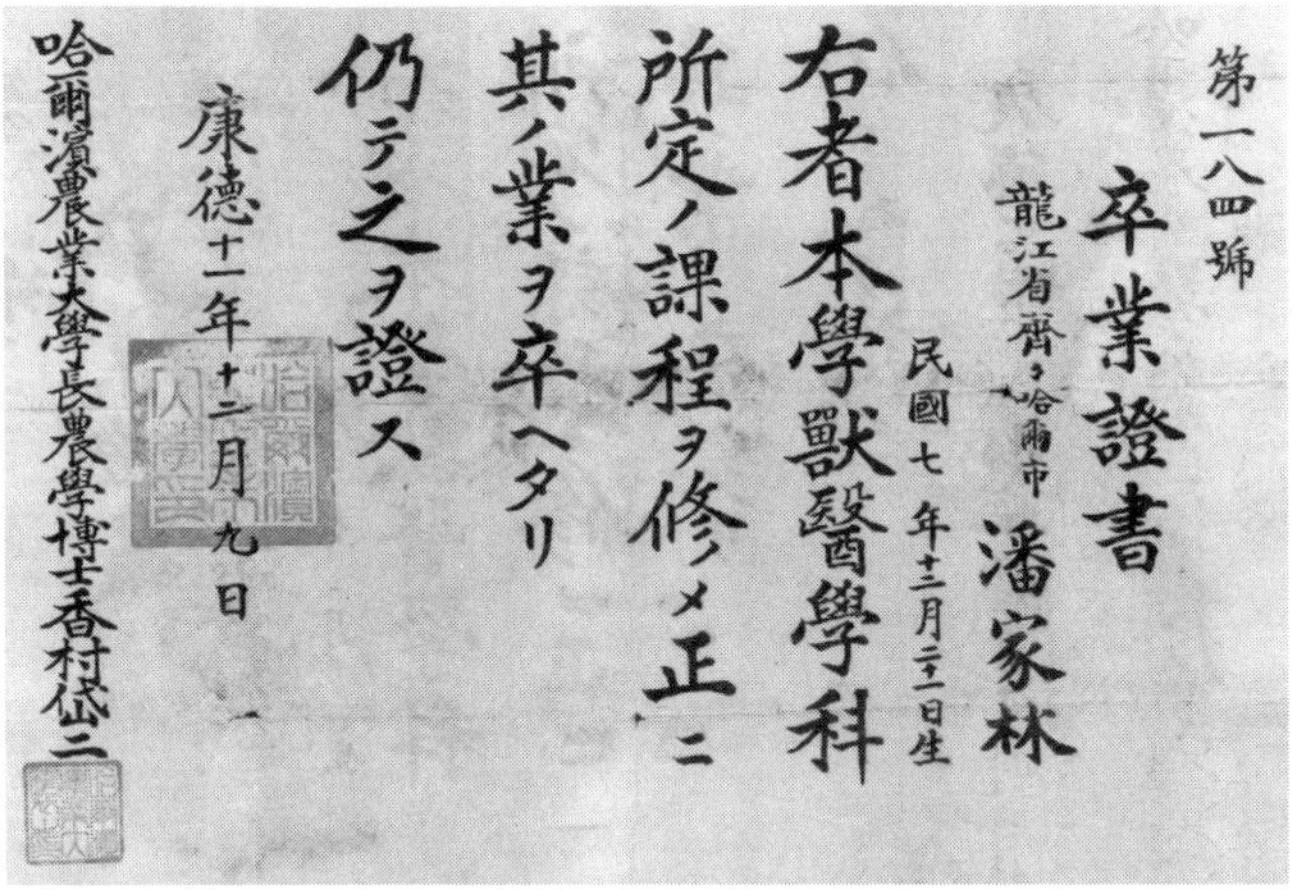
第一八四號
卒業證書
龍江省齊々哈爾市
潘家林
民國七年十二月二十二日生
右者本學獸醫學科所定ノ課程ヲ修メ正ニ其ノ業ヲ卒ヘタリ
仍テ之ヲ證ス
康德十一年十二月九日
哈爾濱農業大學長農學博士香村岱二

ハルピン農業大学卒業証書

このような差別待遇は、普段の学校生活でも同様であった。当時、中国人学生と日本人学生は同じ食堂で食事をしていたが、中国人と日本人の学生の坐る席が分けられており、彼らが食べるのは米で、私たちが食べるのはコウリャンであった。しかも質が非常に悪く、ネズミの糞などがしょっちゅう混じっていて、とても喉を通るものではなかった。当時すべての物資は配給制となっていたが、配給される物は質、量、種類ともに日本人学生と差別されていた。中国人学生の物は質が悪く、量も少なかった。すべてにおいて不平等であった。

日本帝国主義による中国人学生に対する政治上、思想上の監視は非常に厳しいものであった。大学においては、学生の宿舎を「寮」と呼び、寮監が置かれていた。聞くところによると寮監は特務で、中国人学生の思想を監視していたという。このほか日本語の教師にも、中国人学生の思想を監視する任務があったという。予科に在学中、一人の日本人教師が授業に当時の国共合作の報道が載っている「大北新報」を持ってきたことがあった。それは「重慶政権が共産主義を受け入れる」という報道であった。彼はこの記事を日本語に訳しながら、横目で私たち中国人学生の表情や反応を観察していた。

ある日、朝食の時に突然寮監が食堂に入ってきて「今日の午前中の授業は休講にする。みんな大学には行かなくてよい」と言った。私たちは何が起こったか知らなかったが、午後になって大学に行き、やっと事情がわかった。実は、ある学生の父親が息子に会いに大学に来たが、息子がすでに逮捕され入獄したことを知らされ、父親はショックのあまり講堂の二階から飛び降り自殺をした、という事件が起こっていたのだ。統計資料によると「反満抗日」闘争の中で、ハルピン工業大学では二八人の学生が逮捕され、一一人が尊い命を捧げたのである。ハルピン工業大学在学中、私は毎日このような恐怖の中に身を置いていたのである。

在学中は政治的に差別されただけでなく、人格的にも侮辱を受けた。三年生の夏休みに実習で阜新炭鉱に行った時、私は日本の書店に行って一冊の本を買おうとした。店主は私が中国人であるのを知り、「中国人には売らん」と言って、私の手から本を取り上げた。また、ある日、授業が終わってバスで宿舎に戻る途中のことである。ある橋の上にさしかかった。夕日が空を照らし、美しい景色だった。この時、バスに乗っていた一人の日本人のおばあさんが、傍らに坐っている孫娘に「ご覧なさい、なんて美しいんでしょう。やっぱり植民地はいいね」と言った言葉を思い出す。

日本帝国主義が東北を支配した一四年間、彼らは手練手管を使ってあくどい植民地主義教育を行ない、私たち中華民族の民族意識を抹殺し、私たちを同化し、日本侵略者の良民としようとしていたのである。

（聞取り時期：二〇〇〇年六月一四日、場所：ハルピン理工大学）

私は日本の学校で日本人児童と学んだ――蔣智南 証言

〔略歴〕

蔣智南（ジャンジーナン）、女、漢族、一九二四年一二月三〇日生まれ。原籍：旅順三澗堡。離休（退職）時の所属：大連沙河口婦幼保健院。職称：院長。日本占領時期に在籍した学校：大連高等女学校、旅順医学専門学校。日本占領時期の職場：旅順営城子駐在所。

一九三二年、大連市土佐町公学堂に入学する。

一九三四年、大連市朝日小学校に編入学する。

一九三七年、丹東市大和小学校に編入学する。

一九三九年、大連高等女学校に入学する。

一九四三年、旅順医学専門学校に入学する。

一九四五年、旅順営城子駐在公医駐在所公医となる。

一九四六年、大連解放後、大連婦女連合会科員となる。

一九五〇年、大連市政府衛生局婦幼科科員となる。

一九五五年、大連市沙河口婦幼保健院院長となる。

一九七九年、離休（退職）する。


今年、私は七六歳である。大連で生まれ、丹東で成長し、日本人の学校で勉強した。昔のことはとても一口で語り尽くせない。

一九三四年、私は一一歳だった。その年、大連の土佐町公学堂に在学していた。ここは中国人の小学校で、私のクラス担任は熊谷先生（日本人）といった。私の成績は普通で、歌や踊りが好きな活発な子供であった。ところが、どういうわけか熊谷先生は私を他の二人の中国人生徒とともに、日本人学校の朝日小学校の二年生に編入学させた。この時から、旅順医学専門学校卒業まで私はずっと日本人学校で勉強した。

一九三七年、大連市朝日小学校五年生の時に、私の家は丹東に引っ越したので丹東大和小学校に転校した。この学校では私一人だけが中国人であった。大和小学校を卒業すると、私は再び大連に戻って大連高等女学校に受験入学した。ここは日本人の中等学校であったが、私はここを卒業して旅順医学専門学校に受験入学した。卒業後に、ある日本人医師の病院で半年インターンをやり、後に旅順営城子で公医となった。

この一三、四年の間、私が受けた教育はすべて日本による植民地教育であった。このように比較的長期にわたり日本人教師や日本人生徒と一緒に過ごしたので、私は言葉から生活習慣にいたるまで徐々にそれに順応していた。

思い返せば、日本人小学校に入学した頃はとてもたいへんであった。最初は先生の授業がまったくわからなかった。同級生が話し合っていることも理解できなかった。しかし半年ぐらいたつと少しずつ聞き取れるようになり、気持ちも明るくなってきた。あの頃は本当に楽しかった。でも、時間がたつにつれて、さまざまな不愉快な出来事が次々と起こった。私のお昼の弁当は、ニラのおかずに米のご飯であった。当時の日本人はニラやニンニクを食べなかった。私が弁当箱を開くと、まわりの同級生は鼻をつまんで私から遠ざかった。その時、私は本当に悲しくなった。私は大きな侮辱を感じたが、しかたなくニラのおかずは二度と持っていかないことにした。私はただじっと我慢するしかなかった。

同級生の中には仲良くしてくれる生徒もいた。私は背が高くて球技もうまかったので、甲乙二組に分かれる試合になると、どちらの組も私を自分の組に入れたがった。こうして次第に友達ができてきた。

私は六年生の時には日本語がかなり流暢になっていて、同級生同士の話はすべて聞き取れるし、自分の意思も表現できるようになっていた。この頃には、私はごく自然に強烈な民族差別を意識するようになっていた。私は中国人であることを自覚しており、さまざまな民族差別に不合理を感じていた。私は多くのことに慎重に行動しなければならないとは思っていたが、我慢できないこともあった。

その頃、私のクラスでお金がなくなるという事件が起こった。クラス担任の喜多先生は「日本人の生徒が盗みをするはずはない」と言った。私はこれを聞いて非常に腹が立った。放課後、私はお金をなくした同級生の隣に坐っている生徒をつかまえて、彼女に盗んだお金を返すように言った。彼女は泣きだしたので、事情がはっきりした。私は怒りのあまり、これ以上ここで勉強を続ける気がしなくなった。私は母と一緒に天津の母方の伯父のところに行き、「中国人の学校に入りたい」と言った。すると伯父は、「ここで教えている教科書だ」と言って日本語の教科書を見せてくれた（当時、天津は日本傀儡の汪精衛政権下にあった）。結局、私はまた大連高等女学校に戻った。

私が丹東大和小学校六年生の夏、学校は私たちを大連の夏家河子に臨海学校に連れていった。この時のことは忘れられない。ある日、学校は現地の漁民から地引き網を借りてきた。私たちは二組に分かれて浜辺で網を引いた。網が絞られてくると大小の魚が網の中で跳ね回り、全員はしゃぎまくった。このようなとても楽しい情景は、今も私の脳裏にありありと残っている。夕方、教師と生徒全員で海の幸を味わった。それでも臨海学校の期間に私はホームシックにかかり、いつもトイレに隠れて泣いていた。先生はこれを知ると、数人の同級生を連れて私を慰めに来てくれた。

その年の冬、学校は私たちを朝鮮に修学旅行に連れていった。丹東は朝鮮から河一つ隔てたところにあるので、汽車に乗って大きな橋を渡り朝鮮の義州に行った。汽車の中ではしゃべったり笑ったり、本当に楽しかった。私たちは

大連高等女学校卒業時の蒋智南、手に持っているのは卒業証書

漢城（ソウル）、平壌、仁川などいくつかの都市を五、六日かけて参観して回った。最も印象深かったのは、漢城の紫禁城の優美な古代建築であった。私が不思議に思ったのは、朝鮮の建築はどうして中国の古代建築と同じ様式なのかということである。それはこの旅行でも忘れられないことであった。この時には、私は日本人の教師や生徒と気軽に会話できるようになっていて、言葉の上では何の困難もなかった。民族間の隔たりが徐々に薄れていたのであろう。

一九四〇年の夏休み、私は汽車に乗って関内（中国本土）の保定にある長姉の家に行った。私は車中で警官が乗客を撲ったり、罵ったりしているのを見かけた。この警官は汪精衛政権の日本側の代表として、理由もなく乗客の持ち物を検査し、男性乗客の手を見て八路軍であるかどうかを調べた。その時、私は強い侮辱を感じ、憤慨した。この気持ちは長い間おさまらなかった。

一九四一年、私が大連高等女学校の三年生の時、朝鮮族の関という教師がいた。于という生徒が彼に「中国人生徒の間で、禁書を読んでいる者がいる」と告げ口した。この関という教師は、突然、私たちの教室に入ってきて持ち物検査を始めた。その時、私たちかなり多くの生徒はこっそりと巴金や老舎、魯迅の小説を読んでいた。これらの作家の作品は学校ではすべて禁書とされていた。関は大声で私たちを起立させ、私たちの机の中を検査し始めた。私は巴金の小説を読んでいた。私はあせって、本を膝の間に挟んでその時は何とか助かったが、震えあがってしまった。このことがあってから、私は于という生徒をひどく恨んだ。彼女のやったことはまぎれもなく「漢奸」（民族の裏切者）の行為であり、私は同級生たちとの会話の中で、彼女を「漢奸」と呼んだ。

この事件はまもなく、さらに発展した。この于という生徒が校長のところに行って、私が彼女を「漢奸」と罵ったと、私たちのことをさらに告げ口したのである。教務主任は私を事務室に呼んで問いただした。私はことが重大であることをさとり、「漢奸」と言ったのではなく「奸臣」と言ったのだ、と主張した。校長はこの事を自分で調べ、中国人生徒全員を校長室に集め、「付和雷同してはいけない、おとなしく言うことを聞くように」と叱った。同時に私

旅順高等公学校師範部の女生徒、刺繍の授業

に向かって「先頭に立って騒がないように、さもないと事が大きくなるぞ」などと脅した。この事件は私にとって大きな衝撃となり、これ以後、私は学校の中でいつもびくびくして過ごすことになった。

一九四〇年の旧正月の前、私たち中国人生徒は旧正月を一日休みにしてくれるように希望していた。私は同級生に「旧正月を休みにしないのはおかしい、私たちは一日休みを取ることにしよう」と主張したが、みんなは態度をはっきりさせなかった。私はかまわず陰暦正月のまる一日を自宅で過ごした。しかし、その後になっても学校はこのことについては詮索せず、何事もなく済んでしまった。

一九四二年三月、私は大連高等女学校の卒業式を迎えようとしていた。この学校には合わせて二一人の中国人生徒がいた。私たちはみんなで相談し、群英楼（食堂）でお別れ会を開くことにしていた。これを例の于という生徒が学校に報告した。その結果、学校は大勢の教師を動員して、私たちにそのような集会は開かないようにと個別に警告した。こうしてお別れ会の計画は、またしても例の于という生徒に打ち壊されてしまった。私たちは非常に憤慨した。

この事件は、とうとう隣の協和実業学校（中国人男子校）の生徒にまで伝わった。ある日の午後、彼らが数人集まって私たちの学校の正門前で于をとっちめてやろうと手ぐすね引いて待っていたが、またしても于に知られてしまい、彼女は授業が終わる前に雲隠れしてしまった。それで、この事はこれで終わってしまった。

一九四二年四月、私は旅順医学専門学校に受験入学した。私が専攻したのは産婦人科である。この学校はすべて日本人で、教師の水準も非常に高かった。私は二年間努力して勉強し、卒業の時に大連最高行政公署から合格証書を受け取り、医師の資格を取得した。卒業後、私は営城子の公医駐在所に派遣されて勤務した。

一九四五年八月、私たちのところも解放され、私は市政府の医療業務に従事することになった。この時になってようやく、過去に受けたのは日本植民地教育であったことを理解できるようになった。

現在、私は退職してから二〇年余りになる。私はいつも仲の良かった生徒たちを思い出す。学校で起こったさまざまな出来事、楽しかったこと、辛かったこと、うれしかったこと、悲しかったこと、それらを一つ一つ思い出し、良かったか悪かったかを考えている。時代が進んでいくにつれて人の思想も変化していく。私は過去の出来事をもう一度理解しなおし、認識しなおしている。私の中国人同級生たちといつも言っていることだが、過去に中国と日本の間で起こった辛い出来事のすべてが日本人民の責任ではない。それは当時の日本政府のやったことであり、生徒同士の付き合いは今まで通りの付き合いであり、私は同級生たちとの友情を深めるために、いつも手紙をやりとりしている。この十数年の間に一〇〇人以上の同級生を大連参観に招き、私の家で客としてもてなした。こうしたことは、今この時、私は一人の中国人の同級生として当然なすべきことであると考える。

（聞取り時期：二〇〇一年九月三日、場所：大連市西崗区大勝街五三―六―一号）

四平師道学校と四平若葉実験学校——張汶田 証言

〔略歴〕

張汶田（ジャンウェンティエン）、旧名・張文田、男、漢族、一九一六年二月五日生まれ。原籍：遼寧省西豊県柏楡郷。離休（退職）時の所属：四平市第一八中学校。職務：副校長。職称：高級教師。日本占領時期に在籍した学校：四平市国立師道学校。日本占領時期の職場：四平若葉実験学校。

一九三一年七月、梨樹県立第一五学校を卒業する。
一九三三年五月—一九三五年一二月、天主堂私立英文中学校に在学する。
一九三六年二月、奉天省立四平街師範学校に入学する。
一九三八年一二月、四平市国立師道学校を卒業する。
一九三九年二月、四平若葉実験学校の教師となる。
一九四一年七月—一二月、奉天省立第一師範学校第四部に在学する。
一九四六年三月、四平市第五区国民学校の校長となる。
一九四八年四月、四平第二完全小学校の教務主任となる。
一九四九年八月、四平第五完全小学校の校長となる。
一九五〇年九月、四平市文教科の視導員となる。
一九五一年二月、四平短期師範班の主任となる。
一九五三年三月、四平市師範学校の教員となる。
一九五六年八月、四平市第三中学校の教務主任となる。
一九五九年八月、四平市師範専修通信教育部の主任となる。
一九六二年三月、四平市南一緯路小学校の校長となる。

一九六四年、四平市第一八中学校の総務主任となる。
一九七八年、四平市第一八中学校の副校長となる
一九八四年四月、離休（退職）する。県処級の待遇を受ける。
建国五〇周年時に四平市委員会・市政府より「共和国創立者」賞を授与されたほか、一九五一年に遼西省国民教育会議に出席して第三等「労働模範」、一九五六年に四平師範学校より「先進工作者」、一九五七年に第三中学校より「先進工作者」、一九六四年六月に四平市より「労働模範」にそれぞれ選ばれた。

一、傀儡「満州国」国立四平師道学校

私は一九三六年に入学し、一九三八年に卒業した。ここで経験したことは次の通りである。

1、学校の設立と教育目的

奉天省立第八師範学校は早くから梨樹県に設置されていたが、日本の東北侵略によって授業停止となっていた。一九三四年四月、新に復興して梨樹県初級中学校の校内に併設され、校長は中学校の校長の趙芳亭が兼任した。生徒は二クラス九七人、教師七人、職員七人であった。一九三五年四月、元東北交通中学校の校舎に移って「奉天省立四平街師道学校」と改称し、生徒は四クラス一九七人、教師は一五人、職員一六人となった。翌年は生徒六クラス二九五人、教師約二五人となり、一九三七年には生徒八クラス約四〇〇人（この中には二年生の特修科二クラスが含まれている）、教師約五〇人（中国人教師と日本人教師を合わせて）となった。校長は傅育初、副校長は高橋健太郎といった。小学校一校が付設され（これは師道学校生徒の教育実習のために設置されていた）、生徒は一クラス約九〇人、教師三人であった。

一九三八年、「新学制」が実施されると「国立四平街師道学校」と改称した。四年制の国民高等学校卒業生を募集し、修業年限は二年であった。一九四一年に四平省が成立すると四平街は「四平市」となり、校名も「国立四平師道

学校」と改称された。同時に教師訓練所が付設され、現役の小学校教師を募集した。ここで半年学習すると教補から教導に、教導から教諭に昇級し、もともとの教諭は甲種教諭に昇級した。

傀儡「満州国」の師道学校の教育目的は、国民学校（四年制）と国民優級学校（二年制）の教師を養成することで、卒業後に傀儡「満州国」の奴隷化教育に服務させることにあった。師道学校と大学は傀儡「満州国」文教部が直接管理していた。これは奴隷化教育の要が教師にあったからであり、教師の身分に箔をつけるための処置であった。当時、国民高等学校は省の管轄で小学校は県の管轄であった。

昌図国民高等学校の生徒、旅順「大江惟慶君頌徳碑」前での記念写真

2、設置科目と担当教師

国民道徳科（乙守××、田中××）、国文（劉祖尭、関潤環）、日文（高橋健太郎、田中××、乙守××、山口××）、英文（孫宝田）、教育（趙宏玉）、数学（馬熙然、王玲）、物理（王××）、化学（趙××）、生物（程雲川）、歴史（張××）、地理（張延文）、音楽（王著風）、美術（王致漢）、体育、軍事訓練（山口××、吉田××）、農業、労作（佐々木××）。

3、主要科目の内容と要求

主要科目は国民道徳、日本語、軍事訓練

と労作の四科目であった。

国民道徳科の内容は、日本の傀儡「満州国」に対する「奉仕」を「功績」として美化することであった。日本の侵略者に感謝し恩返しすべきこと、傀儡政権を賛美すること、「日満親善」「一徳一心」「王道楽土」「大同世界」を宣伝すること、さらに従順な青年に対して、本分を守り「中堅臣民」となるべきことを要求すること、などであった。

日本語科は「国語科」であった。授業時間は「満語科」より多く、進級するにつれてさらに多くなった。生徒は、日本語の成績が悪ければ立たされたり撲られたりし、合格点に達しなければ進級も卒業もできなかった。科目によっては、日本語で授業が行なわれるものもあった。さらに語学検定制度があり、特等、一等、二等、三等の資格を取った者を優遇し、教育の効果を上げていた。「国語科」の中には日本語と「満語」が含まれていたが、徐々に日本語を百パーセント「国語」にしていこうという目論見があった。こうしたことは、彼らが朝鮮や中国の台湾で行なった悪辣な同化教育を「満州」にも適用しようとしたものであった。日本人は、私たち中国人が日本国籍を取得し、日本名に変え、時がたつうちに自分の祖国中国を忘れることを望んでいたのである。

軍事訓練科――学校は生徒全員に作業服を着てゲートルを巻き、戦闘帽をかぶることを要求した。背の低い教師の山口××は、軍服を着てサーベルを吊るし、ふんぞりかえっていた。授業では隊列を組むことや銃剣術などの動作が重んじられた。当然、号令には即座に従う態度が重要であるとされた。規律に欠ける生徒に対しては怒鳴ったり撲ったり、足で蹴飛ばしたりした。この授業で強調されたことは「階級服従」である。生徒同士が路上で出会うと、下級生は必ず上級生に挙手の礼をしなければならなかった。うっかりして敬礼しなければ、上級生からさんざん撲られた。しかも、それは当然のこととして問題にもならなかった。さらに学校間の生徒同士の喧嘩を奨励した。日常的にも、何か間違いがあれば日本人生徒であっても互いにビンタを張らせた。要するに、彼らは生徒間に摩擦を作り出し、互いに復讐心を持たせ、その矛盾によって管理したのである。彼らはこうしたやり方で傀儡「満州国」の軍事訓練を行なっていた。

労作科——作業服姿で、農具を持って学校の農場で作業することを要求された。生徒が欠席することを許さず、必ず要求された通りに作業を行ない、変更することは許されなかった。与えられた仕事が終わらなければ、校舎に帰ることもできなかった。生徒が葱を植える時、なぜ鬚根を取らなくてはならないか、なぜ肥やしにするには醗酵した糞便を用いなければならないかなどを質問をしても、佐々木××はいっこうに答えようとはしなかった。奴隷として仕事の仕方がわかりさえすればいい、という考えであった。労作科の教師は、もともと農業の知識がなくても間に合ったのである。学校が文系の科目をなおざりにするについては、政策的意図があった。傀儡「満州国」の成立以来、教育体制、設置教科目、教科内容の改編が行なわれた。これは植民地教育を推し進め、中国人を日本侵略者の意のままになる従順な奴隷に教育するためであった。

4、流血の銭家事件

学校は西郊外にあって、周囲に人家はなく畑ばかりであった。校門の前の運動場には雑草が生い茂っていた。ある日、気が付くと運動場に大きな穴が掘られていた。みんな首をひねって不思議がった。一九三七年七月二四日の午後、空はうっすらと黒雲に覆われていた。突然、大きなトラックが一台運動場に入ってきた。私はこの眼ではっきりと見た。目隠しされ猿ぐつわをされた老夫、老婆、中年の男性、子供を抱いた婦人、青年、学生など二一人がトラックから下ろされて、大きな穴の縁に膝まずかされた。日本の「鬼子」と警官が軍刀やサーベルを抜いた。号令がかかると、奴らは獣のように行動し、血しぶきが上がった。罪もない被害者はみな血だまりの中に倒れ、穴に蹴落とされ、埋められたのである。その惨状は見るに忍びないものであった。日本の「鬼子」は、またしても中国人に血の債務を書き加えたのである。このような流血事件は四平だけではなかった。

この事件は、一九三七年七月二一日に起こった。満鉄の急行列車が四平駅を通過して泉頭駅の南の沙河子大橋にさしかかった際、脱輪転覆して多数の日本人が死傷した。日本侵略者は大騒ぎをし、二四日に銭国泰一家九人とその親戚、さらに鉄道労働者など合わせて二二人を逮捕監禁して拷問を加えた。水責め、芥子水責め、石油責め、電気椅子など、ありとあらゆる残酷な拷問を加え、最後は食物の摂取もできない状態にしたが、何らの情報も得られなかった。そこで、日本侵略者は彼ら全員を殺害することによって上部に対し「任務完了」としたのである。彼らがこじつけた理由は、張学良夫人の于鳳至の母方の祖母が「銭」という姓で、この地方の出身であった。そこで「張学良が人を派遣して彼らにやらせた」というものであった。「家に居て災いが天から降ってくる」とはこのことである。日本の「鬼子」の銃剣の前には、道理も何もあったものでない。

5、公費で行った修学旅行

当時の大学、国民高等学校、師道学校の卒業生は、卒業前に日本に修学旅行に行くことになっていた。私たち教師と生徒八〇人余りは、田中××、程雲川、王著風などに引率されて、一九三八年六月四日、四平から安東、朝鮮経由で安釜丸に乗って日本の下関に到着し、東京、大阪、名古屋、奈良、横須賀などを回った。全部で二〇日余りの行程であった。

東京に着くと、まず神社に参拝し、次に二重橋付近で宮城遥拝を行ない、腰を九〇度に曲げるお辞儀をした。さらに国会議事堂、内閣造幣局、朝日新聞社などを見学した。

上野公園は山腹に沿って造られており、トラ、ライオン、白クマなどが自然を模した環境の中で飼育されていた。カバは水中に潜んでいた。どれも絵の中の光景のようで、みな感嘆した。銀座は商店街であり、歓楽街でもあった。劇場やダンスホール、レストランなどが軒を並べていた。通行人が肩を触れ合うほど混雑し、まさに不夜城であった。三越百貨店は七階建てのビルであった。店舗の前にはバス、地下鉄、市電が通り、店の中は商品数が多い割には、店員の数が少なかった。ただ、店員は買う買わないにかかわらずにこやかに応対し、その態度は好感が持てた。傀儡

「満州国」では買えない商品もここには並んでいた。

京都は古都であって、靖国神《ママ》社はここにあった。私たちはどこへ行っても、まず神社に参拝させられた。途中で、思いがけなく一人の女性がぼろを着て辛そうに裸足で歩いているのを見かけた。三匹の犬に台車を引かせ、歩きながら「ほうれん草！」「白ネギ！」と売り歩く人もいた。働く庶民の貧しさは日本でも同じであると思った。

奈良は日本の仏教の聖地であり、寺院がとても多かった。ガイドが竹竿を持ち、その先に大きな麦藁帽子をかけて、「これがそのまま大仏の鼻の穴に入る」とか「大仏の手の平には四人が楽に坐れる」と説明していた。昔の唐王朝の盛んな様をここで見る思いがした。奈良には鹿がたくさんいて、街の中の至る所をのんびりと歩き、近づいてきた。日本の動物は国籍の差別をしないのか、それとも人間と違って生まれつき友好的なのだろうか。

新京「建国神廟」で「勤労奉仕」をする生徒たち

私たちは小学校の音楽の授業も参観した。授業の鐘が鳴ると、生徒たちは静かに教室に入って席に着く。教師がピアノを弾くと、生徒はそれに合わせて起立し、お辞儀をして坐る。教師の指す音階表に従って練習を行ない、またピアノに合わせて独唱や合唱をした。教師は授業中あまりしゃべらなかったが、活気があった。教師も生徒も、授業が終わると教室を出ていった。

旅行中、私たちは見学しながら感想を友達同士で話し合った。受けた印象は、①彼ら日本人は大規模な観光旅行を計画的に行なっていることである。駅の乗継ぎ、旅館の手配、休息、食事、観光などの時間配分がきっちり決まっていて、組織だっている。また中国人に対し、持って来た金をすべて使わせるように上手にし向けている。②日本は教育が発達しており、学齢前から大学教育に至るまで、完全な計画と必要な措置が施されている。これが私たち中国人と違うところである。このことも「満州」において宣伝と学習の目的を達した一因と言える。③彼らは教養が高く、街は緑化され、都市部も農村部も衛生状態がともに良好である。禿げ山も泥濘の道もなく、川の水はみな澄んでいて、交通規則は守られている。参観した人々を羨ましがらせるに十分であった。④神社参拝と「宮城遥拝」を通じて、彼ら日本人の神に対する信仰を深めさせ、崇拝を高めるという目的を達している。これこそが最も重要かつ根本的なことであり、当然、参観者の誰もが共通に感じたことである。

二〇日余りの修学旅行で、それぞれ収穫があった。大連港経由で学校に戻り、やがてそれぞれの職場に配属された。私がこれまでずっと抱いてきた疑問も、仕事についてから徐々に解けてきた。

大学や国民高等学校の生徒は、自分で修学旅行の旅費を積み立てておいて出さなくてはならないのに、なぜ師道学校の生徒は旅費を公費で出してもらえるのか？　私たちは教師になると、生徒に「日満親善」や「一徳一心」「王道楽土」などの宣伝教育を行なうことになるからである。その宣伝は、私たちの口先一つにかかっているからである。前に述べた銭家の悲惨な被害者たちにも口はある。彼らは「反満抗日」を語る口であり、日本人が使うことのできない口である。だから口をふさがれたのである。私たちが日本人の代わりに宣伝をする教師であればこそ、旅費の補助を受け、保護を受け、彼らに利用されるのである。これは日本侵略者の政治哲学であった。

二、傀儡「満州国」四平若葉学校

私は一九三八年に四平師道学校を卒業して、四平若葉学校に教師として配属された。

1、学校の移り変わり

日本人は一九〇六年にロシア人の手から南満州鉄道（満鉄）を奪い取った。一九一四年、四平街に公学堂を創設した。一九三七年には、一九〇八年から満鉄付属地に施行していた「治外法権」を取り消して、満鉄付属地と公学堂を合わせて四平街市公署に移管した。学校は行政科教育係の管轄下に置かれることになり、その行政区域に従って若葉国民学校、国民優級学校に改称された。四平が解放された後は、元の通り四道街は仁興街と改称され、それにともなって仁興小学校と改称され、現在は仁興第二小学校となっている。

2、教師と教科目

若葉学校は満鉄沿線の職工の子弟と満鉄付属地に住む中国人生徒を募集し、入学させていた。六年制で、六クラスあった。校長は中山幸作といい、日本人教師は佐藤正一、小田献四郎、安江××、野村××、河野××、尾崎××、前田××などであった。中国人教師は姜栄辰、李洪徳、張汶田、劉兆斌、馬南陵、姚徳寛、鄒勇志、徐振海、宋克倹、韓為国、劉玉延、斉雲峰（女性）などであった。

教科目は「満語」（中国語）、日本語、算術、歴史、地理、図画、音楽、体育、習字、珠算、それに家事（四年生以上の女子）などであった。

学校の特徴は、四年生以上の担任はすべて日本人教師で、日本語で授業をしたことである。このため生徒の日本語の成績は良く、特に会話力がずば抜けていた。検定試験の成績も、卒業年度の生徒は全員二等合格で、このほか多くの生徒が三等に合格していた。これは非常に難しいことであった。四年生以上は「満語」科だけは中国人教師が担当し、三年生以下の担任はすべて中国人教師が担当していた。三年生の日本語は校長が兼任し、一、二年生は中国人教師が担当した。家事は日本人の女性教師が担当していた。

3、教育内容

（1）日本語科　荒唐無稽の「天照大神」の神話、伊藤博文の朝鮮侵略の陰謀活動、東郷平八郎海軍大将の日本海海戦における「皇国の興廃この一戦にあり」という戦闘、乃木希典陸軍大将が幼年期に受けたファシスト教育など、神話物語や忠君報国の侵略的内容を情熱的に宣伝した。

（2）満語科　日本語科と内容が重複したが、それ以外に「皇帝陛下」「兎と亀の駆けっこ」「二匹の山羊が丸木橋を渡る」「望児山」「桃太郎」などのお伽話があった。生徒はお伽話を読めさえすれば、それでよしとされた。

（3）歴史科　いくつかの満州族の物語や伝説をひっくるめて神話化したものであった。これを無理やりに「満州国」の歴史であると称した。生徒が自分たちを中国人であると言うことを許さず、「満州国人」であると言わせた。

（4）地理科　中国を「支那」と呼び、「満州国」の隣国であるとした。「満州国」は土地が広く物資が豊富で人口が少ないことを強調し、これらの自然条件から日本人が来て開拓するのは条理にかなったことであるという結論を引き出し、日本人が開拓することは侵略ではないと納得させようとした。

（5）音楽科　傀儡「満州国」国歌を必ず歌えるようにした（教科書には「国歌」が載っていた）。四年生以上には「君が代」「さくらさくら」「桃太郎」など日本の歌を主として教えた。三年生以下には「売貨郎」「端午節」「高脚」「望児山」「娘娘廟」などの郷土的な教材を主として教えた。

（6）図画科　教科書には「天長節」（天皇誕生日）、「紀元節」（建国節）などの慶祝の場面が描かれてあった。また富士山の景勝、日本の食器、各種の瓶や缶など日本の生活用具、相撲・剣道・柔道のスケッチ、こけし、泥人形の模写などもあった。

（7）習字科　「日満親善」「一徳一心」「同文同種」「共存共栄」「王道楽土」「忠君報国」「武運長久」「万世一系」「大同世界」などの字句を手本として書いた。これによって封建的、親日的、好戦的な思想を注ぎ込み、侵略を美化し、強化し、その基礎固めを行なった。

（8）珠算科　加減乗除を主とし、これに習熟することを重視し、技巧の正確さ、実用を重んじた。すべて日本式の算盤を使用することを要求し、同化思想をあらゆる所で強制したのである。
（9）体育科　デンマーク式体操、ドイツ式体操を主とし、訓練を重視した。すべて日本語で号令し、絶対服従を強制し、皇帝の順民を養成しようとした。
（10）家事科　女生徒には小学校四年生から料理と裁縫、男尊女卑などの封建道徳を教え、良妻賢母の思想的基礎を養った。

4、教育設備

公学堂を基礎としたので、教育設備は非常に整っていた。その中には模型、標本、掛け図、実験器具、体育器材があった。掛け図は教科書の内容に基づいて適切に作られていた。教科書を変更する場合は、教師が自分で考えて掛け図を作成した。これらの教育設備は国民高等学校にはなかった。直接見せる授業を強化するという方針を基礎として、絶えず授業方法の改善を求めた。このため、授業の効果はかなり上がっていた。授業の効果が上がれば上がるほど奴隷化教育の思想も浸透し、強化され、受ける被害も大きかった。

5、課外活動

課外活動は他の学校と同じように若葉学校でも行なわれた。たとえば毎日朝晩「天照大神」に拝礼し、「国旗」（日本国旗と「満州国」国旗）を掲揚し、「国歌」を歌った。また東京の宮城と長春の帝宮を遥拝し、「国民訓」と「詔書」を朗読するなどして奴隷化教育を注入した。このほか若葉学校では一、二年生を公園に遠足に連れて行く時、まず神社に参拝させた。また三、四年生を馬場に連れていって、日本の馬が如何に優秀であるかを教えた。また五、六年生を「新京」に連れてゆき、「建国神廟」を参拝させ、「帝宮遥拝」などをやらせた。要するに、生徒をどこに連れていっても、必ずそこで奴隷化教育を行なったのである。

6、若葉学校の日本人校長

　中山幸作は広島の出身で、早稲田大学の卒業生であった。もともと四平公学堂の堂長であった。彼は学識があり、威風堂々として恰幅も良く、非凡で、日本人の中で一目置かれていた。彼は満鉄の実験学校で何度も公開授業を行ない、沿線の学校から多くの教師が参加して好評を得ていた。全市で行なわれた三年生の生徒作文展覧会で若葉学校は五人の生徒が一位、二位、三位、五位、七位となり、賞品を獲得した。中山幸作の仕事は「実績」があり「経験」もあった。彼の月給は三五〇円であった。新米教師の私の初任給が二八円であったことを考えると、なんと高額なことだろう。こうした「実績」が彼の自尊心のもとになっていた。

　彼の家は学校に一番近く、毎日誰よりも早く学校にやってきて事務室にどっかりと腰を据えた。教師たちは出勤して来るとみな敬語で挨拶したが、彼は敬語を使わず、そっけなく応えた。彼は見かけはにこやかだったが、平素は自分から教師や生徒に話しかけようとはしなかった。教師に対する要求はいろいろな面でとても厳しかった。教師が教職員室で世間話をしたり、トイレに立ったり、手をストーブにかざして温めることすら許さず、気ままに休みをとることなど論外であった。教師たちはみな早く来て晩く帰宅した。大晦日に校長が三〇分早く帰宅を許しただけで、教師たちが感謝するほどであった。

　中山幸作は余計なおしゃべりはしないし、無駄話をすることを嫌っていた。彼は、兼任した三年生の日本語の授業で次のような話をした。日露戦争の時、犠牲が余りにも大きいので、ある将校が乃木大将の息子に頼んで乃木に迂回作戦をとっていいかどうか伺いをたてた。乃木は非常に怒り、軍刀を抜いて息子を切り殺そうとした。その将校は「ご下命に従います」と言ってただちにロシア軍を攻撃し、勝利したという。これは、軍人はただ命令に服従するのみであること、命がけで「武士道精神」を実行すべきであるということを表明したものである。

　鉄道沿線の通学生はいつも校長に卵や野菜、春雨、ブタ肉などを贈り物として渡し、校長は笑顔で受け取っていた。

教師の佐藤正一は、大和民族の優越性を示そうと思ったのか、馬という生徒と相撲をとった。ところが彼は生徒に投げ倒されてしまった。佐藤は恥ずかしさと怒りで、大声で罵った。授業中にも生徒の粗探しをして八つ当たりした。七、八日後に、佐藤はその生徒を投げ飛ばした。それでやっと彼は気が済んだようだった。

佐藤は他のクラスのことにも口を出したがった。ある時、生徒たちが映画を観ていた。たぶん孫中山先生が映った時だったと思うが、五年生の王文清が感激して「国父孫総理！」と叫び、多くの生徒も「そうだ！」と叫んだ。六年生の生徒が学校に帰ってから佐藤に告げ口したので、佐藤はそのクラス全員を擲り、「反満抗日」であると叱った。五年生の担任の安江××は、病気休暇を終えて学校に戻ってくるなりこれを聞き、生徒たちに「これからは話すことに気をつけろ。うっかりすると擲られるぞ」と言った。同じ日本人でありながら生徒に対する態度や対応に違いがあり、階級的立場も違っていた。日本人の中にも良い人間もいることがわかる。この佐藤という人間は、市立小学校から省立の国民高等学校に転勤して来たのである。まさに一級きざみの昇進であった。侵略者は、末期に近づくと若い侵略者が死んでしまい、年寄りの侵略者が登場するしかなかったのである。しかし彼らを待っていたものは、恥ずべき末路であった。

7、中山の派閥勢力

公署の教育係長の劉鵬漢が離職した後、予想に反して若葉学校の普通教師鄒勇志が係長の職に就き、小学校に関する一切の実権を握った。これはすべて中山幸作の差し金によるもので、北街校長の姜栄辰、中街校長の藤里正（日本人）、南街校長の李洪徳、徳化校長の姚徳寛などは、元は若葉学校の教師であった。これで全市のほとんどの小学校は中山の勢力範囲となった（大同小学校はもともと満鉄の扶輪小学校で、日本人校長と中山との関係ははっきりしていなかった）。

日本が無条件降伏した時、中山はある日本人教師に「帰国後、わしらは互いに連絡を取り合って助け合おう。暮らしが苦しくても何とかやっていくのだ。二〇年たったらまた『満州』に帰ってきて、それから……」と言った。彼ら二人はあたりを見回し、それ以上は言わなかったという。

（聞取り時期：二〇〇〇年六月一〇日―六月二〇日、場所：吉林省四平市第一八中学校）

吉林師道大学の思い出——林鼎欽証言

〔略歴〕
林鼎欽（リンティチン）、男、漢族、一九二六年四月一六日生まれ。原籍：遼寧省遼陽市。離休（退職）時の所属：瀋陽市公安局、職務：監督指導員。日本占領時期に在籍した学校：吉林師範大学。
傀儡「満州国」支配時期に奉天市三経路小学校、奉天第四国民高等学校、吉林師道大学、長白師範学院を卒業し、瀋陽解放後は瀋陽市公安局で仕事をし、局長秘書、研究科科長、文化学校教務主任を歴任した。この間、誤った批判を受けて一〇余年職場を離れ、「四人組」粉砕後に名誉回復し、遼寧大学日本研究所講師となった。一九八二年、市公安局にもどり、処級研究員、監督指導員となった。一九八五年、離休（退職）した（司局級待遇）。

私は、一九四三年から一九四五年にかけて吉林師道大学に在学した。この大学は傀儡「満州国」唯一の高等師範学校であった。校舎は吉林市の郊外八百壟にあり、「九・一八」以前は吉林督軍の張作相が創設した吉林大学跡にあった。創設時は「吉林高等師範学校」と呼ばれていたが、後に「師道高等学校」と改称し、最後は「師道大学」となり、初等教育に従事する教師を養成する師道学校の上級校となった。この学校の教育目標は全東北（傀儡「満州国」）の中等教育教師を養成することにあり、傀儡「満州国」に設置された最初の高等教育機関であった。日本の傀儡政府はこの学校を重視し、全面的に植民地教育を実行するための重点校とした。

師道大学は九つの「班」（現在の学部に相当する）を設置していた。教育、国語（「満語」すなわち中国語と日本語）、歴史地理、数学、理化、博物（生物）、美術、音楽、体育の九班である。日本語と軍事訓練は各班の共通科目であり、この二科目は植民地教育を推進するための重点科目であった。校長（学長と称することもあった）、教務長、舎監

（主に学生の思想、生活を管理した）はいずれも日本人であり、軍事教官も日本人の現役将校であった（一人は少佐、一人は大尉であった）。これらは大学のすべてを日本人が直接支配していたことを示していた。教授や助教授など主なポストは日本人が占めていた。たとえば私のいた三班（歴史地理）には、歴史の教師は奥山（西洋史）、斎藤（日本史、大学の教務を兼任）、北山（東洋史）、地理教師の仁木、教育学の高山などがいた。当然、講義は日本語で行なわれていた。日本人教師の中で帝国主義、軍国主義を鼓吹したのは斎藤であり、反戦的傾向を示したのは仁木である。戦後、中日友好運動の幹部となった北山康夫（京都地区日中友好協会会長）もいた。

師道大学の学生は、民族ごとにはっきりと区別されていた。漢族、満州族、蒙古族は当時すべて「満系」と呼ばれ、朝鮮族は「鮮系」と呼ばれ、日本人は「日系」と呼ばれていた。学生の幹部の中では「日系」が主な地位を占め、生活待遇においても明らかな差別があった。食堂は寄宿舎の地下にあり、テーブルが東西二列に並べられていた。一つは「日系」の専用で、米のご飯が出た。もう一列は「満系」のためのもので、ここはコウリャンとトウモロコシであった。このように民族分割統治の方針がはっきり現われていた（当時の食事は大学負担であった）。日本人学生は優越感が強く、中国人学生を顎で使った。当時、朝鮮は日本の一「地方」（行政区画では「朝鮮地方」と称していた）となっており、朝鮮族学生の名前は日本名に改められていた。しかし朝鮮族の学生は自分たちの民族意識を持ち、中国人学生に同情していた。

一九四五年初め、一部の日本人学生が中国人学生と公然と衝突したことがあった。私のいた寝室は四人部屋で、二人が日本人であった。当時はすでにイタリアが降伏しており、戦局が急変して日本も敗北するのではないかという危機感がつのり、二人の日本人学生は落ち込んでいた。いつ徴兵されるかわからず、校外で酒を飲んで憂さを晴らし、深夜寄宿舎に帰ってきてベッドに横になってもなおしゃべり続け、私たちの安眠を妨害した。私たちが「静かにするように」と言うと、相手はベッドから飛び出してきて大騒ぎし、ほかの寝室の日本人学生十数人を呼び集めて、大声で怒鳴り声をあげた。この時、ほかの寝室にいた中国人学生も応援に駆けつけ、双方が睨み合いとなった。だが中国人側の人数が多かったので、日本人学生は手出しをしないまま事は終わった。

学校当局は、あらゆる機会をとらえて植民地教育を行なっていた。授業内容について言えば、私の学んだ歴史専攻科を例にとると、「満州史」は日本人の稲葉岩吉著『満洲発達史』を主軸に置き、粛慎族に始まり女真族を経て清朝までの「満州」における民族発展史を強調し、「満州国」独立のための歴史的理論の基礎としていた。日本史は皇国史観を叩き込むもので、「天照大神」を始祖とする虚構の神話に依拠して天皇家を「万世一系」の皇国の中枢とし、「八紘一宇」の軍国主義的世界観を宣揚するものであった。平素からあらゆる手段で思想教育を行ない、毎朝起床すると寄宿舎の廊下で「国民訓」を黙読させた。「国民訓」とは「国民として皇帝陛下に忠誠を尽くさなければならない」という内容の訓話である。後になると日本の軍隊用の「軍人勅諭」を黙読させ、直接日本

師道大学の校門

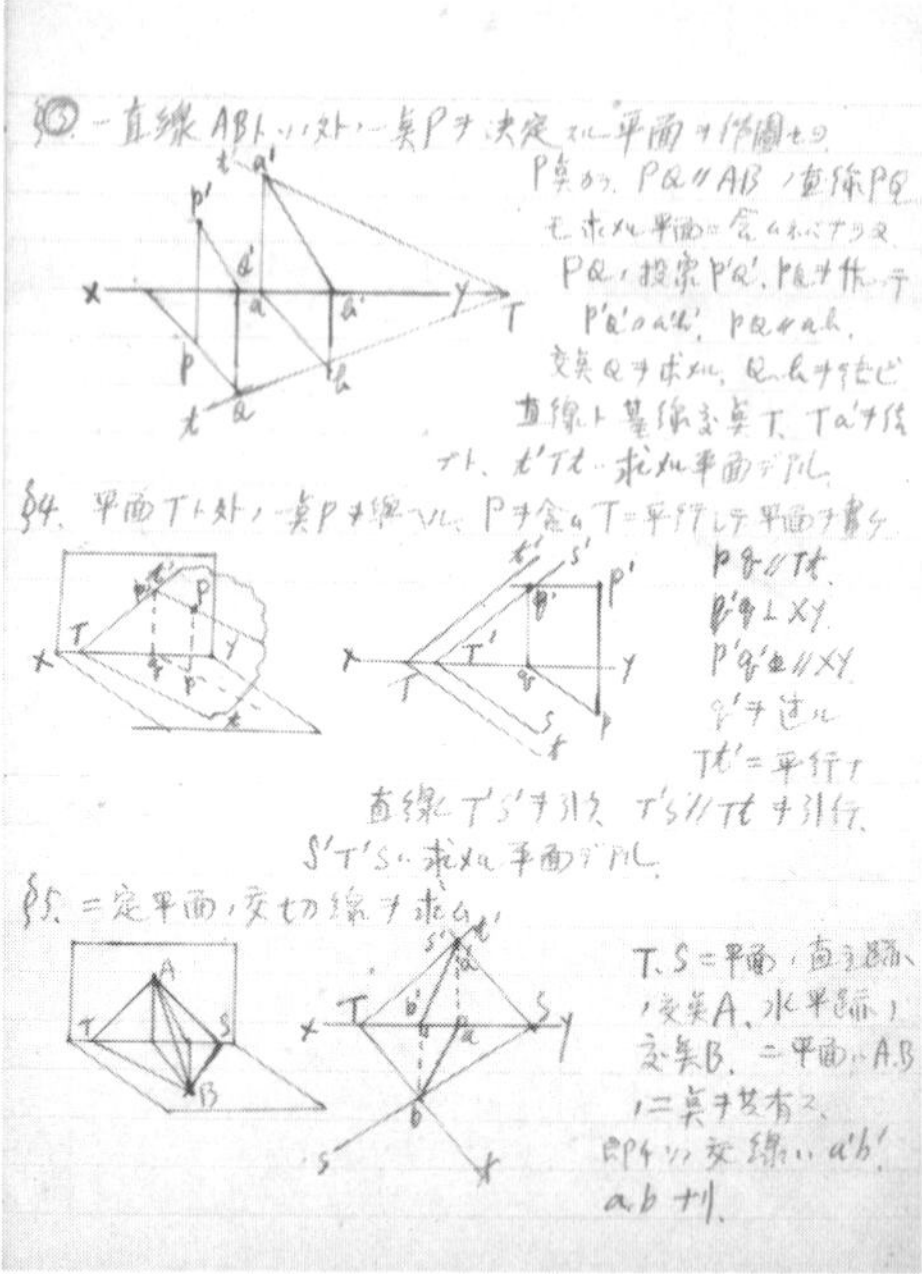

師道大学学生顔秉海の解析数学のノート

の「天皇陛下」に忠義を尽くすよう要求した。溥儀が訪日後に「天照大神」を迎えると、大学は校門の脇に「天照大神」を祭る小さな神社を建て、毎朝学生たちに参拝させた。「勤労奉仕」のような重要な行事に出かける時などは、参拝してから出かけるようにさせた。「神国」日本の祖先神を中国人学生の頭上に押しつけようとしたのである。植民地化の証として、これに過ぎるものはないであろう。

　軍事訓練科は、学校当局が軍国主義教育を行なう重要な手段であった。日本人教官により、完全に日本軍隊の操典に従って訓練するもので、しかもきわめて厳しい訓練を行なった。たとえば塹壕を飛び越える時は、まず前後左右に跳躍させた。汗で背中が濡れ、疲れきっても跳躍を続けさせた。教官は横でサーベルを持って監視し、粗を探しては峰打ちで叩いた。ある時、私は体力が続かず、塹壕を飛び越える時に腰を痛め、治るのに一ヵ月余りかかった。後で腰椎の一部がずれてしまい、その後一生障害が残った。

　もっと残酷な軍事訓練があった。三八式歩兵銃を肩にかつぎ、長距離の行軍をするのである（具体的な行程は忘れたが、吉林市から烏拉街までの五〇キロ余りと記憶している）。長距離行軍は半分以上が駆け足で行なわれ、体力の限界を超えるものであった。このような軍国主義教育は、思想を強制すると同時に、日本の侵略戦争のための弾よけ

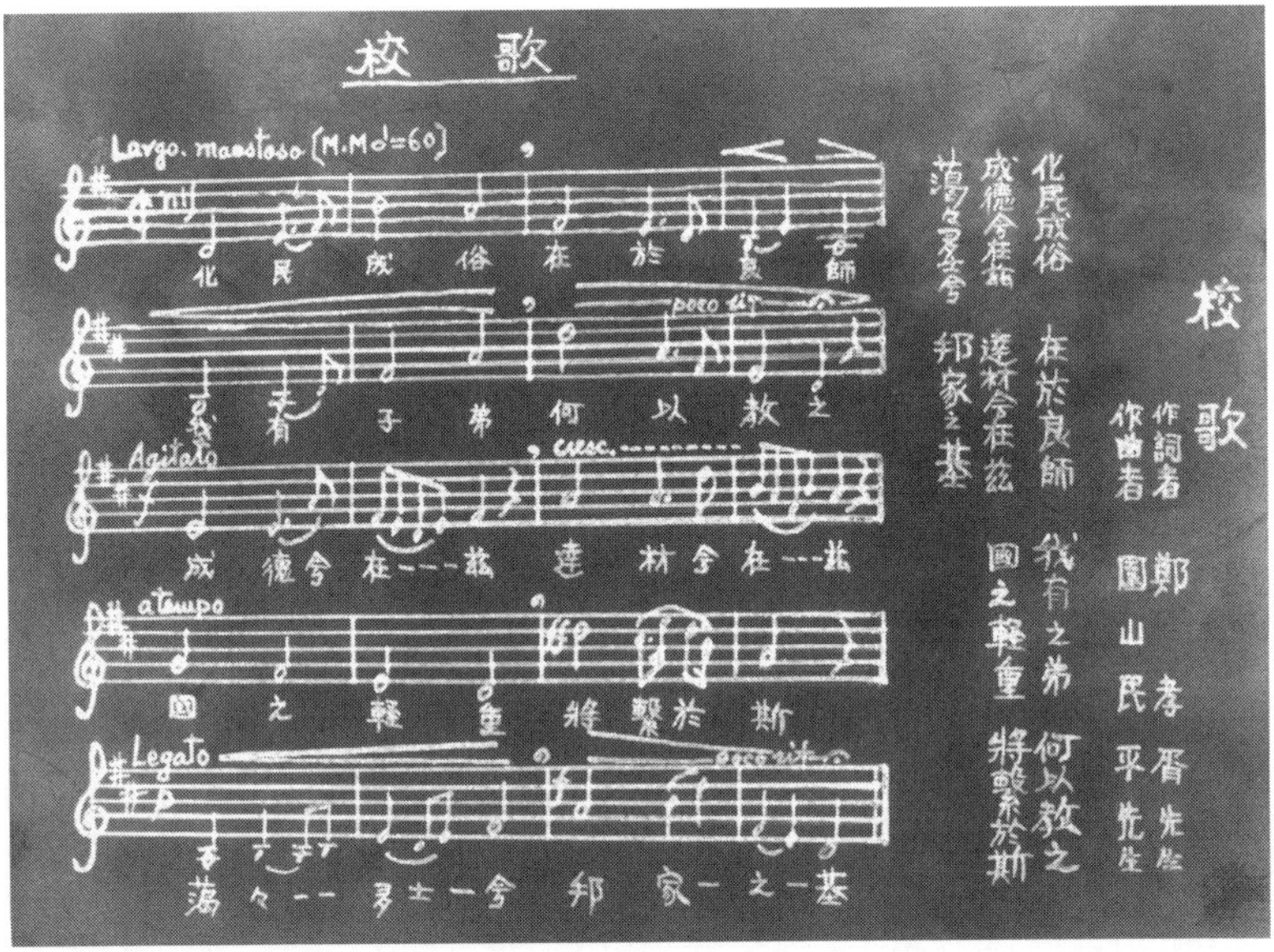

吉林師道大学の校歌

を養成するためのものであった。

学生を強制的に「勤労奉仕」に動員した。これは当時の日本帝国主義が、中国人を強制的に労働者として「勤労奉仕隊」に組織した大計画の一部であった。これは日本傀儡政権が無償の労働力を強制的に獲得する重要な手段であって、私が師道大学で参加させられた三回の「勤労奉仕」から見ると、直接日本帝国主義の侵略戦争に協力するものであった。

一九四三年の夏休み、傀儡「満州国」の各大学の学生は、東北のソ連と国境を接する辺境に軍用自動車道路を建設するために駆り出された。開戦前、日本軍はまさに戦略上「北進」（ソ連に侵攻すること、後に「南進」に変わり、東南アジアに侵攻した）を考えていたが、この道路は引き続き対ソ作戦に備えたものであった。その指揮者は「マレーの虎」と呼ばれた山下奉文であった。

場所は密林の奥深く、山に沿った辺境の地であった。私たちは汽車に乗って道河（東寧付近）で下車し、森林鉄道に乗り換えて進んだ。その後、鬱蒼《うっそう》とした日光の通らない原生林の中をまる一日徒歩で行軍させられた。蚊や虻に刺されながら、夏の猛暑の中で飢えと渇きは耐え難かった。野営地は山腹の草原の中で、テントは三、四尺しかなく、這って出入りしなければならなかった。各自二枚の薄い軍用毛布が支給され、一枚を敷き、一枚を掛けて寝た。草叢《くさむら》にはときどき蛇が這った跡を見かけた。ある晩、睡眠中に叫び声で飛び起きると、美術専攻学生の金克倹(解放後は魯迅美術学院で彫刻を教えた)の体の上に蛇が這い上っていた。彼は恐怖の余り叫び声を上げてテントから飛び出した。実は蛇だけではなく付近には野獣もいたために、毎晩焚火をして来襲に備える必要があった。

工事は岩山の山腹に道路を切り開くもので、非常に辛い仕事であった。少数の日本の工兵が爆破作業を行なったが、以外は、すべて学生が働かされた。学生は小隊・中隊に編成され、隊長にはすべて日本人学生と朝鮮族学生がなったが、実際は監督が脇で「早く、早く」と怒鳴っていた。毎日、日の出とともに仕事が始まり、日没にやっとその日の仕事が終わった。昼は長く、毎日の労働は十数時間にも及び、昼食の時以外は休息することは許されなかった。過重な労働によって多くの学生が健康を害したが、休むことはできなかった。食料が尽きて、山に生えている野草で飢えをしのいだこともあった。私と他の二人の学生は厨房付近で干からびたネギを二本見つけ、宝物のように口に入れて、互いに顔を見つめあった。お互いの眼に涙が浮かんでいた。解放初期、ある出版物(名前は忘れた)に同窓生の劉文玉が書いた「奴隷にされた日々」という文章を読んだことがある。当時の奴隷のような生活を書いたものである。

一九四四年夏の「勤労奉仕」は、大興安嶺に飛行場を建設するものであった。労働のきつさと苦しさは前の時と同じで、ただ寝泊まりするところが筵掛けであったことと、食事に一回だけ豆腐が出たことだけが違っていた。学生にとって幸いだったのは、付近にもう一つ労働者の小屋があったことである。筵掛けの小屋も民間から徴集されたこれらの労働者が作ったもので、豆腐も労働者が自分たちで工夫して作ったものであった。労働者の待遇は私たちよりさらに悪かった。小屋の付近の谷に、半分焼かれた労働者の死体を何体か見かけた。過労死か病死だったのだろう。山野に遺体を放置されるとは、悲惨の極みである。亡国の恨みは私たちの胸に深く刻み付けられた。

思想上の支配と政治上の圧迫は、日本が東北に植民地支配を行なう上での二つの手段であった。日本は何回も傀儡「満州国」の大学の校内で学生を逮捕し、迫害した。私が知っているのは、師道大学で卒業式の後（一九四四年の冬だったと思う）、卒業生の金広寰や張継寛などが日本の憲兵隊に逮捕連行されたことである。その後の彼らの消息は不明である。

当然、圧迫が大きければ大きいほど反抗も強くなり、植民地支配に反対し、祖国の解放を熱望する心は、学生たちの間で日増しに広がっていった。ごく一部の学生は学校を離れ、さまざまな道を経て抗日闘争に参加していった。

（聞取り時期：二〇〇〇年七月七日、場所：瀋陽市瀋河区大西路三盛委二二三号）

「満鉄」沿線の瓦房店福徳小学校——鄭炳聚 証言

〔略歴〕

鄭炳聚（ジョンピンジュー）、男、漢族、一九二二年一〇月一二日生まれ。原籍：遼寧省瓦房店市。離休（退職）時の職場：瓦房店市高級中学校。職務：副校長。日本占領時に在籍した学校：国立瓦房店師道学校、日本占領時の職場：瓦房店福徳小学校（前身は瓦房店公学堂）。

一九三八年—一九四一年、傀儡「満州国」国民高等学校に在学する。

一九四二年—一九四三年、傀儡「満州国」師道学校本科に在学する。

一九四三年—一九四五年、瓦房店福徳小学校の教師となる。

一九四六年—一九四七年、瓦房店中心小学校の校長、瓦房店特別区文教助理となる。

一九四八年—一九七七年、瓦房店高級中学校の教務主任となる。

一九七八年—一九八三年、瓦房店高級中学校の副校長となり、離休（退職）する。

私は一一歳になってから、ようやく就学した。当時、日本はすでに東北を占領し、あらゆる機会を利用して中国人児童を奴隷化し、自分が中国人であることを忘れさせようとしていた。しかし、私は絶対に自分が傀儡「満州国」国民であることを認めたくなかった。小さい時に東北軍閥の支配下にあったとはいえ、それは中国人自身のことであって、日本はやはり外国であった。

日本の軍国主義が東北を侵略した後にでっちあげた傀儡「満州国」は、ありとあらゆる教科書や雑誌、さらにそれ以後に出版された小説にまで「大同」や「康徳」の年号を用いて、「中国」という二つの文字を教科書から完全に抹消し、生徒たちに次第に中国を忘れさせようとしていた。

日本傀儡政権は「一徳一心」を高く掲げ、「王道楽土」「五族協和」「共存共栄」の国を建設しようとした。この目的を達成するために、毎朝、神社、皇居、帝宮に対して旗を掲げ、遥拝と黙禱をさせた。何か大きな集まりがあると「皇帝登基詔書」を朗読させ、後に皇帝が訪日すると「回鑾訓民詔書」を朗読させた。日本と「満州」の関係は「友邦」から「親邦」に変えられた。小学生たちはこっそり話し合った。「傀儡『満州国』皇帝を天皇の息子にするつもりらしい。息子は何でも親の言うことをきかなければならない、まったくたまったものではない」。

日本は中国人民を同化して奴隷のようにこき使うために、就学年数を短縮して各科目のレベルを下げた。もともと中学校は初級・高級それぞれ三年であったが、傀儡「満州国」の学校制度では各々二年に短縮し、「国民高等学校」と改称して四年制とした。語文（中国語）と日本語を合わせて「国語」と称した。日本語がどうして「国語」になるのかわからなかった。しかも日本語の授業時間は多かった。数学、理科、化学の配当は毎週二、三時間に過ぎなかった。瓦房店国民高等学校は農業科専攻なので農業に関する科目が多く、たとえば野菜、作物、土壌、肥料、気象、牧畜などが授業科目に加えられた。生徒は毎日肥料をやり、畑を耕し、除草、間引き、追肥、病虫害予防などを行なった。きりのない農作業を農民と同じようにやらされた。このほかに「勤労奉仕」が加わるので、勉強時間はいくらもなかった。

授業の中では「天照大神」「八紘一宇」「靖国神社」「万世一系」などの神権思想を中国人に強制した。瓦房店東山公園内に中国を侵略して死亡した日本国軍人のために大きな「忠魂碑」を建て、教師が生徒を引率して参拝・黙禱し、周囲で「勤労奉仕」をやらされた。地面をならし、芝を植えた。しかし、中国人には中国人の精神文化がある。「天照大神」や「神武天皇」など何だというのだ。これらは中国人とは相容れないものである。

太平洋戦争が始まると、日本は思想統制と物資配給制を強化し、毎日「大東亜戦争必勝」「米英は必ず敗北する」と主張した。侵略は一種の強盗行為であるのに、これを「聖戦」とこじつけ、「武運長久」を祈らせた。「盗人猛々しい」とは、まさにこのことである。日本と「満州」が「親邦」であり「一徳一心」「共存共栄」となったにもかかわらず、日本人には米を配給し、中国人にはトウモロコシを配給した。中国人が米を食べると経済犯とされた。そのうちに中国の生徒たちはドングリの実を食わされるようになった。「一徳一心」「共存共栄」は無情な皮肉となったのである。やがて中国人教師たちも、授業中にこのスローガンを持ち出すようになった。何かというと「一徳一心」「共存共栄」と言うようになった。だが日本人は米を食べ、中国人は喉を通らないドングリの実を食べていた。

学校の指導体制は、一般に校長は中国人で副校長は日本人となっていた。しかし校長は看板だけで、実質的には副校長がすべての権力を握っていた。当時の政府、機関、企業、学校はすべて同じようであった。日本人教師は日常ほしいままに生徒たちを撲り、同僚の中国人教師を罵り、勝手放題であった。「思想犯」のレッテルが至るところで用いられたので、人々はみな用心深くなり、じっと我慢して禍から逃れようとしていた。

一九四三年、私は瓦房店福徳小学校の教師として配属された。この学校はもともと満鉄が開設した瓦房店公学堂であった。福徳小学校とは、どんな学校だっただろうか。

一九〇四年の日露戦争で帝政ロシアは日本に敗北し、南「満州」から撤退した。日本は旅順・大連地区を占領し「関東州」と改称した。東清鉄道南部線を接収管理し、満鉄を設立した。しかし、当時の在「満」日本人だけでは満鉄の経営や管理を行なうには大きな困難があった。大量の中下級職員と労働者を現地採用することが必要となった。しかしながら、当時の中国人はみな日本支配下の地域には働きに行きたがらなかった。しかも言葉が通じず、文化的習慣の違いなどの困難もあった。そこで日本は、満鉄付属地に中国人のための初級小学校・高級小学校に相当する瓦房店公学堂、普蘭店公学堂などを設立し、自分たちで生徒を募集し、日本語その他の科目を学ばせたのである。卒業後は鉄道作業の中下級職員や労働者として採用した。

一九四三年以前に、日本はすでに中国の半分を侵略していた。日本は「日満親善」「一徳一心」の実績を示すため

畢業證書
學生劉樹德係安東省桓仁縣人現
年十五歳在本校初級小學修業期
滿成績及格准予畢業此證
桓仁縣立西關初級小學校校長張佩綱
康德四年十二月十三日

桓仁県西関初級小学校の卒業証書

に瓦房店の治外法権を放棄し、租借地の名目で公学堂を傀儡「満州国」教育部の管轄に移管し、「瓦房店福徳小学校」と改称したのである。このことは、実際は日本の「満州」における教育権の拡大につながるものであった。瓦房店のすべての教育に関する会議は福徳小学校で開催され、模範授業もここで開かれた。

　私は一九四三年春に福徳小学校に着任した。校長は日本人で、教務主任も日本人だった。四年生以上のクラス担任も日本人だった。中国人教師はただ一、二、三年生を教えるだけであった。日本人教師と中国人教師はほぼ同数であったが、いっさいのことは日本人が掌握していた。

　一九四三年という年は、ちょうど福徳小学校創立三〇周年にあたっていた。警務部門の許可を得て、三〇年来の卒業生が記念行事に参加した。その行事の中で、私はいろいろの裏話を耳にした。

　その一——学校が創立された時は、鉄道付属地の中で瓦葺きの五間の民家を借り、三五人の生徒が入学した。生徒募集には苦労したという。当時の卒業生はすでに壮年となっていたが、いずれも日本語はよくできた。

その二――三〇年の間に校長が何人か交替したが、ほとんどが階級が高く、いわゆる「中国通」であった。初代校長の福井優は傀儡「満州国」の新京の大和通尋常小学校の校長になった。彼は二等官の職にあって、傀儡「満州国」の副省長クラスか庁長クラスの幹部であった。一九四〇年頃に伊藤という校長がいたが、彼の月給は金一二〇円（当時の中国人教師は最高額でも三〇元ほどでしかなかった。一金票は傀儡「満州国」の元に換算すると二元となる）であった。また、学校の図書室に「酒井」という蔵書印の押した本を見かけたが、古参の教師によると、酒井校長は中国の『四書』『五経』『通鑑』『左伝』『論衡』などの古典すべてに通じていた。このことからも、日本人がいかに力を入れて学校を運営していたかがわかる。公学堂卒業生に聞くと、当時の中国人は日本人の学校に入りたがらず、校長は生徒たちの服装も問わず、「何を着てもよい、裸足でもよい」とまで言ったそうである。下校時に雨が降りやむのを待っていると、生徒に食事を与え、一人当たり二枚の焼餅（シャオピン）を食べさせた。生徒の中に貧しい者がいれば、教科書、筆、紙などを配った。卒業すれば、駅の改札係や管理の仕事、車掌・鉄道巡回工などの職を紹介し、就職させた。このようにして少しずつ生徒を懐柔していったのである。

一九四三年になると、やっと六学年八クラスにまで発展した。高学年の授業ではすべて日本語を用い、低学年にも日本語の授業の時は中国語を使わせなかった。日本語を強制したのは同化するためである。

太平洋戦争が勃発した後、多くの日本人の若い教師は、いつ徴兵されるかと不安で戦々兢々としていた。徴兵されて行く人はみな涙を流し、大砲の的にされることを嫌がっていた。教育の現場に立つ日本人教師は質も量も大幅に低下し、多くは日本で就職できなかった中学校や中等専門学校の卒業生が生活の糧を求めてやってきた人々であった。たとえば日本人教師の浜田義美は北九州の出身で、初めて瓦房店に来た時は得利寺農場で働いていたが、後にそこの学校の教師となった。一九四四年冬に彼は休暇をとって帰省したが、半月で戻ってきた。私が彼に「なぜこんなに

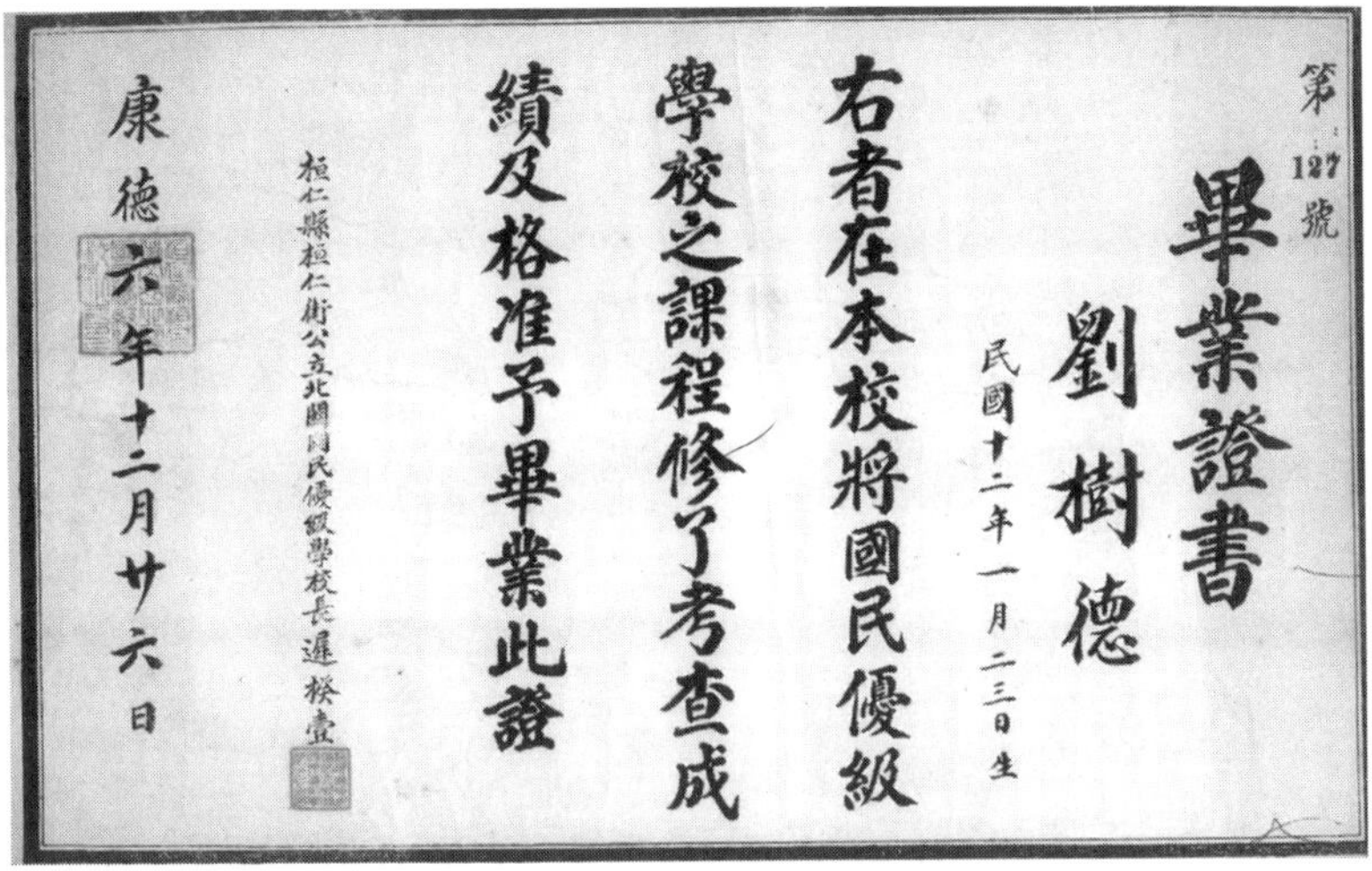
第127號
畢業證書
劉樹德
民國十二年一月二三日生
右者在本校將國民優級
學校之課程修了考查成
績及格准予畢業此證
桓仁縣桓仁街公立北關國民優級學校長遲揆壹
康德六年十二月廿六日

桓仁県公立北関国民学校の卒業証書

早く帰って来たのか」と尋ねると、「北九州がアメリカ軍に爆撃されて一面の焦土と化し、食べる物も住む所もなくなった。さらに敵が玄界灘に一万発の水雷を投下したので船がたびたび沈められるようになり、早く帰らなければ戻って来れなくなるからだ」と言って、非常に気落ちした様子であった。気の毒なことに、一九四五年の春に彼もまた関東軍に徴兵された。応召前に、彼にどんな気持ちかと尋ねると、「ロシア人は背が高く体が大きい、日本人の体格は小さくて低い、銃剣を交えれば、まず自分は殺されるだろう」と言って俯いていた。

一九九二年春、奉天の外事処から突然連絡があり、浜田義美が瓦房店に訪ねてきて「知り合いに会えないので教育委員会を訪ねたら事情を知る人が貴方を紹介した」と言ってきた。私に会うかどうか尋ねたので、「会ってもいい」と答えた。翌日、外事処から迎えの人が来て、瓦房店東山ホテルで浜田に会った。彼はとても懐かしそうに挨拶した後で、自分の妻を紹介した。一九四五年に徴兵された後のことを彼に聞くと、関東軍に入って長春に駐屯していたが、同年八月にソ連が日本に宣戦布告すると彼は一発も銃を撃つことなく捕虜としてソ連に連行された、という。「シベリアの天地も凍る大森林で、木材の伐採をしたり道路を建設したり、鉱山の鉱夫などをして毎日一二時間働かされ、満足な食事も与えられなかった」、そう話しながら、彼は立ち上がって曲がった腰と禿げあがった頭を見せた。彼は私より一つ年上である。私が重点高級中学校の副校長をしていると聞くと、非常に羨ましそうに、親指を立てて「君は幸福そうだな」と言った。私は「君だって今は幸せそうではないか」と答えた。

彼は一九五〇年にやっと日本に送還されたが、当時の日本はまだ衣食住に事欠く時代であった。アメリカが朝鮮戦争を起こしてから日本はアメリカの基地化され、日本経済は好転した。その後、彼は結婚して、妻と二人でずっと定年まで小学校の教師をやっていたという。

浜田は「アカシア祭り」のツアーに参加し、旅順、大連まで来た。福徳小学校の生徒や同僚に会おうとして会えず、教育委員会を通して連絡をとってもらい、私にやっと会えたという。彼は日本に帰る日が迫っていたし、金もあまり余裕がなさそうであった。私が車に乗って窓から手を振ると、妻と二人で腰を九〇度に曲げてお辞儀をしている姿が見えた。

私は、一九四五年「八・一五」に日本が無条件降伏した当時のことを思い出す。日本人男女はみな一ヵ所に集められ、女性は頭を剃り、男性は隅に小さくなっていた。衣服や家財道具など売れる物はすべて売り払い、日本に送還されるのを待っていた。食べるものはオカラぐらいしかなく、生きて帰国できれば最高の幸せであった。日本人が苦痛を味わうのは他国を侵略した結果であり、その末路は惨めなものであった。「皇軍必勝」「武運長久」「大東亜共栄圏」など、ことごとく吹っ飛んでしまっていた。

（聞取り時期：二〇〇〇年六月二九日、場所：遼寧省瓦房店市高級中学校）

私の学んだ綏中国民高等学校——高徳樹 証言

〔略歴〕

高徳樹（ガオドーシュー）、男、満州族、一九二六年三月六日生まれ。原籍：遼寧省興城市高家嶺郷高家嶺村。離休（退職）時の所属：遼寧省興城市高家嶺郷中心小学校。職務：校長。日本占領時期に在籍した学校：綏中国民高等学校、傀儡「満州国」中央農事訓練所。


一九三四年春、初級小学校に入学する。

一九三九年春、綏中城内上帝廟高級小学校に受験入学する。

一九四〇年冬、同高級小学校を卒業する。

一九四一年春、綏中国民高等学校に受験入学する。

一九四四年冬、綏中国民高等学校を卒業する。

一九四五年二月、傀儡「満州国」中央農事訓練所に受験入学する。同年八月一五日、日本投降後、故郷に戻る。

一九四六年—一九四七年冬、綏中で商業に従事する。

一九四八年一〇月、革命に参加する。故郷で小学校教師となる。

一九四九年、興城県三区第一中心小学校の教務主任となる。

一九五〇年一月、第一中心小学校の校長となる。

一九五〇年五月、興城県県立第七完全小学校の校長となる。

一九五二年九月、興城県高家嶺郷中心小学校に戻り校長となる。

一九七五年九月、中国共産党に入党する。

一九八二年九月、離休（退職）する。

私は一九二六年生まれで、現在満七四歳である。私は、勉学の時をすべて傀儡「満州国」支配下で過ごした。一九三四年春、八歳で初級小学校に入学し、一九三九年春に高級小学校に入学した。一九四一年春、綏中国民高等学校に入学して一九四四年冬に卒業し、一九四五年二月に傀儡「満州国」中央農事訓練所（新京）に受験入学した。同年八月一五日、日本の無条件降伏によって学校は解散し、九月初旬故郷に戻った。この時、私は一九歳であった。

私は小学校一年から奴隷化教育を受けた。教師はいつも問答訓練として低学年生に「君は何国人か」と聞き、私たちは「満州国人」と答えなければならなかった。これは、その頃「督学」が学校に視察に来ることになり、事前に訓練させられたのである。

初級小学校四年から日本語学習が始まった。日本語、「満州語」、算術の三つが主要科目であり、このほかに体育、音楽、図画などの科目があった。

一九三九年、私は一三歳で綏中城内の上帝廟国民優級学校（高級小学校）に受験入学した。当時この学校は綏中県の中で最もクラス数の多い小学校で、二十数クラスがあって生徒数は一〇〇〇人を超し、教職員と用務員合わせて四〇人余りがいた。この高級小学校の卒業生は進学率が最も高かった。

私はここを卒業した後、一九四一年春に錦州省立綏中国民高等学校に受験入学した。当時の傀儡「満州国」は、もともと初級中学校三年・高級中学校三年であったものを合わせて国民高等学校とし、四年制とした。卒業すると傀儡「満州国」の大学や専門学校を受験することができた。たとえば奉天の建国大学、新京の法政大学、奉天農業大学、奉天畜産獣医大学、奉天の満州医科大学、吉林高等師範学校、ハルピン学院、軍官学校、警察学校などである。

国民高等学校は、聞くところによるとすべて省立学校であり、工業科、農業科、商業科などの専攻に分かれ、甲乙の二種類あった。綏中国民高等学校は甲種農業科であった。錦州第二国民高等学校は商業科であり、阜新国民高等学校は工業科であった。高級小学校卒業生は、商業科の国民高等学校に入学を希望する者が多かった。それは商業科の国民高等学校には農業と労働実習がなかったからである。錦州にはこのほか師道学校があり、本科と特修科に分かれていた。本科は中級師範学校、特修科は初級師範学校に相当した。

上半身裸で「建国体操」行なう生徒たち

綏中国民高等学校は綏中城外の西南郊外、現在の綏中第一高級中学校の場所にあった。毎年三クラス、生徒約一八〇人を募集した。全校で一二クラス、生徒数七〇〇人余り、教職員と用務員は合計三〇人余りいた。私は綏中国民高等学校で四年間勉強したが、その間に校長が四人替わった。前の三人の校長はいずれも中国人であり、最後の校長は日本人で藤原久吉といった。この間、副校長は二人とも日本人で、前任者は牛島敬吾、後任者は川崎正人といった。牛島副校長は綏中国民高等学校に在職している期間がやや長く、四年以上であった。この牛島副校長はたいへん厳しく、もっぱら階級的上下関係を重んじ、下級生は上級生に服従しなければならないという軍国主義的方式を強制した。学校の規定では、生徒同士が室外で出会った時、下級生は上級生に対して挙手の礼を行なわなくてはならなかった。敬礼をしなければ上級生は叱ったり撲ったりしてもかまわないとされ、もし下級生が異議を唱えれば「教師が上級生の立場に立って処理する」となっていた。教師と生徒間は、規定では「生徒は教師の姿を一見しただけで起立、敬礼して挨拶しなければならない。さもないと厳罰に処す」とされていた。

一九四二年前期のある日の午前、朝食後に生徒が次々と登校してきて、授業の始まる前に教室の内外で自習したり、自由にふるまっていた。この時、牛島副校長が校門を入ってきたが、数人の生徒がこれに気づかず、敬礼・挨拶するのが遅れた。副校長は怒り出して、この十数人の生徒を呼び集め、一列に並べて一人ずつ拳骨で撲って足蹴にした。さらに「気をつけ」「休め」「左向け、左」「右向け、右」「左にならえ」「右にならえ」「歩け」と次々に号令を掛けて動作をやらせた。さんざん罰した後で、この生徒たちを「除籍する」と宣言した。その後、金栄閣校長が日本人と交渉して省の教育庁に願いを出し、数ヵ月後、除籍になった生徒たちは復学となった。

牛島副校長については、当時ひそかに「彼は日本のスパイだ」と言う者がいた。綏中副県長ですら彼を恐れていた。噂では、彼は毎日手紙を二通出す、ということであった。日本降伏後に戦犯名簿が公開されたが、その中に牛島敬吾の名前があったという。本当かどうか私は知らない。

もう一人の日本人副校長の川崎正人は、生徒に対する態度が穏やかで、生徒たちは彼をこっそり「おばあさん」と呼んでいた。

さらに久保田勤という日本人教師がいた。彼も生徒たちに対する態度は割と穏やかで、生徒たちから「のんびり禿」と呼ばれていた。彼は陸軍大尉であって、日本の皇族であると噂されていた。日本人教師はほかにも橋田登、小林六郎、西村善吉、山城維郎、毛利文門、伊達山好雄などがいた。山城と橋田は生徒に対して厳しく、何かというとすぐに怒鳴ったり撲ったりした。伊達山と小林は生徒に対して穏やかで、特に西村先生は優しかった。ある時、日本人教師が私たち生徒を撲っているのを目のあたりにした西村先生は、我慢しかねるといった様子で教壇に上り、涙を浮かべて「諸君、悲しむことはない。彼ら（生徒を撲った日本人教師）はわかっていないのだ。彼らのようなやり方で『日満一徳一心』『日満親善』を推し進めれば、どうして『大東亜共栄圏』を建設できようか。私は中国を侵略した日本の者たちを二つの派閥に分けられると思う。一つは東条英機を頭とする軍国主義派であって、彼らは武力で中国を

軍事訓練での閲兵式

征服しようと考えている。もう一つは近衛文麿を頭とする穏健派であって、懐柔政策によって、笑顔の裏に剣を隠して中国を侵略していこうというものである。両派は手段は異なっていても、中国を日本の植民地にしようという目的は同じである。道は違っていても、目ざすところは同じである」。西村善吉先生は、おそらく近衛文麿首相派に属する考えの持ち主であったかもしれない。

当時、綏中国民高等学校に在職していた中国人教師たちは、ある者は日本人にへつらったが、ある者は日本人を恐れず、時には日本人教師を個別に批判した。たとえば侯俊山先生や李子春先生などは、民族的気概を持った中国人であった。しかし抗日の気持ちを持っていても、表面に表さない教師が大部分を占めていた。

国民高等学校に四年間在学して学んだ科目は、政治（国是）、日本語、「満語」、数学、物理、化学、鉱物、生理衛生、農業、林業（概論）、軍事訓練、体育、音楽、美術、歴史、地理、労働実習などであった。中国歴史と中国地理は教科書の中では世界歴史や世界地理の一部に組み込まれ、傀儡「満州国」地区と日本の地理と歴史はかなり詳しく教えられた。労働実習と軍事訓練の配当時間が多く、ほとんど毎週三時間から六時間もあった。

一九四四年の春から夏にかけて、私たち綏中国民高等学校の生徒は、錦西老龍湾にいわゆる「勤労奉仕」に行かされた。四年生は四ヵ月ぶっ通しで「勤労奉仕」をやらされ、三年生は二ヵ月やらされた。老龍湾の工事現場に着くと、朝から晩まで岩壁を切り開き、手押し車で石を運搬させられた。少しでも気を抜けばたちまち負傷する危険な作業であった。後期には、海岸に石を敷く作業をやらされた。彼らは、これは戦略的に必要で、これらの労働は「聖戦」に貢献するものである、と称していた。筵掛けの小屋に寝泊まりし、食事はトウモロコシの薄い粥（少量のドングリの粉が入っていた）が主食であり、生徒は自分たちで塩漬けの野菜を用意し、あるいは海老殻を粥に混ぜて飢えをしのいだ。飲料水は山間の谷に浅い井戸を掘り、適当に間に合わせていた。付近の山腹には、以前ここで死んでいった労働者たちの死体や遺骨、さらに人糞などの汚物も此処彼処に捨てられていた。こういう所の水を飲料水にするのは考えただけでもぞっとしたが、どうしようもなかった。当時、生徒たちは次のような歌を作った。

老龍湾と聞くだけで、涙がぽろぽろ
筵掛けの小屋に泊まり、糊のような粥を食い、苦労に苦労を重ねる
小屋の中は蚊がぶんぶん、蛙が跳ねて、いつも布団のそばにいる
汚水を飲まねばならない、飲まなければ生きていけない
飢え死にしても誰も見向きもされない

「勤労奉仕」と称していたが、その実態は「ただ働き」でしかなかった。綏中国民高等学校と興城国民高等学校の両校から来た教師と生徒は、同じ現場で共に働いた。四ヵ月たって工事が終了すると、早くも夏休みが近づいていた。夏休みが終わり新学期が始まってまもなく、省の「軍事訓練大検査」のために毎週二日か三日、半日の軍事訓練があった。私たちは「山頂に駆け登れ」「谷底を駆け抜けよ」「匍匐前進せよ」と次から次に命令され、「銃剣術訓練」などの軍事訓練をやらされた。軍事訓練が済むと、進学試験や就職試験などが次々に始まった。この一年間は、教室で授業を受けないままウヤムヤのうちに卒業となった。

高級小学校（当時は「国民優級学校」と称していた）から国民高等学校に至るまでの六年間の生活で、教師が飽きることなく繰り返し言っていたことは、「天皇陛下への忠誠」「皇帝陛下への忠誠」などであった。毎日、朝の体操の前の朝礼では、教師と生徒が列を作って、まず東方——日本の東京に向かって「天皇陛下」を遥拝し、その後、今度は東北の長春（当時は「新京」と称した）に向かって「皇帝陛下」を遥拝し、終わると前線の兵士たちの健康と「勝利」（侵略）を祈念して黙禱した。それから声をそろえて「国民訓」を暗唱した。このような儀式が毎日の朝礼で必ず繰り返された。学校では規則上、校門を出入りする時はまず校内の神社に脱帽してお辞儀をすることになっていた。これがいわゆる「天照大神」への拝礼であった。これをなおざりにすると、日本人教師から厳罰を食らった（校内には、校門に面して約三〇〇メートルの所に鳩小屋のような小さな神社があり、中に「天照大神」が祭ってあると称していた）。

校内の寄宿舎の教師と生徒は食堂で食事をとるたびに号令を掛け、一人一人手を合わせて「天照大神」と「天皇陛下」や「皇帝陛下」、両親に感謝の黙禱を捧げ、声をそろえて「いただきます」と大声で言い、全員が食べ終わると再び号令を掛けてもう一度黙禱し、今度は「いただきました」と大声で声をそろえて言った。

傀儡「満州国」の時期、特に太平洋戦争勃発後は、人間の生存に関わる食糧が厳しく統制されるようになった。街や村の住民、労働者、学校の寄宿生に対して厳しい食糧配給制が実施された。それにともなって闇市の米の値段が暴騰した。食糧ばかりでなく、精神の糧となる書籍や雑誌も手に入りにくくなった。書店に入っても、書籍の種類も冊数もわずかしかなかった。日本侵略者は傀儡「満州国」において思想と文化の「大封鎖」を行ない、少しでも植民地支配に不利な書籍や雑誌があると、ただちに発禁処分とした。理科系の書籍さえかなり欠乏し、私たちは関内（山海関以内）で発行された商務印書館や中華書局の出版物を見ると大喜びし、喉から手が出るほど欲しかった。傀儡「満州国」内で買えないか、手に入りにくい比較的良い書籍が必要な時は、しかたなく日本から日本語の書籍を通信販売で取り寄せた。日本語の書籍は装丁がよく、価格も安く、上製本が多かった。日本語が余りできなくても、中学生ぐらいになると何とか読めたのである。特に理科系の書籍はわかりやすく、とにかく無いよりはましであった。

日本侵略者による私たち東北地区の青少年に対する精神文化面での破壊工作は、計り知れないものであった。私たちはどんなに惨めであったことか。今日、中国の文化書籍の百花繚乱の出版状況を見るにつけ、当時の不自由さと比べて隔世の感がある。残念なことに、私は年をとってしまった。昔を思い出すと感無量である。

これらすべてのことは、日本侵略者が植民地の人民、特に青少年に祖国を忘れさせようと意図してやったことである。しかし、弾圧が激しくなればなるほど反抗も強くなり、民族的気骨があり愛国心のある生徒たちは誰もが侵略者を呪い、抗日戦争の早期勝利、祖国の早期解放を願い、敢えて亡国の民となることを潔しとはしなかった。

一九四五年二月、私は傀儡「満州国」中央興農部（農林部）の運営する中央農事訓練所に受験入学した。校舎は当時の長春浄月区何家屯にあった。学生は中国、日本、朝鮮の三民族の中学卒業生で、約三〇〇人が在籍していた。日本人学生は日本「内地」から、朝鮮族の学生は朝鮮から、中には東北地区からきた朝鮮族の学生もいた。日本人と朝鮮族学生は合わせて全学生の半分を占め、残りは私たち中国人学生であった。教師は大部分が日本人で、中国人教師は少数であった。中国人教師の多くは日本の大学や専門学校を卒業した者であった。また教職員と用務員合わせて一〇〇人余りがいた。校長は鈴木辰雄といい、上級高等官の等級を持つ日本の帝国大学出身者であった。教務主任は日本人の池茂治であり、高等官であった。噂によると、彼も日本の帝国大学出身とのことであった。

学生は農業、林業、畜産の三系統に分けられていた。基礎科と傀儡「満州国」農業、林業、畜産の各科は大学や専門学校の課程と同じであった。この学校の特徴は「勉強しながら実践する」ということで、農業試験場があり、科学的な試験を行なう農場もあった。授業は労働実習も食事も民族別とせず、すべて統一的に行なわれ、宿舎だけが日本人学生用の宿舎と中国人、朝鮮族用の宿舎に分けられていた。朝鮮族は日本帝国主義による植民地支配の時期が長く、植民地人民としての奴隷体験がより深かった。このため朝鮮族の学生は抗日的言動が激しかった。もちろん日本人教師や生徒にゴマをする恥知らずな朝鮮族学生もいるにはいたが、彼らは総じて私たち中国人の抗日心とは比べものにならないほど強かった。

学校当局は、特に教師と生徒の思想言動に注意を払っていた。日本人の教務主任池茂治は、学生の集まりがあるたびに学生の中に紛れ込み、直接学生の表情や行動を観察し、意識的に学生に圧力を加えた。もう一人、軍事訓練の日本人教官古川は、上海事変の時に戦闘に参加した経験があり、いつも「武士道精神」を宣伝し、「『天照大神』に忠誠を尽くし、天皇に忠誠を尽くす自分のような人間が大日本帝国の大黒柱である」などと言い触らしていた。

日本帝国主義は、中国侵略戦争と太平洋戦争において敗北を重ねた。末路に近づいた一九四五年八月八日の夜、長春の一部の地域、たとえば四道街などが爆撃され、戦争は最も緊張した状況を迎えた。八月一五日、日本の天皇は無条件降伏を宣言し、日本人教師と学生は緊急集会を開いた。中国人の教師と生徒も集合したが、朝鮮族学生は一人も来なかった。この時、私は一つの祖国、一つの民族（中華民族）の生死を共にする心情を感じた。侵略者は降伏し、祖国は解放された。私たち中国人学生は「私は満州国人です」という亡国の民的言葉を永遠に耳にすることはなくなった。私たち黄帝の子孫は、一四年の長きにわたって心に秘めていた言葉を、今、公開の場所で、群衆の中で大声で叫ぶことができる。あの時の晴れ晴れとした気分は、亡国の民になったことのない人には理解できないものである。

日本人教師と学生が緊急集会を開いている時、ホールの入口で、普段私と仲の良かった日本人学生の青田健司が遠くから私を見つけ、人垣の中で飛び上がって大きな声で私の名前を呼んだ。彼は涙を流しながら別れを告げた。私は彼が北海道の出身であるということは知っているが、それ以上の詳しいことはわからない。この友人が生きていれば、七〇歳余りになっていると思う。

（聞取り時期：二〇〇〇年七月三日、場所：遼寧省興城市高家嶺村）

傀儡「満州国」教育の回想――姚忠声 証言

〔略歴〕

姚忠声（ヤオジュンション）、男、漢族、一九二八年一一月二日生まれ。原籍：北京市。離休（退職）時の所属：吉林鉄路経済学校。職務：科長。職称：高級講師。日本占領時期に在籍した学校：吉林師道学校。日本占領時期の職場：吉林省永吉県蒐登河小学校。

一九四一年、吉林省永吉県大綏河国民優級学校を卒業する。

一九四二年二月、吉林師道学校特修科に受験入学する。

一九四四年、永吉県蒐登河小学校の教員となる。

一九四六年、永吉大学専修班に受験入学する。

一九四七年、長白師範学院国文学部に受験入学する。

一九五〇年、吉林鉄路中学校の教員となる。

一九五四年、吉林鉄路経済学校の教員となる。

一九八九年一月、離休（退職）する。

一、小学校時期

傀儡「満州国」の康徳五年、すなわち一九三八年に日本人は傀儡「満州国」の教育制度を「改革」した。つまり小学校六年間を二つの段階に分け、前期四年を「国民学校」と称し、後期二年を「国民優級学校」と称した。これまでの初級中学校三年・高級中学校三年を合わせて四年とし、「国民高等学校」と称したのである。これは小学校で四年学ぶと傀儡「満州国」の国民となり、六年学ぶと優級国民となり、中学校を終えると高等国民となることを意味していた。

当時の教育目的は「日満親善」「日満一徳一心」を教え込み、中国人の国家意識、民族意識を喪失させ、最終的には心から日本の支配に帰順させることにあった。たとえば、当時宣伝された「日満同文同種」とは、日本と「満州」の文字が同種であるというものであった。

第一は、一九四一年以前の小学校の時間表には、算術、「満語」（中国語）、日本語などの科目があったが、一九四一年以後の時間表では「満語」と日本語の区別がなくなり、合わせて「国語」と称された。そして「国語」の下に括弧して「日」「満」と書き込むようになったのである。「満語」と日本語を両方とも「国語」であるとしたのである。

第二は、一九四一年以前は日本を「友邦」と称していたが、一九四一年以後は「親邦」と称するようになった。

第三は、小学生では月曜の朝礼で傀儡「満州国」の国旗を掲揚し、校長が溥儀の訪日後に出された「回鑾訓民詔書」を朗読することになった。これは生徒に皇帝の訓話と日本との親善を覚え込ますことを目的としていた。毎朝の朝礼では「国民訓」を朗読しなければならなかった。私は今でも第一条が「国民はすべからず建国の淵源が惟神の道にあることに思いを致し、天照大神を崇敬し、天皇陛下に忠誠を尽くす」といった内容だったことを覚えている。この条文から、日本帝国主義者はすでに傀儡「満州国」を自分の領土と見なしていたことがわかる。これは中国人を奴隷化し、中国人の民族意識を消失させる教育を目的としたものである。しかし児童の心の中には、はっきりとした反抗心ではないにしても、もやもやした反抗心が生まれつつあった。

たとえば傀儡「満州国」の国歌は「天地のうちに新満州がある。新満州これすなわち新天地。天を戴き地を立てて苦なく憂いがない」という文句で始まっていた。当時私たちの間では「国歌」の替え歌が流行った。それは「天地に大饅頭あり、大饅頭はたちまち糞になる。今日食い切れなければ、明日は腐ってしまう」というものであった。当然、歌うときは明確に発音せず、文句を聞き取れないように替え歌を歌った。そうしないと教師に聞かれ、ぶん撲られたからである。さらに溥儀が訪日した後で「回鑾訓民詔書」が公布され、これも教師は生徒に暗唱させた。授業中、私が暗唱することになった。私は教壇に近づき、壇に上がると同時に「朕登極より……」と暗唱を始めた。私が教壇に上がる動作と「朕登極より」という言葉が重なったので、教室の生徒はどっと笑いだした。このため私は教師から板で四回叩かれた。

当時、どこからともなく、こんな文句が流行ってきた。

日本語は習う必要がない
あと三年もすれば、使い道がなくなる

子供たちはこれを信じ、日本語を真剣に学ぼうとはしなくなった。

二、中学校時期

一九四一年冬、私は小学校を卒業した。当時は春に新学期が始まったので、同年冬に進学試験を受けることとなった。

試験は一二月二五日から二八日までで、各学校でそれぞれ試験をした。第一日目は筆記試験で、科目は日本語、「満語」、算数、常識問題であった。第二日目の朝八時に一次試験合格者が発表され、合格者はその日のうちに口頭試問を受けた。口頭試問の内容は雑駁なもので、地理や歴史の常識もあったし、知能テストや応用テストなどの問題もあった。日本語の質問には日本語で答えることが要求された。口頭試問が終わって三日目に二次試験の結果が発表され、二次試験合格者に正式に入学許可が下りることになる。入学を許可された者はただちに学校の講堂に集められ、名前を確認した後、入学通知書と入学注意事項書をもらって入学の準備を行なった。私の家は貧しかったので国民高等学校には進めず、師道学校を受験した。

中学校の入学日はすべて二月一日と決められていた。私の学校の正式名称は「国立吉林師道学校」特修科といい、初級師範科に相当した。二年で卒業すると、教導の資格を持つ小学校教師に任命された。当時の小学校教師は教諭、教導、教輔の三級に分かれ、傀儡「満州国」の「文官令」では教輔は雇員、教導は委任官試補、教諭は委任官に相当した。師道学校の卒業生で傀儡「満州国」の徴兵検査に不合格だった者は、「勤労奉仕」への参加を免除された。特修科は三クラスあり、クラス名は「松」「竹」「梅」で、「竹」は全員が朝鮮族であった。彼らは入学するとすべて日本名に改姓させられた。私は「梅」に振り分けられた。

「階級服従」——当時の中学校生活において最も奴隷化教育を具現したものは「階級服従」であった。ここでいうところの「階級」とは労働者階級や農民階級などのことではなく、「等級」のことである。傀儡「満州国」の教育の中で「階級服従」は最も強調された項目であり、最も軍国主義的ファシスト教育を示すものでもあった。ここでは教師は生徒を撲ることはごく当たり前のことであり、上級生は下級生を撲ってもよいし、撲ることに何らの理由付けも必要としなかった。撲られる側は「尚武の精神」を表さなければならず、一発張られて二歩下がったら、ただちに二歩戻って真っすぐ立ち、次の張り手を待たなければならなかった。学校の生徒に対する教育手段はただ一つ「撲る」ことであった。規律に違反したといって撲り、勉強ができないといって撲り、食事の食べ方が遅いといって撲り、目障りだといって撲る。つまりいつでも撲られる心構えをしていなければならず、撲りたい連中がいつも近くにいたのである。

当時は生徒全員が寄宿生活をし、各人毎食の定量が決められていた。入学した当座は、コウリャンを小さい碗に平均二杯食べることができた。第二学期になると、学校は各生徒に蓋付きの碗を支給した。食事の時に蓋の上にコウリャンの饅頭が置かれ、碗に汁が注がれた。食べる時にコウリャンの饅頭を手で割って碗の中に入れても、中の汁があふれることはなかった。このコウリャンの饅頭がいかに小さかったかがわかる。しかしこんな食事でも、食事のたびに「聖恩」に感謝しなければならなかった。この「聖恩」を食事の前に舎長が朗読した。その内容は「諸恩に感謝し、おいしくいただき、贅沢を言わず、栄養をとり、元気いっぱい」というものであった。言い終わると、舎長が「いただきます」と号令をかけて食事を始めた。毎日こんなに腹をすかせて、それでも「聖恩」なるものへの感謝を強要されるとは、まったくこれ以上の「お笑いぐさ」はなく、皆は当然反感を持った。ある時「聖恩」に「感謝」して粥を食べ始めた時、だれが始めたかわからないが、すすり込む音をわざと大きく響かせた。皆たちまちこれに倣い、すごい音が食堂中に響きわたった。日本人舎監が大声で「バカ」と怒鳴ったが、止めようがなかった。

当時の文系の科目は日本語、応用日本語、「満語」、数学、博物、教育学、児童心理学、倫理学、音楽、体育、美術、軍事訓練、国民道徳、歴史・地理であった。現在振り返ると、当時の学校は授業を重んじてはいなかった。設置科目から見ると、物理、化学、生物を一つに合わせて博物とし、歴史、地理を一つに合わせて歴史・地理とした。教科書はたくさん配布されたが、始めから終わりまで教わった教科書は一冊もなかった。日本人教師の多くは授業中に中国語を話さず、生徒に質問しても生徒はわからず、答えないと叩かれた。日本語教師がいたが、彼はたいへん厳しくて、しかも教え方が悪かった。全クラスの生徒が一致して彼を「黙殺」した。「黙殺」とは、授業中に教師から何を聞かれても生徒は答えない、「わかる者は手を挙げろ」と言われても誰も手を挙げない、逆に「わからない者は手を挙げろ」と言われても誰も手を挙げないことである。この時の「黙殺」は彼を相当困らせたと見えて、この後、彼の態度はいくらか良くなった。

授業については不真面目であったが、彼らは奴隷性を養うことに対しては心を砕いていた。たとえば、授業中に「皇帝陛下」「天皇陛下」のことが出てくるたびに、生徒たちは両足をそろえて姿勢を正さなければならなかった。も

軍事訓練での分列行進

し、これをやらなければ撲られた。

　軍事訓練——毎週金曜日の午後、二時間続けて軍事訓練が行なわれた。教師は現役の日本人大尉で、名前は多田羅正男といった（この人は一九四三年に現役軍人として熱河に派遣され、中国軍との戦闘中に戦死した）。軍事訓練の最初の授業の時、教師は自己紹介を兼ねて「軍事訓練の時、真面目にやらなければビンタを張るぞ」と宣言した。この言葉は印象深く、半世紀以上たった今でもはっきりと覚えている。軍事訓練は徒手できちんと隊列を組み、教師が「気をつけ！」と号令をかけると、瞬きはおろか眼球も動かしてはならず、目を見開いて、涙がこぼれてもじっとしていなければならなかった。教師が背後にやってきて、乗馬靴で膝の後ろをいきなり蹴飛ばすこともあった。その時、足を踏ん張って二歩前に進めば合格とされ、元の位置に戻ってもよかった。蹴飛ばされて膝をついたら、教師が「立て」と言うまでそのままでいなければならなかった。

　確か二年の一学期、早春の頃だったと思う。凍った雪が融けはじめ、地面の上は凍った雪、下は水であった。生徒たちはまだ綿入れのズボンをはいていた。その時の軍事訓練は「伏せ射ち」であった。一人一丁の三八式銃を持たされ、教師が「伏せ射ちっ」と叫ぶと、みんな一斉に地面に伏せた。しばらくすると、下の氷が融けて綿入れのズボンにしみ込んできた。授業が終わった時はズボンはぐっしょり濡れて、生徒たちは疲れきってしまった。当時私は徳恵県の両親に宛てた手紙で、軍事訓練のことを「膝をついて、凍った雪の上を這って進み、一日中泣き通しでした」と書いている。

労働――傀儡「満州国」の時期、中学生の労働作業は多かった。吉林市について言えば、最もきつい労働作業をやらされたのは、第一国民高等学校と師道学校であった。第一国民高等学校は農業専攻で、師道学校は一〇ヵ所余りの農場を持っていた。入学するとすぐに、各生徒は鍬一丁を持たされた。上級生が新入生に「よく覚えておくのだ、鍬の先がすり減った頃に卒業になるということを」と言った。上級生の言葉通り、卒業の頃には鍬の先がすっかりすり減っていた。早春に氷を割って水路を作ることから始まって、田畑の土起こし、種蒔き、植樹、道路建設を行なった。一番辛かったのは、二年生の夏に双河鎮の山腹で落葉樹の苗木の下刈りをした時のことである。山の中にテントを張り、草を刈ってきて寝床とした。掛けるのは一枚の毛布だけ、手で毛布を撫でると、じっとりと湿っているのがわかった。飲料水は谷川の水であった。苗木は三、四〇センチで、周囲の茨は一メートル以上もあった。腰を曲げて左手を膝につき、右手で鎌を使う、という姿勢で刈り取らなくてはならなかった。一日が終わると、左の足が真っ赤に腫れあがった。一週間で終わったものの、全員が足首を痛め、よろめきながら学校に戻ったのである。

学校は、当時意図的に生徒に仕事を言いつけて、わざと苦労させた。たとえば、みんなが街に出て遊ぼうとわくわくしながら待ちわびる日曜日、その日曜日に限って、学校は第二管区の馬小屋に馬糞を集め、農場に持って行かせた。学校から馬小屋までは往復で二〇キロもあった。街に出て気晴らしをするには、生徒は早起きして、馬糞を集め終わってから外出しなければならなかった。こうしたことがよくあった。夏休みが近づき、生徒たちが早く家に帰りたくてうずうずしている時、学校は休暇前に農場の周囲に垣根を作ることを生徒に命じた。家に帰りたい一心の生徒たちは、早朝から起き出し、雨の中を不平たらたらで、それでも決められた垣根を一日で作った。学校当局がいかに奴隷化教育を行なおうと、生徒の心の中には潜在的反抗心が芽生えていた。

当時、師範大学から実習に来ていた閻蘭亭という教師は、授業中に「草かんむり」がどうのこうのと解説した。「草かんむり」とは蔣介石のことで、この結果、学校が行なった時事問題の試験で「中国の偉人は誰か」という問いが出たとき、生徒全員が「蔣介石」と答えた。鏈生主任（訓導主任に相当する）は日本人の赤坂勇雄の激怒を浴び、クラス担任の高徳潤先生はわざわざクラスの生徒たちに「以後いっそう気をつけるように」と注意した。二年間苦労したあげく、やっと卒業にこぎつけた。ある級友は机に次のような戯れ歌を書き残した。

勉強は辛く、卒業は楽しい
ここに坐る後輩に告げる
焦ってはいけない。時は必ず流れる
二年我慢すれば、たいしたものだ

これは生徒たちの気持ちを代弁したものであった。この学校に対していささかも名残り惜しい気持ちはなく、逆に恨みつらみが込みあげてくる。前年度の生徒の話では、毎年卒業生が出ていくこの日は、学校の教師たち、特に生徒をさんざんいじめた連中や日本人の教師たちは、生徒に会うことを避けるそうである。卒業証書を手にした途端、制止する者がいなくなると、二年間の憂さ晴らしに、寄宿舎から教室から、ドアというドア、窓という窓のほとんどが叩き壊されたのである。この時は絶対に誰も止めようとする者はいなかった。

一九四三年一二月二九日、私たちの卒業式は終わった。卒業証書を手にしたのは午前一一時頃であった。皆は荷物をまとめて仲のよい下級生に見送られ、歩きながら足元の氷の欠片を拾って、講堂の窓ガラスにぶつけた。ポンという音がすると同時に、生徒たちの笑い声が起こった。私は、これは師道学校卒業の伝統行事であったが、私たちの時はどうやら滅茶苦茶に壊すことは避けたのだと思った。

三、師道学校

師道学校特修科は小学校を卒業してすぐに受験入学するので、生徒たちの年齢は一四歳から一六歳の間であった。卒業時に、一番年かさでも一八歳を超えることはなかった。この少年から青年への過渡期に当たる在学期間は、全員が寄宿舎で共同生活をし、共に授業に出て、共に労働し（労働の時間は多かった）、共に軍事訓練を受け、共にすきっ腹を抱え、共に撲られた。日本人教師はいつも生徒を撲った。数人で何かをやらせる時、教師はちゃんとできないと見るとすぐに撲った。（未だに記憶しているが、一年生の後期に十数人で農場に労働に行かされた時、仕事が終わってからの検査で、教師は仕事がちゃんとできていないと見なした。錬成主任の赤坂勇雄は私たち十数人を集めて一列に並べて立たせ、互いに左右一つずつ一人二回のビンタを張らせた）。したがって、私たち中国人は日本人に対しては一致団結して互いにかばい合ったものである。

卒業して別れる時は、互いに別れがたい思いがあった。しかし卒業するとそれぞれが別れ別れになり、連絡をとることもめったになかった。一九五〇年以後はみな行方知れずとなった。一九五〇年以前に連絡があったのは王巨業、王龍、穆永江の三人だけであった。当時の同級生で一九五〇年以前に連絡があったのは王巨業、王龍、穆永江の三人だけであった。当時の日本人が学歴を重んじ、どこの学校の出身かを重んじたからである。一般的に、同じ学校だといくらか配慮し合ったからである。卒業後は全員が永吉県に配属され、写真をとって旅立ちの記念としたのである。あの時は、私のクラスの粛慶昇が私たちを呼び集めて校門の外で写真をとったと記憶している。「松」組と「竹」組は誰が音頭をとって写真をとったのか知らない。

教師と生徒の関係は両極端で、二つの付き合い方があった。クラス担任に対してはいたって親しく、尊敬していたと言えよう。私たちの最初のクラス担任の孫暁野先生は学識豊かで、物腰も穏やかで近づきやすく、生徒を我が子のように扱ってくれた。彼は当時吉林の三才子の一人と言われた（ほかの二人は、解放後吉林市長となった韓溶魯と、吉林朝鮮族の中学校の教師となった林雨である）。生徒たちは孫先生を尊敬しており、ひそかに「孫大聖人」と呼んでいた。二人目のクラス担任は高徳潤先生で、高先生は生徒に対しては、俗な言い方をすれば雌鳥が雛鳥をかばうようで、至れり尽くせりであった。

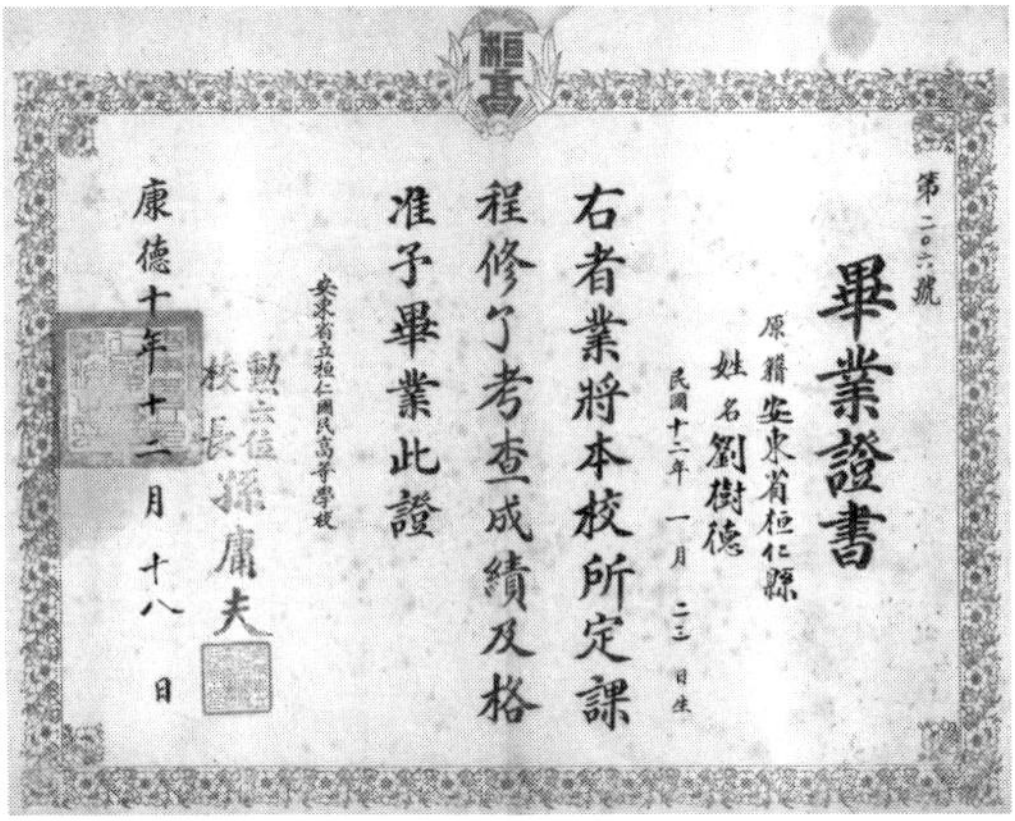
第二〇六號
畢業證書
原籍　安東省桓仁縣
姓名　劉樹德
民國十二年　一月　二三　日生
右者業將本校所定課
程修了考查成績及格
准予畢業此證
安東省立桓仁國民高等學校
勳六位　校長　孫庸夫
康德十年十二月十八日

桓仁国民高等学校の卒業証書

生涯忘れることのできないことを例に挙げよう。卒業式の二日前、すなわち一九四三年一二月二七日（卒業式の写真をとったのは二八日、卒業式は二九日であった）、私は、もう卒業だからちょっとばかり羽根を伸ばそうと思って、午後は作文を書くことになっていたが、二人の生徒と教室を抜け出して学校の傍らの店で煎餅（ジェンピン）を買って食べた。ところが帰ってくる途中で朝鮮族の音楽教師の天川竜雄に見つかってしまった。彼は遠くから、私たちに立ち止まるように言った。私たちは逃げたが追いつかれ、一人二回ずつビンタを食らい、名札を引きちぎられた（生徒は胸にクラス名と名前を書いた札を付けていた）。私たちはしまったと思ったが、教室に戻ってしばらくすると、用務員が三人に教員室に来るように呼びにきた。私たちが教員室に入ると案の定、渡辺という日本人教師が事情を聞いた後で、立ち上がってストーブの傍らに行って、撲りかかるための薪を探し始めた。高先生がこれを見て、すぐに立ち上がって私たちを大声で叱り始めた。「お前たちはどうして校則を守らないのだ。もうじき卒業だというのに、これでどうやって生徒の手本になれるのか！」と怒鳴りつけながら、手を振り上げて撲りつけた。高先生が撲ったのは頬ではなく、首と肩の間で、手が当たる時に「ヘッ！」と掛け声をかけ、ぐっと押した。これで本当に撲られたように身体が揺れた。先生は私たち三人に「お前たちは教室に戻ってしっかり反省しろ！」と怒鳴った。こうして高先生は横から介入して渡辺が撲れないようにしてくれたのである。

卒業式が終わって教室に戻り、卒業証書を渡す時、高先生は教壇に立って別れの挨拶をした。「一昨日、数人の諸君が教員室に呼ばれた。その時、私は口を出す気はなかったが、薪で撲ろうとしているのを見て、黙っていられなかった。放っておけば大怪我をさせられただろう」と、ここまで言うと高先生は涙をこぼし、クラスの半分の生徒も声をあげて泣いた。クラスの生徒全員は、この二人の先生に「永く師を想う」という文字の刻まれた銀の盾を贈った。高先生とは解放後も時々連絡している。孫先生とは大学関係のお付き合いがあり、先生が亡くなるまでずっと続いた。このほかの中国人教師は、一部を除いて生徒を撲ったり怒鳴ったりする者は少なかった。

これと極端な対照をなすのは、日本人教師および学校当局と生徒との関係である。これは憎しみと対立の関係と言えよう。日本人教師は、個人的な程度の差はあっても生徒を撲らない者は一人もいなかった。生徒たちも彼らに対してひどく恨み、機会さえあれば復讐しようと思っていた。たとえば労働実習をサボタージュし、こっそりと工具や設備を壊した。また、彼らにあだ名を付けた。たとえば赤坂勇雄のあだ名は「大声の驢馬」、天川竜雄は「シェパード」であった。腹一杯の鬱憤を卒業式の時に晴らした。

学校の食堂が失火で焼ける前は、卒業生が学校を離れる時に教師と生徒の会食があった。生徒が先に食卓に坐り、教師が入って来るのを待って、全員起立して敬意を表した。この時、生徒たちは騒ぎ立ててもかまわなかった。誰かが「××先生」と叫ぶと、皆声をそろえて「トーン！」と叫んだ。「トーン！」と叫ばれる教師はたいてい日本人であり、叫ばれたほうはひどくばつが悪い思いをすることになる。ある時は日本人教師目がけて握り飯を投げつけた者もいたという。一種のブーイングであることはわかっていたが、今になってもこの「トーン！」とは何のことなのかわからない。つまり、ひどく相手を馬鹿にするやり方なのである。その後、校舎を出る時、学校の窓ガラスを割って復讐したという。食堂は私が二年生の後期に火事で焼けてしまい、卒業式の時になっても建て直されていなかった。したがって教師と卒業生の会食も行なわれず、ガラスを割ることでしか憂さ晴らしができなかった。

当時の「憂さ晴らし」を考えると、その対象が日本人教師に向けられたというより、学校当局に向けてのことだったと思う。学校の教育内容や徽章制度など、生徒にとっては不満なことばかりであった。二年間空きっ腹を抱え、撲られ、さまざまな苦痛を与えられ、積もり積もった恨みが卒業式の時に爆発するのである。学校には十数ヵ所の農場があり、耕作から収穫まですべて生徒がやらされ、便所から人糞を汲んだりもした。さらに「勤労奉仕」と称して、しばしば学校の外の仕事もやらされた。私が二年生の前期に永吉県双河鎮に落葉樹の苗木の下刈りに行かされたのも「勤労奉仕」であった。

卒業の直前、たぶん一九四三年一二月の初めだったと思う。学校は卒業する三クラスの生徒を講堂に集めて「懇談会」（学校に対する生徒の意見聴取）を開いた。席上、朝鮮族の生徒が「労働時間が多すぎる」と述べた。すると校長の張文明はその生徒を叱りつけ、「その意見は間違っており、生徒はもっと労働すべきである」と言った。こうしたことによって、生徒の恨みつらみが重なっていったのである。

四、日本傀儡政権による教育の回顧と反省

日本傀儡政権の教育目的は従順な奴隷を養成することにあり、その中心は「尊神」「忠君」「服従」にあった。「尊神」とはいわゆる「天照大神」を崇めることであり、日本傀儡政権時期には至るところに日本の神社が建てられ、「天照大神」が祭られた。また「天照大神」にまつわる「三種の神器」が奉納されていた。「三種の神器」とは「天叢雲剣」「八咫鏡」「八坂瓊勾玉」のことである。この「三種の神器」は誰も見たことがなく、神社の中にあるのが模造

品なのか絵画なのか皆目わからなかったが、神社の前を通る時は必ず敬礼しなければならなかった。「忠君」とは天皇に忠誠を尽くすことであって、溥儀に対してではなかった。毎日正午になると、ラジオから流れてくる「海ゆかば」（日本の万葉集の中の歌に曲を付けたもの）の音楽に合わせて黙禱した。これは「天皇陛下の万世一系の皇統」が絶えないことを願ったものであった。

「服従」とは下級生が上級生に対するものであって、しかも要求されるのは盲目的服従であった。入学してまもなく、軍事訓練の教師は各人に一冊ずつ『陸軍歩兵操典仮規定』を配布し、私たちにしっかり暗記するように命じた。その中には「上官の命令は何時いかなる場所においても必ず直ちに執行し、軍紀の尊厳を確保すべし」とあった。半世紀余りたった今も、この一ヵ条ははっきりと思い出すことができる。当時私たちに押された烙印の深さが理解できるであろう。中国人を訓練して、「天照大神」を崇めさせ、天皇陛下に忠誠を尽くさせ、盲目的に上級の命令に服従させる。当然のことながら、それは日本人が安心して使用できる奴隷となることである。もちろん当時でも「尊神」「忠君」「服従」を叩き込まれていることは知っていたが、これが奴隷の道であることは認識していなかった。

奴隷化教育のほかにも、学校はたくさんの文系の科目を設けていた。これまでやや詳しく記憶しているところを述べてきたが、全体の教育内容から見ると文系の科目の配当時間は少なかった。二年・四学期の間、第三学期に一ヵ月の「勤労奉仕」、第四学期に一ヵ月の教育実習があり、授業時間は当然少なくなった。今、思い出していくらか印象に残っていることは、代数の一元二次方程式を理解できなかったことである。語文（当時は「満語」と呼ばれた）は孫先生が教えてくれたが、その中の「田家四時苦楽ノ歌」「関山月」など、今でも諳んじることができる。歴史は高先生に習った。教科書は満州族の発展史に重点を置いたものであったが、それでも役に立った。このほかのことは、もはや記憶が曖昧になってしまった。

日本傀儡政権時期の教育を回顧すると、生徒の管理が非常に厳格であった。当然ファシズム式の管理であったが、厳格という点においては、生徒には有益であったと思う。

私は一生教育に従事し、一貫して生徒に対しては厳格に対処し、厳格に管理すべきであると主張してきた。長年にわたり父母も学校側に生徒を厳格に管理し、厳格に対処するよう希望している。もちろん現在は「厳格」の内容が日本傀儡政権時期とは本質的に異なっている。しかし玉は磨かなければ光りはしない。厳格に対処してこそ、人材を鍛えることができるのである。

日本傀儡政権時期は、生徒に実践を通じて刻苦勉励の精神を養うことを要求した。日本人からすれば、これは奴隷根性を養う目的であった。しかし客観的に言って、生徒に益がないというわけではなかった。たとえば、当時の学校では農事科という科目があった。教師は馮書春先生だったと記憶している。彼は教室で輪作や間作などの理論を教え、さらに多くの時間を使って実際に耕作をやらせた。私は町育ちであったが、農作業については素人ではなかった。青年の時は、鍬を使わせれば一人前の働き手だった。ほかにも、当時の学校における労働は非常に苛酷なものであった。その時期を経験した後は、以前のように仕事の辛さを恐れることがなくなった。「文化大革命」中に「牛小屋」に閉じ込められ、強制労働をさせられたが、私には何ら苦にはならなかった。

以上は日本傀儡政権の教育が参考になる点であると考える。私は、こういうことは現在の生徒にとっても必要なことだと思う。

（聞取り時期：二〇〇〇年七月一五日、場所：吉林鉄路経済学校）

精神的に抑圧された一四年——白応平 証言

〔略歴〕

白応平（バイインピン）、旧名・白天生（バイティエンション）、男、満州族、一九二四年九月一五日生まれ。原籍：遼寧省瀋陽市。離休（退職）時の所属：鉄道部科学院。職務：研究室主任。職称：副研究員。日本占領時期に在籍した学校：奉天小南関両級小学校、奉天第三国民高等学校、吉林師道大学。


一九二四年、瀋陽で生まれ、奉天文廟両級小学校に在学する。

一九三八年、奉天省立第三国民高等学校に受験入学する。

一九四二年、国民高等学校を卒業し、奉天師道学校に入学する。

一九四三年、吉林師道大学に受験入学し、「八・一五」に祖国が解放され、卒業する。

一九四六年、長春大学工学院に入学する。

一九四八年、解放区ハルピンに行き、ハルピン東北鉄道学院政治訓練班に入学する。

一九四八年一二月、卒業後に教員として学校に残り、後にハルピン鉄路中学校の教師となる。

一九五四年春、鉄道部科学研究部に転勤となり、院長付き通訳・秘書として人事を担当する。

一九五八年、技術部門に戻り、離休（退職）まで研究に従事する。


私の家は瀋陽にあった。「九・一八事変」の時、日本侵略者は真っ先に私の故郷を占領した。当時、私は七歳になったばかりであった。当日、私は寝ているところを家の者の「早く起きろ！　日本の侵略者がやって来たぞ」という声でたたき起こされた。私たち一家はみんなでオンドルの下に隠れて息をひそめた。外では絶えず銃声が聞こえた。夜明けになって、やっと聞こえなくなった。噂によると、日本兵が瀋陽を占領して中国人警官数百人を射殺した、ということであった。警官は地方の治安を維持するのが任務であったが、突然の日本兵の侵攻に対して勇敢に抵抗し、壮烈な最期をとげたのであった。

こうしたことから、私は小さい時から日本侵略者に対して敵愾心と恐怖心を抱いていた。日本は占領後、まず中国最後の皇帝溥儀をかつぎ出して日本の傀儡とし、傀儡「満州国」を成立させた。この時から中国東北の中国人は「満州国人」と呼ばれるようになった。中国東北は日本の植民地となり、日本侵略者の弾圧と搾取を受けることになった。彼らが中国人に対して行なった血なまぐさい流血事件は、筆舌に尽くせぬほどである。血の債務は累々と積み重なっていった。

占領時期、日本侵略者は教育においても厳しい支配を行ない、青年に対して奴隷化教育を実行し、小学校から大学に至るまで、学校に対する支配を逐次強化していった。たとえば小学校から日本語を教え、各学校に日本人の副校長・訓導主任及び日本語教師を配置して、事実上日本人が学校のすべてを支配していた。中国人校長は日本人の指示通りにしなければならなかった。中学校になると、副校長ばかりでなくクラス担任まで日本人に変わり、その他の教職員から用務員に至るまで日本人の割合が増えて、支配力は小学校に比べ歴然と強化された。日本語教育もいっそう強制されるようになった。大学に進学すると、そこは日本人の天下であった。校長や教授はほとんどが日本人であって、中国人教授はほんの少数だった。講義は必ず日本語で行なわれた（中国語を除く）。日本語を話し、日本語で歌い、日本語ができなければ学校に入れなかった。そればかりか、卒業した後で就職するにも、日本語ができることが必要条件であった。なぜかと言えば、いかなる職場においても上司はすべて日本人であり、日本人の支配があらゆるところに行き渡っていたからである。重点学校になると、一年生から日本語で授業が行なわれた。たとえば瀋陽に新高小学校という学校があった。校長と教師はほとんどが日本人であり、少数の中国人教師でさえ授業の時は必ず日本語で話すことになっていた。中国人児童は、入学するとすぐに日本語で話さなければならなかった。

私は小学校から大学まで日本の奴隷化教育を受け、思想的にも精神的にもこの上ない抑圧を受け、亡国の民は人間扱いされないことを痛感させられた。祖国が強大になってこそ、人民はのびのびと生活できるのである。以下、小学校、中学校（国民高等学校）、大学の三つの時期の思い出を述べることにする。五〇年以上たった今も、まだはっきりと覚えている。

一、小学校時期

私の父は教育者であった。中学校の語文の教師をしていた。日本人は学校を厳重に支配し、いつも教師を迫害していた。ときどき、「ある学校の教師が憲兵隊に逮捕された」とか、「ある地区の教師が多数殺害された、その罪名は『反満抗日』だった」とかいう噂が流れた。私たち一家はいつも不安な生活を送り、夜中に自動車の音が聞こえてきただけでも、父親が逮捕されて連れていかれるのではないかと怯えていた。こんなわけで、私は幼い時から精神的に強い抑圧感を感じていた。小学校では日本人との接触は少なく、学校には数人の日本人しかいなかった。私の在学した小学校は「小南関両級小学校」といった。ある時、七、八歳にしかならない同級生が、どんな理由かわからないが日本の訓導主任に怒られた。この主任はすさまじい形相で大勢の生徒の前でこの生徒を振り回し、投げ飛ばし、生徒は半死半生の状態になった。このことからも、日本支配者が如何に野蛮で残酷であったかがわかる。さらに、私は日本人の副校長が生徒を撲るところも目撃した。この副校長もすさまじい形相で生徒を撲り、立ち上がれなくなるほど撲り続けた。こうした事実が実際の教育として、少年期の私の心に恨みの種を植えつけたのである。

二、中学校時期

一九三八年、私は中学校に進学した。当時、日本の侵略者は中学校の就学年数を短縮し、もともと初級中学校三年と高級中学校三年の六年であったものを四年に短縮し、「国民高等学校」と名づけた。私が在学したのは奉天省立第三国民高等学校である。校舎は現在の周総理記念館の場所にあった（周総理は小さい時ここで勉強したことがあった）。

この学校には、日本人の副校長のほかに多くの日本人教師がいた。二年生から上はクラス担任も日本人に変わった。私たちのクラス担任は岡本という姓であったような気がするが、はっきり覚えていない。生徒たちは彼に「牛虻《うしあぶ》」とか「小鉄砲」とあだ名を付けていた。典型的な日本人固有の体型をしており、ずんぐりむっくりで、顔中髭だらけであった。人の言うことはいっさい聞かず、いつも生徒を怒鳴りつけたり撲ったりしていたので、生徒は彼をひどく怨んでいた。そのため、未だに忘れられない次のようないくつかの事件が起こった。

強制的に切り取られた『辞源続編』
（商務印書館　1937年版）

1、事件一

ある時「牛虻」が授業中に黒板に字を書いている時、ある生徒が小声で彼のことを「ばか」と罵った。思いがけないことに、「牛虻」の耳はウサギより感度が良く、これが耳に入り、しかも自分が罵られたことに気がついた。誰が言ったのかわからなかったので、皆に「罵ったのは誰だ！　罵った者を言え」と怒鳴った。しかし誰も何も言わなかった。そこで彼はカンカンになって全クラスの生徒を罰として立たせ、一人を何発か撲ってはまた他の一人を何発か撲るという具合で、中でも級長が一番強く撲られた。罵った生徒は自分が皆を巻き添えにしたので、すぐに立ち上がって「自分がやった」と名乗り出ようとした。しかし傍らの生徒が彼をグッと椅子に引き戻し、「牛虻」に見つからないようにした。もし気づかれたら、何をされたかわかったものではない。授業が終わるまで、生徒たちはついに誰が言ったか口にせず、結果はうやむやに終わった。

2、事件二

教師と生徒の関係は敵対的なものであった。生徒はいつも「牛虻」に対する仕返しの機会をねらっていた。ついにその機会がめぐってきた。「牛虻」がウールの制服を新調したのである。この制服は「日満協和」を意味する「協和服」と呼ばれていた。傀儡「満州国」の時期、各地に協和会が設置された。これは日本侵略者が中国人民を支配する道具の一つであった。庶民の間で「四大横」という四つの機関を指す戯れ歌があった。四つとは「関東軍・憲兵隊・警察署・協和会」のことである。関東軍や憲兵隊と並ぶ協和会がいかに悪名高かったかがわかる。「協和服」というのは、その協和会の制服のことである。

その時「牛虻」は新調のウールの服を着て、ふんぞり返って歩いていた。しかし、それも長くは続かなかった。何日もたたないうちに、いつのまにか後ろから生徒に赤と青のインキをぶっかけられたのである。しかし、彼はそのまま着ているしかなかった。彼が担当するクラスはいくつもあり、生徒は合わせると数百人もいるので、誰がやったか調べてもわからなかったのである。彼は校長に訴え、汚された服を各クラスに見せて回り、やった者を報せるように言ったが、やはり効果はなかった。彼は八つ当たりしてまたもや狂暴さを発揮し、彼の担当するすべてのクラスの生徒全員にペンを使うことを禁止した。こうしたことから、私は卒業までずっと鉛筆を使わされた。彼の横暴さは、このことからもわかるだろう。五〇年以上も前の事件であるが、私の記憶に今でもはっきりと残っている。

3、事件三

私が在学した学校は商業専門学校だったので「簿記」という科目があった。つまり帳簿のつけ方である。これは中国人教師が担当していた。ある時、試験で簿記の先生が「教科書を持ってきて、教科書の中の練習問題をやるように」と言った。そこで皆教科書を持ってきたが、配られた試験問題はその中の簡単な問題だったので、教科書を机の中にしまった。そこへ突然「牛虻」が入って来て、教室の前のほうから机をみな開け始めた。私は一番前の列にいたので、何が何やらわからないまま「牛虻」に解答用紙を取り上げられた。当然、取り上げられたのは私だけではなく十数人いた。残りの者は形勢不利と見て教科書を隠したり、先手を打って解答用紙を提出したりした。捕まった生徒は簿記の先生を捜して「牛虻」に説明してもらおうとしたが、「牛虻」はまったく受けつけず、十数人を教員室に呼びつけて、一人ずつ手ひどく撲った。以前は手で頬を張るだけだったが、今回は木の板で頬を叩いた。そのため顔が腫れあがった。私たちは無実のお咎めだとわかっていたが、説明しても相手にされなかった。この時の試験の採点はいつもと違って、簿記は全員が零点、ほかの科目もすべて二〇パーセントの減点とされた。つまり八〇点取っても六四点とされた。これは「牛虻」がどんなに生徒を敵視していたか、隙さえあれば復讐しようとしていたかを物語るものである。

以上のいくつかの例で、教師と生徒の関係がいかに敵対的であったかがわかるであろう。

三、大学時期

一九四三年、私は国立吉林師道大学に受験入学した。この大学の校長と教授のほとんどは日本人であった。数人の中国人教授もいたが、講義は語文を除いてすべて日本語で行なうことになっていた。したがって日本語ができないものは授業に出られなかった。大学の校舎は吉林郊外八百壠（黄旗屯）にあった。これはかつて張学良将軍が建てた建物であり、いくつかの主要な建物は花崗岩で造られ、環境はとても優美であった。しかし、昔とはまったく雰囲気が違っていた。入学するとすぐに日本人の教師による軍事訓練が行なわれ、「気をつけ」「歩け」「整列」などの基本訓練のほかに、日本軍の「軍人勅諭」を暗記させられ、できないと罰として外出禁止となった。

校門の傍らには、いわゆる「神社」なるものが建てられ、中には「天照大神」が祭ってあるとのことであった。教師、職員、職工、生徒は校門を出入りするたびに、必ず神社に敬礼しなければならなかった。

1、「勤労奉仕」

大学生は毎年夏休みに二ヵ月間労働しなければならず、これは「勤労奉仕」という美名で呼ばれていた。一九四三年の夏、私たちの大学は全校学生を大隊として、その下に中隊・小隊・分隊を編成した。これは軍隊の大隊・中隊・小隊の規模に相当した。一個大隊の下に三個中隊があり、一個中隊の下に三個小隊があり、一個小隊の下に三個分隊があった。各隊の隊長はすべて日本人教師と日本人学生がなった。さらにその中のいくつかの隊は朝鮮族の学生によって編成された。朝鮮族の学生は日本人から見て頼りになる者であったが、中国人は憎むべき者であったのである。

私は第一大隊第二中隊第三小隊第三分隊に配属されて働かされた。第三分隊の隊長は朝鮮族の学生であった。労働に行かされたのは黒河で、国境の向こうはソ連領であった。主な仕事は、原生林の中に道路を造ることであった。そこには私たち学生のほか日本人に強制連行されてきた中国人もいて、日本兵の監視の下で重労働をやらされていた。彼らの仕事のほとんどは道路建設か、あるいは軍事機密に関わる建設工事であった。聞くところによると、完成すると機密保持のために全員が殺されたそうである。

一九四五年、ソ連赤軍は国境を越えて進入し、山の中の秘密の倉庫にある日本侵略者の軍用物資などを捜索したが、その時、洞穴の中に閉じ込められた中国人労働者を発見し、多数の生存者を救出したという。これは後でわかったことである。

私たちの労働の状況は以下の通りであった。毎日、夜明け前に起きて食事をした。住む所は一定しておらず、常に移動していた。軍隊同様に、各人は下着類と生活用品をすべて背嚢に詰めて背負い、ほかに軍用水筒、毛布二枚、シャベル一本、テント用キャンバス（周囲に丸い穴が開いており、これを縄でつないで鉄枠に張ってテントとした）を持っていた。移動の時はこれら二、三〇キロの荷物を背負って次の場所に行き、背嚢を置き、草地を探してテントを張り、一枚の毛布を下に敷き、もう一枚の毛布を上に掛けて休んだ。疲れ切っているのですぐ眠り込んだ。翌日も夜明け前に起きて食事をし、食事の後すぐに労働にかかった。昼食後にほんのわずかの休息が取れることもあったし、休息なしに午後の労働を始めることもあった。実際は昼食時間を休息と見なしていたのである。日が落ちるまで労働して夕食となった。毎日の労働時間は一四、五時間にもなり、雨が降っても工事が中止になったことは一度もなかった。大雨が降ってずぶ濡れになっても労働は続けられ、濡れた衣服は自然に乾くにまかせた。しかし、仕事中に汗をかくので衣服はいつも湿りっぱなしで、その辛さは言葉に表せないほどであった。

満州帝国教育会編『満州教育』

道路建設は腰をかがめて土を掘り起こさねばならず、しばらく続けると体のあちこちが痛んでくる。しかし、ちょっとでも腰を伸ばして一息つこうとすると、教師や隊長に怒鳴られたり撲られたりする。一人の学生が腰を伸ばしかけた途端に大山という教師に見つかり、頭を棍棒で血がしたたるほど撲られた。これが「勤労奉仕」の実態であり、まるで奴隷労働であった。私たち第三分隊は朝鮮族の分隊長であったが、彼の中国人学生に対する圧迫は日本人よりひどく、日本人に対しては至るところで媚を売っていた。端で見ていても気持ちが悪かった。中国人の中にも「漢奸」(裏切り者)がいるが、このような朝鮮族の裏切り者は「鮮奸」と言うことになるであろう。各大隊が集合して訓話を聞いた後、数分間だけ休息ができたのだが、しかしこの朝鮮族の分隊長は分隊を解散させず、彼自身がもう一度訓話を述べた。

かなわないことに、毎朝食事の前にさらに面倒な儀式があった。全員集合した後、姿勢を正して皇宮(日本天皇と傀儡「満州国」皇帝が住んでいる所)に向かって遥拝し、その後で日本の「軍人勅諭」を暗唱させたのである。その間、私たちは「気をつけ」の姿勢でじっとしていなければならなかった。原生林の中は蚊や蠅、それに虻が多く、それが顔の上に止まって刺されても動くことはできなかった。「軍人勅諭」の暗唱が終わると、大隊長の「黙禱」の号令がかかる。食事は日本天皇から賜ったものであるから日本天皇と「天照大神」に感謝しなければならない、という意味の「黙禱」であった。それからやっと食事となる。「黙禱」の時は何を考えようと自分の自由で誰にもわからないので、ほとんどの中国人学生は腹の中で彼らを罵って憂さを晴らした。

ところが、この第三分隊の朝鮮族の分隊長は日本人の前でゴマをすろうとして、大隊長が食事の号令をかけて各隊が食事を始めても、第三分隊の隊員だけは食べることを許可しなかった。彼はもう一度「黙禱」の号令をかけて、もう一度「感謝」させるのである。彼は十数人を管理しているだけであったが、なんと恥知らずのことであろうか。私は生意気盛りの一九歳で、彼のやり方に我慢がならず、おとなしく言うことをきく気にはなれなかった。大隊が「黙禱」を終わってすぐに食事を始めた時、私も皆と一緒に食べ始めた。第三分隊が二度目の「黙禱」をした後、彼は私がその前に食べ始めていたことに気づき、私を名指しで「なぜ黙禱しなかったか!」と怒鳴った。私は「もう黙禱し終わった」と答えると、「第三分隊が黙禱しているのに、お前はしないのか」と言った。私は「大隊が黙禱し終わっているのに、第三分隊だけもう一度黙禱するのか」と応じた。彼は返す言葉がなかった。カンカンに怒って「お前、おれに口答えするとはけしからん、撲るぞ」と言った。私はこれにはカッとなって「撲るなら撲ってみろ」と言った。この時、大勢の中国人学生が彼をにらみつけて迫ってきた。彼はこの雰囲気に圧倒され、とうとう手出しできなかった。

要するに、「勤労奉仕」の間は撲られることが多かった。ある時、久しぶりに半日の休暇となった。衣服や毛布などを干している時、私は小学校の同級生の羅という学生が数人の日本人隊長たちから鼻血が出るほど撲られているのを見た。隊長たちはテントに戻っていったが、彼はそこに立ったまま動かないでいる。「どうして動けないのか」と尋ねると、羅君は「まだ撲り終わっていないから、そこで待っていろと言われた」と言った。私が少し離れて見ていると、その数人の日本人隊長たちが出てきて、また羅君を撲り始めた。やがて撲り疲れたのか、やっと彼を解放した。これらのことから、奴隷として使われるということはどういうことか、抑圧されるということはどういうことかわかるであろう。

「勤労奉仕」では、撲られ、馬鹿にされ、体力の限界を超える労働をさせられて、毎日疲れきった。昼は働かされ、夜は移動のため夜道を歩かされた。夜道を歩く時は、先頭が白樺の樹皮で作った松明を持ち、後の者はそれについて歩いた。一時間歩いては一〇分間の休憩をとりながら、一晩に五〇キロ余り歩いた。ある学生は休憩の時に眠り込んでしまい、隊に置いてきぼりを食らってしまった。数日間も原生林をさまよい、クマに襲われたりしながら、何とか人に見つけてもらって命を救われたのである。

2、軍事訓練

毎週二回、午後に軍事訓練があった。教師は日本人の現役軍人であった。一人は柏田といい、階級は大佐であった。

片言の中国語を話したが、陰険で悪賢かった。いつも学生の名前を書いた手帳を持ち歩き、何か気にいらない者がいると手帳に書きつけ、学生を脅かした。学校には兵器庫があって、その中には三八式歩兵銃、銃剣、背嚢、軍用飯盒、戦闘服、軽機関銃などがあった。ある時、銃剣術の授業で、銃剣で相手の心臓を刺す動作があった。柏田は「普通の人間の心臓は胸の左側にあるが、『満人』（中国人）の心臓は一つは左側にあるが、もう一つはどこにあるかわからない」と言った。言い換えれば、中国人には二心があって日本人と心の持ち方が違う、という意味である。彼の推測は間違いとは言えない。誰が日本の侵略者と心を一つにするだろうか。またある時、柏田は学生に「日満関係とはどういう関係か」と質問した。ある学生が「邦友関係です」と答えた。彼はすぐに「違う！　父子の関係である」と言った。つまり、日本人は「父親」であって、中国人は「子供」だという意味である。何と赤裸々に侵略者の醜さを誇示することか。面と向かって中国人を侮辱し、中国人学生に恥辱を感じさせ、日本人学生を威張らせようとするのである。

「軍事訓練」というのは、単に軍事上の訓練だけではなく思想上の訓練も含まれていたと言える。たとえば、いつも「軍人勅諭」を暗唱させた。私たちは日本軍ではないのに、なぜ日本の「軍人勅諭」を暗記しなければならないのか。実際に行なわれた軍事訓練は「気をつけ」「整列」「進め」などのほかに、主として三八式歩兵銃の取扱訓練であった。組立、分解、操作など各種の基本訓練、命令後二五分の一秒以内の発射、伏せ、匍匐前進、跳び越しなどの訓練があり、訓練中は疲労の余り気が遠くなることさえあり、精神的疲労も非常に激しかった。

中国人学生と日本人学生は、決して平等に扱われたわけではなかった。例を一つ挙げよう。もう一人の教師は大山という中尉であった。彼は教養がなく粗野な男で、中国人学生を露骨に差別した。最初の軍事訓練は、もうすぐ旧正月という暖かい日であった。運動場の雪はすでに融けて泥んこになっていて、一部に雪が残っているところもあった。大山は学生全員を集合させてから、日本人学生に中国人学生を指導するように命令した。私たち中国人学生の目の前で、中国人学生の服をできるだけ汚すように日本人学生に指示し、「もし不服を言う者がいたら連れてこい、おれが始末してやる」と言って立ち去った。何とむちゃくちゃなことであろう。

そこで数人の日本人学生が指揮をとり、二、三〇人の中国人学生を運動場全体に分散させ、訓練を始めた。私たちは同じクラスの学生で、気が合っていた。皆で相談して、泥水の中に坐れとか匍匐前進を命じられたら断固抵抗しよう、と申し合わせた。訓練が始まると、数人の日本人学生が大山の命令通り隊列を泥水のところまで進ませ、いきなり「坐れ！」と命令した。しかし誰も坐ろうとせず、そのまま前進し、乾いているところまで前進して坐った。日本人学生は「服を汚す」という目的を達しなかったので、私たちを起立させ、再び泥水のところまで進めて「伏せ！」と叫んだ。皆はなおさら言うことを聞かず、そのまま通り過ぎた。彼ら日本人学生は、中国人学生が全員怒りに耐えて気持ちを一つにしているのを見て、自分たちと同学年・同クラスでもあり、敢えて大山に告げ口することはしなかった。

3、生活待遇

学校で日本人学生が占める割合は三分の一にも達していなかった。一部の朝鮮族の学生も「日本人学生」ということになっていた。私たちのクラスの朝鮮族の学生の張東範も、「張本東範」という日本名に変えていた。また日本人学生の中には日本の軍人がまぎれこみ、中国人学生を監視する仕事をしていた。

生活面でも、中国人学生と日本人学生の間には極端な差別があった。たとえば食事である。全校の学生は大食堂で食事をしたが、食堂の中は二つに分けられ、中国人学生と日本人学生の席は別々であった。席が分かれているといっても、食卓を二つに分けただけのことである。距離は近く、お互いに何を食べているかまる見えだった。日本人学生の食卓には毎日、白米かウドンが出た。中国人学生の食卓にはトウモロコシ粉の粥が出た。いつも古いトウモロコシの粉で作ったもので、食べると黴臭くて食欲はわかなかったし、量も十分ではなかった。当時私たちは一八、九歳で、まさに食べ盛りであり、我慢できなかった。空腹を満たすために、抜け出して付近の朝鮮族の農家から米を買い、寄宿舎に持ち帰って電気コンロで煮て食べた。

当時は日本侵略者による食糧統制が非常に厳しく、特に米に対しては、中国人が米を食べると「経済犯」として犯罪とされた。吉林市郊外の朝鮮族の農民たちは、日本侵略者の朝鮮支配から逃れて親の代から中国に来た人たちで、比較的善良な人たちであった。中国人学生が買いに行くと、数斤ぐらいなら都合を付けてくれた。彼らは日本語はできなかったが中国語はたいてい話せたし、中国人に同情してくれた。

こうしてひそかに米を手に入れた中国人学生たちは少しは息をつけたが、日本人学生や教師に見つからないようにしなければならなかった。もし見つかれば電気コンロと米を没収されるだけでなく、こっぴどく撲られた。何人かの学生は家からトウモロコシの粉を炒めたものを持ってきていたが、これも見つかると処罰された。私たちと同学年のある学生は、家から一袋の炒めたトウモロコシ粉約五、六斤を持ってきて枕の中に隠し、これで大丈夫だと思っていたが、日本人教師に寝室を検査された時、見つけられてしまった。日本人教師の嗅覚は警察犬のように鋭く、寝室に入った途端にトウモロコシ粉の匂いを感じ取り、とうとう枕の中から探し出したのである。そこで同学年の全学生が集められ、教師が立ってトウモロコシ粉の入った枕を高く掲げ、「誰のものか」と聞いた。その学生はぎょっとして、白を切り通すことはできまいと思って前に出て「自分のです」と言った。教師は近くに呼びつけて、ビンタを張ってからトウモロコシ粉を没収した。

このように食物のことでいつも喧嘩沙汰が絶えなかったが、最もはっきり記憶していることは次のことである。一人の日本人学生幹部がいた。実は彼は学生の中にまぎれこんだ日本の軍人で、階級は軍曹であった。彼は夜間に寄宿舎を調べて、三年生の部屋で十数人の学生が電気コンロで米を炊いているところを捕まえた。そして電気コンロとすべての米を没収し、一人当たり二回ずつビンタを張った。ビンタを張られた人数が多かったのと、軍曹と同年の高学年であったこともあって、学生たちは腹の虫がおさまらず、皆で軍曹に仕返しをしようと相談がまとまった。

そこで、ある学生に「相談したいことがあるから、寝室まで来てくれ」と軍曹を呼びに行かせた。しばらくして、軍曹が呼びに行った学生と一緒にやってきた。ドアを入ろうとした矢先に、彼を部屋の中に引きずり込み、ドアを閉めた。彼は部屋の中にいるのが自分に撲られた者ばかりであるのを見て、今度ばかりはただでは済むまいと観念したようだった。机の上に一振りの刀と「この刀でどれだけの血が流されたことか」と書かれた紙片が置かれてあった。彼はそれを一目見るなり、平静を装い、日本武士道の格好をつけて日本の「軍人勅諭」を暗唱し始めた。暗唱を始めたところで、学生の一人が彼にこっぴどく二回ビンタを食らわせた。彼は「どうして撲るのだ」と聞いたので、その学生は「この二回のビンタはお返しさ」と答えた。続いて次の学生が彼を撲った。彼はまた「どうして撲るのだ」と聞いた。その学生は「復讐だ！」と答えた。こうして十数人が二回ずつ何十回か平手打ちしたので、彼の顔は腫れあがった。彼は自分の寝室に戻ったが、人と顔を合わすのが嫌で授業には出てこなかった。

このことからも、中国人学生と日本人学生の関係がどうであったかがわかるであろう。

4、学生に対する監視と弾圧

毎年、年末には卒業式が行なわれる。卒業式が終わった後で、特務機関の特務たちがひそかに学生を逮捕にやってきた。毎年こうした逮捕劇が年中行事のように行なわれていた。在学中に逮捕すると影響が大きすぎるので、卒業後に各自が離れ離れになったところを逮捕すれば影響が少ないというわけである。しかし、こうしたことは隠し通せるものではなく、いつかわかることだった。

私が二年生の時、私たちのクラス担任を手伝っていた助手が特務機関に逮捕された。同時に、数人の卒業生が「反満抗日」の名目で逮捕された。校内では、日本人は学生に対して厳しい思想統制を行ない、日常的に学生の宿舎を抜き打ち検査した。今でも覚えているが、ある日本人の図書館員が公然と学生の宿舎に来て、中国人学生の本棚を引っ繰り返し「禁書」、すなわち抗日書籍を持っていないかどうかを調べた。もしそのような書籍が見つかれば、逮捕される可能性があった。聞くところによると、中国人学生の中にも、ごく少数ではあるが個別に日本のスパイをやっている者がいたという。その後、逮捕された助手と学生全員はひどく拷問された。縄で親指を縛って吊り上げられ、「反満抗日の仲間と組織を白状しろ」と、ひどく撲られたそうである。幸いに「八・一五」で日本が降伏したために、逮捕された学生と助手は死なずに済んだ。

日本の侵略者の教育に対する支配と迫害の徹底していて、余すところがなかった。小学校や中学校にも日本のスパイがいた。私は国民高等学校に在学中、日本人を憎く思いはしても、中国人教師の中に日本のスパイがまぎれこんでいることに気づかなかった。ある時、この「漢奸」は偶然のことから正体を暴露してしまった。授業中に彼は教科書に書かれたことをうまく説明できず、生徒が騒ぎだしたことがあった。彼は何を思ったか、騒ぎたてれば捕まえるぞと言わんばかりに、拳銃を取り出して机の上にドンと置いて、生徒を黙らせたのである。

日本人が中国人を支配しようとしても、結局のところうまく行かないことが多い。彼らは、自分たちの陣地の内部から壊されると脆いということを知っていた。なぜ日本人はあんなに情報通なのか、中国人が少しでも反抗しようとすると日本人にたちまちわかってしまうのはなぜか。「漢奸」の働きは馬鹿にできない。だからこそ「漢奸」は厳罰に処すべきで、情け容赦はいらないのだ。

傀儡「満州国」の時期に、ある教育担当の大臣があちこちの大学を演説して回っていた。演説の内容はどこでも同じであったが、その中のある文句を未だに忘れることができない。この鉄面皮の「漢奸」は、「あなた方（日本侵略者を指す）は政治犯、思想犯、反満抗日の人間を捕まえて、裁判をして何年間かの懲役の判決を下す。俺の考えでは、そんな手間はかけなくてもよろしい。いっそのこと全員ばっさりやるべきである」と言っていた（旅順・大連地区の方言であった）。これが「人間」の言うことだろうか、悪逆無道の極みである。こういう「人間」こそばっさりやるべきである。歴史の教訓を忘れてはならず、私たちの次の世代にも引き継ぐべきである。

（聞取り時期：二〇〇〇年七月、場所：北京市西直門外鉄道部科学研究院西三楼一二二号）

ある蒙古族青年の歩み——金 生 証言

〔略歴〕

金生（ジンション）、旧名・特木爾巴于、男、蒙古族、一九二三年一二月六日生まれ。原籍：遼寧省法庫県石庄子屯。
離休（退職）時の所属：五常市第一高級中学校。職務：教師。職称：高級教師。日本占領時期に在籍した学校：内蒙古王爺廟（烏蘭浩特市）西科前旗第一国民優級学校、王爺廟私立国民高等学校育成学院、吉林師道大学。

一九三一年—一九三三年、遼寧省法庫県石庄子の私塾で勉強する。
一九三四年—一九三七年、西科前旗四品鎮国民学校に在学する。
一九三八年—一九三九年、王爺廟（現・烏蘭浩特市）西科前旗第一国民優級学校に在学する。
一九四〇年三月—一九四三年一二月、内蒙古王爺廟、財団法人蒙民厚生会立国民高等学校育成学院に在学する。
一九四四年三月—一九四五年八月一五日、国立吉林師道大学に在学する。
一九四五年—一九四六年、遼寧省法庫県石椿子屯の故郷に閑居する。
一九四七年—一九四九年、国立長白師範学院理化学部に在学する。
一九四九年—一九四九年七月、長春東北大学三部三班（政治）に在学する。
一九四九年七月—一九五五年三月、黒龍江省五常県第一中学校の教員となる。
一九五五年三月—一九六三年、黒龍江省労働者農民速成中学校の理化学教員となる。
一九六三年一二月—一九七九年、黒龍江省五常県第一中学校の理化学教員となる。
一九七九年七月—一九八六年六月、黒龍江省五常市第一高級中学校の理化学教員となる。
一九八六年六月、離休（退職）し、自宅で閑居する。

これから述べることは、私の一九四〇年から一九四五年六月までの経歴である。この間、私は特木爾巴于という名前を用いていた。

一、中学校段階（一九四〇年三月―一九四三年一二月末）

傀儡「満州国」康徳七年（一九四〇年）三月一日、私は内蒙古財団法人蒙民厚生会立王爺廟（現烏蘭浩特市）国民高等学校育成学院に受験入学し、四年間在学した。この学校は農業科で、蒙古の王家に仕える蒙古族の初級中級の人材を養成するためのものであった。この学校が創設されたのは、内蒙古王が日本帝国に支配され、やむなく内蒙古の広大な山野を「満州国」に「献上」させられたことによるものである。蒙古の土地を「献上」させて傀儡「満州国」は大きな利益を得たのであるが、蒙古族にいくらかの見返りとして二つの学校を開設することを許可したのである。

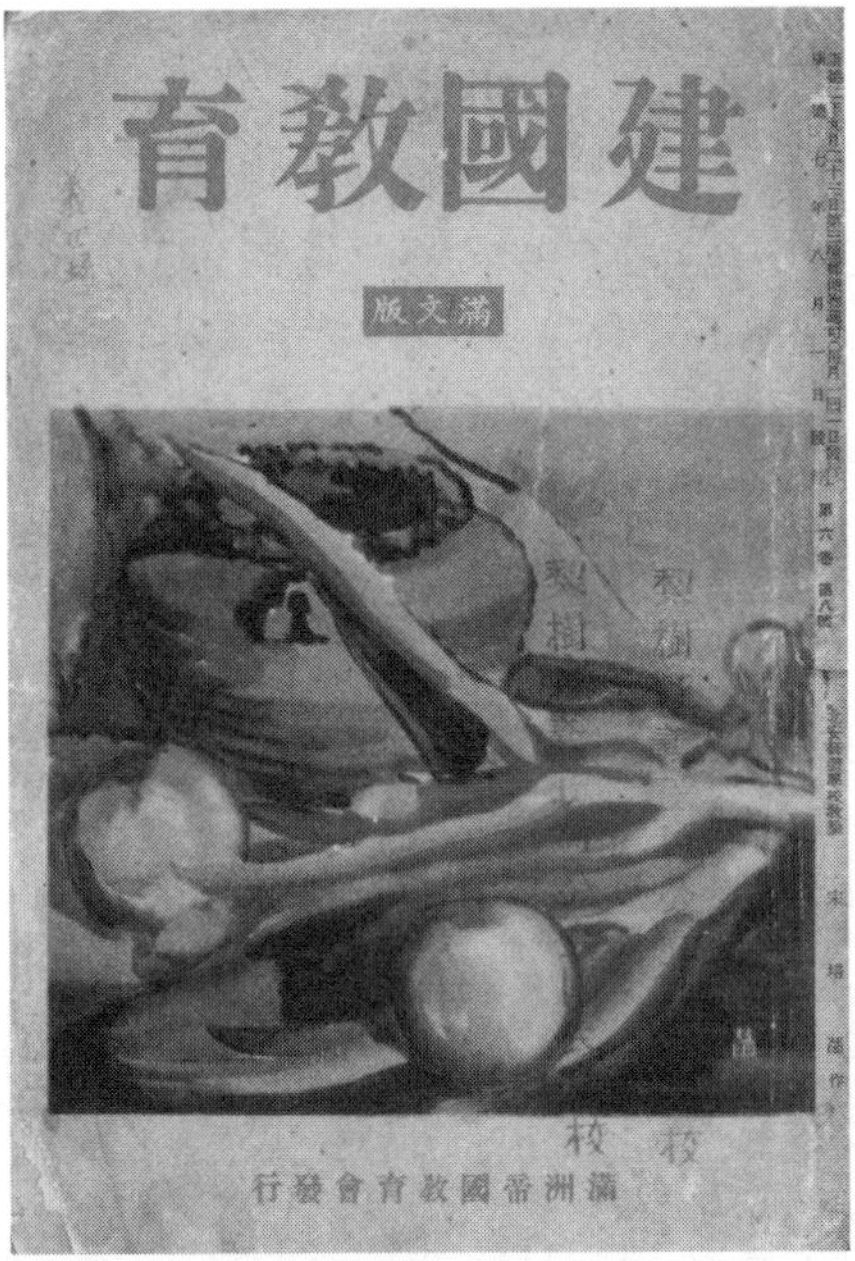

満州帝国教育会編『建国教育』

一つは育成学院であり、もう一つは蒙民習芸所であり、王侯貴族等の上層部に仕える技術的人材と政治的人材を養成するものであった。

私は入学してから四年間の勉学によって、教育の内実がいくらかわかった。主な点は次の通りである。

1、組織機構

学校が創設された当初は全校二クラス、生徒は一二〇人ほどで、全員が蒙古族であった。初めは民家を校舎として借りていたが、後に鉄道の西側に自前の校舎を建設した。蒙民厚生会の常務理事が育成学院の院長を兼任した。名前は瑪尼巴達喇（当時、内蒙古王侯中の公侯の地位にあった）といい、元内蒙古興安南省民政庁長官であった。一九四三年末には八クラス、生徒四、五百人を擁する学校に発展していた。主事は藤沢美喜（日本人）で、学校の全権を掌握、管理していた。教務主任は李又聘（中国人）、事務主任は永井（日本人）であった。この三人が大きな部屋でそろって事務をとっていた。

2、教職員

教務幹事は金幕彦（蒙古族）、事務幹事は官保（蒙古族）であった。日本人教師は藤沢美喜、石井三郎、長友（関東軍中尉、軍事訓練を担当）、伊地知則彦であった。蒙古族教師は葉喜扎布（物理）、斉木（蒙古語）、斯勧（音楽）、胡斗南（中国語──「満語」と呼ばれた）であった。中国人教師は関日森、劉建貴（農業）、李又聘（数学）などがいた。

3、設置科目

日本語と蒙古語以外に、農業専攻科であったので農業に関する科目が多く、農業概論、病虫害、園芸、林業概論、果樹栽培、物理、化学、数学、植物、動物、鉱物、「満語」（中国語）、修身（後に国民道徳）、体育、音楽、美術、軍事訓練などがあった。日本語と蒙古語以外の教材はすべて中国語で書かれてあった。日本語は毎週六時間で、蒙古語は三時間であった。

4、日常行事

学校では授業を主とし、正規の授業のほかに軍事訓練と農業実習がそれぞれ週二回午後に行なわれた。

生徒はすべて宿舎に住むように決められていた。就寝前に舎監の永井が点呼を取り、それから就寝となった。衣食住と教科書はすべて学校が供給し、生徒は各自いくらかの小遣いを用意するだけであった。学校の経費はすべて蒙古の厚生会から出資されていた。蒙古の土地を「献上」することになり、傀儡「満州国」政府は日本傀儡政権のための人材養成、特に日本語強化のために、国庫から蒙民厚生会を通じて学校に資金を出していた。

5、弾圧の手段

①奴隷化を促進させるために、毎週月曜日は一日中日本語を使うことに決めていた。この日は蒙古語や中国語を使ってはいけなかった。

②階級服従――外出する際、特に日曜日に街で買物などをしている時、上級生に会うと必ず敬礼しなければならなかった。敬礼しなければ、目隠しされて撲られたり、怒鳴られたり、罰として立たされたりした。

③教師と生徒の関係――これは尋常ではなかった。日本人教師との関係は、特にピリピリしたものであった。軍事訓練の時、ちょっとでも気を抜くとビンタを食らった。長友は休憩が終わった途端に集合をかけたが、生徒たちが聞こえないふりをして集合するのに手間どったことがあった。その結果、一列に整列させられ、並んでいる順に長友から一人一回のビンタを張られた。

④就寝前――生徒各自は自分のベッドの前に膝をつき、高く手を上げて「天皇陛下万歳！」と口の中で唱えさせられた（これを「正座黙禱」と称していた）。

⑤休暇――舎監の永井の許可が必要で、ほかの教師には休暇を許可する権限がなかった。そのため生徒たちは彼を恐れた。休暇をとる場合は、あらかじめを必要な日本語ちゃんと練習してから理由を言わなくてはならなかった。日本語の言い方がまずいと、ひとしきり叱られたあげく、彼の言う通りにもう一度繰り返さなければならなかった。その間、ちょっとでも逆らってはならなかった。

二、大学時期（一九四四年三月―一九四五年八月）

私は育成学院を四年で卒業した。学校の推薦を経て省庁の受験許可証の発給を受け、吉林師道大学に行って筆記試験と実技試験を受け、合格した。吉林師道大学は吉林市八百壟にあり、中等教育のための中学校教員を養成する最高学府であった。

1、**組織機構**（一九四三年・康徳一〇年三月一日―一九四五年八月一五日）

校長（学長）は日本人の阿部宗孝であった。彼は入学後まもなく病死し、私は追悼会に参加した。その後、日本人の添野信が校長となった。教務長は日本人の斎藤茂、学生科長も日本人で森田といった。彼らはいずれも学生たちとの関係が深かった。

2、**教職員**

日本人教師は西尾（数学、傀儡「満州国」の中学校数学教科書を執筆した数学博士）、桜谷（物理、傀儡「満州国」の中学校物理教科書の執筆者）、阿部（海洋生物学、貝の研究で博士号を取った）、迫田（軍事訓練、傀儡「満州国」軍中佐）、小林林之助（軍事訓練、在郷軍人・少尉）、大山（銃剣術、在郷軍人・上等兵）、軸木（体育）、森田（化学）などがいた。さらに、名前は忘れたが、地理と歴史も日本人教師が担当した。

中国人教師は馬成俊（物理）、馬忠林（数学）、李国林（鉱物）、この三人は広島高等師範学校の卒業生であった。ほかに徐忠一（化学）、趙吉慶（体育）などがいた。

このほか、数人の日本人教師と中国人教師がいたが、名前は忘れてしまった。

3、**設置科目**

クラスは専門科目によって分かれていた。第一班は国民道徳、教育、歴史。第二班は国文（中国語）、英語、日本語。第三班は地理、歴史。第四班は数学。第五班は物理、化学。第六班は博物、農業。第七班は図画、日本語。第八班は音楽、日本語。第九班は体育、日本語。本科に入学して以後、私は第五班に在籍した。

教育方針は教師を養成することを目的とし、実践を重んじ、道徳意識を高め、知識と技能を獲得して身体の鍛練に努力し、国民の模範となることであった。

4、日課

日常の食と住、授業を除いた代表的な日課を以下に述べよう。

①「帝宮遥拝」――毎日、起床してすぐ紅淡門前に集合し、舎監の先生が号令をかけ、東方に向かって腰を九〇度に曲げてお辞儀をした。これは日本の天皇の住む東京に向かって遥拝したのである。

②毎週月曜日、靖国神社（分社）に参拝した。神社は校庭の西南の隅にあり、花崗岩に彫刻を施した建物であった。私たちは列になって進み、腰を九〇度曲げて「天照大神」に崇敬の念を表した。

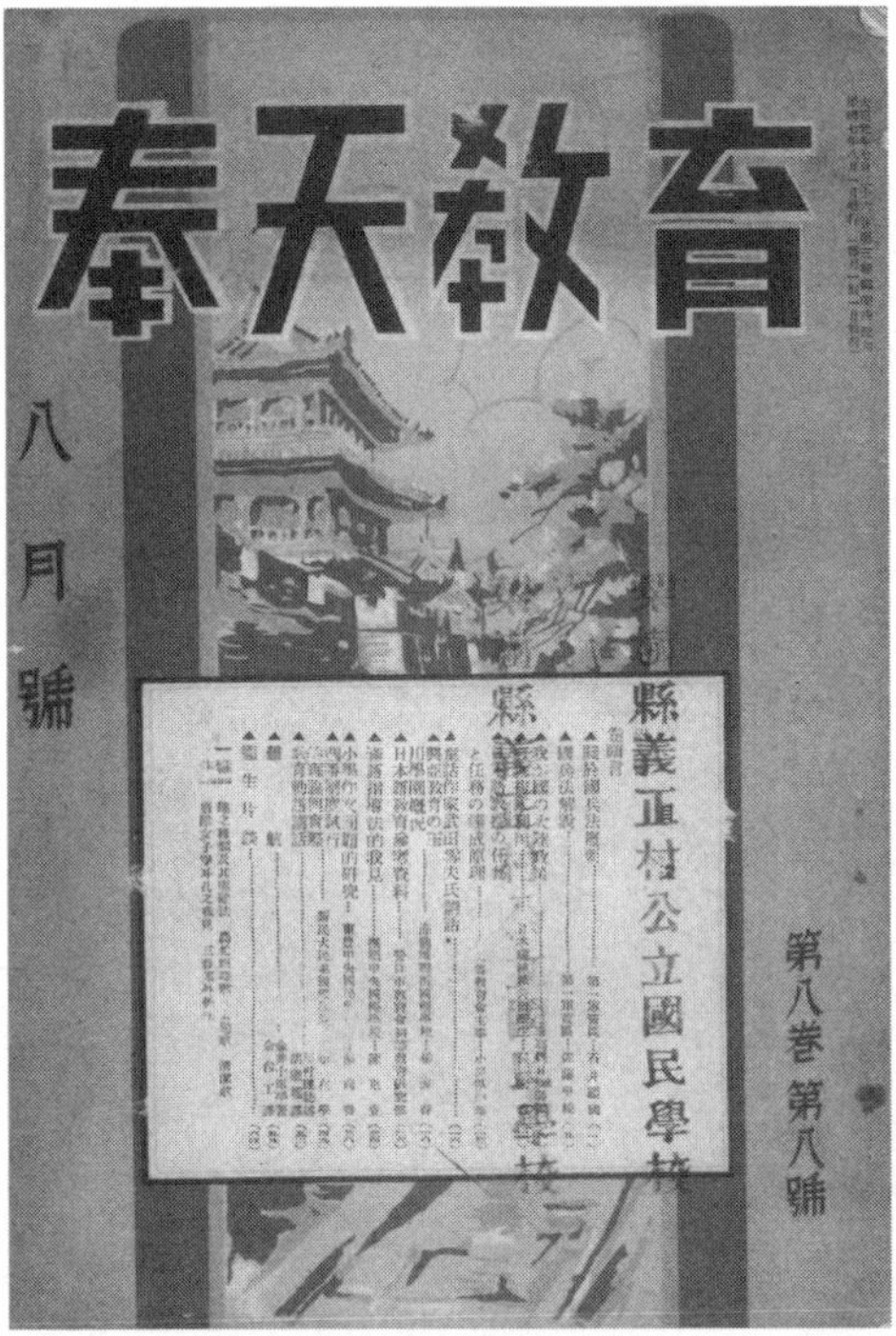

奉天教育会編『奉天教育』

③月曜の朝礼――朝七時頃、学生は大講堂に集合した。教務長の斎藤茂が司会をし、まず国歌（神光宇宙を開き、表裏の山河皇猷壮んなり……）を歌い、続いて「回鑾訓民詔書」を朗読し、「国民訓」（全一〇ヵ条）を教師について朗読した。両者ともに内容は「大東亜共栄圏」を誠心誠意擁護し、傀儡「満州国」を熱愛し従順な国民となるように、というものであった。朗読が終わると学長と教務長の訓話があったが、これも「大東亜戦争」の状況や「日満親善」「共存共栄」「侵略戦争のために一分の力を捧げる」というような思想教育であった。

5、抑圧の手段

①同じ食堂の二種類の食事——日本人学生が食べるのは白米であり、中国人、蒙古族、回族の学生が食べるのは赤いコウリャンであった。民族差別は極限に達していた。

②北方の守り——一九四三年（康徳一〇年）の夏休み、傀儡「満州国」政府の命令によって一四校の学生たちは夏休みを与えられず、七月中旬から八月下旬まで全員が黒河省（当時の傀儡「満州国」の省）愛琿県紫水地方に行って「勤労奉仕」をやらされた。作業は主に道路建設で、ソ連軍の進攻を防ぐためのものであった。土を掘り、それを運び、道路を作った。私の大学は西垣という日本人に引率され、毎日八時間の労働をさせられた。食事はコウリャンが支給されたが、その分量はわずかであった。うだるような暑さの中で、空を覆うくらいの蚊や虻が襲ってきて、体じゅうを刺された。まさに言葉では言えないような苦労を強いられた。

③酒石酸石灰の製造——一九四五年（康徳一二年）の夏休み、傀儡「満州国」政府の命令で東辺道の延吉朝鮮族自治州（当時の間島省）琿春県大荒溝の朝鮮族居住地に行った。そこで、山葡萄の実と枝葉を突き砕いて鍋で煮沸し、液体を石灰で中和して取り出し、水分を蒸発させて固体にした。これが酒石酸石灰である。引率の教師によると、これは国防上重要な物質であるということであった。私たちは、三人一組または二人一組と分散して民家に泊まった。八月上旬まで作業をして、わずか一鍋分製造しただけであった。

そうこうしているうち、興農社の指示により車で琿春まで戻ることになった。この時すでに役所の役人は遁走してしまい、どこに行ったかわからなくなっていた。私と日本人学生が図們から汽車に乗って吉林に着くと、全市の商店や役所はすべて国民党の青天白日旗と中華民国旗を掲げていた。ここで初めて、日本侵略者が徹底的に敗北し、抗日戦争が勝利したことを知った。

④軍事演習——これはきわめて苦痛で、絶対服従が要求された行動であった。毎年春と秋に一回ずつ、学生は各自

が三八式歩兵銃と空砲銃弾一〇発をかついで参加した（「野外演習」と言った）。これらは仮想敵を撃つためのものであった。ある時は小豊満まで三〇キロ行軍して四時間で到着した。途中は駆け足を繰り返す急行軍で、時々「伏せ」や「射撃用意」を命じられた。疲れて汗びっしょりになり、足腰がずきずき痛んだ。

秋は吉林の烏拉街へ行った。二日の行程で、烏拉街で一泊した。ちょうど雨期に入っていたので、雨がしとしとと降って道がぬかるみ、一歩進むごとに足をとられた。目的地に着いた時には、全員ずぶ濡れで泥だらけとなり、猿のようであった。隊長が急かし、班長が急き立て、ちょっと遅れても銃の台尻で撲られた。ただただ堪え忍ぶしかなかった。この軍事演習の指導者は日本人で、迫田、小林、大山の三人が計画して実施していた。

⑤教師と学生の関係——日本の侵略政策、傀儡「満州国」の政治制度、政治的弾圧、経済的搾取、言論統制などに対する不満以外にも、数人の日本人教師は個人的にひどく恨みを買っていた。中でも軸木（体育）に撲られなかった学生は一人もいなかった。体育の時の動作が少しでも違っていると、拳骨で撲ったり足で蹴飛ばしたりした。迫田（軍事訓練）は隊列を組むことを教えたが、歩調が合わないと隊列から離して一人で特訓した。それでも基準に合わないと、罰として立たせたり撲ったりした。大山という上等兵は銃剣術を教えていたが、迅速な着剣、敏速な動作、行進の歩幅を寸法通りにすることを要求した。歩幅が広すぎても狭すぎても、すべて不合格とした。その後、籐の教鞭で頭といわず腰といわず尻といわず、ところかまわず叩いた。その叩かれたところがずきずきと痛んだ。これをどうして恨まずにいられよう。

（聞取り時期：二〇〇〇年七月二一日、場所：黒龍江省五常市婦女連合会主任金玉芬宅）

私は農村の小学校に通った——李洪沢 証言

〔略歴〕

李洪沢（リーホンジァ）、男、漢族、一九三三年三月一日生まれ。原籍：遼寧省興城市高家嶺郷（現興城市高家嶺郷湯上村）。離休（退職）時の所属：高家嶺郷中心小学校。職務：校長。職称：小学校高級教師。日本占領時期に在籍した学校：遼寧省興城湯上小学校羅家優級小学校。

一九四一年—一九四五年八月、前後して傀儡「満州国」時期に設立された湯上初級小学校、羅家の優級小学校に在学する。

一九四五年九月—一九四八年九月、家で農業に従事する。

一九四八年一〇月—一九四九年末、湯上小学校で高級小学校（二年）に在学し、卒業する。

一九五〇年初—一九六九年末、県内礦廠郷の小学校の教員、校長、視導員を歴任する。

一九七〇年初、故郷の高家嶺郷に戻り、満井、牛心、湯上などの小学校の校長となる。「文化大革命」中、迫害を受ける。

一九八九年以降、現場を離れ、高家嶺郷で校誌を執筆する。

一九九三年三月、離休（退職）する。

私は傀儡「満州国」の康徳八年から康徳一二年（一九四一年—一九四五年）八月まで、五年余り小学校に在学した。そこでいくらかの知識を身につけると同時に、多大の「崇日」「親日」「順日」のファシスト的奴隷化教育を受けた。

一九四一年、私は数え歳の九歳になった。家がとても貧しかったために、何人かの心ある人々が私を牧童に出して家計の足しにするようにと父に勧めてくれた。しかし、父はそのたびにきっぱりと「物乞いをしてでもこの子は私の傍らに置く、絶対によその家の使用人にはしない」と断った。さらに私に家事の手伝いもさせず、何とかやりくりして学校に通わせてくれた。

旧正月のある日、私は小学校に入学した。学校は熱水湯付近の大きな廟の中にあり、家から一キロほど離れた西南の方角であった。校名は興城県永和村湯上初級小学校といい、斯一族が管理していた。この頃には永和村の役所はすでに南の斯家屯に移っており、小学校の本校も役所と同じように南に移転していたのだ。私の入学した初級小学校は、廟の後殿の東四間の平屋であった。西側の三間が教室で、東側の一間が教員室兼宿直室であり、ドア一つ隔てて教室とつながっていた。一年から四年までが同じ教室に集められて、複式授業が行なわれた。生徒が西に向かって坐ると、光線は左から入った。壁には黒板が掛かっていて、黒板の北側、すなわち右側に孔子像が掛けてあった。毎日登校すると、孔子像に向かってお辞儀をした。罰を受ける生徒は、教師の指示に従って孔子像の前にひざまずいた。私が三年生になった頃、この孔子像はなくなっていた。

食事の前に「皇軍の恩賜」に感謝する小学生

この年に一年生として入学してきた人数はいつになく多く、各村から二五人が入学した。入学したのは李洪沢（私）、李文山、李天福、李祥徳、李洪吉、李文剛、馬洪才、李春方、劉中、王春林、劉維儒、劉文吉、劉国秀、劉正中、薛文貴、陳顕名、劉振藩、劉振名、劉振栄、李振先、李徳富、劉正元、邢孝征、陳光菊（女）、王淑琴（女）である。学校では私が九歳で最も小さく、二〇歳くらいの者も十数人いた。一年生の級長は薛文貴、二年生の級長は李振揚、三年生の級長は馬洪彬、四年生の級長は高文燐（大級長と呼ばれていた）であった。彼らは現在いずれも七〇歳を過ぎたが、みな健在である。

私の一年生の時の先生は、王正心という男性教師であった。年は三五、六歳、中肉中背で、がっちりしていた。いつも役所から配給されたカーキ色の協和服を着ていた。寒いときは青いオーバーを着て灰色の帽子をかぶり、艶光りする黒の革靴をはいていた。身のこなしに気をつけ、軍人のように威風堂々としていて生徒に恐れられていた。責任感が強く、学識は普通であったが風紀には非常に気を配っていた。生徒は、清潔な服を着てボタンをちゃんと掛けていなくてはならず、あちこち紙くずを散らかすと注意された。私はこの先生に教えられた習慣を今でも守っている。生徒を撲る時は手厳しく、ときどきは怒りにまかせて力一杯撲るので、生徒たちは皆彼を恐れていた。噂では、元は警官だったが犯人に逃げられてクビになり、教師に鞍替えしたのだそうである。

教科目は主に日本語と「満語」、算術で、当時「日・満・算」と言われていた。中でも日本語が一番重視されていた。

日本語は、まず五十音の読み書きから始め、それから教科書に入った。国民優級学校一年（五年生）になると、日本文の読み書きを習った。王先生はあまり日本語ができず、読み方はあやふやで、おまけに小学生は日本語に反感を持っていたので、一年やってもたいした成果はなかった。その先を習っても、基礎がしっかりできていないために身に付かなかった。今思い出そうとしても何を習ったか覚えていない。一番よく覚えているのは、体育の時の号令である。

満語、すなわち語文の教科書の内容は、すべて日本を美化し中国人生徒を愚弄するものであった。たとえば、神武天皇が敵と戦って危なくなった時、突然一羽の金烏（ヤタガラス）が飛んできて神武天皇の頭にとまった。光を放って敵の目をくらませ、敵をうち破ったという内容であった。この教科書の内容は、日本は神国であり、「天照大神」に始まる「万世一系」の皇統は神聖なものであると言おうとしたものである。もう一編、二年生か三年生の時に習ったのは、日本人の指揮する傀儡軍が東北の大森林の中で「匪賊」と戦うというものであった。上等兵が負傷してどうのこうのといった内容であった。当時はただの物語として何ということもなく聞いていたが、後になって、教科書に出ていた「匪賊」とは私たちの東北抗日聯軍であることがわかった。

さらに教科書の中には、こういうのもあった。昔、軍閥が私たちの居住地を占領して人民を抑圧していた。人民は抑圧に耐えられず、日本皇軍を呼んできて軍閥を追い払い、「新満州」を建設した。だから私たちの土地は「王道楽土」となり、人民はようやく幸福な生活を送ることができるようになった——というものである。当時、私たちは何とも思わなかったが、実は軍閥がどういうものかさえわかっていなかったのだ。

ある日の昼休み、数人の年長の生徒がひそひそと話し合っていた。「張学良は東三省に帰るに帰れない」とか「日本人にやられた」とか言っていた。私が近寄って聞くと、彼らは下級生の私に「日本人が私たちの中国に侵略してきて東三省を占領し、傀儡『満州国』をつくったので、私たちは彼らをのさばらせることになった。今、山海関あたりではまだ戦闘が続いている」と言った。放課後、家に帰って父に聞くと、「お前は子供だから世の中のことはまだわからない。外でそんなことを言うんじゃないぞ、災難がふりかかるからな！」と言われた。しかし、このことは祖国と正義の道理に対する私の好奇心をかきたてることとなった。その後、人々の政治に関する議論に関心を持ち、徐々に日本のやってきたことと私たちの現状を理解するようになった。もちろん、それはごく浅いものでしかなかった。

音楽では、日本の国歌と傀儡「満州国」国歌を学んだ。最初に習ったのは傀儡「満州国」国歌で、歌詞は「天地のうちに新満州がある。新満州これすなわち新天地、民主があり、自由がある。人民は三千万、人民は三千万……」というものであった。生徒たちはこっそりと傀儡「満州国」国歌の替え歌を作り、「どの家も、薄い粥ばかり、薄い粥、ずるずる吸う、塩漬け菜っ葉もない、醤油もない、人民はみなおじゃんになった、人民はみなおじゃんになった」と歌っていた。日本国歌となると日本語で歌わされるので、その意味はまるっきりわからなかった。なにしろ教師自身が、ちゃんと読むどころではなかったからだ。私たちはこれも替え歌にして歌っていた。「大馬鹿野郎、くそったれ、粥一杯もどこにもない」と歌っては皆で大笑いし、溜飲を下げたものである。

冬休みになる前、先生のもとに役所から一通の通知が伝達されてきた。それは康徳八年一二月八日、太平洋において「大東亜戦争」が起こり、皇軍は一気に真珠湾を攻撃したというものであった。この通知は繰り返し生徒に伝えられた。一年生にも上級生と同じように、「大東亜戦争」の意義についてすらすら答えることを要求した。それは学期末に視学官が査察に来ることになっていたからである。

体育の号令はすべて日本語で行なわれた。小学校の五年間、中国語の号令は一回も聞いたことがなかった。動作に対する要求が厳しく、必ず目標に達しなければならなかった。ちょっとでも違えば、頬をひっぱたかれた。叩かれると目から火花が出て、耳がガーンとなり、立っていられなかった。子供は顔が小さいので、大人の大きな掌は私たちの顔半分ぐらいにもなった。しかも左右から交互に叩かれるので、体がぐらぐらした。上級生はまだなんとかなったが、小さい子供にはたまらなかった。日本式のやり方では、撲られれば撲られるほど元気を出さなければならなかった。しっかり立てないと、大きな手で左右にビンタを張られ、おまけに革靴で蹴飛ばされた。地面に倒れても、まだ蹴飛ばされた。

今でも覚えているが、私が二年生になったばかりの頃、体育の授業で二人の一年生が張り倒され、立てなくなって「先生、ぼく、立てません」と泣きわめいた。すると教師は、その子の耳をつかんで引っ張り上げた。子供の耳たぶが裂けて血がだらだらと流れた。生徒たちはみな怖くて震えあがった。私の小学校には二〇人ぐらいの教師がいたが、こんなに生徒を虐待する教師は彼一人だけであった。これは彼の出身や性格と関係があるかもしれない。

しかしもっと重要なことは、ファシスト教育とはこういうものだ、ということである。私は、日本人や漢奸が私たち中国人を虐待する時に言った言葉を、今でもはっきり覚えている。「お前ら満州人は牛や馬と同じだ。奴隷根性を仕込まれる身なのだ」と言ったのである。

この一年間に、私の心に深く刻まれたことが二つあった。

第一、斯家での集会——初夏のある日、朝七時ごろ湯上分校から隊列を組んで斯家屯の本校に行った。街道を北上し、二キロほど歩いて斯家屯に到着した。やや登り坂になっている通りを入ると、先生と大級長（四年の級長）はかわるがわる「胸を張れ！」とか「整列しろ！」とか怒鳴った。彼らは周囲の村人たちに、自分たちの湯上小学校はどんなにきちんと隊列を組むことができるか、どれだけ行き届いているかを見せようというのである。しかし、普段から撲られて怯えきっている小学生たちは、怒鳴られるとなお緊張し、緊張すればするほど足並みが乱れて、ますますみっともない格好になってしまった。先生はこれを見てかっとなり、何人かの生徒の顔に平手打ちを食らわした。しかし叩かれれば叩かれるほど足並みが乱れ、乱れれば乱れるほどさらに叩かれた。立ち止まっては叩かれ、また立ち止まっては叩かれた。こうして斯家屯の通

濱江省教育庁推薦の宿題帳の裏表紙

りは生徒たちの凄惨な虐待の場所となった。卒業してからも、ここを通ると私は胸がどきどきしたものである。

この通りを抜けると、本校の正門に通じる大通りに出る。通る人も多く、正門付近に本校の生徒たちがたくさんいた。彼らは私たちを見ると、口々に「湯上の生徒が来たぞ、湯上の生徒が来たぞ!」と叫んだ。本校の二〇〇人ほどの生徒が私たちを見物しようとどっと押しかけてきたので、先生は途端に私たちを叩くのを止めた。しかし、私たちは本校の生徒の前で叩かれたらたまらないという気持ちがいよいよ強くなり、それでまた歩調が乱れてしまい、先生はさらに不機嫌な顔になった。本校の校庭に入って「解散」と号令をかけられた後も、私たちはおどおどして体を寄せ合って立ったまま動けなかった。王先生はこれを見て、声を荒げた。「かたまっていてどうする、自由に動いていいんだぞ!」。それでも私たちは一塊になっていた。本校の生徒たちは、わざと私たちのまわりで追いかけっこをしたり跳びまわったりして、得意満面であった。

私たちは初めてここに来たので、そこに立ったまま好奇の目であたりを見回していた。ここの敷地は何と広いことか、傀儡「満州国」の村役場や傀儡「満州国」警察駐在所、小学校の本校などが同じ敷地に配置されていた。協和服を着た役人と鉄兜を被ってサーベルを下げた警官が出たり入ったりしていた。ときどき聞こえる電話のベルや通話する声などが、私にとってはとても新鮮なものに感じられた。少し世間がわかったような気になった。同時に、大人たちが話していたように、この敷地内で銃の台尻で撲ったり水責めの拷問などが行なわれているかと思うと、恐怖と悔しさが込みあげてきた。

本校には大教室が三つあり、生徒は二〇〇人ほどで、教師は五人いた。校長は劉尚斌といい、背が高く、色白の丸顔に眼鏡をかけ、精力的で貫禄があった。先生は陳維奇と傳鉄柱のほかに二人いたが、あとの二人の名前は忘れた。当時の小学校の分校は私たちの湯上以外に牛心、樹林子、永和、拉馬などにもあった。牛心分校の先生は陳国栄、樹林子分校の先生は杜維会であったが、あとは覚えていない。本校の先生は顔を見ただけで怖かった。これは分校での体験によるものであった。

その後、何回も本校に集合することがあったが、様子は最初と変わらなかった。

第二、日本人を出迎える——「斯家屯の役所に行って、日本人のお役人を出迎えるように」という命令があった。どんな役人か何もわからなかったが、夜の明ける前に学校を出て、目的地に着いた時はまだ日が上がっていなかった。当日は寒波が襲来して、かなり寒かった。本校と分校の教師、生徒、協和会青年団、村の役人、警察官も早くから役場の正門の南側に立ち並び、北を向いて厳しい寒風の中に立っていた。長い人の列が正門の東から通りの入り口まで続いていた。学校の生徒は行列の終わりに近い西の方に並んでいた。日本の役人はなかなか到着せず、私たちはじっと辛抱して立っていた。九時過ぎになって、やっと到着した。日本の役人は車から降りて、出迎えの列の前を通り過ぎて行く。私たちは敬礼を行ない、次々に後について敷地に入り、北を向いて整列した。歓迎会が始まり、日本人の役人の訓話を聞いた。日本人の役人は事務所のドアの東側に立ってしゃべり、通訳官がドアの西に立って通訳した。その声はほとんど聞き取れなかった。私はおとなしくじっと立っていたので、足が凍えて、何かに咬まれたような痛みを感じたが、ぴくりとも動かないで立ち続けた。日本人は長いことしゃべっていたが、私は一言も聞き取れなかった。終わりごろになって、とうとう我慢できなくなり、おしっこをもらしてしまった。散会して、昼休みとなった。後で、ズボンを濡らした生徒がもう一人いたと聞いた。かなりの生徒が足踏みしながら、「もう少しでもらすとこだったよ」と言っていた。

年末の試験で私は一番になり、賞品をもらった。このことによって父は私を勉強させたいという気持ちが強くなり、私に「勉強しろよ！　お前が試験に合格しさえすれば、いくらでも学費を出してやる。家財を売り払ってでも学費を出してやる」と言った。残念ながら父はあまりにも早く死んでしまい、私は高級小学校卒業で終わってしまった。

一九四二年、私は二年生になった。同級生の数も増え、三間ぶち抜きの教室にぎっしり七〇人が坐っていた。学期が始まると、私たちは「即位詔書」「回鑾訓民詔書」「時局詔書」を暗記させられた。私は今でも「朕登極より以来亟に躬から日本皇室を訪ひ修睦聯歓以て積慕を伸へんことを思ふ今次東渡宿願克く遂く日本皇室懇切相待ち備さに優隆を……」とか、「奉天に承運し、大満州帝国、皇帝のたまはく……」とかの文句を覚えている。

さらに繰り返し繰り返し生徒たちに「大東亜戦争」の勝利の戦況を報せた。日本皇軍がどのように身を捨てて国に報いたかとか、勇んで犠牲となり「赫々たる戦果」をおさめたとか、今日は香港を占領し、明日はタイ、ビルマ、シンガポール、マレーシア、ベトナムを占領する、などというものであった。まもなく私たちはクラスに分かれ、二年生と四年生は廟の前の馬小屋に移って授業を受けることとなった。私たちの担任は李文斌先生で、高級小学校を卒業しただけの代用教師であった。性格が温和なので、生徒たちはさほど彼を恐がらなかった。

小学校に通った数年間は、集会や朝礼、夕礼があるたびに、必ず東南の方向に位置する日本に向かって、天皇に対して九〇度の最敬礼をさせられた。その次に東北に向かって、当時の首都――新京（長春）に住んでいる皇帝に九〇度の最敬礼をさせられた。傀儡「満州国」は「日漢満蒙鮮」の五族が共存する「王道楽土」であり、だから国旗は「紅藍白黒黄」であるとか、「日満親善」「日満協和」「一徳一心」「大東亜共栄圏」「万世一系の皇統」「天照大神」「神武天皇」「尚武精神」などという政治的な「常識」を繰り返し教え込まれた。天皇誕生日を「天長節」、皇帝の誕生日を「万寿節」と称し、いずれも慶祝の式典を開いて祝福した後、授業は休みとなった。

学校では生徒に日本軍の「赫々たる戦果」を報せたが、上級生がこっそりと「日本の侵略者は関内（山海関の内側）で中国の軍隊によって多数殺され、すべて夜間に死体を東に搬送した。昼間に搬送しないのは、私たち中国人に見られるのを恐れているからだ」と話しあっているのを聞いた。私たちはこれを聞いて溜飲を下げたものだ。

一九四三年、私は三年生になった。李文斌先生が退職し、教員資格を持った李振凱先生が着任した。李振凱先生は三〇歳過ぎで、背が高く、学識もあり、思いやりのある先生であった。教諭の資格を持っていたので首席教員となり、王正心先生の上席に就いた。

旧校舎の東側の畑の中に新しく六間の平屋が建てられ、私たちはそこへ引っ越した。一年生と三年生は東側の二間の教室で授業をし、クラス担任は王正心先生であった。二年生と四年生は西側の二間の教室で授業をし、真ん中の二間は教員室となっていた。李先生の教え方はたちまち評判になった。生徒を叩く時もきつくは叩かず、教え方も上手であったので、生徒も保護者も大いに満足した。

この頃、傀儡皇帝は「国民訓」を公布した。「国民はすべからく建国の淵源が惟神の道にあることを……」という言葉で始まるものだった。さらに新「国歌」が公布され、「神光宇宙を開き、山河に表裏して皇猷を壮んにす。帝徳盛んなる巍巍蕩蕩としてともに比ぶるものなし、万寿無窮を溥海歌う。仰いで天業を賛す。輝く皇帝の威光は日月に等し」と歌われた。

この年から日本侵略者は戦争の敗色が濃くなってきて、そのため私たちへの抑圧、虐待、迫害、掠奪がさらに残忍さを増していった。

第一は、強制労働である。中ソ国境の辺境の烏奴爾地区の道路工事をやらされた。食べる物も住む所も劣悪な条件の中で、重労働で心身ともに消耗させられた。私の父も出るように命令されたが、なんとか金を出して他の人に代わってもらった。しかし、私の叔父は自分で出かけて行った。私たちの村から八人が労働に連れ出されて、そこで四人死んだ。何とか生きのびて戻ってきた人も、やつれ果てて重病人のようであった。家に戻って二ヵ月養生して身体は回復したが、みな髪の毛が抜け、一まわりも二まわりも痩せ細ってしまっていた。

第二は、強制移住である。貧困家庭に対して、彼らが抗日の道に進むのを恐れて、一家をあげて炭鉱に移住させ、集中労働・集中管理という非人間的な扱いをした。

第三は、苛酷な食糧供出である。私たちの村の趙伸家では、七石しか収穫がないのに一〇石出すように要求された。

要求に従わないと、督促班が一家ごとに家探しをした。本当に無いとわかると、棍棒で撲った。このために、たくさんの家が食糧がなくなって黒龍江に夜逃げして行った。

第四は、棉花栽培の強制である。農民を強制して、食糧を作る畑に無理やりに棉を植えさせた。秋になると、出来高に関係なく収穫量より多く要求した。納められないと巡査が力ずくで催促に来て、死ぬほど撲られた。当時は経済統制が厳しく、自分で紡いだり織ったりすることが禁じられていた。新しい服を着るだけで犯罪とされた。

第五は、軍事訓練の強制である。農民に対して「自衛団」と称して一年のうち何回も軍事訓練をさせた。当番に当たると、農作業に関わりなく自弁での軍事訓練に駆り出された。一回が二〇日から一ヵ月に及んだ。軍事訓練の試験もあり、合格しないと撲られた。一九四五年の春、私は羅家で国民優級学校の一年生に在学していた。教室の窓際の席に坐っていたので、運動場で自衛団が訓練しているのをこの目で見ていた。傀儡「満州国」警察駐在分所所長の劉某は、最前列に立って監督していた。彼は鷹か虎のように狂暴な目つきで、何かというと隊列の中に跳びこみ、農民を撲ったり蹴ったりし、ひどい時はサーベルで峰打ちをかけた。同時に青年だけを集めて訓練したが、内容は自衛団とほぼ同じであった。

第六は、徴兵検査不合格者を集めて労働させた。名前は「勤労奉仕」と称していたが実際は強制労働で、制服が配給されただけであった。

第七は、物資を供出させられた。切干大根、ブタの血粉、乾した棉の樹皮、犬、ネギなどを供出させられた。民衆は物資の欠乏で死線をさまよっていた。こうした時に、さらに物資供出の手は小学生にも伸びてきた。この年の秋、小学生は一人当たり五〇〇グラムの乾燥したブタの血粉、二五キロの乾草、一キロの切干大根を供出しろと命令された。私がこれらの「任務」を達成できたのは、優しい母が代わって工面してくれたからである。

さらに、小学生は食用のウサギ狩りをやらされた。授業が休みになり、教師に引率されてあちこちの山や谷に行き、山野のウサギを探して駆け回った。ウサギを見つけると取り囲んで捕まえようとするが、子供は動作が鈍くウサギはすばしっこいので、しばしば生徒の股下や脇をすり抜けて逃げてしまう。十数日かかって一匹も獲れないこともあった。

まさに言葉に表せない苦しみであった。「首を刎ねられても亡国の民になるものではない」とは、このことである。

この年は、いろいろな噂が飛びかった。一つは、「日本の侵略者どもは連戦連敗で、もう長いことはないだろう」というものである。農作業が始まり、真っ白な靄がかかると、農民たちは大声で「見ろよ！　太陽（日本）が喪服を着ているぞ」などと言った。二つは、「また八路軍は関内（山海関内）でトンネル作戦を行なって日本の侵略者をやっつけた」とか、「八路軍が漢奸（裏切り者）や警官を捕まえて殺した」とかいうものであった。三つは、「アメリカの飛行機が奉天や大都市を爆撃した」とか、「日本の飛行機はアメリカの飛行機にかなわず、やられっぱなしだった」とかいうものであった。

私たちの学校でも防空訓練をやった。農民を集めて訓練し、高い防空監視塔を造らせた。こうしたことは、流布している噂を裏づけるようなものであった。さらに秋になると、機関や学校では正午に日本の戦没兵士のための三分間の黙禱をさせた。

一九四四年、私は小学校四年生に進級して西側の教室に移った。二年生と四年生は李先生が教えた。四年生は国民優級学校を受験しなければならないので、特に成績を上げる必要があった。李先生はこのために相当努力していた。しかし基礎学力がないので、なかなか成果が上がらなかった。国民優級学校を受験してわかったことは、湯上分校の生徒たちの成績は中ぐらいでしかなかったということである。

この年の六月末、私は父について錦州の病院に七日間通った。ある日、私たちは大通りで人だかりがしているのを見かけた。近づいて見ると、平服を着た日本人がカンカンに怒って身振り手振りで何かわめいていた。一人のおばあさんが地面にひざまずいて、ひたすら頭を下げて「ごめんなさい、ごめんなさい」と謝っていた。彼女の傍らには、いくつかの石鹸と何枚かのタオルが置いてあった。私は見ていられず、その場を立ち去った。父に「何が起こったの」と尋ねると、「経済犯だとさ」と言った。私が「あの日本人はどんな役人なの」と尋ねると、父は「日本人だったら、役人でなくても何をしてもかまわないのさ」と、どうしようもないといった面持ちで私に答えた。

錦州市内では関内（山海関内）から逃げてきた人たちが大勢物乞いをしていた。ある日の午後、私たちは城壁下のドブ濠の傍らで、丸太の上に横になっている人を見かけた。着ている物はぼろぼろで、顔はむくみ、視線も虚ろで、呼吸も弱そうであった。父は私に言った。「あの人は病気にかかっている。もういくばくもない」。翌日の午前中、通りがかりに見ると、はたしてその人は死んでいた。

私たちは汽車に乗って家に帰った。車中、日本人の鉄道警官がサーベルを下げて客車の中を巡回し、通路に立って、片っ端から人を撲っていた。撲りながら日本語で叱りつけていたが、撲られたほうはポカンとして訳がわからないようだった。一人の婦人が便所から出てきた。その日本人警官は後ろから後頭部をサーベルの鞘で叩いた。その婦人は怖くて振り返ることもできず、こぶを押さえて逃げて行った。車内はすごく暑かったが、窓を開けることもできなかった。乗っていた「満州国」人の警官は「防空のためだ」と言った。冗談ではない！真っ昼間、汽車が黒い煙を出して走っているのに、どうやって防空するというのだろうか。実は、これは中国人を虐待する口実にすぎなかったのだ。こうしたことは私の幼心を深く傷つけた。私はこれから汽車で旅行はすまいと決心した。

汽車が興城に着くと、全員が下車した。身分証を持って警務科に行き、旅行許可証をもらい、再び列車に乗って西に向かうことになっていた。私の家は綏中の近くであったが、やはり旅行許可証は必要であった。私たち親子は他の汽車に乗って西に行く人たちと同じように、興城に足止めされて何日か辛い日を送った。旅行許可証をもらう人があまりにも大勢で込みあっていたので、警官はすぐ撲って追い払った。手続きが終わらず、一日中待ちぼうけという日が続いた。ある日の午前、私たちは何とか入り込んで、ちょうど手続きをしようとした時、一人の警官が五〇過ぎの男と女の子を連れてきた。おそらく親子なのだろう。手に提げた籠の中に色糸が入っていた。経済犯と見なされたにちがいない。連れてこられた親子は震えていた。中にいたもう一人の警官がさっと立ち上がって、恐ろしい声で「連れてこい！　ここ二日ぐらい人を撲っていないから！」と言った。私たちは旅行許可証をもらって、そそくさと立ち去った。その親子がどうなったか知るよしもない。

この年、命令で教師と生徒は軍装をしなくてはならなくなり、カーキ色の軍服を着てゲートルを巻くことを義務づけられた。持っていない者も、何とか調達して間に合わせた。王正心先生は真っ先にお手本を示し、戦闘帽をかぶり軍服を着て、きちんとゲートルを巻いて、身のこなしも日本の軍人らしく振る舞った。李先生は、自分では従ったが人には強制しなかった。

一九四三年から永和村は南の花営村に合併された。私たちの本校はこれ以後「羅家屯国民優級学校」となった。花営村の村役場は羅家屯の山腹にあったからである。

一九四五年の初め、私は数え年一三歳でその羅家屯国民優級学校に受験入学した。寄宿舎がなかったので、通学生となった。私は李文山、劉正中、王喜林、劉維儒、それに賀明岐（優級二年生）と六人で、毎日南北六キロの道を往復した、雨が降っても風が吹いても、苦労して通学した。

学校は羅家山の山腹にあった。学校と廟が同じ敷地にあり、廟は東側で学校は西側にあった。さらに東側には傀儡「満州国」村役場と傀儡「満州国」警察駐在所があった。学校は三棟の洋館で、奥の棟が二年生と三年生の教室、中棟が一年生の教室で、その西側の三間が教員室であった。また正門の前棟は優級一年生と二年生の教室となっていた。さらに前棟と中棟の間に二間の部屋があり、これは四年生の教室となっていた。

正門の外にかなり広い運動場があった。運動場は生徒の手によって整地されたもので、実際に使用した時間より、整地に費やした時間の方が長かった。ほとんどは村役場と駐在所の集会に使用されていた。学校の行事や夕会は、いつも中棟と奥の棟の間の空き地で行なわれた。

校長は李玉清先生、筆頭教師は冠文安先生、一年生の担任は呉先生（女性）、二年生の担任は冠文儒先生、三年生の担任は陳国栄先生、四年生の担任は佟先生、優級一年の担任は楊国棟先生、優級二年の担任は賀文奎先生で、専門科は尚先生が担当した。合わせて九人の教師がいた。学校の全生徒数は三八五人であった。私が入学した時の一年生は五六人で、クラス担任の楊先生は師範学校を卒業したばかりであった。日本語が上手で、「詔書」の暗唱をやらされた。ある時、癇癪を起こして、生徒を向き合って立たせ、お互いの頬を叩かせた。「これは協和ビンタだ」と言った。おそらく彼が師範学校在学中に受けた体罰であろう。日本人の重んじる「協和」の中身とは、こういうことだったのである。

学校では日本語で「詔書」を暗唱させるほかに、さらに朝礼の時に集団で日本語で暗唱させようとした。しかし長いことかかったがうまくいかず、さりとて途中でやめるわけにはいかなかった。優級学校に上がると日本語の教科書となり、字も大きく書いてあった。六月に日本語の朗読大会が開かれ、各クラスから一編の原稿を決め、生徒一人一人が勉強して暗唱することになった。しかも暗唱する時はきちんと立って、日本人そっくりに身振り手振りよろしくやらなければならなかった。生徒は反感を持ち、半月余り練習してもうまくできる者はいなかった。

ある時、校長が県の会議に出て、教育目標を言い付かって帰ってきた。それは生徒はすべて教師の質問に対して日本語で「はい」と答えねばならない、というものだった。全校の生徒に一週間練習させたが、さほど効果が上がらず、校長は苦り切っていた。

さらに教師に会った時は、お辞儀をして日本語で「お早うございます」「こんにちは」と挨拶しなければならなかった。私たち生徒はこれが気に入らず、陰でこっそり、「おはよう」を「狗哈腰狗扎爾媽的」（犬は最敬礼しても犬畜生）と中国語で発音していた。

小学校に在学中、重要な行事では必ず「詔書」を朗読し、恐ろしく神秘的な雰囲気を演出していた。三人で「詔書」を担ぐようにして奉戴し、さらに中から五〇センチくらいの長方形の黄色い木箱を取り出した。真ん中の人は頭上に木箱を差し上げ、左右の人は頭を下げたまま、三人は足並みをそろえて参列者の前に戻ってくる。一同は物音一つ立てず、息を殺している。「詔書」を読む人が分厚い紙に書かれた「詔書」を取り出し、朗読した後は先ほどと逆の順序で、また恭しく元へ戻す。後で聞くと、「詔書」を受け取って帰る途中は、汽車の中でも汽船の中でも路上を移動する時でも、必ず恭しく目より高く持ち上げ、左右に護衛が付きそって歩いたそうである。もし水害や火災などの事故に遭った時は、持っている人は命を捨てても「詔書」を守らなくてはならなかった。「詔書」にもしものことがあれば、本人は当然のことながら、罪は親類縁者九族にまで及ぶということだった。まったく、ファシストとはこのように狂暴なものである。

語文（中国語）の教科書に『遺骨を奉還する』という課文があった。戦場で殺された日本軍人がどんなに手柄をたて、どんなに勇敢で、どんなに名誉の戦死を遂げたかということを述べたもので、黒白を逆さまにしたものであった。これを習った生徒たちは、陰でこっそりと「もっと大勢死ぬがよい！」と罵っていた。

日本語の歌をたくさん習った。歌詞の意味はほとんどわからなかったものの、今でも数章は覚えている。中国語の歌詞で今も覚えているのは「大地に湧きあがる平和の歌声。万里の大地を呼び覚ます。東亜の民族、手をつなぎ、ともに努力し、ともに共産主義を防ごう……」というものであった。当時は理解できなかったが、今はわかる。小国日本がアジアに覇を唱えようとする戦いの歌であった。何と飾り立てた表現であろうか。

ある日の午後の授業で、寇文安先生は私たちに「矯正院に入れられるような連中は、今ごろ真夏のカンカン照りの中を、石の上を歩かされているだろう」と言った。去年、日本侵略者に逮捕された人々は矯正院に収容されていた。

どんな人が逮捕されたかというと、日本の支配におとなしく服従しなかった人々、すなわち民族的気骨のある人々である。その頃、かなりの人が危害に遭ったものである。

六月のある日、朝礼で寇文安先生は新聞を広げて生徒たちに読んで聞かせた。それはドイツが無条件降伏したというニュースであった。先生たちの顔には嬉しそうな表情が浮かんでいた。まもなく疋門の両側に掛けられた黒板に、尚先生が新聞から書き移した「戦争の首謀者ルーズベルトが病死した」という記事が出された。生徒たちはどういうことかまるでわからなかったが、私たちのクラスに孟憲梅という瀋陽から転校して来た生徒がいた。彼は私たちに「農村の小学校に転校して来たのは、瀋陽にはアメリカのＢ29爆撃機が飛んで来るようになったからだ」と言った。さらに「たくさんの兵器工場が爆撃され、大きな建物がその振動で破壊された。すごく怖かった。各家庭では爆弾の振動でガラスが割れるのを防ぐため窓ガラスに紙を貼った」と言った。

防空のため、夜間に明かりをつけることが禁止された。私たちの村でも、防空のためとかで、教室の窓ガラスに紙を貼るようになった。こういうことは、私たちの気分を高揚させた。陰でひそかに「驢馬の鳴き声（日本語のこと）は学ばない、三年たったら不要になる」と声をそろえて言ったものだ。しかし、瀋陽の転校生が来てからは「驢馬の鳴き声は学ばない、一年たったら不要になる」と文句が変わった。

しばらくして、北の山中に八路軍が出没するという噂が流れた。噂によると、八路軍は素晴らしく、王道溝の民家で食事の代金まで払おうとした。いらないと言うと、伏せた茶わんの下に金を置いていってくれたそうだ。彼らは日本の侵略者と「漢奸」だけをやっつける、ということだった。私たちは毎日、八路軍がここにも現れないかと待ち望んだ。

しかし「追い詰められた手負いの獣は怖い」。表向きは、依然として傀儡「満州国」の天下であった。当時、役所では農民たちに、街道の辻々に見張りを置いて不審な通行人と見れば尋問し、ただちに役所に報告するように命令した。農民たちは見張りは立てたが、尋問も何もやらなかった。ある日、学校は私たち優級一年と二年の教室をきれいに清掃させ、授業を休みにし、教室に入ることを禁止した。正午頃、三〇人ほどの完全武装の傀儡「満州国」兵士がやってきて、教室で昼休みを取った。私たちは不思議がった。大きな兵舎にいるはずの兵隊が、私たちの農村に何をしに来たのであろう。後でわかったことだが、山に八路軍がいるというので、それを討伐に来たのだった。

警官と漢奸はカーキ色の制服を脱いで、平服に着替えた。民衆は「黄色い犬が黒い犬に化けた、日本人は逃げ出すぞ」と言っていた。しかし、漢奸たちはおとなしく引き下がりはしなかった。ある日の午後、村役場の会計係の耿栄益が校門のところにやってきて、優級二年生の孫徳巨君を呼び出し、こっぴどく叩いた。ベルトでビンタを張ったので、孫君の顔は血だらけになった。生徒たちはまわりを取り囲み、はらはらしていた。先生が出てきて助けてくれるのを待っていたが、校長も教師も教員室から見ているだけで誰も出てこない。生徒たちは気を揉むばかりであった。三〇分以上たってから、やっと尚先生が出てきて耿栄益をなだめた。耿も叩き疲れたらしく、ベルトをぶら下げてそのそと立ち去った。なぜ叩かれたのか。理由は、耿が校長と衝突し、生徒の粗探しをして校長に嫌がらせをしたかっただけのことであった。後で聞いたことだが、日本が降伏した後で孫君は耿栄益に仕返しをしたそうである。

夏休みの間はどうしろという指示もなく、いたるところ混乱していた。「秋風の立つ前に蝉は夏の終わりを知る」という諺のように、傀儡「満州国」政府の関係者は無気力状態であった。まもなく、人々は「ソ連赤軍がやってくる」と噂し始めた。「赤軍がハルピンに来た」「新京まで来た」「奉天まで来たぞ」という噂が流れた。

八月一五日か一六日だったと思う。生徒たちは教室に入って午後の最初の授業が始まるのを待っていたが、教師たちは入って来なかった。しばらくすると、生徒の一人が東の駐在所から重大ニュースを持ち込んだ。当局から電話で通知があり、「日本が無条件降伏したが、『満州国』はそのままだ」ということであった。私たちはこれを聞いて目を輝かした。だが、生徒たちの噂だけで、教師の口から正式に聞いたわけではない。級長の邢徳才が他の生徒に促されて、教員室に先生を呼びに行くことになった。彼は駆け戻って来て、「先生たちは教員室で『詔書』を燃やしているぞ、しばらくしたら来るさ」と言った。その後から楊先生が入って来た。五六人の生徒が息を殺して先生の言葉を待った。楊先生は正式に生徒に「当局から電話で、日本が無条件降伏したが『満州国』はそのままだ、と通知してきた」と言った。言い終わると、壁に貼ってあった「国民訓」や日本語の標語などをはぎ取って出て行った。生徒たちは途端にはしゃぎ出した。五六人の生徒はみんな大声で笑い出し、声を限りに叫んだ。

「『満州国』がそのままだって？　ソ連軍が進駐して来ているのに」

「これからは働かされることはない」

「もう食糧を供出しなくていいんだ」

「ブタの血、棉の樹の皮、切干大根も供出する必要はない」

「ぼくら中国人は、息がつけるぞ」

「驢馬の鳴き声（日本語）はもう必要ない」

生徒たちの歓び騒ぐ様子は尋常ではなかった。

邢徳才は窓の外を指さして、大声で「見ろよ、僕らの兵隊が来たぞ」と言った。祖国の解放を熱望していた生徒たちは、いっせいに窓に駆け寄って外を見た。みな興奮していた。涙を流している生徒もいた。私たちはその日の午後一杯はしゃぎまくって、下校の途中も会う人ごとに声を掛け合った。家に着くなり家族に報せ、隣近所にも報せた。報せを聞いた人たちはみんな大喜びした。まもなくソ連赤軍が県城に入り、傀儡「満州国」政権は崩壊した。学校も解散した。

（聞取り時期：二〇〇〇年七月上旬、場所：遼寧省興城市高家嶺郷湯上村）

自ら体験した傀儡「満州国」の一四年——于克敏 証言

〔略歴〕

于克敏（ウィークーミン）、男、漢族、一九二四年一〇月二日生まれ。原籍：遼寧省鉄嶺県建設郷高建溝村。離休（退職）時の職場：瀋陽工業学院。職称：教授級高級工程師。日本占領時期に在籍した学校：ハルピン工業大学。

一九三二年—一九三三年、高建溝村の私塾で勉強する。

一九三四年—一九三六年、山頭堡の小学校に三年生から五年生まで在学する。

一九三七年、ハルピン南馬路小学校六年生に編入学する。

一九三八年—一九四一年、ハルピン第一国民高等学校機械科に在学する。

一九四二年—一九四五年、ハルピン工業大学機械科に在学する。

一九四六年—一九四七年、長春大学機械工程学学部に在学する。

一九四七年九月—一九四八年一〇月、兵工署第九〇工廠第三分廠の技術員となる。

一九四八年一一月—一九七四年、瀋陽七二四工廠の技術員、工程主任、技術科長、工程師を歴任し、この間、一時工廠を離れて労働させられる。

一九七五年—一九八三年六月、兵器部五五〇三工廠の工程師、高級工程師、副総工程師、総工程師を歴任する。

一九八三年七月—一九九〇年四月、瀋陽工業学院の学部主任、教授級高級工程師となる。

一九九〇年四月、離休（退職）する。

一九三一年秋、二日間ほど私の家の西南の方向から銃声が聞こえた。機関銃や大砲の銃砲声もまじっていた。子供たちは初めて聞く銃声に、みな怯えていた。大人に訳を尋ねても、首を横に振るだけだった。数日たって戦場から帰って来た人に聞くと、「軍隊の演習だ」と言った。また数日たって灰色の軍服を来た兵隊が何人かやってきて、村の家々に分かれて食事をとった。村人が「日本人が奉天を占領したというのに、どうして戦わないのか」と聞くと、その兵士は銃帯を外すなり、尋ねた村人を追い回した。見ていた私は、その兵士がどうしてこれほど単純に怒り出したのかわからなかった。おそらく蔣介石の日本に抵抗しないという政策があって、戦えなかったのかもしれない。いわゆる「演習」というのは「九・一八事変」のことで、日本が中国への侵略を開始したのであった。

一九三二年から一九三三年にかけて、私は村の私塾に通っていた。毎日習字をし、先生の指定した本で勉強していた。たとえば『百家姓』『三字経』『庄農雑字』『大学』『中庸』『論語』『孟子「告子篇」』など、学んだ書物は多かったが、私は毎日これらを暗唱した。誰かがこれらの本の中の一句を言えば、私はその続きの一句を空で言えるほどであった。但し先生は読み方を教えるだけで、意味は教えてくれなかった。あれほどたくさん勉強したにもかかわらず、その内容とか文章の意味すらもほとんどわかっていなかった。私塾での勉強は漢字を覚え、字を書く練習をしたほかに、何も身についてはいなかった。

先生は私に日記をつけることを教えてくれた。飛行機が南から北に飛んで行くのを目にすれば、それを日記に書いた。しかし、どこの国の飛行機で、何をしにきたのか、どこから来て、どこへ行くのかはわからなかった。後になってわかったことだが、それは日本の侵略者が私たちの東北を侵略するために傀儡「満州国」をでっちあげ、傀儡「満州国」皇帝として溥儀を立てる策略をめぐらすために、日本と植民地の間を往復した飛行機であった。私塾で勉強している時は、そうしたことは何もわからなかった。

一九三四年から一九三六年にかけて、私は小学校の三年生から五年生であった。家から四キロ離れた山関堡村小学校に在学していた。そこは鉄嶺からは一〇キロほど離れていた。当時は日本が東北地区を侵略してすでに三年から五年たっていたが、彼らの植民地教育政策は田舎の小学校にはまだそれほど浸透していなかった。学校の校長や教師は「九・一八事変」以前に育成されたインテリであり、彼らの多くはいくばくかの愛国心を持っていた。たとえば語文

（中国語）の教師の呉恩起先生は、生徒に『古文観止』からとった文章を数多く教え、『満江紅』の歌を歌わせた。歴史を教えた王友蘭先生は、中華民族歴史年表によってどうして私たちが「満州国人」に変わったかを教えてくれた。地理を教えた劉質彬先生は、傀儡「満州国」の地図がどうして現在のようになったかを教えてくれた。私塾で勉強してよく理解できなかった少年に、中国人から「満州国人」になった経緯を教えてくれた。しかし当然のことながら、数人の先生は封建的な教え方をそのまま引き継いでいた。算数を教えた康玉符先生は、授業の時に木の板を持ち歩き、一つ間違えるごとに手の甲を叩いた。私は私塾から三年生に転入したばかりで、計算違いをして一回叩かれたが、手の甲がたちまち腫れあがった。生徒の中には何回も間違える者がいて、毎日十数回も叩かれる者もいた。

当時、県の教育局は日本語の科目を設けるように言ってきたが、この学校には日本語を教えられる教師がいなかったため、ずるずると引き延ばし、何年も遅れて始まった。

一九三七年、小学校六年生の時にハルピンで勉強することになった。ハルピンの小学校は農村部の小学校とはだいぶ違っていた。一年生から日本語の授業があり、語文（中国語）の第一課は「満州国人になるにはどうすべきか？」という課文であった。言い換えれば、中国人を徹底的に「満州国人」にしようということであった。以前に私は鉄嶺県城で、自分が「満州国人」であると言えなかった農民が警官に撲られたと聞いていた。これからは「満州国人」であると言わなければならないのだ。学校には一人の日本人女性がいた。表向きは日本語教師であったが、校長は彼女に校務について指示を仰いでいたし、学校の仕事全般について彼女はいつも目を光らせていた。

私は中学校を受験するには、日本語がハルピンの生徒に比べてあまりにもひどい成績であった。その後、学費なしで日本語を補習してくれる夜学があると聞いて、私はそこへ行った。教師は日本人で、教え方はまずまずだった。半年余り補習を受けて、私の日本語は他の生徒に追い付く程度にまでなった。

ハルピンには日本人の小学校があった。校舎は大きく、設備は整っており、中国人の小学校よりずっと良かった。

ほかにも朝鮮族の小学校と白系ロシア人の小学校があった。

ハルピン駅の最も目立つ第一ホームに伊藤博文の塑像があった。この塑像は、私がハルピン駅に着いて最初に目にしたものであった。聞くところによると、彼は日本の天皇に中国侵略の策謀を上奏し、日本の大陸政策を立案した首謀者であるとのことだった。日本が朝鮮を侵略した後、一人の朝鮮族の愛国者が何年も苦労に苦労を重ね、恥辱に耐え、ついに伊藤博文をハルピン駅で暗殺した。この愛国者は安重根という名前である。

一九三八年初め、傀儡「満州国」は日本天皇の「聖旨」に従って学校制度を改革した。小学校一年から四年までを「国民学校」とし、小学校五年・六年を「国民優級学校」とした。中学校はもともと初級三年・高級三年の計六年制だったのが、四年制の「国民高等学校」に改められた。こうした「学制改革」によって、名称も大きく変わった。

私が受験した国民高等学校の以前の校名は「ハルピン工業学校」といい、初級中学校を卒業してから受験する学校であった。中等工業専門学校であることに変わりなかったが、国民高等学校になってからは校名が「ハルピン第一国民高等学校」と改称された。ほかにハルピン第二国民高等学校（商業科）、ハルピン第三国民高等学校（商業科）、ハルピン第四国民高等学校（専攻を設けない白系ロシア人の学校）があった。中学校は男子校と女子校に分かれており、さらに女子国民高等学校があった。日本人用の中学校（五年制）と高等女学校が各一校あった。日本人の中学校の科目は、日本国内と同じ科目であった。

初級中学校と高級中学校の六年を四年に改めたことにより、当然のことながら科目数が少なくなり、水準が下がった。当時の中国人はみな、日本の侵略者による中国人に対する愚民政策であると見なしていた。中学校の水準が下がったので、大学の水準も就学年数は同じ四年であっても世界各国と比べると一段低くなった。これは中国人を永遠に被支配者の地位に置き、東北三省を永遠に日本人の植民地としようとするものであった。

国民高等学校に変わったばかりの頃はまだ教科書ができていなかったので、元の高級中学校で教えていた教師が高級中学校の教材から一部を編集し直し、プリントを作成して教えた。生徒たちは、決められた科目より数理科と専攻科目をいくらか余計に学ぶことができた。しかし、日本語の授業は日を追って程度が高くなり、学習量も増えていった。

もう一つ、国民道徳という科目があった。これは日本の道徳観念を生徒に教え込むためのもので、日本人は「天照大神」と天皇を信奉し、天皇のために生き、天皇のために死ぬことを唯一の信条としていることを教えた。また「日満一徳一心」「民族協和」「満州国人」を提唱し、「皇帝陛下」に忠義を尽くすべきだとした。当時この科目を教えていたのは羅明哲先生で、彼は教科書に沿って教えず、基本的には「反満抗日」の宣伝を行なっていた。彼は「こういう本に書かれている害毒は、私たちにとってかえって薬になる」と言っていた。一九四一年一二月、羅明哲先生は日本の憲兵隊に逮捕され連れ去られた。

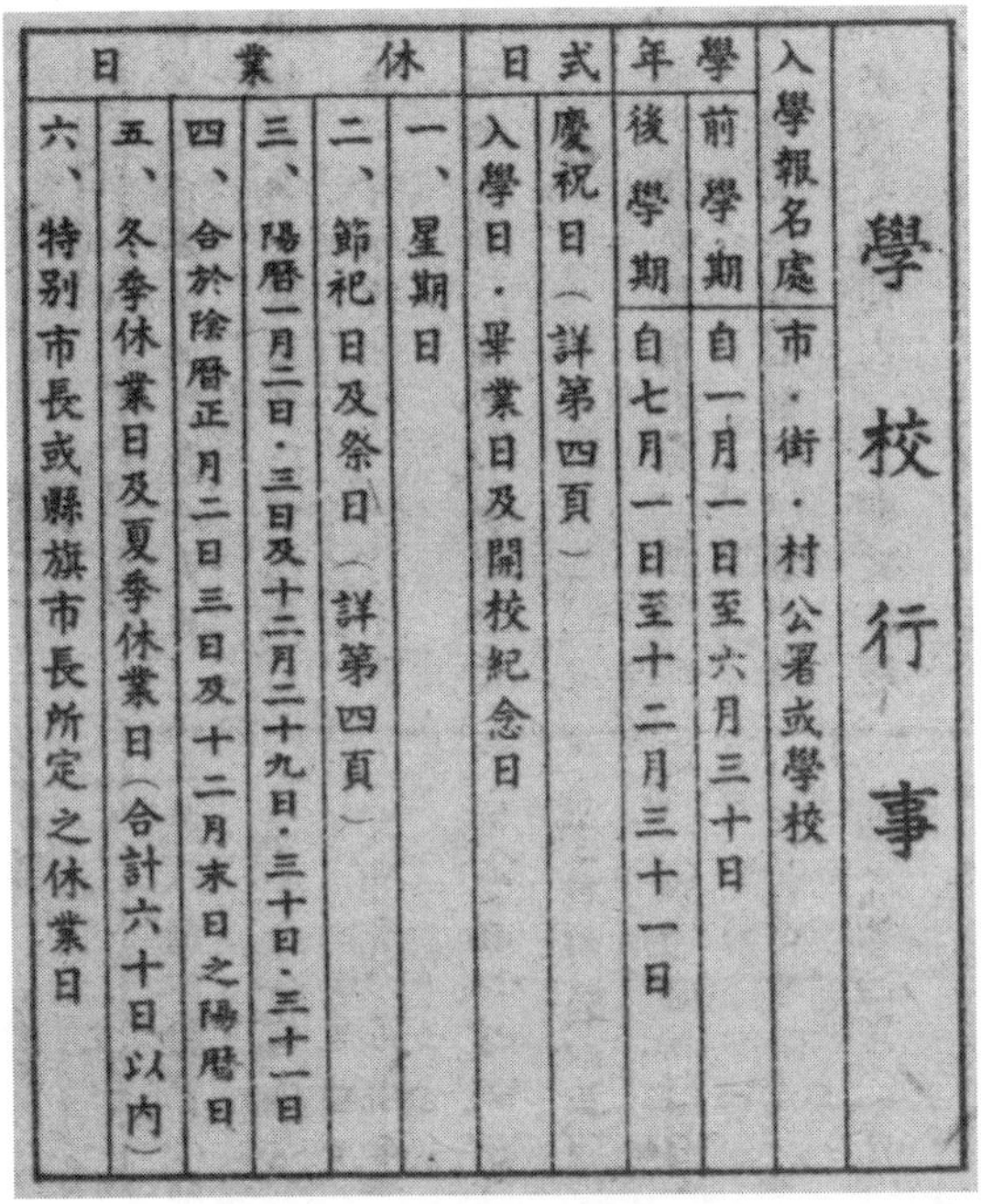

學校行事

入學報名處		市・街・村公署或學校
學年	前學期	自一月一日至六月三十日
	後學期	自七月一日至十二月三十一日
式日		慶祝日（詳第四頁）
		入學日・畢業日及開校紀念日
休業日		一、星期日
		二、節祀日及祭日（詳第四頁）
		三、陽曆一月二日・三日及十二月二十九日・三十日・三十一日
		四、合於陰曆正月二日三日及十二月末日之陽曆日
		五、冬季休業日及夏季休業日（合計六十日以內）
		六、特別市長或縣旗市長所定之休業日

学校行事　「康徳九年時憲書」に掲載

国民高等学校の校長は中国人で、副校長は日本人であった。さらに日本語と英語を教える日本人教師がいた。専攻科の教師はすべて中国人であった。校長は、当然のことながら日本人副校長の指示によって運営していた。

国民高等学校の生徒は、毎週半日の軍事訓練をやらされた。教師は傀儡「満州国」の軍隊から派遣された将校であった。登校の際、生徒は必ず制服を着てゲートルを巻かなければならなかった。さもないと校則違反として、軽ければ説教を食らい、重ければ撲られた。軍事訓練では、日本軍の「絶対服従」の規律を学ばされた。下級生は校外で上級生に会えば、必ず挙手の礼をしなければならなかった。しない場合は、上級生は下級生を撲ってもよいことになっていた。さらに上級生は理由もなく下級生を撲ってもよく、やられた下級生はやり返すことはできなかった。ハルピン第一国民高等学校では生徒を撲るという校風はなかったが、ハルピン第三国民高等学校には朝鮮族が多く、中には日本人の影響を受けている生徒もいた。一部の生徒は中国人生徒を馬鹿にして、何かというと中国人を撲った。もちろん、これは各民族・生徒同士の離間を図る日本の植民地統治政策の害毒に染まったものであった。

国民高等学校の休日はかなり多く、傀儡「満州国」の「建国節」、春と秋の孔子祭、新年、春節などがあり、さらに日本の紀元節、春と秋の忠霊塔祭、神社祭などがあった。これらの休日には、学校で式典が開かれた後は休講となった。これらの行事は、中国人を日本人に改造しようとするものであった。

しかし、中国人は抑圧されたままではなかった。日本の傀儡政権の圧迫下で、教師たちのある者は共産党に参加し、あるいは国民党に参加した。賈文元先生（共産党）、趙立任先生（共産党）、趙文治先生（共産党）がそれで、趙文治先生は軍事訓練を担当した傀儡軍の少佐であった。さらに羅明哲先生（国民党）、張恒午先生（国民党）、陶作民先生（国民党）がいた。この人たちは、学校の中で抗日勢力を養成する役割を果たした。ある人は日本の憲兵隊に捕まり、ある人はうまく身分を隠していた。この人たちの行動は、全国解放後に生徒たちの間で語り継がれ、称えられている。

一九四二年、私は大学に受験入学した。「学制改革」後、第一期の大学生であった。大学の教科目や内容、水準は以前より低く抑えられていた。当時、傀儡「満州国」には一四校の大学があった。ハルピンには工業大学、医科大学、農業大学、ハルピン学院（文科）、軍医学校があり、さらに傀儡「満州国」首都として長春を「新京」と称したが、そこには工業大学、医科大学、法政大学、建国大学、軍官学校、留日予備学校があり、奉天（現・瀋陽）には工業大学と農業大学があり、吉林には高等師範学校があった。このほかにも奉天には南満医学堂があり、旅順には旅順工科大学があったが、この二つの大学は日本の学校制度に基づく大学で、傀儡「満州国」の管轄下にはなかった。南満医学堂や旅順工科大学に入学した中国人は予科三年・本科四年で、卒業すると日本国内の大学卒業と同等の資格が認められた。傀儡「満州国」の管轄下にある他の一四大学は統一試験を行なわず、各大学ごとに入試問題を作成し、入学者を決定した。各大学とも規模はほぼ同じで、在籍者は五〇〇人から一〇〇〇人前後であった。

ハルピン工業大学は毎年約二〇〇人を募集した。その内訳は日本人七〇パーセント、中国人二八パーセント、朝鮮族一・五パーセント、蒙古族〇・五パーセントであった。中国人は国民高等学校からの推薦で入学試験を受け、倍率は八倍から一〇倍であった。日本人の入試状況については公表されたことはない。中国人の中学校は四年制、日本人の中学校は五年制であり、どうして同じ学年で同じクラスに入れるのか理解できなかった。在学中の成績から見ると、日本人の多くは中国人に及ばなかった。各クラスで成績の良い学生はすべて中国人であった。日本人がどういう学力で入ってくるのかわからなかった。

傀儡「満州国」の各大学は、すべて日本語で授業を行ない、日常生活のいっさいの活動を日本語で行なうことが要求された。ハルピン工業大学の規定では、日本人学生はロシア語と中国語を学び、中国人学生は英語と日本語を学ぶ、とされていた。軍事訓練は毎週半日行なわれ、中国人は傀儡「満州国」軍から派遣された教官（日本人）が担当し、日本人学生は関東軍から派遣された教官が担当した。軍事訓練の内容も違っていた。日本人は銃剣術、剣道、柔道、馬術、スキーなどであり、中国人は銃剣術など一般的な軍事操練だけであった。

ハルピン工業大学の管理機構は、学長（校長）、学監、各学科（学部に相当する）長がおり、その下に教授、助教授（副教授）、助手（助教）がいた。各学科長が全員日本人であったほか、ほとんどの教授が日本人で、私の在学中に中国人教授は一人しかいなかった。日本人教授の中には四人の博士がおり、それぞれ数学、理科、化学、電気を教えていた。

中国人に対する英語の授業を、日本人が日本語で行なった。これを一挙両得などと言えるだろうか？　日本語は日本人の教授五人が担当し、ほとんど毎日一時間は日本語の授業があった。彼ら五人は「日本文学」「日本語新聞講読」「日本語翻訳の技巧」「時事評論」「思想教育」をそれぞれ担当していた。「思想教育」の科目を担当したのは新山という教授で（学生管理も担当した）、いつも怒鳴りちらしていた。背広のボタンをはだけ、両手をベルトに突っ込んで、顔をしかめては年がら年中「天照大神」「天皇陛下」と言いまくり、まるで疫病神のように見ただけで人をぞっとさせた。

日本と「満州国」は「友邦」関係であったが、まもなく「親邦」関係に変わった。「友邦」から「親邦」に変わると同時に、朝鮮人と台湾人の教師・生徒は、姓名を日本風に変えた。普通は二文字から五文字であった。しかし、改名するに当たって、人々はなんとか原名を残そうとした。たとえば「崔」という姓の朝鮮人は、発音が近い「佐井」に変えた。「林」という朝鮮人の物理の教授は、文字を変えることなく「ハヤシ」という日本語の読み方に変えるだけで済み、非常に喜んでいた。当時、私たち中国人も姓名まで変えなくてはならないのかと深刻に考えたものである。

生活面では、入学当時は一部屋四人で、日本人三人に中国人一人であった。舎監の言葉を借りれば、「これは『日満親善』をはかり、相互に言葉を教え合い、相互理解を増進させるため」とのことであった。しかし半年もたたないうちに、中国人は中国人同士で住むようになった。中国人と日本人は同じ大食堂で食事をしたが、日本人は米や麦を食べ、中国人は雑穀を食べた。毎月一人当たり一四キロが定量であった。朝は一碗のオジヤに漬物、昼は一碗の雑穀にジャガイモと白菜の煮付け、夜は一碗の粥と煮込みであった。二〇歳前後の若者にとっては、腹半分にしかならなかった。家庭が豊かな学生は、付近の食堂に行ってコウリャン飯と炒り豆腐を食べた。ゆとりのない家庭の学生は、

東亜教育大会会場、標識

わざとゆっくり食べて、ほかの者が食べ終わった後で、食事に来なかった者の分や食べ残しを皆で平等に分けて食べた。

食事の前後に食堂に出入りする時は、「天照大神」の神棚に敬礼しなければならなかった。大和という副学監は、学生が食堂で食事をする時、特に昼食の前は毎日のように講話をした。内容は学生の規律や思想行為、時事教育などであった。彼の講話が終わると、全員声をそろえて「いただきます」と言って「天照大神」が食事を与えてくれたことに感謝の意を表し、その後でやっと食事となった。

一九四四年以降、日本の侵略戦争が拡大するに従って食糧供給がさらに困難となり、日本人の米の飯の中には大豆や小豆が混じり、中国人のコウリャン飯にはジャガイモや雑穀、カボチャなどが混じるようになった。中国人たちは空腹を我慢できず、舎監の目を盗んで電気コンロでジャガイモを茹でて食べていた。

一九四三年秋のある日、私たちがちょうど昼食を食べている時、一人の学生が大声で「遼寧省出身の学生は講堂に集まってくれ」と言った。学生たちは次々と駆けて行った。私が駆けつけた時、講堂の床板に血痕が散らばり、筵の下に老人の死体が横たわっていた。彼の頭蓋骨は割れ、鼻はつぶれていた。とにかく私の父でないことだけはわかった。呼びかけた学生は、誰の父親か確認しようとしたのである。この老人は、講堂の二階から真っ逆さまに落ちたのである。話によると、この老人には三人の息子があったが、ハルピン工業大学で勉強している男の子に老後を見てもらう期待をかけていた。ところが休みになっても子供が帰ってこないうえ、長いこと手紙も来ないので、老人は子供に会いに大学に行った。応対した森川教授は、老人の子供がもうすぐ大学に戻ってくることを知っていながら、そのことを告げず、逆に老人を叱りつけて「お前の息子は『反満抗日』で行方知れずである」と言った。老人はこれを聞いて、もう息子は死んでしまったと思い込み、そこで……。老人の息子は田欲学という名前であった。彼は父親の死後、まもなくして大学に戻って来た。

田欲学君のように日本の憲兵隊に捕まり、自白を迫られ、結局大学に戻された学生は、彼のほかにも呉沢霖君、趙崇民君、呉錫芝君などがいた。これらは私の知人であった。聞くところによると、このほかに私の知らない多くの学生たちが捕えられたそうである。こうした学生たちは拷問を受け、心身ともに傷つき、勉強も遅れてしまい、取り返しがつかない状態に至ってしまったのである。

これらの学生たちを陥れたのは誰か。噂では森川教授であろうという。彼は、日本帝国主義が中国侵略のために特別に訓練した数十人の高級特務の一人であったそうである。彼は中国語が非常に巧みであって、日本人であるとは思えないくらいのしゃべり方をした。森川は、ある学生を指差して「お前は今そこに坐っているが、内心では毛沢東か蔣介石のことを考えているのだろう」と言ったことがある。その学生が答えに詰まっていると彼は大声で笑いだし、「心配するな、冗談を言っただけだ」と言った。あの学生たちに対する迫害と死は、たとえ森川の仕業でないとしても、ほかの日本人がやったことである。日本が中国を侵略していた間の犯罪の証拠となるであろう。

当時すでに共産党員となっていた王銘勳教授、学生では蕭明偉君や侯万一君がおり、国民党員の陶作民君や于世公君などもいた。彼らは日本人に言わせれば、いわゆる「反満抗日分子」であった。彼らは日本帝国主義の軍刀の下をかいくぐって、抗日闘争に従事していた。学生の間では進歩的な書籍が回覧されていて、中国人民が闘争していることと、その仲間が自分たちの側にいることを知っていた。これがどんなに大きな励ましになっていたことか。当時回覧された書籍は、艾思奇の『大衆哲学』や瀋志遠の『新哲学対話』、それに『新哲学綱要』『唯物史観』（著者は誰だったか思い出せない）などであった。こうした著作は書籍の体裁をとったものもあったが、大学ノートに書き写されたものもあった。大学ノートは学科の復習の際に全員が用いるので、発見されにくかった。

（聞取り時期：二〇〇〇年七月七日、場所：瀋陽工業学院老幹部処）

海城師道学校の思い出——王戈証言

〔略歴〕

王戈（ワングー）、旧名・王福寛（ワンフークァン）、男、漢族、一九二八年六月二一日生まれ。原籍：遼寧省本渓市明山区。離休（退職）時の所属：本渓日報社。職務：総編集員（副長級）。職称：高級記者。日本占領時期に在籍した学校：海城師道学校本科。

一九三七年—一九四二年、高級小学校に在学する。
一九四三年—一九四五年八月、海城師道学校に在学する。
一九四五年—一九四九年一二月、人民解放軍宣伝員、指導員となる。
一九五〇年一月—一九五八年二月、本渓鋼鉄公司（会社）の係長、科長となる。
一九五八年三月—一九八八年五月、本渓日報社組長、主任、党委員会書記、総編集員を歴任する。
一九八八年、離休（退職）する。

私は一九四二年に高級小学校を卒業した。家が貧しかったので、学費のかかる国民高等学校を受験することができず、給費制度のある傀儡「満州国」国立海城師道学校本科一部に受験入学した。傀儡「満州国」では教師養成を重視していたので、中等学校の中にも国家文教司が直接管理するところがあった。海城師道学校はその一つである。国立海城師道学校は中等学校教師を養成するためのものであった。校舎は一九二五年に張学良が創設した同沢中学堂の跡地にあった。場所は海城の東郊外の玉皇山の麓で、すこぶる閑静な所であった。校地は一〇ムー余りで、果樹園や苗畑、温室があり、ところどころに生徒が自分たちで栽培している野菜畑があり、教師と生徒の食用に供されていた。

「大東亜聖戦」の形勢を示した昌図国民高等学校卒業記念写真帖（1942年）

海城師道学校の学制は四種類に分かれていた。

一、本科一部（四年）——受験資格は高級小学校卒業。修了すると国家「二級教諭」資格が与えられた。

二、本科二部（一年）——受験資格は国民高等学校卒業生。修了すると国家「二級教諭」資格が与えられた。

三、特修科（二年）——受験資格は高級小学校卒業。修了すると国家「教導」資格が与えられた。

四、特訓班（六ヵ月）——在職中の教師から選抜され、半年研修した後で元の学校に復職した。

傀儡「満州国」は男女別学制であったので、海城師道学校には女子生徒は在学していなかった。海城師道学校の募集区域は本渓湖市、本渓市、遼陽市、鞍山市、海城県、岫岩県に限られていた。

傀儡「満州国」の学校の生徒募集は、実情に合わせて行なわれていた。毎年生徒を募集する学校もあり、毎年は募集しない学校もあった。また、毎年卒業生を出してから募集する専門学校もあった。海城師道学校は、卒業生に応じた募集を行なっていた。特訓班は半年に一回募集し本科二部は一年に一回募集したが、ほかの科はそうではなかった。

本科一部は四年に一回募集し、特修科は二年に一回募集した。すなわち、その期の卒業生を出してから次の期の新入生を募集したのである。したがって、私の入学した本科一部は一年生から三年生まで一クラスだけで、あとから入学してきた新入生はいなかった。特修科も同様で、一年生から二年生まで五クラスあったが、この五クラスが卒業してから次の新入生を募集した。五クラスのうち一クラスは朝鮮族のクラスであった。このため在校生は常に本科一部が一クラス、本科二部が一クラス、特修科が五クラス、特訓班が一クラスで、在籍者数は全部で三〇〇人前後であった。

学校の教職員は少数であったが教師の知識水準はわりに高く、大部分が師範大学の卒業生で、何人かは帝国大学の卒業生であった。日本人教師は日本の有名大学を卒業して「満州」に派遣されてきた人が多かった。

校長は「満州人」の文官で、職称は簡任二等であった（文官は特任・簡任・薦任の三段階に分かれ、それぞれ一・二・三等の区別があった）。副校長は早稲田大学卒業の日本人で、簡任官であった。その下に教育長（日本人）、教導主任（「満州人」）がいた。八人のクラス担任がいて、各自が全校の一学科を担任していた。そのほかに体育、音楽、美術、農業などの専科教員がいた。傀儡「満州国」の教育の必要に応じ、小学校の教師を養成するために学校が設置した科目は、比較的偏りのないものであった。たとえば日本語、国文、数学、理化、道徳、国勢、教育学、美術、音楽、体育などである。

生徒の軍事訓練は、傀儡「満州国」中等学校の主要教育目的の一つであった。周知のことであったが、日本は資源に乏しいので傀儡「満州国」軍を「大東亜戦争」に巻き込み、「非常時」という状況の下で中等学校の生徒を軍事作戦に参加させようとしていた。したがって各中等学校には軍事教官と助手が派遣されていた。彼らは現役軍人であって、各軍管区から派遣されて軍事訓練を行なった。海城師道学校の教官は少佐で、二人の助手は少尉と曹長であった。彼らの給料は軍隊から支給されていた。学校には五〇丁の三八式歩兵銃と若干の空砲、それに模擬手榴弾が配備されていた。

軍事訓練は、まず武器の構造と性能および使用法を理解することから始め、続いて銃の持ち方、立射、伏射、匍匐射撃などの動作を学んだ。時には生徒たちは山地に連れ出され、作戦演習をした。一人当たり五発の空砲を射ち、突撃ラッパが吹かれると銃剣を着装して突撃した。三年たつと、基本的な作戦の要領を会得するようになった。

軍事化の方針に基づき、傀儡「満州国」の中等学校以上の学校では「階級服従制」を実施した。すなわち、下級生は上級生に服従しなければならなかった。校外で上級生と下級生が出会うと、下級生は必ず上級生に挙手の礼をしなければならなかった。敬礼しなければ、下級生は学校に戻った後で上級生の宿舎に呼び出され、軽ければ説教され、もし白を切るようなことがあればこっぴどく撲られた。教師と生徒の間ではなおさら厳しく、撲られるのは当然のこととされていた。

昌図国民高等学校の卒業記念写真帖（1942年）の「恩賜」

「大東亜戦争」支援のために、東北人民の生活水準は日ごとに低下していった。寄宿舎の生徒の生活も同様であった。一人当たり毎月一五キロの食糧の配給があったが、その内訳はコウリャン五キロ、トウモロコシ粉一〇キロとなっていた。これをオジヤにしたり粥にしたりして食べた。とても腹を満たすには足りなかった。生徒が食物を買おうとしても、学校内には売店もなく外出も禁じられていたので、我慢するしかなかった。そこで生徒は一年に二回の外泊（冬休みと夏休み）から戻ってくる時、自宅からたくさんの乾燥食品や炒り粉を持ってきたものである。

校内の日常生活はとてもきつかった。

朝六時：起床し、寝室の掃除、洗面をする。
七時：朝食。
七時三〇分：全校集会、①校長に注視の礼、②「国民訓」、「詔書」の暗唱、③東京に向かって「天照大神」と日本の天皇に対して遥拝、④「大東亜戦争」の戦死者に黙禱、⑤朝の体操、⑥校長または教育長の訓話。
これらの行事を終えた後、各クラスは隊列を組んで教室に入り、授業を受ける。
一二時：昼食。
午後一時：午後の授業開始。
五時：授業終了。
五時三〇分：夕食。
七時：夕方の自習。
八時：宿舎に戻って点呼をとる。点呼の後、すぐに就寝。
この間、学校の中では新聞も読めなかったし、ラジオも聴けなかった。
校内には食堂は一ヵ所しかなかった。当番の舎監（宿直教師）が生徒と一緒に食事をした。教師は壇上のテーブルに一人で坐り、生徒は壇の下で一つのテーブルに八人で坐った。席に着くと、まず戦死した「英霊」に黙禱し、寮長（各班の班長が順番に担当する）が音頭をとって全員で「いただきます」と叫んだ後、ようやく食事となった。早く食べ終わった者もそのまま席を動かず、全員が食べ終わった後で再び寮長の音頭で全員が「いただきました」と叫び、ようやく退出することができた。
生徒は校内では農業科の授業の名目で、きつい農作業（野菜の種蒔き、育苗、栽培など）をやらされた。それ以外にも「勤労奉仕」と称して働かされた。毎年数回、海城北大営の関東軍の駐屯地に、一日か二日の労働に行かなければならなかった。労働の内容は厩の清掃や馬糞の運搬、厩の乾草敷きであった。早朝に行って夕方に帰った。昼食は関東軍から二個の黒い饅頭（マントウ）と一碗の野菜スープが出ただけであった。聞くところによれば、この「勤労奉仕」は関東軍から直接学校に依頼されたとのことであった。さらに政府によって各学校にさまざまな仕事が割り当てられた。海城師道学校に割り当てられたのは、西遼河の掘割の掘削工事であった。労働の時期はいつも夏と決められていた。一九四四年と一九四五年は二、三ヵ月間も学校を出て働いた。遼河の川岸に寝泊まりし、労働条件は非常に厳しいものであった。

海城師道学校は周囲から隔絶した環境で授業を行ない、生徒は社会と接触することを制限され、ラジオを聴くことも新聞を見ることもできなかった。国内外の情勢について無知であったため、生徒たちは単純に「日満親善」「共存共栄」を固く信じ、傀儡「満州国」は「王道楽土」の国家であると信じて疑わなかった。「満州国」は「九・一八」以降に、日本が中国の領土を割き取ってでっち上げたものであるとは知っていたが、その理由を深く考えるまでには至っていなかった。蔣介石の指導する中華民国のほかに汪精衛政権と延安政権があることは知っていたが、なぜ併存しているかもわかっていなかった。そこで、しかたなく「窓の外をみることなく、ひたすら本にかじりついた」のである。

一九四五年八月、私たちが遼河の川岸で土手を築いていた時に、「日本が降伏した」というニュースが飛び込んできた。生徒たちはシャベルを放り出して荷づくろいし、学校に戻った。この時、日本人はすでに学校にはいなかった。数日たって学校当局は「授業停止」を発表し、生徒たちは家に帰って指示を待つことになった。こうして私たち生徒は家に帰った。

（聞取り時期：二〇〇〇年七月二〇日、場所：本渓日報社）

「一徳一心」と奴隷化教育──関乃英 証言

〔略歴〕

関乃英（グァンナィイン）、女、満州族、一九二〇年七月六日生まれ。原籍：遼寧省鳳城満州族自治県。離休（退職）時の所属：中国科学院応用生態研究所。職称：副研究員。日本占領時期に在籍した学校：国立女子師道大学。日本占領時期の職場：安東省立女子国民高等学校。

一九三一年九月一八日、鳳城県宝山郷紅旗村立小学校四年生に在学していたが、「満州事変」で学校が閉鎖され、学業を中断して鳳城に転居する。

一九三三年一月─一九三四年一二月、鳳城県立第二小学校に在学する。

一九三五年一月─一九三八年一二月、安東省立女子中学校で高級一年まで在学する。

一九三九年一月─一九四一年一二月、国立女子師道大学に在学する。

一九四二年一月─一九四五年八月、安東省立女子国民高等学校の教師（教諭）となり、日本語を教える。

一九四九年七月─一九四九年一二月、遼東省水産局で、傀儡「満州国」が遺留した冷凍庫資料を翻訳する。

一九五〇年一月─一九五〇年一〇月、東北非鉄金属管理局の日本語翻訳（通訳）に試験合格する。

一九五〇年一一月─一九五一年一二月、東北工学院の日本語翻訳（通訳）となる。

一九五二年一月─一九五三年一二月、中国科学院金属研究所で仕事をする。

一九五四年一月─一九五八年四月、中国科学院林業土壌研究所（現中国科学院応用生態研究所）に勤務するが、「右派」の汚名を受けて、農村で二〇年労働させられる。

一九七八年一〇月─一九八六年一一月、名誉回復し、林業土壌研究所に職場復帰して留学生に会話を教える。傍ら学研究員に日　本の科学技術用語を教え、離休（退職）する。

一九八七年一月─一九九五年一二月、離休（退職）後も科学技術文献の翻訳を行ない、博士・修士課程の大学院生に第一外国語、第二外国語の理工科日本語を教える。

一、「日満親善」「一徳一心」という政治的たわごと

一九三一年九月一八日、「九・一八事変」が起こり、日本侵略者によって国土を奪われ、民族は存亡の危機に立っていた。私の故郷では数千人の義勇軍が立ち上がり、鄧鉄梅と苗克秀が抗日義勇軍の指導者として兵を率いて二度にわたり県城に夜襲をかけ、山間部で活動を行ない、日本侵略者に対する攪乱と攻撃を行なった。日本侵略者は多数の軍隊を動員して包囲し、攻撃した。その後、彼らは補給が途絶え、銃弾を射ち尽くして、二人とも日本侵略者に捕えられた。処刑に臨み、二人は笑みを浮かべて少しの憂いもなく死に就いたのである。

奉天第一女子高等学校の生徒たち（1941年）

日本侵略者は追及の手を緩めることがなかった。生き残った兵士たちも殺され、少数の者は生け捕りにされ、民衆の前にさらし首にされた。こうして正義の軍隊は二年間の残酷な討伐によって鎮圧されたのである。日本侵略者は、この正義の軍隊を「馬の髭」と軽蔑していた。当時は各村に戦死者を悼む泣き声が満ち、至る所に新しい墓が築かれていった。しかし、烈士たちの血は無駄に流されたわけではない。確実に日本侵略者に手痛い打撃を与え、後に続く者を励まし、その者たちが彼らの流した血の痕をたどって勇敢に日本侵略者に抵抗を続けた。彼らは命を惜しまず、正義のために戦ったのである。

現在、丹東市の大通りには二人の指導者――鄧鉄梅と苗克秀の名前が付

けられ、彼らを永久に記念している。

一九三六年（康徳三年）冬、私は安東女子中学校に受験入学した。当時、行政区で安東省（安東市、安東県、鳳城県、岫岩県、庄河県、寛甸県、桓仁県を管轄していた）とされた地域で、一連の教育上の「不祥事」が起こっていた。教育行政を指導する県の教育局長、中・小学校の校長、教導主任、それに学歴の高い教師が日本の憲兵隊によって「思想犯」として「反満抗日」の罪名で逮捕され、厳しい拷問を受けたのである。たとえば水責め、胡椒責め、ガソリン責め、石抱きなどの残酷な拷問にかけられた。この時、およそ数百人が逮捕され、その多くが極刑に処せられた。処刑を免れた人でも、一三年から一五年の禁固刑にされた。禁固刑にされた人々は、終日、日光のささない冷えきったコンクリートの上に坐らされて、粗悪な食事しか与えられず、刑期を終えないうちに多くは獄死していった。

学校には、憲兵隊から「要観察人物」と見なされたままの少数の教師が残っていた。憲兵隊はたびたび学校にやってきて、この教師たちにいろいろと質問をしていた。彼らが学校に来るたびに、教師たちはいつも最悪の事態が起こることを心配した。しかし周囲の人々は「要観察人物」の教師たちを厄介者扱いすることなく、また憲兵隊に告げ口する者もなく、誠意をもって付き合っていた。中国人民は団結していた。まさに『孟子』にある「惻隠の心、人皆之れを持つ」の言葉の通りであった。

私の親戚に、蓋州に住む中学校教師がいた。彼は私に次のような話をしてくれた。蓋州に政治意識の高い京劇の俳優がいて、いつも民衆に民族的覚醒を呼びかける演目を演じ、人民大衆を喜ばしていた。後になって、それが日本の傀儡政権の知るところとなり、彼は逮捕されて大石橋の軍用シェパードの檻の中に放り込まれた。彼はいくらか武芸の心得があったので最初はシェパードと闘っていたが、体力が尽きて抵抗できなくなり、ついに咬み殺されてしまった。その情景は悲惨きわまりなく、皆涙を流したという。

この時期の中国知識人の精神的水準の高さは注目に値する。私は歴史を分析する能力はなく、多くの重要な歴史資料を把握しているわけでもなく、また歴史を掘り下げてその時期の数多くの政治家や知識人の心を理解する能力もなかった。だが、たとえ私にこの時期の歴史的な現象を掘り下げて分析する能力がないとしても、日本が中国を侵略し、侵略戦争によって中国人民にもたらした災難を中華民族は永久に忘れることなく、血と屈辱の歴史を心に銘記すべきである、と考える。

私は初級小学校二年生の時、朝鮮の新義州に買い出しに行ったことがある。その帰りに江橋の税関で輸入関税を納めている時、一人の中国人が関税を払えず、日本の税関員からシェパードをけしかけられて悲鳴をあげていた。その声は心を痛ませるものであった。脱税ならば、罰金を払うか物品を没収すれば済むことである。それにもかかわらず、なぜこのような非人道的方法をとったのか。これは明らかに、日本の侵略者が中国人を人間として扱っていないことを示すものである。

このほかにも、傀儡「満州国」時期に、日本人と朝鮮族には米を配給していたが、中国人が米を食べると「経済犯」にされた。米を作る農民であっても、収穫した米はすべて供出しなければならなかった。

また、農民を捕まえて強制的に労働させた。農民を労工として過重な労働をさせ、ろくな食事を与えずに暗い湿ったテントに押しこめ、病気になっても治療もしなかった。労役の中で死んでいった農民は数知れない。

このような事実を前に、誰が「日満親善」「一徳一心」などの言葉を信じることができるだろうか。

二、奴隷化教育の手段

各学校には「国民道徳」という科目が設置されていた。この科目は、事実を歪曲し生徒を愚弄するものであった。「友邦日本」が「満州」に進軍したのは、匪賊が闊歩して人民が生活できず、さらに軍閥が割拠して暴虐な支配を行なって人民が地獄の苦しみの中にいたのを、「友邦日本」が正義の軍を興して「満州」人民の地獄の苦しみを救ったもので、それは溺れた人を助けるのと同じことである、というものであった。また、日本と「満州」は兄であり弟であり、ともに手を携えて「一徳一心」ですばらしく自由な「大満州帝国」を建設しよう、と宣伝した。さらに日本の天皇は「天照大神」の子孫であり、神であって人ではなく、臣民は神を崇拝するのと同様に天皇を崇拝すべきである、と強制した。

各学校では、毎朝必ず朝礼を行ない、全校の教師と生徒を運動場に集め、日本の皇居と傀儡「満州国」の皇宮に向かって最敬礼をさせ、その後、傀儡「満州国」の国歌を歌わせた。歌詞は次の通りである。

天地のうちに新満州がある
新満州これすなわち新天地、天を戴き地を立てて、苦なく憂いなし
わが国家を造成するや、親愛のみがあって、少しも怨みや仇がない
人民は三千万、人民は三千万、十倍に増加するとも、なお自由を得る
仁義を重んじ、礼儀を尊び、我をして身を修めさせる
家はすでにととのい、国はすでに治まる
この地に何を求めようか、これを近くしては、世界と同化し
これを遠くしては、すなわち天地と同流せん

一九四二年、新たに国歌が作られ、前の旧国歌に取って代わった。その歌詞は次の通りである。

神光宇宙を開き、山河に表裏して皇猷を壮んにす

帝徳の盛んなる巍々蕩々として、ともに比ぶるものなし
永らく天祐を受く。万寿無窮を博海歌う
仰いで天業を賛す
輝く皇帝の威光は日月に等し

祝典があるたびに校長は「詔書」を宣読した。「建国」初期には皇帝の「即位詔書」が朗読された。「詔書」の第一句は「天を奉じ、運を受け、大満州国皇帝は、昭々として、爾衆庶に曰はく……」というものであった。一九三五年（康徳二年）、傀儡「満州国」皇帝は日本を訪問し、「回鑾訓民詔書」を発布した。それ以後、朝礼ではこの「詔書」が朗読されるようになった。「詔書」の始めの句は「朕登極より以来亟に躬から日本皇室を訪ひ修睦聯歓以て積慕を伸へんことを思ふ。今次東渡宿願克く遂く日本皇室懇切相待ち備さに優隆を極め……」というものであった。

まもなくして次の歌が作られ、朝礼で歌われた。歌詞は以下の通りである。

鸞駕、東瀛を訪じ、伸を為す、積もれる慕情、始めて知りぬ、聖天子、吾を愛すること、弟兄の如きを
君の徳は仁義を重んじ、人心は忠孝を明らかにし、千秋、深く依頼し、万邦、永く太平足らん

古人は「詩は志を言葉にしたものであり、歌は言葉を歌ったものである」と言う。これらの歌詞は、生徒を奴隷化するに当たって、意識させることなく教育効果を果たすものであった。

その後で校長の訓話があった。内容は、日本は「友邦」であり、日「満」両国人民は仲良くしなければならない、

「一徳一心」でなければならないというものであった。後になると日本は「親邦」であるとされ、日本と「満州」は親子関係となった。これは東北の中国人同胞を侮辱したものである。こうした耐えきれないほどの侮蔑を含んだ用語によって生徒を欺き、愚弄したのである。

その後一九四二年になってさらに五ヵ条の「国民訓」が発布され、朝礼の時、全生徒に暗唱させた。私が覚えているのは第一条で「国民はすべからく天照大神を崇敬し、天皇陛下に忠誠を尽くすべきである」というものであった。当時の私はこの「国民訓」を嫌っていたので、残りの四ヵ条は思い出せない。

それぞれの時代の政治・文化が人に与える影響は計り知れないものがある。

大学の教師の多くは学位を持つ高級知識人であった。彼らは大学生がそれほど愚かでも扱いやすくもないことはよく知っており、普通はただ専門知識を講義するのみで、政治には触れようとしなかった。ただ、大学の校長の一条林治だけは倫理科の授業で「君たちはいかなる幻想も抱いてはならない。もし中国がここに戻ってくれば、君たちはたいへんな目にあうぞ。中国人には悪いところがたくさんある。君たちは、聞いただけでも肝を潰すような手段で迫害されるに決まっている。我々のように、アジア随一の女子大学を創って君たちを養成することなどあるものか」と言った。学生たちはこれを聞いて、怒りが爆発しそうになった。私は今でも彼のこの言葉は、はっきりと記憶している。

私の学んだ学校と勤めた学校はすべて女子校で、名門校であった。人材養成第一ということで、「勤労奉仕」に駆り出されたことはほとんどなかった。しかし農業科の国民高等学校では、いわゆる「勤労奉仕」と称して田畑でただ働きをさせられた。これは生徒にあまり多くの知識を与えないようにするためであり、愚民化政策による奴隷化教育であった。

三、日本占領時期の奴隷化教育について

日本占領時期の奴隷化教育のその最たるものは、日本語を「国語」としたことであろう。「国語」という科目の中に中国語と日本語を含め、日本語を教える中国人教師は授業中に中国語を話すことを許されず、すべて日本語による説明と会話を行なわせた。また全校の教師と生徒が毎朝集合する朝礼においても、日本人校長と教師は生徒に日本語で訓話をした。このようにする目的は、中国人生徒に母国の言語である中国語を徐々に忘れさせ、祖国を知らない亡国の民に変えようとすることであった。当時の中学生や小学生は、中国が自分の祖国であることを知らなかった。

新京女子師道大学の学生たち（1943年）

旅順・大連地区は当時「関東州」と称していた。二〇世紀初めの日露戦争によって占領した時から、日本は前のような手段でこの地域の中国人生徒を奴隷化し、ついにはこの地区に住む中国人が中国語をあまり上手に話せないようにしてしまったのである。

台湾は清朝の甲午中日戦争（日清戦争）によって日本に割譲され、台湾の学校教育はすべて日本語で行なわれていたために、台湾の同胞は一九四五年に祖国が解放された時、中国語の水準が低かった。

朝鮮は日本に滅ぼされた後、同様の手段で自分の民族について学ぶことを許されず、すべて日本語で授業が行なわれた。そのため朝鮮族も次第に自分の民族の言葉を忘れていったのである。

傀儡「満州国」の大学教育は、さらに忌むべきものとなった。約二割が日本人学生であったが、この二割の日本人学生は勉強のかたわら密かに中国人学生の言動を監視し、「反満抗日」の動きがあるかどうかを見張っていたのである。中国人学生は戦々兢々とし、崖っ縁に立たされたような恐怖感を毎日味わっていた。大学の授業では、毎週三時間の古漢語を除いてすべて日本語で行なわれた。

私が国民高等学校で教師をしていた時、人々に恐怖と嫌悪感を与える日本の憲兵隊が学校に来て、中国人教師を呼び出して思想問題を語りかけ、教師たちを脅かした。さらに一部の教師は「要観察人」として監視され、憲兵隊は常に彼らの粗探しをしていた。こういったファシスト的なやり方は、世界的に見ても稀なことであろう。

このほか、女子学生に対して女性を差別する男尊女卑の教育方針を実施した。女子学生は卒業後は結婚して良妻賢母となり、夫を助け、子供を育て、家事をまかなうべきで、男女平等を主張して仕事をしてはならないと教育した。このような女性を蔑視する教育方針は、女性から才能を十分に発揮する機会を奪い、大きな理想を持たせまいとするものであった。女性教師はどんなにすぐれた仕事をしても、決して校長に昇格することはなかった。

（聞取り時期：二〇〇〇年七月二八日、一〇月五日、場所：瀋陽市文化路七二号）

キリスト教会小学校と奉天第二国民高等学校——赫梅生 証言

〔略歴〕

赫梅生（ホーメイション）、男、満州族、一九二八年四月生まれ。原籍：遼寧省鳳城満州族自治県。離休（退職）時の所属：中国医科大学。職称：教授。日本占領時期に在籍した学校：奉天市慎徳小学校、営口懿徳小学校、奉天市第二国民高等学校。

一九三五年、奉天市慎徳小学校（キリスト教会立小学校）に入学する。

一九三八年、営口懿徳小学校（長老会主宰）に転校する。

一九四〇年、奉天市第二国民高等学校に受験入学する。

一九四六年九月、国立瀋陽医学院（一九四八年六月北平に移転する）に受験入学する。

一九四九年二月、北京が解放され、同年三月、瀋陽の中国医科大学に戻る。

一九五一年、中国医科大学を卒業して大学に残り、薬理教育研究室の助手、講師を務める。

一九八六年、中国医科大学教授に昇任する。

一九六三年に有機燐農薬の特別研究で成果を上げて全国医学科学と農業科学十年科学技術計画会議に参加したほか、一九八八年に遼寧省の特別貢献「専門家」に選ばれるなど、多くの研究成果を上げ、省と国家から表彰された。主な著書に『薬理学実験手冊』『薬物手冊』『薬理学』『医学科学研究基本方法』などの教科書がある。


私は調査にあたっては先入観を持つことなく、歴史を尊重すべきだと考える。私が語るのは歴史の事実であって、観点を語るのではない。まさにある外国人が述べているように、問題を提出するのみで、解決は後世の人に任せようと思う。私は一貫して自然科学の研究を行なってきた者であり、「実事求是」が私の最高原則である。私の立場について言えば、それは一人の中国人である、ということである。

一九三五年、私はキリスト教会経営の小学校に入学した。それは私の母親がクリスチャンであったからで、慎徳小学校という校名であった。一九三八年まで、合わせて四年間瀋陽にいた。学校創立の出発点がどうであれ、ミッション・スクールは確かに多くの人材を養成した。慎徳小学校は現在の一経街にあって主に女子を募集していたが、少数の男子も募集していた。この小学校の授業の水準は高く、評判も高かった。

この学校で出合った四つのことについて述べよう。

第一は、私が二年生の時に溥儀を迎えたことである。学校では生徒たちにきちんとした身づくろいをさせ、溥儀の訪日帰国を歓迎させた。周囲には完全武装の警官が立ち並び、一〇時頃にまず騎馬隊が来て、オートバイ隊が続き、その後に溥儀の乗った赤い乗用車が来た。さらにその後からオートバイが続いた。警官たちは私たちの方向を向いて立っていた。

その日の午後、生徒たちは隊列を組んで中街まで（傀儡「満州国」政府庁舎だったと思う）行った。溥儀が略装の軍服姿で、二回テラスに出て来た。庇の付いた軍帽をかぶり、黒眼鏡をかけていた。生徒たちは「皇帝万歳！」「皇帝万歳！」と叫び、彼は私たちに手を振って応えた。

第二は、鄭孝胥が死んだ時のことである。「日本人に殺された」という噂が流れていた。私たちは街頭に立って、彼の柩が通るのを待った。彼は東陵に葬られたということであった。同じ頃、故宮に行って「匪賊」討伐の展覧会を見た。その中に自動小銃があった。その時、私は匪賊はどうして装備がいいのかと不思議に思ったものである。

第三は、一九三七年の八月か九月頃、私が三年生の時、慎徳小学校は生徒たちに動員をかけて武漢陥落を慶祝した〔武漢陥落は一九三八年一〇月〕。生徒たちは武漢陥落を慶祝する小旗を持たされた。さらに一九三八年初め、三月か四月だったと思う。生徒たちは武漢陥落を祝う全市の提灯行列に参加した。日本が武漢を陥落させたことは大事件だったのである。

第四は、おそらく一九三八年頃だったと思うが、日本語の授業が始まったことである。朴という朝鮮族の先生が日本語を教えた。音楽の授業では日本の国歌を歌わされた。当時は日本語がわからなかったので先生について歌うだけであったが、子供の記憶力はいいのですぐに覚えた。音楽の王先生は、歌詞を説明して「天皇の治世が千年から八千年続き、その間に小石が大きな山に変わるという意味だ」と言った。

それ以外は慎徳小学校での出来事は、政治とまったく関係がなかった。ミッション・スクールであったので、毎朝「賛美歌」を歌い、毎週『聖書』の物語を聞いた。私は今でも『聖書』の中の物語をよく覚えている。

三年生の時、私の親戚の子が慎徳小学校に転校してきた。すると、学費が高くついたので母は癇癪を起こし、私と親戚の子を三経街小学校に転校させた。三経街小学校では朝礼と休み時間や体操の時などに日本の歌を放送し、中国の歌は放送しなかった。しかも、この学校には慎徳小学校にはない拡声器があった。放送される歌の中には日本の軍隊を美化するものがあり、私は今でも歌うことができる。内容は「鉄砲かついだ兵隊さん、本当に強く、本当に素敵で、本当に大切な方」というものであった。このような歌は、子供たちに日本軍国主義の文化を浸透させるうえで強い影響力があった。

奉天第二国民高等学校3年1組の時の赫梅生　右襟にクラスを示す印、左襟に校章が見える。

しかしこの小学校には半年もいられず、その後、私はまた慎徳小学校に戻った。小学校では第一時間目の授業の前に『回鑾訓民詔書』を立ったまま暗唱させられた。私は今でも「詔書」を覚えている。

父は一九二八年に北京師範大学を官費で卒業し、奉天省立第二初級中学校で英語を教えていた。しかしある日本人教師と喧嘩して、営口水産学校に転勤させられた。

一九三八年八月、一家は汽車で営口に行った。母は営口でも私がミッション・スクールに入ることを希望し、私は長老会が経営する懿徳小学校に入学することになった。高級小学校入試の時は、私は一番の成績で入学した。これは一九三九年のことだった。東北には長老会の経営する小学校が少なくとも四ヵ所あり、みな校名に「徳」という字を入れていた。ここでもやはり日曜日ごとに礼拝があったが、政治的活動や歴史的な記憶に値するようなことは何もなかった。

残念ながら、この懿徳小学校には長いこと居られなかった。半年後にまた学費のことで母が怒り出し、私は営口市内の同徳小学校に転校しなければならなくなった。ここの教育内容はあまり良くなかった。

その後、懿徳小学校は封鎖を命じられ、懿徳小学校の先生方の大部分は失業してしまった。二人だけが同徳小学校に採用されたが、二ヵ月間給料を払ってもらえなかったという。私がなぜこんなことを知っているかというと、ある日の午後、その先生がバスケットのボールを蹴飛ばしながら「どうして給料をもらえないのか」とぼやいているのを耳にしたからである。やがて、東北のすべてのミッション・スクールは閉鎖を命じられてしまった。

私が卒業したのは一九四〇年であり、中学はすでに国民高等学校に改編されていた。私は奉天第二国民高等学校に受験入学した。校舎は現在の空軍病院の場所にあった。張学良時代に建てられた第二工科学校が前身であった。私の受験した頃の競争率は一〇倍で、六〇〇人が受験して六〇人を入学させた。機械科、化学科、電気科の三つの学科に分かれ、私が入ったのは機械科であった。当時、小学校から中学校への進学は一〇人に一人の割合で、残りの九人は進学できなかった。小学校の金先生は私を過小評価し、「第二国民高等学校には受かるまい」と言っていた。

日本は、人材を養成するのではなく自分たちの道具を養成するために、六年制の中学校を四年制の職業学校に改編した。大学に入学するための受験生の養成を目標にするのではなく、初級職業人を養成することを目的としていた。当時はこれを「学制改革」と称していた。私は祖国解放までこの学校に在学していた。私は一三歳で家を離れ、ずっと学校に寄宿していた。当時の瀋陽市の国民高等学校では多くの生徒が寄宿生活をし、通学生は非常に少なかった。

奉天省立国民高等学校は全省から生徒を募集していた。全部で九校あって、その中の一つに私立中学校から改編された文華初級中学校という学校があった（現在の空軍病院の東側にあった）。文華高級中学校は廃校になっていたが、国民党支配地区に復活した。男子の同沢中学校は第五国民高等学校に改編された。女子の同沢中学校は女子国民高等学校に改編された。いずれも大西門の所にあった。私の父が教えていた第二中学校は第四国民高等学校と改編された。国民高等学校でレベルの最も高かったのは第二国民高等学校で、二番目が第四国民高等学校であった。一番駄目なのが第五国民高等学校で、いつも日本人にからかわれて喧嘩ばかりしていた。

営口には中学校が二校あり、一つは水産科、もう一つは商業科であった。私の父は二校とも奉天第二国民高等学校に及ばないと考えて、私が一三歳であるにもかかわらず奉天第二国民高等学校に受験入学させた。この学校は難関で、試験はすべてこの学校で出題し、試験が済むと半月以内に合否を発表した。その後、筆記試験合格者の口頭試問を行なった。事務室に三人の先生が坐り、一度に三人ずつ呼び入れて試験をし、数日後に発表となった。私は親戚の家で数日間待機し、発表当日は走って学校に行き、合格したのを確かめて走って戻った。

奉天第二国民高等学校は難関の中学校ではあったが、裏口入学はなかった。ほかの学校では「羊票」（傀儡「満州国」の百元紙幣）を贈る者もいたし、転校してくる生徒もいた。半年後に私は病気になり、三日間意識不明のままであった。私の家族はみな西洋医を信じていて、漢方医に見せようとはしなかった。学校では保証人を呼んで、私を営口に送り返した。私は西洋医の見立てで結核ということになり、半年間休学した。

学校には労働者や農民の子弟は一人もいなかった。私の同級生の中では私が最も貧しく、使う金は一番切り詰めていた。私の家は代々教育者であったが、ほかの同級生の親は商人や地主、官僚であった。学費は無料だったが、半年分の寄宿費が八〇元になった。当時の物価水準はブタ肉一斤二〇銭、小麦粉一袋四元であった。それでも私の父は半年ごとに二〇元の小遣いをくれた。私が思うように勉強を続けられないとすれば、家の躾が悪いか、私の頭が悪いかどちらかであった。小学校教師の給料は一月三六元、中学校教師は一二〇元、用務員は一二元から二四元であった。父が校長になった頃は三〇〇元であったが、当時、傀儡「満州国」の紙幣価値はどんどん下がっていた。

父は卒業してすぐに法庫雨霆中学校に勤めた。その時の月給は一二〇元（大洋票）であった。瀋陽にいた時は私の家の賄婦の給金が一月六元で済んだので、一家は農村ではまずまずの生活であった。しかし営口では、人を雇う余裕はなくなった。家賃が一〇元で、月給の一割弱を占めるようになったからである。

当時の奉天第二国民高等学校の校長と二人の主任はいずれも日本人で、体育科と軍事訓練の担任も日本人、庶務も日本人であった。学校の事務関係者は五人以下で、教師以外の人員は非常に少なかった。寄宿舎と食堂は教師と生徒が共同で管理して給食長を選び、七、八人の生徒が「給食団」を作っていた。在学生は約五〇〇人で、各学年が三クラスに分かれていた。初代の日本人校長は、中国人教師から聞いたことであるが、公金横領の罪で解雇されたという。二代目の校長は堀内といって、時たま生徒に授業を行ない、『菜根譚』を講義した。彼は授業で「尭とは何だ、舜とはどんな奴だ、禹とはどんな奴だ、わしからみれば糞だ」などと言っていた。彼は日本が降伏するまで在職していた。

当時の瀋陽では日本軍の軍紀は非常に厳しく、平常は中国人居住区に立ち入らなかった。現在の中級人民法院が日本憲兵隊の駐屯地であった。その門前には、いつも完全武装の兵士が銃を持って立っていた。私たちはその門前を通ることは滅多になかったし、中国人居住区に日本の軍人が姿を見せることもなかった。日本人教師が二人いたが、一人は体育の教師で、もう一人は庶務を担当していた。二人とも徴兵されて入営したのだが、戦死したのか無事に日本に帰ったのか、わからない。これは戦争の被害者に日本人民も含まれることを示している。

奴隷化教育は必然的なものだった。

第一は、教科目の中に中国の歴史がなかった。そのため、私は解放後に独学で中国の歴史を勉強した。当時の歴史は満州族の歴史であって、粛慎、挹婁、女真、満州から遼、完顔阿骨打、耶律阿保機まで含まれていた。生徒に中国という国のあることを教えまいとしていたが、私たちの生年月日は民国の年号を用いていた。私の生まれた年は民国一七年となっていたが、別に書き直せと言われたことはなかった。日本史の科目はあったが、授業はなかった。教師がいなかったためである。世界史もなかった。体育や音楽はあり、軍事訓練もあった。工場に行って実習もした。ここは工業科の専修学校であったからである。このほか日本語、国文（中国語）、数学、物理、化学があった。修身もあったが、中学校では「国民道徳」となった。

奉天第二国民高等学校の生徒8人が士官学校に入学し、送別会が開かれた。後列の左から5人目が赫梅生

第二は、年中行事の中で主な祝日とされた三月一日の「建国節」を始め、「天長節」や「天長地久節」、日本の「裕仁天皇誕生日」、「聖戦記念日」（太平洋戦争の始まった日）には、学校は生徒を集めて記念行事を行なった。「九・一八事変」と「七七事変」は宣戦布告をしなかったために、「戦争」とは呼んでいなかった。生徒同士の内緒話で、共産党が大西門にスローガンを貼ったことを知った。一九四三年頃のことであった。ほかの学校では教師や生徒で日本に逮捕された者もいたが、奉天第二国民高等学校では逮捕された者はいなかった。また、国民党のことについて聞いたことがある。生徒を校庭に並ばせて、堀内校長が壇に上がって講話をした。私は病気が癒えて復学したばかりの時のことであった。

太平洋戦争はすでに始まっていた。生徒は朝七時半に列を作って並び、教師たちがその前に立って朝礼が行なわれた。「宮城遥拝」の日本語の号令とともに東を向いて遥拝し、次に北を向いて「帝宮遥拝」を行なった。その後で校長が講話を行なった。その内容は、戦争がどこまで進行したか、どれだけ敵を大破したか、どれだけ小破したかということであった。まもなく「戦闘によって『全員玉砕』し、捕虜となった者はいなかった」という内容となった。一九四三年から一九四四年頃のことで、それ以前はいつも「戦果」ばかり述べていた。校長の講話の後で体操があり、八時から授業が始まった。

真冬に生徒を上半身裸にして体操をさせ、これを「鍛練」と称していた。祝日には校長は白い手袋をはめて「詔書」を奉読し、室内で行なう時は「御容室」から日本の天皇と傀儡「満州国」皇帝の肖像を持ち出して式典を行なった。このことを「御容開扉」と呼んでいた。

当時、奉天第二国民高等学校には二〇〇人余りの教師が五〇〇人余りの生徒を教えていた。教師はすべて「協和服」を着て、生徒は「国防服」を着ていた。どちらも色はカーキ色で、これを「国防色」と呼んでいた。帽子は「学制改革」以前は学生帽であったが、一九四一年から「戦闘帽」になった。私の学校では集団的に「忠霊塔」を参拝したことはなかったが、その傍らを通る時は必ず立ち止まって一分間の黙禱をすることになっていた。毎日正午には全市にサイレンが鳴り響いた。各学校ではいずれも軍国主義教育を重視し、奉天第二国民高等学校には日本が清朝から捕獲した大砲が二門並べて置いてあった。

毎学期ごとに、現在の勝利映画館に日本映画を集団で観に行った。私が今でも覚えているのは、第一は「世界に告げる」という題名のイギリスが南アフリカを占領する映画で、イギリスを侵略者に仕立てたものであった。第二は、イギリスが中国にアヘンを売り付け、中国の労働者を人身売買し、その労働者が横浜で逃げ出したのを一人の日本武士が助け出すというものであった。第三は日本がシンガポールを攻略するドラマで、イギリスが海上に防御線を張っていたが、不意を襲って日本がマレーシアの密林の中を突破して攻め込むというものであった。第四は「満映」（満州映画協会）が制作したもので、匪賊（八路軍）が大地主の家に押しかけて金をせびっているところへ、折よく日本の士官学校を卒業した地主の息子が帰ってきて機関銃で追っ払う、という内容であった。

当時は検閲規定があって、組織的に生徒を調べ、中国映画を観ることを許さなかった。中国映画は上海、香港で撮影されたものであった。毎回、映画が始まる前に日本の「戦果」を記録したニュース映画が上映された。南京陥落や真珠湾爆撃といったものであった。学校の掲示板には、いつも日本の戦果を宣伝するポスターが貼ってあった。満州毛織株式会社は奉天最大の商店で、店内でいつも日本の戦果の展示会が開かれ、そこには写真と武器などの実物が展示してあった。私が見たのは「奇襲真珠湾」と「攻略シンガポール」であった。また「九軍神」の展示を見た。「九軍神」とは、日本が真珠湾奇襲の時に作った二人乗りの小型潜水艇で出撃した九人の兵士のことである。潜水艇は生還できない構造になっていた。

忠霊塔（現在の聯営公司がある場所にあった）に参観に行ったことがある。そこではアメリカのB29を撃ち落とした展示会が行なわれていた。B29は「空の要塞」と呼ばれ、瀋陽を三回爆撃したことがある。日本の高射砲が届かず、四本の白煙を引いて飛んでいた。ある時、日本の林日という少佐が隼戦闘機に乗って体当たりして撃破した時の残骸が展示してあった。さらに「林日軍神」の展示もあった。

私たちはいつも防空壕を掘らされた。L字型で、立つと頭が外に出て、しゃがむと全身が隠れた。また防火訓練もしょっちゅうやらされた。灯火管制が敷かれ、窓には紙を貼った。

傀儡「満州国」の前期は物価はまだ安定していたが、太平洋戦争の末期になると高騰し、農民は食糧を供出させられて、みな空腹であった。私の記憶では、昼食は一テーブル六人で一鍋の煮たジャガイモと一碗の味噌汁しかなかった。朝から晩まで腹がへっていた。朝食はトウモロコシの粥に煎り豆か塩漬けの野菜、昼食は煮たジャガイモ、夕食は粥一碗であった。配給された食糧ではまったく足りなかった。食糧は日本軍の糧食に回されたのである。

奉天第二国民高等学校は当時、レベルの高い授業をする学校として有名であった。教師の教え方も熱心であった。

しかし、生徒に対して板で叩く体罰が行なわれていた。吉田という日本人教師（後に徴兵された）は私たちを二列に向き合って立たせ、互いにビンタを張らせたことがある。堀内の授業の時、私はなぜか笑いをこらえることができず、彼から教鞭で頭を叩かれた。「階級服従」が実行されており、上級生は下級生をほしいままに撲っていた。奉天第二国民高等学校ではそれほどではなかったが、南満中学堂では日常的に行なわれていた。

その頃、正規の軍事訓練が行なわれ、訓練では日露戦争の時に捕獲したロシアの歩兵銃を使っていた。運動会では決まって分列行進が行なわれた。私は今でも「気をつけ、休め、敬礼」の動作を正しく行なうことができる。

第五国民高等学校の生徒は「五の驢馬」とあだ名され、いつも集団で喧嘩していた。小学校では男女は別クラスに分かれて授業が行なわれていたが、国民高等学校では男子校、女子校に分けられていた。

私は国民高等学校三年から「勤労奉仕」に行かされた。一九四四年下半期から祖国解放まで、授業はまったくなかった。私は国民高等学校では二年半しか勉強できなかったが、数学、理科、化学の基礎はしっかり勉強した。これは教師たちが正規の大学の卒業生で、質の高い授業をし、病気で休む教師もいなかったからである。

私は四回「勤労奉仕」に行った。最初は満州飛行機製造株式会社（現在の黎明機械工場）であったが、その直前に工場がアメリカの空爆を受けた。その日、私は学校の歩哨所に立っていた。二〇機の飛行機が高度一万メートル余りを飛び、爆弾を投下してきた。投下した爆弾は満州飛行機製造株式会社に命中した。私たちは爆撃後まもなくその満州飛行機製造株式会社に「勤労奉仕」に行かされ、飛行機のエンジン部品を作った。昼食は、学校から持参した精白していないコウリャンと野菜の塩漬けを食べた。労働者はすべて中国人で、ほかに日本の軍人も数人いた。日本人は米を食べていたが、量は多くなかった。私はコウリャンが嫌いだったので食べ残したコウリャンを日本兵にあげたら、彼らは喜んでいた。彼らは私たちより年上で、一四、五歳であった。この満州飛行機製造株式会社で四、五ヵ月働かされた。

二回目は奉天造幣所であった。到着すると、食事が振る舞われた。黒と白のマントウのほかに、白菜のスープには肉が二切れ入っていた。この時は昼飯が出たので、弁当を持って行かなくてもよかった。私たちは鋳物の現場で働いた。労働者は防護服を着用し、私たちは学生服を着ていた。ここでおよそ二ヵ月ほど働いた。

一九四五年の上半期、また半年働かされた。日本の八七九部隊で、張作霖時代からの奉天軍需工場であった。工場内では各種軍需品の製造と修理を行なっていた。私たちは倉庫の整理をし、部品の包装紙を解き、油をさし、包装しなおした。二人の日本人労働者が私たちに指図した。日本の検査官が来た時、私たち中国人生徒はさぼっていた。日本人労働者は私たちを呼び集めて説教し、「満州の生徒はみな大バカヤロウだ」と罵った。ここでも昼飯が出たが、雑穀のマントウであった。

最後の「勤労奉仕」は今の中捷友誼工場で、飛行機の部品をヤスリを使って仕上げるものであった。仕事が終わって工場を出てくる時、日本人が身体検査をした。私たちが工具を盗むと疑ってのことである。「八・一五」の祖国解放まで、ここで働かされた。ここは大工場で、アメリカやイギリス軍の捕虜も働かされていた。捕虜の中に将校も一人いたが、日本語で部品の数を数えさせられていた。日本の憲兵が監視していて、数え間違うと撲っていた。「勤労奉仕」はこれ以外にもあり、街頭に出て馬糞を拾い集めたり、ヒマ畑の追肥作業をした。ヒマは高級潤滑油の材料だった。

祖国解放の日、私たちが働いていると中国人教師が私たちを集め、日本が降伏したことを告げた。みんなが喜び合ったことは言うまでもない。日本の降伏が近づいた頃には、日本人庶民も武装し始めていた。私たち中国人生徒は、中国の勝利を話し合っていた。

日本は太平洋戦争に「満州国」の軍隊を動員しなかった。

（聞取り時期：二〇〇〇年八月一八日、場所：中国医科大学家族住宅赫宅）

小学校から陸軍学校への道——劉漢中 証言

〔略歴〕

劉漢中（リューハンチュン）、男、漢族、一九二四年八月五日生まれ。原籍：長春市。離休（退職）時の所属：長春市経済貿易学校。職務：校長。日本占領時期に在籍した学校：新京特別市立第一国民高等学校、傀儡「満州国」陸軍軍官学校。

一九三四年二月―一九四五年九月、小学校、中学校、傀儡「満州国」新京（長春）陸軍軍官学校予科に在学する。

一九四五年一〇月―一九四六年一一月、小学校教師、中学校代理教師、蛟河県炭鉱技術員を歴任する。

一九四六年一二月―一九四七年二月、自宅で閑居する。

一九四七年三月、革命に参加する。

蛟河県貿易局秘書、長春市百貨店副経理、市公安局副処長、中学校校長、中等専門学校校長を歴任し、社会活動として長春市商業経済学会常務委員会副会長を務めた。

私は一九三四年二月から一九四五年八月一五日の祖国解放まで、日本帝国主義支配下の小学校、中学校、傀儡「満州国」新京（長春）陸軍軍官学校に在学した。この全期間にわたって、日本帝国主義が中国青年に強制した奴隷化教育を体験した。

一、初級小学校時期

私は一九三四年二月に新京市の私立益華小学校一年に入学し、一九三七年一二月に四年生として初級小学校を卒業した。この小学校はカトリック系で、「九・一八」以前に創設されたものである。私立小学校も公立と同じように傀

国民高等学校の軍事訓練

儡「満州国」文教部の管轄下にあった。すべて文教部の規則と指示に従わなければならず、一律に傀儡「満州国」文教部が編集した小学校・中学校の教科書を使用して、奴隷化教育を受けていた。

(1)科目による奴隷化教育の実施

私が入学した時の一年生の科目は、国語(「国文」と呼ぶ時期もあった)、算術、自然(「常識」と呼ぶ時期もあった)、書道(楷書を大きく書くことから始められた)、音楽、体育、図画、手工であった。

三年生になると、日本語、修身、作文が加えられた。前の規定科目のほかに、教師が自発的に加えたものもあった。たとえば、一年生の時は注音字母から辞書を引く方法を教え、三年生の時は文集『自然の微笑み』の中から教師が文章を選んで解説し、生徒に暗唱させた。

規定科目の大部分は奴隷化教育を内容としたものであった。たとえば国文科は「国旗」から始まった。つまり紅・藍・白・黒・満地黄のいわゆる傀儡「満州国」国旗である。地図では東北が「大満州帝国」に変えられ、そこに居住する者は「満州国」人となった。音楽で最初に教わるのは傀儡「満州国」国歌であった。体育では「建国体操」が教えられた。修身では孝と忠を尽くすことを教えられ、「満州国」皇帝に忠節を尽くすことを強調し、日本は「友邦」であるなどと教え、中国の子供たちを欺こうとした。

(2)各種の活動を通して行なわれた奴隷化宣伝

毎週月曜日に朝礼を行ない、必ず傀儡「満州国」国歌を歌わされ、皇帝の住む方角に向かって遥拝させられた。祝日には必ず校長が、日本は「友邦」であり、傀儡「満州国」の建国を助け、「王道楽土」「五族協和」「日満一徳一心」などを実行したなどと繰り返し講話し、生徒に奴隷思想を植え付けた。「建国節」「皇帝即位記念日」「皇帝誕生日（万寿節）」「天皇誕生日（天長節）」など、祝日はたくさんあった。

一九三五年四月、傀儡皇帝溥儀が訪日し、帰国すると『回鑾訓民詔書』を発布した。この時から祝日ごとに必ずこの「詔書」を朗読させられ、教師と生徒全員がうやうやしく頭を下げて「日満親善」を押し戴き、甘んじて亡国の民にされていた。

(3)校名変更

私が入学したのは「益華小学校」といったが、「益華」とは中華に有益な人材を養成する、すなわち中国のための人材養成をするということであった。そのため傀儡「満州国」政府の教育部門はこの「益華」という校名を許さず、変更を迫ってきたので、一九三六年（私が三年生の時）に「暁鐘小学校」と改称した。日本帝国主義の支配の厳しさを示すものである。彼らは「中華」や「中国」の文字を称することを許さず、中国を「支那」と称していた。生徒に自分が中国人であることを教えず、青少年の民族意識を双葉のうちに摘み取ろうというあくどい意図が示されている。

(4)新学制の実施

一九三七年五月、「新学制」が実施に移された。小学校教育では、「四・二制」は変わらなかったが四年制の初級小学校を「国民学校」と改称し、二年制の高級小学校を「国民優級学校」に改称した。中学校では、中国の制度である六年制を完全に破壊し、国民高等学校（略称「国高」）と改めた。大学においても中国で一般に施行されていた四年制を廃止し、工科と医科を四年制とした以外は三年制に改定した。

「新学制」が実施されると、第一に、就学年数が短縮されて生徒の知的水準が一般的に低下した。大学では日本人学生が過半を占めていたので、入学できる中国人青年はきわめて少数であった。第二に、「九・一八事変」後に傀儡「満州国」政府は段階的に東北の各市町村に小学校を設置した。中でも初級小学校、すなわち国民学校は数多く設置された。それは日本帝国主義が植民地の工業を発展させるため、初級程度の文化知識を持った廉価な労働力を確保するのが主な目的であって、中国人の文化水準を高めるための教育を普及しようとするものではなかった。第三に、傀儡「満州国」政府は「新学制」を実施する「訓令」の中で、「新学制」の任務は「忠良ナル国民ヲ養成スル為……」と述べていた。

以上三点から見ても、新学制の実施は、奴隷化教育を強化する目的であったことは明らかである。

しかし圧迫のあるところ、必ず反抗がある。私が三年生の時、修身の先生が授業の時間に蓄音機を教卓に置いて、「大路歌」や「魚光曲」などのレコードをかけた。先生は私たちに「この二曲の歌はすばらしい」と言った。その歌詞は「税金は重い」「険しい道を踏みならし、前途の困難を突き破って……」というものであった。先生は曲に合わせてハミングしていた。明らかに、この先生は反日の気持ちを抱いていたことがわかった。

二、高級小学校時期

国民優級学校の二年間は、日本帝国主義の支配が徐々に強化され、奴隷化教育が推進された時期であった。「新学制」の実施によって暁鐘小学校は国民学校となり、高級小学校の課程は廃止された。このため私は初級小学校卒業後に新京特別市立自強国民優級学校に入学することになり、一九三八年二月に受験入学して、一九三九年一二月に卒業した。

自強学校は「九・一八事変」の前に大資本家の王荊山が出資して設立したもので、以前は中学校もあって、知名度の高い優れた学校であった。「九・一八事変」後、日本帝国主義の懐柔政策によって王荊山は投降し、大漢奸（裏切り者）となって傀儡「満州国」新京特別市の商公会会長に就任した。さらに傀儡「満州国」駐エルサルバドル名誉大使となった。彼は自強学校のいっさいの設備を無償で新京公署（市政府）に献上した。これ以降、自強学校は公立学校となり、日本人副校長が派遣されて実権を握ることになる。

(1)設置科目

教科目は語文、日本語、数学、作文、体育、音楽の六科目で、教科書はすべて全国統一版であった。語文と日本語の時間配分比率は三対二であり、日本語の時間が大幅に増えた。日本語の教科書には日本の童話や神話物語が含まれ、日本人の祖先は「天照大神」である、「惟神の道」、天皇は「万世一系」の「現人神」である、といったことが記述されていた。特に明治天皇については、維新を実行して外国に対し侵略戦争を起こした「功績」が称えられていた。日本帝国主義と武士道精神を宣伝し、日本語の学習を強制する一方で、このような謬論を生徒に叩き込んでいたのである。

常識、自然などの科目は廃止され、教育内容が大幅に縮小されて語文（中国語）の中に押し込まれた。さらに日本帝国主義を宣伝する課文まで加えられ、語文はごった煮状態になっていた。

(2)各種の活動

国民優級学校では、すべての活動において初級小学校に比べて奴隷化教育が強化された。初級小学校の時は傀儡「満州国」皇帝を遥拝するだけであったが、国民優級学校では、まず日本の天皇を遥拝するようになった。重要な祝日になると、行列を作って忠霊塔や新京神社（建国神廟を修復した後は「天照大神」を祭るようになった）に参拝することが追加された。

孔子の祭礼日には行列を作って孔子廟に行き、至聖先師の孔子を参拝した。日本帝国主義は孔孟の道を利用して中国の青少年を欺こうとしていたのである。

三、中学校時期

私は一九四〇年二月、新京特別市立第一国民高等学校に受験入学し、一九四三年一二月に卒業した。この学校は工業専修の中学校であった。私が入学した時から土木、建築、機械、電気の専攻四学科が設置された。日本人生徒も募集し、中国人と日本人が半数ずつ在籍していた。

私が入学してまもなく中国人校長が転任となり、新京工業大学学長の武村清が校長を兼任することになった。副校長と教務主任も日本人で、学校の日常業務を取り仕切っていた。専門科目の多くは工業大学の教師が講義していた。

(1)設置科目と授業内容

文化科と専門科に分かれていた。専門科は中国人と日本人の合同クラスで、日本語で専門科の授業をし、その多くは日本人教

新京「忠霊塔」に参拝する生徒たち

師が教えていた。文化科は中国人と日本人は別クラスとなり、中国人生徒は中国人教師から授業を受けた。

数学、物理、化学と専門科目は学校側が規定し、教科書はすべて日本語で、授業時間も多かった。中国人生徒の語文（中国語）、歴史（世界史、日本史、「満州国」史）、地理の教科書は全国統一版であった。日本語の授業時間は中国語より多く、毎週四時間もあった。

教科書の内容は、生徒になるべく中国の歴史を知らせないように厳しく統制されていた。また、生徒に自分が中国人であることを教えないように編集されていた。たとえば、語文の教科書の大部分は中国の古文から選んでいた。一年生の第一課は生徒に「おとなしく勉強せよ」という主題で、「両耳、窓外のことを聞かず、一心ただ聖賢の書を読む」というものであった。これは生徒の思想を閉じ込めようとするもので、日本帝国主義が考え出した教育方法であった。

小学校から中学校まで、語文の名称は何回か変わった。ある時は「国文」と呼び、また「国語」と呼ぶ時もあった。最後には「国」の字が削られて、「語文」と呼ぶようになった。この時、日本人は日本語を傀儡「満州国」の国語にするのだ、という噂が流れた。

幸いに、多数の愛国意識を持つ先生方が授業の中で多くのことを教育してくれた。歴史と地理を教える先生は、教科書に沿った授業はせず、中国地理を各省ごとに詳しく教えてくれた。授業では、思想統制の厳しい中で「満州国史」の時間に中国史の概要を教えてくれた。日本史については、簡略に風刺を交えながら教えてくれた。日本の古代建築のところでは、「竪穴式住居というのは犬の巣のようなもので、同じ頃中国にはすでに楼閣建築があった。阿房宮では一〇歩ごとに楼を建て、五歩ごとに閣を建てた」と述べ、生徒の民族的自尊心を呼び起こしてくれた。

「国民道徳」は日本語で書かれた教科書で、一年生から授業があった。しかし副校長（日本人）が二、三回話しただけで授業はなくなり、まもなく時間割表からも科目名が削除された。それなのに学期末になると試験が行なわれた。

進歩的思想を持った中国人の先生が出題し、日常的な細々したことについての問題ばかりであった。この先生は普段の会話の中でも、上級生は下級生を撲ってもよいという考え方に反対していた。彼の出した試験問題の中に、「上級生が下級生を撲ることをどう考えるか」というものがあった。生徒の答案はすべて及第点とし、試験は終わった。

(2)各種の活動や宣伝を通じての奴隷化教育の促進

私が中学校にいた四年間は、まさに日本帝国主義が狂気じみた侵略戦争を行なった時期であり、東北の植民地に対して経済的に大規模な掠奪を行ない、政治的に残酷な弾圧を行ない、教育的に奴隷化を推進していた時期であった。

私が入学した時はすでに軍事化が進んでおり、現役将校が教官として派遣されてきて、毎週一回、軍事科の授業があった。生徒は丸坊主になり、戦闘帽をかぶってゲートルを巻き、隊列を組んで記念行事に参加した。その際は、全員が協和青年団の腕章を付けさせられた。

一九四〇年六月、大規模な日本の紀元二六〇〇年慶祝活動が行なわれ、日本の歴史は悠久で大和民族は神の子孫であると盛んに宣伝した。同時に溥儀が二回目の訪日を行ない、日本は彼に「天照大神」の神位を奉戴して帰らせ、建国神廟に祭らせた。これ以後、日本と傀儡「満州国」を「友邦」関係から「親邦」関係に変え、日本と傀儡「満州国」は親子のような国家関係であると強調し、祝日には必ず「天照大神」を祭る建国神廟に参拝しなくてはいけなくなった。

一九四一年から、生徒は「勤労奉仕」に行かされた。私たちの最初の「勤労奉仕」は建国神廟の建設で、土を掘り、運ぶという仕事であった。食糧配給が不足する中で生徒は腹をすかせていたが、労働はきつく、苦労の連続であった。

一九四一年一二月八日、日本軍は真珠湾を奇襲し、アメリカ、イギリスに宣戦布告した。この一時的な勝利を大々的に宣伝し、「大東亜共栄圏」「共存共栄」「聖戦貫徹」などの言葉によって民心を宥めすかし、中国人を欺き、世情の安定を計ろうとした。これと同時に、中国人民に対して高圧的な手段で残酷な弾圧を行なった。

こうした状況が学校教育に反映されるようになった。

第一は、新たな学校規則の公布である。主なものは「反満抗日分子」「思想不良分子」に対する処罰と排除、警察への通報、身柄の引渡しを強化する、というものであった。

第二は、中国人生徒に対する暴行である。戦争が激しくなるにつれて、日本の廃兵が学校に次々と教師として派遣されてきた。入れ代わりに日本人の若い教師や年かさの日本人生徒が続々と徴兵された。イギリス、アメリカに対する宣戦布告してまもなく、校長の判治竹次郎の息子が戦死した。このような状況は、日本人教師の中国人に対する憤激を引き起こさずにはおかなかった。彼らは中国人生徒の粗を探しては、あざだらけになるほど手ひどく撲りつけた。

ある時、私は校舎の隅で工業大学の工場に行く準備をしていた時、永野という日本人教師にぶつかり、ビンタを張られた。彼は私が「校舎を破壊しようとしていた」という名目をつけて、操行点を一級下げた。後になってわかったことであるが、永野は楊先生と口論し、意気消沈して引き下がって来たところで私にぶつかり、八つ当たりしたのである。私が中国人の担任に実情を報告すると、彼は親身になって私を慰め、「以後、気をつけるように」と言った。

第三は、秘密の捜査である。学校には以前から中国人将校の教師がいた。一九四一年初めにもう一人、児玉という日本軍の准尉が派遣されて来た。この人は、いつも何かを探しているように目をぎょろぎょろさせていた。彼は生徒を撲らず、時々生徒の肩を叩いて状況を尋ね、聞き終わると猫なで声で「手間をとらせたね」と言った。

一九四一年夏のある日の午後、私は頭が痛かったので病気欠席して宿舎にいた。廊下を歩きながら四年生の教室を見ると、教室には生徒は一人もいなかったが、児玉一人が机を開けて本を検査していた。明らかに禁書を探しているところであった。私はそっとトイレに行って用をたした後、宿舎に戻った。もし私が児玉の行為を目撃していたことを児玉が知ったとしたら、どうなっていたであろう。まもなく四年生が戻ってきた。彼らは日本人教師に引率されて動物園まで駆け足で行き、戻ってきたところだった。これは明らかに予め仕組まれた陰謀である。夕方の自習時間に、私は四年生の級長の劉植田（彼は強い反日感情を持っていた）に話した。彼は「すぐに四年生に注意する」と言った。第四は、中国人教師と生徒の逮捕である。一九四一年以降、生徒五人と教師三人が次々に逮捕された。理由は「反満抗日分子」であるということであった。そのほかにも中国人教師と生徒が容疑者として「要観察者」とされた。さらに、ある中国人教師は日本人生徒を撲ったことを口実に免職となった。

第五は、特務を学校に送り込んだことである。一九三四年末、私が卒業間近の時、日本の特務機関は二人の若い日本人を公然と特務として送り込み、平服で学校に常駐させた。生徒たちは陰で彼らのことを「ちんぴら特務」と呼んでいた。しかし彼らの権力は大きく、どの教師の授業でも自由に聞くことができた。彼らが教室に入って来ることを誰も拒否できなかった。

一九四一年以後、学校は恐怖に包まれ、人々は窒息しそうになった。

大多数の中国人教師は愛国反日感情を持っており、いつも隠語を用いて愛国主義教育を行ない、真面目に授業を行ない、生徒のことを心配し、生徒を守ろうとしていた。ある教師は「授業が済んだら、早く家に帰りなさい。遊んでいてはいけないよ、学校に長くいてはだめだ」と注意した。しかしごく少数ながら、無責任で、授業はいい加減で、日本人に媚を売って旨い汁にあずかろうという教師もいた。

四、軍官学校時期

傀儡「満州国」の軍官学校の政治・思想統制は、きわめて厳しいものであった。政治・思想統制は制度化され、固定化され、軍事訓練が強化されるにしたがい学習から生活の各方面に及んでいった。学校当局の生徒に対する教育も周到に計画されたものであった。しかし、中国人生徒はうわべでは服従したものの、心の中には強烈な反抗心を持っていたので、思想統制などは形式的なものであった。

(1) 制度的に固定した一日の政治・思想行動

1、毎朝の歌

早朝、隊列を組んで点呼を取った後、日本の「海ゆかば」を斉唱した。この歌は軍人が勇敢に死におもむくことを歌ったものである。起床から朝食までの短時間に、各自が校庭にある「元神殿」に行って拝礼した。

2、毎食前の「食事訓」

入学した当初から、毎食前に「食事訓」を朗読させられた。それは以下のようなものであった。

①私たちは広大無辺の天皇のご恩に感謝します。

②私たちの一碗の粥、一粒の梅干の食事に、涙を浮かべ前線の兵士を思います。

③私たちは一粒一粒の食事に込められた後方の国民の労働に感謝いたします。

これを声をそろえて朗読した後に、ようやく食事となるのであった。

3、毎晩の「反省」

毎晩自習が終わると、規定により「五省」にしたがって、一条ごとに反省した。「五省」は江田島の海軍兵学校のものを借用し、やり方も同じであった。「五省」の内容は次の通りである。

①至誠に背かなかったか

②言行に恥じるところはなかったか

③気力に欠けるところはなかったか

④努力に欠けるところはなかったか

⑤怠惰に時を過ごすことはなかったか

毎晩、自習が終わると「反省録」(反省日記)と筆を机の上に置き、両目を閉じて端座し、日直の生徒が電灯を一つおきに消していく。すると室内は薄暗く静かな雰囲気となり、日直の生徒が「五省」を朗読し、生徒に静かに聞いて一ヵ条ずつ反省を求める。再び電灯がつくと、それぞれの「反省録」を開いて、自分の一日の言動と考えたことを書き込む。「反省録」は、正式に入学した日から毎日欠かさず、卒業の時まで書き続けることになっていた。

野営の時や数日間の耐暑・耐寒行軍の時は、学校に戻った後でまとめて「反省録」を書いた。区隊長は不定期に検閲を行ない、意見を書き込んだ。ある日、私は夜間の当直をしていたが、その時の週番将校は私たちの区隊長であった。彼の命令を伝え違えたために、私は竹刀で頭を撲られた。私はこのことを「反省録」に書かなければならなかった。私は「軍隊では上級の命令に絶対服従しなければならない。かつ必ず正確に伝達を執行しなければならない。私は命令を伝え間違ったので、処罰を受けるのは当然であると思う。今後は決してこのようなことのないようにしたい」と書いた。区隊長は検閲した後、赤ペンで「信頼すべき上官、信頼すべき部下、信頼こそ力である」という評語を書いた。ある生徒は「反省録」に、「ビンタを食らって不愉快であった」と正直に書いた。区隊長は「おまえは、なぜ軍官学校で勉強しているのか」という評語を書いた。

4、「皇宮」参拝

日曜日に外出する時は、必ず最初に傀儡「満州国」皇宮に参拝してから自分のことをすることになっていた。

5、「軍人勅諭」と「詔書」の奉読

日本の明治天皇は「軍人勅諭」を発布し、その後「詔書」を発布した。彼らは「軍人勅諭」を至高無上の聖旨と見なし、祝日ごとに「奉読」することを要求し、時には普段も「奉読」させられた。

傀儡「満州国」軍官学校の就学期間は四年九ヵ月であった。入学と同時に、生徒は規則通りに一日一日、一年一年と日課を遵守することを要求された。

(2)設置科目

科目の中には多くの政治的な科目があった。修身、倫理学、法律、精神訓話（毎月一回、中隊長が授業を行なった）などである。これらの科目を通じて、忠君愛国、天皇は至高無上の神であること、武士道精神、唯心主義哲学、資本主義と封建主義の倫理道徳を生徒に叩き込んだ。

漢文（中国語）は政治・思想教育を古典の中に求めた。諸葛亮の『後出師表』を勉強する時、教授は講義の中で（日本人が日本語で講義した）、二代の皇帝に仕えた諸葛亮の言行を非常に崇拝すると述べ、文中の名句「鞠躬、尽瘁して死して後已む」などによって生徒を教育した。孔子、孟子、王陽明などの言行についても同様で、たとえば「精神一到金石をも通す」「切磋琢磨」「吾、日に吾が身を三省す」などを警世の言として奉った。生徒の古典の読解力を養いながら、孔孟の道に従うように教育したのである。

(3)切磋琢磨

「切磋」というのは『論語』の「切するが如く磋するが如く、琢するが如く磨するが如し」の語句から来ている。元の意味は物について言われており、「何回も加工してこそ精巧なものとなる」ということで、いわゆる「琢かざれば器とならず」ということだった。人についても同様で、「人は厳格な教育と苦しい鍛練を経て高尚な道徳を具え、科学的文化的知識を掌握し、こうしてはじめて国家の指導者となる」という意味である。

傀儡「満州国」軍官学校では、生徒が規則（軍紀）に違反したり「恥ずべき言行」があったと見なされたり、軍事科目の要求に達しなかったり、あるいは気力が足りない時など、生徒にこの「切瑳」を行なった。しかしその「切瑳」とは、拳骨で撲ることであった。教師が生徒を撲る時もあれば、上級生が下級生を撲ることもあった。時には全中隊が向き合って並び、教師の監督下で互いに撲り合った。撲り合う時、手加減をしているのを教師が見つけると、手加減した者に平手打ちを食らわした。教師は撲りながら「俺が手本を示してやる。こっちへ来て同じようにやれ」と言った。そのために、手加減して教師をごまかすこともできなかった。

軍官学校に入学してみると、上級生の中に顔見知りの者や中学時代の同級生がいることがあった。彼らは「軍官学校で勉強するには、撲られるのを覚悟しなくてはいけない。撲られる時は歯を食いしばるんだ。そうしないと口を切ることになるぞ」と撲られ方を教えてくれた。こうした言葉は一種の思いやりでもあった。私たちが入学してから一月余りたった頃、生徒の誰かが水を飲もうとして水道の蛇口を開けた。ところが断水していたために蛇口を閉めるのを忘れ、後で水が出っ放しになっているところを教師に見つかってしまった。そこで中隊の生徒全員が互いに三〇分も撲り合いをさせられた。合計で往復九〇回のビンタであった。こうして「切磋」はようやく終了したのである。

この人情のかけらもない「鉄拳教育」は、日本の陸軍士官学校や海軍兵学校からそのまま引き継がれたものであった。この教育方法は日本人が創造したものではない。日本が明治時代に初めて士官学校を創設した際、フランスとドイツから相次いで教師を招いた。ヨーロッパの教師が撲ったり蹴ったりして生徒を鍛えることを教育したのである。しかし日本人はそれを学んだ後で、プロシャ精神の基礎の上に大和魂を混入したのである。骨の髄まで日本を敵視している中国人生徒に、日本人によってこのような方法が加えられると、逆に民族的反抗心を呼び起こす結果となった。

日本帝国主義が生徒に行なった残酷な政治・思想統制は、中国人生徒を従順な道具に仕立てようとするものであった。しかしその目論見とは反対に、多数の中国人教師と生徒たちは日本帝国主義を徹底的に亡ぼそうとする愛国者となり、祖国を救うために身を捧げようとする真心を持ったのである。

（聞取り時期：一九九四年八月、二〇〇〇年八月、場所：吉林省長春市経済貿易学校）

奉天同文商業学校の日本人教師――李敬畏 証言

〔略歴〕

李敬畏（リージンウェイ）、男、漢族、一九二五年四月一八日生まれ。原籍：遼寧省鉄嶺県。離休（退職）時の所属：葫蘆島亜鉛工場。職務：教師、会計。日本占領時期に在籍した学校：奉天省立同文商業学校。傀儡「満州国」時期の職場：女児河鮑家窩鋪学校。


一九四一年、奉天省立同文商業学校（四年制）に受験入学する。

一九四四年、奉天省立同文商業学校を卒業する。

一九四五年、女児河鮑家窩鋪学校の教師となる。

一九四五年八月一五日、日本の降伏により故郷に帰る。

一九四八年冬、錦西解放に参加し、沙河営北邢屯で土地改革工作隊隊長となる。

一九四九年春、学校に戻り、教育局の紹介で硫酸工場で教える。

一九五八年、県教育界に反右派闘争が起こり、右派として潘北鄗屯に送られ、労働改造を受ける。

一九七九年、職場復帰政策により工場に戻る。


私は一九四一年に錦州錦華国民優級学校を卒業し、奉天省立同文商業学校に受験入学した。当時の国民高等学校はすべて三年制であったが、私たちは四年間在学した。最後の一年間は実習であった。

校舎は瀋陽小西辺門外の同善堂の東側にあって、赤十字病院の斜め向かいの赤煉瓦の二階建ての小さいビルであった。校門を入るとすぐに初代校長富谷先生の上半身の銅像があり、私たちは銅像に敬礼して校舎に入った。学校は毎年新入生一クラスを募集し、一クラスを卒業させた。一九四四年に私が卒業する頃まで、ずっとそうであった。学校

学校のラッパ隊

は日本人が創立したもので、主に当時の満鉄興農銀行や大興銀行などの財務要員を養成していた。日本人の先生から四年間授業を受けたが、授業内容は初歩から順に程度を上げていくやり方であった。そのため日本語がわりと流暢に話せるようになり、卒業後は直ちに日本人と一緒に仕事ができることから就職口が多かった。後にわかったことだが、私たちは卒業すると軍刀を持たない文化的尖兵として日本の中国侵略の後続部隊となり、日本帝国主義に貢献したと言える。

私たちの教科目は算盤、簿記、『古文観止』、国民道徳、修身、日本歴史、体育、音楽などであった。教師の授業は確かにうまく、聞いてよく理解できた。生徒たちはよく日本人教師にあだ名を付けた。教師は十数人いて、私が一番よく覚えているのは校長の野島正信だが、その後副校長の油井秋平が校長に昇格した。この二人は生徒に国民道徳と修身を教えていた。いつもお決まりの「天照大神」と「大和民族の優秀さ」を強調し、日本は「万世一系」の国であるとか、東亜の「聖戦」であるとか、「大東亜共栄圏」の建設やら「日満親善」「共存共栄」などをくどくど繰り返して述べるので、生徒たちはうんざりしていた。前の席の小さい生徒たちは勉強しているような格好をつけていたが、後ろのほうの体格の大きい生徒たちは鉛筆で顎を支えて居眠りしていた。

大溝という教師が珠算を教えていた。生徒たちは彼を「北極グマ」と呼んでいた。彼は授業中に舌がもつれることがあり、いつもみんなに笑われていた。しかし生徒たちにからかわれても怒らず、ニコニコ笑っているだけだった。

野口という先生の授業は、みんな喜んで聞いた。おかしなことを言っては生徒たちを笑わせる、優しい先生であった。しかしほかの日本人教師、特に校長とは反りが合わないらしく、教員室で時には校長や副校長と顔を真っ赤にして言い争っていた。噂では野口先生は日本共産党員で、新聞記者をしていたことがあり、政治的見解が他の日本人とは違っていたという。

加藤という体育の教師は「笑顔のトラ」と言われ、いつもにこやかにしていたが、みんなは彼を恐がっていた。彼は在郷軍人で、階級は中尉であった。授業の時に私が教わった通りに動作をすると、誉めてくれた。私は彼のお気に入りで、私の動作は「きびきびして気持ちがいい」と言って、運動会の時は私に先頭で校旗を持たせた。

校医は日本人女性で、話し方が優しく、声もきれいだった。私たち数人のいたずら坊主にからかわれ、時には顔を赤くして避けることもあった。

油井秋平という副校長は日本軍国主義の忠実な信奉者であり、実行者でもあった。授業をする時、非常に力んで傍若無人にしゃべりまくった。「大東亜共栄圏」は「大和民族が三八式歩兵銃と銃剣で実現しなければならない」と言っていた。しかし一九四四年の後半期には連合艦隊司令長官山本五十六が海上で玉砕し〔山本五十六は一九四三年四月、搭乗機を撃墜されて死亡した〕、アメリカ軍が次々に太平洋上の島々を殲滅する作戦をとり、日本本土付近にまで攻め込んだ。特に八年の長きにわたる中日戦争は、戦線が大きく拡大し、後方では八路軍と抗日軍民の抵抗によっ

満州文具株式会社出品の水彩絵具

て、関東軍はすでに応戦しきれなくなっていた。こうなると油井副校長もしゃべり方に力が入らなくなり、だんだんと意気消沈してきた。生徒たちは心ひそかに、いい気味だとほくそ笑んでいた。後にソ連軍が東北に進攻すると、関東軍は戦意を失い、日本人は逃げ出した。

ある時、生徒たちは副校長に「唐時代に日本はあれほど大勢の遣唐使を中国に派遣して学習させた。今の日本の伝統文化や茶道などは、もともとは中国から遣唐使が持ち帰ったものである。『支那人』は劣等民族で大和民族は優秀であると言っているが、なぜ優秀な民族が中国に学習に来たのか」と尋ねた。この質問に副校長は答えず、どこかへ雲隠れしてしまった。

一九四四年、卒業前日の晩のことであった。突然、日本人舎監が私たちを宿舎に集めた。私たちは何が起こったかわからないまま一列に並んだが、緊張して声も出せなかった。そこへ数人のサーベルを着けた憲兵と警察が入ってきた。彼らは小声で何か話していたが、突然私の日記を取り上げて持っていってしまった。多くの者は、なぜ日記を押収されたかわかっていた。一種の思想検査であった。

学校では上下の別が厳しく、上級生は下級生を叱りつけ、下級生は上級生のご機嫌をうかがっていた。上級生が下級生を叱っている時は、上級生の言葉をきちんと聞いていなければならなかった。商業学校ではあったが、やはり軍国主義の苗床であった。

当時、私は写真がとても好きだった。毎年、在校生は集合写真を撮り、卒業の時も写真を撮った。この卒業写真を、私は一九五八年の反右派闘争の直前まで持っていた。ところが、ある人が調査にやってきてこの写真を見つけ、私が日本の奴隷化教育を受けて右派となった重大な証拠とされた。これによって、私は言葉では表せないような苦痛を味わった。その後、傀儡「満州国」時期の写真や卒業証書などは、みな燃やしてしまった。今思うと、やはり悔しくてならない。

（聞取り時期：二〇〇〇年七月一五日、場所：遼寧省葫蘆島亜鉛工場離退休管理処）

一四年間の奴隷生活——劉鵬摶 証言

〔略歴〕
劉鵬摶（リューポンポー）、男、漢族、一九二三年四月三日生まれ。原籍：遼寧省葫蘆島市響水河村。離休（退職）時の所属：山西大同鉱務局科学技術協会。職務：教授級高級工程師。日本占領時期に在籍した学校：新京工業大学建築学部、大同学院。日本占領時期の職場：傀儡「満州国」国務院建築局。
一九三〇年—一九三五年、皇姑屯扶輪小学校に在学する。
一九三六年—一九三九年、錦州第一国民高等学校に在学、卒業する。
一九四〇年—一九四三年、新京工業大学建築学部本科に在学、卒業する。
一九四四年、傀儡「満州国」高等文官（技術）試験に合格し、国務院総務庁高等官試補となり大同学院に入学し、訓練を受ける。その間集団で日本を訪問視察し、約半年間にわたり学術交流を行なう。
一九四四年一一月—一九四五年五月、国務院建築局高等官試補となる。
一九四五年五月—一九四五年八月、傀儡「満州国」政府の徴兵を受け、ハルピン王崗で傀儡「満州国」第三飛行隊の少年兵士となる。日本の降伏により部隊は解散となる。
一九四六年九月—一九四七年九月、瀋陽市善後救済総署遼寧事務処の専門職員、労役救済係長となる。
一九四七年九月—一九四八年二月、失業して瀋陽に居住する。
一九四八年二月—一九四八年一一月、中国共産党中央東北局の指導する地下工作に参加する。
一九四八年一二月—一九五二年一一月、瀋陽市東北炭鉱管理局基本建設工程管理科副科長となる。
一九五二年一二月—一九五四年九月、北京炭鉱管理総局基本建設処工程管理科副科長となる。
一九五四年九月—一九八七年五月、西山大同鉱務局設計処、基本建設局、地震対策事務所、科学技術協会工程師、教授級高級工　程師を歴任して離休（退職）する。

私は劉鵬摶といい、教授級高級工程師であった。現在は離休（退職）して、七七歳になる。原籍は遼寧省葫蘆島市（旧名錦西市）虹螺山の麓の響水河子という村である。家は先祖代々農家であったが、私の父は師範学校を出て、生涯、小学校で教えていた。「九・一八」の砲声がとどろき、私は一四歳で亡国の民となり、青春の日々を屈辱の中で過ごした。過去は振り返っても帰ってこない。

一九三〇年、父は皇姑屯扶輪小学校の教師となり、私もこの学校で勉強した。当時は張学良政権下にあって、東北は易幟が断行されて青天白日旗が掲げられ、南京の国民政府の支配下に属するようになっていた。日本の侵略者が虎視眈々と狙っている中で、愛国主義的な雰囲気が高まっていた。私たちの教室には国旗と孫中山先生の肖像が掲げられ、その傍らには委員長の蔣介石の肖像もあって、授業で「総理遺言」を朗読した。先生方は生徒たちと隊列を組んで街をデモ行進し、「日本帝国主義打倒！」「日本商品を排斥しよう！」といったスローガンを叫んでいた。生徒の親たちも、ロシア人と日本人がどのように東北を侵略し民衆を圧迫してきたかを話して聞かせ、小学生の心の中にも、漠然とではあるが「祖国中国」という概念が生まれていた。

思いがけないことに一九三一年九月一八日、瀋陽に砲声がとどろき、日本侵略者が大挙して東北に攻め込んできた。武器もなく、砂のようにバラバラな中国人民は、ただ逃げるしか術がなかった。父と伯父（彼は家族を連れ、皇姑屯で労働者として働いていた）は、列車がまだ動いている間に妻子を連れて錦州に行き、さらに錦西山溝の故郷まで逃げ帰った。

祖父の家にいきなり十数人の家族が増えたので、金もなく、食べる物も着る物もなく、生活に困り、毎日コウリャンの粥と発酵させた野菜スープだけでその日その日をしのいだ。旧正月になっても竈の神様の貼紙を貼り替える金さえなかった。祖父は、貼紙の埃をはらって頭を叩きながら、竈の神様に詫びるしかなかった。冬が来ると、一家でむ

彰武初級中学校の卒業証書

き出しのオンドルの上に寝て、数枚しかない布団をかぶり、綿入れを掛けてわずかな暖をとった。ほかに火の気はなかった。

八歳の私と六歳の従兄は、毎日南の山に十数匹の羊の放牧に行った。二人とも素肌に綿入れをまとい、ズボンをはいて、素足に手製の草鞋を履いた。両足は鳥の足のように黒く皴だらけになっていた。腰には豆入りのマントウを二つぶらさげ、山で枯草や枯枝を拾って火をつけ、マントウをあぶって食べた。これが昼飯だった。羊の番をしながら、棒切れを木に投げつけ、できるだけ大き目の枯れ枝を取って束にした。夕方にそれを背負って帰り、家の薪にした。

翌一九三二年の春、日本の侵略者は遼西まで侵入し、農民は自発的な武装闘争を行なった。錦西は熱河のすぐ隣で、農民は貧しく、匪賊が多かった。いつも匪賊の来襲があるので、いくらか余裕のある家では鉄砲を用意して自衛していた。当時は鉄砲は自由に売買できたのである。ある時、敗走してきた日本の兵士どもを農民が鉄砲で狙い撃ちしているのを見たことがある。遼西では、かなりの日本の兵士どもが撃ち殺されたということであった。

私が大きくなってから、遼西で張学良将軍の率いる東北軍が日本侵略者に抵抗していたが、蔣介石の秘密命令で、やむなく抵抗を止めさせられたという。その後、東北軍は関内（山海関以内）に兵を退け、東北全土が日本侵略者に占領された。これ以後、錦西は日本侵略者に蹂躙されることになった。いくつかの村では、日本侵略者の機関銃掃射によって全村民が殺害された。これは以前の農民の抵抗に対する報復であった。その後、私が傀儡「満州国」で学校に入った時も、就職してからも、日本侵略者は錦西を本籍とする者には極度の敵意を持っていた。

この後、日本傀儡政権下で社会秩序が回復し、学校が再開された。父は皇姑屯扶輪小学校に戻って教師をし、私は父についてその小学校で勉強を続けた。生きるためには順民になるしかなかったのである。さらにその後、父は錦県扶輪小学校に呼び戻されて教師となり、私もそこで高等小学校を卒業した。

皇姑屯の教育者の中に父の親友がいた。後にこの人は私の義父となったのだが、日本侵略者が東北に侵入して来た頃に、時局を嘆くあまり精神に異常をきたしてしまった。やむなく彼の家族は遼寧省蓋州の故郷に一家をあげて戻って行った。父親が働けなくなったので、私の妻をはじめ三人の娘は言うに言われぬ生活の苦痛を味わったという。これは日本侵略者がもたらした悲劇である。

一九三六年の春、私は錦州両級中学校に受験入学した。この年の春から傀儡「満州国」の「学制改革」が始まり、日本の文化侵略が一段と激しくなって校長と教師の大部分は日本人となった。

地理と歴史の授業では日本と「満州」・蒙古についてのみ教え、中国及び漢民族、東北と中国の関係は教えなかった。その後また改革され、初級小学校は「国民学校」、高級小学校は「国民優級学校」、中学校は「国民高等学校」と呼ばれるようになり、中学校は四年制に短縮された。私の学校である錦州両級中学校は「錦州第一国民高等学校」と改称された。初級中学校三年を終えた後で、四年生を補習して中学校卒業となった。軍国主義教育が行なわれ、体育と軍事訓練を強制し、中学校卒業生に対しては中隊演習修了の水準が要求された。

日本侵略者の侵略と蹂躙はさらに激化し、軍隊、警察、憲兵がいたるところに横行するようになった。農民は収穫の六割以上を「供出」——無償で公糧として納入しなければならなかった。中国人には雑穀を配給し、白米を食べると「経済犯」とされた。不平を言う者は「政治犯」として投獄されたり、憲兵隊のシェパードの檻の中に投げ込まれた。全土は白色テロの恐怖におおわれていた。あらゆる役所、職場のボスはすべて日本人となり、彼らの事務机には事務用電話のほかにもう一つ、警察への直通電話があって「緊急事態」に備えていた。公文書のやり取りからバスの中の会話まで、日本語が幅をきかせていた。新聞報道は厳しく統制され、中国関内（山海関以内）の様子は、まるっきり報されることはなかった。傀儡政権が公開宣伝するのは「南京政府しか相手にしない」「日独伊枢軸国」「大東亜聖戦」などといった、日本軍国主義の宣伝だけであった。

私は家で大人たちのつぶやく不平不満を耳にしたり、自分で中国の地理、歴史、古典を勉強したりすることによって「祖国」という観念を持つようになっていた。当時の小学校の教科書は冒頭から「天皇陛下万歳」「皇帝陛下万歳」を教え、毎朝登校するたびに「皇居」と「帝宮」に向かって三回お辞儀をさせられた。

私は少しでもよい生活ができるように、勉強に励んだ。私は中学校の成績は良かったが、家が貧しいので大学や医学校に合格しても、自費では入学できなかった。しかたがないので一九四〇年の春に、なんとか傀儡「満州国」の首都長春にある官費の新京工業大学建築学部に受験入学した。在学中は、成績が良く貧困家庭であったことから奨学金を受けた。これは卒業後に返還することになっていたが、その前に日本侵略者が降伏したので丸儲けということになった。

日本侵略者は経済的掠奪を強化するために実業を発展させ、その人材を養成しようと新京工業大学（傀儡「満州国」の首都は「新京」と呼ばれていた）と奉天工業大学（瀋陽は「奉天」と呼ばれ、満鉄の根拠地であった）を創設した。新京工業大学には採鉱、冶金、機械、電気、応用化学、土木、建築の七学部があった。奉天工業大学は、これより学部数がいくらか少なかった。両大学とも日本人子弟の教育を主とし、全校学生一〇〇〇人余りの九〇パーセントを占め、それに少数の中国人学生が加えられていた。まさに毛沢東主席が述べているように「帝国主義が中国を侵略し、絶対多数の貧しい奴隷を作り出し、それに少数の高級奴隷を加えた」という言葉の通りであった。私たちは毛沢東主席の言葉の後者に属していた。当時は朝鮮族と台湾人は「日本人」と見なされていた。たとえば建築学部には台湾籍の李謀華という学生がいた。彼はいつも日本人学生と行動を共にし、ほかの中国人学生とは付き合わなかった。しかし彼の父親から来る手紙には「謀華、我が息子よ」と中国語で書かれていた。これは、日清戦争によって台湾が日本に割譲され植民地となった悲劇の一つである。

社会的には欺瞞的な「日満協和」を宣伝していた。大学の中では、日本人は中国人に対して露骨な圧迫と侮辱を加えていた。彼らは大手を振って主人面をしていたが、中国人学生はすでにかなりの年齢に達していて、視野も広く頭脳も明晰であったので、民族意識と反抗精神が自発的に生まれていた。

大学では学生の集会のたびに「八紘一宇」と「大和精神」を讃える歌が歌われていた。たとえば、この大学の日本人学生が自分たちで作った寮歌は次の通りであった。

歴史は遠し燦として
日出づる国に漲る
興亜の使命果すべく
新しき国を興してぞ
我らの抱負誰が知る

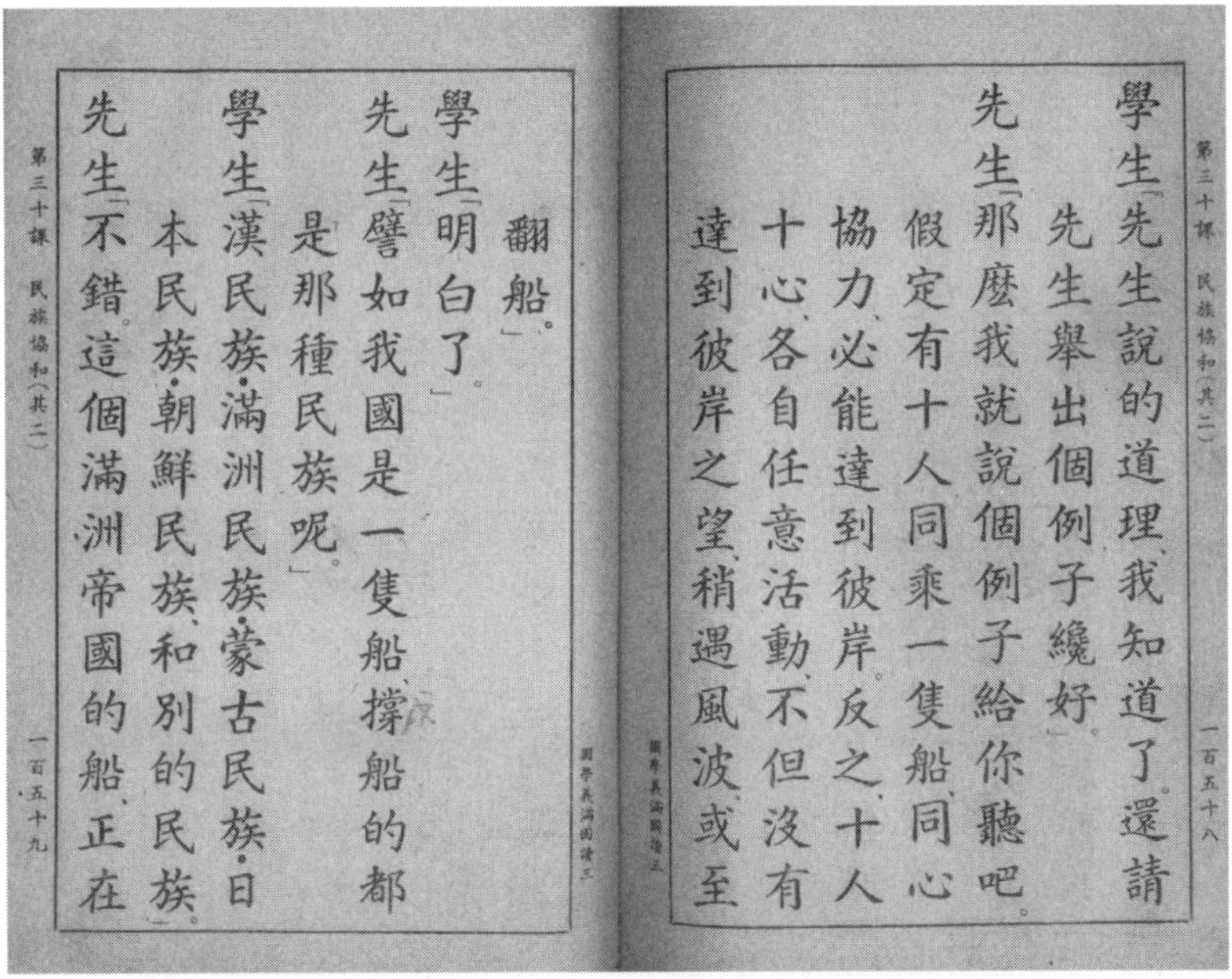
第三十課　民族協和（其二）

學生「先生說的道理、我知道了。還請
先生舉出個例子纔好。」
先生「那麼我就說個例子給你聽吧。
假定有十人同乘一隻船、同心
協力、必能達到彼岸。反之、十人
十心、各自任意活動、不但沒有
達到彼岸之望、稍遇風波、或至

一百五十八

翻船。」
學生「明白了。」
先生「譬如我國是一隻船、撐船的都
是那種民族呢。」
學生「漢民族・滿洲民族・蒙古民族・日
本民族・朝鮮民族、和別的民族。」
先生「不錯。這個滿洲帝國的船、正在

第三十課　民族協和（其二）
一百五十九

国民学校『満語国民読本』、「民族協和」を宣伝している課文

中国人学生たちは、悲憤の激情を込めて岳飛の「満江紅」を合唱して対抗した。しかし私たちにできるのはそれぐらいで、それ以外のことは情報がなかったので行動もできなかった。

一九四〇年末から一九四一年にかけて、私と同年の親友である土木学部の許国彬君は、進歩的思想を持つ同年の採鉱学部の陳学通君と親しくなった。陳君の故郷は遼東で、東北抗日聯軍の活動地域に近く、その影響を受けていた。陳君は私に数冊の進歩的な愛国的書籍を渡し、関内（山海関以内）の抗日戦争の状況を語ってくれた。彼の話は、許君と私の愛国思想を啓発した。

一九四一年の冬休み前、陳君は許君と私の二人に「関内に行って抗日革命に参加するので、家で報せを待つように」と言った。しかし、休みが終わっても彼からの連絡はなかった。やむなく私は大学に戻ることにしたが、登校してみると校内には人影が少なく、閑散としていた。ある晩、陳君が突然現われて「傀儡『満州国』政府が冬休みの間に多数の抗日活動家を逮捕し、多くの大学生が捕えられた」と私に告げた。彼は「直ちに関内に潜入しよう」と言った。私は学生証を借りて名前を書き替え、準備をととのえて関内に行くつもりであった。しかしその後、再び陳君からの連絡はなかった。

許国彬君は解放後に抗米援朝（朝鮮戦争）に参加して道路や鉄道の建設にあたった。その後、長春交通学校の校長になったが、在職中に死去した。

ある日、私は長春駅に同級生を迎えに行った。その時、顔に傷のある農民風の若い女性が私に話しかけてきて、「自分たちのところに困っている同志がいるので、お金をカンパしてくれないか」と言った。私は「いいですよ」と言って寄宿舎に引き返し、家から持ってきたわずかな学費を彼女に渡し、「用事が終われば放課後、校門のところで会おう」と言った。彼女は礼を言って遠ざかって行ったが、結局、彼女がどこの党派の地下工作員なのかわからなかった。後になって、中学校の時の親友で吉林師範大学に行った高崇義君と会った時にこの話をしたところ、彼も大学の近くでその女性に出会ったことがあると言った。まったく奇妙なことである。

後になって、新京工業大学の日本人校長がある大会の席上で「わが校では『日満協和』を重視し、日本人と『満州人』に別々に配給される食料を一緒にして食べ、苦楽を共にしている。ところが本校に反満抗日分子が特に多いのは……」と述べた。その通りである。圧迫のあるところには反抗があるのだ。私たち下級生は、この時の大捜査の網を辛くも逃れたのである。

陳学通君が姿を消した後、私は糸の切れた凧のように、どうしてよいかわからなくなった。勉強を続けて将来に望みをつなぐしかなかった。しかし、日本傀儡政府に対する反抗心が消えることはなかった。

建築学部には劉元春という中国人教授がいた。彼は東京工業大学の卒業生で、日本人の奥さんを娶っていた。奥さんの関係で、長春の日本人住宅区内に住んでいた。ある日、私が彼の家を訪ねて行くと、ちょうど彼のお父さんが田舎から息子に会いに来ていた。親子は中国式の綿入れを着て、畳に坐って話をしていた。私が部屋に入ろうとすると、奥さんと二人の息子が日本語で話しているのが聞こえた。「お母さん、あれは『満人』だよ」。「満人」というのは、当時東北に住む中国人を差別して呼んだ言葉である。母親は「違う、あの人はお祖父さんよ」と言った。しかし二人の子供は繰り返して「違うよ、あれ『満人』だよ」と言った。私が腰を下ろした時、お祖父さんは「けしからん、おまえたちは人間らしくまともなことが言えんのか」と吐き捨てるように言った。あの時の情景は、支配民族と被支配民族の結婚がどんなに難しいかということを強く感じさせた。

一九四三年、四年生のある日、学生は隊列を組んで集団で長春の靖国神社（日本の戦死者を祭っている神社）に参拝させられた。途中、私のクラスの中国人学生賈鴻修が靴を履きなおすために隊列を離れ、履き終わって元の列に戻った。このため足並みが一時乱れた。すると彼の後ろにいた下級生で熊野御堂豊という日本人学生が、生意気にも「バカ」と賈君を怒鳴りつけた。私はむかっときたので熊野御堂を睨みつけ、彼の頬を張った。日本人には下級生は上級生に絶対服従するという規則があるので、熊野御堂はそのまま引き下がった。

しかし大学に戻った後、事は大きくなった。寄宿舎に住む最高学年の日本人で体の大きい中西清が出しゃばってきて、私と賈と熊野御堂を呼びつけ、「靖国神社に参拝に行くという神聖な時に、大和民族を撲った」と文句をつけてきた。私は「大和民族の精神は『忠君親上』であり、熊野御堂が上級生を罵ったのは大いなる不敬であり、罰するに値する」と言い返した。双方が自分の意見を主張して譲らなかったが、結局妥協が成立し、中西清が事を起こした私たち三人を一人一回ずつビンタを張って決着をつけた。後になって、私が中学校の時の担任で後に新京工業大学の教授となった大塚俊秀という先生が私を家に呼び、昔のよしみで「『反満抗日』的なことはやってはいけない」と忠告してくれた。この事件のために、私は中国人学生の副班長を交替させられた。これも当局のさしがねであった。

一九四三年末、卒業の一月前のことだった。傀儡「満州国」皇帝溥儀が私たちの学校などいくつかの学校に視察に来ると発表され、平服の特務がすでに校内に入って、警戒を強めていた。私たちのクラスの数人の中国人学生が相談して、卒業すると別れ別れになるので、一緒に写真を撮り食事をしようと相談してこっそり校門を抜け出し、街で食事をして写真を撮った。夜になって寄宿舎の近くまで戻ったが、酒が入っていたのでつい大声で騒ぎ、舎監に捕まってしまった。私は提案者だったのでビンタを食ったが、事はそれだけでは済まなくなった。学校当局は、許可なしで校舎を抜け出し、おまけに酒を飲んでいたということで、皇帝陛下に対する不敬罪であるとして私たち全員を退学処分にしようとした。しかし、建築学部の主任教授である矢崎高儀先生は学者肌の人であった。矢崎先生は「事が公になれば大学の名誉にかかわる」ととりなしてくれたので、全員停学一週間で済んだ。際どいところであった。もし退学処分になっていたら四年間の勉強は無駄になってしまい、以後の就職にも差しつかえたであろう。何が皇帝陛下だ。私たちにとっては傀儡人形にすぎない。

傀儡「満州国」の規定によると、工業科を卒業すると「技士」（現在の技術員）に任命され、月給九〇元が支給された。しかし卒業学年度に国家高等文官試験（公務員は科員以上は「官」を付けて呼ばれる）を受けて合格した者は高等官試補（助理工程師に相当し、在職一年後に再度試験を受けて合格すれば正式の高等官・工程師に相当する「技佐」と呼ばれた）に任ぜられた。正式の高等官は月給一三五元が支給され、同期の卒業生より五割ほど高かった。資本主義制度は、等級を設けて人材を抜擢した。私は幸いにもこの試験に合格した。

規定によれば、合格者は傀儡「満州国」の大同学院に入学して官吏の実地訓練を受けた後、日本国内を見学して学術講座を受講することになっていた。その目的は、日本が先進的で活力に富むということを見せつけて、私たちがおとなしく日本のために働くように仕向けることにあった。こうして私は半年の間、日本に滞在する機会を得たのである。

当時は太平洋戦争も末期に近く、日本は前線で次々に敗北し、国内は非常に困窮していた。旅館で出た食事は、小さいお碗一杯きりのご飯であった。当時としては我慢するしか仕方がなかった。ある晩、私は食事の時間に遅れたので街角のある食堂に行って、年配の主人に「食事できますか」と尋ねた。するとそのお爺さんは「暖簾を下ろしたのが見えないか、もうすぐ看板だよ」と言った。私が「しまった、すきっ腹を抱えなければならない」と日本語でつぶやくと、その人は急に「あんた中国人かね」と聞いた。「そうです」と即座に答えると、彼は「掛けなさい、家の者と一緒に食べようよ」と言った。彼の祖先は広東から日本に来て、彼で五代目になるとのことであった。食後にお金を払おうとすると、主人は笑って言った。「行きなさい、お若いの。私たちは中国人ではないか」と言った。国外で同胞にめぐり会うというのはなんとありがたいことであったか、私はこのことを一生忘れないだろう。

私が日本国内で自分の目で見たものは、兵士のなり手がいないということであった。五〇歳過ぎて、度の強い眼鏡をかけた人でさえ徴兵され、日本軍国主義の弾よけにさせられた。兵隊に召集されていく時は家族は死ぬほど嘆き悲しみ、宣伝されているように「天皇陛下万歳！」と叫ぶ者はどこにもいなかった。また、社会で重労働をしているのはほとんど女性であった。まさに他国を侵略している国の人民には、自由はないのだ。

帰国する途中、東北の港に上陸した時、私たちに同行していた張という奉天農業大学卒業の中国人の姿が消えた。旅行中、彼の言動はやや過激であった。おそらく特務に連れ去られたのであろう。恐ろしいことである。

日本軍国主義者たちと善良な日本人民は区別すべきである。たとえば、私たち建築学部の同級生の山口国男君は温厚な人柄であった。寄宿舎では私と同室で、自習室の机も隣同士で、私と仲が良かった。ある時、彼はこっそりと私に「ソ連軍のタンクは巨大で、戦車砲の威力も強い、兵隊の持つ連発銃も威力がある」と言った。これは日本軍が引き起こしたノモンハン事件の戦闘をさしていた。また「もうおしまいだ、アメリカには勝てない」とも言った。修学旅行で日本に行った時、彼は私を静岡県にある彼の故郷に連れて行った。私は客として彼の両親に温かいもてなしを受けた。私は彼が徴兵されて行くのを家族と一緒に停車場まで見送ってから、彼の家を出て集合場所に向かった。中国の「改革開放」後、同窓会名簿に彼の名前を見て、彼が幸いに生きて戦地から帰ったことを知った。その後、彼とは手紙のやり取りが続いた。彼は中国に来て私に会いたいという手紙をよこしたが、残念なことに心臓発作で先立ってしまった。彼は本当にいい人であった。

一九四四年末、私は大同学院を卒業して長春に配属され、傀儡「満州国」国務院建設局第三建設科の勤務についた。翌年、私は傀儡「満州国」軍に徴兵されたが、徴兵免除となって錦州建築施工現場に派遣され、父母や同胞と団欒することができた。

私は徴兵検査は在学中に長春で受けていた。大学生は無条件で合格とされるので、逃れるすべはない。検査にあたった日本軍の将校は一言「どの兵種を望むか」と質問した。私は「近衛兵です」と答えた。これは傀儡「満州国」皇帝の皇城を守備する軍隊で、戦闘で死なずに済むからである。将校はそんなところに大学生は無用だと言わんばかりに「ふん」と言っただけだった。それでも、大学生優遇措置としてハルピン王崗付近の第三飛行隊に配属された。一九四五年五月に入営し、三ヵ月の訓練の後に飛行場整備員となった。階級は少尉であった。飛行隊隊長及び中隊長以上の将校はすべて日本人だった。第一中隊は古参兵で、朝鮮の新義州に駐屯して日本軍飛行機の整備にあたっていた。第二中隊と私たち第二中隊の新兵は王崗基地に残っていた。

なぜ軍隊に入ったのか？　避けられないことであり、幸運を願ってのことでもあった。

第一は、侵略者の支配は苛酷であり逃げ切れない。普通の庶民は写真一枚と指紋を押した「国民証」を持たねばならず、これがないと「良民」でないことになった。入営後は「国民証」を返還させられ、軍服と拇印を押した写真付きの「軍人証」が発行された。たとえ変装して逃げたとしても、いくらも逃げないうちに軍や警察、憲兵、特務に捕えられ、軍事裁判で苛酷な処罰が待っていた。

第二は、入営すると意外な「特典」もあった。軍服を着た写真を家に飾ると「魔よけ」になるのである。地方の役人や警官が脅しに来なくなった。兵隊が警官を撲っても、警官は仕返しができない。軍国主義の下では軍人の方が偉く、帽子も徽章も肩章も「皇帝陛下から賜った」ものであり、冒せば大罪になった。

第三は、兵隊になっても幸いに生きて戻ることができれば、退役して就職できる。適齢期の青年は徴兵されないでいると周りから「徴兵逃れ」と言われ、強制的に「勤労奉仕隊」に組み込まれ、辺境の軍用工事に行かされた。たとえそこで生き残ったとしても、最後には機密を守るために殺されることがあった。

飛行隊の基本訓練が終わると、すぐ飛行場の地上勤務や警備、雑役などの仕事が配分され、私たち大学生と市街地出身の兵隊は地上勤務とされた。支配者と被支配者は心を一つにできるわけがない。整備は適当に侵略者の目をごまかせばよく、飛行機の安全など保証する気もなかった。油で汚れた作業着を飛行機のエンジンの送油管に突っ込み、そのまま飛行機に取り付けておいた。

まもなく一九四五年八月初め、ソ連は日本に宣戦布告して東北に進攻した。ハルピンへの空爆が始まり、王崗からも炎が見え、爆弾の炸裂音が聞こえた。日本人将校は飛行機を隠して塹壕に入り、各人に銃剣を付けさせ、銃弾を配布した。「戦闘とはどうやるのですか」と若い兵士が尋ねてきた。私はこっそり「本気で命を捨てることはない、戦闘になったら銃を頭上に上げて投降すればよい」と教えた。

ある日、部隊に集合がかかった。日本人将校は、しょんぼりして天皇の無条件降伏の「詔書」を読み上げると、日本人住宅地区に隠れてしまった。兵士たちは大喜びしたものの、外の状況がわからず、どうしていいかおどおどしていた。彼らの出身地は南「満州」であって、遠く離れている。どうやって帰ったらいいか。結局、散り散りとなって立ち去った。錦州市から来た十数人の兵士と私は、汽車が動いているのを幸いに一緒に汽車に乗って家に戻ることにした。

汽車は深夜の長春駅に停車したまま、いっこうに動かなかった。駅の構内で火災が発生し、駅舎が燃えていた。私は女子師範大学の婚約者を探すため駅を出ようとしたが、外には日本軍の戦車がずらりと並び、日本兵の銃剣が光っていて、緊迫した雰囲気であった（後でわかったことだが、日本降伏のラジオ放送を聞いて、傀儡「満州国」の軍官学校の生徒と傀儡軍部隊の兵士が連合して日本軍と戦闘を始めていた）。私は駅を出るわけにいかなかった。汽車の中は満員であったが引っぱる機関車がなく、どの車輌にも避難民があふれ、南に行こうとする者、北に行こうとする者さまざまであった。私は日本人の若い婦人が赤ん坊を背負い、車内に坐り込んで呆然としているのを見かけた。私は彼女に声をかけた。

「あなたはどこに行くのですか？」

「わかりません」

「あなたの家はどこですか？」

「家はありません」

「あなたの旦那さんは？」

「徴兵されました」

他国を侵略した国は、必ず敗北する。そしてその国の庶民は異国に放り出される。私たちは自分の土地にいるだけまだましだ、と考えた。

その後、汽車に乗ったりソ連軍の自動車に便乗したりして、私は長いことかかってやっと錦州の両親のもとに帰り着いた。母は、息子を遠方に取られたまま戦乱の中で便りもなく、どれだけ悲しんだことか。まさに「子が千里を行けば、母は憂いを担う」というのはこのことだろう。

こうして、日本侵略者が支配した一四年間の奴隷生活はどうにか終わったのである。

（聞取り時期：二〇〇〇年八月五日―二七日、場所：山西省大同市新平旺緯五路新一二排四号）

「新学制」実施後の教育の変化――王振鐸 証言

〔略歴〕

王振鐸（ワンゼンザァー）、男、漢族、一九二七年九月一七日生まれ。原籍：山東省日照市南関街。離休（退職）時の所属：丹東市化学工業研究所。職務：生産販売組合科長。職称：経済師。日本占領時期に在籍した学校：安東省立安東第三国民高等学校、長春南関嶺軍楽学校。


一九四〇年、安東市立金湯国民優級学校を卒業する。

一九四四年、安東省立第三国民高等学校を卒業する。

一九四五年、新京（長春）南関嶺軍楽学校に受験入学する。

一九四六年、安東放送局、楽団、合唱団に参加する。

一九四七年、安東省立安東民衆教育館芸術部主任、民衆合唱隊隊長となる。

一九四九年、安東市金湯区文芸宣伝隊音楽隊責任者となる。

一九五二年、安東鉄路文芸工作隊軍楽隊指揮者となる。

一九五四年、遼寧省評劇第二団楽隊、外事処責任者となる。

一九五六年、遼寧省評劇団（第一団、第二団合同）公演責任者となる。

一九五七年秋、安東県文化館文芸組長となる。

一九六一年、安東市金湯小学校音楽教師となる。

一九六三年、安東綢校（中等専門学校）音楽教師となる。

一九七五年、丹東市化学工業研究所主任、生産販売組合科長となる。

一九八九年、同研究所付属の丹東市振興化学工業染料工場工場長となり、離休（退職）する。

私は一九二七年（民国一六年）に生まれた。当時はまだ日本の侵略に遭遇していなかった。安東は東辺道と呼ばれていたが、後に安東県となり、一九三四年に安東市となった。

私は一九三四年から満鉄付属地管区にある満商小学校で勉強を始めた。ここは商会経営で、九・一八事変以前は華商小学校と呼ばれていた。翌年から朝鮮との国境に近い県立第三小学校（現在の金湯小学校）で勉強した。教材は旧中国の教科書が用いられていた。語文（中国語）の教科書で記憶しているのは、「人、一人、二手……」という課文であった。また、国旗が翻っていて、その下に「私は国旗を愛します、赤地に青天白日、私は国旗に敬礼します……」と書かれた課文があった。学習ノートや計算帳の表紙には、上の方に孫中山の遺影が掲げられ、その下に国旗と党旗（国民党旗）の交差した絵柄、さらにその下には孫中山の遺言が印刷されていた。しばらくたつと、先生が授業の時に教科書の国旗や、学習ノートと計算帳の旗と孫中山の遺影及び遺言をすべて墨で塗りつぶさせた。この時初めて、私たちは日本に侵略されたことを知ったのである。

傀儡「満州国」政府が教育面で支配権を握った後、教科書の内容は一変した。国旗の載っているページは、黄色地に赤・青・白・黒を配した傀儡「満州国」国旗に変わった。九・一八事変後、日本侵略者は軍事侵略と傀儡政権確立のために走りまわり、まだ奴隷化教育にまでは手がまわらなかった。しばらくすると彼らは教育権を掌握し、各級の教育行政機構に対して植民地教育を実施した。

記憶によれば、私が満商小学校一年生の時の校長は馬仁田という先生で、自立自強を主張する進歩的な愛国主義者であった。彼は朝礼の時、生徒に対する訓話で「私たちはどうして自分の力で強くなれないのか、さまざまな点で日本の安東大和小学校に追いつけないのはなぜか」と言っていた。含蓄のある言葉である。私たちは中国人であり、もし自分の力で強くなれなければ亡国の民になってしまう、ということである。この言葉に私は大いに啓発されたものである。

安東第三国民高等学校の卒業生と担任教師（1942年）

県立第三小学校の時の校長は単栄道といい、後に朝陽小学校の校長になった。単校長が転勤になった後、張鎮藩先生が派遣されてきて校長になった。張校長は進歩的な人であった。

一九三五年から一九三六年にかけて（傀儡「満州国」大同三年三月一日から康徳元年となった）、安東教育界に悲惨な大事件が発生した。安東の著名な愛国校長であり商会会長の陳××先生、有名な小学校校長単栄道先生、馬仁田先生、張鎮藩先生、于学礼先生、それに林業科の高級中学校の秦有徳先生が安東の日本憲兵隊に逮捕されたのである。当時、私はまだ幼くて「政治思想犯」とはどんなものかわからなかった。親戚から教育界の「反満抗日分子」が捕まったという話を聞いて、ようやく少しばかり理解できた。

満商小学校に、体育の先生で遅というとても進歩的な先生がいた（「遅怪物」というあだ名で呼ばれていた）が、彼はこの事件を事前に察知し、山東の故郷にこっそり逃げ戻って難を免れた。しかし、逮捕された愛国者たちは奉天の関東軍憲兵隊に護送され、残酷な拷問を受けて二度と戻ってはこなかった。彼らはシェパードの餌食にされたか、拷問で殺害されたという噂であった。この事件は私の心に深く刻まれている。幼い時のことであったが、今でもはっきりと覚えている。

私の原籍は山東省の日照で、母は小さい時に両親に連れられて安東（俗称・大沙河）に落ち延びて来て、ここで育った。ここはもともとは一面の荒野で、小川を挟んで安東との境となっていた。日露戦争の時に戦場が安東郊外の九連城まで広がり、ロシアが敗北してここは安東の満鉄付属地となった。九連城には、今なお日露戦争の記念碑とロシア人墓地が遺蹟として残っている。

この時から日本人が安東に入り、河の西に広がる荒野を開拓して日本人の居住区とし、住宅、商店、会社、工場、学校を建設した。またガス、水道、電気、電話も完備した。さらに行政機構を整備し、数ヵ所に大通りを造り、警察署や派出所を建て、警官は黒い制服の帽子に徽章を付け、すべて日本式に整えた。

傀儡「満州国」建国後、実権は関東軍の手中にあった。その後、治外法権を撤廃し、租借地を傀儡「満州国」に返還し、日本の派出所や警察署も傀儡「満州国」警察に帰属することになった。傀儡「満州国」の警官はカーキ色（協和色）の制服を着用し、各派出所の所長は日本人となった。かつての満鉄付属地はすっかり日本人商業地区や住宅地区に変わり、その生活環境は傀儡「満州国」国内とは天地の差があった。日本人が身近に住むようになると、私は自分たちが日本人に支配されていることを実感するようになった。母はよく「私たちは中国人よ」と、こっそり私にささやいた。

「新学制」公布後の一九三九年から一九四〇年にかけて、私は安東市立金湯国民優級学校の五、六年生に在学した。この学校は安東の中心小学校で、規模は比較的大きかった。校長は武井一義という日本人で、教務主任も河野という日本人であった。もう一人、山崎という女性の日本語教師がいた。この学校では授業のほとんどが日本化しており、男女は別々のクラスに分かれ（甲組、乙組、丙組）、私たちの期から日本語教育が始まった。日本語の山崎先生は私たちに日本の国歌や軍歌、童謡を教えて歌わせた。たとえば「春がきた」「桃太郎」「ひよこ」などを歌った。これが私たちの受けた奴隷化教育の端緒であった。

一九三七年、日本帝国主義は「七七事変」を起こし、侵略軍が中国大陸に全面的に侵入して翌年には武漢三鎮などの主要な都市を占領した。日本の傀儡政府はいわゆる「武漢陥落」を祝賀して慶祝大会を開催し、昼は小中学校の生徒に日本と傀儡「満州国」の国旗を手にして行進させた。夜は提灯を持たせて練り歩かせた。これは中国人に対して「皇軍の勝利」を誇示することを狙ったものである、日本の侵略行為が激しさを増していることを示すものであった。

しかし小学校の段階では、奴隷化教育はまだ浸透していなかった。しかも愛国的教師の教育によって、日本人は侵略者で、自分たちは中国人であるということはわかっていた。

中学校の段階になると、奴隷化教育が正式に始まった。一九三八年（康徳五年）に「新学制」が施行され、それまでの初級中学校・高級中学校六年制を四年制に短縮し、いわゆる「王道主義」を実行した。中国の封建思想を利用して、儒家道徳に迎合しつつ「王道主義」を傀儡「満州国」の国策として施行した。傀儡「満州国」国歌の歌詞――「天地のうちに新満州がある。新満州これすなわち新天地……仁義を重んじ、礼儀を尊び……」という文句からもわかるように、「王道主義」に基づきながら一方では愚民政策を推進したのである。

一九四一年、私は安東省立安東第三国民高等学校（商業科専修）に受験入学した。校長は日本人で佐藤猛雄（安東在郷軍人会の会長を兼任し、階級は大尉であった）といったが、その年に病死した。佐藤校長は「新学制」施行以前は商業科の高級中学校校長であった。

私は「新学制」施行後（一九三八年―一九四一年）の第七期である。佐藤校長が病死した後は日本人の教務主任である東繁人が副校長に昇格して校務を取り仕切っていたが、まもなく省公署は安東省立庄河国民高等学校長の田肇を転任させ、私たちの学校の校長とした。

私が在校した当時の日本人教師は以下の通りである。森寺教務主任、島山文一郎先生（日本語）、高山先生（体育）、末次国雄先生（珠算）、資延先生（日本語）、田中先生（経済法規）。中国人教師は一二人で、朝鮮族の川島先生が総務であった。

「新学制」によって初級中学校と高級中学校六年間の課程が四年間に短縮され、教材は国定教科書であった。これらの教材は中国の歴史を歪曲・改竄し、「建国精神」「王道政治」「日満親善」といった謬論を宣伝して奴隷化思想を叩き込むためのものであった。第一学年の科目は代数、幾何、化学、物理、動植物、鉱物、語文（中国語）、歴史、地理、英語、国民道徳、商事要項、商業簿記（銀行、工業を含む）、体操、音楽、美術、珠算、軍事教練などであった。このほか、日本語の授業が毎日あった。科目数が多いことと一部の教師の不真面目な教え方、さらに何人かの日本人教師の生徒を愚弄した教え方によって、私たちの学習成績は低下した。

特に歴史について言えば、東北地区に起こった粛慎、扶余、高句麗、女真などの歴史だけで、中国五千年の歴史にはまったく触れていなかった。日本の歴史は「神武天皇」から明治維新の概況までを略述しただけであった。このような日本傀儡教育は中華文明を破壊し、中国人を日本化し、中国歴史を覆い隠して生徒たちに自分が炎黄（黄皇）の子孫であることを知らせまいとするものであった。地理についても、ただ東北地区の地理と日本地理を教えるだけであった。

最も甚だしいのは低学年の教科書であった。各頁の上半分が中国文で、下半分が日本文の対訳となっていた。これは奴隷化教育をさらに一歩進めたものである。

国民高等学校では奴隷化教育が実行され、日本人教師の罵倒や体罰によって、軍国主義・ファシスト的管理教育が徹底的に行なわれた。上級生は下級生を撲ってもよく、校外の通りで上級生に会えば、下級生は敬礼しなければならなかった。

安東第三国民高等学校の軍楽隊（1941年）

日本人教師と軍事教官の訓話や命令には、たとえ正しくなくても絶対服従しなければならなかった。また、日本人教師と話す時は日本語でしゃべらなくてはならなかった。私たち生徒が教員室に入る時は、ドアを入ってすぐに日本語で「報告します。××先生に用事があります」と叫んでから、その先生の机の所に行った。用事を済ませて戻る時も、ドアの所で「報告します。××先生の用事が終わりましたので、帰ります」と叫ぶことになっていた。

早朝や正午に学校に入る時は、日本人教師が校門に立っていて、生徒の服装、帽子、襟章などを検査した。もし規則に違反していれば、撲られたり罰せられたりした。

一九四二年の冬のことだったと思う。日本語教師の資延が授業の始まる前に、「目下、太平洋戦争の戦況が不利であり、この学校から応召して入営した算盤の教師の末次国雄がすでに太平洋諸島で戦死した」と述べ、哀悼の意を示した。さらに資延は「自分は虚弱体質だが、強度の近視でなければ応召して入営するつもりであった」と述べた。この時、私はストーブの傍らに坐っていたが、机がストーブの熱でひどく熱くなっていたので焦げるのではないかと思い、手でそこを撫でた。それを彼に見つかった。彼は私を立たせて、「なぜ静かに聞かないか、おまえは思想的に問題がある」と言って、私の類を数回平手打ちした。私は黙って我慢するしかなく、反抗できなかった。しかし、これは日本人の末路を表している。

日本人教師は何もしていない生徒にも体罰を加えた。ある時、日本人教師の田中は、何か気に障ったのか、全クラスの生徒を運動場に連れて行って並ばせ、「腕立て伏せ」の姿勢を三〇分とらせた。翌日は全員が体中ズキズキ痛んだ。日本人教師は、私たちを奴隷のように気ままに扱っていた。こうしたことは数えきれないほどあった。

一九四〇年、傀儡「満州国」は「学校派遣陸軍現役士官令」を公布し、生徒に対する軍事教練を強化した。私たちの学校にも傀儡「満州国」の現役将校が派遣されてきた。実は彼らは軍閥を形成していて、傀儡「満州国」における関東軍の尖兵として、熱河付近で共産党の抗日戦士に対する討伐戦を行なってきたのである。これらの非情な日本帝国主義の手先が学校に派遣されて来て、生徒をさんざん痛めつけた。最初に来た柏英上尉（あだ名は「ファシスト」）は無能のごろつき軍人であった。教室での授業の時は、何かと理由をつけては全クラスの生徒を撲った。軍事教練の時は、少しでも気に障ることがあると、すぐに撲ってマイナス点を付けた。ある日の野外訓練で、私と同じクラスの王明祥は、何が気に障ったかわからないが、柏英にビンタと足蹴の両方を食らわされた。それだけでは済まず、さらにサーベルで峰打ちを食って、みんなをぎょっとさせた。一人の生徒にこれほどの懲罰を行なうということは、あまりにも人間性を喪失したものであった。

柏英の次に派遣されて来たのは王徳潤上尉であった。彼は柏英よりはまだましであったが、いつも生徒を撲ったり怒鳴ったりすることは同じであった。軍閥出身の軍事教官たちは私たちを人間扱いしなかったので、私たちも彼らを憎悪し、軍事教官の授業に出るのを恐れた。彼ら軍事教官はまぎれもなく亡国の民であり、日本に忠実な手先であった。

国民高等学校に入学すると、傀儡「満州国」文教部の指示によって徹底した奴隷化教育を受けた。たとえば「東方遥拝」（日本の皇居に向かって礼拝すること）をし、次に新京に新たに建てられた「建国神廟」（天照大神を祭っていた）に向かって遥拝した。また毎日「国民訓」を暗唱し、毎週月曜日には校長が「即位詔書」を読み、さらに「回鑾訓民詔書」を読んだ。日本は毎年「靖国神社春秋季大祭」を行ない、戦死した日本の侵略者を祭った。安東にも靖国神社があり、教師と生徒全員に参拝させた。さらに記念日ごとに鎮江山公園の忠霊塔にも参拝させられた。

傀儡「満州国」の祝日は三月一日の「建国節」や「万寿節」など多くはなかったが、日本の祝日は多かった。たとえば元旦、三月一〇日の「陸軍記念日」、四月二九日の「天長節」、五月二七日の「海軍記念日」、一一月三日の「明治節」、さらには「愛馬の日」などもあった。これらの祝日や記念日には、慶祝式典や記念行事に参加しなければならなかった。

日本は「紀元二六〇〇年」を祝うために大規模な慶祝行事を行なった。私たちも「紀元二六〇〇年」を記念する歌（日本語）を習い、行列して行進する時に歌わされた。歌の内容は、日本は建国して二六〇〇年たち、万世一系の天皇と一億の国民を有するといったものであった。

一九四一年（康徳八年・昭和一六年）一二月八日、日本帝国主義はアメリカの真珠湾を奇襲し、太平洋戦争を起こした。同時に香港、シンガポール、マレー半島を侵略し、占領した。これに従って傀儡皇帝溥儀は「大東亜聖戦詔書」を発布した。日本侵略者はアメリカの隙をついて一挙に多くの戦場で勝利した。彼らは神風号、特攻隊、連合艦隊などの威力を誇示し、日本の海陸空の実力は世界に並ぶものがないと鼓吹し、大いに宣伝活動を行なった。私は在学中に軍楽隊に参加していたが、演奏曲目は東京から楽譜を取り寄せた「軍艦マーチ」「愛国行進曲」「太平洋行進曲」などで、すべて日本帝国の威力と勇壮さを宣伝するものであった。

その年の一二月下旬だったと思うが、私たち安東第三国民高等学校の軍楽隊は、安東省公署の命令で傀儡「満州国」実業庁の黄庁長の指揮下に入り、寛甸県（長甸鎮、牛毛塢鎮を含む）、桓仁県（拐磨子鎮、二戸来鎮を含む）など六ヵ所で時事宣伝を行なった。黄庁長は「大東亜聖戦」と日本の軍事的勝利について演説し、その後で私たちは日本の軍歌や行進曲などを演奏した。安東第一国民高等学校は傀儡「満州国」安東省民生庁の張庁長に協力して鳳城、岫岩の両県六ヵ所で宣伝を行なった。これらは日本帝国主義のための活動で、「大東亜聖戦」において日本が必ず勝利すると大々的に宣伝するものであった。

一九四二年には、傀儡「満州国」成立一〇周年を記念する慶祝活動が行なわれた。日本の傀儡精神を実践に移そうと旧「満州国」の国歌（鄭孝胥作詞）を廃棄し、日本人の作った新「満州国」国歌を制定した。歌詞は「おほみひかり、あめつちにみち、帝徳は、たかくたふとし……」というものであった。新国歌は体制が変わったことを実感させる歌である。

さらにこの年、日本傀儡政権は「国民勤労奉公法」を公布して、東北人民に侵略戦争のために働くことを強制し、使役した。日本傀儡政権は生徒にも手を伸ばし、「学生勤労奉公令」を公布して生徒にも「勤労奉仕」を強制するようになり、私たちは各学年ごとに労働に参加させられた。真夏の炎天下、日本人教師に引率されて市街地から五キロほど離れた満鉄の苗畑に行き、草取りをさせられた。割り当てられた場所は必ず終わらせなければならなかった。強い日差しの下で、長い時間しゃがんだ姿勢で働かされ、ときどき眩暈に襲われた。昼食は持参のコウリャン飯と漬物の菜っ葉であった。午後も同じように働き通し、与えられた区画の草取りを終えてから隊列を組んで帰った。

ある時、教務主任の森寺に引率されて安東製紙会社に「勤労奉仕」に行った。この工場ではパルプの原木の樹皮を削る作業をさせられた。各人に数十本の割り当てで、割り当てをこなさないと家に帰らしてもらえなかった。名実ともに「勤労奉仕」であって、工場は仕事をさせるだけで食事を出さなかった。これは他の労働者に対しても同様であった。また、校内にいても防空壕を掘らされたり、学校の農場に行って働かされた。今でもあの時の疲労と苦痛を覚えている。

一九四三年末、傀儡「満州国」皇帝溥儀が安東に巡察に来ることになった。省公署の役人は歓迎（当時は「奉迎」と言った）の準備に取りかかった。学校では指示に従って十分な準備と練習を行ない、学校が指名した三、四年生の生徒は、歓迎の整列、シャベル体操、分列行進などの訓練をした。私は学校の軍楽隊員として任務が重く、あらかじめ指定された演奏曲——国歌、分列行進曲（扶桑曲）、愛国行進曲、ラジオ行進曲などの単独練習をし、次に合同練習をした。合同練習では、いくつかの国民高等学校——第一国民高等学校、第三国民高等学校、新興国民高等学校（朝鮮族）、安東中学校（日本人）が集まって合同演奏をした。指揮者は日本人で、安東京橋女子高等学校の音楽の先生であった。

傀儡「満州国」皇帝溥儀が安東に来た時、全校の教師と生徒は安東駅に行き、道端に列を作って迎えた。皇帝の通る沿道には生徒、役人、国防婦人会、奉公隊、協和青年団などが並んだ。溥儀は専用車に乗り、車内には侍従大臣、傀儡「満州国」総理張景恵が随行し、さらに日本人の宮内庁御用掛も一緒に安東にやって来た。

翌日の午前、安東市鎮ヶ丘公園の芝生の上で盛大な検閲式が行なわれた。傀儡「満州国」皇帝は軍服を着て検閲台に立った。儀式は日本人で傀儡「満州国」省公署視学官の小林博が取り仕切り、溥儀は生徒を検閲した。私たち連合軍楽隊は検閲台の前に並び、奉迎曲と国歌を演奏し、その後で分列行進曲を演奏した。各国民高等学校の生徒は隊列を組んで検閲台の前を通過し、傀儡「満州国」皇帝に敬礼した。次いで「ラジオ行進曲」の伴奏に合わせて、生徒の隊列は検閲台の中央正面に進み、円形になって「シャベル体操」を行なった。これは生徒たちがシャベルを使って働く姿を模したものであった。最後は、私たち軍楽隊が日本の「愛国行進曲」を三回繰り返し演奏する中を、男女の小学生が一つの隊列を作り、日本と傀儡「満州国」の国旗をうち振りながら音楽に合わせて検閲台の正面に進み、大きな「愛国」という人文字を作った。

傀儡「満州国」皇帝は、生徒を検閲した後で第一国民高等学校と満州自動車株式会社を視察し、九連城の丘の上から日露戦争戦跡（鴨緑江の対岸から九連城までを指す）を参観した。傀儡「満州国」皇帝溥儀は三、四日安東に滞在して新京に戻った。この三、四日間の滞在のために、私たちは二、三ヵ月も準備に明け暮れ、そのぶん勉強時間を削られた。

日本人は生徒が教科書以外の読み物を読むことに神経質になっていた。ある時、森寺先生は誰かの机の中から禁書になっている小説を見つけた。彼は中国語がわからなかったので、語文の馬先生のところに持っていって尋ねた。馬先生が「文芸小説だ」と言ったので、事なきを得た。

一九四三年夏になると、日本軍は太平洋戦争の各戦線でしばしば敗北し、次々に退却していった。日本の大型戦艦や数隻の航空母艦が撃沈された。いくつかの島では日本の守備隊が殲滅され、日本の政局は混乱をきたして首相が次々に更迭された。東条は小磯・米内に替わり、これも鈴木貫太郎に替わった。このようにして末期の政局を維持していた。

日本人の副校長の東繁人は、よく生徒を引率して日本人経営の安東劇場に行き、日本の戦争のニュース映画や記録映画を観せた。内容は、日本連合艦隊司令長官山本五十六が飛行機の上から視察しているシーンや中国侵略の戦闘場面を描いたものであった。また日本空軍の武勇を誇るものもあり、ナチスのヒトラーの欧州侵略のフィルムもあった。彼らは依然として「皇軍必勝」の法螺を吹き続けていた。

しかし、日本軍が太平洋の戦線で敗北しているという情報は絶えず伝わってきていたし、日本の大本営は連合艦隊司令長官山本五十六が「御国の為に戦死した」と発表した。連合艦隊の司令長官たる人物が戦死するということは何を象徴しているのか。私たちは、日本が完全に敗北する前兆であると思った。その山本五十六が国葬にされるニュース映画を観た。日本人の無念さと悲痛を見て、私たち中国人は内心で喜んでいた。日本人の天下は長いことはないと見て取ったからである。

日本侵略者は太平洋の戦場で連敗し、将兵を失い、戦死者は数百万を数えた。日本傀儡当局はこれらの戦死者を追悼して、毎日正午前にサイレンを鳴らした。人々は立ち止まってラジオのスピーカーから流れてくる「海ゆかば」の曲を聴き、三分間の黙祷を終えてから各自中断していた仕事を続けた。日本侵略者による中国侵略の戦線はあまりにも長く、しかも太平洋の戦線で敗北を重ねていたために、その皺寄せとして東北人民は残酷な圧迫を受けていた。日本の戦力は消耗し、東北の経済力は掠奪し尽くされ、庶民は衣食にも事欠く悲惨な状況にあった。私たち生徒はこのような状況の中で生活し、学習し、まさに日々恐慌状態にあった。そして一日でも早い日本の敗北と祖国の解放を待ちわびる気持ちで一杯であった。

一九四四年、私たちが在学した最後の年に、傀儡「満州国」政府は生徒に対する教育支配をいっそう強化した。私たちに事あるごとに戦争準備と防空演習をやらせ、四年生を元宝山の山頂の監視所に交替で派遣した。そこでアメリカの飛行機の来襲を監視させ、もし飛来すればすぐに電話で関係機関に報告するよう命じた。

傀儡「満州国」には協和会という組織があった。新京に協和会中央本部があり、会長は溥儀で、副会長は関東軍から派遣された者が就任していた。中央本部の下には省・市・県ごとに本部が置かれ、区・分区にはそれぞれ区会と分会の組織があった。私たち生徒は全員が協和青年団の団員とされて、何か活動がある時は協和会の指導の下に、学校から協和青年団の旗を掲げて隊列を組んで参加した。校長や教師が普段着ているものは「協和服」と呼ばれた。儀式の時は、「日満協和」を意味し、日本と「一徳一心」であることを示す「協和帯」を肩から懸けた。当時の奉公隊、青年団、青年訓練所、国防婦人会はすべて協和会の管轄下にあった。

「新学制」の教材は以前の教材より大幅に劣って非常に程度が低く、彼らの愚民政策が見え見えで、私たち青年に無駄に時間を使わせるだけのものでしかなかった。私たち四年生は卒業前の三ヵ月間を市内の各機関や会社、銀行、郵便局、大工場などに実習に行かされたので、卒業年度はこの実習以外にほとんど授業はなく、期日がくると泥縄式に卒業させられた。私たちは就職する者、進学する者、それぞれ袂を分かった。

卒業後、私は新京の南嶺軍楽学校の軍楽専攻科（指揮、演奏など）に受験入学した。安東省で合格通知をもらったのは私一人であった。全東北から五十数人しか入学させなかった。教師のほとんどは日本人で、中国人教師は二人だけであった。この学校は協和会中央本部が経営し、専攻科以外は日本式の教育を受けた。食堂に入って食事を始める前に日直が「起立」と号令をかけると、みんなで合掌して「いただきます」と叫び、食べ終わるとやはり日直が「起立」と号令をかけ、みんなで合掌して「いただきました」と叫んでから席を離れ、食堂を出た。授業以外にも、日本人の軍属の家に行って防空壕を掘るなどの労役をしなければならなかった。

八月九日の夜、ソ連が長春を爆撃して市民は恐慌状態となった。ソ連が日本に宣戦布告したことでさらに緊張が高まった。ソ連は東西二つ（綏紛河と白城子）に分かれて東北に進攻して来た。日本人はさらに恐怖におののき、保身に走った。この頃になると、学校の日本人教師は姿を消していた。徴兵されたか、逃亡したかであろう。学校は混乱し、生徒は出身地ごとにまとまって故郷に戻ることになった。日本帝国主義はまさに風前の灯であった。数人の友人と徒歩で大屯と范家屯の間まで行ったところで八月一五日になり、日本の天皇が無条件降伏を宣言した。これを聞いた私たちは「祖国は解放された、自由の身になって晴れて故郷に帰れる」と狂喜した。しかし、鉄道の駅はこの時なお日本軍の管理下にあり、中国人は駅に入れなかった。しかたなく馬車に乗って公主嶺から四平まで行き、その後さまざまな苦労を経てようやく瀋陽に着いた。そこで安東行きの汽車に乗り、ようやくほっと一息ついた。

車内で私の向かいに坐っていたのは日本軍の士官であった。彼と世間話をしているうちに、彼は「アメリカは非人道的にも日本の広島と長崎に二発の原子爆弾を落とし、数十万の民衆を殺傷し、天皇を無条件降伏に追い込んだ。これで戦争が終結した。私は家に帰って農民になる」と言った。彼の家は朝鮮のソウルであった。このことからも、日本人民が平和を望んでいたこと、日本人民は本当は戦争に反対していたことがわかった。この侵略戦争は罪のない数百万の民衆の命を奪った。これはまさに史上に類を見ない戦争であった。

祖国解放後、安東人民政権が成立した。教育界では、一九三五年に日本憲兵隊に惨殺された愛国校長たちのための追悼大会が開かれ、その大会の席上で、日本傀儡政府時期の教育を統括した傀儡「満州国」省視学官の小林博と安東市視学官の前田好久（元仁忠小学校校長）の公開裁判が行なわれた。彼ら二人に対して「日本侵略教育の急先鋒であり、銃殺刑に処する」という判決が下り、後に銃殺された。彼ら侵略者によって殺害された中国の英雄たちは、これで少しは慰められたにちがいない。

日本が安東を占拠していた時期、軍隊や警察・特務は、知識人と学生、文芸界を厳しく監視・支配し、彼らのいう「思想犯」を逮捕していた。

一九四五年、私は長春で勉強していた時に級友の王玉貴から次のようなことを聞いた。日本が降伏する直前に安東の軍と警察・特務は大規模な捜査と逮捕を行なった。最初に捕まったのは、私が以前在学した第三国民高等学校教師の呂振国先生（歌手で文芸愛好者でもあり、私たちは彼の伴奏をしたことがあった）で、次いで王玉貴（彼は卒業後に呂先生の開いた華北写真館の会計係をしていた）、さらに私の学校の校長朱継棟先生（傀儡「満州国」の法政大学を卒業し、同窓会会長、銀行家を経て校長となった）の三人が相次いで逮捕された。逮捕されると黒い布で目隠しされ、オートバイで東坎子にある旧「イギリス・ビル」の中の秘密監獄に連行された。彼ら三人は、私がよく知っている人たちであった。そのほか、私が知らない人も大勢逮捕されていた。もし私が安東にいれば、私も無事ではなかっただろう。その後日本は降伏し、逮捕・連行された人たちは解放されて助かった。もし日本降伏の時期が少しでも遅ければ、もっと恐ろしいことになっていただろう。

（聞取り時期：二〇〇〇年九月、場所：丹東市元宝区于増村五号楼六〇二室）

私の学んだ教科書と学校活動——張燿儒 証言

〔略歴〕
張燿儒（ジャンヤオルー）、男、漢族、一九三〇年七月二六日生れ。原籍：山東省文登市。離休（退職）時の所属：吉林省四平市公安局。職務：局長。日本占領時期に在籍した学校：四平省西安県安吉国民学校、双遼県鄭家屯国民高等学校。

一九三八年—一九四三年、四平市西安県安吉国民学校（現・吉林省東遼県雲頂鎮）の初級小学校四年、高級小学校二年に在学する。
一九四三年冬—一九四五年八月、双遼県鄭家屯国民高等学校（現・吉林双遼県中学校）に一年半在学する。
一九四六年—一九四九年、四平市遼源市初級中学校、高級中学校二年に在学する。
一九四八年—一九五二年、吉林省東遼県安善、白泉区政府助理員、副区長となる。
一九五三年—一九六三年、吉林省東遼県、四平地区中級法院裁判長、副裁判長、事務主任になる。
一九六四年—一九七八年、吉林省梨樹県県裁判所長、副県長となる。
一九七九年—一九九〇年、吉林省四平市公安局副局長、局長となる。
一九八九年、吉林省公安高等専科学校、中国人民公安大学の客員教授となる。
一九九一年、離休（退職）する。離休後に吉林省公安庁に試問委員（副庁級）として招かれる。

日本は中国の東北を侵略し、武力による征服を行なう一方で、ファシスト的文化専制支配を行なった。特に一九三八年から一九四五年にかけて実施されたいわゆる「新学制」は、日本侵略者が植民地教育を強化し、中国人を彼らの意のままに働く「忠良」な亡国の民にしようと企んだものであった。

私は一九三八年から一九四五年までの八年間、奴隷化教育を受けた。一九三二年から一九四三年まで四平省西安県安吉国民学校に六年間在学した。一九四四年から一九四五年までは双遼県鄭家屯国民高等学校に二年在学した。この八年間はまさに日本侵略者が「新学制」を実行に移した八年間であり、また奴隷化教育の害毒を受けた八年間でもあった。

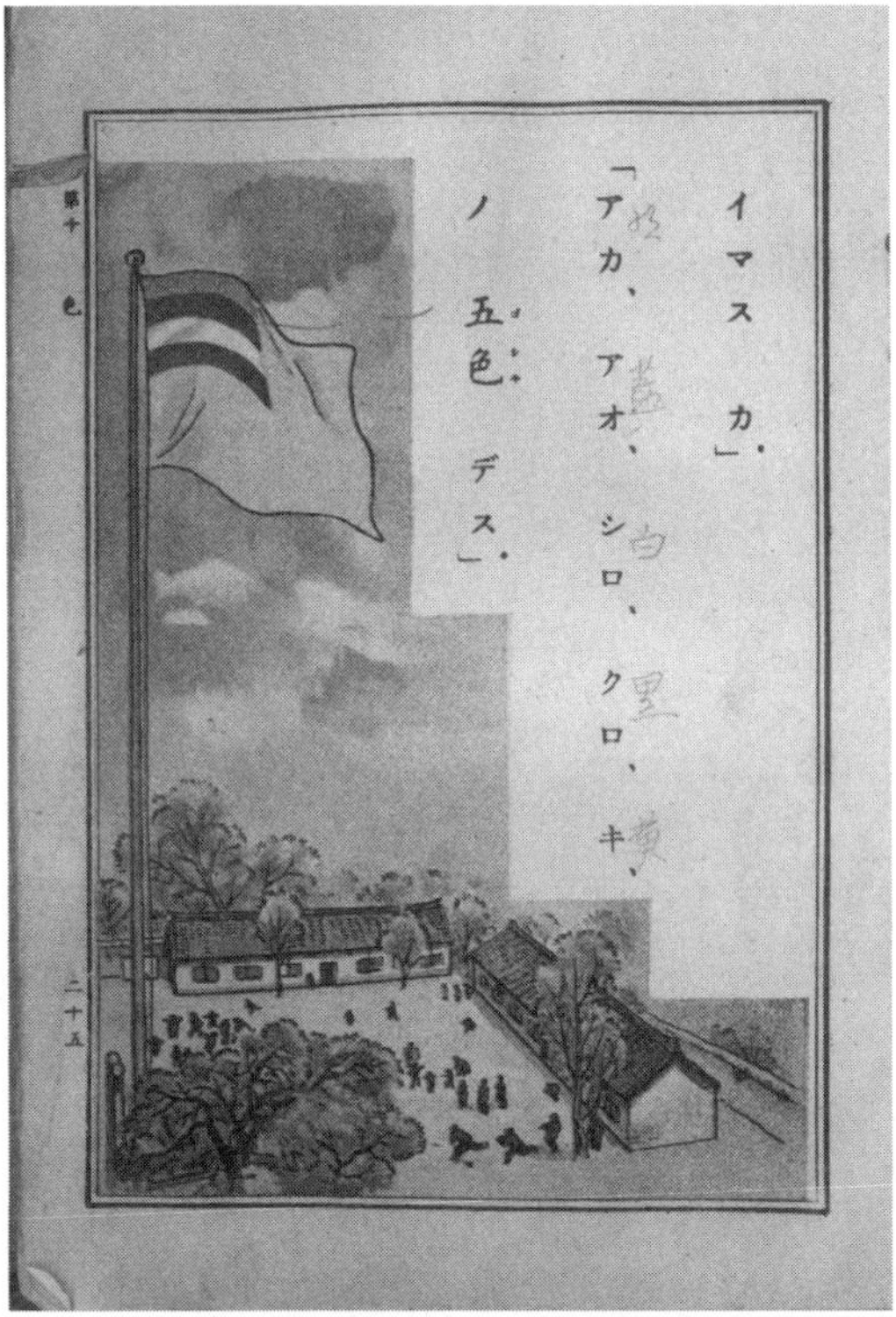

国民優級学校『日語国民読本』

一、安吉国民学校の思い出

(1)学校の状況

安吉国民学校は元の西安県（現・東遼県）の最北部にあった。安吉鎮は西は遼寧省の西豊県、北は吉林省の通県と接し、二省三県に接していた。

安吉国民学校は三〇年代初めに開校した両級小学校で、初級小学校四年と高級小学校（優級小学校）二年の全体が六クラスで、各クラス五〇人余りで生徒は三〇〇人余りであった。教職員は十数人で、校長は湯儒俊、副校長は時延俊といった。教師はすべて中学校あるいは師範学校の卒業生であった。

(2)養成目的

「新学制」の基本的な特徴は、植民地奴隷の養成にあった。傀儡「満州国」文教部の「訓令」は、その中で「忠良なる国民を養成し、建国精神を基礎とし、人格を陶冶し、徳性を涵養する」と述べている。はっきり言って、これは日本植民地主義者の意のままに使役される「忠良」なる亡国の民を養成することであった。

(3)科目と教科書

日本が東北を侵略した初期、新しい教科書が出版される前はしばらく「四書五経」や古文など中国の伝統的教材が使用されていた。「新学制」になってから、日本侵略者は大いにファシスト的文化専制を進め、以前の教科目や教材を大幅に排除した。傀儡「満州国」文教部は、大量の奴隷化教育を行なうための新教科書を統一して編集し出版した。小学校六年間における主な科目と教材は、以下の通りであった。

①日本語

「新学制」は日本語を「国語」と称していた。日本語の授業が毎週六日あり、しかも第一時間目に置かれていた。教材を生徒に丸暗記させ、できなければ体罰を加えた。日本語の水準を上げるために、「新学制」が始まってから日本語の検定制度を実施した。受験すると特等、一等、二等、三等の資格が取れた。小学校六年を卒業するには三等に合格しなければならなかった。生徒の進学や就職には、いずれも日本語の資格が必要であった。日本語ができないと冷遇された。さらに「新学制」では、日本語を勉強するにあたって、言語や文学ばかりでなく「日本精神の神髄を掌握する必要がある」と規定していた。すなわち日本語を中国語に取って代わらせ、中国人を日本侵略者の忠実な「臣民」に変えようというものであった。

初級小学校に入学すると、すぐに日本語を学ばされた。傀儡「満州国」文教部の編集した『初級小学校日本語教科書』上冊第一課は、日本語で傀儡「満州国」国旗に関する教育を行なっていた。一年生の日本語課文は「これは国旗です」であった。先生が「あなたはどこの国の人ですか」と質問する。一人の生徒が答える、「中国人です」。先生は「違います。満州国人です」と教え、さらに「満州国国旗は五色です。黄色地に赤、青、白、黒です。これは日、満、漢、蒙、朝の五種類の民族を象徴しています。赤は日本民族です。私たちの建国を助けた友邦です。私たちは王道楽土のすばらしい生活を送るようになりました……」と説明した。

傀儡「満州国」の教科書は歴史的事実を改竄したものであった。小学校五、六年生の日本語の教科書の中には、日本人の祖先は「天照大神」で「万世一系」で代々続いてきたものであるとか、日本と「満州」は同文同種であり、ともに「天照大神」を祖先とする、などと書いてあった。この教材の意味は「同文同種であり同一の祖先であるから、中国に出兵し、中国を切り取るのは理の当然である」ということだった。

六年生の日本語教科書には、黒を白と言いくるめ、日清戦争は中国人が信義を守らないために起こったものであるとか、日露戦争は日本人の「義」によって行なったもので、「満州人」の苦痛を救うために戦ったのだ、などと歴史を歪曲していた。

日本の侵略者は、語文（中国語）と理科の教科書の中でも、日本語のカタカナで日本語の発音を示し、根本的に中国語と漢字を消し去ろうと意図していた。さらに新聞や雑誌、日常会話の中でも中国語と日本語を混ぜ合わした「協和語」を使い、中国語の純潔性を大いに破壊したのであった。

②語文

日本語科に比べて授業時間がやや少なかった。紙が欠乏していたために、語文教科書の発行数が少なかった。一冊の語文の教科書を二、三人で使うこともあった。小学校の段階では、地理と歴史は単独の科目ではなく、語文の中に含まれていた。語文も日本語と同じく、言語と文字を勉強するばかりではなく、「建国精神」を生徒に叩き込み、誠心誠意日本天皇と傀儡「満州国」皇帝を崇拝させ、「日満親善」と「王道楽土」を賛美させ、「大東亜聖戦」を擁護し支援するように教育しなければならない、とされていた。

初級小学校二年生の語文教科書第四冊の第一課は「国歌」である。生徒に字を覚えさせるだけではなく、朗読させ、暗唱させ、内容を理解させ、歌えるようにしなければならなかった。九一字の文字からなる傀儡「満州国」国歌は、日本侵略者の愚民政策とペテンの手法を赤裸々に示すものであった。

第一に、傀儡政権を美化し――「満州国は新天地」「天を戴き、地を立てて」「苦なく憂いなし」と歌っている。第二に、日本帝国主義者の中国人民に対する侵略と搾取、及び中国人民の反抗闘争の真実を覆い隠し、「わが国家を造成するや、親愛のみがあって、少しも怨みや仇がない」などと歌っている。第三に、日本植民地主義者が東北に兵を駐屯させ、移民を拡張し、全中国、全世界を併呑するための世論づくりとして「人民は三千万、人民は三千万、十倍に増加するとも、なお自由を得る」と歌っている。第四に、亡国の民に修養を要求し、日本侵略者の前では「仁義を重んじ、礼儀を尊」ぶことを要求し、いささかの反抗も許さず、甘んじて忠順な亡国の民たることを要求している。この観点から「修身、斉家、治国」「このほかに何を求めようか」と歌っている。第五に、国歌は日本侵略者の目的を「これを近くしては、すなわち世界と同化し、これを遠くしては、すなわち天地と同流する」と歌っている。これは「近い将来に中国人を日本人に同化させ、遠い将来に日本人が世界を支配し、その世界は天地とともに永久に続く」という意味である。

語文の教科書は御用学者たちが歴史を歪曲して編集したもので、日本軍国主義の侵略政策に奉仕するものであった。初級小学校二年生の語文教科書第四冊第一一課の「我が国の建国」を例に挙げよう。傀儡「満州国」は、もともと日本侵略者が長年の画策を経て東北を軍事的に占領し、溥儀をかつぎだし、漢奸などを引き込んででっちあげた傀儡政権である。つまり、日本の侵略勢力と中国封建勢力の生き残りで復辟（皇帝の復位）を画策する悪党どもが結びついて生み出したものである。世界の歴史上稀に見る政治的傀儡でっちあげの茶番劇であった。教科書にはそうした事実を歪曲して「大同紀元前一年九月一八日夜、奉天軍の一隊が柳条溝の南満鉄道を破壊し、日本守備隊はこれに応戦すべく出兵し、数日ならずして各地の奉天軍は相次いで敗退し、関内（山海関以内）に敗走した」と書いてあった。日本の侵略者は軍事的弾圧と武力占領を進める一方で「計画案」を作成し、漢奸を引き込もうとした。ごく少数の売国奴がこれに呼応して「満州国」独立を宣言した。教科書には、これを「各地の人民団体は友邦日本の援助を受けて次々に立ち上がり、満州国建国運動を起こした」「満州帝国はここに至り、正々堂々と世界に独立を宣言した」などと記述してあった。

侵略者の手先となる亡国の民を養成するために、高級小学校の『国文教科書』第三冊第一課には「良い満州国人」という課文がある。これは「満州国人」が日本侵略者に対して「寛い心と大きな度量を持ち、偏見を持たず博愛の心を持ち、ことの軽重を計り、長短を識別し」「義勇奉公、協同団結」すべきであるとし、さらに「仁義を重んじ礼譲を尊び、受けた恩義を返し、施しを受けたことを忘れない。忠君愛国、親に孝を尽くし、目上を敬い、常に友邦と提携し、共に東亜の平和を獲得しよう。ああ、これこそ良好なる満州国人ならんや」と記述してあった。

教科書では、武士道精神を備え、日露戦争の最中に「滅私奉公」して殉職した海軍大尉久間と、同じく日露戦争中に軍を率いてロシアに勝利し、後に天皇に忠誠を示すために殉死した大将乃木希典を「忠君愛国」の模範としていた。さらに諸葛亮と岳飛についても事実を歪曲し、彼らをも「忠君愛国」の模範としていた。生徒たちに、将来は彼らのように皇帝陛下と天皇陛下に忠実で、傀儡「満州国」を愛し、「忠良なる満州国人」になるように要求していた。

③建国精神

「建国精神」は傀儡「満州国」後期の高級小学校の主要な科目となった。それは地理と歴史の時間が削除されたためである。いわゆる「建国精神」とは、「日満親善」「日満一徳一心」「共存共栄」「大東亜共栄圏の建設」を講じたもので、日本は中国にとって「友邦」から「親邦」（親の国）に変わった。さらに「大和魂」「武士道精神」を宣伝するなど、奴隷化思想に満ちた内容であった。傀儡「満州国」文教部は「教材は低学年から日本に対して親近感を与えるもの、日本の国体精神を教えるものを選ぶ」と述べている。つまり傀儡「満州国」を日本国に変えるための教育を目的としていた。

④算術

算術は毎週五時間配当されていた。傀儡「満州国」文教部が編集した内容はレベルの低いもので、初級中学校の四年生でやっと分数が出てきた。高級小学校でも依然として分数の問題があり、応用問題は少なかった。少数の進学希望者は『算術補充教材』をあちこち探して手に入れなくてはならなかった。当時、趙楽天の書いたものと、郭徳魁と李殿文共著の『算術補充教材』は貴重なものであったが、私は一冊手に入れ、数人の同級生と睡眠時間を割いて回し読みしたものである。

⑤自然

自然は毎週一時間配当されていた。自然の教科書は自然に関する知識を教えるのではなく、それにかこつけて「忠君愛国」を教えていた。初級小学校の自然教科書第二冊第三課「犬」は、「犬の性質は忠実で、善良で、主人のために門や庭を見張る」とあり、その後に何と「犬は人よりすぐれている。人も忠君愛国でなくてはいけない」と記述してある。すなわち皇帝に忠実で、傀儡「満州国」を愛し、日本侵略者のための忠実な番犬になれということである。

⑥体育

体育は毎週一時間配当されていた。小学校高学年の体育の授業は、すでに軍事的な性質を帯びており、日本式の体操もあった。授業の要求は厳しく、不真面目であったり動作がそろわないと体罰を食らった。不真面目な生徒が多いと、生徒を二列に並ばせて互いにビンタを張らせた。これを「協和ビンタ」と称した。体育とは、実際には日本帝国主義の侵略予備軍を養成するための授業であった。

⑦図画

図画の授業では、普通の山水や動植物を描かせるだけではなく、生徒に富士山や日本の国花である桜、日本軍人の軍刀、大砲などを描かせた。ここでも教材にかこつけて、日本は世界の強国であるとして日本の「武士道精神」や「大和魂」などを宣伝し、日本を崇拝させる奴隷化教育を行なった。

⑧音楽

主には国歌と流行歌が主で、日本の歌も教えられた。

⑨習字

毛筆で字を書くことで、毎週一時間配当されていた。

(4)課外の奴隷化宣伝教育活動

学校は朝礼を利用して、傀儡「満州国」皇帝の発布した「即位詔書」「回鑾訓民詔書」「時局詔書」などを朗読し、生徒にすらすらと暗唱できるように強制した。毎日の朝礼では国旗を掲揚し、新京に向かって「帝宮遥拝」を行ない、さらに東京に向かって「宮城遥拝」を行なわなければならなかった。「遥拝」とは腰を九〇度に曲げ、最敬礼するものであった。さらに中国語と日本語で「国民訓」を暗唱しなければならなかった。できなかった者はこっぴどく撲られた。校門を入ったところに掲示板があり、そこでは日本侵略者の「大東亜聖戦」における「戦果」が宣伝されていた。

(5)教師と生徒の関係

奴隷化教育における教師と生徒の関係は、圧迫者と被圧迫者の関係であり、主人と奴隷の関係であった。教師は生徒を奴隷として牛馬のように扱った。特に一、二年の教師は生徒にさまざまな体罰を加えた。たとえば手の甲を教鞭で叩く、立たせる、正座させる、「協和ビンタ」をやらせる、などである。

私が一年生の時、担任の劉宝成の体罰は非常に残忍であった。彼は生徒を奴隷として躾けようとして、生徒に苛酷な要求を出した。授業の時は人形のように姿勢を正し、しゃべっても、動いても、笑ってもいけなかった。目は真っすぐ前を見て脇見をしてはならず、黒板だけを見るように要求した。少しでも言いつけに背けば、手ひどく撲られた。

ある生徒が授業の時、カエルが描いてあるハンカチを取り出して周囲の生徒を笑わせたところ、劉宝成に見つかった。彼はその生徒を引きずり出し、手の甲を立て続けに板で二〇回も叩き、板が割れてしまった。その生徒は一滴の涙もこぼさず「先生、劉先生、撲ってください」と言った。彼は今度は四二回叩いた。合計すると六二回も叩いたことになる。劉宝成は息を切らせて、顔を真っ赤にしていた。生徒の手は紫色になり、マントウのように腫れあがっていた。また、ある女子生徒は授業の最中にちらりと窓の外に目をやった。それを劉宝成に気づかれ、一しきり手を板で叩かれた。

私が入学した時、劉宝成は生徒一人一人に自分の名前を書かせた。私は姓は正しく書けたが、名を書きそこなって二回叩かれた。その時は半数以上の生徒が自分の名前を書けず、板で叩かれた。

学校はまさに社会の縮図である。教師と生徒の関係は、日本帝国主義支配下の圧迫者と被圧迫者、氷のように冷えきった主人と奴隷の関係を反映したものであった。

(6)学校の日常生活

日本の侵略者は東北の経済を統制し、掠奪し、人民に対して使役と搾取を行なった。街も村も人々の生活は貧しく、食べる物にも着る物にも事欠き、存亡の危機にあった。生徒の学校生活は、さらに厳しいものであった。

安吉国民学校の生徒の半数以上が寄宿生であった。その大多数は食費と寄宿費を払えなかった。学校は現物で納めることに同意し、一人当たり毎年荷車一台分のコウリャン殻を燃料として納め、また月一回コウリャン米と味噌と塩を現物で納めることになった。現物の質はまちまちで、おまけに量が多くて管理できず、コウリャン米には虫が湧き、黴が生えた。味噌は酸っぱくなりウジがわいて、とても食べられたものではなかった。

食糧が極端に欠乏したために、生徒はいつもすきっ腹を抱えていた。食事を嚙まずにあせって呑み込むために、多くの生徒が胃を悪くした。薪も不足していたのでオンドルは冷たく湿り、多くの生徒が痔や腎臓の病気にかかり、寝小便をする者が多くなった。寄宿舎の衛生状態はきわめて悪くなり、シラミ、ノミ、南京虫、蚊、蠅が発生し、病人が増え続けていた。冬になっても宿舎にも教室にも暖をとる石炭がなく、生徒の手足には霜焼けができた。私は高級小学校卒業の年の冬に大病をして、危うく死にそうになった。

二、鄭家屯国民高等学校の思い出

私は一九四三年冬に鄭家屯（現・吉林省双遼県）国民高等学校獣医科に受験入学し、一九四五年八月一五日に日本侵略者が敗北して学校が解散するまで、ここで一年半勉強した。この間は、まさに日本帝国主義が中国東北を支配し、中国人民を奴隷化する植民地教育制度——「新学制」を推進した期間であった。「新学制」の根本的な特徴は、植民地の奴隷養成にあった。その任務は「忠良なる国民を養成するために、建国精神を基礎とし、人格を陶冶し、徳性を涵養する」ものであった。これはほかでもなく、中国人におとなしく日本植民地主義者の飼い馴らされた奴隷となれ、ということであった。

私自身が体験した生徒選抜の方法と教育の内容は、奴隷化教育の本質を十二分に暴露するものであった。

(1)亡国の民の基準による生徒の選抜

この学校の校長は日本人で一室利多といい、教職員は二〇人余りであった。そのうち日本人教師は五人で、主要な地位を占めて実権を握っていた。獣医科と農業科が設置され、毎年二科合わせて一〇〇人を募集し、全校八クラス四〇〇人余りであった。

毎年の生徒募集は、すべて日本植民地主義者の奴隷化教育の基準によって生徒を選抜していた。試験の条件は極端に厳しく、戦々兢々とした雰囲気の中で行なわれた。生徒は三つの関門を突破して、ようやく入学を許可された。

第一関門は筆記試験であった。一卓一卓に試験問題が伏せて置いてあった。最初は主要科目の日本語で、出題数も多く難しかった。教科書や参考書で習ったこと以外からの出題もあり、判断力を問う問題や、テーマを与えての作文もあった。続いて数学と「満語」の試験があったが、これは問題数も少なくやさしかった。一九四三年の受験者は六〇〇人余りであったが、五〇〇人余りが振り落とされて、合格者一二〇人が発表された。

第二関門は身体検査であった。これは非常に厳しいものであった。まず体力テストがあった。真冬の寒さの中を綿入れの上着とズボン、それに手製の綿入れの靴を履いた一二歳から一四歳の受験生たちに一五〇〇メートルを走らせ、完走できなければその場で落第となった。さらに五〇キロの砂袋をかついで五〇メートル走らせた。完走できなければ、これもその場で落第となった。その後は鉄棒の試験で、これもできなければ落第となった。私と一緒に受験したある同級生は筆記試験に合格し、体力試験の最初の二科目にも合格した。しかし鉄棒の試験で、飛び付こうとしたが背が低かったので鉄棒に手が届かず、その場で不合格になってしまった。私は彼と一緒に大泣きした。

身体検査では、体の各部分について細かく調べられた。生徒の中には、裸にされて徹底的に調べられる者もいた。病気が見つかると、その場で落第とされた。

第三の関門は面接であった。口頭試問があり、日本人教師が日本語でいろいろ質問した。その内容はかなり広範囲で、あらかじめ準備のしようがなかった。しかも、つかみどころのない質問もあった。主に生徒の日本語の水準と知識を試すものであり、同時に聞き取り能力と判断力も試験された。

この三つの難関を突破するのはたいへんであった。普通試験で合格した者の中から二割程度が振り落とされ、さらに一二〇人の中から一〇〇人ほどが選ばれた。定員に達しない場合は、裏で一〇人から二〇人程度を四〇〇元から五〇〇元の四年間の学費を徴収して入学させた。この現金収入は、すべて日本人校長のポケットに入った。
この学校の入学試験がこのように苛酷で、日本語の試験や身体検査がこれほど厳格であるのは、軍隊に派遣する獣医の養成を目的としているからである。これは日本侵略者の後方予備軍の養成と言える。

(2)生徒を亡国の民にするための教育

設置科目は国民道徳、日本語、「満州語」、数学、物理、化学で、そのほか獣医科には牧畜と生理解剖、農業専攻科には作物栽培、土壌、肥料などがあり、さらに両科とも軍事訓練と体育があった。

①親日、忠君、愛「満」を注ぎ込む奴隷化教育

国民道徳は主要科目で、後に「建国精神」と科目名が変わった。日本が中国の東北を侵略したことを「我が国の建国」と称して美化し、「友邦の援助」「満州開発」などと宣伝するものであった。また傀儡政権の「皇帝即位」（溥儀の登臨）を美化した。さらに「友邦」は後に「盟邦」「親邦」と変わった。「日満一徳一心」「共存共栄」「王道楽土」の新国家の建設、「大東亜共栄圏」の建設を宣伝した。日本が起こした侵略戦争である「大東亜聖戦」によって「大東亜共栄圏」を建設しようとした。またドイツ、イタリアと同盟を結び「世界大同」、すなわち世界制覇を実現しようとしていた。さらに歴史を歪曲し、日本の「天照大神」を「満州国の祖先」であるとし、迷信にすぎない「天照大神」への信仰を生徒に強制したのである。

「満州語」の教科書も同様に反動的政治内容に満ちていた。日本の歴代天皇、歴代将軍、現代日本のファシスト的植民地侵略を行なっている軍人の伝記や逸話などを宣伝していた。そして日本民族の「大和魂」を美化し、日本軍人の「武士道精神」「連戦必勝」「武運長久」などを鼓吹し、宣伝していた。さらに中国の歴史上の人物を歪曲し、生徒に日本の天皇に忠誠を尽くし、傀儡「満州国」皇帝に忠誠を尽くし、傀儡「満州国」政府を愛し、中国を忘れさせるように仕向けていた。

学校は、さまざまな機会を利用して生徒に「親日、忠君、愛満」の思想を植え付けようとしていた。毎年の天皇の誕生日——天長節、日本の建国日——紀元節、溥儀の誕生日——万寿節、傀儡「満州国」建国日——建国節には大規模な慶祝活動を行ない、大いに奴隷化思想を宣伝した。

毎朝必ず朝礼を行ない、「国旗」を掲揚し、「国歌」を歌い、「国民訓」を唱和し、日本の天皇と傀儡「満州国」皇帝のいる方角に向かって教師と生徒は腰を九〇度に曲げる敬礼を行なった。これを「遥拝」と称していた。朝礼の時には校長は協和服を着て白い手袋をはめ、「回鑾訓民詔書」と「時局詔書」を朗読し、全校の教師と生徒に訓話を行なった。重大な事件があるたびに、教師と生徒は隊列を組んで駅の近くの「靖国神社」に参拝させ、中国を侵略し、中国人民を虐殺した殺人者を「神」として拝礼させていた。

②日本語を「国語」とし、中国人を日本の「臣民」に変える

一九三六年以降、傀儡「満州国」は日本語を「国語」とし、毎日一時間目に日本語の授業を置いて「満州語」（中国語）に比べ二倍の時間を配当した。進学や就職でも日本語の成績が重視された。さらに悪辣なことに、漢字を日本語のカタカナに置き換えた。また日本語以外の教科書、新聞、書籍に出てくる外国の地名、人名、技術用語などは日本のカタカナで表記することとした。学校当局は、毎週水曜日はすべて日本語で話をすることにした。校内には中国語と日本語の混じった、いわゆる「協和語」がいつも聞こえていた。

③ファシスト的軍事訓練を行ない、日本の武士道精神を宣伝する

毎週二回、半日の軍事訓練の授業があった。軍事訓練の教官は張連洞という少佐で、双遼県で最高の階級であった。助手は下士官であった。

学生の制服は軍服に似ていて、毎日の授業に出る時と外出する時は、帽子にいたるまできちんとしなければならなかった。軍事訓練の授業の時は、服装をきちんとして武装し、背嚢を背負い、レザーの弾薬盒を着けなくてはならな

かった。一、二年生は木銃と木刀を持ち、授業内容は主に「気を付け」「右向け右」「左向け左」という号令に従って隊列を組む基礎訓練であった。三、四年生になると本物の銃と実弾を身に着け、地形の利用の仕方、銃剣突き、伏せ、障害物飛び越し、射撃などの実戦訓練をやらされた。さらに防具を着けて剣道の練習もやらされた。

軍事訓練は非常に厳しく、少しも気を緩めることはできなかった。決められた動作を正確に行なわなければ、助手にいつも撲られた。ある時、雨上がりで運動場に水溜まりができていた。行進中に先頭の者が水溜まりをよけて通った。助手はその隊列を二列に向き合わせて並べ、お互いに「協和ビンタ」を張らせた。さらに「皇軍が勝利できるのは厳しい訓練のたまものである。断崖で行き止まりになっていても、止まれという号令がないかぎり、死んでも前進しろ。これが尚武精神である」と言った。「気を付け」で立ち止まる時、助手は隊列の後ろに立って予告なしに生徒の膝を蹴飛ばし、もしそこで生徒が膝を曲げると、ビンタを食らわした。

毎年何回か防空演習をやった。内容は防災、防毒、防火、救護活動などであった。

毎冬二、三回、全校の教師と生徒四〇〇人余りは手に手に棍棒を持ち、見渡す限りの大雪原で狩りをすることがあった。まず一列に並んで前進し、さらに袋状に囲い込み、野ウサギなどの動物を中に追い込み、敵を見つけたように「トツゲキ」「トツゲキ」と、ときの声をあげて捕まえる。その後で日本語で「バンザイ」「バンザイ」と叫び、捕まえた野ウサギを「皇軍」に貢ぎ物として捧げるのである。日本人校長は「これは軍事的実戦演習であり、生徒に軍人の尚武精神を養わせるものである」と言っていた。

④下級生が上級生に服従する階級制を敷き、従順な亡国の民を養成する

下級生は上級生に絶対服従しなければならなかった。下級生は校外で上級生に出会った時、必ず挙手の礼をしなければならなかった。上級生が立ち去った後で、手を下ろしてその場を離れることができた。上級生がいるのにうっかりしていたり、あるいは人込みで気づかなかったり、敬礼の時に早く手を下ろして立ち去ったり、上級生に失礼な態

度をとったとされた時は、上級生はいつでもどこでも、学校に戻った後でもその下級生を罰することができた。軽い時は説教で済んだが、重い時は容赦なく撲られた。

生徒の半数ほどが寄宿生であった。一部屋に一年から四年まで各学年二人ずつ計八人が生活し、下級生は上級生に服従し、身の回りの世話をしなければならなかった。特に一年生の二人は、ほかの上級生のために早朝は洗面の水を汲み、夕方は足を洗う水を用意し、さらに寄宿舎すべてのトイレを清掃し、まるで姑に仕える新婚の嫁のようであり、主人に仕える奴隷のようでもあった。

⑤労働を強制し、愚民政策を推し進める

「新学制」は本来の中学校六年を四年に短縮した。語文の中の伝統的古典文学を削除した。数学の授業も少なくなった。逆に「実習」の名目で生徒に強制される労働時間は多くなった。農業科では、農繁期になると雨天の日を除いてほとんど毎日畑で「実習」が行なわれた。獣医科はこれに比べて労働時間は少なかったが、それでも羊の餌やりや放牧などをしなければならなかった。授業時間を銃後の労働力として利用したのである。

以上のことから、日本帝国主義は軍事的制圧を行なうと同時に、東北人民に対し植民地的思想文化支配の網をかぶせ、特に青少年に愚民政策と奴隷化教育を行なったことがわかる。私たちはその害毒を正面から浴びた。亡国の民としての苦難の歴史を振り返れば、日本帝国主義を憎むと同時に、人民を主人公とする社会主義祖国を熱愛する気持ちが湧き起こってくるのを感じる。

⑥鄭家屯での漢族と蒙古族衝突の真相

日本侵略者は「五族協和」「王道楽土」の新国家を建設すると唱えてはいた。しかし、彼らは民族間の団結を最も恐れていた。彼らは故意に民族間の矛盾を挑発し、民族間の団結を破壊していた。

一九四四年のある日曜日のことだったと思う。鄭家屯国民高等学校の生徒の一人が、鄭家屯の通りで鄭家屯鉄道学校の蒙古族の生徒と口論になり、数人の蒙古族に何回か撲られた。この生徒は学校に戻って、それを教師に話した。日本人校長はこれを聞いて非常に不満に思い、撲られた生徒に対して「無能」と罵った。校長は校内の腕っ節の強そうな生徒をそそのかして、手に手に軍事訓練で使う木刀や棍棒を持たせ、喧嘩を吹っかけさせた。相手の鉄道学校の生徒は、びっくりして逃げ出した。鄭家屯国民高等学校の生徒たちは鉄道学校の窓ガラスを割って、相手の校長に撲った生徒を引き渡すように要求した。そこで鉄道学校側が鄭家屯国民高等学校の校長に詫びを入れ、事は収まった。日本人校長は勝ち誇ったように「我が校は馬鹿にはされんぞ」と言った。

三、日本侵略者が社会教育の中で行なった愚民化政策

日本侵略者は大学、中学校、小学校で徹底的に植民地的文化支配と奴隷化教育を行なったばかりでなく、社会においてもさまざまな手段で成年に対して「建国精神」を注入し、中国人を日本植民地の忠実な亡国の民とした。

(1)青年訓練所

満一八歳から三五歳までの男子は、定期的に農村に集合して訓練を受けねばならなかった。訓練の内容の第一は軍事訓練であった。各人は「建国杖」（棍棒）を持って隊列を組んで行進するなどの軍事訓練を受けた。当時、人々はこれを「棍棒隊」と呼んでいた。第二は「建国精神」を叩き込むことであった。日本侵略者の中国侵略を「功績」として美化し、彼らに「恩義」を感じ「報恩」しなければならず、「良民」として「尽忠報国」しなければならないとした。

(2)民衆講習所

傀儡「満州国」時期、各地に民衆講習所を設置して「識字、勉強」を看板として民衆を勧誘した。民衆講習所で主に教えたことは、第一に「建国精神」である。侵略者日本を美化して「友邦」「親邦」とし、日本とは「一徳一心」

「日満協和」でなくてはならない、日本に対し、皇帝に対し、恩を返さなければならない、「五族協和」「王道楽土」の新国家を建設しなければならない、などと教えた。

教科書は傀儡「満州国」吉林省民生庁が編集したもので、「民衆講習所に行けば字が覚えられて、知識が身につく」と称していたが、実際はどのように順民、亡国の民にするかをテーマとした内容であった。たとえば第九課「報恩」では、「恩を受けた人には、必ず恩を返さなければならない。君の恩、師の恩、すべて報いなければならない」と教えている。第五七課では傀儡「満州国」国歌を朗読し、暗唱することを要求している。歌詞はすべて傀儡政権を美化したもので、「新満州これすなわち新天地、天を戴き地を立てて、苦なく憂いなく……家すでにととのい、国すでに治まる、この地に何をか求めん」というものであった。これは侵略者に反抗することなく、従順な亡国の民となることを人民に要求したものである。

(3)宗教と封建的迷信を利用した人民に対する愚弄

中国の東北に「満州国仏教総会」と「道徳総会」が設立された。各省・各県に分会が設けられ、一部の村や鎮にも設けられた。日本侵略者と漢奸に操られ、「道徳を教え、仁義を説く」ことを名目に、日本植民地支配者に忠実な奴隷化教育を行なったのである。

（聞取り時期：二〇〇〇年八月二〇日、同年一一月一日、同年一二月一〇日、二〇〇一年三月五日、場所：吉林省四平市公安局）

奴隷化教育の重圧下での勉強――林漢徳 証言

〔略歴〕

林漢徳（リンハンドー）、男、漢族、一九二五年五月六日生まれ。原籍：吉林省梨樹県拉腰溝。離休（退職）時の所属：四平師範学院。職称：助教授。日本占領時期に在籍した学校：吉林省立懐徳商業学校。日本占領時期の職場：四平専売署。

一九三三年まで父の私塾及び他の私塾で勉強する

一九三八年、郭家店郷公立国民小学校に入学する。

一九四一年末、小学校を卒業して吉林省立懐徳商業学校に受験入学する。

一九四四年、傀儡「満州国」経済部の試験に合格して四平専売署に配属され、翌年二月から八月一五日の祖国解放まで勤務する。

一九四六年六月、瀋陽の東北大学専修班に入学し、後に本科の文学院歴史学部に進む。

一九四八年、東北大学の北平移転にともない、北平で修学する。

一九四九年初め、北平が解放されて東北大学は東北に戻り、長春の東北大学三部四班に入る。同年八月、瀋陽中学校教師部に配　属され学習する。

一九五〇年、四平師範学校に配属され、政治科と歴史科を教える。

一九六〇年、同校は四平師範専科学校となる。

一九七七年、四平師範専科学校が四平師範学院となり、大学入試制度が復活して日本語科を教える。

一九八八年、学校を離れる。

今年（二〇〇〇年）は、抗日戦争勝利五五周年に当たる。五五年前を振り返ると、日本帝国主義の圧迫の下で、私の美しかるべき青春時代――小学校、中学校時代の在学時期は、まさにこの時代に当たっている。五五年昔のことではあるが私は一四年の間、亡国の民の苦しみを味わった。その記憶は未だに生々しいものがある。

私は吉林省梨樹県拉腰溝の農村で生まれた。当時、私自身が体験した愚民化、奴隷化教育がまざまざと思い起こされる。私は日本傀儡政権による奴隷化教育の体験者であるばかりでなく、屈辱の歴史の証人であるとも言える。

一、奴隷化教育の強化

日本帝国主義者は全東北を占領した後、傀儡「満州国」を建国した。それとともに彼らは愚民化、奴隷化教育に着手した。「王道主義」による「王道楽土」建設の旗印を掲げ、思想的にも東北人民の日本侵略者に対する反抗の意識と行動を排除しようとした。一方で東北人民の民族的観念と排外思想を覆い隠し、麻痺させるために、中国固有の封建道徳と礼教（儒教）を部分的に借用した。彼らは「忠孝仁愛、信義和平」を提唱し、仁義を重んじ、礼譲・修身・斉家など孔孟の道と中庸思想を提唱することによって、従順で愚かな「忠良なる臣民」を養成しようとしたのである。

日本の傀儡支配の中期になると、すでに系統的な教育法令・法規・方針・政策が確立し、全面的に奴隷化教育を施行する段階に入った。奴隷化思想教育はさらに強化され、「日満不可分」「精神一体」と宣伝し、日本を「友邦」と称し、「回鑾訓民詔書」を「聖旨」として全国人民が必ず遵守し実行すべきものとした。「新学制」の改革を行なうことで教育期間を短縮し、基礎科目の内容を削減した。さらに日本語の授業を増やす一方で「満州語」の授業を少なくし、実習科目を増やし、文化知識の水準を低く抑えようとした。

一九四一年一二月八日、日本帝国主義はアメリカの軍事基地真珠湾を奇襲し、太平洋戦争を引き起こした。これがいわゆる「大東亜戦争」である。この時から日本の植民地主義者はいっそう搾取の度を深め、東北人民を使役し、愚民化教育を強化し、戦時体制を推し進めた。

私はこの時期に吉林省立懐徳商業学校に入学した。この学校はもともと日本語の専門学校であったために、日本人教師が比較的に多かった。その中で最も際立っていたのが、初代校長手代木××であった。二代目校長は松浦××であった。この二人の校長は外見からしても、テレビに出てくる典型的なファシスト分子そのものであった。手代木は非常に独裁的で、学校の全権を掌握してさまざまな活動を指導したほかに、算盤の授業を担当した。授業の時、手に長い竹を持って教壇に立ち、真面目にやらなかったり算盤を弾き違えたりしたら、その竹で生徒の頭を叩いた。松浦は日本の名門大学の卒業生で、関東軍に勤務したあと退役軍人となったという。彼はいつも「威風堂々」として恐い顔をし、頭から爪先まで「武士道精神」を体現していた。彼は私たちの思想教育——「建国精神」「国勢」(地歴)を担当し、このほかに学校全体の軍事訓練とさまざまな行事や活動の責任を負っていた。教室で授業をする時でも軍事訓練の時でも、彼は笑顔を見せたことがなかった。彼こそは「戦時教育体制」下におけるファシスト教育の中心人物と言えるであろう。

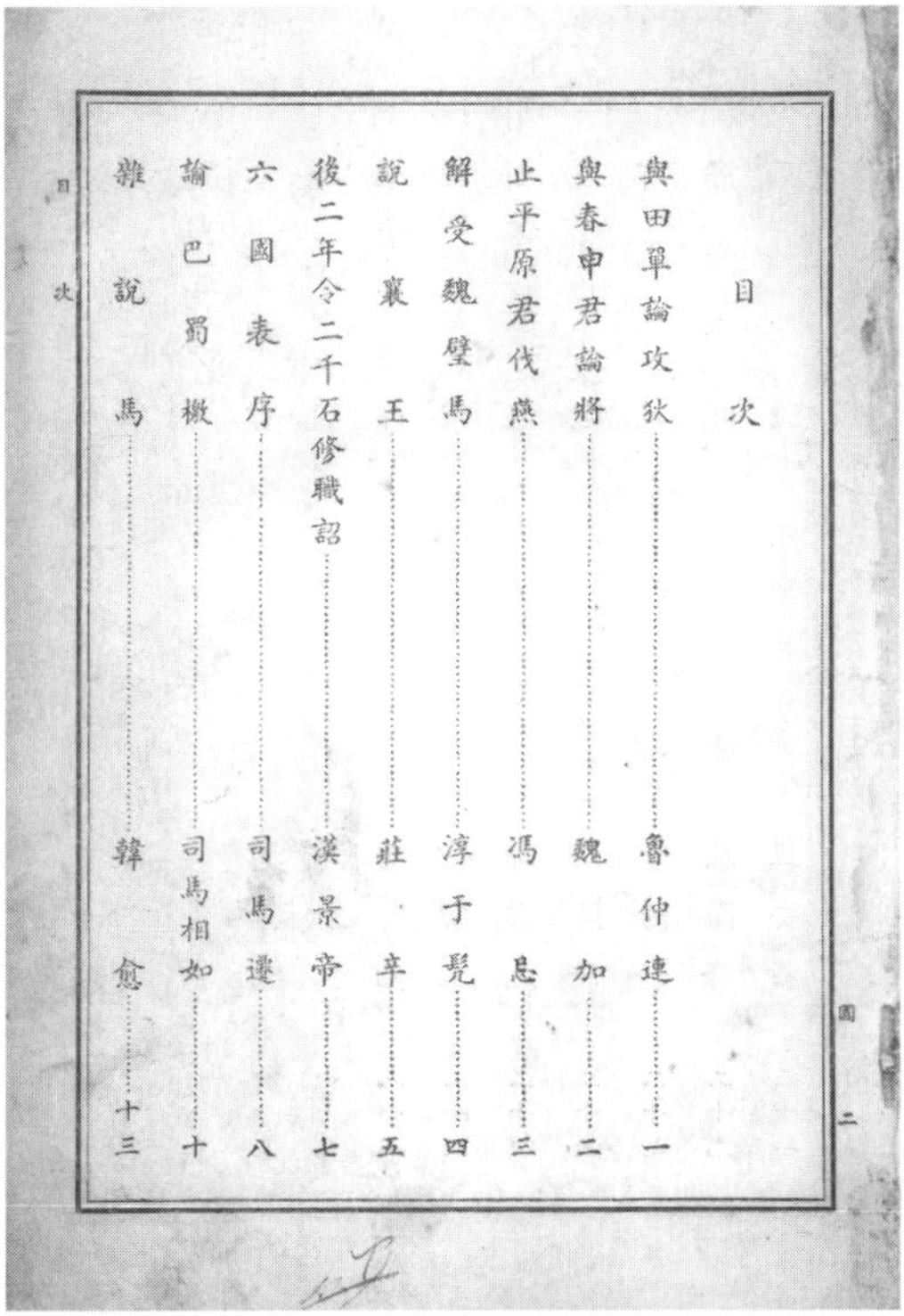
目次

與田單論攻狄……魯仲連　一
與春申君論將……魏加　二
止平原君伐燕……馮忌　三
解受魏璧馬……淳于髡　四
說襄王……莊辛　五
後二年令二千石修職詔……漢景帝　七
六國表序……司馬遷　八
論巴蜀檄……司馬相如　十
雜說馬……韓愈　十三

初級中学校『国文教科書』第二冊（文教部　1937年）、全文が文語文となっている。「満州国」初期の国文教科書から「中国」「排日」的内容が削除された。

まず奴隷化思想教育の方面から言え

ば、元来の「国民道徳」を「建国精神」に改めた。ことあるごとに宣伝していた「日満親善」「民族協和」などのスローガンを「大東亜聖戦」に方向転換して一二月八日を「大東亜聖戦記念日」とした。「大東亜共栄圏」「共存共栄」であるとか、「亜細亜は亜細亜人の亜細亜である」というお題目を強調し、アメリカやイギリスなどに敵対する口実とした。

傀儡「満州国」建国当時の国歌は文語文の歌詞で、その内容は日本帝国主義を賛美するものであった。その後、日本の国歌を歌わせるようになった。「皇帝陛下」と「日本天皇」の「国本奠定詔書《にほんこくかんてい》」「時局詔書」と「勅語」を空で書かせた。

毎朝、朝礼の時に全員が新京の帝宮に遥拝し、日本皇軍の武運長久を祈って黙禱した。また「天照大神」を祭っている日本の神社に参拝させられた。「大和民族」は世界で最も優秀な民族で、世界に比類なき民族であると宣伝し、日本人は神の子孫であり天の子であって、必勝不敗であると称していた。

さらに盛んに軍事訓練と防空演習を行なった。太平洋戦争が勃発した後、植民地主義者は東北で「戦時教育体制」を敷いた。後備を充実させ、いつでも兵士を前線に送れるように軍事訓練を強化したのである。体育も軍事訓練と一体化した。学校の組織も軍隊内部の規律をまねて「階級服従制」を取り入れ、上級生は下級生をほしいままに侮り、撲ることができた。下級生は、上級生に会えば必ず敬礼しなければならなかった。そうしないと必ず処罰された。

特に傀儡「満州国」末期になると、太平洋戦争の度重なる敗北によって戦時体制はますます強化され、全面的に軍事化が実行された。生徒たちは必ず戦闘帽をかぶり、ゲートルを巻き、ベルトには白いタオルを下げることを強制され、まるで戦場に臨んでいるかのような緊張ぶりであった。学校内の訓練のほかに野営訓練も行なわれた。背嚢や飯盒、水筒を身につけて、軍隊の装備と同様の形式をとっていた。また、これらの訓練の機会をとらえて「国家意識」「尚武精神」、及び捨て身の「尽忠報国」の精神を叩き込んだ。

戦争が激化し敗色が深まるとともに、アメリカの飛行機が絶えず空襲にやって来るようになった。学校では日々防空演習を行なった。こうした救護活動と包帯巻きなどの演習で多くの時間を浪費し、教室での授業時間は削られていった。当然、生徒の文化的知識のレベルも低下していった。

全国的な「勤労奉仕」制度が実施され、青少年の心身の健康をそこない、青年の貴重な時間を奪い取った。「勤労奉仕」は奴隷化教育強化の重要な手段であり、その実態は公然と中国の青少年を奴隷のような強制労働につかせて労働の果実を搾取するものであった。私が就学した学校は、商業専修学校の看板を掲げてはいたものの、広大な学校農園を有して生徒に農機具を使った実習をやらせていた。そこには野菜やウリなど各種の作物が植えられ、その耕作や収穫、出荷を私たち生徒にやらせ、支配者は農業の果実を横取りしていた。このほか日曜日には関東軍の兵舎に「使役」に行かされ、大量の汚い仕事や骨の折れる作業をやらされた。私たち生徒の「勤労奉仕」と労働者にやらせた仕事とは、形だけの違いはあっても、程度の差はなかった。

二、東北の歴史を改竄した

日本帝国主義者たちが中国の東北を侵略したのは、彼らの「大陸政策」の具体化であり、軍国主義的発展の必然の結果でもあった。いわゆる「大陸政策」とは、すなわち田中首相が天皇に上奏したものである。つまり――日本は人口が多いうえ土地が狭く物資が欠乏しているので、国を富強しようとするなら必然的に対外拡張しなければならず、アジアを征服するにはまず「支那」を征服しなければならない。そして「支那」を征服するにはまず「満州」と蒙古を征服しなければならない。さらに「満州」と蒙古を征服するにはまず朝鮮を征服しなければならないのだが、朝鮮はすでに征服しているので、これを踏み台として「満州」を侵略すべきである――と考えたのである。しかし、出兵には名目がなければならないので、口実を設けて真相を隠し、人民大衆を騙さねばならなかった。

一九三一年九月一八日、日本植民地主義者は柳条湖事件を引き起こして東北の瀋陽を占領し、数ヵ月もたたないうちに東北三省のすべてを占領した。一九三二年初めには天津から清朝最後の宣統帝溥儀をかつぎ出して「執政」とし、傀儡「満州国」を建国した。黄色地に赤・青・白・黒の国旗と国歌を制定して、「建国宣言」を発表した。年号を「大同」とし、三月一日を「建国節」と定めた。一九三四年初めに溥儀は正式に傀儡皇帝となり、年号を「康徳」とした。溥儀は即位してまもなく日本を訪問し、帰国後に「回鑾訓民詔書」を発布したのである。

まず「建国宣言」を振り返ってみることにする。宣言は「想ふに我か満蒙各地は辺陲に属在し開国綿遠なり。諸れを往籍に徴して分併稽ふへし。地質膏腴、民風樸茂……」と述べている。すなわち、東北は古来中国に属するものではなかった、と説明している。

以後制定された語文教科書及び歴史教科書は、すべて東北を一つの独立した体系を成すものであると称している。歴史は粛慎、挹婁に始まり、渤海、高句麗、扶余、室韋、契丹、女真などを教えた。「九・一八事変」については、侵略を「天に代わって道を行なう、義によって出兵した」などとこじつけている。「ロシアは東北に対して虎視眈々と侵略の機会をうかがっている」とも述べている。さらに——中国では軍閥が割拠し、張作霖・張学良の親子が東北を闊歩して人民を苦しめていたが、幸いにも日本軍が一切の困難を顧みず毅然として奮起し、この危難を救った。そして傀儡皇帝を即位させ傀儡「満州国」を成立させたのは、満州族を助け「満清」を復活させるためであった——としている。

当時の国歌の歌詞は「天地のうちに新満州がある。新満州これすなわち新天地。天を戴き地を立てて苦なく憂なし。わが国家を造成するや、親愛のみありて、少しも怨みや仇がない。人民は三千万、人民は三千万、十倍に増加するも、なお自由を得る。仁義を重んじ、礼儀を尊び、我をして身をおさめさせる。家すでにととのい、国すでに治まる。この地に何を求めようか。これを近くしては、すなわち世界と同化し、これを遠くしては、すなわち天地と同流する」

というものである。この歌詞から容易に見て取れることは、中国人民を愚弄しているということである。新国家の建設は「天の心、民の声」であるし、「王道楽土」を建設することは永遠に幸福な生活ができるようにすることで、仇や怨みを持つことなく日本と親善をはかろうとするものである、としている。

排外思想を除いて将来は日本と同化し、同時に中国固有の旧礼教から「仁義礼譲」「礼義廉恥」「忠孝仁愛」「信義和平」などの封建道徳を利用し、中国人民を麻痺させて帝国主義の順民となるように計らったものである。「回鑾訓民詔書」を見ると、日本傀儡政権が行なった愚民政策とその手段がいっそうよくわかる。詔書は次の通りである。

朕登極より以来亟に躬から日本皇室を訪ひ修睦聯歓以て積慕を伸へんことを思ふ　今次東渡宿願克く遂く　日本皇室懇切相待ち備さに優隆を極め其臣民熱誠迎送亦礼敬を殫竭せさるなし　衷懐銘刻殊に忘るる能はす　深く維ふに我国建立より以て今茲に逮ふまて皆友邦の仗義尽力に頼り以て丕基を奠めたり……朕と日本天皇陛下と精神一体の如し　爾衆庶等更に当に仰いて此の意を体し友邦と一徳一心以て両国永久の基礎を奠定し東方道徳の真意を発揚すへし　則ち大局の和平人類の福祉必す致すへきなり　凡そ我か臣民務めて朕か旨に遵ひ以て万祇禩に垂れよ此を欽め

これは鄭重に全国人民にこの皇帝の聖旨を遵守すべきことを告げている。国家の建設はすべて「友邦」（日本）の尽力によるもので、日本の天皇の心と一体――「一徳一心」の両国の永久の基礎の下で、世々代々に

新京第一国民高等学校の生徒ー奉天918部隊での「勤労奉仕」

わたり、従順な奴隷として永久に支配され続けることを意味していた。

三、大いに日本語を普及させる

日本植民地主義者は中国人民を使役し同化するために、植民地主義者の言語を中華民族の使用する漢語に取って代わらせようとし、日本語を普及させて中国人民を奴隷化する手段としようとした。また、日本語教育を通じて日本の風俗習慣を熟知させれば日本と親密な関係を保つことができ、民族主義と反抗精神を消滅させることができ、さらには中国の青少年に自分が中国人であることを忘れさせることもできると考えていた。そして中国の東北を朝鮮と同様に、完全に植民地化しようと目論んだのである。当時の朝鮮族はすでに日本語をマスターしており、実際に姓も日本的な二文字の姓に変えさせられていた。さらに段階的に日本語普及を強化し、日本語の授業を最重要科目としていった。

私が日本語を習ったのは国民小学校三年生からである。日本から着任したばかりの稲田××が教えていた。最初は何を言っているかまったくわからなかったが、時間がたつにしたがって徐々にわかってきた。生活用語もたくさん覚えた。国民優級学校になると、中国人教師が担当した。進学試験では、日本語の筆記試験と口頭試問が大きな比重を占めていた。

私が学んだ学校は吉林省立懐徳商業学校で、その前身は益民日語公学堂であった。したがって日本人教師は他の学校より多く、日本語のレベルも高かった。そのため就職状況も比較的良かった。私が入学した頃は、「満語」と数学を中国人教師が担当した以外は、算盤、筆記、「建国精神」、国勢（歴史、地理）などの科目はすべて日本人教師が担当していた。そのため最初は教師の言葉が聞き取れなかったが、必要に迫られたのと、自発的に努力したので、二年生になると聞き取り能力はかなり上達し、授業以外の日常生活でも日本語で話すことができるようになっていた。学校では時々「日本語週間」というのがあり、その期間は中国語を一言も使ってはならず、うっかり使うと、撲られたり罰金を取られたりといった処罰を受けた。また、毎年一回か二回、日本語発表会が行なわれ、弁論の能力を競った。さらに日常的にも、日本語で日本の天皇と傀儡「満州国」皇帝の「詔書」を手本なしに書くという試験もあった。このほか、傀儡「満州国」政府は毎年一回語学検定試験を行ない、合格者に等級を付けた。日本語の成績がいいと、進学や就職において優遇を受けた。このため状況に迫られてであろうと、主観的な願望からであろうと、いずれにせよ日本語の能力は向上しなければならなかった。私の日本語の成績は、こうした状況の下で向上していった。卒業前には上位の成績を獲得し、日本語発表会では何回も最優秀の賞をもらった。

一九四四年末、私は懐徳商業学校を卒業した。卒業前に傀儡「満州国」経済部の任官試補試験を受けて合格し、日本語試験にも合格した。合格後は四平専売署に配属された。私はそこで一九四五年二月か三月頃から勤務に就き、「八・一五」の祖国解放まで働いた。

傀儡「満州国」の後期に太平洋戦争が勃発したが、後にイタリアとドイツのファシストが降伏すると、中国人は抗戦勝利が間近であると予感し、その日が一日でも早く来ることを願望した。民衆の中で「日本語は習わなくてもいい、二年もすれば使われなくなる」という言葉がささやかれるようになった。当時、私の日本侵略者に対する恨みつらみは極点に達していた。そのため専売署で仕事をした数ヵ月の間は日本人と付き合ったこともなく、日本語も使ったこともなかった。日本語を話すことを恥辱と感じ、亡国の民にされた感じを持ったからである。また、日本人の前でペコペコしてゴマをする一部の人たちに対して、強い憎悪を感じた。

それから三二年が過ぎて一九七七年になると、中国は試験入学制度を復活させ、各大学では外国語の科目を開設するようになった。日本語の教師が不足していたために、私は日本語を教えるために歴史学部から転勤させられることになった。かつて専売署の同僚で隣に坐っていた友人は、私が日本語を教えるということを聞いて、不思議そうな顔をして信じようとはしなかった。彼は「君が四平専売署で日本語をしゃべったことを聞いたことがないが、どうして日本語を教えられるのか」と言った。私も、日本語を教え始めた頃はどうしても他の言語とは違うような気がして、亡国の民になったような気持ちが残ってしっくりしなかった。その後は徐々に開き直るようになり、私が習ったのは帝国主義の支配下であり、現在は日本語の使い道があれば過去の苦痛の中からいくばくかの慰みを得ることになるのではないか、と考えるようになった。

四、私と私の同級生は決して征服され、奴隷化したわけではない

植民地主義者は悪知恵を絞り、さまざまな方法で東北の青年を騙し、強制的手段によって抑圧しようとした。しかし彼らの意図とは逆に、私たち生徒は誰一人として甘んじて彼らの奴隷となる者はいなかった。自分が中国人であることを忘れた者もいなかった。そして全員が、抗日戦争が勝利して祖国の懐に戻る日が来ることを、切実に待ち望んでいた。しかし、それを公然と口に出すことはできなかった。それは無謀なことで、無意味な犠牲を生むことがわかっていたからである。

生徒たちは、当時のファシスト支配の暴政に強い反発を抱いていた。以下、私の身近に起こった忘れることのできない事件を挙げることにする。

(1)一九四三年の真冬、校庭には厚い雪が積もっていた。校長の手代木は、いつもの習慣で私たち生徒をこき使う手段を思いついた。私たちの教室に入って来て、日本語で「戦闘訓練をやって、困難をものともせず犠牲を恐れない尚武の精神を養うことにする。全員、靴と靴下を脱いで、運動場に集合せよ」と言った。同級生たちはこれを聞いて、反抗するわけにいかず、しかたなく素足で運動場に走り、足踏みしながら一列に並んで校長の命令を待った。校長の手代木と西村××はゴム長靴を履き、上半身裸になって出てきて、日本の武士道精神を誇示した。私たちを二組に分

け、手代木と西村が指揮して雪合戦が始まった。生徒たちは雪玉を作って投げ合ったが、始まってからまもなく、誰からともなく手代木と西村に雪玉を集中して浴びせた。生徒たちの握り締めた雪玉は非常に硬く、西村は地面に倒れ、手代木も全身に雪玉を浴びて逃げ惑った。

手代木は激怒し、命令を発して雪合戦を止めさせ、もう一度一列に並べて立たせた。頭から湯気を立てて「おまえたちは心が腐っている」と怒鳴り、列の先頭に立っていた生徒に「回れ右、ビンタ」と怒鳴った。最初の生徒がやろうとしないので、自らその生徒に左右のビンタを張った。生徒たちはやむなく「回れ右、ビンタ」を行なわざるを得なかった。「回れ右、ビンタ」というのは、一列横隊になって最初の者が次の者を撲り、第二、第三と順番が回っていって最後まで行くと、先頭の者は最後尾についてビンタを食らわせ、その後、列の最後尾に並びなおして撲られるのを待つ、さらに先ほどの二人目から始まって順番にビンタを食らわせ、その後、列の最後尾について撲られるのを待つのである。こうして生徒の数だけビンタを食うことになる。みんな手ひどく罰を受けたが、しかしこれによって生徒たちの帝国主義を憎悪する気持ちが圧伏させられたわけではなく、生徒たちの国家意識、民族意識が征服されることはなかった。

(2)日本傀儡政府の後期は、いわゆる「戦時教育体制」が実施され、学校では軍隊と同じように「階級服従」が強制された。上級生は思いのままに下級生を管理し、下級生はおとなしく上級生に服従しなければならなかった。下級生が上級生に会った時は必ず立ち止まり、挙手の礼をして日本語で挨拶しなければならなかった。私と私の同級生たちは、この制度に非常に不満を持っていた。低学年の時は上級生から叱られ、撲られたことがたびたびあった。ある時、私は理由もわからないままに上級生の部屋に呼びつけられ、上級生の趙甲林から続けざまに十数回のビンタを食らった。彼は撲り終わった後で私に「生意気だ、これからも撲るから気をつけろ」と言った。幸い私の同郷の趙学文がとりなしてくれて、どうにか事はおさまった。

ある日、私たちのクラス全員は班長に引率されて、行事に参加するために街に出かけた。帰ってくる途中、同じ学校の最高学年の龐文彬に会った。彼は乗馬靴を履き、大威張りで歩いていた。私たちのクラスの同級生はほとんどが彼に撲られたことがあり、我慢できなかったので、仕返しをしようということになった。そこで級長の劉殿臣が「一、二、一、二」と号令を掛け、みんなで一斉に「どけ！」と叫んだ。彼は怒りと恥ずかしさで居たたまれなくなり、そのまま学校に戻り教師の松浦に訴えた。松浦は私たちのクラス全員を運動場に集め、さんざん説教をたれた後、二列に並べて互いにビンタを張らせた。これは「協和ビンタ」とも言い、当時の流行であった。日本帝国主義が人民を愚弄し使役する際に用いた残酷な暴行であった。

私たちのクラスが上級に上がった後、私は下級生をいじめたこともなく、下級生の前で威張りくさった態度をとったこともなかった。さらに私の級友たちが下級生を撲っているのも見たことがなかった。これは私の級友たち全員がファシスト的奴隷化に反対し、「階級服従」という支配手段に反対していたことを示すものであった。

(3)太平洋戦争勃発後、日本帝国主義は完全に末期的状態に陥り、一歩ずつ最終局面に近づきつつあった。経済的にはでたらめな搾取を行ない、政治的にはさらに残虐な食糧供出を強制した。配給制度を実施し、中国人が米を食べることも、綿布を売買することも許さなかった。違反者は「経済犯」か「国事犯」に処せられた。また文教部門では「思想犯」が大量に検挙されていた。

校長の手代木の訓話でも、松浦の「建国精神」の授業でも、「後方こそが前線である」「食糧は砲弾である」といったことが強調されていた。日常生活が軍事化され、戦闘化されていた。私たちの学校では、生徒の思想動向を調査するために、何回も無記名の形式で時局に関する感想を書かせる試験が行なわれていた。実際には、生徒たちはとっくに植民地主義者の罠だと見抜いていたので、騙されることはなく、本当の気持ちを正直に書く者はいなかった。書けば「思想犯」として逮捕されるに決まっていたからである。イタリアとドイツのファシストたちが相次いで降伏した後、「日本必敗」の情勢はいっそう明らかになってきた。生徒たちの間では、ひそかに議論され、互いに口コミで情報を伝え合い、祖国解放の日が間近いことがわかっていた。朝礼で「帝宮遥拝」と「黙禱」をさせられる時、みんなは心の中では「日本必敗」を願い、祖国勝利の日が早く来ることを祈っていた。

果たして勝利の日がやってきた。一九四五年八月一五日、日本の天皇は無条件降伏を宣言した。これは私の一生で最も喜ばしいことであった。

(4)私は封建的な家庭に生まれた。父は何十年も私塾で教えてきた教師であった。だから私は小さい時から家風の影響を受け、勤勉に、時間を惜しんで勉強しなくてはならない、という考えを養われていた。学校に上がる前、親たちは童歌を教えた。

一寸の光陰は一寸の金
一寸の金は一寸の光陰に代えがたい
小さいときに真面目に勉強しなければ
書物の中に金があることがわからない
たくさんの書物を学ばなければ
大君のお側には上がれない

学校に上がると、『三字経』の中の「頭に梁がぶら下がり、錐で骨を刺す」などの勤勉を謳った物語を教えられた。また「学問に明日あると思うなかれ、学問に来年あると思うなかれ」など、時間を惜しんで勉強しなければならないという格言を教えられた。こうした童歌や物語、格言の影響下で、私は寸暇を惜しんで勉強する習慣を養い、知識欲の旺盛な人間となった。

このため私は学校の愚民化教育に反撥し、極端に憎悪した。学校の軍事訓練や防空演習、「勤労奉仕」によって長い時間を奪われることに強い不満を感じていたので、農作業や部隊の使役などには精神的に堪え難い苦痛を覚えた。しかし、このような横暴は時勢のなすところで、何人も抵抗できなかった。そこで仕方なく、私は懲罰を受けてでも学校の作業をさぼって自分の時間を作り、自宅で時間を惜しんで勉強した。作業をさぼっても、短時間であれば張介人と裴作川の二人の先生は見逃してくれた。たとえ撲られても、撲られる回数は少なかった。時には中国人医師の偽の診断書を利用してごまかすこともあった。

しかし、ビンタは日常的に食らわされた。最もひどかったのは、夏休みに二〇日間、野営訓練に動員された時のことである。私が訓練に行かなかったので、教師の松浦は烈火のごとく怒り、自分で手ひどくビンタを食らわせた後、同級生に向かって私にビンタを張るように命じた。その時、私は度胸を据えてやられるままになっていた。とにかく私は心の中で「撲るなら撲れ、日本の侵略者ども、お前たちはもうすぐおしまいだ、いつの日か落とし前をつけてやる」と罵っていた。

（聞取り時期：二〇〇〇年六月、場所：吉林省四平市師範学院）

新京自強小学校と大連電電社員養成所――劉環斌 証言

〔略歴〕

劉環斌（リューホァンビン）、旧名・劉寰彬、男、漢族、一九三一年七月二八日生まれ。原籍：遼寧省瀋陽市。離休（退職）時の所属：瀋陽市大東郵便電信局。職務：通信士。日本占領時期に在籍した学校：大連市電信電話社員養成所、日本占領時期の職場：新京市中央電報局。

一九三八年、新京市自強両級小学校に入学する。

一九四四年初め、大連市電信電話社員養成所電信組に受験入学し通信技術を勉強する。一年で卒業して新京市中央電報　電話局通信課に配属さる。

一九四五年八月一五日、祖国解放後、瀋陽市電報局に転勤する。

一九四八年一〇月、瀋陽が解放され、革命に参加する。

一九八六年六月、離休（退職）する。

私は一九三一年に瀋陽で生まれ、現在すでに七〇歳になった。ちょうどその年に「九・一八事変」が起こり、私は養父に連れられて長春に移り住み、新京市自強両級小学校で勉強した。

「九・一八事変」以後、東北の大部分は日本の侵略者に占領され、人民は辛く苦しい亡国の民の生活を強いられた。青少年は奴隷化教育を受け、物心ついた時から自分たちは「満州人」であると教えられ、親から本当の祖国は中国であり、自分は中国人であると教えられなければ、それすらもわからなかった。

一九三八年、私は八歳の時に新京市自強両級小学校に入学し、勉強した。場所は自強街にあり、付近には傀儡「満州国」国務総理大臣張景恵の邸宅があった。彼の家の門の左右には小さい石柱が立っており、「姜太公此処にあり、泰山石もかなうまい」という字が彫ってあった。まったく傲慢の極みである。私は毎日その門の前を通って通学した。ある時、邸内から乗用車が出てきて、車の中に色白で小太りの老人が乗っているのが見えた。たぶん彼があの大漢奸であったと思う。

当時、小学校一年から中学校、大学まで、ずっと日本語の授業があった。日本語は必修とされていたのである。毎日朝の体操の時、校長が演台に上って全校の教師と生徒に「国民訓」を暗唱させ、その後「帝宮遥拝」があり、帝宮に向かって九〇度に腰を曲げるお辞儀をさせられた。重要な祝日には、必ず校長が自分で溥儀の「訪日回鑾訓民詔書」を朗読した。この「詔書」を書いたのは漢奸の鄭孝胥であったと言われている。その内容は、全教師と生徒に「日本侵略者に感謝しろ」というものであった。

その頃、各学校に日本人の副校長が配属されていた。「副」とはいえ権力は校長や教務主任より大きく、校務すべてを決定する実権を握っていた。毎朝の体操の時は拡声器で音楽を鳴らし、「けんこくたいそう一、二、三」と日本語で号令を掛けた。この言葉は、入学したばかりの小学生にはさっぱりわからなかった。しかし時間がたつにつれて、その意味がわかるようになってきた。小学校の音楽の授業では一週間に一回、中国語の歌以外に日本語の歌も教えた。たとえば「愛国行進曲」「愛馬行進曲」「海軍行進曲」「日本国国歌」「満州娘」などである。これらの歌は学校の中だけではなく、公共娯楽場や映画館、放送局で繰り返し流していた。なお「放送局」という言葉は名実ともに「協和語」であった。

日本支配者は、各種の祝日や集会を巧みに利用して大和民族の「武士道精神」を宣伝していた。傀儡「満州国」建国十周年や日本の「紀元二千六百年」の記念式典に際して展覧会を開催したり、忠霊塔（瀋陽の忠霊塔は中山公園付近にあったが、解放後に取り壊された）を建てるなど、さまざまな形式で宣伝した。また学校では集団で「靖国神社」に参拝に行かされた。ある時、各学校の教師と生徒全員が神社付近に集合させられた。数人の日本人僧侶が、中国侵略戦争で戦死した日本軍人のために香を焚いて読経していた。傀儡皇帝溥儀も参加していた。

ある神社で一頭の年老いた馬を飼っていたのを覚えている。この馬は赫々たる戦功を立てたので、日本軍はこの馬を老死するまで養うということであった。

各学校における朝礼前の日本、「満州国」国旗の掲揚

親日感情を養うため、学校では生徒を引率して映画を観に行ったり、課外読み物を配布したりした。「満州国」協和会の協和会館でも、小学生向きの日本のアニメーション映画を日常的に上映していた。時にはニュース映画も上映した。ニュース映画の内容はほとんどが前線の「戦果」を報道したもので、日本軍がいかに強大であるかを強調したり、中国のどこかの街を占領したことを誇示するものだった。当時の新聞も毎日、日本の大本営発表の「戦果」を載せていた。ある時、学校が組織して観に行った映画で「萬世流芳」というのがあった。その内容は日本の「支那」浪人を極端に美化し、彼らがいかに正義感にあふれているか、いかに中国の難民を助けようとしたか、いかに西洋人の阿片販売に反対したかというものだった。また映画の中で李香蘭という女優が中国語で「飴売りの歌」を歌い、一人の紳士が日本の武士の刀を中国の刀よりよく切れると褒めそやし、日本に媚びへつらい、奴隷の醜態を演じていた。

その頃、日本軍は真珠湾を奇襲してアメリカ、イギリスなどと戦争を始め、中国人民の日本軍に対する恨みを西洋人に転嫁しようとしていた。当時の私にはそうした道理はわからず、ただ映画を観て面白がっていただけだった。

五、六年生になると、課外読み物が配布された。その中に『愛の教育』という西洋の童話集があった。その童話集の中には「母をたずねて三千里」などがあった。さらにもう一冊、日本で出版された中国語訳の本があった。書名は覚えていないが、内容は日本の神話で、日本人は神の子孫で天皇は「万世一系」の皇統で祖先は「天照大神」である、というものであった。ある時、中国人教師の任先生は「今までは日本のことを『友邦』と呼んでいたが、現在新聞紙上では『親邦』に改称された。これまでは友人であったが、これからは『お父さん』と呼ばなければならないな」と言った。その時、私たちは誰もその意味がよくわからなかったが、今思い返すと、任先生の言う言葉には含みがあって、風刺の気持ちを込めていたことがわかる。私は任先生は本当の中国人の気骨を持っていたと思う。

日本軍は軍事訓練を非常に重視しており、傀儡「満州国」の首都新京では、第二高等中学校の生徒には各人に棍棒を一本ずつ、第三高等中学校の生徒には各人に木刀を一振りずつ持たせ、毎日登校する時に携帯させて戦闘訓練に使用した。各学校の軍事教官はすべて日本人の退役軍人（各地に在郷軍人会があった）が担当した。しかし私の学校には軍事教練の科目はなく、ただ普通の体育科があるだけだった。

学校の運動場はかなり広く、校舎はすべて平屋だった。教室にはスチーム暖房などはなく、冬になると用務員が各教室を回ってストーブを焚いたので教室中が煙だらけになり、教師も生徒も煙にむせて咳き込んだ。それでも教室内は恐ろしく寒かった。しかし全市の重点小学校である大経路小学校では、校舎や室内体育場などの設備が整っていた。そこでは少年団が組織され、黄色い制服に緑のネッカチーフを締め、孫悟空の如意棒のような棍棒を持たされて、なかなか格好よかった。

いわゆる「大東亜聖戦」支援のために、現地の「協和会」と連絡をとって各地の協和会館で映画が上映された。「協和会」というのは、日本侵略者の支配下に作られた漢奸組織である。その主要な活動は、中国人に親日思想を宣伝し「日満親善、日中提携を推進して、大東亜共栄圏を協同して建設する」ことであった。協和会の職員はすべてカーキ色の協和服を着用し、協和帽をかぶっていた。傀儡「満州国」の上級官吏の多くはこの服装をしていた。協和会館で映画を上映する時は無料であったが、観客（小学生も含む）は必ず銅片を持参することになっていた。彼らは日本の侵略戦争を援助するために屑銅を集めていたのだった。私たち小学生は何もわかっていなかったので、学校の門や窓の銅器具を外して持っていった。中には自分の家の銅の錠前まで持ち出して入場券に替える者もいた。これはすべて映画をたった一回観るためにやったのである。

日本は長期にわたる占領によって東北の富を狂ったように掠奪したが、それでもなお増大する戦需物資の需要をまかないきれず、日常生活物資の供給不足は日増しに深刻になってきた。主食や食用油なども「消費組合」から米穀通帳が各家庭に一冊ずつ発行され、配給制が実行されるようになった。通帳は各人の社会的地位や職務の高低によって福・禄・寿の三等級に分かれていた。普通の職工と無職の人は同待遇で「寿」の字が押された通帳であった。「消費組合」は、時にはどんぐりの実や砕いた豆粕を食料として中国人住民に販売し、上質の食料である米は日本人の専用食としていた。彼らは「お前たちに米を食うことを許さないわけではない。東北人の主食はコウリャンかトウモロコシで、日本人の主食は米であるからだ」と言い訳していた。

一九四四年初め、私は一四歳となり、大連電信電話会社社員養成所に受験入学した。この養成所は募集要項を東北各地に送っていた。優遇措置が多く、「学費免除」とか「寄宿舎の食費も寮費も免除」とか書いてあった。在学期間は一年弱であったが、卒業後は満州電信電話株式会社に三年間勤めなければならなかった。学校から派遣されてきた募集担当の教師は小原という日本人で、この先生は近眼鏡をかけ、山羊のような髭を生やし、流暢な中国語をしゃべった。もともと「中国通」であり、彼は至極にこやかに生徒と話していた。しかし学校に入学してから、彼の撲り方が一番きついということがわかった。新入生の一人が便所でうっかり大便を便器に付けてしまい、それが彼に見つかって目尻から出血するほど撲られた。彼の撲り方は手慣れたもので、右手で平手打ちを食わせ、左足で蹴り上げ、生徒をその場に転倒させた。

会社は生徒一人当たり制服一揃い、更生布で作ったオーバー一着、日本の戦闘帽、ゲートルを支給した。オーバーの肩や帽子には、満州電電の徽章「ＭＴＴ」がついていた。宿舎から校舎までは距離があり、毎日列を組んで歩いて登校した。教師の大坪先生が養成した新入生のラッパ手がラッパを吹きながら先頭を行き、日本軍の行軍さながらであった。

食事は粗悪で、入学したての頃は毎朝トウモロコシのマントウ一つに二切れの塩漬け野菜、それに白湯が一杯であった。時にはトウモロコシのお粥やコウリャンのお粥も出た。これほど貧しい食事であったにもかかわらず、食事の前には生徒に合掌して「天照大神」の恩に感謝することを強要し、それを終えてから食べることが許された。

校長と教師はすべて日本人で、副校長一人だけが中国人であった。朝の体操の時、彼は終始黙りこくっているので、私はその哀れな様子から、彼は操り人形にすぎないと思った。校舎は大連の桔梗町にあり、宿舎は蔦町にあった。一クラス五〇人ほどで、全校で二十数クラスあり、東北各地から募集されてきた新入生が少なくとも一千人以上在学していた。第一期の生徒の中には新京からきた同郷の者が七、八人いた。私は電信科に応募した。技術科では送電塔に上ったり電信柱をかついだりするので、体力が必要ということであった。私は当時一四歳で、痩せて体が小さく体力もろくになかったので、電信科に応募したのである。授業科目は電信、技術、日本語、代数、電磁学などであった。モールス信号や電報の送受信、和文タイプなどを勉強した。数学の教師は日本人で、日本語で代数を教えた。「ｘ＋ｙ」などさっぱり聞き取れず落第点を取ったが、専攻科目で何とか合格できた。

当時は手に職をつければ飯の種になったので、しっかり勉強しなければいけないと思っていた。しかし大食いの同級生の中には、いつも空腹で腹に力が入らず、耐え切れずに荷物を放り出して家に逃げ帰る者も何人かいた。新京から来た周という生徒は、夜、二階の窓から逃げ出して大連駅に行こうとした。私たちはゲートルをつなぎ合わせて彼の腰に縛り、二階から彼を下ろしてやった。ほかの寝室でも生徒が逃げ出すことがたびたびあったが、学校は深くは

旅順高等公学校師範部　「建国館」参観

追及せず、退学処分にしてことを済ませた。

新京から来た生徒はほとんど電信第三班に属し、日本人教師の北川先生に教わった。彼は訳もなく生徒を撲ることはなく、教え方も真面目だった。卒業の時、私たちのクラスの級友が全校の一位から三位までを占めた。しかし電信第六班の宮崎という教師は不真面目で、いつも生徒を撲っていたので、六班のハルピンから来た生徒たちは彼を憎んでいた。

宿舎には舎監が寝泊まりしていた。大連出身の冷という生徒が靴を履き替えないで部屋に入ったのを日本人の校長に見つかり、ひとしきり撲られた後、真冬に裸足で外に立たされた。また、入浴時に一人の生徒がセーターをなくしたことがあった。その日の夕方、大食堂に全校の生徒が集められて、一晩正座させられた。居眠りをした生徒は、二人向き合って互いにビンタを張らされた。撲り合いで大怪我をする者も出た。その傍らで日本人教師は、いじわるく薄笑いを浮かべていた。

郷司という教師がいた。在郷軍人で、授業の時に写真を出して生徒に見せた。その写真の郷司は軍服を着て鉄兜をかぶり、三八式歩兵銃を背負っていた。彼は両腕に黒く痩せて髪が乱れた田舎の中国婦人を抱いていた。彼女たちは怯えた表情だったが、郷司は自慢げに「彼女たちは俺の友達さ」と言った。生徒たちは唖然として黙っていたが、察しはついた。心の中で「この日本人はとんでもない奴だ」と思った。郷司は生半可な「中国通」であった。

学校では生徒一人一人に経歴を書かせたことがあった。「民族」の欄にみんな満州族と書いたり、漢族と書いたり、回族と書いたりした。ところが郷司は漢族と書いた生徒に腹を立て、「お前らは中国人か！　満州国人ではないのか」と、大声で叱りつけた。彼は東北三省が「満州国」であるので、そこに住む住民はすべて「満州国人」とすべきだと怒鳴ったのである。

夕食後、一時間の自習時間があった。生徒たちは一人一個ずつ模型の電信器を支給され、技術と発信速度を練習した。日本語の五一文字のモールス符号と数字をマスターしなければならなかった。学校側は国際的に通用する国際符号をまったく教えなかった。おそらく教師もできなかったであろう。国内通信には英文符号は使用されないからである。ただ、みんなは海難救助の無線符号ＳＯＳのモールス符号（・・・――――――・・・）だけは知っていた。日本降伏後にようやく英文二六文字のモールス符号を習い、どうにか欠けた知識を補うことができた。

自習の時は教師が傍らに付いているわけではなく、自発的に練習することになっていた。私は普段から小説を読むのが好きで、帰ってくると任侠物とか恋愛物とかを読んでいた。ある時、検査の時に見つからないようにやや大きめの『速成日語読本』を小説の上に被せるようにして、畳の上に横になって読んでいた。あいにくその日は郷司が担当舎監で、いきなりドアを開けて入ってきた。私はあわてて本を閉じて荷物の下に入れたが、見つかってしまった。本は没収となり、ビンタを二つ食らった。数日たってから、郷司は私を見かけると「本の続きをよこせ」と言ってきた。なんと彼は中国語の小説も読めたのであった。

寄宿舎の寝室には鍵は付いていなかった。消灯ラッパが鳴ると、室内では小声であっても話し合うことは禁止されていた。ところが舎監の中には、スパイのようにドアのところに立って聞き耳を立て、話し声が聞こえるとドアを開けて飛び込んできて、有無を言わさず全員の頭をぽかりぽかりと撲る者もいた。生徒は驚いて飛び上がった。先に寝入った者こそいい迷惑で、暗闇の中で訳もわからないまま撲られた。翌日、同室の全員の頭にこぶができていた。生徒たちが入所した時に教わった「所訓」の第一条には「不平や不満を言わず」という言葉があった。

大連は山を背にして海に面していて、市内の街路には桜が植えられていた。毎年四月になると桜が満開となり、確かに山紫水明の素敵な所である。日本軍は東北を占領した後、金県から旅順口にかけての一帯を「関東州」とした。そこは植民地的色彩が特に濃く、警官の服装や装備は日本国内とそっくりで、全員が日本人であった。彼らはズボンに赤い線の入った黒い制服を着て、小柄で頑丈な体つきをしており、中国人の行商人を相手に怒鳴ったり、罵ったりしていた。見たところ傀儡「満州国」警官より質が悪かった。駅を出た途端に何回もこうした不愉快な情景を見せつけられると、圧迫感と不安感が湧き起こってきた。私はその頃「人権」という言葉の意味などわかるわけはなかったが、日本の警官が数人の行商人を追い散らし、籠を蹴飛ばしてリンゴやピーナッツなどをそこらじゅうに撒き散らすのを見たことがある。行商人たちは四方に逃げ散って行った。もし捕まれば、ひとしきり撲られることになるからだ。

駅を出て真っすぐに行くと、大きなビルがあった。それは三越百貨店で、店員はすべて日本人だった。私たちのような北から出てきたばかりの生徒が文房具を買うには、たどたどしい日本語で彼らと話さなければならなかった。おそらく発音か言葉遣いが不自然だったのだろう、彼らは私たちを中国人と見て、品物を売ってくれはしたものの、睨むような目付きをして露骨に「面倒くさい」といったような態度をとった。彼らは日本人の客と接している時は礼儀正しく、にこやかに応対していた。これは「大和民族」の優越感がそうさせたのであろうか。

私たちの北方の都市では、街の通りの名を決める時は中国の都市の名前を用いていた。大連では日本軍人と花の名前を町名にしていた。大連の野菜市場では大量の日本の漬物や味噌が売られていた。また靴屋の主人の掛け声も「クツナオシー」と日本語を使っていた。

当時、大連の日本人移民は北方の他の都市より多かったと思われる。大連電信電話社員養成所は桔梗町にあり、満州電信電話株式会社の下部組織で、会社の総裁は日本の大資本家であった。彼は表に出ることがなく、私たちのような下級職工にとっては雲の上の人であった。

夏になると養成所は半月の夏休みとなり、生徒たちは故郷に帰った。日本人の校長や教師は、生徒をつかまえては「学校に戻ってくる時、野菜を持ってくるように」と言いつけていた。彼らはあからさまに「大連では野菜の供給が不足しているから」と言った。帰宅の途中、車内の巡査は私たちを検査することはなかった。着ている制服が日本人生徒とそっくりだったからである。お婆さんと娘さんが私の向かいに坐っていた。彼女たちは大小の荷物を私の腰掛けの下に隠していたので、没収されずに済んだ。二人は親子の担ぎ屋だったらしい。当時は運搬販売を禁止されていた品物がたくさんあった。

一九四五年の旧正月が明けると、私は養成所の配属命令によって新京中央電報局通信科に就職し、有線機器担当の職員となった。職称は「準職員」で正規の職員の資格はなかったが、雇員よりはいくらかましで、月給は三五元であった。私の仕事は一般電報の受信と発信であったが、窓口の職員はすべて日本人で、医者のように白衣を着ていた。当時は宛先は全部日本語で書かなければならず、日本語のできない庶民が電報を申し込むことはとても面倒なことであった。

局から要求された履歴書には「国籍」の欄があり、日本人と「満州国人」を分けていた。この日本企業でも、日本人は相当に優遇されていた。主な管理職はすべて日本人であり、「満州国人」の職員や職工はその下働きであった。企業内には食堂があり、定食券（米券）が配布されていたが、中国人には配布されなかった。

卒業したての日本の若者たちが、大阪から中国に配属されてきていた。私たちも彼らも血気盛んな若者だったのでよく衝突し、撲り合いの喧嘩になったこともあった。ある時、彼らは紀という中国人に対して「亡国の民」と罵った。紀は罵った者を屋上に呼び出し、一対一で喧嘩してその日本人を撲り倒した。撲られた若者は同じ日本人の主事に言いつけ、その主事は事情を調べた後、日本人の若者を撲り、「亡国の民という言葉は使うべきではない」と叱りつけた。これは表向きは中国人をかばっているようであるが、本当はその主事は中国人の民族主義を誘発することを恐れたのである。

私は学校や職場での数年間の体験で、日本支配者の策略を身をもって理解した。彼らはいたるところで私たちを同化し、従順な道具に仕立てようとしていた。幸い日本侵略者の全盛時代は長くは続かなかった。ある日、ソ連の飛行機が飛来して帝宮付近に爆弾を落とした。私はその爆撃の音に驚いて飛び起きた。

数日もしないうちに、電報局では日本人が集められ、ラジオ放送を聞かされた。それは日本の天皇が臣民に向かって無条件降伏を宣言した詔書であった。集会から戻ってきた日本人は、がっくりと落ち込んでいた。私たちが放送の内容を尋ねると、彼らは「降伏した」とは決して言わず、ただ戦争が「終わった」とだけ言った。

その後、私は新しい生活を始めた。解放後に、私は瀋陽長距離電報局機密通信室の第二通信員となった。有線通信だけでなく、無線通信やファクシミリの送受信までできるようになっていた。

（聞取り時期：二〇〇〇年八月二〇日、場所：瀋陽市于洪区鴨緑江西街二六—一号）

法政大学の思い出——田余秀 証言

〔略歴〕

田余秀（ティェンユーシュー）、男、漢族、一九二六年二月八日生まれ。原籍：遼寧省撫順。離休（退職）時の所属：台湾省台中高級家商職業学校。職務：校長。日本占領時期に在籍した学校：傀儡「満州国」法政大学。

一九四〇年、撫順国民高等学校電気科を卒業し、ハルピン学院に受験入学する。

一九四三年、法政大学に受験入学する。

台湾省立台中高級家商職業学校の校長を三〇年勤めて、全国教育界の最高栄誉である木鐸賞、師鐸賞を授与された。また台湾省政府工作模範賞、教育部社会教育賞、行政院第一等服務賞、十大傑出人材賞を授与され台湾杏壇芳名録に載った。

国際珠算連合中華民国分会理事長を一三年、総会会長を一〇年務め、退職後は百余ヵ所の商業専門学校、商業職業学校の校長から推薦され、商業学会理事長を二期七年務めたほか、商業教育基金を創設して理事長を二四年務めた。

私が故郷を離れて台湾に住んでから半世紀以上たった。その間に数えきれないくらいの台風や地震を経験し、すっかり自然災害に慣れた頃、思いがけないことに一九九九年マグニチュード七・三の大地震に遭遇し、今年（二〇〇〇年）の八月には超特大台風による天変地異も経験した。しかし私の考えでは、これらの自然災害は、日本が東北を侵略した時に青年たちに与えた教育上の害毒と比べると、はるかに深さも影響力も及ばないと思う。なぜなら台風の害は時間的、地域的に限定されている。しかし、教育の害は無限に広がり、今なお続いている。

日本人は、なぜ教育という手段で若者たちに害毒を流したのだろうか。征服者たちは中国東北を長期にわたり占領し、中国人民を「皇国臣民」とし、主権と資源を独占しようという願望を持ったからにほかならない。そのため彼ら

新京法政大学経済科第二学年三組の記念写真

は学校制度を「改革」し、各学校の歴史を無視し、教科の配分と科目の改変に着手した。

中学校においては、初級中学校と高級中学校の三・三制を四年一貫制の国民高等学校に変えることから始め、普通中学校を無くし、一律に職業教育を行なうことにした。その目的は就学年限を短縮することにあった。人文関係の科目を簡素化し、総合的知識教育を無くして、ただ、働き服従するだけの生産労働者を養成するものであった。国家のための人材養成など、そもそも考えてもいなかったのである。

高等教育においては、総合大学は設置されず専門的な単科大学しかなかった。医科大学は瀋陽、長春、ハルピンの三ヵ所、工科大学は旅順（毎年中国人学生を一〇人ほど募集していた）、瀋陽、長春、ハルピンの四ヵ所、農業大学は瀋陽、長春（獣医大学）、ハルピンの三ヵ所、師範大学は男子校が吉林、女子校が長春の二ヵ所しかなかった。日本人は生徒が学習の中で「反満抗日」に目覚めることを極端に恐れ、人文科学や社会科学の分野を制限し、学校数も学生数もきわめて少なくしていた。建国大学は修業年限が長く、卒業後は大同学院に進学でき、高等官の資格が取れたが、こういうコースを設けているのは、優秀な人材を行政上の指導的地位に就けて自分たちのために働かせようという意図によるものだった。

司法官養成については、傀儡「満州国」建国初期に長春に法学校が設立され、後に拡大充実させて法政大学となった。法政大学には法律と経済の二つの学部しかなく、修業年限は三年で、卒業後の進路は法律に関する成績を考慮して決められた。三年間の修業年限では不十分ということになり、民国三二年（一九四三年）から予科を増設して四年制とした。一九四四年からは第一（法律）、第二（政治）、第三（経済）学部となったが、実際は政治学部が増設されただけであった。毎年一〇〇人から一一〇人を募集し、中国人（蒙古族を含む）が六〇パーセント強を占め、残りを日本人（朝鮮族を含む）が占めていた。

傀儡「満州国」の教育制度では、大学（士官学校を含む）を受験したいと望んでも自主的に応募するわけにはいかず、学校別の割り当てがあって生徒本人の成績、健康検査、人物考査などの資料を総合して選抜された。撫順国民高等学校を例にとれば、毎年電気科で一番の成績を取った者が大学を受験することができた。私が卒業した年は、電気科の私のほかに機械科の第一位の張国祥も受験を許可された。一つの市から二人の受験者を出すのは珍しいことであった。受験票を手にして実際に筆記試験を受けられるのは合格人数の三倍強であるので、受験票を手にした後は競争率はそんなに高くなくなった。

ハルピン学院には外国語専攻科のほかに経済学科があったが、人数は限られていた。したがって傀儡「満州国」時代に大学に入学して勉強できるという者は、きわめて恵まれた者と言って差しつかえないだろう。また中国語専門の王道書院、それに鉄道工事・鉄道管理の人員を養成する鉄道学院も狭き門であった。

私の同級生はほとんどが農村から来ていた。そのため社会的視野も狭く、情報も行き届いておらず社会知識に欠けており、従順に勉強する真面目な少年たちであった。ただし、残念なことに学校の設備は貧弱で図書館の蔵書も少なく、学習環境はあまりにもひどいものであった。日本の敗色が濃くなったために、大量に東北の物資を搾取し、行政命令で「供出」という名目の下に農産物を無償または廉価で傀儡「満州国」政府に納めさせた。さらに重金属を「献納」させていたので、人民の生活は一段と窮乏していた。

私たち一年生の寄宿舎は三二人の大部屋で、二、三年生になると八人から一〇人の小部屋になった。冬は暖房がないため手足が凍えて痛み、字を書くこともできなかった。食事については、食費を出しているにもかかわらず、日本人だけが米の飯で中国人はコウリャンを食わされた。しかも一食が盛り切り一杯だけで、量は限られており、空腹を我慢しなければならなかった。副食について言えば、肉は見たこともなく、たまたまスープに脂身が浮いていると、みんな顔を見合わせて互いに譲りあったものだ。若者は食欲が旺盛で空腹には耐えられなかったが、逃げ出そうにも捕まるのが怖く、言うに言えない苦しみを味わった。これは亡国の民の受ける苦悩であった。

春は勉学に適した季節であるにもかかわらず、「勤労奉仕」に行くことを強制された。私の記憶では一年生の時、全国のすべての大学生が軍用道路の修築工事に行かされた。汽車に乗って東寧から道河に行き、野営しながら山に登り木を伐採して道路を造った。当時の大学生は長髪が許されず丸坊主にしていたので、大勢の者が頭を蚊に食われ、痒くて耐えられなかった。毎日重労働で、そのうえ食事も悪かったので、風邪を引く者や下痢をする者が続出した。それでも私はわりと運の良いほうであった。予科の時、経済学部の日本人の甲斐民翁と同級であった。彼は日本人の級友の中で最年長で、兵役に就いたことがあり、軍事訓練を免除されていた。彼は私にとてもよくしてくれた。「勤労奉仕」の時も、彼が私たちの小隊長となったので、毎日私に野営の留守番の役を回してくれた。級友が軍事訓練に出かけている間に、飯櫃からこっそり米の飯を取っておいてくれた。私はみんなが仕事に行っている間に、鍋底のおこげを余分に食べることができたのだった。このように割のよい役はみんなから羨ましがられた。

日本人は、ことあるごとに「階級服従」を主張した。私たちはそれを不公平と思っていたが、黙って見過ごすしかなかった。ある日、軍から私たち「勤労奉仕」をしている大学生に、慰問品としてタバコと羊羹が配給されてきた。羊羹は二人に一本であった。私たちの分隊長は山田勇蔵といい、柔道四段で、いかつい顔をしていた。彼は私が羊羹をもらったのを見て「お前は毎日仕事に出ていないから、食うべきでない」と言った。裏の意味は「俺によこせ」ということであった。しかし、あの山の中で、気の遠くなるような貴重品の羊羹を私はとても彼に譲る気にはなれなかった。

ところが、あいにくなことに甲斐さんが病気になり、山田が代理で小隊長になった。報復の機会が来たというわけである。彼は私を留守番に残さず仕事現場に連れて行ったが、私の身体があまりにも小さいため樹木の伐採をやらせるのは無理なので、道具の管理を命じた。この日、突然、楊君が頭部に怪我をするという騒ぎが起こり、みんな駆けつけて行った。私も駆けつけた。その後で私が戻ってくると、山田が「どうしてシャベルが一本足りなくなっているのか」と詰問してきた。私が答えられないでいると、彼はよい機会を得たとばかりに、大声で私を叱り始めた。そこへ第二分隊長の吉田守が山田の大声を聞いて駆けつけ、「俺が持って行ったんだ」と説明してくれた。こうして私は災難を免れたが、第二分隊長の説明がなければ私は痛い目にあっていたに違いない。こうしたことから、日本人はあまりにも度量が狭く、羊羹一切れでこれだけの騒ぎをするということがわかった。

次に私が不満に思ったことは、上級生による下級生いじめである。私たちは彼らに管理されなければならなかった。たとえば「勤労奉仕」の時も、すべて日本人学生が幹部になり、私たちは彼らの指図に従わねばならなかった。彼らの成績が私たちより良く、彼らの能力が私たちより優っていれば、それは仕方がないことである。しかし教える教授は日本人で、試験問題の答案も日本語で記入するものであったが、試験の結果は中国人のほうが上であった。日本人の学生が中国人より優っているところは何ひとつなかった。私の心には強烈な反感が生まれた。

翌年、二年生の時、黒河に飛行場の修復に行った。日本人学生は参加せず、日本軍兵士が監督に当たった。私たちはサボるために「二・六」（日本兵が来る）という暗号を決め、警戒信号とした。日本兵がやって来ると仕事にかかり、立ち去ると息抜きをした。些細なことではあるが、書き留めておく値打ちのあることだと思う。

三年生の時、玉井茂教授は私をたいへん可愛がってくれて、私に「軍医が身体検査をする時、どこを触ってもすぐ痛いと言え。そうすれば『勤労奉仕』に行かなくて済む」と教えてくれた。私は彼に教わった通りにして、行かないで済んだ。

「建国体操」を行なう建国大学生

その年、学生たちは各工場に「勤労奉仕」に行き、私を含む少数の者だけが学校で授業を受けたり、裁判所や農村部に参観に行ったりして「勤労奉仕」の代わりとした。今考えて見ると、日本人の先生や学生たちの中にも良い人はいたものである。

一九六〇年、私たちの政府（台湾）と日本政府は正式に国交を結び、台湾省教師福利会は日本への教育視察団を結成した。私は台中市教育局から台中市中等教育界の代表に選ばれて、この公費による視察に参加した。一九六〇年代は政府の出国や外国為替管理が厳しく、こういう機会に日本を二八日間視察して回るということは、まったく得難いことであった。名古屋に行った時、私は恩師の玉井茂教授を訪問しようと思ったが、残念なことに先生は重度の脳卒中のために面会謝絶で、お目にかかることはできなかった。このことは生涯の心残りであった。その後まもなく亡くなられた、ということである。玉井教授は東京帝国大学を首席で卒業された秀才で、財政学を教えておられた。美濃部達吉の天皇機関説を支持したために、中国東北に左遷された。

日本の学会では有名な人であったが、惜しいことに早くに亡くなられた。私は今でも先生を慕っている。

私は法政大学の経済学予科に受験入学した。私にとって一番印象に残っているのは中西仁三教授であった。先生は人品、教養ともに一流であった。私は毎月の定期試験でいつも七〇点ぐらいであった。自分では先生の教科書を十分読み込んでいたし、試験の答案もちゃんと書いているのに、なぜ七〇点しか取れないのかと不思議に思っていた。先生は学生たちに「たくさん参考書を読む必要がある」と言われた。私は経済的にきわめて逼迫していたが、それでも教科書以外の本を買って読んだ。私は日本を訪問した際、先生の家を訪ねた。この時の話の中でも「教科書以外の本を読む」ということが話題に上った。先生は尊敬に値する学者である。

二年生になり、正式に学部に入るにあたって法学部に転部した。そこの学部長は柚木馨教授であった。先生の授業は淡々としてわかりやすかった。先生の教えた民法は水準の高いものであった。帰国後、大阪商科大学法学部長となられた。先生の民法に関する著作は広く販売され、高く評価されている。

行政法を教えたのは高橋貞三教授で、後に京都の同志社大学の法学部長となられ、かつて台湾を訪問されたことがある。訪日の折に電話で挨拶したところ、たまたま出張でご不在であったが、夫人がわざわざ旅館まで訪ねてこられた。今はすでに故人となられたが、先生のご子息が同志社大学法学部長となっておられる。

私が最も恩義を感じているのは、井上学生課長である。私が日本を訪れた際、氏と甲斐学長が飛行場まで迎えに来られて、東京地区の校友に連絡して歓迎の宴を開いてくださった。そして私に、学生に言うように「寿司を食べる時は、口を四角くして食べるのだ」と教えてくださった。親近感を抱かせる言葉である。学生の頃、月に一回帰郷する時、井上学生課長に許可をお願いすると、いつも黙って判を押してくださった。とても人情味のある扱いをしていただいたものだ。

九州の福岡まで柴田健太郎学長に会いに行った。先生は地元で弁護士を開業され、労使の調停や仲裁もやっておられた。仕事はお忙しい様子であった。お会いした三〇分の間に、二〇種類の菓子や飲み物を出して歓迎していただいた。この時、先生は台湾訪問を喜んで承諾してくださった。しかしあれから三〇年になるが、まだお見えがない。おそらくもう亡くなられたことであろう。

思い出すのは、一九四六年八月下旬に私と張国祥が柴田学長に会って、以前の規定に照らして「三年卒業」を認めてほしいと申し出たところ、柴田学長が「三年卒業」を認めてくれたことである。しかし、残念ながら私たちの教育部は法政大学専修科卒業としては認定せず、私は就職するためにさらに二年も大学で法律を学ばなければならなかった。数えて見ると、大学で前後五年間学んで中学校の時に短縮された二年間を補ったことになるではないか。しかしこれは私にとって、損をしたというよりむしろ教養が身についたと考えるべきであろう。台湾の教育部の規定では、四年制の大学の学位がなければ高級中学校の校長になれなかった。しかし柴田学長の温情と優良な教師としての態度を、私は永久に忘れないだろう。

総合的に見て、法政大学の先生方はみな優秀であった。一番辛かった軍事教練でさえも、主任教官は大佐の温厚な人であったし、実地の訓練に当たった石沢大尉も口うるさい点は土屋中尉と同じであったが、人柄は良く学生のことをよくわかってくれていた。残念なことに、私はどうやってもゲートルを巻くことができず、いつも訓練中にゲートルが弛んで落ちてしまい、いつも恥ずかしい思いをした。

傀儡「満州国」の三年間の高等教育はとりたてて言うほどのことはないが、とにかく苦しくて辛い日々であった。良かった点を言えば、祖国の解放によって三年間の兵役を免れたことである。もう一つは苦労に耐える習性を養ったことで、これは金では買えない美徳であった。

日本人が教育の名目で私たちの心を汚し、思想を閉じこめようとしたことは、すべて失敗に終わった。法政大学の校友の中には一人も漢奸や手先になり下がった者はなく、かえって大勢の愛国の志士が生まれた。これに反して日本人は、一九四五年八月一五日の降伏宣言が出てからは、これまでの支配者としての態度を一変させ、がっくりと肩を落とし、街を歩くにもおどおどするなど、みっともない姿を見せた。ソ連赤軍が公衆の面前で暴行を働く凄惨な光景は、「侵略者は必ず敗れる」という古来の条理を証明するものであった。

(聞取り時期：二〇〇〇年九月一日、場所：台湾省台北県水和市文化路一四九巷一〇号三F)

大連金州商業学校の思い出――張福深 証言

〔略歴〕

張福深（ジャンフーシェン）、男、漢族、一九二六年一一月生れ。原籍：遼寧省大連市旅順口区龍塘郷黄泥川。離休（退職）時の所属：鉄嶺師範専門学校。職務：主任。職称：教授。日本占領時期に在籍した学校：大連金州商業学校。

一九二六年一一月、大連市旅順口区龍塘郷黄泥川で生まれた。小学校四年まで黄泥川普通学堂に在学し、高等小学校二年まで龍王塘林溝屯民衆学校に在学する。

一九四〇年、金州商業学校に受験入学する。

一九四四年春、金州商業学校を卒業し、同年秋北京の中国大学法律学部に受験入学する。

一九四八年秋、中国大学法律学部を卒業する。同年冬、革命に参加し、通県に在住する。

一九四九年初め、大連第二高級中学校の教員となる。

一九五一年、大連労農中学校の教員となる。

一九五八年、遼寧省教育学院研究員となる。

一九六二年、鉄嶺高級中学校へ下放（思想改造）し、教員となる。「文化大革命」後は県の第三教師学校に配属される。

一九八四年、鉄嶺市教育学院に転勤する。

一九九〇年、鉄嶺師範専門学校を兼任する。

一九八九年、離休（退職）する。

私は一九二六年に大連市旅順口区龍塘郷黄泥川で生まれた。当時の大連地区は「関東州」と呼ばれ、日本の植民地であった。私は小学校六年間を故郷の農村で学んだが、この小学校入学とともに日本語の勉強が始まった。中学校の四年間は金州商業学校に在学した。生徒は中国人であったが、校長は日本人で、教師も数人の中国語教師を除いてすべて日本人だった。教科書も日本語で、教室では必ず日本語を話さなければならなかった。学校では軍国主義の奴隷化教育が行なわれていた。以下のいくつかのことは、自分自身が体験したことである。

一、「絶対服従」

学校に入学した途端に、まず制服と学用品が配布された。制服の色は日本軍の軍服と同じカーキ色だった。庇の付いたカーキ色の学生帽には銅の帽章が付いていて、「金商」と二つの文字が刻まれていた。太平洋戦争勃発後、生徒はすべて戦闘帽をかぶることになった。上着の襟の左側には学年を示すローマ数字「Ⅰ・Ⅱ・Ⅲ・Ⅳ」を表示し、右側にはクラスを示す英字の「A・B・C」を表示していた。帽章、襟章とも日本軍の階級章に似せたものだった。衣服のボタンは銅製（後に黄色いブリキとなった）で、「金商」の文字が浮き出ていた。足にはゲートルを巻かなくてはならなかった。このほかに支給されたのは、斜めに肩から掛けるカバンと布製のベルトで、どちらにも「金商」のマークが付いていた。また「雑嚢」と呼ばれる背嚢と水筒があった。これは軍事訓練と校外活動で用いるもので、日本兵の軍装とそっくりであった。

生徒は、学校の中であろうと外であろうと、上級生に対して「絶対服従」をしなければならなかった。毎日の通学の途中で一年生が二年生以上の生徒に会えば、顔見知りであろうとなかろうと、挙手の礼をして「オス」と言わなければならなかった。当然、二年生が三年生、四年生に会った時にも同様にしなければならなかった。四年生になって、やっと上級生への敬礼をしなくてもよくなった。うっかり敬礼をしないことがあれば、その場で呼び止められるか、学校に帰ってから呼び出され、叱られたりビンタを張られたりした。これは日本人教師が特に奨励したことであった。

私が一年生の時、ある四年生の生徒に出会ったが、彼の背が低かったので私は気がつかなかった。ところが学校に入ると、彼はすぐさま私を呼びつけ、「なぜ敬礼しなかったか」と詰問した。「見えなかった」と答えると、「パンッ」とビンタが飛んできた。私はしかたなく「気を付け」をして謝った。しかし私は二年生になって一年生に敬礼されると、良い気分になった。こうして同窓生の関係が上下関係に変えられていった。校外で教師に会うと、やはり規定通り一人の時は「気を付け」の姿勢を取って敬礼しなければならなかった。もし生徒が複数であれば、その中の一人が「気を付け、敬礼」と号令を掛け、いっせいに挙手の礼をしなければならなかった。

奉天第二国民高等学校（1941年）

二、軍国主義と武士道

「金商」の校舎は金州にあった。金州は日露戦争の主な戦場の一つであった。私たちのクラス担任兼日本語教師の中村先生（あだ名は「ちび缶」、彼が背が低くて太っていたことによる）は、授業の時に必ず日本歴史を引っぱり出して、大和民族と日本の「偉人」を誉めそやした。ある日の授業の時、彼は「日本の偉人の一人で、かって金州で日本軍の指揮をとった人物がいる。彼こそが乃木希典である」と言った。このことは私たちはみな知っていた。四銭の郵便切手には、乃木の上半身が印刷されていた。中村先生は、かつて乃木が金州で漢詩を作ったことがあると言って、それを黒板に書いた。それは七言絶句であった。

山川草木転《うた》た荒涼
十里風腥し新戦場

征馬前《すす》まず人語らず
金州城外斜陽に立つ

続いて、中村先生は日本人独特の音律で朗読した。今から見ると、この詩は戦争の残酷さと乃木の心中の哀愁を表したものにすぎない。中村先生の話では、日露戦争における日本軍の戦死傷者の数は膨大なもので、乃木大将は帰国後に切腹して天皇にお詫びしようとしたが、天皇はそれを知り「朕の許可なくして、死ぬことは許さん」と言ったそうだ。この話は乃木を美化するだけでなく、天皇をも美化しようとするものである。

また中村先生の教え方は非常に「真面目」で、巧みに機会をとらえては思想・政治教育を行なっていた。漢字の「寿」の旧字体「壽」を書こうとして正確に書けず、字画が足らなかったり迷ったりすることがある。中村先生は、授業で私たちに「壽」についての物語を聞かせてくれた。幕府時代、内部抗争があって幕府は都で多数の武士を養っていた。ある時、夜間に不意打を掛けられたが、これらの武士たちは呼び子の音を合図に戦って勝利したという。中村先生の話し方は真に迫っていて、聞いている私たちも緊張させられた。授業の終わり近く、中村先生が言った。『壽』という字をどう書くか覚えておけ。武士の呼び子は一時長い、だぞ」。なるほど「寿」の旧字体「壽」は、頭は武士の「士」で、中間は片仮名の「フエ」、つまり呼び子のことである。下の「一口寸」は、呼び子を長く吹くことである。そこで「壽」という字を書こうとする時は「武士の呼び子一口寸なり」を思い出せばよい、ということになる。同時に、日本の「武士道精神」も私たちの頭に刻み込まれるのである。

三、「東方遥拝」と神社参拝

金州商業学校の四年間の学習生活は、日本軍国主義の侵略の野心を反映したものであった。たとえば毎朝、授業の前に全校生徒は小さな運動場に集められ、朝礼を行なった。朝礼の最初は「東方遥拝」で、教師と生徒全員は東方（日本の方角）に向かい、日本の天皇に腰を九〇度に曲げるお辞儀をした。それから生徒の軍楽隊がラッパを演奏し、演奏が終わって二、三分たってからやっと「直れ！」の号令が掛かる。この間に少しでも気を緩めると、必ず軍事教官に怒鳴られ、撲られた。

一九四一年一二月八日、太平洋戦争（日本は当時「真珠湾事変」と称していた）が始まると、この奴隷化教育はいっそう激しくなった。毎月八日の午前、全校の教師と生徒は金州の南山にある日本の神社に参拝に行かされた。神社参拝の日は学校全体が非常に厳粛な雰囲気に包まれ、日本人の教師は全員礼服を着込んで出勤した。すべてが軍事化された儀式の下で、全校の生徒は服装をきちんと整え、規定通りにしなければならなかった。当日はまず小運動場で集会を開き、鈴木校長が日本天皇の「詔書」を朗読した。その内容はもう正確には思い出せないが、唯一印象に残っていることは、彼らが始めた侵略戦争を「支那事変」と呼び、中国政府を「重慶政府」と称していたことである。「詔書」の朗読が終わると、出発の前に軍事教官の松山（あだ名は「松山の才槌頭」、彼の後頭部が突き出ていたからである）が全校生徒の服装検査をした。検査が終わると「革靴を履いていない者は全員、前列に来い！」と言った。私は革靴ではなく、ゴム長靴であった。なぜなら、日本語がよくわからなかったからである。確かに前の日に、クラス担任の先生は「明日はカワグツを履いて来い」と言った。しかし日本語の「カワ」には意味が二つある。一つは流れる河、もう一つは皮革である。私は「河」と解釈し、水の中を歩くものだと思い込み、ゴム長靴を履いてきたのである。私と同じようにゴム長靴を履いた生徒が七、八人いた。

松山は私たちを一列横隊に並ばせ、険しい目で睨みつけた。大声で「ばかやろう」と怒鳴りながら、腰の軍刀を抜いた。私は恐怖で足がガクガクした。松山は軍刀を私たちの頭上に振り下ろしたが、幸いなことに、刀を九〇度返して背の部分を使った。それで私たちの頭を一回ずつ叩いてことを済ませた。それ以来、「神社参拝」という言葉を耳にしただけで、何人の人が殺されたかわからない松山の軍刀のことを思い出すようになった。

四、「中国人」と言ってはならない

日本帝国主義が旅順や大連を侵略していた時期は、学校であろうと社会であろうと、彼らは私たちが中国人であると言うことを許さず、私たちを「支那人」「満人」と呼んでいた。たとえば日本人の商店には「日本人に限る、満人には売らない」「支那人には売らない」という看板が掛かっていた。学校では「中国」という言葉を聞いたことがなかった。彼らは中国侵略戦争を「支那事変」と呼んでいた。彼らは「中国」という言葉が中国人の国家意識と民族意識を呼び起こすことをひどく恐れていた。彼らは言語・文字が国家を構成する要素であって、大きな影響力を持っていることをよく知っていた。したがって、彼らは中国の言語・文字のさまざまな破壊を行ない、中国の解体と同化を行なおうとしたのである。

当時、旅順や大連地区で流行した「協和語」は、彼らが日本語に合わせて中国語を改造したものであった。彼らは中国語の単語をできるだけ日本語の単語に置き換えようとしていた。たとえば「義務労働」を「勤労奉仕」とし、「郊遊」を「遠足」に、「考査」を「試験」に、「録取」を「合格」に、「畢業」を「卒業」に、「自来水筆」を「万年筆」に、「供応」を「配給」に、「出差」を「出張」に、「交公糧」を「出荷」などに置き換えた。数えれば切りがないくらいである。

同時に、漢字についてもことさら強引に日本の漢字を使用した。まず彼らは日本語の漢字の書き方を押しつけた。たとえば「這些書総価十円、很実用、応好く読」（これらの書籍は総価格一〇円で、とても実用的で、よく読みなさい）という文章の中の一部の文字は日本文字であり、中国の漢字ではない。ここでは「總」を「総」とし、「價」を「価」とし、「元」を「円」とし、「實」を「実」とし、「應」を「応」とし、重複記号「々」を「く」とし、「讀」

を「読」としている。このほか、一部の漢字は似て非なるものに改められたので、被害はさらに広範なものとなった。たとえば「歩」の字を彼らは無理やり「歩」と書かせた。本来「歩」は会意文字であって、上と下に足跡が縦に並んでいることで、会意は両足を代わる代わる前に出す意味である。下の「止」の逆形に一画増やすと、この字の語源を破壊し、漢字としての意味を成さなくなってしまうのである。

五、「君が代」がもたらした災難

私は小学校四年まで故郷の旅順口龍塘郷黄泥川普通学堂で学んだ。先生は全員が中国人であった。毎年三月に卒業式が行なわれた。卒業式は厳粛なもので、二つの教室の間の仕切りを外して小さな講堂とし、前に数本の木で組んだ演台を作った。式典に出席するのは、まず黄泥川の「お役所」（警察派出所）の日本人警官と中国人巡査である。彼らは大きな乗馬靴をはき、サーベルを腰に吊り、威風堂々と上座に坐っていた。このほかに地元の豪商や地主がいた。卒業式前の数日間は、授業を中止して予行練習をした。誰が総代となるか、いつ歌を歌い、どのように起立し、どのように礼を行なうかなどであった。式典で一番大事なことは国歌を斉唱することであった。どこの国の国歌かというと、それは当然のことながら日本の国歌であった。しかし予行練習の時に司会をやっていた劉先生（当時は二〇歳を過ぎたばかりで、ほっそりした体つきの人であった）は「君が代」を歌うところにくると、大声で「キミガヨ斉唱」と言った。もともと「君が代」は日本の国歌の出だしの一句である。彼は生徒たちに日本の国歌を歌わせることが承服できず、こういう表現をとっていたことが後でわかった。正式の卒業式の当日は校長が司会をし、校長は「国歌斉唱」と言った。

卒業式が終わり、放課後、私と同級生は「お役所」の傍らで遊んでいた。「お役所」のすぐ前が旅大南線の停車場であった。劉先生はちょうど旅順の自宅に帰るところで、停車場で列車を待っていた。思いがけないことに、「お役所」の中から中国人巡査が出てきて劉先生目がけて走り寄り、いきなり何回かビンタを張った。劉先生はよろめき、唇が切れて血が流れた。さらに巡査は劉先生を「お役所」の中に引きずり込んで、日本人警官の前にひざまずかせた。私たちは窓にかじりついて覗き込んでいたが、追い払われてしまった。後で校長が「お役所」に掛け合いに行ったそうだが、劉先生はもう二度と私たちの小学校には戻って来なかった。村人たちは「劉先生が日本人を怒らせたためだ」と言っていた。

六、中日生徒が撲り合いの喧嘩をすると、罰せられるのは中国人

私の進学した金州商業学校は金州駅の東北にあった。金州にはほかに金州農業学校が街の北にあり、生徒はすべて日本人であった。さらにもう一校、女子高等学校が南山にあった。金州商業学校の生徒の多くは鉄道沿線に家があり、毎日汽車で登下校していた。金州農業学校の生徒のほとんどは大連に家があり、彼らも汽車で登下校していた。そこで二校の生徒は停車場で出会い、いつももめ事が起こっていた。日本人生徒はいつも「大和民族」の優越感で中国人生徒を軽蔑し、中国人を劣等民族と見なしていたからである。ところが金州商業学校の活動はいつも彼らを上まわっていた。たとえば、神社参拝の時に二校の行列がぶつかると、金州商業学校の楽隊は五〇人余りで楽器の音も大きかったが、金州農業学校の楽隊は演奏も音量も劣っていた。全旅順大連地区のマラソン大会でも、私たちの学校の孫永久や羅正端が毎年優勝していた。こうしたことから、彼らはいつも悔しがっていた。しかしこれらのことはすべて表向きの理由で、最も根本的なことは、侵略者と反侵略者の闘争にあった。たとえば、なぜ日本人は米を食べているのに、自分たちには米を食べることを許さないのか、なぜ日本人生徒の制服は十分に支給されているのに、自分たちの制服は決まった数しか配給されないのか。私たちはいつも横目で日本人生徒を睨み、暗に不満の気持ちを示していた。

ある日の放課後、私たちは東門外の宿舎に戻っていた。そこへ突然一人の同級生が息せき切って駆けつけ、「金農

ハルピン市立職業学校　新京旅行と日本の神社参拝

（金州農業学校）の連中と停車場で喧嘩になった、早く来てくれ」と言った。そこで二〇人余りがただちに金州駅に走った。駅前広場に近づくと、遠くのほうで両校の生徒が三、四人群がって取っ組み合いをしているのが見えた。石を投げる者や、軍事教練用のベルト（銅のバックルが付いていた）を振り回している者もいた。駆けつけた私たちが手を出す前に、日本人警官と私服刑事がやってきて、双方の乱闘はおさまった。重傷の怪我人は出なかったので、私たち寄宿生たちはこっそり宿舎に逃げ帰った。

ところがまもなく、舎監の伊藤伊五郎先生が私たち全員を学校に呼び戻した。学校に行くと、クラスごとに集合させられた。すでにあたりは暗くなり、各教室には明かりが煌々と灯っていた。担任の先生が一人ずつ「誰が喧嘩をしたか、誰が発端を作ったか」と問いただした。その態度は非常に厳しく、事が大きくなったのがわかった。夜半になって、やっと帰ることを許された。この間に学校と警察でどんなやりとりがあったかは誰も知らない。しかしその結果は大変なもので、私たち後で駆けつけた者もすべて処分された。私のように、ただそこに行っただけで手を出さなかった者でも、一週間の停学処分を受けた。しかし日本人生徒は被害者とされ、誰一人として処分を受けた者はいなかった。私たち中国人生徒がこの処置を不満に思ったことは言うまでもない。

七、修学旅行

日本侵略者は奴隷化教育のため、旅順と大連地区の中等学校生徒を卒業前に必ず修学旅行に連れて行った。目的は、観光を通して「日満親善」「共存共栄」の教育を行なおうというもので、慣例では日本本土に行くことになっていた。しかし私たちが卒業する一九四四年春には日本侵略者が次々と敗退し、日本本土はアメリカ軍B29の空襲を受け、情勢は緊迫していた。このため傀儡「満州国」の国内旅行に変更された。私たち卒業生は二クラス八〇人近くで、二人の教師が引率することになった。夜、金州駅から汽車に乗ってまず撫順に行き、炭鉱を見学した。続いて瀋陽に行き、最後は長春——傀儡「満州国」の首都「新京」に行った。ここで四、五日遊覧して、傀儡「満州国」建国十周年記念の博覧会を参観した。

ある日の朝、中村先生が私たちに傀儡「満州国」の文教部大臣盧元善は金州出身で、私たちを接見することになったと告げたので、みんなとても興奮した。先生は私たちを連れて傀儡「満州国」国務院の九つの部門の一つである文教部に行った。文教部は巨大なビルであった。建物に入った後、大きな部屋で休息するように言われたが、腰掛けがなかった。全員が床に坐って長いこと待った。おそらく一時間くらいであろう。私はうとうとと眠ってしまった。突然、「起立、気を付け！」という声がし、私たちはいっせいに立ち上がって整列した。すると「協和服」を着た大臣が御付きの者を従えて入って来て、訓話を行なった。中身は「日満親善」「共存共栄」で、私たちに「卒業したら『大東亜聖戦』のために力を尽くすように」と言った。

修学旅行の終点は当初は「新京」であったが、私たちはハルピンまで行くことになった。なぜハルピンに行くかというと、ハルピン駅を見せるためであった。ハルピン駅には伊藤博文の銅像があり、中村先生は私たちに「伊藤博文は日本の首相であって、非常に偉い人である」と言った。彼は朝鮮併合を断行した人物である。安重根という朝鮮人はこれを恨んで伊藤を殺害しようとしたが、その機会がなかった。そこで安重根は日本の軍隊に入り、あれこれ手を尽くして護衛隊員となり〔安重根は独立運動に奔走し、日本軍入隊の事実はない〕、伊藤博文がハルピン駅に下車した時、射殺したのである。中村先生は「安重根はその場で逮捕されたが、取調べ中に堂々と大義を述べ、裁判官を感動させた。裁判官は彼の命を助けようとしたが、安重根は朝鮮のために拒絶して死を選んだのだ」と話した。明らかに中村先生は安重根を尊敬し、褒め称えていたことがわかった。これも「大和魂」なのだろうか。

（聞取り時期：二〇〇〇年七月一五日、同年一〇月一日、場所：鉄嶺師範高等専科学校）

傀儡「満州国」一四年の学校生活――陳義齢 証言

〔略歴〕

陳義齢（チェンイーリン）、男、漢族、一九二一年六月一三日生まれ。原籍：遼寧省海城市西柳鎮。離休（退職）時の所属：鞍山鉄鋼学院。職務：副院長。日本占領時期に在籍した学校：ハルピン工業大学。

一九三二年―一九三五年、海城東柳小学校に在学する。

一九三六年―一九三七年、西柳村国民優級学校に在学する。

一九三八年―一九四一年、海城国民高等学校に在学する。

一九四一年一二月―一九四五年、ハルピン工業大学に在学する。

一九四六年―一九四七年、ハルピン市第二中学校、遼寧省立海城中学校の教師を歴任する。

一九四八年―一九五三年、海城連合中学校、鞍山新華中学校専科部教師を経て鞍山工業専科学校の教師となる。同校は校名を東北工学院鞍山分院、鞍山鉄鋼工業学校と変え、後に第一、第二鉄鋼工業学校に分かれる。

一九五四年、鞍山第二鉄鋼工業学校の教師となる。

一九五六年、鞍山第二鉄鋼工業学校の副校長となる。

一九五八年、鞍山鉄鋼学院の教務処長となる。「文化大革命」中に批判され、牛棚（労働改造場）に送られ一年間農村に住む。

一九七一年、原職に復帰する。

一九七三年、鞍山鉄鋼大学革命委員会副主任になる。

一九七九年、同大学が鞍山鉄鋼学院と改称し、副院長となって遼寧省高等教育学会常務理事を兼任する。

一九八三年、第一線を退いて大学院で二年間教える。

一九八五年、離休（退職）する。後に鞍山市老年書画研究会副会長となる。

教職にあった時は中各学校（中等専門学校、本科、大学院）で数学、製図、製鉄学、製鉄機械、冶金概論、熱工学検測及び自動調節、日本語（教師研修）、心理学などの科目を教えたが、その後はほとんど教育管理業務に従事した。

中国東北が占領されていた一四年間は、まさに私が小学校から大学まで日本帝国主義の鉄鎖の下で奴隷化教育を受けた一四年であった。私は一生徒として、日本が東北を占領し奴隷化教育を行なっていたことを知っていたが、その具体的な方針や目的、状況などは知る由もなかった。ここでは私の学校生活の体験を語るだけに留める。

学制は以下の通りであった。小学校は初級小学校四年（後に「国民学校」と改められた）・高級小学校二年（後に「国民優級学校」と改められた）、中学校は初級中学校三年・高級中学校三年（後に初級・高級合わせて四年制の「国民高等学校」に改められ、工業科、農業科、商業科に分かれた）であった。大学の修業年限は統一されておらず、最も長いのは高等官を養成する傀儡「満州国」の建国大学で、六年制であった。

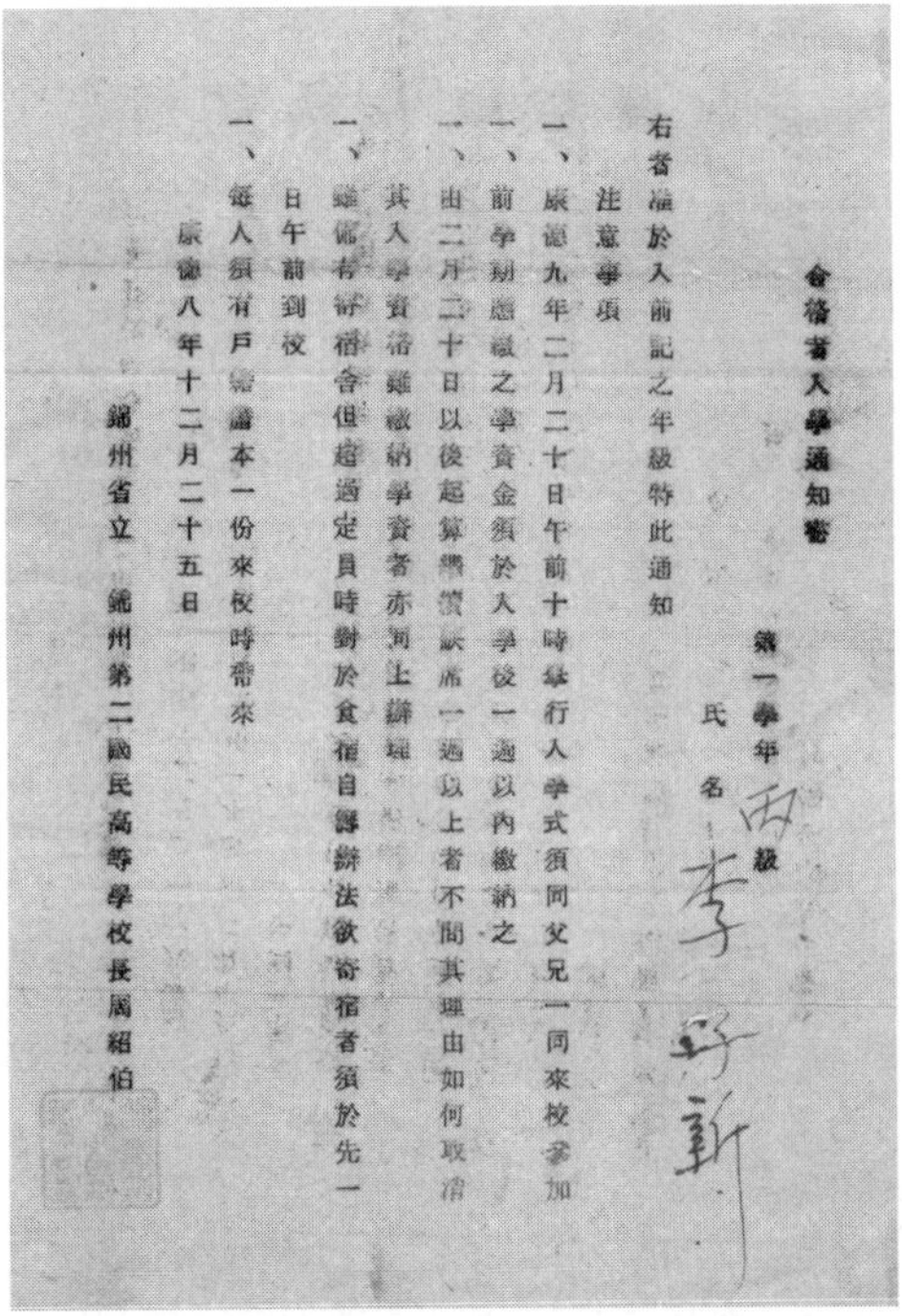
合格者入學通知書

第一學年　丙級
氏名　李[illegible]新

右者編於入前記之年級特此通知
注意事項
一、康德九年二月二十日午前十時舉行入學式須同父兄一同來校参加
一、前學期應繳之學資金須於入學後一週以內繳納之
一、由二月二十日以後起算無故缺席一週以上者不問其理由如何取消其入學資格雖繳納學資者亦須上辦退
一、雖備有寄宿舍但超過定員時對於食宿自籌辦法欲寄宿者須於先一日午前到校
一、每人須有戶籍謄本一份來校時帶來
康德八年十二月二十五日
錦州省立　錦州第二國民高等學校長　属紹伯

錦州第二国民高等学校の入学通知

このほか、ハルピン工業大学（四年制）、ハルピン医科大学（四年制）、ハルピン軍医学校（四年制）、長春工業大学（新京、三年制）、長春獣医大学（新京、三年制）、長春軍官学校（新京）、瀋陽農業大学（奉天、三年生）、満州医科大学（中国医科大学の前身、四年制）、瀋

陽鉄道学院（満鉄所管、三年制）があった。私が覚えている大学は以上の通りである。このほか、日本が日露戦争でロシアから奪い取った関東州に属する旅順工科大学があったが、これは日本の直接管轄ということになっていた。中学校と小学校は基本的に日本占領前から存在しており、新たに建設されたものではなかった。

社会教育の方面においては映画館があり、いつでも観ることができた。上映されるものはドラマであったが、上映される前にいつもニュース映画があり、その内容は日本の侵略を正当化するものであった。ドラマは満州映画協会が制作した。この会社は長春にあったと思う。放送局もハルピン、長春、瀋陽などの大都市にあって、「放送株式会社」と呼ばれていた。これもニュース、歌曲、ドラマをやっていた。宣伝の主な内容は「満州帝国」と日本が「親邦」であること、「日満は一徳一心」であること、「日満親善」、「王道楽土の建設」、「日満共存共栄」、侵略戦争の「勝利」、「中国の内乱」、「国民党と共産党の戦闘」、「日満華の相互提携」などであった。太平洋戦争を起こした後は、「大東亜共栄圏の建設」「大東亜戦争にいかに勝利しているか」「皇軍の戦果は赫々たるものである」などと宣伝した。ただしラジオ放送は、小学校や中学校時代はまったく聴くことがなかった。ラジオが普及していなかったからである。大学生になると、日本人学生の中にはラジオを持っている者がいたが、中国人学生は持っていなかった。ごく少数の者が、自分で簡単な鉱石ラジオを作って聴いていた。そういうわけで、主なニュースはやはり新聞から得ていた。大都市には「ハルピン日報」「盛京時報」「大北新報」などの新聞があったが、内容はだいたい前に述べたラジオ放送と大差はなかった。このほかに日本の新聞も閲覧できた。大学には新聞掲示板があり、学生は誰でも読むことができた。

毎年三月一日は傀儡「満州国」の「建国節」となっており、学生に慶祝行事をさせることが恒例となっていた。日本の神社では祭礼や慰霊祭が行なわれた。日本軍がどこかを占領するたびに、たとえば「武漢陥落」「南京陥落」、そして東南アジア各地が陥落したといっては、学生たちは慶祝行事に参加させられた。小学校の時は農村に住んでいたのでこのような慶祝行事は行なわれなかったが、中学校から参加させられるようになった。言わずもがなのことだが、

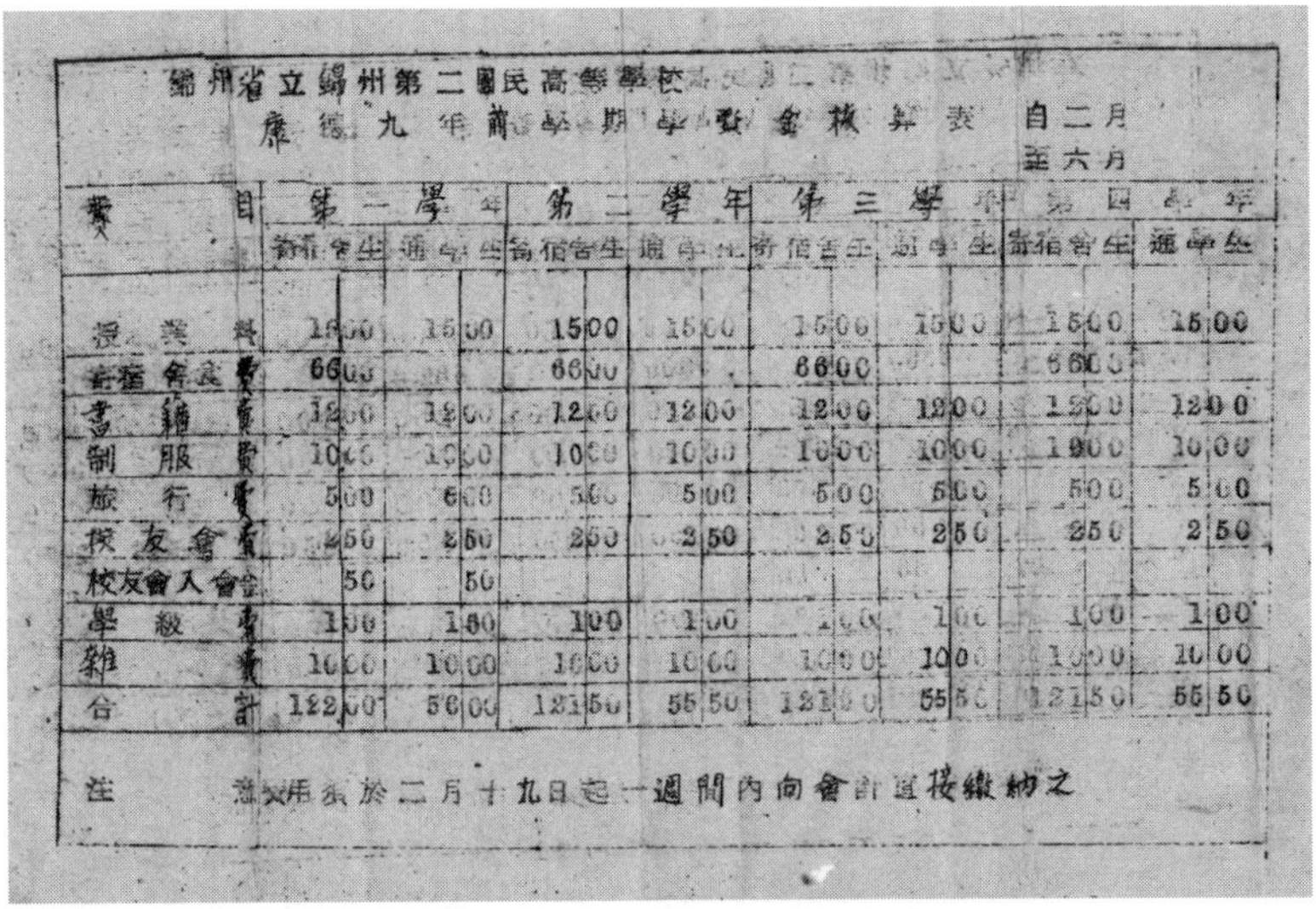

錦州省立錦州第二國民高等學校
康德九年前學期學費金核算表　自二月至六月

費目	第一學年 寄宿舎生	第一學年 通學生	第二學年 寄宿舎生	第二學年 通學生	第三學年 寄宿舎生	第三學年 通學生	第四學年 寄宿舎生	第四學年 通學生
授業料	15 00	15 00	15 00	15 00	15 00	15 00	15 00	15 00
寄宿舎食費	66 00		66 00		66 00		66 00	
書籍費	12 00	12 00	12 00	12 00	12 00	12 00	12 00	12 00
制服費	10 00	10 00	10 00	10 00	10 00	10 00	10 00	10 00
旅行費	5 00	5 00	5 00	5 00	5 00	5 00	5 00	5 00
校友會費	2 50	2 50	2 50	2 50	2 50	2 50	2 50	2 50
校友會入會金	50	50						
學級費	1 00	1 00	1 00	1 00	1 00	1 00	1 00	1 00
雜費	10 00	10 00	10 00	10 00	10 00	10 00	10 00	10 00
合計	122 00	56 00	121 50	55 50	121 50	55 50	121 50	55 50

注　該項用費於二月十九日起一週間內向會計直接繳納之

錦州第二国民高等学校の経費積算表（1942年）

これらの慶祝行事への参加はすべて強制であった。参加している間は恨めしくもあり、悲しくもあった。日本に反対するデモ行進などは絶対にあり得ないことであった。

成人教育を行なう施設はまったくなかった。しかし私の勉強した小学校では、良心的な教師と村人の支援で夜間に学校で農民たちに学習の機会を作っていた。農民たちはこれを「夜間の勉強」と呼んでいた。これは一部の学校が自発的に開いていたもので、公的な制度ではなかった。

教育の性格は、私が体験した小学校・中学校・大学のどの段階においても、そこで行なわれていたのはすべて植民地教育であり、中国を侵略し、中国人民を日本人の奴隷とし、東北の資源を掠奪するために働かせ、日本人の思いのままになる従順な人民に教育することにあった。その手段として、一方では宣伝と教育があり、もう一方では迫害と弾圧があった。傀儡警官と傀儡憲兵およびその手先どもが街にも村にもいたるところに配置され、日本と傀儡政府を主人とし、彼らの手先となって、人民大衆と学生たちの怨嗟の的となっていた。また、彼らは山岳地帯の抗日志士たちにとって最も危険な敵であった。ただ、当時の民衆は弾圧されても敢えて反抗せず、恨みを呑んで機会を待っていただけのことである。

植民地教育としては小学校・中学校・大学は共通していたが、具体的にはいくらかの違いがあった。民衆に対して、その生存を餌にして労働力としてこき使ったという点では、目的を達成したと言えるかもしれない。しかし思想的な面においては、彼らの欺瞞を信じる人はいなかった。宣伝されればされるほど、憎悪が深くなった。もちろん、わずかの例外はあった。日本の出鱈目を信じ、出世欲に取り憑かれて傀儡「満州国」の官吏になったり、傀儡警官や傀儡憲兵になったり、漢奸になった者もいた。また一部には、深く考えることなく、侵略の本質を見抜けずに、おろおろして一生を送る者もいた。しかし圧倒的多数の人々は日本侵略者を憎悪し、帝国主義の侵略を憎んでいた。

私は初級小学校は海城西柳鎮東柳村小学校に在学した。高級小学校に進学すると、校名は西柳村国民優級学校と改称された。「九・一八事変」後の一九三二年から一九三七年までのことであった。まさにこの時期に傀儡「満州国」が建設され、東北は日本帝国主義に占領され、その植民地となった。こうしたことは農村の小学生でも知っていた。農村には新聞もラジオもなかったが、家族や近所の人が街（海城）に買物に行ったり仕事をしに行ったりして、こういう話を聞き込んできた。また学校の先生たちも反感を込め、身振りをまじえて「現在は日本に占領されて、傀儡『満州国』という国名になっているのだ」と言った。教師の中には、遠慮なく「亡国」だとか「傀儡満州国」と言う人もいた。

次々と悲しい不幸な報せが入ってきて私たちの幼い心を傷つけていたので、私たち生徒の間には憤懣と悲哀の雰囲気が漂っていた。学校に上がる前、父は家で「中国は清朝の頃から弱くなり、ずっと列強に侮られ、侵略されてきた。たとえばアヘン戦争や日清戦争が起こったこと、『八国連合軍』が北京に進駐したこと、これらのいずれもが賠償金を支払い、領土を割譲し、不平等条約を結ぶ結果になった。日露戦争では両国の帝国主義者たちが中国の東北を争って戦った」と話してくれた。当時の日本は中国東北を虎視眈々と狙い、同時に全中国を併呑しようと目論んでいた。

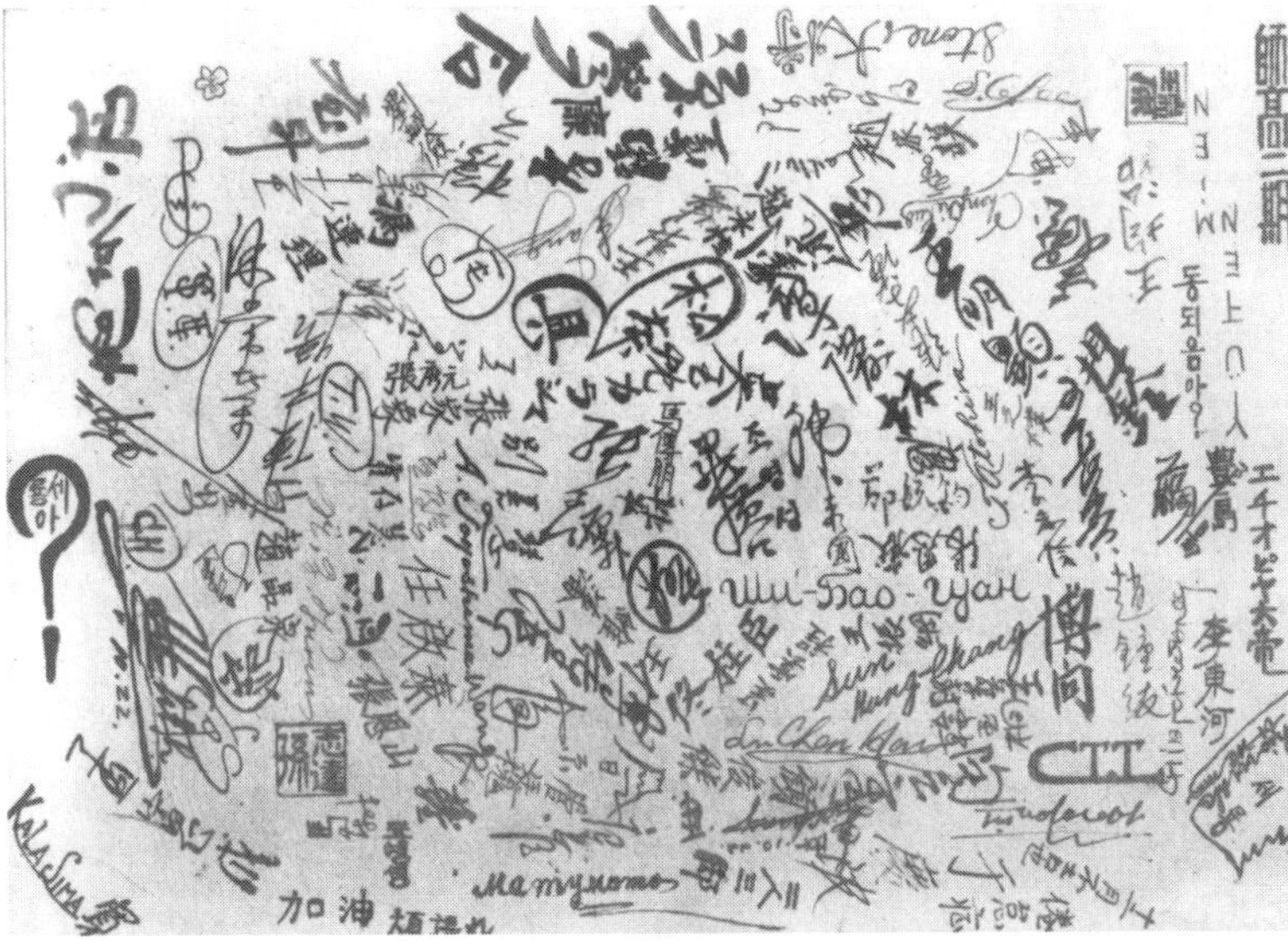

吉林師道大学卒業記念サイン（1941年）

私たちは小さい時から自分たちは中国人であることを知っており、日本の傀儡政府の宣伝に対して何ら耳を貸すことはなかった。それどころか、自分たちの国が解放され、強大になる日を待ちわびていた。私と同じぐらいの年代の者は、だいたい考えることは同じであったと思われる。私の学んだ小学校は農村にあったので、日本傀儡政府の宣伝はまだ浸透していなかった。このため集会の時に傀儡「満州国」国歌を歌わされるぐらいで、それ以上の宣伝はなかった。国歌を歌う時でも、生徒たちは反発して「天地のうちに新満州ができた。新満州……」という歌詞を「天地のうちに大饅頭ができた。大饅頭……」と歌いながら鬱憤を晴らしていた。このほか傀儡警察の派出所が設置されて民衆を圧迫していたために、村人は彼らを憎んでいた。

　初級小学校の授業科目は体育、国文、算術、修身、音楽、書道、図画であった。高級小学校では、このほかに地理、日本語、作文が加えられた。国文、算術、地理、日本語には教科書があり、国文と地理の教科書は傀儡「満州国」と「日満親善」「一徳一心」などを宣伝する内容であった。国文の先生は生徒に本当の知識を教えるため、字を教えるほかに『三字経』『百家姓』を買わせて教えた。当時、私たちは全部暗唱したものであった。高級小学校の国文の先生は『古文観止』の一文を教えた。毛筆で書き写して綴じたものを教科書として使用した。地理は世界地理であり、東北のことを「満州国」と書いてあった。課外活動としては、バスケットボール、遊戯、徒競走以外にはこれといった活動はなかった。

傀儡警察署は私たちの言動に特に目を光らせていて、派出所を学校のすぐ近くに置き、いつも警官が学校に来て監視していた。そこで、生徒たちは作文に気をつかった。高級小学校の時に「求学論」というテーマが出されたことがあった。本心は「日本の侵略者を追い払って祖国を解放したい」と書きたかったが、傀儡警官に見つかる恐れがあったので、周囲の状況を考えて「生きていくには学問をしなければならない。救国をするにはさらに学問をしなければならない」と曖昧に書いた。古い作文帳を見ると、その当時のことが思い出される。どの国を救うのか、それ以上は敢えて言えなかった。一般的に言って、小学校の頃は学習や日常生活においてそれほどの制限はなかったものの、思想的に抑圧され、いつも挫折感を感じていた。

生活面では、米や小麦粉を食べることを禁じられ、祝日であっても食べてはいけなかった。もしそれらを食べると「国事犯」とされ、逮捕され処罰を受けた。

当時、傀儡警察は恨みの的であり、傀儡軍の兵隊さえも警官を毛嫌いしていた。兵士が休暇で帰郷してくると、警官は態度が小さくなった。兵士は人民を圧迫することはなかったが、警官のほうでは兵士を恐れていた。兵士が警官を撲ることはしばしばあったし、民衆はそれを見たり聞いたりするたびに溜飲が下がった。

一九三八年（康徳五年）、私は奉天省海城国民高等学校に受験入学した。私が入学したその年に校名が変わり、初級中学校と高級中学校を合わせて四年制となった。西柳村国民優級学校の卒業生五〇人余りの中から四、五人しか合格できず、その他の生徒は大部分が農業をすることになった。当時は不景気のため民衆の生活は不安定で、ほかに活路はなかった。海城にはもう一つ、東語学舎という学校があった。ここは二年制で日本語通訳を養成していたが、受験希望者は少なかった。

学制が短縮されて、しかも文化的基礎知識に関する科目も少なくなった。国民高等学校は工業科と農業科と商業科に分かれており、海城は農業科であった。学制、設置科目、正科の状況を見ると、中学校の性格と目的は明らかに奴隷化教育にあり、日本傀儡政府に使役される労働力と「順民」を養成・提供するためのもので、生徒に本当の知識を学ばせようとするものではなかった。

設置科目は国文、日本語、代数、幾何、物理、化学、農業、動物、植物、畜産、三角関数、解析幾何、図画、体育、軍事教練、「国民道徳」であった。私が思い出せるのはこれぐらいである。教科書があったのは数学、物理、歴史などで、その他は謄写版の講義録であった。「国民道徳」は校長（傀儡「満州国」高等官の張官城）が担当した。授業の内容の大部分は、傀儡「満州国」建国の正当性とか、いかに「日満親善」「一徳一心」「日本親邦」「日満華親善」などを行なうか、というものであった。歴史では「満州国史」をでっちあげ、「歴史的にも地理的にも自ずと一つの体系を成している」と主張するものであった。さらに「九・一八事変」の要因としての柳条湖事件や「中村事件」など日本の侵略は、「理にかなっている」という戯言を述べていた。さらに漢奸・汪精衛が傀儡政府を樹立したのは「道理にかなない」「時をわきまえたものである」などと述べていた。また青少年の修養などについても話していた。

授業のやり方は、農業学校であるということから、二年生から四年生までは農繁期には農作業を行ない、農閑期に授業を行なうというものであった。明らかにこれは愚民政策であり、生徒に基本的な知識を与えようというものではなかった。年間を通じて授業時間は少なく、しかも授業は農作業が主で、整地や肥料作り、種蒔き、植付け、収穫、販売までのすべてを生徒にやらせた。一日の生活は――早朝、野菜を天秤棒でかついで街に売りに行く（売り上げは学校に上納した）、学校に戻り朝食後に再び農作業をする、午後は野菜を収穫し翌日の早朝売りに行く準備をする――

というものであった。このほか、県の役所で労働力が必要な場合は「勤労奉仕」に行かされた。一つのクラスを一軒の「農家」に見たて、全校で九軒の「農家」があった。鋤、鍬、シャベル、鎌などの農具は生徒が自分で購入し、卒業の時は持ち帰った。各「農家」ごとに土地が配分され、クラス担任の教師が経営を担当した。

ある日本人の副校長は非常に悪辣であった。名前は忘れたが、解放後に海城で処刑されたと聞いている。彼は中国人生徒を奴隷のように扱っていた。いつも馬鹿にした口調で生徒を罵倒していた。ある日の夜の自習時間、生徒たちがおしゃべりしているところへやってきて、大声で怒鳴った。「貴様ら満人は、どうしていつまでもしゃべってばかりいるのだ。風呂の中で屁をひっているように、いつもゴボゴボと……」。彼の罵倒は際限がなかった。彼は中国語ができたので、罵倒もすべて中国語であった。私たちはただ怒りを抑えて我慢するしかなかった。

私たちが畑に肥やしをやる時、彼は側で監督していた。この肥やしは人糞から作ったもので、地面に穴を開けてしみ込ませなければならなかった。作物であるカワラニンジンは根が張っていたが、鍬は葉っぱを痛めるので使えなかった。この副校長は「お前たち満人はどうしてそんなにやわなんだ。手でやれ」と言って、生徒たちに葉っぱを掻き分け、無理やり手で穴を開けさせた。しばらくやるうちに葉っぱの臭いが服に付き、臭気で耐えられなくなってしまった。夜の自習の時も臭気が部屋に漂った。生徒たちは憤激したが、「反満抗日」のレッテルを貼られるのを恐れて口に出せなかった。

生徒たちは言葉に非常に気を使っていたが、たまにはうっかりすることもあった。ある時、軍事教練が終わった後で生徒たちは教官（傀儡「満州国」の将校だったが、中国人で人柄は良かった）とおしゃべりをしていた。教官は持っていた軍刀を指差して、「これで人を切ったことがあるんだ」と言った。ある生徒が「誰を切ったのですか」と尋ねた。「逃げ出した労働者だ」と答えた。生徒は「切らなくてはいけなかったのですか、逃がせばそれで終わりでしょう？」と言った。教官はあたりを見まわして「言葉に気をつけろ、めったなことは言わないものだ。日本人が無理やり切らせたのだ」と言った。

中学校では小学校の時と違って、生徒に対する奴隷化の圧力がぐんと強くなった。校長は傀儡「満州国」の高等官で、絵に描いたような傀儡奴隷であった。毎週集会があって教師と生徒は講堂に集められ、校長を先頭に九〇度に腰を曲げる礼をした。その後で校長は「満州皇帝陛下訪日回鑾詔書」を仏壇のような飾り棚から取り出して頭上に高く捧げ、もったいぶって朗読した。私たちの受けた印象はいかにも滑稽で卑屈で、宣伝効果はまるでなかった。副校長は日本人で、生徒を抑圧していた。さらにもう一人、日本語を教えていた日本人教師がいた。中国人教師は、授業の時は教科内容以外のことは言わなかった。したがって生徒に対して影響力はあまりなかった。

課外の時間でもバスケットボールや徒競走などがあり、代表を選抜して県の大会に参加させていた。体育教師の一人は、日独伊が枢軸国同盟を結成して第二次世界大戦を引き起こした後、何かというと「ナチス親衛隊は戦えば必ず勝利する」と言うので、私の属しているバスケットボール・チームのメンバーは、それをうるさがって「胡造先生」とあだ名をつけた（彼の名は胡、名前は造育といった）。私たちのバスケットボール・チームは県大会で優勝し、県の代表として遠征試合にも出ていた。しかしサッカーのほうはそうはいかなかった。海城には他に「師道学校」という師範学校があり、そこのサッカーチームはかなり優秀なチームであった。ところがこの「胡造先生」は副校長をそそのかして、無理やり私たちのバスケットボール・チームに師道学校サッカー・チームとサッカーの試合をやらせた。サッカー靴などの用具は何ひとつなかったので、私たちのチームはほとんどの選手が足を怪我してしまい、二対〇で負けて海城の物笑いの種となった。

毎年三月一日の傀儡「満州国」の「建国節」、さらに日本の何とかという祝日ごとに生徒たちは集められ、隊列を組んで「靖国神社」に参拝に行かされた。また日本侵略者は中国内地に侵入していたが、どこかで「勝利」するたびに、生徒を集め慶祝行事と称して隊列を組んで行進させた。私がはっきり覚えているのは一九三八年一〇月、日本軍が武漢を占領した時に海城のすべての学校が提灯行列を行なったことである。ちょうど隊列が海城南門外にさしかかった時、たまたま日本の小学生の隊列と出会った。小学生たちは「武漢陥落」と大声をあげていた。しかし私たちの提灯行列は押し黙り、静まりかえって、心の中の悲しみをこらえていた。中国の壮大な山河が日本帝国主義に呑み込まれていく、その悲憤の極にありながら、何の意思表示もできずに行列して歩かねばならなかった。その時の心情はわかってもらえると思う。

海城国民高等学校は農業専修であったので、私たちは割を食っていた。聞くところによると、瀋陽には工業科と商業科があり、教育面でずっと優れていたという。私たちの学習のほとんどは独学だったので、独学の習慣と能力を身につけた。しかし一部の生徒は独学することができず、そのまま卒業して農業を継ぐ者もいた。自習時間は夜と日曜日や休日を当てた。しかし夏休みには農作業があるので、それに時間を取られた。独学するには努力が必要で、特に四年生になると大学受験のためにいっそうの努力が必要だった。そのうえ大学を受験しても合格する生徒は非常に少なく、私たちの年度で合格する生徒は一〇〇人中六、七人にすぎなかった。

私は傀儡「満州国」の第一期の徴兵適齢者で、もし進学できないと兵隊にならなければならなかった。傀儡「満州国」の兵士が何をさせられるかは言うまでもない。そこで私は兵士にならないためにも、また解放後の祖国のためにも知識能力を身につけようと、進学を決意した。しかし家が貧しかったので、父は懸命に働き、ブタを飼い、春雨を作り、時には小麦粉を闇で売って私の学費を出してくれた。また街にいる親戚も援助してくれた。四年生の時が一番苦しかった。夜間でも教室に明かりをつけることは許されなかったので、廊下の明かりの下で勉強した。生徒たちはこの勉強法を「電灯にかじりつく」と呼んでいた。気候が寒くなってくると、寝室で自分のベッドのまわりを布で囲み、ロウソクをつけて勉強した。私たちは、こうした苦労は「逮捕」「勾留」されることに比べたら何でもないことだと自分を戒めた。

この勉強法が功を奏したのか、順調にハルピン工業大学に受験入学することができた。当時の入学試験は、自分から願い出て、学校が同意した後、省で審査して入学希望の学校に通知し、それから本人に入学試験の期日と場所を通知してくる、というものであった。私の記憶では一九四一年一一月の初めだったと思う。ハルピン工業大学を受験してまもなく、合格通知が来た。こうして同年一二月、私はハルピン工業大学予科に入学した。海城国民高等学校から受験入学できたのは私一人であった。

私が進学を決意したのは、日本帝国主義の圧迫下にあって、出口を探そうにも糸口がわからず、その勇気もなかったからである。中学校卒業後の進路は、試験を受けて傀儡「満州国」の事務員になるか、兵士になるか、進学するかしかなく、そのどれにも失敗したら家に帰って農業をやるしかなかった。それで進学を決意したのだった。前にも言ったように、兵士にならないで済むし、知識を身につけておけば東北が解放された時に祖国建設の役に立つことにもなる。

どの学校に入ったらいいか、私は考え抜いた。長春の建国大学は傀儡「満州国」高等官養成のためのもので、学費は全額公費でまかなわれていた。しかし卒業後に傀儡「満州国」政府の手先にされることを考えると、とても受験する気にはなれなかった。軍官学校や軍医学校も似たようなものだった。医科大学は私の家庭環境では十分学べるかどうかわからないし、人を殺めることもある。農業はもうたくさんだった。そうすると工業科を選ぶしかない。傀儡「満州国」にはいくつかの工業大学があったが、ハルピン工業大学が一番良さそうだったので、ここを受験することにしたのである。

ハルピン工業大学はもともと中東鉄道の技術者を養成するための学校で、一九二二年に「ハルピン中露工業大学」と改称し、その後さらに「ハルピン工業大学」と改称された。日本侵略者が東北を占領した後は「満州国立工業大学」と改称され、傀儡「満州国」資源開発のための技術者を養成する大学となった。在校生は七、八〇〇人いて、教授から事務職員までほとんど日本人であった。わずかに中国人教授が一人か二人おり、雑役工は数人の白系ロシア人を除いて中国人であった。校内で使用される言語は最初はロシア語であったが、その後日本語に改められた。講義、教科書、生活などはすべて日本語であった。四年制であったが、私たち予科のほかに、主に中国人学生向けに日本語の水準を上げるための四ヵ月の予備科もあった。これは私たち農業科の国民高等学校から来た者にとっては、基礎学力をつけるうえで良い機会であった。翌年の四月、ようやく日本人学生と一緒に一年生となった。私たち鉱業冶金科のクラスは三〇人ほどであったが、そのうち中国人学生は一〇人ほどで、残りは日本人学生が占めていた。同じ年度に入学した中国人学生は七〇人ほどで、日本人は二〇〇人余りであった。日本人学生の大部分は日本国内から入学して来ていたが、私たちの東北から受験入学した日本人もいた。

教育目標は日本と傀儡政府のために東北の資源を開発する技術員を養成することで、中学校の愚民化政策とは手段において異なる点があった。日本人と一緒に教育するのは、日本人の役に立つ人材を養成するためであった。いま思い出せる教科目は高等数学、物理学、日本語、英語（日本人はロシア語）、無機化学、分析化学、製図、鉱物、地質、金属組成学、力学、電気工学、採鉱学、非鉄冶金学、鋼鉄冶金学、「国民道徳」、体育、軍事教練である。ほかにも数科目あったが思い出せない。物理、化学、分析化学、金属組成学、力学、電気工学などはそれぞれ専門の実験があり、科目に応じて実験を行なっていた。基礎科目の教科書は、日本人の大学教授の著したものであった。覚えているのは本多光太郎著『物理学本論』、数学の教科書では『高等微積分学』（上・下巻）である。一部の基礎技術科と専門科目の多くは教科書がなく、教授の講義を学生が筆記した。専門科目の教授の中には講義を行なわずにノートを読み上げ、学生に書かせるだけの者もいた。そのため私たちは放課後、ノートを整理しなければならなかった。おかげで日本語を速く書く能力が身についた。

「国民道徳」、軍事教練、外国語（英語、ロシア語）は、中国人学生と日本人学生は別々に授業を受けていた。当然、内容も学生の要求度も違っていた。「国民道徳」の授業は、内心の怒りを我慢していなければならなかった。なぜならば、講義の内容ことごとくが奴隷化教育一色であったからである。日本人学生と一緒の授業の時は、知識を学ぶことはできても、彼らから軽蔑の目で見られるという屈辱にじっと耐えなければならなかった。私たちは亡国の民としての辛い苦難の日常生活を送っていた。

彼らは「満州国民」を「満系」と「日系」に分けていた。日本人から「マンケイ」と呼ばれるたびに私たちは屈辱感を味わった。私たちが入学する以前、中国人学生に対して「反満抗日」の罪名を着せて逮捕、迫害から処刑にいたるまでのさまざまな弾圧があった。中国人学生の「反満抗日」組織はこれに屈することなく、抗日活動は続いていた。私たちが入学する前の年、すなわち一九四一年に「反満抗日」の罪名で大規模な逮捕が行なわれ、三〇人余りが検挙された。検挙された学生の父親が抗議して講堂の二階から飛び降り自殺し、私たちが入学した時も、その時の血痕が講堂の床にまだ残っていた。私たちが入学してから抗日活動は低調期に入ったが、中国人に対する監視と圧迫はいっそう厳しくなった。冶金科二年の王恩孚という中国人学生は、日本人学生と喧嘩して怪我をさせたというだけで「反満抗日」の罪名を着せられ、退学処分を受けた。

大学の中は表面的には平静が保たれていた。私たち新入生には抗日組織の影も見えず、愛国組織と接触することは思いも及ばなかった。完全に孤立した状態にあり、内心の苦悶を仲の良いクラスメートに愚痴る以外には、日記に一言二言の心情的な文句を書きつけるしかなかった。私は「文化大革命」の時に古い蔵書やノートを整理していて、大学時代のぼろぼろになった日記を見つけた。何とか読める程度に残っていたのは三編だけで、当時の日記の末尾に書き写したものであった。その他のものは燃やしてしまった。

もう一度ここに書いておこう。

第一編は一九四三年一二月一八日夜八時、その時私は本館の自習室で思いに沈んでいた。考えていたのは、松内という同級の日本人学生のことである。彼は私の部屋に来て、無理やり「部屋を替われ」と言った。ひとしきり口論になったが、夜になっても気がおさまらず、怒りが込みあげてきた。国家や家庭の状況を考え、以下のような叙情的な詩句を書きつらねた。

ひゅーひゅーと悲鳴する朔風が
吹き寄せるは北氷洋の凄惨な冷気
黒々と厚く重なる暗雲が
たれこめるのは凍原の凋萎した零落
ああ、朔風と暗雲が私のこころを砕き
私の腸を裂く
これらのすべてが私の凄絶な憂心をゆさぶる
何が超俗だ！　何が自恃だ！
懐かしの我が母よ！　このすべてに私がどうして耐え忍べようか
父母を思えば、私はただ恥じ入り、自己を許せなくなる
この哀傷かつ無情な環境は
鋭利な爪となって私の喉を締め付けて
私の精神の息吹を止めようとしている
それでも人生は戦いなのだ
私はひるまず退かずに、不撓不屈の境地に在る

私は願う、いつの日か
微風と曇りない月の光だけの
ぽかぽかと柔らかく暖かい日が来ることを
さらに願う、群なす悪魔の鋭利な爪に戦勝し
勝利の凱歌を高らかに奏する日がいつの日か来ることを

第二編は一九四三年一二月二五日の夜、自習室で書いた。その頃、故郷の父母は私の婚約者を決めてきた。彼女は高級小学校しか卒業しておらず、私は不満に思ったが、しかたなく承知した。しかし、どうしても不満な気持ちが残り、自分の鬱憤を詩にぶちまけたものであった。

人生において短い青春なのに
君はその墓場になろうとするとは！
行雲流水のような私は
君のことなど考えたことはなかった
だが環境の哀傷が
私を金縛りにして、あべこべに君に力添えする
それでも焦るには及ばない
私はいまなお良心と名誉を重んじている
君にわかるだろうか

私の凍りついた心中に
矛盾と悔恨が充満しているのが
私の運命よ！　幸福には手の届くはずもなく
慰安さえも得難い
結局は、風に飛ぶ雲に私の心を乗せて
私の情を彼方に届けるしかない！

第三編は一九四四年三月一五日の夜、宿舎の第三分館自習室の灯火の下で、長兄の悲惨な死にざまを追憶していた。長兄は生活のために日夜働いていたが、馬車で荷物を運ぶ途中、車が転倒して重傷を負ってしまった。それでも手当てをすれば助かる傷だったので、近所の人が直ちに鞍山の満鉄病院にかつぎ込んだ。しかし日本人医師はろくな手当てもしてくれず、長兄は死んでしまった。事件があったのは一九三八年冬であった。後に残ったのは、年老いた父母と三人の子供と三人の弟であった。兄嫁は数年前に亡くなっていた。その頃の我が家はとても貧しかった。馬と三〇ムーの小作地だけが頼りで、長兄は農閑期には馬車で荷物運びをしてわずかな日銭を稼いでいた。これが一家の生計の途であった。その当時、私は在学中の経済的困難や卒業後の将来の不安を考え、抗日戦争の勝利と祖国の解放を切に願っていた。しかし情勢がどう変わるのか、私には見通しがつかなかった。大学内での言動はすべて監視され、精神的な苦痛は言うに言えないものがあった。以下のような幻想と哀傷を詩に託すしかなかったのである。

天はひろびろ、海はゆらゆら
はてしない水面に、立つは白波ばかり

あの白い波頭だけが沸き立ちざわめく
兄が生木綿の長衫に、日焼けした顔で
沸き返る大波の上に嫂と立ち、談笑している
しかし、時おり振り返りふっと浮かべる表情は、心残りの無念の微笑
兄は思い出しているらしい
兄を久遠の旅路に送り出す人々の悲痛な泣き声と
われらの慈母のむせび泣きが、今なお耳に聞こえてくるのを
兄の声も聞こえてくるような

六年前の今日、私が立ち去った故郷に、きつい労働をしている六十の父が、せわしく立ち働く母が、貧困の中で育つ子らが愛らしくしっかりと育っている。しかし、長男はようやく中学校を卒業したばかり、次男と娘はまだ幼くてこれからだ。私の弟たちはまだ在学中で金がかかる。しかも一人はアヘンの煙管にしがみつき、苦しい家計を顧みず、のらりくらりして怠ける算段ばかり。

垣根に枝垂れ柳が見える。しなやかに枝をたらして、倒れそうな垣根をおおっている。父と母の苦労は、いつ終わることやら、不肖の息子は、先立ってしまった。悲しまないでください。嘆かないでください。弟たちと子供たちを支えにして、貧しく単調な生活をまぎらしてください。

可愛い子供たちよ。お前たちの父と母は、親として責任を果たせないままに先立ってしまった。祖父母しかお前たちの頼りにならないのだ。悲しみ、悼むことはしないでくれ。祖父母に孝行してくれれば、父母も黄泉の地で、笑っていられよう。

弟たちよ。不幸な兄と永遠の別れになってしまった。思い出すことも悼むこともしないでほしい。お前たちが父母を養い、次の世代を導いて、豊かな家庭をいつの日が築いてくれれば、私たちは安心できる。

突然、名残りおしそうに、ぎこちない様子で横を向き、ため息をつくと、兄は兄嫁の手をとり、西方の如来のいる道に翔び去ってしまった。

残ったのは、わびしく広がる水面ばかり、それもだんだんに狭まっていき、自習室の窓の中におさまってしまった。私の電灯の光が窓に映っていただけであった。

リンリンリン、起床のベルがなり、はっとして飛び起きた。

日本侵略者はたえず「皇軍の戦果」を宣伝し、中国関内（山海関内）のいたるところを攻めて「三光政策」（殺し尽くし、焼き尽くし、奪い尽くす）を実行してきた。私たちはこうした侵略行為を恨みながらも、ただ呆然としていた。抗日戦争の最後の勝利を固く信じてはいたが、現実の大学内では勉強にも生活にも差別と圧迫を受け、手も足も出なかった。

しかし、ある程度は反抗することもあった。私たち中国人学生は、大学本館地下の寮に分散して住んでいた。日本人学生の居住区とは明らかに差別されていた。しかし私たちの部屋には、衣裳ダンスとマット付きのベッドがあった。クラスの日本人学生の松内がこれに目をつけて、強引に「部屋を取り替えろ」と何回も交渉に来た。拒絶されたにもかかわらず、彼はとうとう最後には横車を押した。その時、私はバスケットボールのコートから戻ってきたところで、運動服を着て汗びっしょりのまま、我慢できずに癇癪玉《かんしゃくだま》を破裂させた。「理由なく人を馬鹿にすることは『日満一徳一心』の原則に違反する、貴様をとっちめてやる」と大声で怒鳴った。彼は小柄で、一人だけであったために、立ち上がって今にも手を出しそうな様子を見ると、くるりと後ろを向いて逃げ出した。

大食堂では、日本人学生と中国人学生がそれぞれ半分ずつ席を取って食事をしていた。連中の食事は牛乳とパン、あるいは米と牛肉であった。中国人は米を食べるのを許されないために、毎食お碗に盛り切りのコウリャンか粟飯、それに大豆の小皿が一皿であった。私たちは毎日空腹を抱えていた。瀋陽の住友会社で実習をしていた時は、その粟飯さえなくてコウリャンだけとなり、まるでブタの餌のような物を食わされたことがある。

教室では各人の席が固定しているわけではなかった。教授の中には意地の悪いのがいて、彼は中国人学生を日の当たらない席に集めて坐らせた。生活用品の「配給」にも差別があった。日常は日本人と大きな衝突はなかったが、中国人学生に対する侮りはいつもあった。前にも述べたように、大学の校則では「下級生は上級生に敬礼しなければならない」とされていた。私は日本人上級生を避けて通ったり、気が付かないふりをして通り過ぎることもあった。上級生によっては呼び止めて敬礼させようとする者もおり、その時は知らない顔をして立ち去ることにしていた。私たち中国人は、学習面でも、言葉の上でも、教師との関係でも、いつも弱者であり、不利な立場に置かれていた。

社会生活では、日本軍兵士と傀儡「満州国」警官、憲兵及びその手先たちは、いたるところ大手を振って歩いていた。少しでも気にくわないと、軽くても怒鳴られるし、重ければ撲られたり、中には逮捕されたりすることもあった。殺されたとか、弾圧されたとか、口づてでさまざまな噂が流れていたので、人々は怒りを抑え、敢えて抵抗はしなかった。私も同じようなことに出くわした。私の家は貧しかった。父は私の学費をひねり出すために、あちこち駆け回って私に送金してくれた。

ここで補充説明をしておこう。大学は入学試験の成績が上から三分の一以内の者に奨学金を与えた。このほか、卒業後教員になることを承諾した者に給付金を交付していた。私はこの二つの条件を満たしてはいたが、それでもなお家からの送金が必要であった。ある時、父親が隣村から小麦粉を運んできて売ったところ、西柳の傀儡「満州国」警官に「国事犯」の罪名で逮捕され、数日間勾留され、罰金を払ってやっと釈放されたことがあった。

また、休暇を終えて大学に戻る途中の海城駅で、黄という姓の鉄道警官が私の本を入れたカバンを摑み、「検閲させろ」と言ってきた。私は発車の時間が迫っていたので「中身は本だけだ」と答えた。彼は「この野郎、反抗する気か」と怒鳴り、飛びかかってきて私を撲ったり蹴ったりした。私は敢えて反抗せず、カバンを開けて見せた。実際に本だけだったので、彼は何も言わず立ち去った。

一九四二年度のハルピン市バスケットボール大会の時、偶然にも私たちのチームは傀儡「満州国」警察局チームと当たった。学生はもともと傀儡「満州国」警官を最も憎悪し、最も軽蔑していたので、この機会に彼らを負かして溜飲を下げようと考えた。試合開始後まもなく、傀儡「満州国」警察局チームは旗色が悪くなり、彼らはご機嫌ななめとなった。その中の一人が「お前ら、後で見ていろよ」と脅しにかかってきた。しかし私たちは勝てば勝つほど調子づき、観衆はますます喝采した。警官チームはついに癇癪を起こした。その中の一人がコートを離れ、ピストルを取り出して来て、私に銃口を向けた。観衆は怒り出し、「試合に負けて、人を撃つのか」と叫んだ。学生たちが警官を取り囲み、私は数人の同級生に護衛されながら大学に戻った。

また、こんなこともあった。私が宮原で「勤労奉仕」をしていた時（一九四五年七月―八月）のことである。日本軍は太平洋戦争で次々に敗北していた。私たちは喜んで時局の推移を注視していた。しかし大学内では新聞を読むことができなかった。ある時、街の商店のカウンターに新聞が置いてあるのを目にとめ、私は店に入り、見出しだけをちらりと見て店を出た。その時たまたま後ろに私服警官がいて、宿舎まで私の後をつけて来た。幸いに私が日本人職工の寮に入って行ったので、私服警官は私が日本人だと思って立ち去った。

日本の侵略戦争はすでに中国の大半と東南アジア各国、太平洋の諸島に拡大したために、人的にも物的にもこれまでになく欠乏していた。「配給」となる物資の割合がますます多くなり、廃品を再利用した物品が大量に使用された。私たちに「配給」されるのは、すべて廃品を再生した「更生ゴム靴」「更生布」などであった。

また、人手不足を補うために学生を労働力として駆り出し、これを「勤労奉仕」と呼んだ。大学では日常の労働以外に二度にわたって長期の「勤労奉仕」をやらされた。その仕事と生活は、これまでになく苛酷なものであった。一回目は一九四三年の二年生の夏休みで、日本人を含む全校の学生が黒龍江省東寧県の中ソ国境近くの山奥に道路工事に駆り出された。何の道路か説明はなかったが、私たちには軍用道路だということはわかっていた。重労働を強制され、石を運搬し、丸太を運搬し、土を掘った。日本人に比べて私たちは満足な食事も与えられず、空腹と疲労がたまっていった。寝るところはテントで、蚊や虫に刺され放題で睡眠も十分にとれず、身体の弱い者は次々に倒れていった。一ヵ月余り耐え忍んでようやく大学に戻り、授業に出た。心の中の矛盾は激しく、日本侵略者のために働いていることはわかっていたが、どうにもならなかった。

二回目は一九四五年、授業を繰り上げて終わりとなり、専攻科ごとに分かれて専門に関連した工場や鉱山に行かされた。「実習」の名目であったが、実際には労働力として「勤労奉仕」させられたのである。この時は日本人学生とは別行動で、私たち冶金専攻科は二人だけであったが、ほかの専攻科は五、六人ずつに分かれていた。私は宮原高炉の炉の傍らで働かされた。その時に高炉から出た鉄は鋼に鍛えられ、鉄砲や大砲になったのである。「勤労奉仕」は日本侵略者への加担になると思うと、いっそう憂鬱な気持ちにさせられた。私は高炉が故障することを願い、実際に故障した高炉を日本人技術者や労働者が必死に修理しているのを見て、内心喜んで傍らで見ていた。こうしているうちに、八月八日から九日にかけて夜間空襲警報が鳴った。ソ連の空襲であると察しがついた。私は山に逃げたが、心の中では日本軍がもうすぐ瓦解することを喜んでいた。果たして八月一五日、日本の天皇は無条件降伏を宣言した。私たちは中国人労働者と抱き合って勝利を喜んだ。

寮のまわりは日本人職工の居住する地域であり、一部屋だけ私たち五、六人が寝泊まりする所があった。工場では通常の操業は停止していたが、日本人は機械工場だけ操業し、各人に持たせる護身用の軍刀を作っていた。私たちは寮にいては危険だと思い、その日の夜、荷物を放り出して本渓湖の停車場から汽車に乗った。瀋陽まで行ったが、すでにソ連軍が瀋陽に進入していて、汽車はここで停まってしまった。私たちは瀋陽の同級生の家に身を寄せた。ソ連軍が日本軍を武装解除しているところを目撃した。また、日本の軍人と女性がソ連軍の前であわてふためく様子を見て、溜飲が下がった。半月たって汽車が動くようになり、家に戻って仕事に就く機会を待った。

（聞取り時期：二〇〇〇年九月一〇日―一三日）

「関東州」の教育の実際――楊乃昆 証言

〔略歴〕

楊乃昆（ヤンナイクン）、男、漢族、一九三〇年一月四日生まれ。原籍：遼寧省大連市。離休（退職）時の所属：大連市女子職業中等専門学校。職務：監督指導員。職称：中学校高級教師。日本占領時期に在籍した学校：金州公学堂南金書院。日本占領時期の職場：満州重機工場。

一九三九年四月―一九四三年三月、金州馬家屯会普通学堂に在学する。
一九四三年四月―一九四五年三月、金州公学堂南金書院に在学する。
一九四五年四月―一九四五年六月、大連勤労動員署技能者養成所に在学する。
一九四五年六月―一九四五年八月、金州の満州重機工業の労働者となる。
一九四五年八月―一九四九年四月、実家で農業に従事する。
一九四九年五月―一九四九年一〇月、金県第一中学校附設師範部に在学する。
一九四九年一〇月―一九五四年六月、旅大（初級）師範学校、旅大（中級）師範学校に在学する。
一九五四年八月―一九六四年八月、大連市労農幹部文化学校、中国共産党旅大市委員会党学校第三部、校部の教師を務める。
一九六四年八月―一九七八年八月、大連市第二一中学校党支部書記となる。
一九七八年八月―一九九〇年一月、大連市第二二中学校、大連市女子職業中等専門学校党支部書記、監督指導員となる。
一九八四年五月―一九九〇年一月、中国共産党旅大市委員会地方党史弁公室、大連市教育志編纂委員会弁公室に勤務する。
一九九〇年一月、離休（退職）する。その後、大連市教育志編纂委員会弁公室に勤務する。

私は一九四三年三月に金州馬家屯会普通学堂を卒業し、同年四月に金州公学堂南金書院高等科に受験入学した。ここを卒業して一九四五年四月に大連勤労動員署技能者養成所に受験入学し、二ヵ月勉強した。この頃の教育状況を思い出してみると、「関東州」の日本植民地当局が中国人に対して行なった奴隷化教育の意図と実態及びその罪悪を反面教師として汲み取ることは、意義のあることだと思われる。

南金書院は金州地域の古い歴史と伝統を持つ書院であった。金州公学堂南金書院は、この南金書院を奴隷化教育のための公学堂に改造したもので、「南金書院」という看板は掲げているものの、実態は大きく変わっていた。書院は学問的雰囲気を漂わせた、広々とした優美な庭園風の敷地にあった。西側には古来の城壁があり、南側は街に入る東門に面していた。東西約一五〇メートル、南北約二〇〇メートルで、三方を青い石塀で囲まれ、塀の中には楊や槐などの木々が茂っていた。校門を入ると右側に広々とした運動場があり、北側には「丑」の字形に校舎が建っていた。校舎は三階建てで、前面の西側に日本式の教員室があり、東側に講堂があり、その間を屋根付きの廊下が教室楼とつないでいた。廊下を通り抜けると北側の高等科の教室があり、東側には初等科の教室があった。校舎の西側は排水溝で、その向こうに数列の寄宿舎が建っていた。校舎は前面が高く、後ろは低く、整然としたたたずまいであった。

学校が厳格であればあるほど、反作用も大きかった。学校は生徒たちにいくらかの必要な文化科学知識を教えていたが、政治的には生徒たちを愚民化しようとしていた。公学堂は植民地当局である「関東州」と傀儡「満州国」の手先となる政治家や経済・文化における御用学者を養成するために、当局の負わせた任務を忠実に果たしていたし、当局の行なう奴隷化教育の遂行に貢献していた。

私が在学していた時期は日本帝国主義が引き起こした太平洋戦争の中後期に当たり、中国侵略戦争の後期でもあった。日本侵略者はいわゆる「大東亜聖戦」に勝利するために、一九四一年太平洋戦争に突入すると、後備を強化すべ

旅順高等公学校師範部修学旅行、北九州小山旅館前（1938年）

く占領区「関東州」を日本領土に組み入れようとし、占領区の旅順と大連の人民をそのまま日本国民としようとした。「関東州」の植民地当局は、これまで行なってきた占領区の旅順と大連の人民に対する奴隷化教育を一九四一年から戦時下の「国民教育」に改め、日本国民と見なして教育統制を強め、日本帝国主義が起こした侵略戦争に奉仕するように仕向けたのである。

この戦時教育は実際には以前から実施されていたが、一九四四年に公布された「関東州人教育令」に十二分に反映されている。その総則、第二条、第三条では「関東州人の教育は我が国の建国精神に則りて関東州人を醇化陶冶し挺身奉公を実践に養い皇国の道に帰一せしむるを以て目的とす」「全面教育を通して」「皇国の東亜及び世界に於ける使命を明にし、大東亜建設の聖業に翼賛すべき関東州人たる責務を自覚せしむべし」と述べている。この総則では日本国を「我が国」「皇国」と称し、「関東州人」を日本国民と見なし、併せて「皇国の道」の教育を行なって日本の「大陸政策」に尽力するよう仕向けている。公学堂の教育目的はこの「教育令」に基づき、以下のようにまとめられる。

つまり、生徒たちに日本の「国情」「国勢」「国体」を教え込み、「日本人の思想感情」「道徳品性」を涵養し、「心から従順に、忠実に皇恩に感謝し」「関東州を支配する精神を明確にし」「関東州の使命を知らしめて」「大東亜共栄の信念」を持たせることによって「大東亜聖業の基礎を建設することを補佐させる」というものであった。

日本の植民地当局が占領区の旅順・大連地区で行なった教育は奴隷化教育である、と私が認識するようになったのは、中国共産党の教育を受けてからである。当時の私は自発的に彼らの教育を受け、その思想を注入されていた。

日本植民地当局は、教育目的を実現するために必然的に相応の措置をとった。まず、教育を実施するには良い教師を選ばねばならない。当局は、公学堂高等科の教育は必ず日本人教師が担当し、普通学堂の教師は日本人教師及び教師の資格を持つ中国人教師に担当させてもよいが学堂長は必ず日本人でなければならない、と規定した。けれども私が南金書院に在学していた頃は、すでに太平洋戦争の中期及び中国侵略戦争の後期に当たっており、日本侵略者は戦線で絶えず敗北し、兵士の不足にともなって多くの日本人教師が前線に駆り出されていた。そのため日本人教師は半数しか残っておらず、残りの半数は中国人教師が補っていた。私たちの学年は六クラスであったが、六クラスの担任の三人が中国人教師であった。しかし、このことが奴隷化教育の実施に影響することはなかった。これらの中国人教師はすべて植民地当局が養成した者であり、大多数が奴隷化教育に忠実で、少なくとも反対はしていなかった。その中には、生徒を怒鳴ったり、叩いたり、体罰を加えることに関しては日本人教師より手厳しい者もいた。教師不足を解決するため、学校は一九四四年に女性だけの教師研修クラスを一期だけ開設した。彼女たちは六ヵ月間の研修を受けた後で普通学堂の教師となった。

次に、教育目的を実現するための必要学科と科目を設置した。私が公学堂に在学した時期に開設されていた科目は修身、国語（日本語）、満語（中国語）、歴史、地理、算数、理科、体操、手工、図画などであった。「関東州人教育令」では前の五科目を「奉公科」とし、算数と理科の二科目を「数理科」とした。このほか芸能科、体練科、労働科が設置された。各学科の教育目的はすべて明確に規定されていた。たとえば奉公科に対する要求は「我が国の道徳及言語、満語、皇国を中心とする東亜の歴史及国土国勢について習得せしめ、特に我が国体の精華を明にし奉公精神を涵養するを以て要旨とす。関東州人たるの喜を感ぜしめ皇恩報謝の至誠に撤せしむべし。光輝ある皇国の歴史と関東州の地位を闡明《せんめい》にして、関東州人たる使命を自覚せしめて、大東亜建設の聖業の基礎を建設する補佐役を根培すべし」というものであった。

こうした学科の教育目的を達成するために、この「奉公科」に含まれる五科目にもそれぞれ教育目標が決められた。たとえば修身は生徒に「関東州統治の精神を明にし、特に遵法、奉公の精神を涵養し」「皇国の道」を実践する教育を要求した。

国民学校宿題帳の裏表紙に印刷された奉天市教育の発展概況　奉天市は「満州国」の教育が最も発達した都市である

国語（日本語）は、歴代天皇、宰相、武士のいわゆる「豊功偉績」及びファシスト軍人、殺人者などの伝記や物語を教えた。たとえば「乃木大将」「東郷元帥」「豊臣秀吉」「広瀬中佐」などの「偉業」を教え、生徒に日本の英雄主義教育を行ない、「日本精神」と「日本人の思想感情」を養わせた。

「満語」と地理は、傀儡「満州国」の地大物博、鉱産豊富、経済繁栄を賛美し、生徒を思想的に傀儡「満州国」を承認させ、日本が中国の東北を侵略した罪悪行為を忘れさせ、親日感情を高めさせることを目ざしていた。

特に歴史では、歴史の事実を改竄・歪曲し、生徒を愚民化し、侵略行為の歴史的な事実に気づかせないように仕向けた。たとえば日露戦争の意義を解釈するにあたって、「日本は極東の平和保持と自衛のためにやむなく宣戦布告した。日本とロシアの多大な犠牲によって、東亜の平和が確保されたばかりでなく、イギリス、アメリカ、ドイツ、フランスがアジアを侵略することを阻止し、清国は各国に分割されるという災いを免れ、アジア民族の奮起を促した。これは実に日本がロシアに勝った功績によるものである」と述べている。植民地当局は、このような虚言をもって侵略には「道理があり」、中国を「保護するものであり」、「救いの星」であると言いくるめ、奴隷化教育の目的を果たそうとしたのである。教師はこれらの意図と方針と目的に沿って各種の教育活動を行ない、各学科と科目の教育任務を果たしていたのである。

教師の仕事に対する態度とその仕事ぶりから見て取れるのは、学校は奴隷化教育の質を高めるためにいかに厳しく教育を管理することを重視していたか、である。各教師は予鈴が鳴る前に教室のドアのところに立って待機し、授業を真面目に行なった。説明は解りやすく、内容は順序立てて関連を持たせ、きちんと体系化し統一されていた。朝礼や休み時間の体操の時、教師はみな生徒の隊列の前に立って指導した。学校当局は、教師の勤務成績や勤務ぶりを昇格の餌として教師の積極性を引き出し、いっそう奴隷化教育に奉仕するようにしていた。

生徒の管理については「学生守則」「宿舎規則」及び各種の規則を制定したほか、教師に自発性を発揮させるようにしていた。学校は教師に真面目に奴隷化教育の方針と政策を実行するよう要求し、厳格に生徒を管理して教師としての尊厳を守らせるため、生徒に対する体罰を支持していた。そのため、当時は教師が生徒を撲るといった体罰が広く行なわれ、体罰によって正常な教育と学習の秩序を保とうとしていたのである。さらに生徒に週番制を課して管理権を与え、朝の登校、休み時間の体操、昼休みと放課後の清掃など、週番生徒に規律や衛生管理などについての評価を任せた。このような管理強化によって学校の秩序を整然と保ち、学業を厳粛・活発ならしめ、秩序立った学校生活の下で強力に教育主旨を促進し、教育目的を貫徹できるようにしたのである。

次に、彼らの教育意図は課外活動においても貫徹されていた。私は以下のいくつかの例を記憶している。毎朝の朝礼――まず「右へならえ」をし、東に向かって戦死した兵士たちの「英霊」に黙祷を捧げ、日本の国歌を歌い、勅語を朗読し、日本の天皇を遥拝して皇恩による教育に感謝した。

日本の神社への参拝――日本の「紀元節」や「天長節」などの祝日のたびに、学校では生徒を動員して金州の南山に行って日本の神社に参拝させた。「天照大神」を仰ぎ、過去の日本の英雄と戦死した「英烈」を追悼し、日本の天皇を遥拝させ、生徒に「英雄」や「英烈」となり、従順な国民として天皇の事業を補佐するよう鼓舞した。

慶祝行事――前線から伝えられる勝利の報せ、たとえば「××の大勝利」「××の陥落」が届くたびに学校は生徒を登校させ、教師から個別に生徒に話して強制的に慶祝行事に参加させた。また「赫々たる勝利」を教材として生徒を教育し、親日的思想感情を持たせようとした。

「勤労奉仕」の活動――学校は年に一度、一ヵ月ほどの「勤労奉仕」を授業に組み込んでいた。私は高等科二年の前期に、金州馬橋子の裏山の東側（現在の大連経済開発区内）に土地を切り開いて臨時の軍用飛行場を造るための「勤労奉仕」に行かされた。学校はこの「勤労奉仕」を「大東亜聖戦完遂を体現するもの」として生徒に宣伝し教育するよい機会と見なして、外部と遮断した管理体制をとった。私たちは早朝に起き、小屋を出て朝食をとると、隊列を整えて「東方遥拝」をさせられた。労働の任務は、土を掘り返し、溝を埋めて、土地を平らにすることであった。昼休みに現地で食事をとったが、出された食事は黴臭い粟飯、トウモロコシのマントウ、白菜スープだった。夕食後に小屋に戻るなり、外に出ることは許されなかった。労働期間中は、「大東亜共存共栄」を遂行するために実際行動で「大東亜聖戦」を支援し「皇国」に忠義を尽くすという教育が絶え間なく行なわれた。

これらの教育は、さまざまな側面から奴隷化教育を補足するものであり、それは教室における授業とあいまって、生徒たちを閉塞状態において教育したものであった。

日本植民地当局の普通学堂・公学堂段階における奴隷化教育の目的は達成されたであろうか？　私は基本的には彼らの目的は達成されたと思う。以下、いくつか彼らの教育の「成果」について述べよう。

第一は、小学生を飼い馴らして民族意識を基本的に消滅させ、奴隷化教育を甘んじて受けさせた。この時期の教育を振り返ってみると、「関東州」の中国人生徒の意識は植民地当局のそれぞれの時期における中国人に対する支配と教育政策の変化につれて、以下のように変わっていったと思われる。

奴隷化教育の草創時期（一九〇五年―一九一九年）は、日本侵略者による「関東州」の占領後、政治状況はまだ安定せず、懐柔政策が行なわれ、政治・経済・文化・教育の諸分野において中国の制度が踏襲された。この時期の「関東州」の中国人生徒の民族意識は比較的強かった。

奴隷化教育の発展時期（一九一九年―一九四一年）は、「関東州」の政治状況はすでに安定し、特に一九三一年に日本が中国の東北を侵略・占領した後では政治・経済・文化・教育の諸分野において完全なファシスト支配と愚民政策が実行され、中国的なものは一切取り除かれた。この時期の「関東州」の中国人生徒、特に小学生の民族意識は徐々に薄められ、最低となった。

戦時国民教育が施行された後（一九四一年―一九四五年）は、「関東州」の中国人小学生の民族意識は基本的に消滅させられていた。

私と同級生たちは一九二〇年代末から一九三〇年代初めに生まれた者たちであり、物心ついた時には、すでに三〇年代末から四〇年代初めであった。この時期はまさに「関東州」の奴隷化教育が発展した時期に当たる。私たちより年上の人たちの生活・教育環境は私たちと基本的に一致しており、同じように奴隷化教育の中で成長してきていた。彼らの民族意識は大きく削がれていたので、その他の政治思想が私たちに影響することはなかった。普通学堂や公学堂で勉強するのは自発的なものであって、父母の世代と同様に、いくらかの知識を身につければ将来それが役に立ち、一家を支えていく助けになると考えたからであった。特に当時評価の高かった公学堂南金書院で学ぶことには誇りと自信を持っていた。在学中も比較的真面目に勉強し、あまり反抗心を持たなかった。

ここで、説明しておきたいことがある。生活環境や知識量・年齢の違いがあっても、また農村と都市の別、小学生と中学生の間に奴隷化教育を受けた程度や開始時期の違いがあったにせよ、そういったことに関わりなく、総体的に言って生徒たちの絶対多数が当局の教育の意図や目的に沿った奴隷化教育を受けたのである。これは、小学校・中学校の卒業生たちが当局の政策によって各種の仕事に就いたり、自営業に従事したり、「関東州」や傀儡「満州国」の政治・経済・文化・教育などの各分野で奉仕させられたことからも証明できよう。

第二は、生徒たちの親日思想は時代とともに濃厚となってゆき、中国についてまったく知るところがなくなった。私たちが普通学堂や公学堂に在学したのは九歳から一五歳前後の時期であり、思想的には白紙状態であった。植民地当局はあらゆる手を使って、その白紙の上に奴隷化教育の図面を引いていった。そして本来が日本帝国主義と「関東州」の植民地当局に敵意を持っていなかったことから、徐々に日本に対する親近感を持つようになったのである。政治思想から見ると、私の頭の中に詰まっていたのは「天照大神」「乃木大将」「東郷元帥」「豊臣秀吉」「広瀬中佐」など日本の英雄たちであり、「大東亜聖戦」について次々に報じられる「勝利」の報せであった（敗北の事実はすべて植民地当局が覆い隠していた）。だから、いわゆる「大勝利」を耳にすると、はしゃぎ回ったものである。日本が中国の東北を侵略し、全中国を併呑しようとしていることは考えもしなかった。

中国については、奴隷化教育による情報封鎖と愚民化と欺瞞によって、基本的には何一つ知ることはなかった。国民党の歴史も蔣介石の経歴も知らず、共産党の革命の歴史も、毛沢東や朱徳などの指導者たちについても知ることはなかった。「関東州」にはこの頃すでに中国共産党の地下組織、抗日放火団の活動があったとはいえ、彼らはすべて非公然の状態にあったので、当局に逮捕され処刑された時しか知ることがなく、一部の事柄は解放後にようやく知らされたのである。さらに植民地当局は「政治犯」「経済犯」「思想犯」に対して苛酷な弾圧策をとっていたので、保護者の中で中国についていくらか知っている者でも、敢えて近所の人や子供たちに語ろうとはしなかったので生徒たちに何ら影響を与えることはなかった。

当時、私は山東から大連に仕事を探しにやってきた「苦力」の口からある程度のことは聞いたことがあった。しかしそれは曖昧なものであり、概念を形成し思想を形成するまでには至らなかった。当時は私のような生徒が絶対多数を占めていた。これは、植民地当局の奴隷化教育が「関東州」の中国人を同化する目的を基本的に達成していたことを証明するに足るものであろう。

第三は、多くの人が自発的に「関東州人」になることを望んでいた。当時「関東州」に居住する者は、日本人を除いて、朝鮮族、「関東州人」、「満州人」及び大連に職を求めてきた山東出身の人々などがいた。この幾種類もの人々の身分と地位は、その故郷の政治背景によって異なっていた。たとえば朝鮮は早くから日本に併呑されて日本に同化し、言葉まで日本語に変わってしまっていたので、朝鮮族は一等公民とされていた。「関東州人」は植民地当局が直接支配し自ら養成したものであって、職場では比較的信頼されていたので、二等公民とされた。「満州人」は三等公民とされ、その他の者は四等公民とされた。私を含めて当時の大多数の人々が「関東州人」であることを誇らしく思う思想感情を持っていたことは、まさに同化され、祖国の何たるかを知らない愚民状態を反映していた。

中国共産党が私を解放し、私を教育して、この愚民状態から救い、人間として養成してくれた。私は中国共産党に感謝している。この当時の学習経験が私に与えた教訓は、「国が強ければ民が誇りを持ち、国が弱ければ民は辱められる。いかなる時にも祖国を忘れてはならない。寸暇を惜しんで、祖国の繁栄と富強のために何らかの貢献をしなければならない」ということである。

(聞取り時期：二〇〇〇年九月一〇日、場所：大連市教育史志弁公室)

奴隷化教育の効能を低く評価すべきではない――王有生 証言

〔略歴〕

王有生（ワンヨウション）、男、漢族、一九二五年三月三日生まれ。原籍：遼寧省遼陽県。離休（退職）時の所属：貴州省遵義医学院。職務：図書館長。職称：教授。日本占領時期に在籍した学校：旅順高等公学校、満州医科大学。

一九三一年四月、大連市伏見台公学堂に受験入学する。その後、旅順高等公学校中学部を経て満州医科大学に受験入学する。

一九四八年、関東医学院特設班卒業後、助手となる。

一九四九年、大連大学医学院教務秘書となる。

一九五〇年―一九六九年、大連医学院教務科長、医学史講師となる。

一九六九年―一九八八年、遵義医学院医学史講師、助教授、教授となり、図書館長を兼任する。

一九八〇年―一九九〇年、中華医学会医学史学会の第一期、第二期全国委員に当選する。雑誌『中華医史』の第一期―第三期編集委員を務め、『中国医学百科全書・医史分冊』（上海科学技術出版社）の編集に参加する。

一九八七年、『日漢医学辞匯』（主編、上海科学技術出版社）を刊行する。

一九三一年四月、私は小学校に入った。学校は今の大連市西崗区にあり、伏見台公学堂といった。「伏見台」というのは、日本人が大連占領後に命名した地名である。日本帝国主義は中国の土地である大連や旅順を強引に租借し、計画的に植民地化した。もともと中国の地名であった所を日本の地名に変え、いたる所に日本侵略者の銅像や神社を建設した。日本人に対しては支配者となるべき教育を行ない、中国人に対しては奴隷化教育を行なった。市の中央広場を日本人は「大広場」（現・中山広場）と命名し、銅像を建てた。これは日露戦争の時に満州軍総司令官だった大山巌である〔像は初代関東都督の大島義昌〕。

日本人居住区と中国人居住区は分けられており、特に旅順口の日本人居住区は「新市街」と呼ばれ、中国人居住区は「旧市街」と呼ばれていた。「新市街」は清潔で閑静な地区で、プール、動物園、博物館、図書館などの市の施設があった。しかし「旧市街」は道が狭く、混雑し、文化施設も少なかった。中国人が頭を押さえられた被支配者の地位にあることは歴然としていた。

正規の学校はすべて日本人の経営するものであった。日本人の学校を「小学校」と呼び、中国人の学校を「公学堂」と呼んで区別していた。当然、日本人学校と中国人学校では学校の規模、校舎、設備、教師、環境などに大きな差別があった。私の勉強した伏見台公学堂は校舎が古く、運動場も狭く、これといった設備もなかった。解放後に校舎がどのような用途に転用されたか、現地で探してみたが見つからなかった。しかし、その付近にあった伏見台小学校は規模がかなり大きく、校舎も美しく、五、六〇年代に私が大連にいた時は大連市実験小学校となり、大連市で最も優れた小学校となっていた。

一九三一年四月、「九・一八事変」が起こる前は私たちは『中国語教科書』という教科書を使用していた。傀儡「満州国」成立後、小学校四年の時に教科書名が『満州語教科書』と変わった。いわゆる「満州語」とは満州族の言語ではなくて、中国語のことである。中国人に自分が中国人であることを忘れさせることを意図して、中国語という言葉を使わず「満州語」としたものである。日本人が中国人のために作った中国語教科書を使わせた目的は、中国国内で使用されている教科書を排除することにあり、特に共産主義教育を締め出すことにあった。

私は、日本が降伏して第二次世界大戦が終わるまで、共産主義と三民主義、共産党と国民党については何も解らなかった。小学校教師の大部分は日本人であり、体操や手工にいたるまで日本人が教えていた。小学校卒業生の日本語水準は一般に三等通訳程度に達していた。一部の奴隷根性を持った連中は、日本侵略軍の漢奸や軍事通訳、あるいは

軍事訓練をする旅順高等公学校中学部の学生たち（1941年）

その手先となっていた。

日本人の中等教育機関は「中学校」と呼ばれ、日本人が中国人のためにつくった中等教育機関も初めは「中学校」という名称であったが、後に変えられた。東北全体で旅順と瀋陽に各々一校だけ、日本人が創設した完全な中学校があった。その他はすべて職業中学校であった。これは明らかに、中国人が大学に進学することを制限しようとしていたことを示している。旅順の中国人中学校は「旅順高等公学校中学部」（この学校には師範部も設置されていた）と呼ばれていた。毎年募集するのは男子一〇〇人のみであった。その後、金州に「高等女学校」が設置された。瀋陽の南満中学堂は南満州鉄道株式会社の管轄下にあって日本人が直接経営し、傀儡「満州国」政府の管轄下には入っていなかった。傀儡「満州国」のすべての中学校は実際上は職業中学校で、一括して「国民高等学校」と称し、略して「国高」と呼ばれていた。その規模や校舎、設備、教師陣などは日本人の中学校と比べると大きく劣っていた。

旅順高等公学校中学部は五年制で日本人中学校と同様であったが、瀋陽の南満中学堂と金州女子高等公学校はいずれも四年制であった。旅順高等公学校中学部の課程は、毎週二時間中国人教師が教える以外は音楽、美術にいたるまでも日本人教師が授業を行なっていた。歴史と地理は日本、東洋、西洋の三部に分けられていたが、日本の歴史、日本の地理に重点が置かれていた。中国歴史と中国地理は東洋史、東洋地理の中に組み込まれ、その内容はすこぶる簡単な記述にすぎなかった。このため生徒たちの中国に関する歴史や地理の知識は、日本のそれに比べてはるかに少なかった。言い換えれば、私たち中国人の生徒は祖国の歴史と地理を外国の歴史・地理として学ばされたのである。したがって、卒業した生徒は自分の祖国に対してまともな知識を持っていなかった。その状況はイギリス支配下の香港の人々とすこぶる類似している。香港と違う点は、日本人のファシスト的・軍国主義的教育が残酷であったことである。

中学生の間では上級生と下級生の間に身分差があり、ファシスト軍隊の階級制が学校の中に持ち込まれていた。一年でも上級であれば、下級生を気ままに撲ったり罵ったり侮辱したりすることが許されていた。学校当局も上級下級の身分差を「絶対服従」するものとして奨励し、支持していた。一部の質の悪い上級生たちは「やくざ」と同じように学校内をのさばり歩いていた。私は直接目撃したわけではないが、同級生たちから「自転車のチェーンで人を撲った」とか「下級生に熱湯を浴びせかけた」とかいう恐ろしい話を聞かされて震えあがったものである。旅順高等公学校の生徒は、旅順に家がある者以外、ほとんどの生徒は寄宿舎に住んでいた。寄宿舎は軍国主義を徹底的に教育する場として利用されていた。街に買物や散歩に行く途中で上級生に会えば、必ず敬礼しなければいけなかった。日本の左側通行が旅順でも適応され、行き交う人々は大通りの両側に分かれて通行した。うっかりすると、大通りの向こう側を歩いて来る上級生を見過ごすことがあった。こういう場合、宿舎に帰ってから呼びつけられ、「なぜ敬礼しなかったか」と詰問され、撲られたり蹴られたりした。これは日常茶飯事であった。

毎年新入生が入学すると、恒例により「新入生歓迎の晩餐会」が開かれた。そこでは人を楽しませる出し物が演じられるのではなく、きわめて厳粛な、恐怖の「礼儀をしつける会」であって、高学年の生徒が新入生に規律を守るように教育するものであった。夜、だだっ広い食堂（四〇〇以上の席があった）の出入り口に、普段は舎監が食事の時に使うテーブルと椅子を置き、高学年生が新入生歓迎の訓示を行なう席とした。食堂の入り口から厨房のドアまでいくつかのテーブルを並べ、入学年度の新しい者から順に席に着き、高学年の生徒は中央のドアの近くの席に着いた。舎監の席の頭上に電灯を一つだけ点け、ほかは全部消した。新入生の一挙手一投足がよく見えるので、新入生たちはおとなしくじっと坐っていた。高学年の席は真っ暗で何も見えなかった。高学年の生徒が「これこれの規律を厳格に守らなくてはならない」と言うたびに、後ろの暗い所にいる上級生たちが机を叩き、床を踏み鳴らして大声で唱和した。その恐ろしい雰囲気は、やっと一三、四歳になったばかりで、初めて家庭を離れ、まだ雨の夜の雷鳴と稲光に驚くような少年たちにとって、今まで遭遇したこともない閻魔大王の裁きにも似た恐ろしい「歓迎会」であった。私は入学した時、この歓迎会に非常に不満を持ったが口には出せなかった。三年生になって発言権を持つようになった時、このやり方に反対だと意見を述べたところ、蜂の巣を突ついたような騒ぎになり、二〇人ばかりの四、五年生に取り囲まれて袋叩きにあい、三日ほど足腰が立たなかった。その結果、学校は私の父親を呼びつけて叱り飛ばし、事の決着をつけたのである。

八〇年代、「文化大革命」が終わって故郷の大連に帰った時、同級生の趙錫偉に会った。彼はまだこのことを覚えていて話題にした。「君をあんな目にあわせた誰それはひどい、俺の娘が年頃になってもあいつのところには嫁にはやらんぞ」と言ってくれた。

私が四年生になった時、ある横暴な日本人教師（舎監長）が生徒の食費を横領したことに生徒たちは腹を立て、ストライキを起こした。このことについては『旅順高公同学回憶録』を参照されたい。しかし、一つだけ指摘しておきたいことがある。『旅順高公同学回憶録』では、ストライキの効果をいささか誇張し過ぎているようだ。私の考えでは、あの時のストライキには政治的な動機があるわけではなく、また歴史に対する政治的な影響は何もなかった。血気盛んな青少年が後先のことを考えないで起こしたにすぎない。視野の狭い正義感の衝動に駆られただけであって、「抗日闘争の勝利」といったものではなかった。ストライキの結果、日本侵略者は懐柔策をとり、あっさりとストライキは終息した。注目すべきことは、保護者の中の二人――一人は金州商会会長、もう一人は傀儡「満州国」の県長――が、卑怯な行動で日本侵略者のためにストライキを終息させるという「手柄」を立てたことである。したがって『旅順高公同学回憶録』を読むにあたって、その記述をすべて信用するわけにはいかない。学校はストライキに参加した生徒に「謹慎」（断りなく校舎・宿舎を離れてはならず、寮の室内で反省する）一週間の処分を下した。噂では、私たちの学年の生徒は「ストライキをしたために、故郷の日本警察署のブラックリストに載せられた」とのことであった。さらに大学進学の時、法政大学や軍事関係の大学への受験は許されず、ただ理科、工業、医学、農業などの専門大学のみ受験を許可された。

日本人は、毎月八日に旅順の白玉山神社に私たちを強制的に参拝させていた。日本政府は東北に対する支配を強化するために、旅順に「関東神宮」を建設することを決定した。神社に祭られるのは土地を守る守護神で、「神宮」とは位の最も高い神社のことで、日本の最高の神を祭ることを意味していた。日本の天皇家の先祖である「天照大神」を中国の土地に持ってくるのは、軍国主義支配の精神的支柱とするためであった。しかし日本政府のこの決定は実現しないいまま、植民地支配は瓦解してしまった。

大学進学の時、私は日本留学を希望して留学生試験に合格したが、トラホームが見つかったために、規定により日本への入国ができなくなった。校医は善意で身体検査表に「疑似性トラホーム」と書いてくれたが、関東州教務課は私に大連赤十字病院で再検査するように命じた。その結果「中程度のトラホーム」とされ日本の大学を受験できなくなったので、満州医科大学に受験入学した。入学してまもなく、予科校舎の通用門の掲示板に「中国人学生某（彼は私たちより数年先輩にあたったが、私たちが入学する以前に憲兵隊に逮捕されたので面識がなく、名前は忘れてしまった）は、校則に違反したので除籍とする」という布告が張り出された。学生たちは陰で「おそらく『反満抗日』の罪で銃殺され、その後で意味不明の退学通知が出たのだろう」と言っていた。日本人の大学で勉強する中国人学生は、みな戦々兢々としていた。いつ何時、誰が宿舎に入り込んで持ち物検査をするかわからない。もし、その時に何か不都合なことが見つかれば、生命の保証はないからである。軍事教練には中国人学生を参加させなかった。日本人は、中国人学生が銃口を自分たちに向けるのを恐れたからである。

一九四三年から日本人は旅順や大連の中国人を「関東州民」と呼び、「満州国人」の上に置いた。このように中国人を幾通りかの等級に分け、朝鮮族と台湾省人を第二等級、旅順・大連地区（日本人は「関東州」と呼んだ）の中国人を「関東州民」とし第三等級、東北のその他の地区の中国人（いわゆる傀儡「満州国民」）を第四等級としたのである。これは中国人の間に矛盾を起こし、分裂させようとする反動政策であった。こうしたやり方は、一部の中国人には効果があった。

防空壕掘りをする旅順高等公学校中学部の学生たち（1941年）

私は旅順高等公学校から満州医科大学に受験入学して来たばかりで、人間関係にも土地にも慣れておらず、同じ学校から来た先輩が面倒を見てくれることを期待していた。ところが私の願いは虚しく、大学には先輩が大勢いたが新入生の面倒を見てくれる者はいなかった。

中国人学生と日本人学生は寮の中でも分かれて住んでいた。中国人新入生の部屋は中国人上級生が割り振った。私と劉瑞璋（後にハルピン医科大学教授となった）は二人とも旅順高等公学校から入学してきたが、一緒に住んでくれる先輩は誰もいなかった。原因は、私も劉君も生粋の大連人ではなかったからである。私の原籍は遼陽で、劉君は東北北部の出身であった。先輩と同室になったのは大連人であった。大連人は「関東州民」であり、東北人は「満人」であり、等級の違いからこのような結果となったのである。私が予科三年に進級した時、上級生に「旅順高等公学校新入生歓迎会」を開くように提案したが、旅順高等公学校の先輩たちは返事をよこさなかった。だいぶたってから例の大連人の同級生は、旅順高等公学校同窓会に代えて「旅順大連金州同郷会に招待する」という通知を届けてきた。私を同郷にしたのは、私の両親と家庭が大連にあったからであろう。しかし劉君は旅順高等公学校同窓生であるにもかかわらず「満州国民」と見なされ、「同郷」からは排除されたのである。同郷会の席上、本科の上級生が挨拶して「私たちはすべて関東州人であるが、『満州国』に来て、互いに助け合い、団結を強化しよう」などと述べた。私は我慢できず、彼の言葉に反駁した後、会半ばで退席し、それからは彼らと行動を共にしないことにした。

日本人は政治的にも中国人を圧迫し、日常生活においても中国人を虐待した。中国人が米を食べれば「経済犯」と見なされ、法律を犯したものとして処罰された。私たちは予科に在学中は日本人学生と同じ食堂で同じ食事をしていた。しかし本科に進級すると「中国人は米を食べてはいけない」という禁止令により、食堂で食事をとることができなくなった。中国人学生たちはやむなく寄宿舎や中庭の一角に小屋を作り、そこで皮付きの赤いコウリャン米を炊いて食べた。食事の後で、コウリャン米の皮が歯の隙間に残った。東北人は習慣として味のよい白コウリャンを食べ、赤いコウリャンは固くて消化に悪いので家畜の餌にするのが普通であった。敵の支配下にあって、私たちはこのように劣悪な環境の下で学ばねばならなかったのである。

大学の細菌学教授の北野政次は悪名高い七三一部隊の二代目の部隊長であり、部隊長を退職して満州医科大学教授となった後も、依然として現役の少将の職に就いていた。毎月八日のいわゆる「大詔奉戴日」に神社に参拝に行く時、彼は軍服を着用して高級将校の印である黄色い房の付いた軍刀を下げていた。授業の時も、いつも郊外に秘密の実験室を所有していることを口にし、得意満面であった。しかし彼は敗戦後に日本に帰った後は一貫して七三一部隊の犯罪を隠し通し、戦犯の罪を逃れた。死んでも悔い改めることのない頑迷分子である。ところが日本の満州医科大学同窓会（輔仁会）は、彼を名誉会員として重んじている。明らかに、日本は投降したが日本軍国主義はまだ死んだわけではないのだ。

中日国交回復後、特に「文化大革命」以降は日本人同窓生たちがさまざまなルートを通じて中国人同窓生と連絡をとるようになった。日本人同窓生は前述の満州医科大学同窓会を組織し、年度別の下部組織を作った（私たちは「二一会」すなわち第二一期に入学した同窓会である）。私は一度だけ参加した。その時、私が気づいたことがある。彼らは初めのうちは慎み深く礼儀正しい態度をとっていたが、そのうちにだんだん傲慢になっていった。彼らはなんと会の定期刊行物に「抗日匪賊の襲撃」という文章を掲載し、中国の抗日聯合軍を侮蔑したのである。私はただちに抗議文を送ったが、私の抗議文は掲載されず、逆にあれこれと弁解する文章を出した。そこで私はもう一度「歴史的事実の歪曲を許さない」という文章を書いて反駁したが、彼らはこれも定期刊行物に掲載することを拒否した。要するに、日本の軍国主義勢力はまだ死んではおらず、依然としてそれを支持する勢力がいるということである。私たちは気を許してはなるまい。

私は中日同窓生の往復書簡の一部に目を通したことがある。その中で、ごく少数の中国人たちは昔のことを忘れてしまっている。彼らは日本の中国侵略時期における出来事を追憶して語る時に、日本軍国主義者と歩調を合わせて、日本の文化的侵略の手段として満州医科大学が創立されたことを「明けの明星が昇った」とか、「北斗星が輔仁の道を照らす」などと美化している。彼らの追憶には、美談に満ちた良い話ばかりで悲憤の感情は感じられない。まるで彼らは飼い馴らされた亡国の民で、日本人の作り出した「王道楽土」の主人公のようである。まことに驚嘆すべきことである。日本軍国主義が復活した暁には、このような連中は新たな漢奸となり、売国奴に変わるにちがいない。警戒心を高め、愛国主義教育を強化せねばならない。

日本帝国主義の植民地教育と奴隷化教育は、侵略戦争が拡大するにつれて日ごとに強化され、残酷さを加えていった。傀儡「満州国」皇帝の溥儀が訪日後に発表した「回鑾訓民詔書」の中では、日本を「親邦」と称していた。これは日本帝国主義の植民地教育と奴隷化教育が頂点に達した典型的な一例であろう。「子供の皇帝と父親の皇帝」という関係が生まれたのである。以前、日本人は中国人のことを「清国野郎」と呼んで軽蔑していたが、溥儀の訪日後は「満みん」と呼ぶようになった。日本人は中国人の頭上に跨がり、威張り散らしていた。思い出すたび、痛恨に堪えない。

アメリカのB29爆撃機が瀋陽を爆撃するようになってからは、満州医科大学も学生たちに防空壕を掘らせた。運動場の端に防空壕を掘る時、中国人学生があまり積極的に働かなかったために、ある日本人学生が怒って怒鳴り始め、私たちのことを「満みん」と呼び捨てにした。私の怒りは頂点に達し、その場で彼を指弾し、喧嘩を仕掛けた。すると彼はひどく怯えて、引き下がってしまった。私はこのことをとっくに忘れていたが、一九八四年に同窓会で瀋陽に集まった時、趙継宗君（当時、天津市第二中心医院整形外科副主任）がこのことを話題にして、「君が仕返しを受けて取り返しのつかないことになるのではないかと、とても心配だった」と言ってくれた。彼はその時の日本人学生の名前を覚えていて私に教えてくれたが、どうも私は物覚えが悪く、忘れてしまった。

日本軍国主義者たちは、日本人に対しては植民地教育を行ない、中国人に対しては奴隷化教育を行なった。日本のファシストどもはヒトラーと同じように、自分たちは優秀な民族であると大いに宣伝していた。「大和民族」「大和魂」を声高に讃美し、まるで彼らが生まれつきの支配者であり「大東亜共栄圏」の盟主であるかのようにふるまっていた。

日本人民に天皇のために死ぬまで忠誠を尽くし、徹底的に侵略することを要求したのである。第二次世界大戦の後期になると日本は兵員が不足し、一部の大学生に対して兵役延期を取り消した。私たちの学年でも日本人学生が徴兵されて兵士となり、まもなく戦死したという噂が流れた。

一九四五年七月から八月にかけての日本が敗北する前夜、瀋陽の街は非常に緊張し、市の周囲には戦闘用の塹壕が掘られ、大学の校内や寄宿舎にも緊迫した雰囲気が漂っていた。日本人学生は、各自が軍刀を携帯して寄宿舎を出入りしていた。まるで大学というよりは兵舎のような有様であった。中国人学生は日本人の緊張ぶりに恐怖を感じ、とても勉強するどころではなかった。日本人学生が、緊張のあまり破れかぶれになって私たちを襲ってくることを警戒した。そこで、日本が降伏する前夜の八月一四日の深夜だったか一五日の午前一時頃に、私は同室の傳鴻達君と相談して敵の手中から逃れることにした。夜半、日本人学生が寝入った後そっと気づかれないように、寄宿舎の正門からではなく窓から外に出て（幸いにも私たちの部屋は一階にあった）駅に走った。切符は買えなかったが、払い戻しをしようとする中国人の乗客から切符二枚を買い取り、汽車に乗って瀋陽を離れた。すでに汽車は正常に運転されていなかったので、私は直接両親の元へ戻らずに妻の実家に向かった。普通だったら半日の行程であるが、この時は一日以上かかった。車内放送もなかった。八月一六日、目的地の駅にたどり着き、家族の口から初めて日本侵略者が前日（八月一五日）に降伏したことを聞いた。こうして、日本軍国主義の私たちに対する奴隷化教育にも終止符が打たれることになったのだ。

しかし、日本侵略者の奴隷化教育をみくびってはならない。中国人学生の中に劉某という者がいた。一九九二年に同窓会を開いた時、傳鴻達君（当時、江西省徳興銅鉱山職工医院の内科主任をしていた）は、彼に「劉傀儡」というあだ名を付けた。劉某は奴隷化教育の害毒を深く受け、普段の態度が悪かったので、こうしたあだ名が付いたのである。劉某は日本降伏後も依然として悔い改めようとはせず、日本人に付き従い、日本人に化けて日本に「送還」された。一九五六年になって彼はどういうわけか帰国し、北京で仕事をしていた。その後、日本人に情報を提供したスパイ容疑で逮捕され、二〇年間獄中にあった。「文化大革命」後に釈放されて日本に戻ってからは劉と名乗ることをやめ、日本人妻の姓を名乗っていた。中国人らしさはどこにもなく、彼こそ日本の奴隷化教育によって生まれた漢奸の典型と言えよう。

日本では右翼勢力が台頭し、その活動は日増しに激しくなり、昔の夢を再現しようとしている。私たちは昔のことを追憶するにあたり、当時の悲惨と苦痛を決して忘れてはならない。徹底的に帝国主義を葬り去るまで奮闘しようではないか。

残念ながら右に述べた一部の人は、すべて忘れてしまったかのようである。日本に留学したことのある者や日本の奴隷化教育を受けたことのある人たちの書いたいくつかの詩を見ると、当時の生活を「愉快であった」と表現している。このような詩を読むと、私の気持ちは暗く沈む。以下に二つばかり書き写そう。互いに鑑賞し、意見を述べ合おうではないか。

啓明に晨起せしはまさに華年
振衣に習医しともに研鑽す
北辰はつねに示す輔仁の路
中日の友誼はすべからく蝉聯すべし
（某君、日本の二一期同窓会のために一九八四年に作る）

瀋陽に初会せしは　いまだ弱冠の時

弾指すること一揮にして五十年
旧館の寮堂今なお在り
鐘中の衰鬢すでに先んじて斑す
啓明に晨練す　丁香の下
振衣して夜読す　松雪の前
沈水は依流し　人すでに老いたるも
風流なること依旧にして少年に似たり
春光の五月　春は芳艶に
故友は西へ辞す　沈水のほとり
遠影の銀鷹は碧空の尽きる涯に
天涯にともに励む誼は延綿なり
（某君、一九九二年に作る）

詩中の「啓明」「振衣」「北辰」「輔仁」は、満州医科大学の学生寮の棟名である。これらの棟名は日本軍国主義者が彼らの植民地教育が「啓明」（明けの明星）や「北辰」（北斗星）のように大地を照らし、「振衣」「輔仁」の作用をすると自画自讃したものである。にもかかわらず、これらの詩の作者はそれを全面的に肯定し、日本の侵略者に蹂躙された亡国の民の生活を「丁香」や「松雪」を添えて風流な少年時代に喩え、大いに楽しかったと言っている。日本侵略者の支配下において「蝉聯」（蝉の声のように絶えず続く）の「友誼」など何処にあるだろうか。これは「日満親善」の焼き直しでしかない。

この二首の詩は、ともに旧思想で頭が一杯になった日本人同窓生から誉めそやされ、会報の表紙裏と巻頭に掲載された。こうしたことに、私たちは十分警戒しなければならない。

（聞取り時期：二〇〇〇年九月二四日、場所：遵義医学院）

訳者あとがき

斉紅深先生に初めておめにかかったのは、一九九三年夏であった。大連で「中国東北教育史国際シンポジウム」(遼寧省教育史志編纂委員会主催)が開催された。会議の主なテーマは戦前日本が「満州」で行なった植民地教育に関するものであった。中国各地から植民地教育史の研究者が八〇人ほど参加した。植民地教育史の研究を始めたばかりの小生にとって、どの発表も示唆に富むものであった。このシンポジウムの主催者が斉紅深先生であった。先生のお部屋を訪ね、夜おそくまで植民地教育史の方法についてお話をうかがった。この時以来、斉紅深先生にご教示を頂き、個人的に師事している。

斉紅深先生は一九四五年河北省に生まれ、天津の南開大学を卒業された。現在遼寧省教育史志編纂委員会の主任、研究員(教授)、中国東北教育研究所所長である。

主な研究分野は植民地教育史で、中国における植民地教育史研究の第一人者である。さらに地方教育史、少数民族教育についても幅広い業績を残しておられる。編著書には『東北地方教育史』『東北民族教育史』『遼寧教育史』『日本侵華東北教育史』『東北淪陥時期教育研究』など多数ある。昨年夏、新たに『日本侵華教育史』を刊行された。また学会活動も多方面に及び中国地方教育研究会副会長、日本植民地教育研究会会長などをされ、多忙な中を南京大学近現代史専攻の博士課程の指導教官をされている。

斉紅深先生は一〇年ほど前から旧「満州」(東北地区)で日本の植民地教育を受けた人々のオーラル・ヒストリー

を記録されている。すでに一二〇〇人余りの中国人の植民地教育体験を取材され、整理されている。貴重な歴史の証言である。なかには他界された方もいるという。その範囲は旧「満州」だけでなく、中国全土に及んでいる。取材だけでなく、当時の写真、教科書、ノート、文集、通知表など、教育に関する一次資料を集めておられる。すでに『日本在華植民地教育体験記』（仮題）としてまとめられ、出版準備が進められている。

斉紅深先生からこれらの人々の歴史証言を日本人に読んでもらいたいので翻訳してほしいと言われた。私は、完成させる自信がなかったのでお断わりした。しかし斉紅深先生の熱意にうたれ、翻訳することにした。それからは斉紅深先生から送られてきた原稿を前に呻吟する日々がつづいた。毎朝研究室で授業の始まる前の二時間半を翻訳にあて、毎週土曜日は不明箇所を図書館で調べ、中国人の友人にいろいろ尋ね回った。特に元横浜市立大学講師の林敏先生は本書を最初から最後まで熟読され、的確な翻訳をご教示くださった。林敏先生のご援助がなければ、本書は日の目を見ることはなかったであろう。この場をかりて心から感謝の意を表したい。また赤字覚悟で本書の出版を引き受けてくださった皓星社社長藤巻修一氏に感謝申し上げたい。原稿整理にあたって矢作幸雄氏のご協力していただいた。

本書は多くの方々のご協力によって刊行できたことを明記して感謝したい。

「満州」教育年表

西暦（元号）	教育		政治社会	
1904（明治37）	7	復州日文学堂開校。（対中国人教育の嚆矢）	2	日露戦争勃発。
	8	営口瀛華実学院開校。		
	11	南金書院民立小学堂開校。		
1905（明治38）	4	遼東守備軍軍政長官神尾光臣の「支那人教育ニ関スル通牒」（遼東守備軍副第2068号）が出される。	9	日露講和条約。
	6	大連公学堂（後の大連伏見台公学堂）開校。		
	10	安東日新学堂付設安東尋常高等小学校（安東小学校）開校。（「満州における日本人小学校の嚆矢）		
1906（明治39）	3	「関東州小学校規則」（署令第13号）公布。	11	南満洲鉄道株式会社設立。
1907（明治40）	10	居留民経営小学校が満鉄に移管される。		
1908（明治41）	7	間島普通学校（朝鮮総督府直轄）開校。（後の間島中央学校）		
1909（明治42）	3	「関東都督府中学校規則」（府令第5号）公布。		
	5	関東都督府中学校開校。		
	6	蓋平公学堂開校。（満鉄中国人教育の嚆矢）		
	8	南満州教育会設立。		
1910（明治43）	3	「関東都督府高等女学校規則」（府令第4号）公布。	8	「韓国併合。」
1911（明治44）	5	南満州工業学校開校。（満鉄経営中等実業学校の嚆矢）。	10	中国、辛亥革命。
	6	南満医学堂開校		
1912（明治45）	6	「南満州鉄道株式会社日語学堂規則（内規）」（地第1044号）	1	南京臨時政府成立。

西暦（元号）	教育	政治社会
	公布。	
	8　満鉄付属地支那人教育研究会設立。	
1913（大正2）		10　日本政府、中華民国を承認。
1914（大正3）	3　満鉄地方課に教科書編纂係を置き『日本語読本』の編集を開始する。	7　第一次世界大戦勃発。
	3　山口喜一郎を招請し、日本語教授法講習会を開催。	
1915（大正4）	6　「関東州普通学堂規則」（府令第17号）公布。	1　日本、「対華二十一カ条の要求。」
	11　「付属地小学校児童訓練要目」制定。	
1916（大正5）	4　旅順高等学堂師範科開校。	
1917（大正6）	5　南満中学堂開校。	10　ロシア十月革命。
1918（大正7）	4　大連中学（後の第一中学校）開校。	11　第一次世界大戦終結。
	4　旅順師範学堂開校。	
1919（大正8）	11　「関東庁中学校規則」（庁令第56号）公布。	3　朝鮮、三・一独立運動。 5　北京で五・四学生運動、日貨排斥運動広がる。 10　中国国民党成立。
1920（大正9）	12　関東庁教科書編輯部設置。	
1921（大正10）	6　「南満州株式会社中学校規程」（社則第7号）公布。	7　中国共産党創立。
1922（大正11）	1　南満州教育会教科書編輯部成立。（関東庁、満鉄の教科書編集作業を統一的にに行なうことになった）	5　張作霖、東三省独立宣言。
	5　満州医科大学開校（授業は9月開始）。	
	9　排日教科書調査始める。	
	11　「南満州鉄道株式会社語学検定試験規程」（社則第14号）公布	

西暦（元号）	教育	政治社会
1923（大正12）	7　第一回満州医科大学東蒙巡回診療団派遣。 12　教育権回収運動起こる。	
1924（大正13）	○　「満州」の朝鮮人に対する圧迫が激しくなる。 4　奉天省教育会教育権回収研究会成立。 4　満鉄、「朝鮮人教育の現在方針」を提出する。 9　満州教育専門学校開校。	1　中国、第一次国共合作。
1925（大正14）	3　満鉄、「小学校ニ中国語科加設ノ件」（地方学第907ノ1）通牒を出す。 7　旅順師範学堂、旅順工科大学においても5・30事件抗議行動起こる。	7　広東国民政府成立。
1926（昭和1）	3　「孫中山逝世一周年記念会」参加禁止措置に抗議した生徒が各学校で 抗議行動を行なう。旅順師範学堂はストライキが起こり7週間 授業が中止された。	
1927（昭和2）	4　「関東州書房規則」（庁令第17号公布）。 4　「関東州小学校支那語加設規程」（庁令第21号）公布。 6　「関東州及鉄道付属地青年訓練所規則」（庁令第33号）公布。 6　旅順師範学堂で排日事件が起こり、二ヵ月の抗議のストライキが行なわれる。 6　満鉄、朝鮮総督府朝鮮人教育に関する協定成立。	5　第一次「山東出兵」。 6　東方会議開催。
1928（昭和3）	4　「会社商業実習所規則」（社則第4号）公布。	6　張作霖爆殺。 12　帳学良、東三省の易幟断行。

西暦（元号）	教育	政治社会
1929（昭和4）	5　満鉄付属地において中国人教育廃止論が起こる。 9　満鉄「支那排日教材集」（東亜経済調査局）を作成する。	10　世界恐慌始まる。
1930（昭和5）	3　「操行査定内規」（生徒の素行調査）が作成される。 4　「関東庁家政学校規則」（庁令23号）	
1931（昭和6）	1　満鉄、社報で満州教育専門学校の廃校を通知する。	9　「満州事変」起こる。
1932（昭和7）	3　「満州国」建国宣言が公布される。 3　教室内に中国地図を掲げたり、「中華」という文字を使用することを禁じる。 4　旅順第二中学校と旅順師範学堂が合併して旅順高等公学校に改組する。 7　「国務院各部官制」公布、文教部が設置される。 7　大同学院開校。 7　協和会が成立する。 9　日本政府、正式に「満州国」を承認する。 10　南満州教育会教科書編輯部「速成日本語読本」刊行。	1　上海事変。 3　「満州国」建国宣言。 7　「満州国」協和会結成。 9　日満議定書調印。
1933（昭和8）	3　満州教育専門学校第7期生卒業し廃校となる。 3　南満州教育会教科書編輯部「満州補充算術書」「満州補充地理歴史教科書尋常小学校用」「公学堂地理教科書」を刊行。	3　日本、国際連盟を脱退。 4　関東軍、華北へ侵入。
1934（昭和9）	○　南満州教育会教科書編輯部、関東局と満鉄の合同経営となる。	3　溥儀、「満州国」皇帝に即位。

西暦（元号）	教育	政治社会
	4　奉天工業大学開校。 4　ハルピン工業大学開校。 9　国立高等師範学校開校。 12　「関東局官制」が公布される。	
1935（昭和10）	2　「回鑾訓民詔書」が公布される。 7　国立高等農業学校開校。	8　中国共産党、抗日救国統一戦線を提唱。
1936（昭和11）	6　「留学生規程」が公布される。 9　「関東州社会教育委員会規程」（関東州庁）が公布される。 11　安東教育界への大弾圧が行なわれる。	
1937（昭和12）	1　庄河で抗日救国会会長宋良優など一三人が逮捕処刑される。 3　「満州国」文教部が日本語普及の訓令を出す。このころから日本語を「国語」とする論調が強まる。 5　「満州国」新学制を公布する。 5　「国民学校令」（勅令69号）公布される。 5　「国民優級学校令」（勅令71号）公布される。 5　「国民高等学校令」（勅令72号）公布される。 5　「女子国民高等学校令」（勅令73号）公布される。 5　「大学令」（勅令74号）公布される。 5　「師道教育令」（勅令75号）公布される。 5　「私立学校令」（勅令77号）公布される。 12　在「満州国」日本大使館に教務部を設置し、在満日本人教育を管轄する。	7　盧溝橋事件、日中全面戦争始まる。 12　日本軍南京占領、大虐殺事件を起こす。

西暦（元号）	教育	政治社会
	12 「公私立大学規程」公布される。	
1938（昭和13）	5 「建国大学設置要綱」公布、建国大学開校。	4 国家総動員法公布。
1939（昭和14）	1 新京法政大学開校。 1 新京医科大学開校。 7 南満州教科書編輯部を在満日本教育会教科書編輯部と改称。 7 「師道学校官制」、「臨時初等教育教師養成所官制」、「公立学校官制」が公布される。	9 第二次世界大戦始まる。
1940（昭和15）	3 新京工業大学開校。 3 新京畜産獣医大学開校。 3 ハルピン農業大学開校。	9 日独伊三国同盟。
1941（昭和16）	4 生活必需品の配給制の実施を始める。 4 「関東国民学校規則」（局令第40号）公布。 4 「在満国民学校規則」（教務部令第2号）公布。 6 旅順高等公学校の生徒が寮生活をめぐってストライキを行なう。	12 ハワイ真珠湾攻撃、対米英宣戦布告。 12 国民政府、対日独伊宣戦布告。
1942（昭和17）	3 在満教務部教科書編輯部「国民科大陸事情及満語」を刊行。 4 吉林師道大学開校。 12 「満州国」「国民訓」を制定する。 12 国民高等学校に「勤労奉仕」「軍事訓練」科を設ける。	
1943（昭和18）	3 「在関東州及満州帝国臣民教育令」を公布。 3 「関東州国民学校規則」（局令第34号）を公布する。 3 「在関東州及満州国帝国臣民教育令」（勅令第213号）を公布する。	

西暦（元号）	教育	政治社会
1944（昭和19）	2　中学校以上の生徒に軍事訓練を実施する。 4　「関東州人教育令」（関東局告諭）公布。 9　旅順高等公学校の生徒が「勤労奉仕」に抗議してストライキを行なう。	7　鞍山・奉天・大連にB29の空襲。
1945（昭和20）	8　日本敗戦。	5　ドイツ、無条件降伏。 8　ソ連対日参戦、「満州」侵攻。

編著者紹介

斉　紅深（Qi Hongshen）

一九四五年河北省平郷県生まれ。南開大学卒業。主な研究分野は地方教育史志、少数民族教育、日本植民地教育。現在、遼寧省教育史志編纂委員会主任、研究員。中国東北教育研究所所長、中国地方教育史志研究会副会長、日本植民地教育研究会会長、遼寧教育史志学会会長、遼寧学習科学研究会会長、南京大学中国近現代史博士コース指導教官をつとめる。

主な著作（共著を含む）に『教育志学』『中国教育督導綱鑑』『東北地方教育史』『東北民族教育史』『東北教育家評伝』『満族教育史』『中国古代北方民族教育文化研究』『遼寧省志・教育志』『遼寧教育人物志』『遼寧教育史』『日本侵略東北教育史』『東北淪陥期教育研究』『日本侵華教育史』などがある。

訳者紹介

竹中憲一（タケナカケンイチ）

一九四六年長崎県生まれ。早稲田大学第二文学部卒業。早稲田大学法学部教授。

主な著（編著を含む）に『「満州」における教育の基礎的研究』全六巻（柏書房、二〇〇〇年）、『「満州」植民地日本語教科書集成』全七巻（緑蔭書房、二〇〇二年）、『大連　アカシアの学窓──証言　植民地教育に抗して』（明石書店、二〇〇三年）などがある。

「満州」オーラルヒストリー　〈奴隷化教育〉に抗して

発行　2004年3月31日
定価　5,800円＋税

編著者　斉　紅深／訳 者　竹中憲一
発行人　藤巻修一
発行所　株式会社皓星社
〒166-0004 東京都杉並区阿佐谷南1-14-5
電話 03-5306-2088　ファックス 03-5306-4125
URL http://www.libro-koseisha.co.jp/　E-mail info@libro-koseisha.co.jp
郵便振替　00130-6-24639

装幀　藤巻亮一　印刷　藤原印刷株式会社　製本（株）小泉企画

ISBN4-7744-0365-2 C0022